阿克苏地区年鉴

AKESU DIQU NIANJIAN

2021

中共阿克苏地委史志办 编

方志出版社
Publishing House of Local Records

图书在版编目（CIP）数据

阿克苏地区年鉴．2021 / 中共阿克苏地委史志办编．—北京：方志出版社，2021. 12

ISBN 978-7-5144-5004-0

Ⅰ. ①阿… Ⅱ. ①中… Ⅲ. ①阿克苏地区－2021－年鉴 Ⅳ. ①Z524. 52

中国版本图书馆CIP数据核字(2021)第276748号

责任编辑：顾 洁
责任校对：刘玉霞
责任印制：梅中英
出 版 者：方志出版社
地　　址：北京市朝阳区潘家园东里9号（国家方志馆4层）
邮　　编：100021
网　　址：http://www.zgfzcb.cn
发　　行：方志出版社图书营销中心（010-67110500）
印　　刷：阿克苏飞达印务有限责任公司
开　　本：889毫米×1194 毫米　1/16
印　　张：27.75
字　　数：629千字
版　　次：2021年12月第1版
印　　次：2021年12月第1次印刷
定　　价：460.00元

阿克苏地区行政区划图

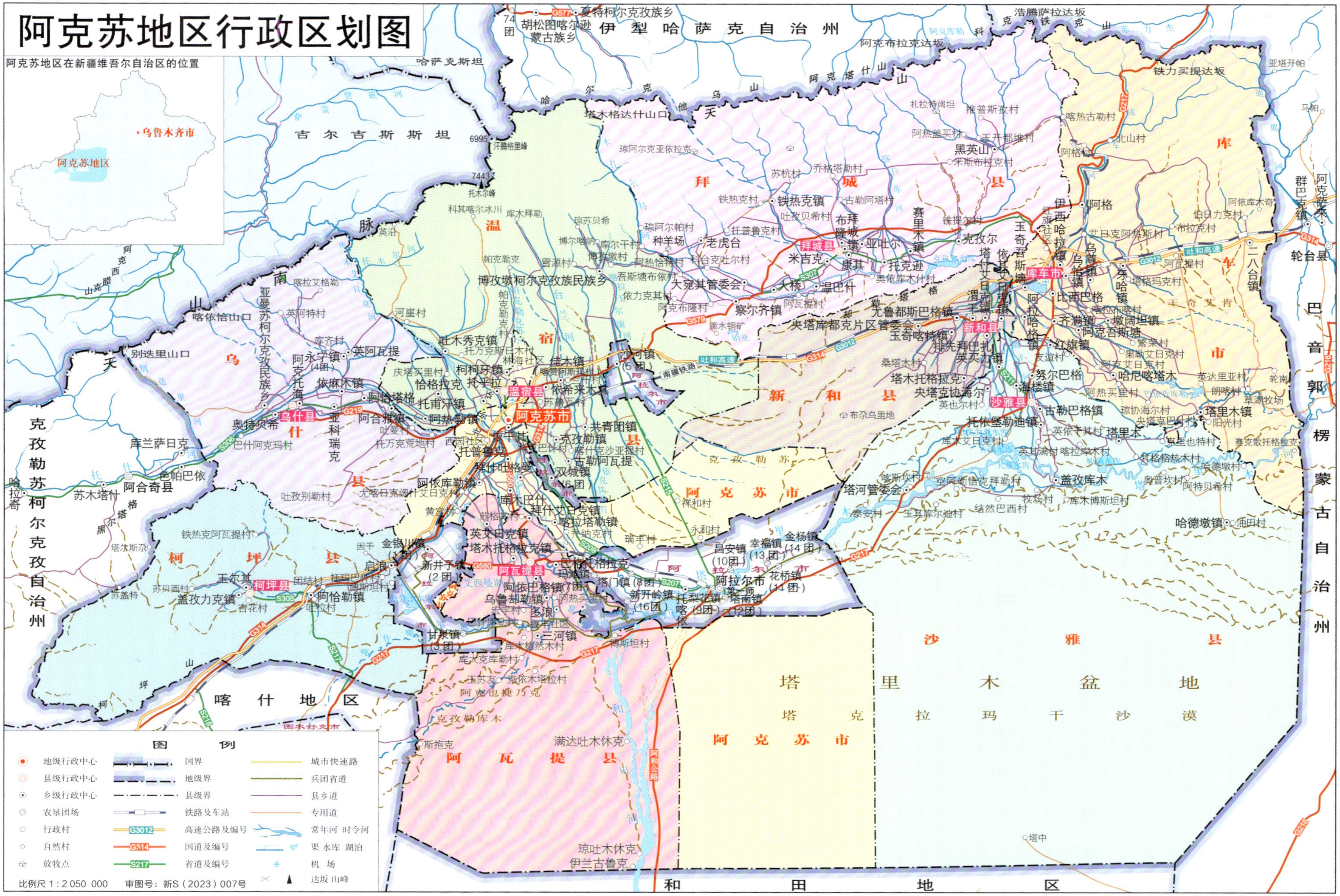

阿克苏地区在新疆维吾尔自治区的位置
乌鲁木齐市
阿克苏地区
伊犁哈萨克自治州
吉尔吉斯斯坦
哈萨克斯坦
克孜勒苏柯尔克孜自治州
喀什地区
和田地区
巴音郭楞蒙古自治州
阿克苏市
温宿县
库车市
沙雅县
新和县
拜城县
乌什县
阿瓦提县
柯坪县
阿拉尔市
塔里木盆地
塔克拉玛干沙漠
图例
地级行政中心
县级行政中心
乡级行政中心
农垦团场
行政村
自然村
放牧点
国界
地级界
县级界
铁路及车站
高速公路及编号
国道及编号
省道及编号
城市快速路
兵团省道
县乡道
专用道
常年河 时令河
渠 水库 湖泊
机场
达坂 山峰
比例尺 1∶2 050 000
审图号：新S（2023）007号

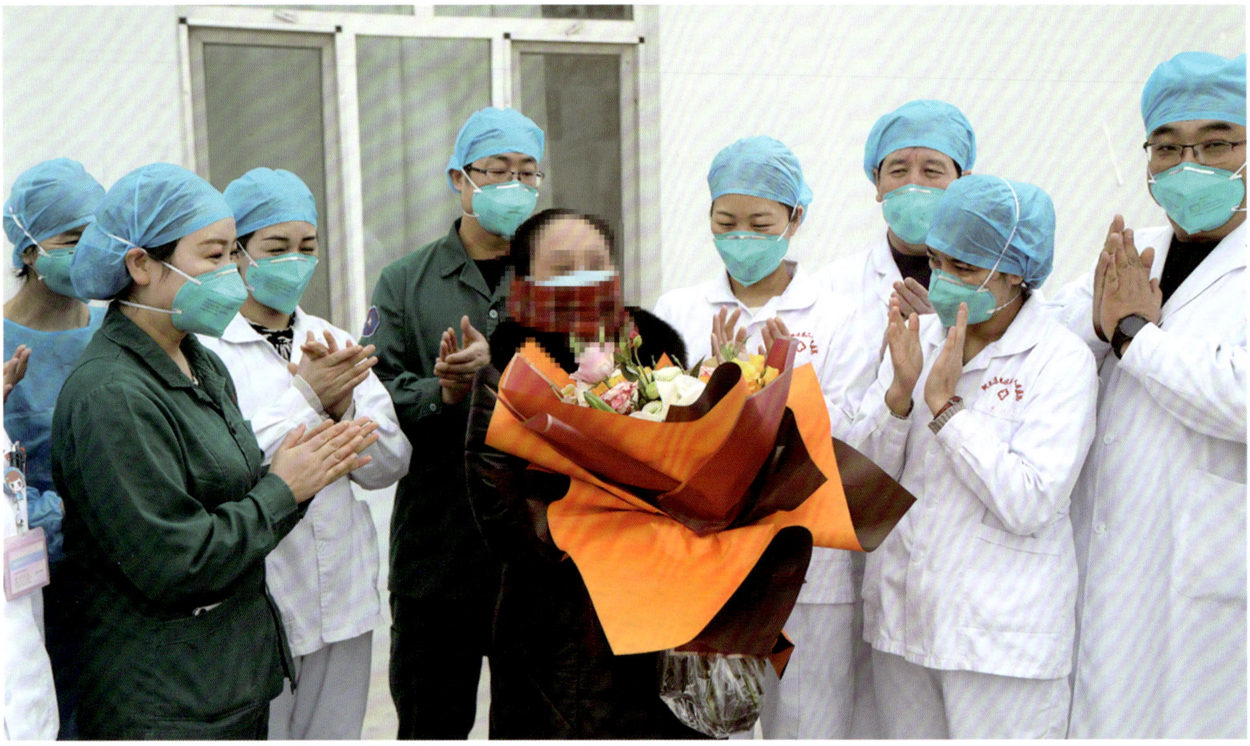

①
②
③

①2020年2月13日，地区首例新冠肺炎确诊病例治愈出院
杨硕摄

②2020年1月20日，地区首条防护口罩生产线正式投产
库车市供图

③2020年3月4日，交警在防控一线为通行人员测量体温
杨硕摄

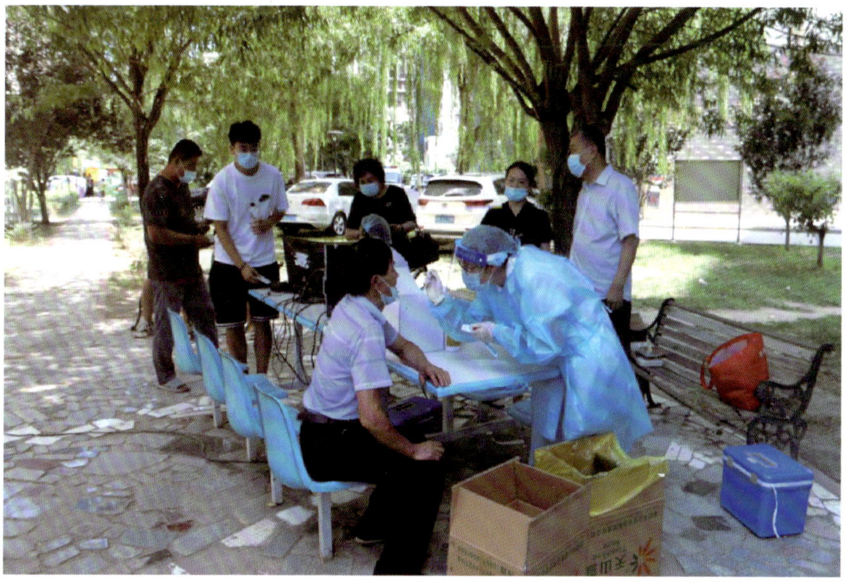

①
②
③

①2020年3月9日，医务工作者积极加入一线抗疫队伍，向党组织递交入党申请书
②2020年4月7日，公共场所防疫消杀
③2020年5月6日，阿克苏市民正在参加全民核酸检测

本页图片由阿克苏日报社提供

GLOBETROTTER
中国加油 武汉加油
阿克苏地区
捐赠湖北

防疫知识宣传车
新N·56176

中国加油
2020.2.10

①2020年1月，装有210吨阿克苏特色果品的运输车启程捐往湖北武汉和浙江等地　董成忠摄

②疫情防控措施完善到位，社区干部为群众测量体温　牛海燕摄

③流动防疫宣传进小区　董成忠摄

④卫生工作者给孩子们传授正确洗手方法　刘少丹摄

⑤农民画家艾尔肯·麦麦提创作的抗疫农民画　阿克苏日报社供图

⑥复工复产紧部署，地区积极开展抓生产保供应　杨硕摄

⑦青年志愿者在配合阿克苏国融商贸有限公司配送保障蔬菜装车　董成忠摄

⑧青年志愿者将爱心蔬菜送到居民家　刘红文摄

①沙雅县努尔巴克乡的卫星工厂带动附近富余劳动力及贫困家庭人员就业
地区乡村振兴局供图
②柯坪县成立杏乡馕合作社，助力村民脱贫
地区乡村振兴局供图
③拜城县产业扶贫带动偏远农牧民群众增收致富
地区乡村振兴局供图
④卫星工厂为农民就地就近就业提供保障
地区乡村振兴局供图
⑤乌什县村级企业带动农民增收致富
地区乡村振兴局供图
⑥地区通过成立养牛合作社带动困难村民在家门口就业
阿克苏日报社供图
⑦回族姐姐纪红（右）向弟媳黑力力·热合曼讲解海棠花管理技术
阿克苏日报社供图

① ② ③ ④ ⑤ ⑥ ⑦

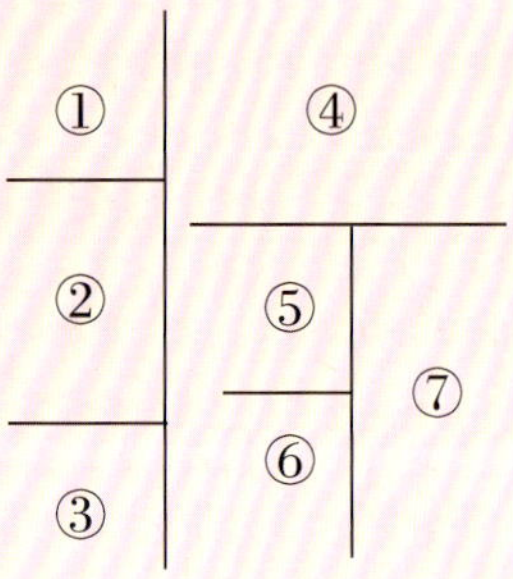

①地区鼓励支持各乡（镇）党委发展壮大特色产业，图为乌什县依麻木镇国合鸽业养殖场　地区乡村振兴局供图

②地区通过发展畜牧养殖产业，使农民就近就地就业，实现增收致富

阿克苏日报社供图

③科技扶贫，工人在柯坪喜羊羊农牧科技有限公司湖羊养殖基地给湖羊喂食草料

曹敦斌摄

④地区推行专业技术人员下沉农民专业合作社创新创业模式，助力脱贫攻坚

阿克苏日报社供图

⑤大学生利用自拍杆直播带货，助力特色农副产品销售

地区乡村振兴局供图

⑥养殖户在库车市塔里木乡驼湖投放蟹苗　卜登鹏摄

⑦地区农业农村局驻村工作队鼓励村民种植辣椒增收

阿克苏日报社供图

丰收

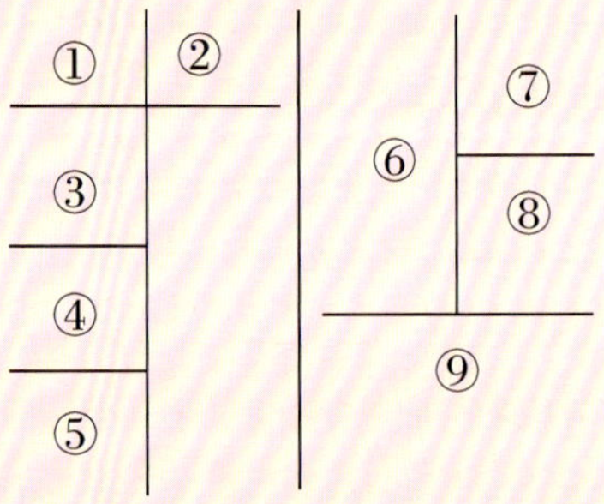

①2020年6月2日，乌什县委副书记、县长吐尔洪·阿不拉（中）线上直播带货，为乌什县农特产品代言　乌什县供图

②2020年6月7日，墩阔坦镇排孜阿瓦提村贫困家庭妇女正在加紧赶制手工花订单　阿克苏日报社供图

③2020年5月25日，乌什县阿合雅镇产业园华盛纺织厂，村民们在厂内务工　乌什县供图

④2020年9月16日，“五谷丰登话团圆·砥砺奋进谱新篇”库车县“园·缘·圆·援·愿”中秋节暨首届中国农民丰收节开幕式　阿克苏日报社供图

⑤全民健康体检　阿克苏日报社供图

⑥2020年10月10日，农村学前免费教育，图为温宿镇稻香路幼儿园幼儿就餐　阿克苏日报社供图

⑦看看我的新家——图为温宿县河畔村村民图尔贡·热合曼的新房子　阿克苏日报社供图

⑧2020年10月28日，国内生产规模最大的采棉机生产企业沙雅县钵施然智能农机有限公司正在抓紧生产采棉机　吴迈克摄

⑨实现农业现代化，高标准农田建设现场，推土机和平整机在实施作业　袁欢欢摄

①

②

③

①2020年6月12日，阿克苏市多浪片区管委会举办“第37个民族团结教育月”活动第六批结对认亲仪式

②地委史志办干部携手温宿县托乎拉乡河畔村村民共建幸福广场

③2020年9月10日，央视《一带一路新疆行》推介库车大馕城

以上图片均由阿克苏日报社提供

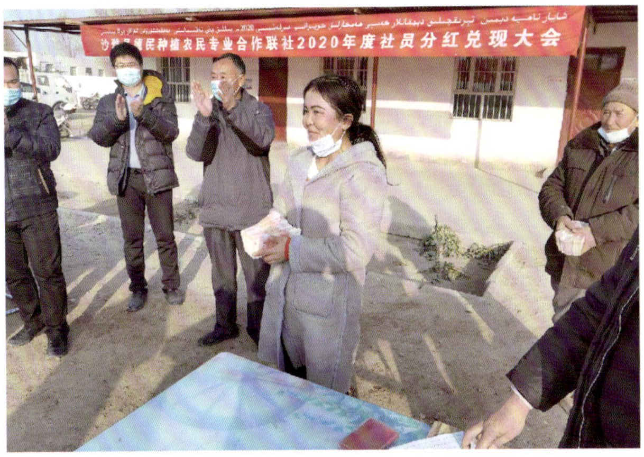

① ②

③

④

①2020年5月6日，阿瓦提县第四小学与第三小学开展民族团结联谊活动
阿克苏日报社供图

②2020年11月3日，沙雅县德民种植专业合作联社2020年度社员分红兑现大会
地区民宗局供图

③2020年3月8日，沙雅县海楼镇开展民族团结一家亲活动
地区民宗局供图

④2020年6月5日，地区召开第八次民族团结进步表彰大会　　杨硕摄

天道酬勤

"民族团结一家亲"联谊活动
庆祝建党
周年

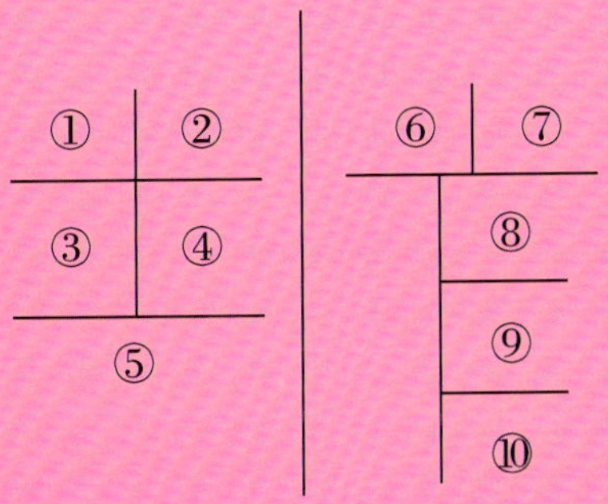

①2020年6月10日，机关干部与结亲户同吃同住同劳动，帮助亲戚捡棉花

②2020年10月10日，机关干部在结亲村开展帮扶活动

③民族团结好邻居

④2020年12月21日，民族团结好班级，教师和学生包饺子共度冬至

⑤2020年5月22日，温宿县博孜墩柯尔克孜民族乡举办“民族团结一家亲”联谊活动

⑥党员干部与结亲户亲切交谈，了解生活状况

⑦2020年6月1日，结亲干部与亲戚小朋友欢度“六一”

⑧2020年6月10日，地区林草局干部为结亲户宣传党的惠民政策

⑨2020年10月15日，党员志愿者到留守老人家里开展慰问服务活动

⑩2020年9月10日，人民子弟兵给小学生赠送书包、助学金等

以上图片均由地区民宗局提供

阿克苏

①

②　　④

③

①2020年11月26日，南疆航线网络中心、全疆五大百万级支线机场之一的阿克苏机场，T2航站楼建成投入使用

②阿克苏华孚色纺有限公司纺纱车间

③水韵之城、塞外江南阿克苏俯瞰图

④2020年“十三五”发展规划的顺利实施为阿克苏换新颜。图为阿克苏一处街景的新旧变化

1996年卡坡转盘

2010年卡坡转盘

2013年卡坡转盘

2019年卡坡转盘

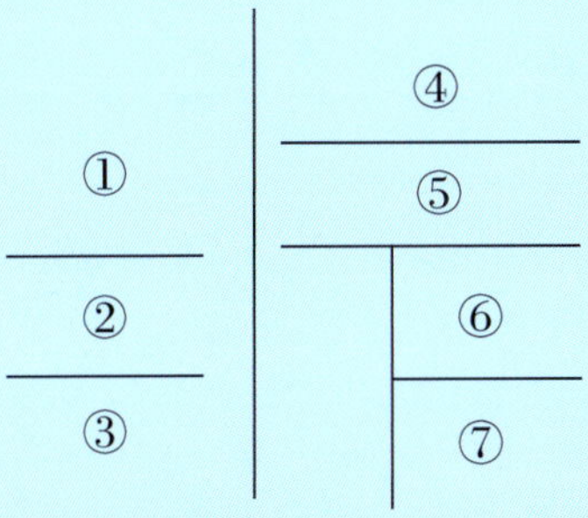

①多浪河畔的变化
②柯柯牙的变迁
③2020年7月6日，现代农村新貌（此为乌什县依麻木镇托万克麦盖提村村容村貌）
④农村过去的旧院老屋
⑤农村新面貌
⑥塔河石化外景
⑦西气东输主力气田之一的迪娜2气田

书籍是人类进步的阶梯

琼克其其村文化大院

①
②③
④⑤
⑥

⑦
⑧
⑨
⑩

①阿克苏“四馆一中心”俯瞰图

②新疆理工学院的成功转设，填补了地区普通本科高等教育的空白。图为新疆理工学院全景

③新疆首家生态文明建设纪念馆——阿克苏地区柯柯牙纪念馆俯瞰图

④地区广播电视台俯瞰图

⑤农家书屋阅览室

⑥农家书屋

⑦浙江省“组团式”援疆医疗队开展交流讲学和“医疗大巴扎”巡回义诊活动　　曹瀚文摄

⑧地区第一人民医院获“第六季全国医院擂台赛（城市类）”推广多学科诊疗服务主题决赛金奖　　马永梅摄

⑨2020年9月22日，地区培育的疆南绒山羊新品种通过国家畜禽遗传资源委员会审定

⑩地区依托智能农机提升春播效率，推进精准化、智能化田间作业　　尼亚孜·热合曼摄

数字阿克苏

2020年阿克苏主要经济社会指标完成情况

地区生产总值：	1315.05亿元（含一师）
第一产业增加值：	313.37亿元
第二产业增加值：	392.35亿元
第三产业增加值：	609.33亿元
第一、二、三产业结构比：	23.8：29.9：46.3
城镇从业人员数：	38.04万人
一般公共预算收入：	121.62亿元
一般公共预算支出：	441.68亿元
社会消费品零售总额：	285.64亿元
货物进出口总额：	5.74亿美元
城镇居民人均可支配收入：	33239元
国内游客：	1501.62万人次
国内游客收入：	81.77亿元
各类中小学校：	232所
普通高等院所：	2所
各类医疗卫生机构：	1592家
环境空气质量优良天数：	237天
完成造林面积：	3.15万公顷

阿克苏地委党史、地方志工作领导小组

组　长　窦万贵

副组长　杜　明

成　员　张宏伟　富　相　戴胜军

申海峰　田瑞莲　杨晓林

朱英山　粟　新　孙学武

《阿克苏地区年鉴(2021)》编辑人员

主　　编　粟　新

执行主编　苏　伟

副 主 编　潘　蔚

编　　辑　周　英

《阿克苏地区年鉴(2021)》撰(组)稿人员名单

万　兰　马现峰　文　剑　王　帅　王兴龙　王军伟　王学杰　王建峰　王建梅　王　枫

王荣华　王晓玲　王海波　王　莹　王梦红　王登武　王　新　王新丽　邓　禹　兰　青

冉　杰　古力帕热·吐尔洪　史玉雪　史莉萍　司宏斌　田　莉　田　鸿　艾尼瓦尔·吐尼亚孜

艾嘉诚　任庆华　任啸然　伍　兰　刘　阳　刘建娜　刘　猛　吐逊江·吐鲁甫　吕晓凤

孙　峰　朱晓芳　汤成伟　闫晓东　何　静　吴倪妮　宋培清　张立军　张旭升　张学荣

张明强　张松龄　张祝明　张　博　张　斌　李一凡　李　万　李卫军　李丹丹　李永鸿

李亚蓉　李会元　李　伟　李　刚　李　芳　李　岩　李忠民　李　虎　李　悦　李　艳

李喜杰　李　斌　李　瑛　李新艳　李蜀蓉　杨利军　杨　欣　汪健彬　肖玉婷　苏雪松

邵晓燕　阿比旦·阿卜都热依木　阿布拉江·亚生　阿斯古丽·麦提图尔迪　阿满古力·艾山　陈凤华

陈红亦　陈沣霖　陈　艳　陈淑娟　陈　瑛　周佩兰　周　玮　周　英　屈文才　易　禹

欧阳婷　迪力木拉提·米吉提　迪里夏提·肉孜　姚颜强　宫　力　柏小丽　段文辉　胡千惠

祖木腊特·阿布力米特　贺　琛　赵丹阳　赵立薇　赵春生　赵　辉　赵疆图　钟海棠　钟　琳

徐劲松　栗全世　热依拉·依米提　莫正军　贾　帅　贾启丹　贾海霞　贾　婷　贾　雯

郭　丽　郭　雅　曹　伟　曹　霞　梁晓琴　逯晓龙　景巨学　景玉娥　曾垂涛　曾　鹏

程　燕　蒋旭东　蒋丽煌　蒋　娟　谢楠楠　韩　伟　蒲小波　蒲　乾　雷小豹　漆建红

蔡刚成　阚京梅　樊学峰　樊晓莉　潘振生　虢夫琴　颜　潘　薛树斌　魏小飞　魏文英

魏世周　魏玉明　魏雪玲

编 辑 说 明

一、《阿克苏地区年鉴(2021)》以马克思列宁主义、毛泽东思想、邓小平理论、“三个代表”重要思想、科学发展观、习近平新时代中国特色社会主义思想为指导,坚持辩证唯物主义和历史唯物主义的立场、观点和方法。按年度全面系统记述阿克苏地区2020年在落实新时代党的治疆方略中自然、政治、经济、文化、社会、生态等方面的基本情况和主要成就,旨在为党政机关、研究部门、社会各界了解和研究阿克苏提供基本资料。

二、《阿克苏地区年鉴(2021)》是由中共阿克苏地委、地区行政公署主办,阿克苏地委史志办主编的综合性、资料性文献,面向全国公开发行。2002年首卷出版,至今已连续出版20卷,本卷为第20卷。

三、《阿克苏地区年鉴(2021)》篇目设置较往年有较大变化,在中国地方志指导小组办公室专家组的帮助指导下,主要从以下十二个方面进行调整完善。一是原“专记”部分内容做了调整,将原地委扩大会议主题报告调整至附录部分,新增“阿克苏脱贫攻坚工作纪实”“阿克苏疫情防控工作纪实”“阿克苏荒漠绿化工程工作纪实”“阿克苏‘十三五’发展成就纪实”4个内容,并分别以文章体形式进行记述;二是在原28个篇目、125个分目的基础上,调整完善为30个篇目、195个分目。如原“对口援疆”类目中只有一个“综述”分目,现新增“智力援疆”“产业援疆”“民生援疆”“文化交流”“文化援疆”;三是原“水利”类目并入“农业”类目作为一个分目;四是原“经济监督管理”类目中的“应急管理”分目与“消防救援”分目两个分目形成一个单独类目“应急管理”;五是将原“金融”类目下的20个二级分目重新整合调整为“银行”“保险”“证券”3个分目、11个条目;六是将原“财政·税务”类目并入“经济监督管理”类目中作为分目进行记述;七是单独将“科学技术”作为一个类目设置,分为“科技项目”“创新能力”“科技活动”“科技人才”“知识产权保护”“农业科技发展”“畜牧科技发展”“水文勘测”“气象科研”“地震测报”10个分目、53个条目;八是将原“文化体育”类目下的2个分目、7个二级分目,调整完善为“文化场馆”“公共文化活动”等9个分目、52个条目;九是将“卫生健康”原8个分目、5个二级分目调整为10个分目;十是将“民族宗教事务”单独设置成类目,类目下有“‘民族团结一家亲’活动”“民族团结进步创建”“宗教事务管理”3个分目、14个条目;十一是将原“社会民生”更改为“社会生活”,将原4个分目调整为10个分目;十二是将原特载部分的干部任免和干部名录调整至附录部分。

四、《阿克苏地区年鉴(2021)》主要采取分类编辑法,按照类目、分目、条目的框架结构组成主体内容,以不同字体、字号区别不同层次。为方便读者查阅,设置了双重检索系统:文前有目录,文后有索引。索引采用主题分析法编制,按照汉语拼音字母顺序排列;索引范围包括部类、分目、条目及表格等。

五、文字、标点、数字、计量单位等按国家标准书写。在主体内容中,单位名称一般用规范简称。

六、文中省去前缀的“地区”指阿克苏地区,“七县二市”指沙雅县、新和县、拜城县、温宿县、乌什县、阿瓦提县、柯坪县、阿克苏市、库车市。

七、《阿克苏地区年鉴(2021)》图片和文字资料均由地直各部门、各县(市)及驻阿克苏地区的中央、自治区所属单位提供。综合性数据由地区统计局提供,部门数据由相关单位提供,与统计局数据有出入的,以统计局数据为准。

八、本年鉴语言文字严格使用国家规范的简化汉字,计量单位用数字表示,非计量单位和非统计数字用汉语表示,计量单位用国家标准的公制单位。

九、专题彩页中摄影作者与撰(组)稿人员名单一并列出,未进行单独标注。

阿克苏地区年鉴(2021)

目 录

专记

阿克苏脱贫攻坚工作纪实 …… 1
阿克苏疫情防控工作纪实 …… 4
阿克苏荒漠绿化工程工作纪实 …… 6
阿克苏“十三五”发展成就纪实 …… 8

大事记

1 月 …… 11
2 月 …… 11
3 月 …… 12
4 月 …… 12
5 月 …… 12
6 月 …… 13
7 月 …… 14
8 月 …… 14
9 月 …… 14
10 月 …… 14
11 月 …… 15
12 月 …… 17

概览

历史文化

建置沿革 …… 19
区划 …… 20
民族 …… 20
人口 …… 20
旅游景点 …… 20

自然地理

地理位置 …… 20
地形地貌 …… 21
河流 …… 21
湖泊 …… 21
水库 …… 21
地下蓄水库 …… 21
土壤 …… 21
植被 …… 22
光热 …… 22
水能 …… 22
土地 …… 22
作物 …… 22
草场 …… 23
野生动物 …… 23
野生植物 …… 23
矿产资源 …… 24

经济社会发展

农业 …… 24
工业 …… 24
旅游业 …… 25

交通枢纽建设 …… 25
水利设施 …… 25
城乡发展 …… 25
社会事业 …… 25

中国共产党阿克苏地区委员会

综述

重要会议 …… 26
重要机制 …… 28
督促检查 …… 29

组织工作

概况 …… 29
党员管理与发展 …… 29
党员帮扶慰问 …… 29
干部选拔任用 …… 30
干部教育管理 …… 30
干部监督 …… 30
干部考核 …… 30
干部挂职 …… 30
公务员管理 …… 30
公务员招录 …… 30
人才引进待遇 …… 31
农村科技人才培养 …… 31
基层组织建设 …… 31
访民情惠民生聚民心 …… 31
选优配强乡镇党政正职 …… 31
农村基层党建 …… 31
城市基层党建 …… 32
新兴组织党建 …… 32
党员教育站点建设 …… 32
党员教育电视片展播 …… 32

宣传工作

概况 …… 33
理论武装 …… 33
精神文明建设 …… 33
县级媒体中心建设 …… 34
重大主题宣传 …… 34
疫情防控宣传 …… 34
脱贫攻坚宣传 …… 34
对外宣传 …… 34
网络安全 …… 35
国防教育 …… 35

社科联

概况 …… 35
课题研究 …… 35
社科普及 …… 36
学会(协会)管理 …… 36
基地建设 …… 36

统战工作

宗教教职人员培养 …… 36
爱国宗教人士队伍建设 …… 36
新的社会阶层人士统战工作 …… 36
党外代表人士队伍建设 …… 36
港澳台统战工作 …… 37
侨务工作 …… 37
社会主义学院工作 …… 37

政策研究

文稿决策服务 …… 37
课题研究 …… 37
全面深化改革 …… 38
绩效考评 …… 38
2020年阿克苏地区考核等次 …… 38

机构编制

综述 …… 39
党政机构改革 …… 39
事业单位改革 …… 39
乡镇(街道)行政体制改革 …… 39
重点领域机构编制服务保障 …… 40
机构编制实名制管理 …… 40
事业单位登记管理 …… 40

信访工作

综述 …… 40

多元化解信访矛盾纠纷 …… 41
重复访治理和积案化解 …… 41
依法分类处理信访问题 …… 41

机关党建

综述 …… 41
党组织换届选举 …… 41
发展党员工作 …… 41
“一先双优”表彰 …… 41
“两个责任”落实 …… 42
基层党组织建设 …… 42
党员干部监督管理 …… 42
案件查办 …… 42
专题学习 …… 42
党组织规范化建设 …… 42
党务培训工作 …… 42

党校工作

概况 …… 42
教学管理 …… 43
科研工作 …… 43
学员管理 …… 43
办学质量评估 …… 43

老干部工作

概况 …… 43
离退休干部情况 …… 44
离退休干部发挥作用 …… 44
老干部政治待遇 …… 44
老干部生活待遇 …… 44
离退休干部服务管理 …… 44
老干部精神文化生活 …… 45

党史地方志工作

党史工作 …… 45
志书编纂工作 …… 45
年鉴编纂工作 …… 45
“两全目标”完成情况 …… 45

档案工作

综述 …… 45
档案资源开发利用 …… 46
档案接收 …… 46
档案信息化管理 …… 46
档案服务 …… 46

人大地区工委

综述

国家机关工作人员任免 …… 47
人大常委会自身建设 …… 47
人大工委第一次会议 …… 47
人大工委第二次会 …… 48
人大工委第三次会议 …… 48
人大县乡工作推进会 …… 49
人大工委第四次会议 …… 49

人大各专门委员会

代表人事工作处 …… 50
法制处 …… 50

法律监督

天山环保行执法检查 …… 51
《自治区煤炭石油天然气开发环境保护条例》实施情况 …… 51
《中华人民共和国中小企业促进法》实施情况检查 …… 51

代表工作

代表培训 …… 51
代表履职 …… 52
代表议案办理 …… 52
信访工作 …… 52

地区行政公署

综述

概况 …… 53
农村经济发展 …… 53
工业转型升级 …… 53

重点领域改革 …… 54
就业工作 …… 54
惠民政策落实 …… 54

重要会议

行署全体会议 …… 55
行署常务会议 …… 55
行署重要工作会议 …… 55

政务服务

政务智能建设 …… 56
政务延伸推进 …… 56
政务方式拓展 …… 56
涉企服务提升 …… 56
涉企审批优化 …… 57

放管服改革

“简政放权”深化 …… 57
“减证便民”深入 …… 57
“同城通办”推行 …… 57
推进“一窗受理” …… 57
“最多跑一次”实现 …… 57

六型政府建设

党性宗旨意识增强 …… 57
依法行政能力提升 …… 57
政务服务环境优化 …… 58
担当作为导向凸现 …… 58
创新发展活力增强 …… 58
转变作风持续 …… 58

调研信息

政务信息收集报送 …… 58
信息刊物编发 …… 59
督察工作 …… 59

人事管理

事业单位人事制度改革 …… 59
专业技术人员管理及职称评审 …… 59
专业技术人员继续教育 …… 60
职业技能鉴定 …… 60
人才引进 …… 60
事业单位人事管理 …… 60
事业单位人事考试 …… 60

数据服务

概况 …… 60
大数据产业及应用 …… 60
政务信息平台 …… 61
互联网+服务 …… 61
政府信息公开 …… 61

政协地区工委

综述

调研视察 …… 62
委员工作 …… 62
提案工作 …… 63

重要会议

政协工委第二十九次会议 …… 63

参政议政

社情民意 …… 63
民主监督 …… 63
协商议政 …… 63

纪检监察

概况 …… 64
理论武装 …… 64
反腐惩恶 …… 64
监督责任 …… 64
专项整治 …… 64
警示教育 …… 65
深化改革 …… 65
巡视巡察 …… 65

对口援疆

综述

援疆干部使用 …… 66
援疆人才引进 …… 66
“传帮带”作用发挥 …… 66
本地人才培养 …… 66
干部人才赴浙江挂职 …… 66
项目资金安排 …… 67

智力援疆

援疆干部人才概况 …… 67
援疆干部人才服务管理 …… 67
“组团式”援疆 …… 67
公安部援疆工作 …… 67
中央企业援疆工作 …… 67

产业援疆

升级版“十城百店”工程 …… 68
“百村千厂”工程 …… 68
“万亩亿元”帮农助农工程 …… 68
招商引资“一号工程” …… 68
“数字赋能旅游”工程 …… 68
金融惠疆工程 …… 68
示范基地建设 …… 69
产业园建设 …… 69
小组团工作 …… 69

民生援疆

安居富民工程 …… 69
美丽乡村示范村建设 …… 69
基层基础设施建设 …… 69

文化交流

援疆十周年系列活动 …… 70
浙阿“百校十万‘石榴籽’工程” …… 70
“浙江奥运冠军行”活动 …… 70

文化援疆

“我爱浙疆”系列活动 …… 70
教育援疆 …… 70

群众团体

工会

概况 …… 71
组织建设 …… 71
困难职工帮扶 …… 71
劳模评选表彰 …… 71
服务职工群众 …… 71
职工活动 …… 71
工会系统评先选优 …… 72

共青团

团组织基本情况 …… 72
思想教育政治引领 …… 72
改革攻坚 …… 72
从严治团 …… 73
从严治队 …… 73
希望工程建设 …… 73
预防青少年犯罪 …… 73
青少年服务 …… 73
西部计划志愿者服务管理 …… 74
争先创优 …… 74

妇联

基层组织建设 …… 74
系列活动 …… 74
妇女技能培训 …… 75
妇女创业就业 …… 75
维权服务 …… 75
基层妇联工作 …… 76

科协

学会建设与管理 …… 76
科学普及 …… 76

全民科学素质行动计划纲要 …… 76
“科技之冬”活动 …… 76
“基层科普行动计划”项目 …… 76
青少年科技教育 …… 76
科技创新 …… 76
科普惠农项目 …… 77
科普示范建设 …… 77

侨联

概况 …… 77
送温暖活动 …… 77
侨爱工程 …… 77
侨联外宣 …… 77
侨情普查 …… 77

工商联

商会建设 …… 77
服务经济建设 …… 77
调查研究 …… 78
融资服务 …… 78

文联

文艺活动 …… 78
主题活动 …… 78
文艺创作 …… 78
期刊管理 …… 78

残联

残疾人康复 …… 79
残疾人教育 …… 79
残疾人就业 …… 79
残疾人事业宣传 …… 79
残疾人组织建设 …… 79

红十字会

救护培训 …… 79
“三献”工作 …… 79
公信力建设 …… 79
宣传工作 …… 79

法治

政法委及综治

概况 …… 80
严打整治 …… 80
扫黑除恶 …… 80
社会治理 …… 80
政法领域改革 …… 80

法治政府建设

政府法治监督 …… 81
全面依法治阿 …… 81

公安

概况 …… 81
治安专项治理打击 …… 81
便民警务站 …… 81
户政管理 …… 81
流动人口和出租房屋管理 …… 82
道路交通安全管理 …… 82
重特大交通事故 …… 82
巡警工作 …… 82
出入境管理 …… 82
监所管理 …… 82
禁毒工作 …… 82
网络安全管理 …… 83
110 接处警 …… 83
指挥调度 …… 83
应急管理 …… 83
森林公安 …… 83

检察

概况 …… 83
刑事检察 …… 83
诉讼监督 …… 84
涉法涉诉信访 …… 84

法院

概况 …… 84
刑事审判 …… 85
民事审判 …… 85
司法为民 …… 85
信息化建设 …… 85

司法行政

人民调解 …… 85
律师管理 …… 85
普法宣传 …… 86
公证管理 …… 86
法律援助 …… 86
依法行政 …… 86
矛盾纠纷调解 …… 86

经济管理

宏观经济调控

重点项目建设 …… 87
价格收费管理 …… 87
民生建设 …… 87
经济体制改革 …… 88
对外开放 …… 88

国有资产监管

经营指标 …… 89
重点项目建设 …… 89
企业退休人员管理 …… 89
国资国企管理 …… 89

自然资源管理

地理测绘 …… 90
不动产登记 …… 90
国土空间规划 …… 90
资源调查 …… 90
确权登记管理 …… 90
服务民生 …… 91
耕地保护 …… 91
执法监察 …… 91

财政

概况 …… 91
财政收入 …… 91
财政支出 …… 91
政府采购管理 …… 92
社会保障经费运行 …… 92
农村综合改革 …… 92
支持经济发展 …… 93
财政管理 …… 93
投资评审 …… 93
金融工作 …… 94

税务

税收收入 …… 94
税务登记 …… 94
纳税服务 …… 94
税收稽查 …… 94
重点税源监控 …… 94

审计

概况 …… 95
疫情防控专项审计 …… 95
重大政策措施跟踪审计 …… 96
预算执行监督 …… 96
经济责任审计 …… 96
三大攻坚战审计 …… 96
城镇保障性安居工程跟踪审计 …… 96
固定资产投资审计 …… 96
浙江援阿项目审计 …… 96
住房公积金审计 …… 96

统计

人口普查 …… 96
统计服务 …… 97

改革创新 …… 97
统计执法 …… 97
能源统计 …… 97

国家统计局阿克苏调查队工作

概况 …… 98
住户调查 …… 98
价格调查 …… 98
农作物遥感测量和对地抽样调查 …… 98
脱贫攻坚普查 …… 98
专项调查 …… 98
信息和分析研究 …… 98
统计法治建设 …… 98

市场监督管理

概况 …… 98
营商环境 …… 99
综合执法 …… 99
食品安全 …… 100
消费者权益保护 …… 100
广告监管 …… 100
药品器械化妆品监管 …… 100
知识产权 …… 100
风险监测抽检 …… 101
质量发展 …… 101
特种设备安全监察 …… 101
信用监督管理 …… 101
检验检测 …… 102
科技信息化建设 …… 102
法治建设 …… 102
药品集散中心项目 …… 102

海关

概况 …… 102
依法行政 …… 102
通关业务 …… 103
风险管理 …… 103
服务地产品“走出去” …… 103

农业

种植业

设施农业生产 …… 104
粮食生产 …… 104
棉花生产 …… 104
种子良繁 …… 104
种子质量与市场监管 …… 104
品种管理 …… 105
三圃田建设 …… 105
转基因检测 …… 105

农村产业化

基地建设 …… 105
林果绿色基地认证 …… 106
粮食绿色基地认证 …… 106
农产品加工外销 …… 106
冷链物流项目 …… 106
产业化统计 …… 106
园区创建 …… 106
品牌创建 …… 106
招商引资 …… 106
一村一品建设 …… 107
农村人居环境整治 …… 107
龙头企业培育 …… 107

农村经济

农村经济收入 …… 107
家庭农场 …… 107
新型农业经营主体 …… 107
建设示范社 …… 108
三资管理 …… 108
农村经济运行情况 …… 108
农村劳动力转移 …… 108
土地承包管理 …… 108
农村集体资产管理 …… 108

农民合作社发展 …… 109
渔业 …… 109

畜牧业

畜牧业生产 …… 109
畜牧业养殖 …… 109
生猪生产 …… 109
特色家禽产业 …… 109
特色地域品牌 …… 109
专业合作社建设 …… 110
畜禽废弃物资源化利用 …… 110
草原补助奖励政策 …… 110
招商引资 …… 110

动物疫病防控

动物疫病防控 …… 110
疫病疫苗供应 …… 110
动物疫病疫情监测和免疫效果监测 …… 110
布病检疫监测 …… 110
畜产品安全监测 …… 110
非洲猪瘟防控 …… 111

动物卫生监督

动物检疫监督 …… 111
畜产品质量安全监管 …… 111
规范产地检疫 …… 111
跨省调运动物检疫监管 …… 111
兽药监管 …… 111

林果业

概况 …… 112
森林草原执法 …… 112
林草有害生物防控 …… 112
林草重大项目 …… 112
自然保护区管理 …… 112
林果产业发展 …… 113
林果提质增效 …… 113
市场开拓 …… 113

水利

概况 …… 113
防汛 …… 113
水利前期工作 …… 114
农村饮水安全 …… 114
灌区节水改造与续建配套 …… 114
水利工程建设管理 …… 114
水政执法 …… 114
农业水价综合改革 …… 115
水权制度改革 …… 115
河湖长制工作 …… 115
高效节水增收示范项目 …… 115
水库建设 …… 116
统筹疫情防控和水利工作 …… 116

渭干河流域管理

水资源管理 …… 116
水利基本建设 …… 116
水政执法工作 …… 117
水利科研 …… 117

塔里木河流域管理

概况 …… 117
生态输水 …… 117
汛旱灾害防治 …… 117
水行政执法 …… 117
河长制工作 …… 118
项目前期规划 …… 118
水利工程建设 …… 118
信息化工作 …… 118

农牧机械化

农机购置补贴项目 …… 118
农机安全监理 …… 118
农机专业合作社建设 …… 118
农机化服务能力建设 …… 118
农机新技术推广 …… 118

工业 建筑业

工业发展

工业经济综述 …… 119
能源工业综述 …… 119

新兴示范性产业 …… 119
建材冶金产业 …… 119
惠企政策落实 …… 119
工业企业信息化建设 …… 120
产业项目招商 …… 120
行业安全生产 …… 120
自然资源生产 …… 120
油区重大项目 …… 120
西部县(市)勘探 …… 120

石油化工工业

概况 …… 125
油气生产 …… 125
油气勘探 …… 125
石化产业发展 …… 125

煤炭工业

煤炭工业产能运行概况 …… 125
安全监管 …… 126
重大项目建设 …… 126
煤矿质量标准化 …… 126

电力工业

电力工业概况 …… 126
电网建设 …… 127
安全生产 …… 127

棉纺工业

纺织服装产业概况 …… 127
纺织服装业 …… 127
纺织服装项目建设 …… 127
棉纺织品质量监督检验 …… 128

工业园区建设

工业园区建设 …… 128
库车经济技术开发区 …… 128
温宿国家农业科技园区 …… 129
阿克苏纺织工业城 …… 130
阿克苏经济技术开发区 …… 130
阿克苏商贸物流产业园 …… 131
沙雅县循环经济工业园区 …… 131
拜城产业园区 …… 132
温宿产业园区 …… 133
新和县工业园区 …… 133
阿瓦提工业园区 …… 134
乌什县工业园区 …… 134
柯坪光伏产业园区 …… 135

重点企业简介

中国石化塔河炼化有限责任公司 …… 135
阿克苏华孚色纺有限公司 …… 136
浙能阿克苏热电有限公司 …… 136

建筑业

政府投资建设项目 …… 137
建设工程质量安全管理 …… 137
建筑节能 …… 137
建设工程行政执法 …… 137

房产管理

房地产市场开发 …… 138
房地产市场运行监测 …… 138
房地产中介市场专项整治 …… 138
物业行业监管 …… 138
物业和房地产矛盾纠纷排解 …… 138

交通　邮政　通信

公路

国省道建设 …… 139
公路建设 …… 139
乡村道路线设 …… 139
高速公路管理 …… 139
公路养护管理 …… 139
城市客运管理 …… 140
安全目标管理 …… 140
道路运输市场 …… 140
收费站管理 …… 140

铁路

概况 …… 140
安全生产 …… 140
运输管理 …… 141
标准化建设 …… 141
服务地方经济 …… 141

民用航空

机场概况 …… 142
航空市场 …… 142
空防安全 …… 142
旅客服务 …… 142

邮政

邮政概况 …… 142
邮政改制 …… 142
邮政服务能力建设 …… 143
代理金融业务 …… 143
寄递业务 …… 143
集邮与文化传媒业务 …… 143
渠道平台业务 …… 143
农村电商业务 …… 143

中国移动

党的建设 …… 143
网络建设 …… 144
网络维护及应急保障 …… 144
通信服务 …… 144

中国电信

经营管理 …… 144
客户服务 …… 144
网络建设及维护 …… 145

中国联通

经营发展 …… 145
党建工作 …… 145
降本增效 …… 145
深化改革 …… 146

广电网络

概况 …… 146
经营业绩 …… 146
网络安全维护 …… 146
网络建设 …… 146
5G 建设 …… 146
老旧小区网络改造工作 …… 146

城乡建设

城乡规划

城乡规划管理 …… 147
城市基础设施建设与管理 …… 147
保障性住房建设 …… 147
城镇老旧小区改造 …… 147

城市建设

城市道路 …… 147
城市供水 …… 147
城市排水 …… 148
城市垃圾 …… 148
城市供气 …… 148
城市供热 …… 148
城市绿化 …… 148

城市管理

城市居住环境 …… 148
城市精细化管理 …… 148

住房保障

城镇保障性安居工程 …… 148
公租房保障工作 …… 149
农房建设管理 …… 149

人民防空

人防工程建设管理 …… 149
人防指挥信息建设 …… 149
人防系统腐败问题专项治理 …… 149

人防领域安全生产 …… 149

生态保护

综述

履行主体责任 …… 150
生态修复保护 …… 150
蓝天保卫战 …… 151
环境执法 …… 151

生态环境质量

水环境和土壤环境监测 …… 151
城市空气质量 …… 151
气候变化 …… 152

土地资源保护

资源保护举措 …… 152
盘活存量土地 …… 152
净土保卫战 …… 152
土地执法 …… 153

水资源保护

水资源管理 …… 153
水土保持 …… 153
碧水保卫战 …… 153

森林和草原保护

生态文明建设 …… 154
林草资源管护 …… 154
天然林资源保护 …… 154

湿地和自然保护区保护

阿克苏多浪河国家湿地公园 …… 154
托什干河国家湿地公园 …… 155
托木尔峰自然保护区 …… 155

节能减排

能耗“双控”管理 …… 156
绿色产业发展 …… 156
节能环保产业 …… 156
污染物减排 …… 157

污染防治

大气污染防治 …… 157
水污染防治 …… 157
排污许可管理 …… 157

环境监管

生态环境保护监管执法 …… 157
建设项目环评审批 …… 158
农村环境综合整治 …… 158
农村生活垃圾治理 …… 158
村容村貌整治 …… 158

商贸流通

综述

促消费政策落实 …… 159
商贸流通业 …… 159
市场运行监测 …… 159
加油站审批 …… 159
冷链物流业 …… 159
招商引资 …… 159

粮食和物资储备

粮食收购 …… 160
救灾物资管理 …… 160
粮食储备管理 …… 160
优质粮工程 …… 160

供销合作

供销系统经营 …… 160
供销系统建设 …… 161
供销综合改革 …… 161
项目建设 …… 161
为农服务 …… 161

烟草专卖

营销网建 …… 161
专卖管理 …… 162

综述

中石油新疆销售有限公司阿克苏分公司

概况 …… 162
市场营销 …… 162
加油站管理 …… 163
网络建设 …… 163
安全管理 …… 163
本地就业 …… 163

中国石化销售股份有限公司新疆阿克苏石油分公司

概况 …… 163
市场营销 …… 164
加油站建设 …… 164
安全管理 …… 164

特种行业

旅馆业 …… 164
印章业 …… 164
拍卖企业 …… 165
二手车交易 …… 165
报废机动车回收拆解 …… 165

电子商务

农村电子商务发展 …… 165
电商助农活动 …… 166
特色林果云交易会 …… 166

对外贸易

对外贸易规模 …… 166
扶持资金发放 …… 166
海关监管库运营 …… 166

旅游

综述

旅游“双组长”制 …… 167
“旅游+互联网”工程 …… 167
旅游宣传 …… 167
出行便利攻坚行动 …… 167
旅游商品研发销售 …… 167

旅游资源

旅游收入 …… 167
旅游经济运行特点分析 …… 168
景区管理 …… 168
星级农家乐管理 …… 170

项目建设

项目概况 …… 175
旅游类项目 …… 175
旅游厕所项目 …… 175

旅游生态

旅游产业发展机制 …… 175
旅游规划体系建设 …… 175
旅游项目实施 …… 176
全域旅游示范区创建 …… 176
旅游商品研发 …… 176
旅游产业融合发展 …… 176

旅游节庆

天山托木尔大峡谷第三届越野达人秀 …… 176
库车市首届冰雪文化旅游节活动 …… 176
第十六届阿克苏“多浪·龟兹”文化旅游节 …… 177
阿克苏地区第三届乡村文化旅游节 …… 177
乌什“迎中秋·庆国庆”系列主题活动 …… 177

旅游推介

中国最美公路“5+3”旅游推介活动 …… 178
“我爱浙疆、共创未来”主题展馆 …… 178
文化旅游大型推介会 …… 179
网红直播室 …… 179
第三届新疆馕产业推介会 …… 180
“古韵龟兹 丝路库车”主题文化旅游宣传推介 …… 180

旅游管理

激活市场恢复发展 …… 180
文化旅游市场行业监管 …… 180
提升行业服务质量 …… 181
落实改革任务 …… 181

旅游公共服务

"三馆一站"免费开放 …… 181
示范点创建工作 …… 181
文化智能服务 …… 181

金融业

银行

银行业金融服务 …… 182
银行业监管 …… 182
银行业支持实体经济发展 …… 182
银行业风险管控 …… 183

保险

地区保险业协会经营概况 …… 183
中国人民财产保险股份有限公司阿克苏地区分公司概况 …… 184
中国人寿保险股份有限公司阿克苏分公司概况 …… 184
新华人寿保险股份有限公司阿克苏中心支公司概况 …… 184
永安财产保险股份有限公司阿克苏中心支公司概况 …… 184

证券

华融证券股份有限公司阿克苏证券营业部经营概况 …… 184
申万宏源西部证券有限公司阿克苏营业部经营概况 …… 184

教育

综述

学生资助 …… 185
基础设施建设 …… 185
特殊教育 …… 185
青少年科技工作 …… 186
教育信息化建设 …… 186
教育学会工作 …… 186
社会力量办学 …… 186
招生与考试 …… 186
人才工作 …… 187
支教工作 …… 187
教师招聘 …… 187

国家通用语言教育

内地新疆学生工作 …… 187
国家通用语言文字推广 …… 187

学前教育

概况 …… 187
普及普惠发展 …… 187
南疆学前教育干部支教 …… 187
阿克苏市第二幼儿园 …… 188

义务教育

概况 …… 188
义务教育均衡发展 …… 188
控辍保学 …… 189
教育教学改革 …… 189
库车市阳明小学 …… 189

高中教育

概况 …… 190
普通高中优质发展 …… 190
中考制度改革 …… 190
阿克苏第一中学 …… 190

阿克苏第二中学 …… 191

职业教育

概况 …… 192
校企合作 …… 192
职业教育改革 …… 192
院校布局结构调整 …… 192
中高职贯通培养 …… 192
兼职教师队伍建设 …… 192

地区中等职业技术学校

概况 …… 192
校企合作 …… 193
教学管理 …… 193
学生教育管理 …… 193
实训教学 …… 193
学生顶岗实习 …… 193

库车中等职业技术学校（阿克苏工业技师学院）

教学工作 …… 194
学生教育管理 …… 194
实训工作 …… 194
学生顶岗实习 …… 195

高等教育

高职扩招 …… 195
科研服务 …… 195
混合所有制 …… 195
重大项目 …… 195
科技合作 …… 195

成人教育

师资培训 …… 196
学历提升 …… 196

阿克苏教育学院

概况 …… 196
大中专学历教育 …… 196
中小学教师继续教育培训 …… 196
教育科研 …… 196
学生管理德育 …… 196
招生工作 …… 197
就业服务 …… 197

新疆广播电视大学阿克苏分校

学生情况 …… 197
教学活动 …… 197

教育管理

教材征订 …… 197
课题研究 …… 197
教学能手工作室 …… 197
网络研修 …… 197

教育督导

履职评价 …… 198
学前幼儿园网上督评 …… 198
能力提升 …… 198

重点学校

阿克苏职业技术学院

学生情况 …… 198
招生工作 …… 198
师资建设 …… 198
就业创业工作 …… 199
专业建设 …… 199
课题建设 …… 200
基础设施建设 …… 200
社会培训和成人教育及鉴定 …… 200
扶贫助学 …… 200

新疆理工学院

学生情况 …… 200
师资建设 …… 200
专业建设 …… 201
交流合作 …… 201
科研建设 …… 201
招生工作 …… 201
就业服务 …… 201

科学技术

科技项目

科技兴阿项目 …… 202

科技型中小企业技术创新项目 …… 202
国家科技项目 …… 202
自治区科技项目 …… 202
科技援疆项目 …… 202
自治区科技进步奖 …… 203

创新能力

科技投入 …… 203
高新技术企业 …… 203
创新平台 …… 203

科技活动

科技明白人培育工程 …… 203
科技活动周 …… 203
第五届阿克苏地区创新创业大赛 …… 203

科技人才

科技特派员 …… 203
“三区”人才 …… 203
科技智库 …… 204

知识产权保护

“双打”工作落实 …… 204
“铁拳”行动方案 …… 204
专利案件查办 …… 204
执法检查 …… 204
商标代理机构专项整治 …… 204

农业科技发展

林下经济 …… 205
创建粮棉高产 …… 205
试验示范 …… 205
农业生产节本增效 …… 205
农业技术推广 …… 205
农作物病虫害发生与防治 …… 205

畜牧科技发展

接羔育幼 …… 205
养牛业发展 …… 206
黄牛人工授精配种 …… 206
肉羊改良 …… 206
科学养畜 …… 206
畜牧技术推广 …… 206
种畜管理 …… 206
良种补贴 …… 206
疆南绒山羊新品种培育 …… 206
饲草料种植试验 …… 206
饲草料种植和收储 …… 207

水文勘测

水文情报预报 …… 207
水质监测 …… 207
水文测报 …… 207
信息化建设 …… 207

气象科研

气候概况 …… 207
气象服务 …… 208
灾害防御建设 …… 208
气象装备保障 …… 208
气象探测环境保护 …… 208
人工影响天气 …… 208
重大灾害性天气预警 …… 209
气象基础设施建设 …… 209

地震测报

乌什国家测震台 …… 209
库车国家测震台 …… 209
托管测震台 …… 209
区域测震台 …… 209

文化体育

文化场馆

免费开放 …… 210

世界读书日系列活动 …… 210
全民阅读活动 …… 210
特色服务 …… 210
少儿免费培训 …… 210
馆外服务 …… 211
图书销售 …… 211
重点图书发行 …… 211
教材教辅发行 …… 211
“东风工程”惠民出版物发行 …… 211
全民阅读推广 …… 211

公共文化活动

文化概况 …… 211
技术设备改造 …… 212
群众性文化活动 …… 212
文化服务示范点创建 …… 212
浙阿文化交流 …… 212

文学艺术

文艺演出活动 …… 212
情景歌舞剧 …… 213
文艺作品助力“抗疫” …… 213
宣传推介演出活动 …… 213
校园美育 …… 213

文化遗产保护

文物考古发掘 …… 213
文物遗产保护 …… 213
文物征集 …… 214
文物执法 …… 214

文物展示

概况 …… 216
免费开放 …… 216
公共服务 …… 216
重要展览 …… 216
社会教育 …… 216
流动博物馆 …… 216
业务研究 …… 216

新闻出版

概况 …… 217
新闻工作 …… 217
新闻出版 …… 217
系列宣传 …… 217
媒体融合 …… 218
获奖情况 …… 219

广播影视

栏目调整 …… 219
升级改版 …… 219
外宣工作 …… 219
基础设施改造 …… 219
安全播出 …… 220
电影管理 …… 220

文化市场管理

文化市场管理 …… 220
文化市场执法检查 …… 220

体育

竞技体育 …… 220
农牧民体育健身工程 …… 220
学校体育 …… 221
社会体育 …… 221
体育协会 …… 221
体育培训 …… 221

卫生健康

综述

抗击疫情 …… 222
健康扶贫 …… 222
综合医改 …… 222
公共卫生服务 …… 223
计生和妇幼工作 …… 223
纪律建设 …… 223

疾病防控

疾病预防控制 …… 223
地方病监测 …… 224
综合卫生监测 …… 224

医疗卫生

医保扶贫 …… 224
医疗保障政策 …… 224
医保制度改革 …… 224
医疗保障服务 …… 225
全民健康体检 …… 225
基金监管 …… 225

妇幼保健

概况 …… 225
重大公共卫生服务项目管理 …… 225
妇女保健管理 …… 226
儿童保健管理 …… 226

职业卫生

粉尘危害专项调查 …… 226
尘毒危害专项治理 …… 226
职业病危害摸底 …… 226
尘肺病救治救助 …… 226
职业健康监管执法 …… 227
用人单位主体责任落实 …… 227

老龄健康

老年健康预防保健 …… 227
医养融合发展 …… 227
中医药健康服务 …… 227

爱国卫生

环境卫生整治 …… 227
爱国卫生月 …… 227
卫生动态管理 …… 228

卫生监督

公共场所卫生监督 …… 228
学校卫生监督 …… 228
医疗卫生监督 …… 228
传染病卫生监督 …… 228
职业放射卫生监督 …… 228

药品管理

药品耗材价格管理 …… 229
应用远程集中审方平台 …… 229
药品经营许可“先证后查” …… 229
深化专项行动 …… 229
部门协调联动 …… 229

医疗机构

第一人民医院

医疗质量 …… 229
学科建设 …… 230
远程会诊 …… 230
科研工作 …… 230
人才培养 …… 230
社会公益 …… 231

第二人民医院

医疗服务 …… 231
惠民服务 …… 231
专科建设 …… 231
学术研究 …… 231
医疗设备 …… 231

中医院

学术研究 …… 232
特色医疗 …… 232
护理工作 …… 232
合理用药 …… 232
首例医疗 …… 232

民族医药

医院概况 …… 232
惠民服务 …… 233
专科建设 …… 233
学术研究 …… 233
优质护理 …… 233
特色治疗 …… 233

第四人民医院（康宁医院）
心理健康 …… 233
心理疏导 …… 233
精神卫生 …… 234
医疗培训 …… 234
护理质量控制 …… 234
医政管理
电子化注册 …… 234
医疗机构改革 …… 234
“互联网+医疗健康”服务 …… 234
民族宗教事务
“民族团结一家亲”活动
常态化长效化机制 …… 235
铸牢民族团结思想基础 …… 235
各族干部群众交往交流交融 …… 235
创新活动载体 …… 236
民族团结“微创建” …… 236
民族团结进步创建
体制建设 …… 236
命名授牌 …… 236
细胞创建工程 …… 236
民族团结教育月 …… 237
嵌入式发展 …… 237
宗教事务管理
宗教人士考核 …… 237
宗教活动管理 …… 237
宗教教职人员教育服务 …… 237
扶持少数民族项目 …… 237
社会生活
人口家庭
户政管理 …… 238
流动人口和出租房屋管理 …… 238
婚姻登记 …… 238
殡葬管理 …… 238
劳动就业
创业带动就业 …… 238
高校毕业生就业 …… 239
中高职毕业生就业 …… 239
就业扶贫 …… 239
公共就业服务 …… 239
失业登记稳就业 …… 240
创新创业 …… 240
职业技能培训 …… 240
社会保险
养老保险 …… 240
失业保险 …… 240
工伤保险 …… 241
医疗保障信息化建设 …… 241
社会救助
救助待遇 …… 241
救助范围 …… 241
特困供养照料服务 …… 241
人道救助 …… 241
孤残儿童关爱保护 …… 242
残疾人社会保障 …… 242
根治欠薪 …… 242
社会福利
社会福利慈善事业 …… 242
城乡低保 …… 242
伤病残鉴定 …… 242
社会保障 …… 242
降低企业社会保险费 …… 243
社保扶贫 …… 243
流动人员档案管理 …… 243

公积金管理

缴存业务 …… 243
提取业务 …… 243
信贷业务 …… 243
财务数据 …… 244
资产风险状况 …… 244
为民服务 …… 244
个人贷款 …… 244
增值收益 …… 244
业务政策调整 …… 245

社区建设

组织体系 …… 245
社区干部队伍建设 …… 245
网格化管理 …… 245
常态化疫情防控 …… 245

社会(团体)组织管理

规范建设 …… 245
基层政权建设 …… 245
行政区划 …… 246

老龄事务

惠老政策落实 …… 246
敬老爱老宣传 …… 246
主题宣讲 …… 246

退役军人事务

移交安置 …… 246
就业创业 …… 246
优抚优待 …… 246
军民共建 …… 246
军休工作 …… 247
烈士褒扬 …… 247
基层服务保障 …… 247

应急管理

综述

自然灾害综合监测预警制度 …… 248
应急救援建设 …… 248
事故灾害和应急处置 …… 248
风险管控 …… 248

防灾减灾

防灾减灾能力建设 …… 249
灾害应急准备 …… 249
打牢防灾减灾基础 …… 249

安全生产监督管理

安全生产责任体系 …… 249
安全生产专项整治 …… 249
安全生产基础保障 …… 250
重大自然灾害处置 …… 250

消防救援

概况 …… 250
消防执法 …… 250
消防宣传 …… 251
能力提升 …… 251

县市概况

阿克苏市

基本情况 …… 252
党的建设 …… 252
脱贫攻坚 …… 252
基础设施建设 …… 253
农业农村经济 …… 253
工业经济 …… 253
民生建设 …… 253
生态旅游 …… 253
生态建设 …… 254
老旧小区改造 …… 254
工业园区建设 …… 254
浙江省援建工作 …… 254

库车市

基本情况 …… 254

党的建设 …… 256
脱贫攻坚 …… 256
城乡基础设施建设 …… 256
农业农村经济 …… 256
民生建设 …… 257
旅游服务业发展 …… 257
开发区建设 …… 257
生态建设 …… 257
库车水系 …… 258
工业园区建设 …… 258
浙江省援建工作 …… 258
名优特产 …… 259

沙雅县

基本情况 …… 260
党的建设 …… 260
脱贫攻坚 …… 260
全面小康 …… 260
基础设施 …… 261
农业农村经济 …… 261
民生建设 …… 261
生态旅游 …… 261
生态建设 …… 261
工业园区建设 …… 262
园区基础设施建设 …… 262
园区项目建设 …… 262
浙江省援建工作 …… 262
招商引资 …… 262
智力支持项目 …… 262
名优特产 …… 263

新和县

基本情况 …… 263
党的建设 …… 264
脱贫攻坚 …… 265
全面小康 …… 265
基础设施 …… 266
农业农村经济 …… 266
民生建设 …… 266
文化旅游 …… 266
生态建设 …… 266
“增牛”“增鸽”工程 …… 266
工业园区建设 …… 267
浙江省丽水市援助 …… 267
名优特产 …… 267

拜城县

基本情况 …… 268
党的建设 …… 269
脱贫攻坚 …… 269
基础设施 …… 270
农业农村经济 …… 270
民生建设 …… 270
产业园区建设 …… 271
生态旅游 …… 271
招商引资 …… 271
浙江省温州市援疆工作 …… 272

温宿县

基本情况 …… 272
党的建设 …… 273
基层组织建设 …… 273
住房和城市建设 …… 273
脱贫攻坚 …… 273
全面小康 …… 274
水利建设 …… 274
交通运输 …… 274
农业农村经济 …… 274
工业经济 …… 275
民生建设 …… 275
全域旅游 …… 275
温宿产业园区 …… 276
温宿国家农业科技园区 …… 276
浙江省援建工作 …… 276
名优特产 …… 276
生态文明建设 …… 277

企业孵化园 …… 277

阿瓦提县

基本情况 …… 277
党的建设 …… 277
脱贫攻坚 …… 277
基础设施建设 …… 278
农业农村经济 …… 278
城市经济建设 …… 278
民生建设 …… 279
生态环境 …… 279
生态建设 …… 279
贯彻落实新发展理念 …… 280
民族团结 …… 280
浙江省绍兴市对口援疆工作 …… 280

乌什县

基本情况 …… 280
党的建设 …… 282
脱贫攻坚和全面小康 …… 282
基础设施 …… 282
农业农村经济 …… 283
民生建设 …… 283
生态建设 …… 283
旅游产业 …… 284
城市经济 …… 284
工业园区建设 …… 284
衢州市援建工作 …… 285
名优特产 …… 285

柯坪县

基本情况 …… 286
党的建设 …… 287
脱贫攻坚 …… 287
基础设施 …… 287
农业农村经济 …… 287
民生建设 …… 287
生态旅游 …… 287
生态建设 …… 287
骆驼产业发展 …… 288
对口援疆工作 …… 288

新疆生产建设兵团第一师阿拉尔市

新疆生产建设兵团第一师阿拉尔市领导名录 …… 289
第一师阿拉尔市概况 …… 289
水利资源 …… 290
矿产资源 …… 290
经济建设 …… 290
农业 …… 290
工业 …… 291
建筑业 …… 291
服务业 …… 291
交通运输业 …… 291
旅游业 …… 291
固定资产投资 …… 292
国内贸易 …… 292
对外经济 …… 292
财政和金融 …… 292
税收 …… 292
收入 …… 292
教育 …… 293
科技 …… 293
文化 …… 293
卫生 …… 293
环境 …… 293
安全生产 …… 293
社会保障 …… 293
阿拉尔市人大 …… 293
阿拉尔市政协 …… 293

对口援建

概况 …… 294
产业援疆 …… 294

智力援疆 …… 294

园区经济

阿拉尔经济技术开发区

概况 …… 294
经济建设 …… 295
基础建设 …… 295
招商引资 …… 295
服务企业 …… 295
园区重点企业选介 …… 295

阿拉尔国家农业科技园区（第一师阿拉尔垦区国家现代农业示范区）

概况 …… 295
园区建设 …… 296
企业集聚 …… 296
招商引资 …… 296
园区重点企业选介 …… 296

上市公司

新疆青松建材化工（集团）股份有限公司

概况 …… 296
生产经营 …… 297
企业改革 …… 297

新疆塔里木农业综合开发股份有限公司

概况 …… 297
经济建设 …… 297
阿拉尔新农乳业有限责任公司 …… 297
阿拉尔新农甘草产业有限责任公司 …… 297

附录

厅级干部职务的任免和变更

…… 298

地区、县（市）级机构领导干部名录（2020年）

地区厅级领导名录 …… 298
中共阿克苏地区委员会 …… 300
中共阿克苏地区纪律检查委员会(地区监察局) …… 300
各处室负责人 …… 300
地委各工作部门负责人 …… 301
自治区人大常委会阿克苏地区工作委员会 …… 304
阿克苏地区行政公署 …… 304
行署工作部门负责人 …… 305
自治区政协阿克苏地区工作委员会 …… 305
地区中级人民法院 …… 305
阿克苏检察分院 …… 306
群众团体 …… 315
事业单位 …… 316
国有企业 …… 318
县（市） …… 320
奋进新时代 展现新作为 开启新征程 奋力开创团结和谐文明富裕的美丽阿克苏建设新局面 …… 329
阿克苏地区创建全国民族团结进步示范地区工作方案 …… 339
关于脱贫攻坚巩固提升与推进乡村振兴有机衔接的指导意见 …… 344

先进集体

国家级先进集体 …… 350
自治区级先进集体 …… 354

先进人物

国家级荣誉称号 …… 360
自治区级荣誉称号 …… 363
2020年国民经济和社会发展统计公报 …… 368

索引

…… 376

阿克苏地区年鉴(2021)

专 记

阿克苏脱贫攻坚工作纪实

2020年，阿克苏地委、行署精准精确落实扶贫政策，脱贫攻坚圆满收官。阿克苏地委、行署牢牢扭住社会稳定和长治久安总目标，坚持精准扶贫精准脱贫基本方略，全面落实《中共中央、国务院关于打赢脱贫攻坚战的决定》《中共中央、国务院关于打赢脱贫攻坚战三年行动的指导意见》等各项部署和要求，紧扣“两不愁三保障”（不愁吃、不愁穿；保障义务教育、基本医疗、住房安全），扎实推进“七个一批”（通过转移就业扶持一批、通过发展产业扶持一批、通过土地清理再分配扶持一批、通过转为护边员扶持一批、通过实施生态补偿扶持一批、通过易地扶贫搬迁扶持一批、通过综合社会保障措施兜底一批）、“三个加大力度”（加大教育扶贫力度，阻断贫困代际传递；加大健康扶贫力度，防止因病致贫返贫；加大基础设施扶贫力度，改善生产生活条件），解决区域性整体贫困取得决定性成就，脱贫攻坚决战决胜的基础更加坚实。

阿克苏地区有2个深度贫困县，269个贫困村，建档立卡贫困人口6.54万户、24.66万人，贫困发生率高达14.2%，被列为国家脱贫攻坚“三区三州”深度贫困地区。截至2019年年底，全地区实现整体脱贫退出。2020年，坚持“四个不摘”（摘帽不摘责任、摘帽不摘政策、摘帽不摘帮扶、摘帽不摘监督）“八个不变”（各级扶贫开发领导小组不变、各级扶贫开发领导小组办公室机构不变、五级书记一起抓不变、“双组长”责任制不变、党委主体责任和纪委监委监督责任不变、有脱贫攻坚任务的地县乡班子稳定不变、村第一书记和驻村工作队帮扶机制不变、各级帮扶力量和帮扶关系不变），把巩固提升脱贫成果，有效防止返贫致贫摆在重要位置，贫困农牧民人均纯收入由2016年的4359元增长到2020年的11746元，增长169.5%。经过国家脱贫攻坚普查，地区2837户、11478名脱贫“监测户”和7512户、31933名“边缘户”均实现风险清零，贫困农牧民人均纯收入均达到5000元以上；44936名建档立卡贫困学生入学率100%，无辍学现象；建档立卡贫困户城乡居民基本医疗保险、大病保险和补充医疗险参保率100%；建档立卡贫困人口安全饮水、住房安全实现全覆盖，“两不愁三保障”核心指标全面达标。269个贫困村基础设施建设、村级组织阵地及文化阵地建设、公共服务能力和水平、村容村貌等均发生翻天覆地的变化。乌什县、柯坪县2个贫困县于2019年如期摘帽，其余7个有扶贫任务的非贫困县（市）民生及政策保障水平大幅提高，基本公共服务能力和水平显著提升，高于全疆平均水平，接近全国平均水平。

2020年，阿克苏地区到位各类扶贫资金26.75亿元，提取项目643个，完工率100%，支出资金26.47亿元，支出进度98.97%。全面摸查、确权登记扶贫存量资产，根据扶贫资产的资金来源、资产类型、收益范围等，采取因地制宜、分类指导的方式，构建多形式、多层次、多元化的管理模式，进一步规范收益使用分配，切实管好每一分扶贫资金、每一个扶贫项目,持续发挥效益。据统计，地区享受产业扶贫政策贫困户64871户,占建档立卡户的99.2%;通过农民合作社、龙头企业等新型经营主体带动的贫困户56957户,占贫困户总数的87%;参加农民合作社建档立卡户数28195户,占建档立卡总户数43%。1196个行政村共有各类产业扶贫基地10432个,平均每个村有8.7个产业扶贫基地，带贫益贫效益尤为显著。

转移就业扶持一批。坚持把转移就业作为稳定脱贫的主渠道,组建专班,完善机制,精准对接,分类施策,确保有劳动能力的贫困人口全部实现稳定就业。拓宽就业渠道。落实跨县整建制转移就业、县内就地就近转移就业、农业内部转移就业等重点举措，制订《农村富余劳动力转移就业方案》,按照年龄、性别等要素分类开发就业岗位。统筹阿克苏纺织工业城和各县(市)园区岗位，引导35岁左右贫困劳动力在企业稳定就业；统筹全地区农业用工岗位,为45岁左右贫困劳动力提供农田管理、专业合作社社会化服务等岗位;采取建设“卫星工厂”、鼓励自主创业等多种形式，实现贫困人口就地就近就业。截至年底,全地区131999名有劳动能力的贫困人口全就业，边缘户中9087名劳动力全部实现转移就业。强化政策引导。引导复工复产企业和重大项目建设优先安置贫困户、边缘户就业;调整腾退机关事业单位外聘人员，增加贫困户就业比重，机关事业单位外聘贫困人员占10%;适度扩大护路员、防疫员、保洁、保安等公益性岗位规模,设立贫困户、边缘户专岗，确保有劳动力的贫困人口全就业、人人有活干、持续有收入。突出稳岗就业。坚持把提高“稳岗率”作为转移就业的重中之重,落实干部包联企业工作机制，建立干部驻厂带队制度，加强务工人员教育管理,提高就业稳岗率。压实基层组织、行业主管部门对贫困户、边缘户就业稳岗责任,新增公益性岗位优先选聘贫困户、边缘户，贫困人口就业稳定率99%。落实稳岗就业补贴等各项优惠政策,制定一企一策,鼓励各用工单位加大关心关爱力度，营造拴心留人、稳岗就业的良好氛围。强化就业服务。依托脱贫攻坚大数据平台，动态采集贫困户和易致贫边缘户已就业人员的就业现状、未就业人员的就业能力等信息，建立企业空岗信息月报告制度，定期把政策和岗位信息送到贫困户家中，实现贫困家庭劳动力转移就业动态清零。

发展产业扶持一批。坚持把产业扶贫作为管根本、管长远的长效举措来抓,一、二、三产业融合发展，为实现稳定脱贫打下坚实基础。推进棉花高质量发展。坚持以纺织服装企业用棉需求为导向，抓住棉花目标价格改革有利时机,不断优化棉花品种结构,完成“一主两辅”(1个主栽品种、2个辅栽品种)品种布局。加快建立区域性棉花生产专业合作社,推行订单生产，建成植棉专业合作社353个，落实植棉订单30.92万公顷,占棉花播种面积65.4%。抓好高标准农田、高效节水滴灌工程建设,不断扩大机采棉规模，推动棉花产业优质、高产、高效发展。累计完成高标准农田土地平整6.34万公顷，高效节水面积41.45万公顷;截至2020年年末，全地区机采棉面积达368.87万公顷，占棉花播种面积的72%。推进林果提质增效。狠抓关键性技术措施落实，建立各级领导包联示范园机制，加强实用技术培训，采取政府购买服务方式,为1.98万贫困户0.67万公顷林果提供社会化技术服务;采取“以奖代补”方式,累计投入1.08亿元，用于贫困户林果业物化投入,推动林果产品提质增效，贫困户林果纯收入达5015元,占农民人均纯收入31%。鼓励农技人员下沉领办创办、兼职、挂职农民专业合作社,加大林果业技术服务、林果产品初加工类农民专业合作社扶持培育力度，吸纳入社贫困人员2万人。加大果品营销力度,建立“阿克苏好果源”质量溯源体系，实现优质优价。提高畜牧养殖收益。坚持龙头企业带动、农民合作组织托管、庭院养畜增收、现代科技促进，构建畜牧产业扶贫长效机制。推行规模化养殖,不断延伸畜牧产业链,建成养殖场(基地)788个、畜产品屠宰加工企业6个。探索“企业+合作社+农户”的养殖模式,完善以资金入股、托养分红、订单收购、租赁受益、劳动收益为主要内容的利益联结机制,提升畜牧产业带贫益贫效益，带动4.5万余名贫困人口户均增收3200余元。发展入户养殖，累计发放扶贫羊23万只、扶贫牛3万头，新建各类棚圈、青储窖3万个。吸纳120名贫困群众加入村级防疫员队伍，实现年人均增收12000元。发展设施农业。加大设施农业建设力度，全地区有日光温室16237座1716.53公顷，温室、大田、拱棚定植蔬菜2.08万公顷，辐射带动贫困户1万户，带动户均增收2800元/年。因地制宜发展特色作物种植，坚持以订单生产为主，组织贫困户种植鹰嘴豆，加工番茄、辣椒、黄芪等特色作物，每年种植面积200公顷以上，带动贫困户1300户。采取“研发中心+龙头企业+合作社+贫困户”模式，发展以黑木耳为主的食用菌林下经济，实现利用修剪果树枝条制作菌棒生产黑木耳、菌棒沤制还田的良性循环。2018年以来，累计种植2328万棒，覆盖贫困户5000户，带动户均增收3000元/年以上。推进农业产业化发展。推动农业产业化经营，地区财政每年安排1亿元资金，支持农产品加工、仓储、营销，全地区建成农副产品加工园区3个，培育农业产业化企业465家，各类农民专业合作社5071家，初步构建起“初级加工在乡村，精深加工在园区”的农业产业化布局。发展纺织服装、农副产品精深加工、电子产品组装、乡村旅游等劳动密集型产业，建成卫星工厂、扶贫车间77个，带动贫困户稳岗就业、持续增收。

政策扶持有为有力。稳妥开展农村土地清理工作，建立政府主导、企业化经营运行机制，依法依规清理农村土地8.43万公顷，实现土地收益8227.78万元，开发民兵、保安、协警等公益性岗位6033个，实现贫困人口年人均工资万元以上。对集体收益不足5万元的贫困村予以补助，壮大集体经济，改善公共服务和基础设施。落实边境县护边员补助政策，将乌什县、温宿县护边员岗位进一步优化调整，3020名贫困护边员稳定脱贫，实现边境管控和脱贫攻坚有机统一。坚持扶贫开发与生态保护相结合，用足用好国家政策，建立生态工程、生态就业、生态产业、生态补偿“四位一体”的扶贫模式，落实国家新一轮草原生态保护补助奖励政策，让贫困群众共享生态文明建设成果。4557名贫困人口成为草原管护员和生态护林员，实现生态改善和脱贫攻坚双赢。精准识别易地扶贫搬迁对象，采取集中安置为主、村级分散为辅的方式，完成2496户、8519名贫困人口易地扶贫搬迁任务，2018年已全部搬迁入住。完成旧房拆除及复垦复绿，加强社会管理服务，实现贫困群众“搬得出、稳得住、能脱贫、逐步能致富”。按照国家和自治区社会保障政策，建立农村低保标准和扶贫标准有效衔接机制，实现农村低保标准与扶贫标准“两线合一”，农村低保标准从2012年的1512元/年，提高至2020年4100元/年，增长171%。15112名老弱病残、鳏寡孤独、丧失或部分丧失劳动力的贫困人员应纳尽纳、应兜尽兜。建设幸福大院79所，设置床位数2318张，已入住“五类”困难老人1653人，入住率71.3%。

教育扶贫全覆盖。全面改善农村义务教育薄弱学校基本办学条件，投入资金27.04亿元，建设校舍面积92.1万平方米，投入3.3亿元购置设施设备。争取“三区三州”教育脱贫攻坚项目1.27亿元，为2个深度贫困县建设校舍面积3.68万平方米，购置设施设备1039万元。全面落实15年免费教育政策（三年学前教育、九年义务教育、三年高中免费教育），推进精准资助和差异化资助，累计资助贫困大学生20387人，发放资助金8107.22万元，实现建档立卡贫困学生资助全覆盖。严格执行“控辍保学”机制，除身体原因不具备学习条件外，44936名建档立卡贫困学生入学率100%，没有失学、辍学情况；开展“义务教育有保障”精准核查，地区小学、初中适龄儿童少年净入学率分别为99.9%、99.5%，实现“应入尽入”、一个不少，九年义务教育巩固率96.1%，完成国家到2020年95%以上的目标，有效阻断贫困代际传递。

健康扶贫保障到位。统筹基本医疗保险、大病保险、医疗救助与补充医疗保险，贫困人口实行定额资助，基本医疗保险、大病保险参保率均100%。全面取消大病保险封顶线，大病保险起付线从1.5万元下降至7500元，各费用段报销比例均提高5个百分点，进一步解决贫困群众就医的后顾之忧。9个县（市）公立医院、91所乡镇卫生院、1196个村卫生室全部达到医疗技术人员“三合格”［每个县医院的每个专业科室至少有1名合格的执业医师、每个乡镇卫生院至少有1名合格的执业(助理)医师或全科医师、每个村卫生室至少有1名合格的乡村医生(取得乡村医生执业证书)或执业(助理)医师]、医疗服务能力“三条线”[常住人口超过10万人的贫困县有1所县医院(中医类医院)达到二级医院医疗服务能力、常住人口超过1万人的乡镇卫生院达到标准化建设要求;常住人口超过800人的行政村卫生室达到标准化建设要求]标准化建设要求,常见病、慢性病在县乡村三级医疗机构获得及时诊治。共组建家庭医生团队1045个,贫困人口签约率100%。“先诊疗后付费”和“一站式”结算服务有效落实,最大程度简化就诊流程,将远程会诊费用纳入城乡居民医疗保险范围,切实降低贫困患者看病就医负担。

基础设施建设达标。加强住房安全保障,完成6.54万户建档立卡贫困户居住房屋安全性认定,33万户一般户危房鉴定。2018年建设贫困户安居房2471户,2019年建设548户。实现建档立卡贫困户安全住房全覆盖,水电配套完善,达到标准、满足需求。实施农村饮水安全巩固提升工程,累计解决和改善18.93万贫困人口饮水安全问题,实现饮水安全全覆盖。在党中央和自治区党委的关心下,柯坪县城乡饮水安全工程于2018年10月底全面通水,让全县人民喝上“安全水”“幸福水”。持续改善交通出行条件,累计新改建农村公路6609千米,地区农村公路总里程达到1.56万千米,具备条件的建制村100%通硬化路。强化电力供应保障,贫困县、贫困村累计新建和改造电力线路2750千米,增换配电变压器1219台,容量14.5万千伏安,6.54万户贫困户生活用电全覆盖,1196个村全部通动力电。不断扩大网络覆盖面,累计通光纤、通宽带贫困村269个,4G基站建设269个,无线、有线网络覆盖率达到100%。

深入推进科技扶贫。2020年,阿克苏地区全力推进科技扶贫项目实施,积极争取实施自治区“乌什县依麻木镇亚贝希村肉牛科技养殖”科技扶贫计划项目,带动50户建档立卡贫困户,人均年收入1000元以上,依靠科技养殖,实现稳定增收。积极推行科技特派员“包村联户”服务模式,在全地区下派642名科技特派员赴农业生产一线开展农村先进适用技术和创业技能培训服务,实现扶贫工作由偏重“输血”向注重“造血”转变。选派35名“三区”(边远地区、边疆民族地区和革命老区)科技人才根据专业特长赴乌什县、柯坪县开展科技服务工作,带动深度贫困地区困难群众加快脱贫。深入实施农村“户户都有科技明白人”培育工程,充分发挥“科技明白人”保稳定、促发展、惠民生的示范带动效应,促进农民增收致富。截至2020年年底,全地区拥有“科技明白人”农村家庭37.6万户,实现有劳动力农村家庭培育工作全覆盖。

阿克苏疫情防控工作纪实

2020年,面对突如其来的新冠肺炎疫情,阿克苏地委、行署坚决贯彻落实党中央战略部署和自治区党委工作要求,始终坚持人民至上、生命至上,以坚定果敢的勇气、坚忍不拔的决心、精准管用的举措,全力以赴打好疫情防控人民战争、总体战、阻击战,地区上下勠力同心、众志成城、顽强拼搏、共克时艰,夺取了抗疫斗争阶段性胜利,确保了人民群众生命安全和身体健康,为经济社会平稳有序发展赢得了战略主动。

2020年,阿克苏地委、行署坚决贯彻党中央“坚定信心、同舟共济、科学防治、精准施策”总要求,全面落实自治区党委工作部署,迅速启动新冠肺炎疫情防控工作,建立由地委、行署主要领导任指挥长、厅级领导任专项工作组组长,上下贯通、兵地联动的领导指挥体系,制订《阿克苏地区新冠肺炎疫情防控工作方案》,先后召开21次地委委员会议、51次疫情防控工作领导小组和指挥部会议,研究部署疫情防控工作。9个县(市)派驻由厅级领导带队的疫情防控包联指导组、集中隔离点专项督导组和纪委监委驻点督导组,全流程、全过程、全方位督导检查。地直各单位坚持两手抓、两不误,在抓好疫情防控工作的基础上,统筹抓好各项工作,扎实落实工作措施,严密防范疫情的传播和发生,切实保障人民群众的生命安全和身体健康。

——统一指挥、统一调度。2020年,地区疫情防控工作指挥部统一指挥调度,压实属地、部门、单位、个人“四方责任”,按照

“早发现、早报告、早隔离、早治疗”的要求，全面落实自治区党委“防、治、控、保、稳”措施。坚持“外防输入”，动态调整疫点疫区到阿克苏返阿克苏人员防控策略，全方位、全过程、全闭环立体防控，坚决守住国门、入阿克苏大门、单位和社区院门“三道防线”。加强重点部位封闭管理，建立落实社区防控责任制。坚持“内防反弹”，建立落实发热门诊、环境监测、环境消杀、冷链食品和邮件物流、交通运输人和物、重点人群核酸检测、人员不聚集监督管理、健康码和行程码运用“八项监测预警机制”，按照“一项机制一个专班”的要求，落实落细防控措施，牢牢掌握疫情防控主动权。加强医疗物资储备，储备各类医用口罩1727万个、核酸检测试剂149万人份、提取试剂和采样管452万人份、二三级防护服48万套、核酸检测设备48台、医疗救治设备431台、中草药173吨，保障3个月以上的供给。强化本地医疗物资生产，地区2家医疗物资生产企业日均生产采样管30万管、二级防护服3万件、口罩50万个。正常供应生活物资，坚持自产和外购相结合，加大粮、油、肉、蛋、蔬等生活必需品保障力度，储备生活物资8大类、4.88万吨。成立500支生活物资配送服务车队，对农副产品进行集中收购，采取点对点的方式，向蔬菜点、社区供应点配送生活物资。配发货运车辆通行证2932张，开通应急防疫物资、生活必需品、农副产品“绿色通道”，通过电话、实地督查等方式先后协调疏通货运通道“堵点”380处，确保辖区范围内物资运输畅通。全地区中小微企业、个体工商户累计享受减、免、缓、补、展、续等各项政策红利238万户次，降低电价、气价、房租及基础设施配套费用等各项成本4.91亿元，协调金融机构放贷、展期、续贷、延期、理赔423.79亿元。

——医疗救治及时有效。2020年，地区按照“优化布局、标准建设”的工作要求，设置定点发热留观医院10家、发热门诊23个、乡（镇）预检分诊点106个，建成留观病房574间、负压病房107间，配备负压救护车29辆。加快提升核酸检测能力，建成核酸检测实验室33个，日最大核酸检测能力达到16.5万管，9415名核酸采样技术人员通过培训考核后持证上岗，累计开展新冠肺炎核酸检测2702万人次。开展新冠肺炎诊疗和院感防护培训279期、23.4万人次，做到培训全覆盖、无遗漏、无死角。指导各级医疗机构常态化开展各类应急演练1500场次。开展2轮疫苗接种，共计接种150440人次。成立130支流动医疗小分队，累计提供诊疗服务16.8万人次。搭建急重症患者转诊转院的桥梁，共协调肿瘤、先天性心脏病、脑出血等450余名重症患者转院就医。2020年，阿克苏地区坚持“宁可备而不用，不可用而不备”的底线思维，按照“柯坪县不少于500间、其他县（市）不少于1000间”的标准加快推进集中隔离场所建设。统一规范建设集中隔离医学观察场所29处、9792间，统一完善配套硬件设施设备，安装可视对讲系统，实现每个房间与控制中心互联互通，做好常态化疫情防控准备。设置卫生检疫卡点1900个、核酸采样点867个、投入警务和卫生等一线人员，摸排和服务管理疫点疫区到阿返阿人员。组建封控检查、核酸检测、集中隔离、流调排查、消杀清洁、环境监测专业队伍5241支、21777人，完成人员核酸检测1227.2万人次，环境采样监测单位25.8万次，检测环境（含食品）标本159.1万管。指导完善人员聚集活动防控方案预案67次，监测场所142387个，审批人群聚集活动3977场次，涉及人员111.4万人。设立健康码行程码扫码点16419处，安装智能快速自动感应体温检测设备2228台，运用健康码行程码核验人员1872.9万人次，实现监测全覆盖。

——党建工作在前线。2020年，地区5600个基层党组织发挥战斗堡垒作用，11.9万名党员干部和社区工作者冲锋在一线，1.4万名团员青年主动靠前，1.3万名医务工作者白衣擐甲，3.2万名公安干警不畏艰险，6.7万名志愿者积极奉献，构筑起联防联控、群防群控的严密防线。创新疫情防控一线党组织设置，在疫情防控指挥部、核酸检测点、公安检查站等前沿阵地设立一线临时党支部1100个，建立党员先锋队123个，制定临时党支部工作职责，常态坚持交通卡口设置、扫码、测温、消杀等工作，及时掌握流动人员监测，做好重点部位防控，推进疫情防控系列举措落地见效。整合划分辖区党委、两新组织、楼宇小区，深化地委—县（市）委—街道(乡镇)党(工)委—社区(村)大党委—网格(村民小组)党支部—楼栋党小组六级组织体系，将疫情防控工作延伸到基层每个角落。阿克苏地区坚持“全疆一盘棋”，先后选派58名医护人员赴乌鲁木齐开展救治援助工作，其中2名同志火线入党。喀什、克州疫情发生后，阿克苏地区紧急调配3万管核酸采样耗材，组织6家地直医疗机构并选派9名具备核酸检测资质检测人员赴喀什巴楚县，开展全民核酸检测筛查。筹集医疗物资，熬制75万包中药汤剂，提供给喀什、克州。阿克苏地区向湖北武汉和浙江省捐赠苹果、干果等210吨，发扬“一方有难、八方支援”的中华民族传统美德。

——宣传督导抓落实。2020年，地区强化防控科普知识宣传，制作和滚动播出广播电视专题节目2600期次，累计滚动播发公益广告10万条(次)。农村大喇叭、社区小广播、移动宣传车等宣传不间断，及时发放张贴《传染病防治法》《关于严厉打击疫情防控期间违法行为的通告》《科学防疫人人有责》等各类宣传资料。组织媒体记者深入防控一线，深度挖掘一线典型优秀事迹，推出以全国抗击新冠肺炎疫情先进个人——胡天书为代表的一批先进典型人物。《阿克苏小学生向医护敬礼鞠躬》的微视频总浏览量突破1.2亿人(次)，入选全国“2020中国新媒体战‘疫’十大精品案例”。2020年，地区成立3个巡回督导组、2个明察暗访组、27个专项督导组，聚焦医疗机构、集中医学观察点、居民小区、卡点等重点部位，对9个县(市)、97个乡镇(街道)、1451个村(社区)以明察暗访、实地走访等方式开展全覆盖督导检查，有力有序推动疫情防控各项措施、“六稳六保”各项任务落细落实，累计下发《督办通知》59份、《转办通知》191份，发现并整改地县两级问题8248条、自治区反馈问题724条，对在疫情防控工作中打折扣、搞变通、不担当、不作为、慢作为等形式主义官僚主义问题，综合运用监督执纪“四种形态”，依规依纪依法，严肃追责问责。

阿克苏荒漠绿化工程工作纪实

阿克苏地区位于天山南麓、塔克拉玛干沙漠北缘，土地面积13.13万平方千米，其中沙漠戈壁山地7.78万平方千米、占土地面积的59.25%，气候干旱、风沙肆虐，生态环境十分脆弱。千百年来，阿克苏地区人民群众饱受风沙危害，大风、干旱、沙尘、冰雹、洪水等灾害频发，严重侵扰着各族人民的生产生活。20世纪80年代，改革春风吹遍大地，解放生产力、发展经济的实践如火如荼，国土绿化事业方兴未艾，人民群众改善生态环境、渴望幸福生活的内生动力相继迸发，阿克苏地委行署顺应民意、蓄势而为，于1986年3月决策，规划部署实施阿克苏柯柯牙绿化工程，在工程没有立项、国家没有任何投资的困难条件下，动员广大干部群众义务劳动，挖渠修路、打埂平地、植树造林，治理风沙危害、改善生态环境、改善广大人民群众生产生活条件。柯柯牙绿化工程总规划总面积1.33公顷，工程实施区域主要在阿克苏市、温宿县东北柯柯牙黄土高坡和周边沙荒地，分一期、二期、三期、四期工程逐年逐步逐片建设。柯柯牙生态绿化工程一期工程，1985—1990年，主要在阿克苏市、温宿县城北黄土高坡荒漠区域，建设了新疆杨胡杨混交林大型防沙基干防护林带和苹果等部分生态经济林，绿化面积0.13公顷。二期、三期工程，1991—2005年，主要在阿克苏市城南郊区、实验林场、一师六团一带沙荒区，主要栽植杨树、香梨、核桃、红枣等生态经济林，绿化面积0.25公顷。四期工程，建设区域主要在温宿县革命大渠以北绿洲边缘石砾沙荒区、黑孜乡、古勒阿瓦提乡绿洲边缘，规划建设了温宿县、红旗坡农场十万亩生态园，栽植了新疆杨、胡杨、沙枣、核桃、红枣等生态经济树种；工程区完成绿化面积1.0公顷。

柯柯牙绿化工程一期采取政府投资、专业机构管理、全社会办林业模式，二期工程以部门投资、部门管理方式完成造林绿化；三期、四期工程采取社会化运作模式，即“谁投资、谁受益，谁经营、谁尽责”鼓励社会力量开发经营，以防风治沙为基础，提高经济林种占比，发展特色林果业，经济生态并重，辐射带动工程区周边和地区各县(市)造林绿化。柯柯牙绿化工程自1986年启动一期工程以来，2006 年已拓展为四期工程，累计完成核心区造林 1.38 公顷，辐射带动阿克苏市、温宿县、乌什县完成造林 7.68 公顷，形成了阿克苏市库克瓦什防风治沙基地、托什干河阿合雅生态绿化基地、台兰河绿化带、温宿县 10 万亩生态园等多个防沙治沙生态绿化区，形成了从东北到东南环绕阿克苏市和温宿县城区的防风固沙生态绿色屏障。

阿克苏地区柯柯牙绿化工程航拍（阿克苏日报社　供图）

中共十八大提出“经济建设、政治建设、文化建设、社会建设、生态文明建设——着眼于全面建成小康社会、实现社会主义现代化和中华民族伟大复兴”五位一体发展战略，2015 年习近平总书记倡导“创新、协调、绿色、开放、共享”五大发展理念，地委、行署统筹稳定发展大局，乘势而上，坚定走“生态立区，绿色发展”道路，2015 年 9 月，决定实施阿克苏河、渭干河两个百万亩生态建设工程，进一步弘扬柯柯牙精神，突出重点、扩大面积、提升质量，做大做强生态建设工程，着力破解生态脆弱难题，建设南疆重要的生态治理先行区、特色产业优势区、生态涵养功能示范区，普惠各族人民，建设更加完善的生态体系，构筑坚实的社会稳定长治久安根基。

阿克苏河、渭干河生态（两个百万亩）工程建设是地委行署确立的“十三五”期间地区生态建设和环境综合治理的重点项目（2016 年完成两河生态造林规划、水资源利用及水利工程规划 2016—2020 年），涵盖地区各河流域生态治理，是地委行署坚持“生态立区，环保优先”绿色发展理念、实现地区长治久安和可持续发展的重大决策部署，是该继柯柯牙绿化工程之后，地区又一改造自然、改善生态的伟大创举，是有史以来最大规模的生态工程、民生工程和富民工程。工程以自然生态保护、人工造林与退化林分修复、林果产业发展与革新、生态宜居、旅游康养休闲为主要建设任务，规划总面积 15.58 公顷，总投资 31.31 亿元，工程覆盖地区七县二市，用五年时间完成人工造林 6.0 公顷，封育 7.60 公顷，退化林修复 1.96 公顷。规划范围为阿克苏河、渭干河流域（九县市、全流域），建设和治理任务包括：人工造林 6.0 公顷（以退耕还林、防沙治沙、三北重点防护林等重点林业项目为支撑），建设任务包括：治沙造林 4.44 公顷，护岸林 0.27 公顷，护路林 0.33 公顷，农田防护林 0.86 公顷，绿洲边缘基干防护林 0.09 公顷；退化林分修复 8.63 公顷；封沙育林 7.61 公顷（人工促新、自然修复），包括国家退化防护林改造工程。规划总投资 31.31 亿元，其中申请国家项目补助资金 14.3 亿元，占总投资的 45.68%，其余为地区、县（市）政府筹资和社会融资。工程自 2015 年 9 月启动以来，地委行署高位推动，各县（市）委、人民政府主要领导亲自挂帅，统筹规划、综合治理，部门联动、落实责任，聚力推动、持续建设，工程建设稳步推进。

2016 年，全地区完成林业生态建设 8.53 公顷、土地整治 2.8 公顷、防沙治沙 0.4 公顷，其中两河流域完成植树造林 6.43 公顷。2017 年工程计划造林 4.66 公顷，其中，人工造林 2.66 公顷，封育 2.0 公顷。工程实施两年来，累计完成造林 9.86 公顷、天然林封育 4.0 公顷，阿克苏河多浪湿地公园、乌什县沙棘森林公园建设不断完善、新和县沙漠公园初见成效、县乡生态特色小镇试点开建，“五年规划、三年完成”迈出扎实步伐，为建成长效稳固的生态屏障，为建设平安、和谐、富裕、美丽的阿克苏奠定了基础。

30年来，柯柯牙绿化工程和两河流域生态建设工程，不仅创造了沙漠变绿洲、荒原变林海的人间奇迹，极大地改善生态环境，生态、经济、社会效益相得益彰，更是锻造出伟大的柯柯牙精神，走出了一条造林绿化可持续、生态环境可持续、经济社会可持续的绿色发展道路。

30年来，地区生态绿化工程，累计栽种各类林木30937万株、完成造林17.25万公顷，续写了人进沙退的历史篇章和时代凯歌，沙化土地得到有效治理，绿洲防护体系更趋完善、流域生态功能进一步彰显；地区森林覆盖率由1985年的3.12%增加到2016年的6.8%、绿洲森林覆盖率达到28%，建成区森林覆盖率达到45.2%；每年沙尘天气由1986年的100天减少到2020年的30天，减少61%，年降水量由不足60毫米提高到100毫米，空气湿度提高17.5%，空气质量不断改善，环境质量明显提升。“让森林走进城市，让城市拥抱森林”，阿克苏市成功创建国家园林城市、森林城市，获得“中国人居环境范例奖”，柯柯牙绿化工程成为自治区爱国主义教育基地、环境保护教育基地、生态文明教育基地。

地区生态建设工程在发挥巨大的生态效益同时，经济效益日益彰显。柯柯牙绿化工程林区创造直接经济效益达30亿元，年产各类水果2万余吨；地区大力发展以核桃、红枣、苹果、杏为主栽树种的生态经济林，建设30万公顷特色生态经济林果基地，持续推进林果业提质增效工程，果品年产量超过200万吨、总产值突破百亿大关，农民来自林果业收入达到4345元，占农民可支配收入的34%以上，特色经济林不仅是绿洲生态体系的有力支撑，更是农民增产增收脱贫致富的支柱产业、绿色产业。

30年来，地区坚持生态立区、统筹协调、科学发展、绿色发展，树立“工程林业”和“全流域治理”思维，造林绿化生态环保坚持政府主导、规划先行、部门联动、全民参与；坚持适地适树、科学管理，人工造林与工程造林相结合；坚持生态保护和环境治理相结合；坚持城乡绿化一体化、生态经济与社会发展相结合，生态、经济和社会发展相统一；地区绿洲生态体系趋于完善，生态屏障更加巩固，走出了一条造林绿化可持续、生态环境可持续、经济社会可持续的绿色发展道路；一个山川秀美、宜居宜业、平安和谐富饶美丽的阿克苏呈现在世人面前。

30年来，阿克苏地区历届领导践行为民服务宗旨，为了人民、依靠人民，凝心聚力、薪火相传，植树造林、防沙治沙、改善生态，书写了“黄与绿的断代史”，筑就了一座座绿色丰碑，在开创“生产发展、生活富裕、生态良好”的绿色文明发展道路上阔步前行。

阿克苏“十三五”发展成就纪实

“十三五”以来，阿克苏地区坚持以习近平新时代中国特色社会主义思想为指导，全面贯彻中共十九大和十九届二中、三中、四中、五中全会精神，贯彻落实第三次中央新疆工作座谈会精神，贯彻落实自治区党委系列决策部署，完整准确贯彻新时代党的治疆方略，立足新发展阶段，贯彻新发展理念，融入新发展格局，抓重点、补短板、强弱项、育新能，深入实施“76331战略”，紧贴民生推动高质量发展，地区新旧动能加快转化、优势产业不断聚集、改革创新活力增强、营商环境持续优化，人民群众获得感、幸福感、安全感持续提升，团结和谐文明富裕的美丽阿克苏建设迈入新征程。

(一)经济持续稳定增长，综合实力大幅提升

“十三五”以来，地区生产总值年均增长8.7%，2020年年末达到1315亿元，产业结构从27:29:44调整到23:31:46；固定资产投资年均增长13.8%，2020年年末达650亿元；规模以上工业增加值年均增长9.8%，2020年年末达248.28亿元以上；社会消费品零售总额年均增长8%，2020年年末达285.64亿元；一般公共预算收入年均增长9.4%，2020年年末达121.6亿元；外贸进出口总额（含兵团一师）年均增长13%，2020年年末达5.18亿美元；城镇居民人均可支配收入、农牧人民人均纯收入年均增长8.77%、8.82%，2020年分别达33239元、14588元。主要经济指标总量自2019年年末以来，持续位居全疆前列。

(二)优势产业持续壮大，产业链供应链优化升级

农业发展提质增效。粮、棉、果、畜、设施农业五大基地建设，加

快农业绿色化、优质化、特色化、品牌化发展。2020年地区粮食播种面积27.52公顷、粮食总产223万吨，分别较2015年减少0.4公顷、增加18万吨；棉花种植面积49.86公顷、皮棉总产101万吨，分别较2015年减少21.33公顷、增加17万吨；林果挂果面积达到28.13公顷，较2015年增加4.60公顷，果品总产244万吨，较2015年增加48.5万吨；牲畜存栏突破681万（头）只，较2015年增加80万（头）只；累计建成农副产品加工园区11个，其中国家级农业科技示范园区1个，培育发展地区级以上农业龙头企业55家，各类农民专业合作社4390余家，各类畜牧业合作组织达到718家。工业发展强基增效。制定出台《地区园区功能定位和产业布局指导意见》，加快对能源化工、纺织服装、农副产品精深加工、建材冶金等传统优势产业延链、补链、强链，加快培育发展装备制造、数字经济等新兴产业。2020年年末，地区共有规模以上工业企业307家，较2015年年末增加103家，石油石化一业独大的局面发生深刻变化，棉纺、织布、服装产能较2015年年末分别增长2.5倍、10倍、12倍，韦力得全钒液流储能、北汽新能源汽车零部件生产组装、精石无人直升机、石墨烯采暖等大批战略新兴产业项目的建成投产填补了地区高新技术产业空白。商贸物流业提档升级。“十三五”以来，围绕打造区域性商贸物流集散中心这一目标，地区全面提升四大物流园区承载能力，完善六大综合物流基地服务功能，不断丰富和发展线上线下、批发零售一体推进的商贸物流新业态、新模式，着力构建公铁联运、航空物流、城乡配送、信息服务等为一体的现代商贸物流体系，不断提高电子商务产业园规范化运营水平，地区电商快递物流分拣中心及纺织工业城出口监管仓库、保税仓库建成投运。截至2020年年末，地区32个商贸物流产业园累计引进入驻企业和商户6240家，总产值达185.92亿元；电子商务快速发展、实现网络交易额104.06亿元。旅游业发展提标扩面。“十三五”以来，围绕打造区域性文化旅游中心这一目标，地区深入实施旅游兴阿战略，推进旅游精品景区建设，制订并严格落实全域旅游发展三年行动计划，全面实施旅游人次提升、旅游消费提振、品牌节庆活动、旅游产品供给、打卡阿克苏流量五个“倍增”计划，积极参加各类旅游展会，深入实施“旅游+”“+旅游”，推动旅游与文化、体育、农业、交通、生态等行业深度融合，“丝路古龟兹·神奇阿克苏”文化旅游品牌在全国打响。截至2020年年末，地区已建成国家AAAA、AAA级旅游景区55家；“十三五”期间接待游客数、旅游总收入年均增长分别达106%、110%。

（三）基础设施日益改善，发展基础不断夯实

区域性交通枢纽中心逐步形成。“十三五”以来，地区公路不断完善、铁路拓展延伸、航空加快发展，阿温同城北外环、阿克苏火车站改扩建、阿克苏机场二期改扩建等一批项目完工投运。截至2020年年底，地区境内国省干线公路总里程2286.65千米、农村公路总里程达15614.61千米、乡（镇）场和建制村通达率、通畅率、通班车率100%；铁路可直达西安、重庆等多个城市；航线突破以往单一疆内线路，与郑州、杭州、成都、重庆、西安、北京、青岛、上海等多个城市实现直达，旅客吞吐量位居全疆支线机场第三位。重大水利设施建设稳步推进。“十三五”以来，地区大中型水库建设稳步推进，大中型灌区配套和节水改造及防洪抗旱减灾

阿克苏纺织工业城（开发区）2×350万千瓦热电厂

（阿克苏纺织工业城 供图）

工程力度持续加大。大石峡水利枢纽工程、洼地水库、温宿水库3个大中型水库项目顺利获批，渭干河、木扎提河、台兰河、阿克苏河灌区4个骨干工程节水改造工程累计获得31.47亿元中央预算内资金支持，建设防渗渠道1352千米，实现节水3.4139亿立方米；建成各类防洪堤约1200余千米；沙雅县渭干河灌区3.3万公顷农业高效节水项目列入国家现代化灌区建设试点项目；截至2020年，全地区累计完成农业高效节水面积444646公顷。电力基础设施建设不断完善。“十三五”以来，地区持续加大电网投资力度，积极稳妥推进重大电力基础设施建设。截至2020年年末，全地区总装机容量为493.7万千瓦，形成以220千伏为核心，110千伏、35千伏电压等级为主体的输、配电网络。加大信息基础设施建设。“十三五”以来，地区深入实施“互联网+”行动计划和大数据发展战略，不断加大资金投入力度，提升信息基础设施建设水平。在南疆率先建成大数据发展中心，通信网络从3G覆盖提升到4G覆盖98%以上，累计建成5G基站1175个。

(四)着力推进城乡建设，持续改善生态环境

城乡统筹同步发展。“十三五”以来，地区持续健全完善城乡规划体系，大力推进以人为核心的新型城镇化建设，不断加大各类资金投入力度，持续改善城乡基础设施面貌，“城在林中、水在城中、人在园中”的公园城市建设理念深入人心，农村人居环境改善工程和美丽乡村建设取得显著成效。截至2020年年末，地区供水综合生产能力、污水处理能力分别达45.22万米/日、26.75万米^3/日，供水普及率和污水处理率达99.62%；集中供热面积较“十二五”末增加132.77万平方米；天然气供气普及率达99.01%；生活垃圾无害化处理率达99.41%。一大批社区公园、街头游园、绿道绿廊建成投运，城市建成区绿化覆盖面积60.9平方千米、绿化覆盖率达41.4%，人均公园绿地面积16.96平方米。生态环境持续改善。“十三五”以来，地区积极践行绿水青山就是金山银山的理念，大力传承和弘扬“柯柯牙精神”，“四个百万亩”生态治理工程全面完成，全地区森林总面积达1169公顷，森林覆盖率达8.9%，阿克苏荒漠绿化受到习近平总书记点赞，成为全国生态文明建设的典范。蓝天、碧水、净土保卫战取得重大进展，污染源全面达标排放，空气质量持续改善，水环境质量总体良好，饮用水水源地水质达标率保持在100%，土壤环境总体质量保持稳定。

(五)坚持发展为了人民，不断增进民生福祉

社会事业不断迈上新台阶。“十三五”以来，地区始终树牢共享发展理念，紧密结合“两学一做”“不忘初心、牢记使命”等主题活动和党史学习教育，持续巩固和改善民生，坚持把财政支出的70%以上和援疆资金的90%以上用于民生支出，确保发展成果惠及于民。九项惠民工程深入实施，城镇居民人均可支配收入达34962元，增长62.2%，年均增长8.4%；农牧民人均纯收入达17594元，增长65.5%，年均增长8.7%。就业规模不断扩大，新增城镇就业27.4万人，农村富余劳动力转移就业121.4万人次。各级各类教育全面加强，15年免费教育持续落实，新建中小学校62所、新改建幼儿园855所，阿克苏高级技工学校、库车高级技工学校分别升格为阿克苏技师学院、阿克苏工业技师学院。教育学院、职业技术学院实现整体搬迁，学校布局更加优化。举全地区之力建成新疆理工学院，实现了阿克苏地区本科院校历史性零的突破，形成了从学前教育、义务教育、高中教育、职业教育到高等教育的完整教育体系，区域性教育人才高地建设取得明显成效。地县乡公共卫生服务体系进一步健全，全民健康体检全面实施，区域性医疗康养高地建设迈出坚实步伐。社会保障体系日趋完善，特殊困难群体应保尽保。建成城镇保障性住房12.75万套，农村安居房21.4万套，解决农村35.2万人安全饮水问题，新改建农村公路7772千米。

脱贫攻坚取得决定性成就。“十三五”以来，地区、县、乡、村四级书记抓脱贫攻坚政治责任全面落实，“六个精准”要求和“七个一批”“三个加大力度”脱贫路径持续推进，专项扶贫、行业扶贫、社会扶贫、援疆扶贫深入实施，“两不愁三保障”稳定实现，脱贫攻坚顺利通过国家普查验收、成效考核，2个深度贫困县按期摘帽、269个贫困村全部退出、6.54万户共24.66万人成功脱贫，在南疆四地州率先实现整体退出。

大事记

1月

1日

地区在阿克苏市多浪河景区乐舞广场举行2020年元旦升国旗仪式。地委、行署领导与社会各界代表参加。

△温宿托木尔大峡谷第三届越野达人秀开幕,全疆各地近1000名越野车、摩托车爱好者参加。

4日

学习贯彻中共十九届四中全会精神暨系列白皮书集中培训第二期培训班在地委党校开班,地直单位280多名县处级干部参加培训。

11日

地区召开中国石油化工集团有限公司在疆企业高层联席会议召开,会上,地区行政公署与中国石油化工集团有限公司西北油田分公司签署2020—2025年《天然气框架协议》。

12日

地区召开“不忘初心、牢记使命”主题教育总结大会。

△阿克苏大数据中心举行揭牌仪式。

16日

地区召开创建全国民族团结进步示范地区动员大会。

31日

全疆首次新型冠状病毒感染性肺炎诊疗的临床路径培训在阿克苏市人民医院举行。《新疆维吾尔自治区新型冠状病毒感染的肺炎诊疗救治临床路径》由陆晨领衔团队编制,是西北地区首个针对新型冠状病毒感染性肺炎的诊疗路径。

是月

地区工程建设项目联合审批系统平台正式上线运行,地区全流程工程建设项目审批时限将减至115个工作日以内,实现工程建设项目联合审批大提速。

2月

15日

阿克苏地区援助湖北省121吨冰糖心苹果,历时90小时,行程4300千米,顺利抵达咸宁市、武汉市。

20日

沙雅神威服饰有限公司和库车果然好生物科技有限公司联合改造的地区首条日产1000套防护服生产线,正式批量生产,用于支援地区定点医院及一线防控工作。

24日

地区新冠肺炎疫情防控工作指挥部联合地区第二人民医院分院(地区结核病防治院)、地区妇幼保健院举行新冠肺炎孕产妇救治演练。

28日

地区疫情防控指挥部召开贯彻落实地区统筹推进疫情防控和经济社会发展部署要求会议,深入学习贯彻习近平总书记在统筹推进新冠肺炎疫情防控和经济社会发展工作部署会议上的重要讲话精神,贯彻落实自治区党委、地委视频会议精神。进一步压实疫情防控责任,落实落细各项措施,统筹推进地区疫情防控和脱贫攻坚、复工复产、项目建设、春耕生产等经济社会发展各项工作，做到两手抓、两不误、双胜利。

△在库车市境内部署的亚洲陆上第一深井——轮探1井成功投产，用3毫米油嘴生产，日产原油38吨，日产天然气13204立方米。

3月

1日

阿克苏市举办首场网络专场招聘会，76家企业提供工作岗位近160个，100多人参加网上应聘。

5日

阿克苏华星面粉有限公司向武汉捐赠60吨面粉，并通过火车运向湖北省武汉市，驰援武汉战胜疫情。

△地区公共资源交易“不见面”开标系统正式上线试运行，首标阿克苏教育学院新建校区建设项目施工在线上完成开标，成功实现交易主体“线下不见面、线上面对面”。

7日

位于新疆天山山脉南麓的克深13气田的两口井获高产气流。克深13气田位于拜城县克孜尔乡的河谷地带，新增日产天然气103万立方米，标志着我国压力最高气田产能建设全面展开。

10日

召开地委(扩大)会议，主要任务是以习近平新时代中国特色社会主义思想为指导，深入学习贯彻习近平总书记在决战决胜脱贫攻坚座谈会上的重要讲话精神，贯彻落实自治区党委九届九次全会精神，分析形势，部署任务，动员各级党组织、广大党员干部和社会各界决战决胜脱贫攻坚，确保全面建成小康社会。

16日

大石峡水利枢纽工程正式复工建设。大石峡水利枢纽工程位于温宿县和乌什县境内的阿克苏河支流库玛拉克河大石峡峡谷河段，总投资89.97亿元，总装机容量75万千瓦。

31日

地区举行金融支持民营企业、中小微企业“政银保担企”融资推进洽谈会暨“春风行动”启动仪式。

是月

地区房地产开发企业和建筑业企业资质证书统一启用电子证书，不再颁发纸质证书。

4月

3日

《新建阿克苏至阿拉尔铁路工程施工总价承包招标公告》正式发布，标志着项目即将正式开工建设。阿克苏至阿拉尔铁路线路自南疆铁路萨特玛站西侧南端引出，经阿瓦提县后至阿拉尔市，线路全长114.6千米。

8日

中国石油天然气股份有限公司塔里木油田分公司在沙雅县境内的满深1井用10毫米油嘴测试求产，日产原油624立方米、天然气37.1万立方米，标志着中国石油天然气股份有限公司塔里木盆地腹部超深层油气勘探获得重大突破。

13日

地区大数据中心主楼及附属工程完工。地区大数据中心总建筑面积8870.38平方米，项目总投资5000万元。

15日

地区完成2020年春季植树造林1.11万公顷，17.7万人次参与植树活动，共植树464.27万株。

28日

地区召开庆祝五一劳动节暨第五届劳动模范和先进工作者表彰大会。表彰劳动模范100名、先进工作者100名。

5月

13日

地区举办2020年退役士兵技能培训班，培训内容主要包括电子商务、机动车驾驶等课程。

14日

中国邮政集团阿克苏地区分公司和主要品牌快递企业以视频会议形式举行邮政快递合作下乡进村协议签订仪式，标志着地区“邮快合作下乡进村”正式启动。

15—20日

地区社科联采取“线上+”模式，开展以“决胜全面小康，决战脱贫攻坚”为主题的2020年“新疆社会科学普及周——阿克苏地区分会场”系列活动。

17 日

第十批浙江省援疆干部人才和支教教师岗前培训班开班仪式在地委党校举行。680 多名第十批援疆干部人才和支教教师参加为期 4 天的岗前培训。

19 日

2020 年“中国旅游日”新疆阿克苏地区分会场活动——第十六届阿克苏“多浪·龟兹”文化旅游节暨阿瓦提第八届刀郎美食文化旅游节开幕。

20 日

地区召开 2020 年金融支持民营、中小微企业“政银保担企”合作示范签约会。

△阿克苏银保监分局和人民银行阿克苏中心支行向阿克苏市授予地区级“金融创新合作示范区(实验基地)”，标志着阿克苏市成为地区首个“金融创新合作示范区(实验基地)”。

25 日

新疆利华纺织有限公司 30 万锭环纺项目举行开工仪式。该项目计划投资 13.2 亿元，项目建设含 2 座高标准的 15 万锭紧密纺生产车间、四座仓库、两个棉花堆场、综合动力站、餐厅及消防设施等配套设施。

26 日

浙江省援疆指挥部在杭州举行招商引资项目集中推介会，并启动“招商引资百日大会战”活动。浙江省重点行业协会、重点企业家代表及有关部门负责人等参加推介会。阿克苏地区、一师阿拉尔市和浙江省 10 个市援疆指挥部带来 200 多个项目，计划招引项目资金超过 1000 亿元，涉及油气、纺织、现代农业、装备制造、文化旅游等“6+1”重点行业领域。

28 日

阿克苏河大型灌区阿克苏市骨干工程节水改造项目多浪总干渠(65+292—70+995 段)防渗改建工程开工建设。

31 日

拜城正大华融华新 30 万头生猪、0.67 万公顷文冠果种养结合循环产业示范项目开工奠基，总投资 28.6 亿元。

△浙阿“百校十万‘石榴籽’”工程在温宿县第二幼儿园启动。浙阿两地百所学校 10 万名学生将通过缔结友好学校、心连心、点亮万个微心愿等活动，加强两地学校、学生之间交往交流交融新热潮。

是月

阿克苏商贸物流产业园入选第一批自治区级示范物流园，标志着阿克苏商贸物流产业园正式升格为自治区级示范物流园区。

6 月

3 日

新疆理工学院成立马克思主义学院，旨在加强马克思主义理论学科建设和人才培养。

△柯坪储能电站一期项目顺利投运，标志着地区首座光伏储能电站正式并网运行。

5 日

地区召开第八次民族团结进步表彰大会，表彰民族团结进步模范集体 60 个和模范个人 200 名，命名民族团结进步示范区 20 个、民族团结进步示范单位 131 个和民族团结进步教育基地 13 个。

10 日

2020 年全国“三区三州”(三区是指西藏自治区和青海、四川、甘肃、云南四省藏区及南疆的和田地区、阿克苏地区、喀什地区、克孜勒苏、柯尔克孜自治州四地区；三州是指四川凉山州、云南怒江州、甘肃临夏州)职业技能大赛阿克苏地区选拔赛暨地区职业技能大赛在阿克苏技师学院开幕。来自各县(市)、兵团一师及院校的 15 个代表队、233 名选手参加比赛。

12 日

地区“12345”政务服务热线开通仪式在地区为民服务中心举行。

13 日

“醉美独库路神奇阿克苏魅力古龟兹”2020 年新疆独库公路“5+3”(旅游营销联盟成员涵盖阿克苏、喀什、和田、塔城、巴州、克州、伊犁州及克拉玛依市)旅游营销联盟推介活动圆桌论坛在库车市举行。

15 日

地区召开天山环保行执法检查暨地区贯彻落实《自治区煤炭石油天然气开发环境保护条例》调研活

动培训会议,标志着“依法防治土壤污染、助力打好净土保卫战”天山环保行执法检查活动正式启动。

19 日

地区举行“阿克苏·中国联通(南疆)云计算中心”揭牌仪式,标志着阿克苏大数据建设进入一个新的发展阶段。

23 日

乌什县亚曼苏水电站 220 千伏送出工程最后一条线路——220 千伏别曼线一次充电成功,标志着该工程全部竣工并顺利投入运行。该电站建设总投资 19.92 亿元,主体工程于 2016 年 3 月正式开工,装机 4 台,总容量为 24.4 万千瓦。

25 日

阿克苏馕产业园正式开园。该产业园馕的品种达 70 多种,日产馕 50 万个。

30 日

国道 579 线库车至拜城至玉尔滚的公路二期工程项目在拜城县开工建设,项目总投资 41.88 亿元,建设里程 189.2 千米,采用双向四车道一级公路标准建设,设计车速 100 千米/小时。沿途设置大桥 11 座,中桥 54 座,小桥 63 座,涵洞 705 道。

7 月

1 日

阿克苏航空护林站(沙雅通用机场)项目正式落户沙雅县。阿克苏航空护林站(沙雅通用机场)作为自治区“十三五”规划中南疆唯一的航空护林站,首期建设林—I 型全功能森林消防机场,按照国家通用机场分类标准,机场的性质为 A1 级通用机场,跑道长度为 800 米,可同时停靠备勤 2 架固定翼飞机、3 架直升机。项目总投资 3660 万元。

2 日

地区举行党员(远程)教育站点揭牌仪式,旨在进一步推动党员教育工作转型升级、守正创新,强化党员(远程)教育站点规范化建设、制度化管理、高效化运行,并为有序推进地区 1341 个党员(远程)教育站点统一挂牌作出示范。

8 月

10 日

阿克苏保税仓库完成首单货物进仓业务,标志着阿克苏保税仓库正式投运,项目位于阿克苏纺织工业城(开发区),占地面积 12.51 公顷,规划仓库面积 2.5 万平方米。

31 日

阿克苏教育学院新校区建设项目全面竣工。项目总投资 4.4 亿元,分为两期建设,该项目为一期建设。

9 月

3 日

新疆首个屋顶分布式光伏电站(国家电网温宿县供电公司恰格拉克乡供电所屋顶分布式光伏电站)并网发电成功,开启了新疆供电所屋顶分布式光伏电站运行的先河。恰格拉克乡供电所屋顶施工面积 352 平方米,共安装 180 块功率为 275 瓦的光伏组件,总装机容量为 49500 瓦,年发电量约 7.3 万千瓦时,每年可节约燃煤约 21.76 吨,减少排放二氧化硫约 360 千克,氮氧化合物约 120 千克,二氧化碳气体约 5.9 吨。

14 日

自治区南疆片区第七次全国人口普查综合培训会以现场培训与视频直播结合方式在阿克苏举行,南疆五地(州)及各县(市)人口普查办学员参加培训。

20 日

地区举办第十一届“中国统计开放日”活动暨第七次全国人口普查宣传月启动仪式。

22 日

阿克苏市、库车市入选“2020 年中国西部百强县市”。

23 日

阿克苏全钒液流电池产业园项目奠基仪式在阿克苏经济技术开发区举行。

10 月

1 日

阿克苏市迎宾公园(东城水系)、龙潭湖公园正式对外开放。迎宾公园位于迎宾大道以北,占地面积 103.7 公顷,其中水系面积 16.2 公顷、景观绿地面积 87.5 公顷。龙潭湖公园位于阿温立交桥西侧,毗邻多浪河二期游乐场,项目总用地面积 52 公顷,其中景观用地约 37 公顷、水系面积约 11 公顷,工程投资约 19000 万元。

△拜城华凌田园综合体项目开工建设,建成投产后南疆地区将

新增2.67万公顷以上生态林。

△新疆首家生态文明建设纪念馆——地区柯柯牙纪念馆开馆。柯柯牙纪念馆是在原柯柯牙绿化工程纪念馆基础上进行改扩建，累计投资6000万余元，建筑面积4396平方米，共分为序厅、荒漠之殇、创业之艰、奋进之旅、胜利之果、未来之路6个部分。

11日

阿克苏第七次全国人口普查清查摸底工作启动仪式在阿克苏市新城街道育园社区育培小区举行，标志着地区第七次全国人口普查正式进入“实战”阶段。

△自治区公务员招录笔试开始，为期2天，地区面向社会招录553名公务员。此次考试在阿克苏市设置考点18个，考场880个，共21038名考生参加考试。

13日

库车市“古韵龟兹·丝路库车”主题文化旅游宣传推介暨招商活动在四川成都启动。

14日

地区行署与中国进出口银行新疆分行举行战略合作协议签约仪式，标志着双方掀开了精诚合作、携手共进的崭新篇章。

△阿克苏国家湿地公园“浙江奥运冠军林”举行揭牌仪式。

17日

第七届新疆特色果品（阿克苏）交易会在新疆红旗坡农贸物流园开幕，并举行农业产业化“十城百店”工程特色农产品采购商、供应商暨文旅产品、电商产品、区域品牌“阿克苏好果源”推介会，实现地区与客商精准对接，达到互利共赢。

△地区召开“新疆礼物·阿克苏好礼”研发及营销工作推进会，进一步推进地区旅游商品研发营销，加快“新疆礼物·阿克苏好礼”产业发展，不断丰富地区旅游产业内涵。

18日

阿克苏渭干（库车南郊）220千伏输变电工程2台主变顺利完成充电。阿克苏渭干（库车南郊）220千伏输变电工程总投资2.02亿元，新建220千伏变电站一座、容量24万兆伏安、220千伏进线2回、110千伏出线6回，架设220千伏输电线路130千米、铁塔332基、光纤通信线路63千米。

△地区举办2020年阿克苏苹果、红枣、核桃产业发展论坛，特邀自治区及内地林果方面的专家教授解析地区特色林果业发展趋势、破解制约林果业产业瓶颈。

19日

浙阿文化和旅游对口共建工作座谈会在阿克苏召开。会议决定，浙江与阿克苏两地要深入挖掘文化旅游资源，大力实施文化润疆工程和旅游兴疆战略，积极构建浙阿全方位、多层次、广领域的文化旅游交往交流交融新格局。

19—26日

浙江省援疆指挥部和浙江省人社厅组织“浙江专家阿克苏行”一行12名专家在阿克苏指导大众创业、万众创新工作。

20日

“浙阿文化交流合作”工程启动仪式在地区文博院（博物馆）举行。

△地区召开青年浙商援疆恳谈会，旨在加强共青团浙江省委对口援疆工作，促进浙阿两地团委交流合作，为浙江优秀青年企业家到阿克苏发展搭建平台。

△新疆农产品交易中心·新和农产品批发市场启动运营。

23日

“2020年新疆·阿克苏市第五届住宅产业博览会暨城乡人居环境建设成就展”在多浪河景区国旗广场开幕，共有26家企业参展，22家建材商参展产品。

26日

滕头乡村振兴学院新疆分院揭牌仪式在库车市委党校举行，标志着滕头乡村振兴学院新疆分院正式落户库车市，将为南疆乡村振兴提供强有力的人才智力支持。

11月

1—4日

第13届中国义乌国际森林产品博览会在义乌国际博览中心举行。地区组织20家林果加工企业及合作社12个品种、38项、150多种产品参展。展会上地区共签约6个项目，现场销售特色农副产品8.76吨。

4日

阿克苏机场开通首个“冰糖

心·平安号”货运专班,助力地区农副产品进入内地市场。

△地区行署与中国太平洋财产保险股份有限公司新疆分公司举行战略合作协议签约仪式,并向地区捐赠200万元,用于支持地区经济社会发展。

8日

地委行署, 一师阿拉尔市委、市政府,浙江省援疆指挥部,浙江省文化和旅游厅联合主办的“我爱浙疆”之“诗画浙疆”——阿克苏地区和一师阿拉尔市文化和旅游大型推介会在义乌国际博览中心举行。

10日

2020年度地区全民免费健康体检工作圆满完成, 参与体检198万人。

12日

地区文博院(博物馆)“忆峥嵘岁月 铸铁血军魂——红色革命文物专题展”正式开展。该展览分为“新民主主义革命时期的人民军队”“抗日战争时期的人民军队”“解放战争时期的人民军队”“新中国成立后的人民军队”4个部分,展示了100多件不同时期人民军队装备的军服、武器、徽章、通信器材以及抗美援朝纪念章等革命文物。

13日

自治区应急救援培训基地(阿克苏)在阿克苏市森林消防大队举行挂牌仪式。

14日

地区2020年“全民终身学习活动周” 启动仪式在地区图书馆举行。活动周以“全民智学,助力‘双战双赢’” 为主题, 线上线下同步开启。

15日

地区完成城镇保障性安居工程建设14879套,其中棚户区改造9922户,公租房开工4957套,共计完成投资41.55亿元。

17日

乌什县人民政府与国电阿克苏河流域水电开发有限公司举行新能源项目签约仪式,项目总投资16.4亿元,分两期建设,其中一期2021—2023年建设完成, 规模为20万千瓦, 投资金额7.8亿元;建设汇集站和220千伏线路,投资金额2.2亿元;二期2024—2025年建设完成,规模为20万千瓦,投资金额6.4亿元。

19日

浙江省援疆“十城百店”工程推进会在杭州市召开, 为浙江省各地“十城百店”运营企业授牌, 正式启动“十网百店”和“线下十进”行动。

20日

地区首座垃圾焚烧发电项目三峰广翰阿克苏发电厂正式并网发电,最大发电出力9.6兆瓦,达到额定功率的80%。

24日

地区首个村级融媒体中心在乌什县阿合雅镇托万克库曲麦村成立。

25日

地区首届“保护自然遗产守护生态家园” 文艺创作大赛圆满落幕,14幅书法作品、13幅美术作品、35幅摄影作品获奖。

△新疆阿克苏苹果正宗原产地推介及发车仪式暨阿克苏官方旗舰店启动仪式在阿克苏迎宾馆举行。阿克苏市、杭州市援疆指挥部、阿里巴巴集团代表共同为正宗原产地合作启动揭牌。

26日

国家文物局发布第一批国家级长城重点段名单,新疆4处唐代戍堡及烽燧遗址上榜,位于库车市的唐代克孜尔尕哈烽燧位列其中。唐代克孜尔尕哈烽燧位于库车市城区西北13千米处的却勒塔格山南麓盐水沟沟口的冲击台地上,是目前古丝绸之路北道上时代最早、保存最完好的烽燧遗址。

△新疆首个机采长绒棉品种在阿克苏市试种成功,填补国内无机采长绒棉品种的空白。

△阿克苏机场T2航站楼正式投运。可满足旅客吞吐量300万人次、货邮吞吐量1.5万吨、飞行起降2.9万架次的需求。

△地区首家乡镇社会工作服务中心温宿县阿热勒镇立德社会工作服务中心成立。

27日

地区召开全国劳动模范、先进工作者和全国文明单位、村镇、校园代表座谈会。

27—30日

第十八届中国国际农产品交

易会在重庆国际博览中心举行，“阿克苏地区优质特色农产品专场推介会”成功举办。

29 日

乌什县与浙江省援疆指挥部太平洋财产保险股份有限公司阿克苏中心支公司签订《精准防贫“防贫保”试点合作三方协议》，全疆首个“防贫保”项目落地乌什县。

30 日

2020 年地区 “宪法宣传周” 活动启动。活动以 “第三次中央新疆工作座谈会精神为统领，大力弘扬宪法精神，推动民法典贯彻实施” 为主题，开展 “与法同行”宣讲。

△“我爱浙‘疆’”之“英才浙疆”2020 年阿克苏地区文化人才培训班结业汇报演出在浙江音乐学院举行。

△阿克苏良信粮油购销集团有限责任公司与新疆明有面业有限公司、郑州瑞谷粮食工程有限公司成功签约小麦“购销+加工”高端加工项目，标志着地区最大的小麦加工项目正式建设。

是月

地区启动以 “集中攻坚稳就业，精准服务保民生”为主题的就业创业服务攻坚季行动，服务对象为离校未就业高校毕业生、登记失业人员、农民工、困难劳动力等就业重点群体。

△新疆首家 “CDQI 国家标准化心脏康复建设中心”落地阿克苏地区第一人民医院，将多维度提升地区临床医生对重大心血管疾病的综合管控能力，全面提高地区心血管疾病诊疗水平。

△地区首个消费扶贫专馆建成并使用，专馆健全农产品销售流通体系，集中展销各类扶贫农特产品，进一步搭建消费扶贫载体，拓宽扶贫产品销售渠道。

12 月

1 日

新和县举行唐安西都护府文化园揭牌仪式，标志着地区“文化润疆”战略基地及新和县地区级爱国主义教育基地正式成立。

2 日

南疆首个远程异地评标项目——“阿克苏地区库车市 2020 年度高标准农田齐满镇 0.18 万公顷土地平整建设项目”（含 2 个施工标段、1 个监理标段，总投资额 1926 万元）在地区政务服务和公共资源交易中心远程异地评标室完成评标工作。

3 日

库车市举行西门塔尔牛养殖基地及畜牧兽医技术服务中心建设项目签约仪式，总投资达 5.7 亿元。

△新疆理工学院和浙江金融职业学院举行校际合作、对口支援战略合作协议云签约仪式，双方在应用型人才培养、专业建设、师资交流、科研合作、资源共享等领域达成了合作意向。

4 日

自治区召开首批民主法治示范村（社区）命名表彰会议，地区 8 个村（社区）榜上有名。受到表彰的 8 个村（社区）分别是：温宿县托乎拉乡思源村、乌什县依麻木镇汗都村、阿克苏市依干其乡巴格其村、阿瓦提县塔木托格拉克镇英买里村、柯坪县盖孜力克镇玉斯屯巴格勒格村、拜城县布隆乡牙斯热木英阿依玛克村、库车市伊西哈拉镇库木艾日克社区、沙雅县努尔巴克乡亚当村。

6 日

地区县处级干部学习宣传贯彻中共十九届五中全会和第三次中央新疆工作座谈会精神集中轮训班开班。

9 日

南疆眼库建设推进会暨“浙里帮”医疗援疆项目“启明工程”启动仪式在地区第一人民医院举行。该项目落地为南疆地区角膜捐献者与移植者之间建立了顺利沟通的桥梁与通道。

14—16 日

第三届新疆馕产业推介会在河南省郑州市中原国际博览中心举行。阿克苏地区企业与河南企业签约总额达 14.5 亿元。

16 日

阿克苏海关为当年通过海关 AEO 一般认证的 4 家企业颁发认证企业证书，标志着地区认证企业实现了零突破。

18 日

地区召开“十四五”规划纲要征

求意见座谈会，听取部分驻阿自治区人大代表和政协委员意见建议。

△地区人大工委举行"人大代表之家"第一次进站活动，讨论交流2021年提交自治区十三届人民代表大会第四次会议议案、建议准备等工作。

18—21日

2020年新疆名优特农产品上海交易会在上海举行，1000多种新疆名优特农产品现场亮相。此届交易会10家内地采购商与地区企业成功签约，现场达成采购意向3.1亿元。

22日

新疆交通投资有限责任公司阿克苏分公司举行揭牌仪式，标志着地区高速事业进入新的阶段。

24日

甬库远程医疗服务平台启动仪式在宁波市卫生健康委、库车市人民医院线上、线下同步举行。该平台由宁波市援疆指挥部出资建设，包括临床会诊、远程门诊、协同门诊、远程医学教育、超声会诊、影像会诊、双向转诊、网上义诊八大系统，可利用云计算、大数据、物联网和移动互联网等先进技术。

25日

阿克苏木扎提河三级水电站220千伏送出工程中的220千伏扎拜线送电成功，标志着阿克苏木扎提河三级水电站220千伏送出工程顺利竣工并投运。

25—26日

地区召开2021年中共阿克苏地委(扩大)会议。会议回顾第二次中央新疆工作座谈会以来地区工作，分析当前形势，明确"十四五"工作思路和目标任务，安排部署2021年工作。

是月

地区文博院(博物馆)被国家文物局、中国博物馆协会评定为国家二级博物馆，是全疆(含兵团)96家博物馆中仅有的4家国家二级博物馆之一。

△地区不动产登记服务实现全疆首个"不动产网上办事大厅"人脸识别验证模块。

△新疆理工学院黑木耳工程技术研究中心成功申报自治区级工程技术研究中心。

△地区印发《自然资源统一确权登记暂行办法》，对地区范围内的水流、森林、山岭、草原、荒地、滩涂以及探明储量的矿产资源等自然资源所有权和所有自然生态空间统一进行确权登记。标志着地区开始全面实行自然资源统一确权登记制度。

△"千鹤妇女精神阿克苏市实践基地"被自治区妇联命名为"新疆妇女爱国主义教育基地"，是新疆首家被命名的妇女爱国主义教育基地。

△地区2020年天然胡杨林引洪灌溉项目完工，项目投入建设资金1600万元，实施沙雅县、库车市、阿瓦提县和柯坪县胡杨林引洪灌溉项目，已灌溉胡杨林区5.3万公顷。

概　览

历史文化

【建置沿革】 中国多民族大一统格局，是包括新疆各族人民在内的全体中华儿女共同奋斗的结果。自汉代开始，新疆地区正式成为中国版图的一部分，在中国统一的多民族国家的长期历史演进中，新疆各族人民同全国各族人民一道共同开拓了中国的辽阔疆土，共同缔造了多元一体的中华民族大家庭。

从汉代至清代中晚期，包括新疆天山南北的广大地区被统称为西域，意为西部疆域。汉代以前，西域与中原地区早有商旅往来。汉武帝于建元三年(公元前138年)派张骞出使西域，13年后从西域返回，西汉政权即与西域各城邦建立联系。太初四年(公元前101年)，西汉在西域设使者校尉，在今尉犁、轮台一带屯田。

西汉神爵二年(公元前60年)，西汉在乌垒城(今新疆轮台县境内)设西域都护府，龟兹、姑墨、温宿归其管辖而正式归属西汉版图。

魏晋时期，姑墨、温宿、尉头先后并属龟兹。

唐贞观十四年(640年)，唐朝设立安西都护府。唐显庆三年(658年)，安西都护府从西州迁入龟兹，晋级为安西大都护府，先后下辖3个都护府、52个都督府。

9世纪中叶，漠北的回鹘西迁中一部分进入龟兹，以后建立龟兹回鹘。

12世纪中叶到清代乾隆初，龟兹故地先后为喀喇汗王朝、西辽、东察合台汗国和叶尔羌汗国的领地或封地。

清乾隆二十四年(1759年)，清朝统一新疆后，在阿克苏设办事大臣。

光绪八年(1882年)，清政府在东四城(焉耆、库车、阿克苏、乌什)设阿克苏道。

民国17年(1928年)，改阿克苏道为阿克苏行政区。

民国22年(1933年)，阿克苏行政区更名为第四行政区并设立行政长公署。

1949年11月29日，中国人民解放军步兵二军五师进驻阿克苏。

1950年2月4日，阿克苏区行政督察专员公署成立，隶属新疆省人民政府。同年3月13日建立中共阿克苏地区地方委员会。

1954年7月，南疆行政公署成立后，阿克苏区行政督察专员公署归其管辖。

1955年10月1日，新疆维吾尔自治区成立，阿克苏区行政督察专员公署更名为阿克苏专员公署。

1958年5月，撤销温宿县建制，并入阿克苏县。9月，专区各县共建112个人民公社、270个生产大队、907个生产队，实行政社合一，取代原有的区、乡建制。

1959年调整后，全专区有54个人民公社、196个管理区和847个生产队。

1962年10月20日，恢复温宿县建制。1966年，全专区各县共辖66个人民公社和33个农、林、牧场。

1969年3月31日，成立阿克苏专区革命委员会，所辖9个县也相继成立县革委会。

1971年2月，阿克苏专区革命委员会改为阿克苏地区革命委员会。

1975年，撤销兵团农一师建制，改设地区农垦局，农一师所属

20个团场归地区管辖。

1978年11月,改阿克苏地区革命委员会为阿克苏地区行政公署。此后,地区所辖各县、乡(镇)相继撤销革委会,恢复人民政府建制。

1982年4月,撤销地区农垦局,恢复兵团农一师建制。

1983年8月,国务院批准撤销阿克苏县,改置阿克苏市(县级市)。

1984年5月,完成阿克苏撤县改市工作。1984年5月,在机构改革的同时,全地区撤销人民公社建制,建立各乡、镇人民政府以及村民委员会。

2019年12月,阿克苏地区库车撤县建市。自此,阿克苏地区辖阿克苏市、库车市、沙雅县、新和县、拜城县、温宿县、阿瓦提县、乌什县和柯坪县。

【区划】 2020年,阿克苏地区下辖阿克苏市、库车市、沙雅县、新和县、拜城县、温宿县、阿瓦提县、乌什县、柯坪县,全地区有88个乡(镇)、9个街道办事处、191个社区、13个片区管委会、1224个行政村。

【民族】 自汉代以来,阿克苏故土上先后居住着龟兹、羌、塞种、汉、鲜卑、柔然、高车、哌哒、回鹘、黠戛斯、吐蕃等民族或部落。1949年,地区境内有维吾尔族、汉族、回族、柯尔克孜族、哈萨克族、蒙古族、俄罗斯族、塔吉克族、乌孜别克族、锡伯族、塔塔尔族、达斡尔族、满族13个民族。1964年,第二次全国人口普查时,全地区有25个民族。1982年,第三次全国人口普查时,全地区有33个民族。1990年,第四次全国人口普查时,地区境内有37个民族。2000年,第五次全国人口普查时,地区境内有47个民族。2010年,第六次全国人口普查时,地区境内有52个民族。

【人口】《汉书·西域传》载,龟兹有6970户、81317人,姑墨有3500户、24500人,温宿有2200户、8400人,尉头有300户、2300人。清宣统元年(1909年),阿克苏道(含焉耆府)共有71898户、376734人。民国33年(1944年)阿克苏区(不含阿合奇县)有105673户、503972人。1949年,地区有152485户、665818人。1965年,地区有229407户、1018620人。1990年,地区有383617户、1697499人。2000年11月第五次全国人口普查(11月1日零时为标准时间),地区有家庭户53.49万户,总人口为214.11万人(包括外来人口,不包括外出人口),与1990年7月1日零时第四次全国人口普查相比,增加42.54万人,增长24.79%,年均增长率2.24%。2020年,地区总人口(不含生产建设兵团第一师阿拉尔市)256.76万人,其中城镇人口91.31万人,农村人口165.45万人。农业人口占总人口比重为64.4%。全年人口出生率8.27‰,死亡率6.87‰。

【旅游景点】 阿克苏地区独特的山川地貌,悠久的历史和灿烂的古代文化,四通八达的公路、铁路和民航等交通运输,为当代旅游事业的开发提供极为有利的条件。全地区有旅游景点80多个。库车县境内有林基路烈士纪念馆、大龙池、小龙池、哈拉墩细石器文化遗址、龟兹故城、唐王城、库木吐拉石窟、森木赛姆石窟、克孜尔尕哈石窟、苏巴什佛寺、库车清真大寺、默拉纳·额什丁古墓以及雅丹地貌等;沙雅县境内有汉人渠、通古斯巴什故城、央塔克协海尔故城等;新和县境内有玉奇喀特故城、通古孜巴西故城、央达库都克烽燧等;拜城县境内有克孜尔石窟、温巴什石窟、克孜尔水库、国际狩猎场(黑英山、老虎台)、阿克布拉克草场景区、铁热克温泉、琼阿帕热气泉、刘平国治关列亭遗址等;阿克苏市境内有柯柯牙绿化景区、谢伊赫·加马鲁丁墓、鲁·穆特里甫墓等;温宿县境内有托木尔峰自然保护区、天山神木园、博孜墩古墓群、温宿王子坟、克其克库孜巴依岩画等;阿瓦提县境内有博格萨木沙漠景观(海市蜃楼)、沙尔格达尔古墓群等;乌什县境内有燕泉公园(九眼泉)、林基路办公楼遗址等;柯坪县境内有柯坪细石器文化遗址、库热木都乃风景区、托马艾日克故城、沙牙提故城、克斯勒塔格佛寺和色日克托格拉克古墓群等。

自然地理

【地理位置】 阿克苏地区地处新疆维吾尔自治区中部、天山山脉中段南麓、塔里木盆地北缘,位于北纬39°30′~42°40′、东经78°02′~84°05′之间。东邻巴音郭楞蒙古自治州,西接克孜勒苏柯尔克孜自治州,西南与喀什地区接壤,南与和田地区相望,北与伊犁哈萨克自治州毗邻,西北以天山山脉中梁与吉尔吉斯斯坦、哈萨克斯坦交界。东西最长处约513千米,南北最宽处约386千米。总面积13.13万平方千米,占新疆总面积的8%。

【地形地貌】 阿克苏地区地势北高南低,由西北向东南倾斜。海拔7435.3米的托木尔峰是境内的最高点,海拔945~1020米的塔里木河两岸则是境内的最低处。

北部天山中梁一带为高山冰雪带,雪线在海拔4100米左右。高山带内分布古代冰川和现代冰川,是一座巨大的固体水库。仅托木尔峰地区在中国境内的冰川就有509条,总面积2746.3平方千米;而库木艾日克河上游的铁米尔苏冰川全长36.7千米,面积293.4平方千米,是中国最长的一条冰川。高山带内冰储量3109.58亿立方米,水储量2798.6亿立方米。

中、低山丘陵带海拔1500~3500米。这一带山势起伏较小,山顶秃平,山体矮小且切割不甚厉害。带内分布有大面积水草丰茂的天然草场。少量耕地分布在海拔2000米以下的谷地、坡地和台地上。其间有黑英山盆地、拜城盆地、柯坪盆地以及乌什谷地。

山前洪积—冲积倾斜平原上部广布于乌喀公路以北,多为砾质戈壁覆盖;中部为沙壤或壤质组成;下部土质较细,多为轻、中壤,夹有重壤。洪积—冲积平原中、下部地势平坦,水量丰富,土壤肥沃,是地区的绿洲所在。库车市、新和县、温宿县、阿克苏市即处在洪积—冲积倾斜平原上;沙雅县、阿瓦提县则分布在洪积—冲积平原的扇缘地带及渭干河、阿克苏河、塔里木河的冲积平原上。洪积—冲积倾斜平原形成了阿克苏冲积三角洲和渭干河冲积三角洲。

沙漠区分布在塔里木河中下游及塔克拉玛干沙漠区北部。

绿洲带主要分布在河流的低阶地和中、下游一些地势平坦引水方便的地段,其中洪积—冲积扇形地绿洲分布在温宿县扎木台乡及新疆生产建设兵团第一师五团处;大河冲积平原绿洲主要分布在阿克苏市、库车市和温宿、新和等县沿河一带。

【河流】 阿克苏地区有着十分丰富的水资源。境内1293条冰川总面积4098平方千米,储水量约2154亿立方米,源源不断供给大小16条河流。形成的主要水系有阿克苏河水系、渭干河水系、塔里木河水系。此外,还有台兰河水系以及库车河、柯坪泉水河。全区地表水年径流量129.4亿立方米,地下水总储量106.2亿立方米,动储量51.2亿立方米。

【湖泊】 地区境内湖泊总面积6815公顷,占水域面积的1.21%。山区湖泊有大小龙池、博孜山湖。平原湖泊大都分布于河流两岸或下游地带。地处托什干河流域有奥特贝希湖(乌什县城以西10千米处);老大河流域有艾西曼湖(阿瓦提县与阿克苏市之间)、沙丘湖、伯什力克湖群、洋瓦力克湖;新大河流域湖泊有依干其乡湖、喀拉塔勒镇湖;木扎提河流域有肖尔亚咸水湖、河湾湖泊;渭干河流域有恰克玛克湖、苇湖、波格坦木湖、克孜尔湖、苏瓦斯湖、喀拉库木湖、吾尔里克湖、铁力克湖、依干库尔湖、斯吾苏湖、肖吾东湖、沙木沙克湖、炮台湖、阿克库木湖、阿拉吞达希湖、结乃克达希湖、阿克奇达希湖、达希勒克湖、肖尔达希湖;英达亚河流域有托排湖、阿依厂库勒明湖、巴依孜湖、琼湖、依坎湖、博孜也尔湖、库木湖;塔里木河中游湖泊有依希勒湖、下马尔克沁湖、艾来克湖。

【水库】 全地区水库面积逾4万公顷。水库多为平原水库,主要有库车跃进水库、沙雅齐满水库、阿瓦提上游水库以及兵团第一师多浪水库、胜利水库、二团场、三团场水库。由国家投资兴建的克孜尔大型水库已产生灌溉、防洪和发电效益。

【地下蓄水库】 地区境内有一个水质优良、可利用储存量大于10亿立方米的特大型地下蓄水库,距地表约120米,厚度大于600米,总面积5000多平方千米,水质达到国家可直接饮用标准。地下水库位于渭干河流域山前绿洲带,为当地开垦3.5万公顷土地、兴建化工基地提供良好的水资源保障。

【土壤】 阿克苏地区境内的土壤分为山地土壤和平原土壤两大类。山地土壤以荒漠棕漠土带为基带,依次为山地棕钙土带、山地栗钙土带、亚高山草原土带、高山草甸土带、高山地衣—原始土壤带。平原土壤有潮土、灌淤土、水稻土、棕漠土、草甸土、沼泽土、风沙土、棕钙土、新积土、盐土。

【植被】 地区高山植被分布在海拔2400~3000米以上的高山草甸地带，主要植被有毛茛科、景天科、龙胆科和报春花科；分布在海拔2200~2400米的草原带，是主要放牧草场，植被以针茅、扁穗、冰草、蒿子、苔草为主，再生性强，覆盖度好。高山植被地带内的主要植物有云杉、桦木、侧柏、飞蓬、龙胆、苔草、大麦、狐茅、针茅、紫菀、锦鸡儿、早熟禾、野燕麦、马先蒿、鹅冠草、野蔷薇、播娘蒿、羽叶委陵菜和天山大黄等。低山植被为旱生的灌木和灌丛，分布各种沙生、盐生等荒漠植被，主要有麻黄、红柳、甘草、芦苇、碱蓬、琵琶柴、假木贼、盐爪爪和芨芨草等，其中麻黄、甘草等是境内重要的药材资源。平原农区植被主要为农作物以及瓜果、蔬菜。农区人工林面积3万多公顷，覆盖率7.1%左右；平原天然胡杨林植被主要分布在塔里木河沿岸，1960年约207万公顷，1979年减至10.3万公顷，近年来仍趋减势；居民区植被则由绿化及美化植物组成；农区以外的戈壁荒漠区，地下水位低，土壤干旱贫瘠，严重荒漠化和盐化，植被稀疏，植物种类少，多为耐旱、耐盐碱、抗生能力强的灌木。

【光热】 阿克苏地区地形独特，光热资源丰富，对农牧林果业生产极为有利。全区年总日照2800小时以上，最高3831.35小时，仅次于青藏高原，居全国第二位。年太阳总辐射量6000兆焦耳/米^2。光合有效辐射(或生理辐射)远较内地农业区丰富。全区大多数县平均温度≥10℃的光合有效辐射量可使棉花、玉米、水稻和瓜果等喜温作物完成其生命周期。光资源在理想情况下，光合有效辐射利用率最高10%~14%，高于全国平均为1%的水平。丰富的光热资源为农作物的合理密植，运用地膜覆盖、温室和塑料大棚种植技术，推广复播玉米、油菜、绿肥，提高作物产量，增加经济效益，提供了极为有利的条件。

【水能】 境内北部山区储水量2154亿立方米的冰川是座巨大的固体水库，为境内大小河流提供源源不断的补给水源。全区地表水年径流量129.4亿立方米，占新疆地表水年径流量的15.7%。总储量1062亿立方米，动储量51.2亿立方米，其中拜城盆地10.35亿立方米、渭干河—库车河流域10.02亿立方米、阿克苏河流域15.17亿立方米、塔里木河上中游9.4亿立方米、柯坪盆地0.39亿立方米。

每年7—9月为丰水期，山区夏秋降水频繁，山区峡谷地带和平原各地的河段建设调节水库为水能利用提供极为有利的条件。自1958年首次建成调节水库以来，地区先后建成22座水库，集水面积4万多公顷，总库容12.1亿立方米。

水能资源主要分布于阿克苏河流域和渭干河流域，理论蕴藏量3.3亿千瓦，占自治区水能资源蕴藏总量的10%左右。

【土地】 全地区土地总面积13.13万平方千米。拥有耕地52.26万公顷(含生产建设兵团第一师9.23万公顷)，园林地18.5万公顷(园地1.03万公顷、人工林2.83万公顷、自然林14.64万公顷)，牧草地467.79万公顷，荒地及荒山地778.89万公顷(平原荒地538万公顷)，居民点用地1.8万公顷。交通用地3.51万公顷。七县二市耕地面积分别为阿克苏市4.11万公顷、库车市8.91万公顷、沙雅县4.46万公顷、新和县3.5万公顷、拜城县7.6万公顷、温宿县5.31万公顷、阿瓦提县4.58万公顷、乌什县3.89万公顷、柯坪县6703公顷。

全区43.03万公顷耕地中除16.47万公顷为低产地(盐渍土、沙化土)外，绝大部分为优质耕地，是农作物高产的土地资源，其中一级地22.69万公顷，占耕地面积的52.7%，包括退潮土、灰潮土和潮灌淤土，耕种历史长，土壤熟化程度较高，适种性广，灌排配套。二级地11.73万公顷，占耕地总面积的27.3%，包括二潮灰潮土、草甸型水稻和轻盐化灌淤土。三级地6.61万公顷，四级地2万公顷，分别占耕地总面积的15.4%和4.6%，农田基本建设差。

在538.04万公顷的平原荒地中，宜农荒地270.01万公顷，其中较好的一、二等荒地91.71万公顷，占宜农荒地总面积的34%。质量好的和比较好的荒地主要分布在塔里木河上游区、柯坪盆地和乌什谷地，含盐量较轻，肥力水平较高，易于开垦，发展潜力较大。

【作物】 早在汉唐时期，境内就有传统的农业生产，经长期发展，形成全地区农作物种类多样的显著特点。粮食作物主要有小麦、玉米、水稻、豆类、大麦、青稞、荞麦、薯类等；经济作物主要有棉花、油菜、胡麻、甜菜、南瓜、向日葵、啤酒花、小茴香等；绿肥牧草作物有紫花苜蓿、草木樨等；果树主要有苹果、梨、桃、杏、葡萄、李、枣、核桃、樱桃、石榴、无花果等；瓜类主要有西瓜、甜瓜等。此外，广布桑树，其桑葚做果酱，桑叶养蚕。蔬菜品种日趋齐全，一改过去冬季蔬菜供应仅有白菜、马铃薯的困境。

【草场】 全地区有天然草场353.91万公顷，可利用面积333.54万公顷，可利用贮草总量为327.7万吨。各季节草场理论载畜量为359万只绵羊单位，全年理论载畜量224.4万只绵羊单位，地区天然草场平均理论载畜能力1.49公顷/年。天然草场中的平原草场203.3万公顷，占天然草场的57.44%，广布于山前冲积、洪积扇及盆地边缘的平原低地；山区草场总面积150.6万公顷，分布于库车市、拜城、温宿等县的北部山区以及柯坪、乌什等县。除天然草场外，地区境内还有多种附带草场可供放牧、打草，如撂荒地类、天然打草场和人工草场。人工草场在平原区较多，多为种植苜蓿等优良牧草。

天然草场内一等草场面积较小，主要分布于北部山区中山带及高山带下部的个别地段，由山地草甸、草甸草原和山地草原组成，总面积4.23万公顷，可利用面积4.1万公顷，季节理论载畜量13.51万只绵羊单位，优良牧草占60%以上；二等草场主要分布在中山带及其以上的山地，平原区也有少量的分布，由高寒草甸、山地草甸、山地草原和山地荒漠草原组成，低地草甸草场中也有小面积分布，总面积41.66万公顷，可利用面积40万公顷，季节理论载畜量93.49万只绵羊单位，优良等牧草占60%，优中等牧草占40%；三等草场分布于除山地草甸、草甸草原、高寒草甸以外的各类草场，总面积103.02万公顷，可利用面积98.82万公顷，季节理论载畜量112.62万只绵羊单位，中等牧草占60%，良等低等牧草占40%；四等草场分布最广，面积最大，从中山带以下至平原低地各处均有分布，由山地荒漠、平原荒漠和低地草甸的部分草场组成，总面积168.38万公顷，可利用面积155.9万公顷，季节理论载畜量111.58万只绵羊单位，低等牧草占60%，中等劣等牧草占40%；五等草场面积较小，主要分布在低山带及平原低地，由山地荒漠、平原荒漠和低地草甸的部分草场组成，总面积34.7万公顷，可利用面积32.54万公顷，季节理论载畜量24.5万只绵羊单位，劣等牧草达60%以上。

受自然条件的制约，天然草场的利用呈明显的季节性，即分为夏草场、夏秋草场、夏春秋草场、春秋草场、秋草场、春秋冬草场、冬春草场、冬草场和四季草场9个类型，分别为天然草场总面积的7.42%、3.29%、5.63%、3.04%、0.82%、10.05%、6.67%、20.52%和42.4%。

【野生动物】 哺乳类有狼、熊、狐狸、雪豹、野兔、野猪、马鹿、棕熊、紫貂、石貂、黄羊、青羊、羚羊、北山羊、大头羊、石貂、香鼬、伶鼬、猞猁、旱獭、麝鼠、松鼠、跳鼠、象鼠、刺猬、獐子、狍子、山猫、野马、野骆驼、金钱豹、艾虎、大耳猬、小家鼠、林姬鼠、灰仓鼠、狭颅田鼠、大耳鼠兔、帕氏鼠兔、塔里木兔、草原斑猫、拉达克鼠兔等。鸟类有雁、鹰、鹞、隼、麻雀、山雀、云雀、漠雀、黑雀、雪鸡、石鸡、秋鸡、野鸡、野鸭、黄鸭、斑鸠、喜鹊、乌鸦、燕子、百灵、大鹅、黑鹅、杜鹃、黄鹂、鹭鸶、野鸽、水鹨、戴胜、灰莺、椋鸟、蓝点、金雕、秃鹫、啄木鸟、猫头鹰、呱拉鸡、白头鸭、绿头鸭、褐岩鹨、灰鹡鸰、白鹡鸰、赤麻鸭、穗发鸭、白顶即鸟、黄头、角百灵、沙百灵、山斑鸠、毛脚燕、灰柳莺、林岭雀、树麻雀、象麻雀、灰眉岩鹀、凤头百灵、稻田苇莺、白背矶、赭红尾鸲、黄眉柳莺、普通朱雀、金额绿雀、巨嘴沙雀、灰蓝山雀、褐头山雀、高山岭雀、暗腹雪鸡、沙白喉莺、红嘴山鸦、秃鼻乌鸦、紫翅椋鸟、灰尾伯劳、黑尾伯劳、红嘴石鸡、黑尾地鸭、翘鼻麻鸭等。昆虫类51种，常见的有蟋蟀、蝗虫、螳螂、蝴蝶、蜻蜓、野蜂、苍蝇、蚊子、蚜虫、瓢虫、蝼蛄、蚂蚁、潮虫、萤火虫、纺织娘、羊虱子等。环节类有蚯蚓、水蛭。爬行类有蛇、蜥蜴、沙蜥等。两栖类有青蛙、林蛙、蟾蜍等。蛛形类有蜘蛛、蝎子等。鱼类有尖嘴鱼、大头鱼、塔里木裂腹鱼等。

【野生植物】 境内野生植物有90多个科、100多个属，近千种。被子植物：新疆杨、胡杨、银白杨、山杨、山柳、白柳、天山桦、白榆、圆冠榆、沙杞、桑、苦豆子、草木樨、锦鸡儿、红柳、忍冬、芨芨草、灯芯草、沙枣、菖蒲。裸子植物：雪岭云杉、新疆圆柏、新疆方枝柏。此外，苔藓、蕨类、真菌和地衣在山区多有分布。境内野生药用植物100多种，主要有紫菀、花椒、车前子、苦参、土三七、麻黄、柴胡、白芍、党参、当归、蒲公英、山药、艾草、枸杞、荠菜、马兰、雪莲、黄芪、蓟、葡萄、黄连、红花、甘草、大黄、板蓝根、罗布麻、乌头、锁阳、贝母、羌活、独活、龙胆等。

【矿产资源】 煤矿分布在盆地边缘的河流沼泽相和湖泊沼泽相中。聚煤中心位于库车市—拜城—温宿县一带，呈东西向分布，长约400千米，宽10～20千米，面积832平方千米，已探明600米以上储量25.2亿吨，预测资源量358.7亿吨。煤的品种全，质量好，发热量高，灰粉少，黏结性好。分布于库车境内的主要有阿艾矿区、胡同布拉吉矿区，分布于拜城境内的有铁热克矿区、阿尔阿肯矿区，分布于阿克苏市西南的有沙井子矿区。

境内北部山区分布较多盐矿，主要在温宿县、拜城县和库车市等。岩盐储量200亿吨，地表出露储量220亿吨，预测储量6000亿吨，居全国之首。已发现大型岩盐矿床7处，其中温宿境内有盐山数十座，盐层厚度100米以上，储量超过100亿吨。

塔里木盆地油气资源总蕴藏量191.5亿吨，其中石油资源储量约107.6亿吨，天然气资源量8.39万亿立方米，分别占全国预测油气资源总量的1/7和1/4。油气藏平均埋深3000～4000米，最深7000多米。地区境内的石油天然气蕴藏十分丰富，已探明天然气储量9741.13亿立方米、原油地质储量10.76亿吨、凝析气储量4109.7万吨，在山区和平原都有分布。位于拜城县克孜尔乡境内的克拉2井，探明在克拉构造带蕴藏着3000亿～5000亿立方米的石油天然气，这个气藏的规模、丰度、产能均名列全国前列，是国内天然气勘探取得的重大突破。

磷矿分布于阿克苏市、乌什县和柯坪县，有矿床十多处，储量达3233.91万吨。位于乌什县东南的苏盖特布拉克磷矿已探明储量1328万吨，是新疆最大的磷矿地。

铁矿主要分布于库车市、拜城和柯坪县的山区。库车市境内的有山格拉铁矿、乌康布拉克铁矿、阿艾铁矿、夏阔坦西铁矿、阿艾夏阔坦铁矿、依里木扎尔得铁矿，拜城境内的有老虎台铁矿，柯坪境内的有音干硫铁矿。

库车市境内的锰矿有依奇克巴什锰矿、库尔干锰矿、龙池南锰矿、琼木孜力克锰矿；位于库车市、拜城县交界处的卡尔古力锰矿储量约40万吨；拜城境内西自木扎提河、东至黑英山都有锰矿发育，已探明的卡郎古尔锰矿矿石品位在18%～25%，储量57.7万吨。

铜矿主要分布在库车市和拜城县境内，有80多处矿点，储量8.7万吨。库车市境内有恰克玛克铜矿，拜城境内有卡捷克托尔铜矿和滴水铜矿。

石灰岩矿总储量1000亿吨，石膏矿储量32亿吨，麦饭石储量1亿吨，红柱石矿储量1500万吨，重晶石矿储量12.3万吨，萤石矿储量5.16万吨。耐火黏土、陶土、石英砂、玄武岩、花岗岩、大理石、金云母等矿藏不仅分布广、储量多，且易于开采。

经济社会发展

【农业】 粮、棉、果、畜、设施农业五大基地建设，加快农业绿色化、优质化、特色化、品牌化发展。2020年地区粮食播种面积27.46公顷、粮食总产223万吨，分别较2015年减少0.4公顷、增加18万吨；棉花种植面积49.86公顷、皮棉总产101万吨，分别较2015年减少2.13公顷、增加17万吨；林果挂果面积达28.13公顷，较2015年增加4.60公顷，果品总产244万吨，较2015年增加48.5万吨；牲畜存栏突破681万(头)只，较2015年增加80万(头)只；累计建成农副产品加工园区11个，其中国家级农业科技示范园区1个，培育发展地区级以上农业龙头企业55家，各类农民专业合作社4390余家，各类畜牧业合作组织达718家。

【工业】 制定出台《地区园区功能定位和产业布局指导意见》，加快对能源化工、纺织服装、农副产品精深加工、建材冶金等传统优势产业延链、补链、强链，加快培育发展装备制造、数字经济等新兴产业。2020年年末，地区共有规模以上工业企业307家，较2015年年末增加103家，石油石化一业独大的局面发生深刻变化。棉纺、织布、服装产能较2015年年末分别增长2.5倍、10倍、12倍，韦力得全钒液流储能、北汽新能源汽车零部件生产组装、精石无人直升机、石墨烯采暖等大批战略新兴产业项目的建成投产填补了地区高新技术产业空白。

【旅游业】“十三五”以来，围绕打造区域性文化旅游中心这一目标，地区深入实施“旅游兴阿”战略，推进旅游精品景区建设，制订并严格落实全域旅游发展三年行动计划，全面实施旅游人次提升、旅游消费提振、品牌节庆活动、旅游产品供给、打卡阿克苏流量五个“倍增”计划，积极参加各类旅游展会，深入实施“旅游+”“+旅游”，推动旅游与文化、体育、农业、交通、生态等行业深度融合，“丝路古龟兹·神奇阿克苏”文化旅游品牌在全国打响。截至2020年年末，地区已建成国家AAAA、AAA级旅游景区55家，“十三五”期间接待游客数、旅游总收入年均增长106%、110%以上。

【交通枢纽建设】“十三五”以来，地区公路不断完善、铁路拓展延伸、航空加快发展，阿温同城北外环、阿克苏火车站改扩建、阿克苏机场二期改扩建等一批项目完工投运。截至年底，地区境内国省干线公路总里程2286.647千米、农村公路总里程达15614.614千米、乡(镇)场和建制村通达率、通畅率、通班车率均达100%；铁路可直达西安、重庆等内地多个城市；航线突破了以往单一疆内线路，与郑州、杭州、成都、重庆、西安、北京、青岛、上海等多个城市实现了直达，旅客吞吐量位居全疆支线机场第三位。

【水利设施】“十三五”以来，地区大中型水库建设稳步推进，大中型灌区配套和节水改造及防洪抗旱减灾工程力度持续加大。大石峡水利枢纽工程、洼地水库、温宿水库3个大中型水库项目顺利获批，渭干河、木扎提河、台兰河、阿克苏河灌区4个骨干工程节水改造工程累计获得31.47亿元中央预算内资金支持，建设防渗渠道1352千米，实现节水3.4139亿立方米；建成各类防洪堤1200余千米；沙雅县渭干河灌区3.33万公顷农业高效节水项目列入国家现代化灌区建设试点项目；截至2020年全地区累计完成农业高效节水面积44.46万公顷。

【城乡发展】“十三五”以来，地区持续健全完善城乡规划体系，大力推进以人为核心的新型城镇化建设，不断加大各类资金投入力度，持续改善城乡基础设施面貌，“城在林中、水在城中、人在园中”的公园城市建设理念深入人心，农村人居环境改善工程和美丽乡村建设取得显著成效。截至2020年年末，地区供水综合生产能力、污水处理能力分别达45.22万立方米每日、26.75万立方米每日，供水普及率和污水处理率达99.62%；集中供热面积较“十二五”末增加132.77万平方米；天然气供气普及率达99.01%；生活垃圾无害化处理率达到99.41%。一大批社区公园、街头游园、绿道绿廊建成投运，城市建成区绿化覆盖面积60.9平方千米、绿化覆盖率达41.4%，人均公园绿地面积16.96平方米。

【社会事业】“十三五”以来，地区始终树牢共享发展理念，紧密结合“两学一做”“不忘初心、牢记使命”等主题活动和党史学习教育，持续巩固和改善民生，坚持把财政支出的70%以上和援疆资金的90%以上用于民生支出，确保发展成果惠及于民。九项惠民工程深入实施，城镇居民人均可支配收入达34962元，增长62.2%，年均增长8.4%；农牧民人均纯收入达17594元，增长65.5%，年均增长8.7%。就业规模不断扩大，新增城镇就业27.4万人，农村富余劳动力转移就业121.4万人次。各级各类教育全面加强，15年免费教育持续落实，新建中小学校62所、新改建幼儿园855所，阿克苏高级技工学校、库车高级技工学校分别升格为阿克苏技师学院、阿克苏工业技师学院。教育学院、职业技术学院实现整体搬迁，学校布局更加优化。举全地区之力建成新疆理工学院，实现了阿克苏地区本科院校历史性的突破，形成了从学前教育、义务教育、高中教育、职业教育到高等教育的完整教育体系，区域性教育人才高地建设取得明显成效。地县乡公共卫生服务体系进一步健全，全民健康体检全面实施，区域性医疗康养高地建设迈出坚实步伐。社会保障体系日趋完善，特殊困难群体应保尽保。建成城镇保障性住房12.75万套，农村安居房21.4万套，解决农村35.2万人安全饮水问题，新改建农村公路7772千米。

中国共产党阿克苏地区委员会

综述

【重要会议】 阿克苏地委(扩大)会议 2019年12月28日,中国共产党阿克苏地区委员会(以下简称阿克苏地委)召开2020年中共阿克苏地委(扩大)会议,地委书记窦万贵作题为《聚焦聚力总目标 干事创业勇担当 坚决夺取全面建成小康社会伟大胜利》的主题报告,报告坚持以习近平新时代中国特色社会主义思想为指导,深入贯彻落实中共十九大和十九届二中、三中、四中全会精神,以及自治区党委九届七次、八次全会精神,回顾总结2019年工作,分析当前形势,安排部署2020年工作,聚焦社会稳定和长治久安总目标,动员全地区各级党组织和广大干部群众,勇于担当、真抓实干,坚决夺取全面建成小康社会伟大胜利。地委副书记、行署专员尼牙孜·阿西木主持会议,并作了题为《坚守初心再出发 牢记使命勇担当 为夺取全面建成小康社会伟大胜利而努力奋斗》的总结讲话。

稳定工作会议 2020年1月16日,阿克苏地委召开稳定工作会议,地委书记窦万贵主持会议并做重要讲话。会议回顾总结2019年工作,分析当前形势,部署2020年任务,动员全地区各级党组织和广大党员干部,聚焦聚力总目标、坚决打好"组合拳",不断开创社会稳定和长治久安新局面。会议表彰地区2019年度反恐维稳先进集体和先进个人。

1月16日,地区召开创建全国民族团结进步示范地区动员大会。地委书记窦万贵出席会议并强调,各县(市)、各部门(单位)要统一思想认识,明确目标任务,坚定信心决心,迅速掀起创建全国民族团结进步示范地区热潮,奋力开创地区民族团结进步事业新局面。自治区民委(宗教局)党组成员、副主任陆健到会指导。

3月31日,阿克苏地委召开政法工作视频会议。地委书记窦万贵出席会议并强调,要深入贯彻落实中央、自治区党委政法工作会议精神,牢牢把握坚持和完善中国特色社会主义政法工作体系总要求,紧紧围绕社会稳定和长治久安总目标,观大势、谋大局、抓大事,既全面推进,又突出重点,以重点工作突破,推动全局工作发展。地委副书记、行署专员尼牙孜·阿西木主持会议。

经济工作会议 1月18日,阿克苏地委召开经济工作会议,深入贯彻中共十九大和十九届二中、三中、四中全会精神,全面落实中央和自治区党委经济工作会议精神,总结地区2019年经济工作,分析当前形势,部署2020年经济工作。地委书记窦万贵主持会议。

7月16日,阿克苏地区召开推进经济高质量发展现场会,深入学习贯彻落实习近平新时代中国特色社会主义经济思想、新时代党的治疆方略特别是社会稳定和长治久安总目标,贯彻落实自治区推进经济高质量发展现场会精神,对地区推进疫情防控常态化下的经济高质量发展工作进行再安排再部署。地委书记窦万贵出席会议并强调,要切实提高政治站位,增强"四个意识"、坚定"四个自信"、做到"两个维护",深入贯彻落实习近平新时代中国特色社会主义经济思想,贯彻落实新时代党的治疆方略，按照自治区党委“1+3”工作部署，坚持稳中求进工作总基调，坚持新发展理念，深化供给侧结构性改革，全力落实“六稳”“六保”任务，为实现社会稳定和长治久安总目标奠定坚实基础。地委副书记、行署专员尼牙孜·阿西木主持会议并传达自治区推进经济高质量发展现场会精神。

脱贫攻坚工作会议　3月7日，阿克苏地委召开脱贫攻坚专题会议，传达学习习近平总书记在决战决胜脱贫攻坚座谈会上的重要讲话精神，传达贯彻自治区党委常委（扩大）会议精神，听取地区脱贫攻坚情况汇报，就贯彻落实习近平总书记重要讲话精神，贯彻落实党中央决策部署和自治区党委工作安排，全力推进脱贫攻坚工作进行安排部署。地委书记窦万贵主持会议。

纪检监察会议　3月24日，阿克苏地区召开2020年纪检监察工作会议。地委书记窦万贵出席会议并强调，要坚定不移推动全面从严治党向纵深发展，为决胜全面建成小康社会、决战脱贫攻坚提供坚强保障。地委委员、纪委书记、监委主任何晓东主持会议并作纪检监察工作报告。

7月17日，地区召开党员领导干部警示教育大会。地委书记窦万贵出席会议并强调，地区各级党组织和广大党员干部要深入学习贯彻习近平总书记重要讲话和指示批示精神，认真落实自治区党委关于开展党员领导干部警示教育工作的安排部署，进一步深化思想认识，提高政治站位，以案为鉴、深刻反思，汲取教训、引以为戒，推进以案促改警示教育常态化、长效化。地委副书记、行署专员尼牙孜·阿西木主持会议。

组织工作会议　10月31日，阿克苏地委召开党的建设工作领导小组会议，审议《关于调整地委党的建设》《关于进一步规范地区单位党组织设置的请示》，研究部署地区党的建设工作。地委书记窦万贵主持会议并强调，要用习近平新时代中国特色社会主义思想武装全党，做到学有所思、学有所悟、学有所获。要建设高素质专业队伍，做好干部培养、选拔、管理、使用工作，建立源头培养、跟踪培养、全程培养的素质培养体系。要建立以德为先、任人唯贤、人事相宜的选拔任用体系，把政治标准摆在首位，好中选优、优中选强。

10月31日，阿克苏地委召开人才工作领导小组会议。地委书记窦万贵主持会议并强调，要把党的人才工作作为事业发展的战略资源，坚持党管人才原则，加快实施人才强阿战略，加强和改进人才培养工作机制，分类推进人才评价机制改革，完善人才流动机制，优化人才环境，完善激励举措，切实把各方面优秀人才集聚到地区经济社会发展各项事业中来，确保人才“引得进”“留得住”“用得好”。

10月31日，阿克苏地委召开基层组织建设领导小组会议。地委书记窦万贵主持会议并强调，要把党的基层组织建设作为党的全部工作和战斗力的基础，坚定不移抓基层打基础，全面增强基层党组织政治功能和组织力，巩固党在基层的执政地位。

宣传思想工作会议　7月24日，阿克苏地区召开年中宣传思想文化工作会议，会议以习近平新时代中国特色社会主义思想和党的十九届四中全会精神为指导，深入贯彻自治区宣传文化系统会议精神，总结上半年宣传思想文化工作情况，分析当前面临的形势与任务，对今后一个时期工作进行再谋划、再部署。地委委员常玉轩主持会议并讲话。

疫情防控工作会议　1月24日，阿克苏地区召开新冠肺炎疫情防控工作专题会议，听取相关工作汇报，就加强地区新型冠状病毒感染的肺炎疫情防控工作进行专题部署。地委书记窦万贵主持会议。

2月13日，阿克苏地区召开新冠肺炎疫情防控工作专题会议，就贯彻落实习近平总书记重要讲话精神，贯彻落实自治区党委2月11日新冠肺炎疫情防控工作视频会议精神，扎实有效抓好疫情防控工作作出安排部署。地委书记窦万贵主持会议并强调，新冠肺炎疫情发生以来，习近平总书记高度重视，亲自指挥、亲自部署，多次主持召开中央政治局常委会会议专题研究疫情防控工作，多次发表重要讲话、作出重要指示，为打赢疫情防控人民战争、总体战、阻击战坚定信心和决心，鼓舞昂扬斗志，指明前进方向，提供根本遵循。地区和一师阿拉尔市各级各部门要增强“四个意识”、坚定“四个自信”、做到“两个维护”，切实把思想和行动统一到习近平总书记重要讲话和重要指示精神上来，坚决贯彻党中央决策部署、自治区党委具体安排，坚定不移把各项工作落实落细落地，奋力夺取疫情防控和今年经济社会发展目标双胜利。第一师阿拉尔市相关领导参加会议,会上相互通报疫情防控工作情况,共同研究联防联控联治工作。

3月12日,阿克苏地区召开新冠肺炎疫情防控工作专题会议,传达学习习近平总书记在湖北省武汉市考察新冠肺炎疫情防控工作、看望慰问奋战在一线的医务工作者解放军指战员社区工作者公安干警基层干部下沉干部志愿者和居民群众时的重要讲话精神,传达学习2020年3月11日晚自治区党委紧急召开的副省级领导干部、地(州、市)党政主要领导视频会议精神,就统筹抓好地区疫情防控工作和全面恢复正常社会秩序、决战决胜脱贫攻坚、确保社会大局持续稳定等工作进行安排部署。地委书记窦万贵主持会议。

6月2日,阿克苏地区召开新冠肺炎疫情防控工作领导小组会议,听取地区新冠肺炎疫情防控工作、进一步抓实抓细常态化疫情防控措施、学校复学复课后防疫工作等情况汇报,以及地区1—5月经济运行情况汇报,在常态化疫情防控工作的基础上,对统筹做好经济社会发展、脱贫攻坚、社会稳定等各项工作进行再安排、再部署,确保全面完成全年经济社会发展目标任务,全面打赢脱贫攻坚战、决胜全面建成小康社会,确保社会大局和谐稳定。地委书记窦万贵主持会议。

7月27日,阿克苏地委召开地委(扩大)会议,深入学习贯彻自治区党委部署要求,就地区当前疫情防控工作进行再强调、再安排、再部署。地委书记窦万贵主持会议并强调,要切实提高政治站位,坚持把疫情防控作为当前最重要的政治任务,认真学习贯彻习近平总书记重要讲话和重要指示批示精神,学习贯彻孙春兰副总理视察新疆时的重要讲话精神,按照"坚定信心、同舟共济、科学防治、精准施策"总要求和自治区党委决策部署,坚持党政军警兵民协调联动,深入落实"四早"(早发现、早报告、早隔离、早治疗)"四集中"(集中患者、集中专家、集中资源、集中救治)要求,着力在严、深、细、实上下功夫,坚决打赢疫情防控的人民战争、总体战、阻击战,坚决守护好各族人民群众生命安全和身体健康。

【重要机制】 2020年,阿克苏地委将脱贫攻坚巩固提升纳入乡村振兴战略统筹安排,建立健全稳定脱贫长效机制,集中力量完成打赢脱贫攻坚战和补上全面小康"三农"领域突出短板两大重点任务,确保已脱贫人口不返贫、边缘人口不致贫,确保与全国同步全面建成小康社会。3月10日,印发《关于脱贫攻坚巩固提升与推进乡村振兴有机衔接的指导意见》,配套出台地区推进棉花高质量发展、地区林果业提质增效、地区加快现代畜牧业发展、地区加快推进设施蔬菜产业发展四个实施方案,通过发展农业优势产业,实现脱贫攻坚巩固提升与乡村振兴有机衔接。

全面整合农业执法职能,积极创新农业执法机制,加快构架权责明晰、上下贯通、指挥顺畅、运行高效、保障有力的农业综合行政执法体系。4月20日,印发《阿克苏地区农业综合行政执法改革实施方案》,从整合执法队伍、理顺层级职责、加强队伍建设、规范执法事项、健全执法制度、创新工作机制、强化执法保障、加强党建工作作出进一步明确。

进一步深化地区交通运输综合行政执法改革,建设人民满意交通。5月12日印发《关于进一步深化地区交通运输综合行政执法改革的实施方案》,按照推进综合执法、建立权责统一、权威高效的行政执法体制要求,与简政放权、放管结合、转变政府职能、规范行政权力运行有机结合,进一步理清交通系统执法机构职责,建立一支政治坚定、素质过硬、纪律严明、作风优良、廉洁高效的交通运输综合行政执法队伍。

充分发挥地区各行业人才的作用,切实解决职业院校"双师型"教师紧缺、人才培养质量较低、职业教育与产业发展关联度不高、促进经济社会发展作用不强的问题,促进职业教育科学发展,加快实现打造区域性教育人才高地目标,6月16日,印发《阿克苏地区关于加强职业院校兼职教师队伍建设的指导意见》《阿克苏地区职业院校兼职教师管理办法(试行)》,要求统筹协调,应入尽入,建立职业院校兼职教师资源库,落实兼职教师聘任制,建立专兼职教师培训机制,建立科学合理的评价考核体系,推动"双师型"教师队伍建设。

加强地区名师队伍建设,全面提升教师队伍能力素质,加快打造区域性教育人才高地,6月16日,印发《阿克苏地区新时代"十百千"名师培养工程实施意见》《阿克苏地区新时代"十百千"名师评选管理办法（试行）》，通过实施“十百千”名师培养工程，力争用3至5年时间培养数十名在全疆有影响力的专家型名师；培养数百名学科带头人和教学能手；培养数千名骨干教师和教学新秀。带动地区教师队伍在育德、课堂教学、作业设计与考试命题、实验操作、信息技术应用、家庭育人六大能力全面提升，为提高教育教学质量，办好人民满意教育提供优质师资保障。

深入实施乡村振兴战略，快速提升畜产品供给能力，推进畜牧业高质量发展。9月30日，印发《阿克苏地区现代畜牧业高质量发展三年行动方案（2020—2022年）》，全力实施“十百千亿”现代畜牧业发展工程，坚持以“兴羊增牛促禽、降本提质增效、产业化经营”为突破口，转变畜牧业发展方式，加快完善动物防疫、畜禽良种繁育、饲草料保障、畜禽粪污资源化利用体系建设，加强科技服务人才保障，全力推进科学养畜示范工程，实现畜牧业标准化、规模化、产业化、品牌化发展，确保畜产品安全、生态环境良好、保障市场有效供给、农牧民收入不断增加。

【督促检查】 2020年，阿克苏地委坚持“严”字当头，“实”字托底，紧盯不放、跟踪问效中央、自治区督办事项。全年共收到自治区党委督办事项、领导批示件28件，下发督办通知27期，上报督察专报28期，办结率100%。主要涉及贯彻落实习近平总书记重要讲话、批示精神，贯彻落实中央、自治区关于持续解决困扰基层的形式主义问题为决胜全面建成小康社会提供坚强作风保证的工作要求情况、贯彻落实中央八项规定、贯彻落实自治区党委重点工作会议精神、疫情防控、为基层减负、复工复产、达产增效、学校开学复课、脱贫攻坚等方面工作内容。统筹规范督查检查考核，强化计划管理和监督实施，坚持事前一周报备、事后一周报告、计划外事项一事一报，加强督查事项实施时间、地点、任务、内容、频次等关键信息的统筹把关和跟踪管理，切实纠治督察检查考核过多过频、随意督察、集中扎堆、重复开展等问题。根据自治区审核结果，2020年确定地区督察检查考核事项13项，全年共开展督察检查考核13项21次。

组织工作

【概况】 2020年，中共阿克苏地区委员会组织部（以下简称地委组织部）认真践行新时代党的建设总要求和新时代党的组织路线，深入贯彻落实从严治党要求，不断推进党的建设、干部队伍建设、人才队伍建设、基层组织建设、组工队伍建设，努力建设“政治上绝对可靠、对党绝对忠诚”的模范部门和过硬队伍，为地区稳定发展改革提供坚强的组织保证。

【党员管理与发展】 2020年，地委组织部坚持以《中国共产党章程》《中国共产党发展党员工作细则》为原则，严格执行“三推荐”“四审查”“四票决”“四公示”制度，按照《发展党员流程图》，统一使用自治区编号《入党志愿书》，确保程序科学规范。全年发展党员9470名，其中，女性党员4255名，占发展总数的44.93%；少数民族党员6603名，占发展总数的69.73%；35岁以下党员6809名，占发展党员总数的71.90%；大专及以上学历党员3968名，占发展党员总数的41.90%；农牧民党员5047名，占发展党员总数的53.29%；大学生党员261名，占发展党员总数的2.76%。

【党员帮扶慰问】 2020年，地委组织部开展党员走访慰问活动，在思想关怀方面：实地上门探望慰问29088人次，谈心谈话37386人次，电话视频短信慰问7342人次，宣传宣讲5826场次覆盖40017人次，各级党组织开展“送温暖、献爱心”等各类活动3011场次。在生活救助方面：走访慰问25726人次发放慰问金2468.7万元，发生变故入户慰问探访644户、走访1381场次覆盖6026人，慰问物品折合人民币193.128万元，帮助困难党员代办各类生活事务9369次、协调医疗服务5099人次，组织困难党员体检6779人次，参加健康讲座或普及健康知识823场次覆盖29370人。在工作帮扶方面：帮助困难党员协调解决发展中遇到的困难问题508件、协调资金220.01万元，开展困难党员职业技能实用技术教育培训987场次覆盖32048人次，协调解决困难党组织发展中遇到的困难问题203件协调资金436.92万元。

【干部选拔任用】 2020年,地委组织部聚焦“二十字”(信念坚定、为民服务、勤政务实、敢于担当、清正廉洁)好干部标准、民族地区干部“三个特别”(明辨大是大非立场特别清醒、维护民族团结行动特别坚定、热爱各族群众感情特别真挚)政治标准和“五个过硬”(信念过硬、政治过硬、责任过硬、能力过硬、作风过硬)要求,树牢“三个不吃亏”(不让老实人吃亏、不让综合素质高能干事的人吃亏、不让长期在一线埋头苦干的人吃亏)“基层一线出干部”导向,把关键时刻冲得上、顶得住、打得赢作为选拔干部的重要依据,优先提拔晋升在脱贫攻坚、疫情防控、维护稳定工作中表现优秀的干部,激励干部担当作为。全年提拔重用县级干部108名(乡镇党政正职22名),晋升职级县级干部167人次。

【干部教育管理】 2020年,地区全面贯彻落实《2018—2022年阿克苏地区干部教育培训规划》《干部教育培训工作条例》,突出学习习近平新时代中国特色社会主义思想和新时代党的治疆方略,举办春(秋)季学期主体培训班、党的十九届四中全会精神暨系列白皮书集中培训班、党的十九届五中全会和第三次中央新疆工作座谈会集中轮训班,聚焦自治区党委“1+3”工作部署和地委“76331”战略开展专业化培训。地县党校(行政学院)举办主体班次50期、专题班次180期,培训各级各类干部5万人次。开展干部网络学院管理工作常抓不懈,阿克苏在新疆干部网络学院注册学员9900人,县处级及以上领导干部学时合格率达98%以上。

【干部监督】 2020年,地委组织部持续加强对落实“1+3”工作部署和干部担当作为等工作的监督。结合疫情防控、年度考核、专项考核、日常考察、巡视巡察、经济责任审计、“12380”举报、个人有关事项核查等情况,建立领导干部“问题档案”。对疫情防控履职不力干部给予免职处理。

对11个地直单位20名党政主要领导干部开展经济责任审计。结合巡视巡察、年底考核结果对25人进行函询,3人进行提醒谈话。

【干部考核】 2020年,地委组织部按照《党政领导干部考核工作条例》要求,结合自治区考核工作方案和疫情防控工作实际,制订《地委管理领导班子和领导干部2020年度(绩效)考核工作方案》,统筹谋划按期完成2020年度地委管理的党政领导干部考核工作,评定地委管理优秀等次领导班子54个,评定优秀等次县级干部315人,给予三等功(记功)59人、嘉奖226人。扎实推进县(市)和地直单位公务员平时考核,在2个县(市)和4个地直单位开展试点工作,探索地委管理领导班子和领导干部平时考核,坚持问题导向,对18个班子和164名县级干部开展平时考核,结合考核结果给予2名不胜任现职干部岗位调整。

【干部挂职】 2020年,地委组织部制定下发《关于规范地委管理县级干部兼任社会团体职务有关问题的通知》,严格工作要求和审批程序。根据自治区党委组织部2020年干部挂职工作总体安排,选派3名县级干部赴中央部委挂职、4名少数民族干部赴内地省(市)挂职。做好自治区林业厅、兵团勘测设计院、塔里木油田分公司、自治区公安厅4个单位8名下派干部对接工作。

【公务员管理】 2020年,地委组织部认真贯彻落实公务员职务与职级并行制度,制定《地直单位公务员职级职数核定表》,完成地直66个正县级单位、15个副县级单位、28个科级单位公务员职级职数批复工作。对任正科级满7年以上、受地区级及以上表彰奖励、参加“访惠聚”等工作满2年及以上的132名干部优先晋升四级调研员职级、六级职员。制定地直单位公务员职级晋升情况统计报表,地直单位晋升一级至四级主任科员职级干部960名,职级职数使用率达59.9%。

【公务员招录】 2020年,地委组织部组织开展2020年度面向社会公开考试录用公务员工作,地区设置291个职位,拟招录553人,21038人报考,16341人入围资格审查,1568人入围面试,546人入围体检,录用公务员549人。做好招录内地高校毕业生充实南疆基层力量工作,面向北京、陕西、宁夏、山西、贵州、浙江、福建等省(区、市)招录500名高校毕业生充实地区乡镇工作。认真开展招录驻疆部队退役士兵充实乡镇工作，按照“两考两录”(两次考试两次录用)的方式,采取送考进军营的形式组织考试，录用357人。

【人才引进待遇】 2020年,地委组织部按照地委“76331”战略发展需要,建立以“全职引才为主、柔性引才为辅”招才引智机制,实施“每年百名博/硕士引进工程”，引进56名硕士以上学历人才来阿创业，全年引进各类优秀人才316人(含本地户籍41人)。根据《阿克苏地区引进优秀人才办法(暂行)》规定，对符合发放引进人才津贴条件的152人发放津贴49.47万元,对符合发放引进人才租房补贴条件的76人发放租房补贴29.13万元，对符合发放一次性购房补贴条件的24人发放一次性购房补贴260万元，共计发放人才津贴补贴338.60万元。

【农村科技人才培养】 2020年，地区坚持“科技兴阿”,实施“万名农技推广骨干人才培养计划”，选派642名科技特派员、35名“三区”人才赴贫困县、贫困村开展技能培训、技术服务指导和示范推广。创新实施“户户都有科技明白人”培育工程,培育“科技明白人”农户家庭39.63万户,实现有劳动力的农村家庭“户户都有科技明白人”全覆盖。

【基层组织建设】 2020年,地委组织部完善党委统一领导、组织部门牵头协调、行业系统具体指导、有关方面齐抓共管的基层党建工作格局,健全述职述党建、巡察巡党建、考核考党建、选拔任用干部看党建的动力机制，形成党委(党组)重视、书记带头、党员领导干部人人有责、一级抓一级、层层抓落实的工作局面。截至12月底，党的基层组织数有7081个,其中,党委241个、党总支部280个、党支部6560个。

【访民情惠民生聚民心】 2020年,地区按照自治区“访惠聚”驻村重点工作部署会要求，着眼保持工作连续性和稳定性，选派1401支工作队、7962名工作队员[其中，自治区选派驻村工作队154个、1027人,兵团选派驻村工作队11个、72人,地区选派驻村工作队220个、1312人,县(市)选派驻村工作队1016个、5551人]。全面加强深度贫困村驻村力量，选派142名县处级或县处级后备干部担任深度贫困村第一书记(地县两级选派117人)。认真贯彻落实自治区关心关爱驻村干部工作要求，调整轮换地县两级驻村干部4670人,组织新选派工作队员开展专项培训10场(次)1901人(次);完善驻村干部去世、住院治疗、家庭重大变故等情况的关心关爱管理，慰问422名生病住院的工作队员，调整350名不适合继续驻村的工作队员。充分发挥后盾保障作用,各级“访惠聚”办、派出单位解决驻村干部困难1991件,开展驻村干部心理疏导服务1.11万人(次),组织驻村干部体检2.85万人(次)，走访慰问驻村干部家属1.08万户(次),提拔、进一步使用、晋升职级驻村干部496人(次)，切实让驻村工作干部安身、安心、安业。优化调研指导方式,通过实地调研、视频调度等方式进行帮带指导，地区成立4个调研指导组，每月对各县（市）“访惠聚”驻村工作进行帮带指导,累计现场培训27场(次),提出建议89条。依托地区维稳指挥中心视频调度平台,对各级“访惠聚”办、驻村工作队开展视频调度指导5次，发现并督促整改问题52条;以电话抽查、反向核查等形式，检验重点工作任务开展情况，发现并督促整改问题1710条,有效压实了各级责任,推动工作落实。注重发挥“五大平台”作用,大力宣传驻村工作新成效,激发驻村工作队员主动担当作为。

【选优配强乡镇党政正职】 2020年，地区注重把能力素质强、敢打敢拼、敢啃硬骨头的优秀干部，选派到基层一线工作，先后提拔重用乡镇正职21名，择优选派14名地直优秀干部任乡镇正职、32名干部乡镇挂职，28名县(市)班子成员兼任重点复杂乡镇党政正职。

【农村基层党建】 2020年,地区农村基层党建工作坚持抓乡促村，持续加强基本队伍、基本活动、基本阵地、基本制度、基本保障建设。开展“整乡推进、整县提升”示范点创建行动,培育示范县2个、示范乡2个。持续整顿软弱涣散村党组织107个。选派621名国家公职人员担任村党组织书记的村选派农民身份村委会主任，形成优势互补。推动86名选调生、1006名内招生、1483名留疆战士到村任职，推荐100名高校大学生到村实习锻炼。持续深化村干部国家通用语言文字强化、素质提升、培养锻炼“三大工程”，地县两级分层分类开展国家通用语言文字封闭式培训，分级轮训村干部全覆盖。选派150名村干部参加全日制大中专学历教育。

【城市基层党建】 2020年，地区全面推进城市基层党建示范市建设，在阿克苏市、库车市试点开展社区工作者职业化，首批招录到岗72人。深化社区“四化”建设，培育网格示范点12个。推行小区“并小建大”，将相邻小区拆墙透绿、归并整合，打造“嵌入式”居住环境。试点推行党建引领下的社区居民委员会、业主委员会、物业服务企业协调运行机制。制定《人员不聚集监督管理预警机制》《关于在社区常态化疫情防控工作中充分发挥基层党组织战斗堡垒作用的指导意见》，建格局、强机制、明责任、建队伍、促保障、重演练，有效发挥社区在疫情防控中的阻击作用。

【新兴组织党建】 2020年，地区持续加强新兴组织党组织建设，坚持地委统一领导，新兴组织党建工作领导小组议事决策，组织部门牵头抓总，教育、卫健、财政等行业部门党组织归口管理、具体负责，纪委监委、发改等相关部门积极配合，形成上下联动、齐抓共管的新兴组织党建工作格局。挂牌成立非公有制经济组织和社会组织工作委员会，压实行业党工委主体责任、党工委书记第一责任人责任、分管领导“一岗双责”责任、新兴组织党建科(组织人事科)直接责任，建立行业党工委和新兴组织“两个联动”机制，推动地区新兴领域党的组织和党的工作有形有效覆盖。2020年年底，地区“三有”非公企业总数1014个，已建党组织企业数797个；“非三有”非公企业总数3166个，已建党组织企业数619个；社会组织469个，已建党组织的社会组织数339个。“三有”非公企业、“非三有”非公企业、社会组织党组织覆盖率分别达78.59%、19.55%、72.28%。

【党员教育站点建设】 2020年，地区党员教育工作以基层党员(远程)教育站点、塔里木网·阿克苏党建网、党员教育频道3大党员教育服务平台为抓手，投入15万元一次性购买三年(2020年3月至2022年3月)党员教育管理服务平台授权服务，在党员教育管理服务平台上注册认证站点1345个，操作员2690人。持续推送党的十九大精神和国家通用语言文字、惠民政策、科学技术等学习资源。开辟“十九届五中全会”“第三次中央新疆工作座谈会”“两学一做”学习教育、“不忘初心 牢记使命”等网上学习专栏、开办“党建好声音”“先锋颂”“我家的战‘疫’生活”“聚焦高质量争当排头兵”等电视专栏，推送涉及习近平总书记关于新疆工作的重要讲话重要指示精神、新时代党的治疆方略和第三次中央新疆工作座谈会精神方面的视频学习资源287部，更新网站信息2380条。疫情防控期间，地区研发党员教育微平台，发布对党忠诚教育学习、疫情防控知识等内容34期，学习点击量超50万人(次)。

【党员教育电视片展播】 2020年，地委组织部拍摄制作“党课开讲啦”系列微党课4部、“只争朝夕不负韶华”演讲课12部，创作《居家隔离10注意》《民法典与你生活密切相关的那些事》等5部单集动漫以及《中国共产党党组工作条例》10集系列动漫，多部作品被中组部、全国远程教育频道等平台采用。创作“七一”展播片被自治区采用6部，其中《勇敢的心》获评“奋进新时代”系列展播片“最佳作品”，《托乎提·肉孜的肉孜节》获评“优秀作品”，《爱是一道霞光》《真心》《老骥伏枥》《热娜寻根记》获评“好作品”；创作报送微视频32部，被全国远程教育频道采用5部，《我的阿卡》获评“我是一颗石榴籽”系列微视频“最佳作品”，《奋斗·幸福》获评“好作品”；拍摄公益片《奉献》获评“做新时代合格共产党员”系列公益片“最佳作品”；《饮水思源忆苦思甜永葆艰苦奋斗本色》获评党员教育系列微党课“十佳作品”；《老骥伏枥》获评“初心志”系列融媒体作品“十佳作品”；本土抗疫电视MV《祈福中国》报送“中视协”参评，微电影《第二故乡》获第八届亚洲微电影节三等奖。

2020 年度中国共产党新疆阿克苏地区党员统计表

表 1　　单位：人

项目	党员总数	女性	少数民族	年龄						学历				
				30 岁及以下	31 至 40 岁	41 至 50 岁	51 至 60 岁	61 至 70 岁	71 岁及以上	研究生	大学本科	大学专科	中专	高中及以下
总计	128670	42400	86894	19181	35982	31134	22428	11548	8397	1254	28784	30269	10369	57994
在岗职工	55057	20592	25612	9697	19765	17306	8307	—	—	1171	25485	21164	3072	4165
农牧渔民	53646	15134	50033	8195	15150	12274	9043	5081	3903	1	500	2011	3064	48070
学生	342	213	107	342	—	—	—	—	—	—	—	—	—	342
离退休人员	15407	4503	9131	—	15	398	4283	6256	4455	56	1914	5532	3769	4136
其他	4218	1958	2011	965	1052	1156	795	211	39	26	885	1562	464	1281

宣传工作

【概况】 2020 年，阿克苏地区宣传思想工作围绕“举旗帜、聚民心、育新人、兴文化、展形象”使命任务，秉持“文化润疆”重要理念，聚焦理论武装，筑牢理想信念“压舱石”；强化正面引导，聚焦科学疫情防控、经济高质量发展，奏响舆论宣传“最强音”；培育核心价值，常态化开展文明实践活动，紧扣引领文明风尚“主脉络”；强化责任意识，推进县级融媒体中心和新时代文明实践中心建设，着力织密“两大中心”“辐射网”；坚持慎终如始，压紧压实各级党组织履行意识形态工作责任制职责，严守用好意识形态“主阵地”；推进文旅融合，加强现代公共文化服务体系建设，打造旅游发展“新标地”；繁荣文艺事业，宣传推广中华优秀传统文化，提升各族群众文化素养，开创新时代地区宣传思想文化工作新业绩、新格局。

【理论武装】 2020 年，中共阿克苏地区委员会宣传部（以下简称地委宣传部）始终把学习宣传贯彻习近平新时代中国特色社会主义思想作为首要任务，坚持学习中共十九届五中全会和第三次中央新疆工作座谈会精神，强化各级党委（党组）理论中心组学习，推动学习贯彻往深里走、往心里走、往实里走。地区各级党委（党组）理论中心组开展学习 2520 场（次），参学人员 8.61 万人（次）。结合疫情防控探索“新媒体+理论宣讲”模式，搭建“云”平台，组织动员领导干部、专题宣讲团、基层党组织、“访惠聚”工作队、文明志愿者等各支队伍，深入农家大院、田间地头作宣讲、谈体会、拉家常，推动基层理论宣讲实起来、暖起来。举办各类主题宣讲 13.2 万场（次），覆盖群众 431.7 万人（次）。地委党校《绿水青山就是金山银山——“阿克苏柯柯牙绿色涅槃之路”》宣讲报告、库车市百杏微宣讲团获中宣部表彰。统筹哲学社会科学、专家学者等多方力量，围绕社会稳定、经济发展、民族团结、脱贫攻坚、党的建设等重大课题，撰写理论文章 12 篇、设立重点项目课题 30 个，收集理论课题 110 项，为地区经济社会稳步发展提供坚实学理支撑。

【精神文明建设】 2020 年，地区文明办组织各县（市）开展文明城市、文明村镇、文明单位、文明家庭、文明校园“五大创建”。库车市、拜城县、温宿县、阿瓦提县被授予“自治区文明县城”称号；阿克苏市依干其乡、阿克苏市依干其乡巴格其村等 132 乡（镇）、村被授予“自治区文明村镇”称号；阿克苏地委办公室等 260 家单位、非公企业、景区被授予“自治区文明单位”称号；曹晓飞家庭、李运飞家庭被授予“自治区文明家庭”称号；阿克苏地区第二中学等 17 所中学、阿克苏市第一小学等 18 所小学和阿克苏市第二幼儿园等 10 所幼儿园被授予“自治区文明校园”称号。沙雅县沙雅镇、库车市玉奇吾斯塘乡玉奇吾斯塘村、新和县依其艾日克镇加依村被中央文明委授予第六届“全国文明村镇”称号；阿克苏地区妇幼保健院、国家税务总局阿克苏地区税务局、阿克苏市人民医院、阿克苏地区住房和城乡建设局被中央文明委授予第六届“全国文明单位”称号。阿克苏市喀拉塔勒镇博斯坦村、拜城县米吉克乡库木买里村、温宿县托乎拉乡玉斯屯克库尔巴格村、温宿县托乎拉乡河畔村经中央文明委复查确认继续保留全国文明村镇称号;阿克苏地区消防救援支队、库车市人民检察院、国网新疆电力有限公司阿克苏供电公司、国家税务总局沙雅县税务局、中国电信股份有限公司阿克苏地区分公司、中国石油天然气运输公司塔里木运输公司经中央文明委复查确认继续保留全国文明单位荣誉称号;拜城县第二小学经中央文明委复查确认继续保留全国文明校园荣誉称号;卡小花家庭经中央文明委复查确认继续保留全国文明家庭荣誉称号。地区文明委印发《关于命名2018—2020年度地区文明村镇、文明单位、文明校园的决定》,表彰地区级文明村109个,表彰地区级文明乡镇10个,表彰地区级文明单位354个,表彰地区文明校园138所。

【县级媒体中心建设】 2020年,地委宣传部加强移动端建设,沙雅、乌什、阿克苏市、温宿、库车5个县融媒体客户端上线运行,沙雅县融媒体中心客户端运营经验代表新疆入选中宣部优秀县级融媒体中心客户端典型案例选编,面向全国推广新疆融媒体中心经验。各县(市)融媒体中心全媒体传播矩阵日趋完善,融媒体产品生产取得突破。地区各县(市)共创作各类融媒体产品1.5万部,点击量破1000万次作品24部。其中,原创融媒体产品《新疆库车小学生课间集体"扭脖子"》,引发全网转发和跟风创作热潮,视频点击量突破3亿次。围绕"阿克苏好果园"品牌打造,各县(市)融媒体中心推出《阿克苏产业带直播》节目,领导干部走进直播间变身网红,在网上销售地区特色农产品,累计有5000万次点击浏览,线上销售额突破2亿元。

【重大主题宣传】 2020年,地委宣传部坚持完善新闻发布会机制,制定年度新闻发布计划,细化新闻发布会流程,明确新闻发言人职责,推动新闻发布常态化、规范化开展,有效提升新闻舆论引导能力和水平,共举办新闻发布会5场。围绕地委、行署的中心工作,设置新春走基层、疫情防控、文化旅游、经济高质量发展、脱贫攻坚等主题,每月邀请中央、自治区主流媒体到阿克苏采访,实现重大主题宣传持续深入宣传报道。开展"一月一主题"大型采访活动9场(次),接待各级媒体记者来访225批、562人次,在中央、自治区级新闻媒体、网站刊播稿件1.5万篇(条)。

【疫情防控宣传】 2020年,地委宣传部始终把科学防控、依法防控、精准防控宣传作为巩固防控成果的有力措施,持续做好地区各族群众思想引导,在中央和自治区媒体刊发新闻1500条次。制作戏剧、农民画、手绘画、热瓦甫弹唱、快板等融媒体短视频2000部,其中阿克苏热瓦甫弹唱疫情防治常识短视频在抖音平台上发布后,迅速走红,陆续被《光明日报》、环球网、《经济日报》、国家民委多家媒体以及多个省市的网站、微博、公众号转载刊发,网络点击量达到1000万次以上。《阿克苏小学生向医护敬礼鞠躬》,网络总浏览量突破1.2亿人(次),入选全国"2020中国新媒体战'疫'十大精品案例"。沙雅县民警疫情期间与家人视频连线过生日的短视频被中央政法委、自治区政法委等官方新闻网站转播,点击量突破2000万次以上。

【脱贫攻坚宣传】 2020年,地委宣传部始终坚持把"宣传动员广大干部群众一鼓作气、乘势而上,确保如期全面打赢脱贫攻坚战"作为宣传重点,聚焦脱贫攻坚,把营造全面建成小康社会的浓厚氛围作为贯穿全年工作的主线,坚持团结稳定鼓劲,正面宣传为主,在地区主要媒体持续开设全面建成小康社会、决胜脱贫攻坚等专栏,每日均有5~8条相关稿件予以刊发,通过客观数据、典型事例、群众感受,全方位宣传地区全面建成小康社会的主要历程、显著成效。有序开展生态文明、乡村振兴、民族团结、旅游产生发展、"访惠聚"驻村工作、"民族团结一家亲"等重大主题宣传,把宣传主角对准普通群众,推出8个专题"我的××我来说"系列短视频(即我的家乡、我的学习、我的健康、我的成长、我的日子、我的创业、我的收入、我的幸福),涉及各行各业84个普通群众的故事短视频,被"学习强国"平台采用39个,生动展现地区各族干部群众同心同德奔小康的精神风貌。

【对外宣传】 2020年,地委宣传部加强与网易新疆合作,着力打造阿克苏故事系列沙画系列短视频12部,在全网推介,点击量每月超100万次以上。与澎湃新闻、《现代快报》合作，制作“阿克苏是个好地方”系列短视频60部。向“学习强国”新疆平台编辑部供稿1550篇，共计采用598篇，其中国家平台选用100篇。加强与人民日报社、新华社、光明日报社、中央电视台、中新社、亚太日报社等中央媒体合作，充分利用其海外宣传平台，发布多语种阿克苏视频短片、新闻故事，让阿克苏声音在更广的领域宣传推介。6月25日，《人民日报》(海外版)头版头条刊发《柯柯牙，当代愚公谱写的绿色传奇》的专题报道，面向全世界80个国家宣传阿克苏典型经验。与中新社新疆分社合作拍摄《托木尔峰的凝视》等多语种宣传片，利用其海外平台播发，面向国外展现阿克苏新形象。

【网络安全】 2020年，中共阿克苏地区委员会网络安全和信息化委员会办公室(以下简称阿克苏地委网信办)大力开展网络安全宣传教育，以《中华人民共和国网络安全法》《中华人民共和国保密法》《互联网用户公众账号信息服务管理规定》《新疆维吾尔自治区网络安全管理条例》等法律法规为重点，通过“云上+线下”的方式组织开展2020年网络安全宣传周、全民国家安全教育日、防范非法集资宣传月、争做金融好网民等网络法治宣传教育活动，组织地县两级网站、平台开设专栏、专题，推送、转载相关稿件550篇，阅读量27.5万次。组织开展网络安全宣传“七进”(进机关、进社区、进企业、进农村、进家庭、进校园、进军营)活动869场、知识测试504场，举办网络安全宣传讲座、展览、公益广告展播1191场，张贴宣传海报、发放宣传折页7.42万份，地区2020年网络安全宣传周活动覆盖七县二市所有乡镇、村、社区180万人，提升全社会网络安全意识和网民网络安全防护技能。

【国防教育】 2020年，阿克苏地区全民国防教育工作深入贯彻落实习近平强军思想和习近平总书记关于加强全民国防教育的重要指示精神，着眼维护国家主权、安全、发展利益，聚焦社会稳定和长治久安总目标，推动国防教育深入普及，不断强化全民国防观念和爱军拥军热情。结合第20个全民国防教育日，围绕“奋进新时代聚力强军梦”主题，开展群众性主题宣传教育活动，利用国防教育基地、党校等阵地，采取国旗下宣讲、重大节假日走访慰问、参观驻地部队军史馆等方式，加强各级领导干部的国防教育。“4·15”全民国家安全教育日，开展“坚持总体国家安全观，统筹传统和非传统安全，为决胜全面建成小康社会提供坚强保障”主题宣传教育活动，营造良好的宣传舆论氛围。推进国防教育“四进”活动(进校园、进班级、进课堂、进师生头脑)，把国防教育融入课堂教学、校园文化活动、社会实践全过程，通过红歌比赛、演讲比赛、先进事迹报告会、讲革命故事等方式，引导各族师生牢固树立共产主义远大理想和中国特色社会主义共同信念。发挥城乡基层组织国防教育阵地作用，将国防教育纳入乡村、社区、企业等基层组织的精神文明建设范畴，结合主题宣传及重大节庆活动，采取文艺演出、知识竞赛、专题展览等多种形式开展国防教育。开展军地双拥共建，组织地、市各机关企事业单位、驻地部队、各行业的干部职工，对各类国防教育专题展览进行集中参观，受教育干部、群众41.8万人(次)，进一步激发地区各族群众支持祖国国防事业，维护祖国统一以及拥护人民军队的热情。

社科联

【概况】 阿克苏地区社会科学界联合会(以下简称地区社科联)成立于2012年，与地委宣传部合署办公。地区社科联依托自治区党中央治疆方略理论与实践研究立项课题，围绕地委、行署中心工作，对关系全地区民族团结、社会稳定、脱贫攻坚、乡村振兴、国家治理体系和治理能力现代化在阿克苏生动实践等重大课题，做好理论研究和应用对策研究。组织各县(市)社科联、地区社科类协会(学会)，社科普及基地以线上+线下形式，开展形式多样社科普及活动479场次，资助重点社科普及活动5项，创建地区级社会科学普及基地9家。

【课题研究】 2020年，地区社科联制定《2020年度地区级社科课题立项管理办法》，优化课题组人员、加强课题跟踪评审，规范课题经费发放，提高课题研究质量，切实加强对地区中心工作的理论支持和对策研究。收集申报2020年社科理论课题110项，经地区相关领导及课题评审小组讨论，设立重点课题30项，普通课题80项。

【社科普及】 2020年,地区社科联联合地委宣传部向全社会发出"好读书、读好书、善读书"的倡议,鼓励和引导广大干部群众积极参与读书活动,促进学习型社会建设。联合地区疫情防控指挥部、地区妇联、地区新华书店开展"向逆行战士致敬——为疫情防控120名一线人员赠送图书鲜花"活动,与地区图书馆、阿克苏微动力微信平台联合开展"我最喜爱的一本书——新书、好书推荐""读好书、我受益——读书心得交流"等线上线下活动,推动全民阅读活动深入开展。

围绕"决胜全面小康,决战脱贫攻坚"活动主题,动员自治区命名挂牌的8家新疆社会科学普及基地和各县(市)社科联、地区社科类学会(协会),采取"线上+"模式,组织开展"春暖花开会有时"——中小学"抗疫情"手抄报主题展、农民画线上展、社科图书推介、主题宣讲等活动。精选出5项创意新颖、群众参与面广、具有一定示范引领作用的重点社科普及活动予以资助。

依托"阿克苏智讯"微信公众号平台,大力宣传习近平总书记重大活动系列讲话,宣传新时代党的治疆方略,紧扣"决战脱贫攻坚,决胜全面小康"活动主题,编辑刊发涉及第三次中央新疆工作座谈会精神、脱贫攻坚、民法典等社科普及内容的电子期刊28期、信息189篇,其中活动信息被自治区社科"天山智讯"采用10篇,提升社科普及范围及效果。

【学会(协会)管理】 2020年,地区社科联31家社科类协会(学会)及县(市)社科联负责人40人召开地区社科工作培训会,讨论修改完善《地区社科社会组织管理办法》,加强业务交流研讨,规范工作运行,强化社会组织年审制和社科重大活动报备审核制度,加强学会、协会党的建设。

【基地建设】 2020年,地区社科围绕组织领导、科普队伍、阵地建设、制度建设、活动开展等方面对区域内8家国家级、自治区级科普基地和第一批申报创建地区级社科普及基地进行调研指导。阿瓦提刀郎部落获评自治区级科普基地。实地走访了解各级科普基地情况,加强重大活动、讲座论坛、参观游览等活动的风险评估,加强风险防范和管理。召开第一批地区级社科普及基地创建工作评审会,评审申报创建的沙雅县海楼镇家风家训馆、乌什县依麻木镇中华文化大院等9家单位。

统战工作

【宗教教职人员培养】 2020年,阿克苏地委统一战线工作部(以下简称地委统战部)坚持全员培训和"按需、定向、定量"培养的原则,及时选派人员参加中央、自治区宗教院校学历教育和集中培训。按照《阿克苏地区伊斯兰教教职人员培养培训工作五年规划(2018—2022年)》和自治区要求,在阿克苏地区伊斯兰教经文学校(新疆伊斯兰教经学院阿克苏分院)开展宗教人士中专学历教育和集中培训,优化宗教人士的学历结构、年龄结构和文化结构,宗教人士队伍的综合素质进一步提升。

【爱国宗教人士队伍建设】 2020年,地委统战部发挥宗教团体作用,支持加强宗教人士队伍建设,严格执行《阿克苏地区伊斯兰教教职人员资格认定和聘任暂行办法》《阿克苏地区伊斯兰教教职人员正常解聘和生活补贴管理暂行办法》,严把入口、畅通出口,切实建设一支"政治上靠得住、宗教上有造诣、品德上能服众、关键时起作用的"爱国宗教人士队伍。

【新的社会阶层人士统战工作】 2020年,地委统战部贯彻落实中央《关于加强新的社会阶层人士统战工作的意见》、自治区《关于加强新的社会阶层人士统战工作的意见》等重要文件精神,根据新的形势任务和工作需要,在深入调研和广泛征求意见的基础上,修订《新的社会阶层人士统战工作联席会议制度》,明确联席会议"3项基本职责""3方面27家成员单位"和"3种会议形式"的基本架构和运行模式,进一步提升联席会议的制度化、规范化水平。围绕新的社会阶层人士统战工作,定期召开新的社会阶层人士统战工作专题会议,深入研究工作中遇到的重点难点问题。通过联席会议作用的发挥,有效形成工作合力、提升工作效能。

【党外代表人士队伍建设】 2020年,地委统战部贯彻落实中共中央《关于加强新形势下党外代表人士队伍建设的意见》精神，按照"德才兼备、以德为先"的用人标准，提出扩大视野、抓住源头、择优储备、动态管理的工作思路，采取组织推荐、领导举荐、个人自荐和调研发现等方式开展党外代表人士的发现储备工作，加大培养使用党外代表人士队伍工作力度，着力打造一支政治坚定、素质优良、结构合理的党外代表人士队伍。加大对归侨侨眷和新的社会阶层人士的倾斜力度，优化党外代表人士队伍结构，提高并发挥其在社会政治生活和行业领域中参政议政的能力，满足其合理的政治诉求和愿望，积极促进党外代表人士队伍发挥作用。截至年底，已分类建库的队伍中共有党外代表人士 695 人。

【港澳台统战工作】 2020 年，地委统战部全面梳理在册的台胞、香港居民动向，通过电话回访的形式对在册的 5 名常住台胞及 1 名香港居民进行摸排，询问疫情防控期间的生活状况。按照《关于申请全国台联特困定居台胞家庭帮扶的通知》要求，对全地区台胞情况进行摸底调查，帮助 1 名特困台胞做好申请帮扶工作；落实各项惠台政策和涉台法规，加大对政策法规的宣传解读和贯彻执行力度，加强与台资企业联系，倾听台商的意见和建议，解读相关对台政策，发挥好桥梁纽带作用，协调解决好实际困难；与公安部门对接，开展台湾居民居住证申领使用情况摸底工作，2020 年，共有 1 名台湾居民领取台湾居民居住证；做实做细做好海峡两岸婚姻群体工作，联合公安局、妇联、民政局等部门做好全地区涉台婚姻调查。

【侨务工作】 2020 年，地委统战部为全面了解和准确掌握地区侨情，维护海外华侨华人和归侨侨眷的合法权益，深入分析海内外侨情新变化，完善侨情资料，发挥侨力在地区社会稳定和经济社会发展中的作用，根据自治区党委统战部关于侨情调查工作的相关要求，依托地区开展第七次全国人口普查工作，对全地区归侨侨眷、海外华侨华人及其眷属以及海外留学生等基本情况开展一次全面侨情调查。

【社会主义学院工作】 2020 年，地区社会主义学院始终坚持以习近平新时代中国特色社会主义思想为指导，坚持以政治培训为主的教学方向，突出统战特色，强化政治共识文化认同教育，努力把学院建设成为民主党派和无党派人士联合党校、统一战线人才教育培养主阵地。紧贴培训对象需求实际，在课程设置、教学方式上精心设计，将中央、自治区和地委的决策融入教学计划中，建立和完善集体备课、公开课和一课一评的教学质量评估制度，提高教学的针对性和实效性。疫情防控期间，派出指导组实地指导七县二市驻村管寺干部培训办班工作，培训驻村管寺干部 645 人。加强与新疆社会主义学院、地委党校沟通，扩充授课专题内容。落实党管人才主体责任，加强专业人才建设，截至 2020 年，学院有高级讲师 1 名，中级讲师 1 名，讲师 1 名，提供提升平台，为 4 名专业技术人员参加职称评审在继续教育、课题申报等方面给予支持鼓励，创造有益于人才成长的环境。2020 年，国家发改委投资一千万元为学院建设综合教学楼和宿舍，与地区伊斯兰教经文学校项目一并建设。项目于 6 月 23 日开工建设，9 月 12 日竣工验收。

政策研究

【文稿决策服务】 2020 年，阿克苏地委政策研究室（全面深化改革委员办公室）[（以下简称地委政研室（改革办）]高质量完成重大文稿起草，以文辅政水平进一步提升。完成 2020 年地委（扩大）会议主题报告起草工作。完成地委主要领导和分管领导在自治区党委经济高质量发展会议、地委经济工作会议、地区第八次民族团结进步表彰大会、地委全面深化改革工作现场会等讲话 13 篇。起草地区民族宗教、文化旅游、深化改革等重点工作汇报 5 篇。起草各领域理论文稿 16 篇，其中 8 篇分别以地委和地委主要领导名义在《今日新疆》《新疆工作》上刊发。编发《调研与思考》6 期、《内部参考》5 期，刊发地区领导重要文稿及县（市）、地直单位有参考价值的文稿 86 篇。

【课题研究】 2020 年，地委政研室（改革办）先后专题调研镶产业、夜间经济、牛产业、新时代文明实践中心、制造业等专项工作，完成专题调研报告 9 篇。围绕地委中心工作，确定 2020 年重点研究和合作研究课题 100 个，严把课题初审关、评审关,确保课题质量。其中7个重点研究课题获得优秀等次、32个重点研究课题获得优良等次、3个重点研究课题获得合格等次。

【全面深化改革】 2020年,地委政研室(改革办)全面承接落实党中央、自治区党委重大改革决策部署,结合地区实际,统筹推进7个领域133项改革任务和18项改革试点,重点领域和关键环节提速加力并取得突破性进展。"点线面"工作机制有效激活市场发展活力,地县"六型政府"运行规范高效,地区农村集体产权制度改革实现农民收益分红,老旧小区改造极大改善居民生活环境,各族群众幸福感获得感不断增强。积极推进重点改革试点。"13345"专项改革有力推进,企业开办平均时长缩短至1.8个工作日。农民专业合作社质量提升整县推进试点扎实有效,农民合作社的经济实力、发展活力和带动能力明显增强。共青团基层组织改革试点得到团中央肯定。全面梳理7年来1045项改革任务完成情况,总结改革取得的重大成就和宝贵经验。积极宣传改革经验,编印《阿克苏改革》31期,《中国改革报》《新疆日报》等媒体刊登阿克苏改革宣传稿件40篇。

【绩效考评】 2020年,地委政研室(改革办)科学设定指标,绩效综合考评提质增效。按照"以结果为导向"原则,突出对脱贫攻坚、招商引资、农业产业化、农村人居环境整治及旅游工作"五项重点"工作的单项考评。结合实际,合理调整设置绩效考评不同内容的权重比例和计分方式、完成时限等,及时将"疫情防控"纳入考评范围,常态化推进。

【2020年阿克苏地区考核等次】

一、县(市)考评定等情况

优秀县(市)(5个):阿克苏市、拜城县、阿瓦提县、库车市、温宿县。

优良县(4个):沙雅县、乌什县、柯坪县、新和县。

二、地直单位考评定等情况

(一)地直目标责任单位考评定等情况

1.优秀单位(24个):地区纪委监委机关(地委巡察办)、地委办公室(机要保密局、档案局)、地区人大工委办公室、行署办公室(驻京办)、地区政协工委办公室、地委组织部(公务员局)、地委宣传部(社科联、讲师团)、地委统战部(侨联)、地委政法委、地委政研室(改革办、社科所)、地委网信办、地区中级人民法院、地区发改委、地区教育局(民族语言文字工作委员会)、地区司法局、地区财政局(金融办)、地区人社局(社会保险中心)、地区农业农村局、地区审计局、地区市场监督管理局(知识产权局)、地区统计局、地区退役军人事务局、地区扶贫办、地区政务服务和公共资源交易中心。

2.优良单位(38个):地区公安局、地区检察分院、地委老干部局、地委编办、地直机关工委、地委党校、地区信访局、地区民宗局、地区妇联、地区工会、地委史志办、地区应急管理局、阿克苏日报社、地区大数据发展服务中心、地区商务局、地区文化体育广播电视和旅游局(文物局)、地区水利局、地区科技局、地区畜牧兽医局、地区林业和草原局、地区交通运输局、地区工信局(油区服务协调中心)、地区文联、地区自然资源局、地区国资委、地区民政局、地区住建局(人防办)、地区生态环境局、地区卫健委、地区医疗保障局、团地委、地区粮食和物资储备局、地区科协、地区税务局、地区供销社、地区红十字会、地区气象局、地区残联。

3.合格单位(3个):地区工商联、地区外事办、阿克苏海关。

(二)地直相关二级单位考评定等情况

1.优秀单位(18个):地区维稳指挥中心、地区农业技术推广中心、地区林业技术推广服务中心、地区畜牧技术推广中心、地区儿童福利院、地区文博院(博物馆)、地区检验检测中心(特种设备检验检测所、计量检定所、产品质量检验所、纤维检验所、食品安全检测中心)、地区消防救援支队、人工影响天气办公室、地区广播电视台、地区机关事务服务中心、地区伊斯兰教经文学校、地区伊斯兰教协会、阿克苏职业技术学院、地区中等职业技术学校、地区二中、地区疾病预防控制中心、地区住房公积金管理中心。

2.优良单位(24个):地区档案馆、地区行政公署驻乌鲁木齐办事处、地区种业发展中心、地区农业产业化服务中心、托木尔峰国家级自然保护区管理局、地区天山国有林保护中心、地区动物疫病控制诊断中心、地区动物卫生监督所、地区水资源总站、地区环境保护监测站、地区矿山救护队、地区药品检验所、地区社会主义学院、民革阿克苏市委员会、地区社会福利院、地区救助管理站、地区社会体育指导中心、地区卫生健康综合监督执法局、地区计划生育宣传教育技术指导所、阿克苏教育学院、阿克苏技师学院、阿克苏电大、库车中等职业技术学校(阿克苏工业技师学院)、地区启明学校。

3.合格单位(5个):地区文化艺术中心(文化馆、图书馆)、地区农村合作经济发展中心、地区一中、地区草原工作站、危险废物管理中心。

三、自治区级以上园区管委会定等情况

1.优秀园区管委会(4个):阿克苏纺织工业城(开发区)管委会、阿克苏经济技术开发区管委会、温宿国家农业科技园区管委会、沙雅县循环经济工业园区管委会。

2.优良园区管委会(4个):库车经济技术开发区管委会、拜城产业园区管委会、温宿产业园区管委会、阿克苏商贸物流产业园管委会。

机构编制

【综述】 2020年,中共阿克苏地区委员会机构编制委员会办公室(以下简称地委编办)深入学习贯彻《中国共产党机构编制工作条例》,积极做好地委的“改革部”和“参谋部”,以深化改革为主线,坚持稳中求进工作基调,不断推进机构改革和重要领域体制机制改革,统筹配置各类编制资源,全面提升机构编制工作服务保障能力水平,党政机构改革成果持续深化,事业单位改革深入谋划推进,乡镇(街道)行政体制改革纵深推进,重点领域机构编制服务保障坚强有力,机构编制监督管理及时有效,全力为地区社会稳定和经济发展保驾护航。

【党政机构改革】 2020年,地委编办持续推进党政机构改革,强化跟踪问效,深入20个涉改单位调研指导,先后4次召开编委会,研究审定地区发改委等5个单位“三定”规定和地委宣传部等9个部门机构编制调整事宜,推动内部职责和业务有机融合,实现部门全面正确履行“三定”规定。配合自治区推进权责清单“三级四同”(区、地、县三级共同实施的同一权责事项在名称、类型、依据、编码等要素内容上保持一致,同层级相同工作部门的权责事项数量基本相近,做到横向可比对、纵向可衔接),牵头审核地直38个部门2436项行政权力,理清地直单位职责和权力边界,同步推进和指导县(市)权责清单标准化工作,实现权责清单同部门“三定”规定有机衔接。强化综合行政执法改革,制定印发地区农业综合执法支队、交通运输综合行政执法局“三定”规定,将地区卫生和计划生育委员会卫生监督所更名为地区卫生健康综合监督执法局,完成自治区下划117名编制及80人的接收工作,有力推动地县加快组建综合行政执法队伍。

【事业单位改革】 2020年,地委编办高位推动生产经营类事业单位改革。请示地委领导召开地委委员会议、协调会议对生产经营类事业单位改革进行安排部署,协调解决存在问题,完成地区8家经营类事业单位改革任务。推进事业单位调整规范工作,召开4次编委会,研究审定地区大数据发展服务中心等7个地委、行署直属事业单位“三定”规定和地区发改委等18个部门所属事业单位机构编制调整方案。科学谋划事业单位改革试点工作,成立地区事业单位改革工作领导小组,梳理现有事业单位及职能职责等实际情况,制订《阿克苏地区深化事业单位改革实施方案》,积极做好试点前期准备工作。加强教育领域改革,按照自治区要求,全面统计核查地区中小学、幼儿园教职工人员编制及实有人员情况,制定印发《阿克苏地区贯彻落实〈关于自治区中小学、幼儿园实行人员、岗位、经费“三总量”管理的意见〉的实施方案》,重新核定下达地区一中、二中及各县(市)中小学、幼儿园教职工人员编制。

【乡镇(街道)行政体制改革】 2020年,地委编办按照先试点、再推行的工作思路,印发《关于在县(市)部分乡镇和街道试点开展深化行政体制改革的通知》,选定29个乡镇(街道)开展试点,探索经验做法。根据自治区有关部门意见建议,印发《关于深化乡镇和街道行政体制改革推进基层整合审批服务执法力量的具体落实方案》,强化乡镇和街道党(工)委领导核心作用及统一指挥和统筹协调职责,统筹配置编制资源,科学合理设置机构及事业中心,乡镇设置“五办六中心”[乡镇(不包括城关镇):党政办公室、党建办公室、经济发展办公室、社会事务办公室、综合执法办公室;乡镇(不包括城关镇):农业农村发展服务中心、文体广电旅游服务中心、社会保障(民政)服务中心(退役军人服务站)、农村合作经济(统计)发展中心(财政所)、村镇规划建设发展中心(生态环境工作站)、综治中心(网格化服务中心)]、城关镇(街道)设置“三办四中心”[城关镇、街道:综合协调办公室、党建办公室、综合执法办公室;城关镇、街道:党群服务中心、社会事务(统计)服务中心(退役军人服务站)、街区规划建设发展中心(生态环境工作站)、综治中心(网格化服务中心)],整合市场监管、文化市场、农业、城市管理、安全生产等领域在乡镇和街道现有站所、行政执法力量和资源,按照乡镇(街道)常住人口规模,合理确定综合执法人员不少于8人、6人、4人,组建综合行政执法队,理顺隶属关系和管理体制。

【重点领域机构编制服务保障】 2020年,地委编办防范化解重大风险工作。紧扣落实自治区“1+3”重要工作部署,紧跟发展形势,调整地委机要保密局机关及所属事业单位机构编制、地区应急管理局等机构编制,制定印发地区发改委、农业农村局等部门“三定”规定。强化森林草原防火专业力量配置,为地县林草部门和应急管理部门核增行政编制11名;配强地县党委国家安全、机要保密部门机构编制人员力量,为地县党委办公室各增加副主任1名,各县市党委国安办设内设机构1个,明确5—10名编制专用于保密工作。组织专人对地区粮食和物资储备、粮食执法监管机构和金融监管部门机构编制职责、运行现状等进行摸底,为上级决策提供参考。针对疫情防控工作弱项,补齐医疗救治水平短板,积极向自治区申请成立地区第三人民医院,推动地区第三人民医院筹建。跟进地委中心工作,践行绿色发展理念,及时批复成立地区柯柯牙纪念馆,传承弘扬柯柯牙精神。聚焦经济发展领域,批复成立温宿县技工学校、地区养老产业指导中心、快递物流安全发展中心、阿克苏贸促会等机构,调整沙雅中等职业技术学校和阿克苏市经济技术开发区管委会机构编制,核增乌什县疾病预防控制中心等机构领导职数。统筹使用机构编制资源,建立“周转池”制度,制订《关于统筹用好各类编制科级岗位及职级职数资源实施方案》,从地委党校等25个党政部门收回事业编制47名纳入编制周转池进行运转,并将第一批周转编制21名分配给地区工信局等家单位,重点用以抓产业、抓项目、抓招商,为经济高质量发展提供编制支持。

【机构编制实名制管理】 2020年,地委编办完成机构编制统计2019年年报和实名制数据库统计上报工作,完成70个行政事业单位机构、编制、职数更新工作,确保机构改革后实名制数据完善、准确。发挥用编的监督审核和服务作用,做好900名地区事业单位工作人员招聘计划和986名引进人才计划的编制核定、保障作用,按照程序及时上报备案。规范地直单位人员出入编手续办理流程,共办理807名转隶、调任、调动人员入编手续和437名人员减编手续。加强与有关部门沟通协调,完成新疆理工学院上划差额事业编制300名、上划人员393人及地区380名驻所特警事业编制置换政法专项编制工作任务。

【事业单位登记管理】 2020年,地委编办规范优化事业单位登记管理服务流程,推行“全事项”“全流程”网上预审服务和一次性告知、限时办结等制度,推进地区2152个单位参加2019年度事业单位法人年度报告公示工作,地直事业单位公示率100%,网上办结率均达100%。严把质量关,办理和变更机关及垂管机关统一社会信用代码赋码证书21份。强化事业单位法人监督管理,按照4%的比例,随机抽取5个单位,开展事业单位法人公示信息实地核查工作,并将抽查信息录入事业单位登记管理系统。

信访工作

【综述】 2020年,阿克苏地区行政公署信访局(以下简称地区信访局)共接待信访案件4319件,5119人次,全部办结化解。全地区村(社区)共排查受理群众各类诉求26990件,化解26890件,99.6%以上的矛盾隐患在乡村一线化解。

【多元化解信访矛盾纠纷】 2020年，阿克苏地区扎实落实领导干部坐班接访、带案下访、主动约访工作机制。据统计，地县两级领导坐班接访223人次，批办信访事项171件次，亲自召开化解协调会70场次。以打造“条块结合、以块为主、各方联动、高效有序”为目标，住建、人社、农业农村、自然资源等单位长驻来访接待中心，面对面调处群众诉求，政法、公安、援助律师，定期坐班接访；扎实开展“四大攻坚”活动，上级交办“四大攻坚”案件共计14件(其中，国家局2件、自治区局3件、地区9件)全部进行集中督办，化解率100%。

【重复访治理和积案化解】 2020年，地区信访局完善台账、倒排工期、“挂图督战”，199件中央、自治区交办重复访案件，全部交办到位、责任到位、包案到位，四套班子主要领导、地委行署班子成员落实包案25件，包案领导逐案听取案情汇报，研判分析化解方案，明确化解责任和化解时限，面对面地向责任单位交办案件，逐案化解。

【依法分类处理信访问题】 2020年，地区信访局压实律师坐班制度，引导群众用法律武器维护自身权益，群众依法维权意识增强。下发规范的告知书、决定书、裁决书、复议书、强制审核单，累计审核信访问题890件，纠正纠偏问题178个。通过“信访业务大讲堂”和自治区信访视频系统，培训基层信访干部4次，累计670人次，信访业务规范化显著增强。 （杨利军）

机关党建

【综述】 2020年，中共阿克苏地区委员会直属机关工作委员会(以下简称地委直属机关工委）为50个党组织征订各类理论书刊1.41万册。借助“阿克苏地直先锋号”党建引领和示范作用，累计更新党建学习资料357篇。推进支部提质增效行动，指导新成立67个、换届补选改选157个党纪团工妇组织。严格落实好“三会一课”“5+X”、组织生活会、主题党日等规定动作，对146个申报的先进党支部进行初验。严把党员“入口关”，建立发展党员工作台账，严格政审等环节程序，按程序新发展党员210名。开展党务干部素质提升，集中举办各类培训班8期，集中培训党支部书记、党务干部、入党积极分子、党员发展对象、群团干部480人次，指导各单位党组织举办培训52期，培训党员干部1647人次，实现党务干部培训全覆盖。

【党组织换届选举】 2020年，地委直属机关工委落实工委班子成员党建工作联系指导点制度，6月4日在地区畜牧局三楼会议室举办地直机关党组织换届选举工作现场观摩会，观摩会观看地区畜牧兽医局党支部换届选举大会，并作集中交流研讨，共计50人参会。

【发展党员工作】 2020年，地委直属机关工委根据《自治区发展党员规程》《中国共产党发展党员工作细则》，在地区畜牧兽医局举办发展党员现场观摩会，严把党员发展入口关，对210个新发展党员指标进行档案预审，371名拟发展对象进行政审，确保发展党员质量。

【“一先双优”表彰】 2020年，地委直属机关工委根据《中共阿克苏地区委员会关于表彰地区先进基层

阿克苏地委直属机关工委开展主题党日活动

（阿克苏日报社 供图）

党组织、优秀共产党员的决定》文件要求,制定《中共阿克苏地区委员会直属机关工作委员会关于表彰先进基层党组织和优秀共产党员的决定》。在“七一”期间,表彰地直机关40个先进基层党组织、71名优秀共产党员。慰问329名老党员、105名生活困难党员、78名党务干部,共计发放慰问金19.9万元。

【“两个责任”落实】 2020年,地委直属机关工委按照机关党建工作要求,牢牢牵住责任制这个“牛鼻子”,构建“书记抓、抓书记”的机关党建责任体系,进一步完善《党委(党组)、基层党委、总支(支部)三级书记抓机关党建责任清单》,从党组织书记职责任务、作用发挥、建设队伍等方面入手,明确三级书记工作职责,推进机关党建项目化、标准化、规范化,进一步压实党组织书记第一责任人责任、分管领导具体责任和其他成员“一岗双责”责任,有效解决党组织书记“干什么、谁来干、怎么干”的问题。

【基层党组织建设】 2020年,地委直属机关工委贯彻《关于加强和改进中央和国家机关党的建设的意见》,建立换届选举工作台账,举办换届选举现场观摩会,指导新成立132个机关党组织、进行换届选举和补选改选,结合党组织换届选举结果,压实党建主体责任,履行党组织书记“第一责任人”职责,对49名新任职党组织书记、副书记进行宣布任命。

【党员干部监督管理】 2020年,地委直属机关工委加强日常监督管理,按照“三转”要求,熟练运用党纪党规,转变惯性思维,找准差距,切实解决“能力恐慌”、作风不实等问题,对发现苗头性、倾向性问题,及时提醒,防微杜渐。根据要求完成检举举报平台建设工作,拓宽线索来源渠道。元旦、“五一”、端午节期间,深入辖区开展贯彻落实中央八项规定精神情况监督检查,发现问题15个,及时督促有关单位进行整改落实。

【案件查办】 2020年,地委直属机关工委依规依纪依法、审慎稳妥审理派驻纪监组移送的13起案件,处置13名违纪违规党员干部,起到教育震慑作用。

【专题学习】 2020年,地委直属机关工委制订学习宣传方案,1月14—15日在地委党校举办为期两天的地直机关中共十九届四中全会精神和“系列白皮书”培训班,对105名党务干部进行培训,指导地直机关各党组织开展科级及以下党员干部轮训工作;6月11—12日、10月15—16日,分两批对地直机关的91名工会及妇女干部进行培训,提升工会与妇女工作科学化水平;10月22—23日对地直机关32名共青团干部进行培训,动员团员青年聚焦落实总目标,坚定信心、积极进取、担当实干、勇往直前,为夺取决胜全面建成小康社会和决战脱贫攻坚目标任务发挥团员青年生力军作用。

【党组织规范化建设】 2020年,地委直属机关工委结合党支部质量提升三年攻坚行动计划,为各党组织订购《机关党支部标准化规范化建设操作务实全书》,结合《中国共产党党和国家机关基层组织工作条例》《中国共产党支部工作条例(试行)》要求,加强党支部标准化规范化建设。开展先进党支部创建评选,初评验收146个先进党支部。

【党务培训工作】 2020年,地委直属机关工委制定印发《关于开展“学党务、提素质、强本领、做表率”党务干部大练兵活动实施方案》《千题党务知识汇编》等,采取分散办班、因需施教、统一标准、保证课时的办法,在工委牵头集中办班的基础上,指导各单位党组织开展小规模培训,工委集中举办各类培训班8期,集中培训党支部书记、党务干部、入党积极分子、党员发展对象、群团干部480人次,指导各单位党组织举办培训52期,培训党员干部1647人次,实现党务干部培训全覆盖。

党校工作

【概况】 2020年,中共阿克苏地委党校(阿克苏地区行政学院)[以下简称地委党校(地区行政学院)]在地委、行署的正确领导下,把学习贯彻习近平新时代中国特色社会主义思想作为首要政治任务,紧扣“党校姓党”工作方针,围绕地委中心工作,持续建强干部队伍,创新培训理念,深化办学改革,推进教学科研工作迈上新台阶。

【教学管理】 2020年，地委党校（地区行政学院）坚持把教学作为立校之本，突出主业主课，推进教学内容更新、课堂模式创新，提升教学质量。全年培训主体班次9期，培训学员420人；承办各类专题班48期，培训学员11425人次。深化教学改革，创新教学理念。坚持用习近平新时代中国特色社会主义思想武装干部。突出理想信念教育，强化中国特色社会主义理论体系及党性党风党纪、党史国史和新疆史教育的学习。把中共十九大和十九届二中、三中、四中全会精神以及地委扩大会议精神、党规党纪作为主体班教学的中心内容，制定阿克苏地区2020年干部教育培训“1+X”必修课课程，把新理论、新观点、新论断融入主体班教学之中。地委党校春、秋季主体班课程设置中理论教育和党性教育课程占总课时的82%以上，党性教育课程占总课时的25%以上。把能力提升作为主体班教学的主要目标，紧紧围绕党委中心工作设计教学内容，将国防安全、爱国主义教育、编制、统计法等课程都纳入主体班教学计划，增强培训的针对性和实效性。突出主业主课，及时更新专题。围绕中共十九大和十九届三中、四中全会精神和习近平新时代中国特色社会主义思想、《中国共产党章程》、《新疆历史简明读本》、地委扩大会议精神、柯柯牙精神等开设一批新的教学专题和教学项目。深化办学体制改革，创新教学方式方法。突出学员在教学中的主体地位，调动“教”和“学”两个方面的创造性，开展案例式、互动式教学。在授课教师安排上，实行“党校教师、外聘专家教授、部门领导”三结合，在主体班课程设置中采用新型教学方式的课程达到总课程比例的31.03%。扎实推进“一张大课表”。全面实施地区党校系统的视频连线，地委党校春、秋季主体班开班，全地区七县二市党校实现全部同步授课，为地区党校系统推行“一张大课表”制奠定坚实基础，按照分级分类的原则，统筹制订年度培训计划和实施方案。同时积极督促各县（市）党校严格按照地区的“一张大课表”开展培训，确保了各类培训班次符合党校要求。不断提升教学质量和水平。在疫情防控期间和开学前，充分利用视频系统，举办在线说课3次，举办集体备课会2期，精品课1次，岗位练兵8次，开展模拟现场教学14次，对教学计划进行反复修改完善，严格按照《中国共产党党校（行政学院）工作条例》要求，设置主体班的课程。强化从严治校。在主体班开班之前，召开协调会，按照“分管领导、责任科室、责任人”三级负责的要求，强化各相关科室的责任，涉及与开班有关的人员每天必须提前1小时到位，班主任全程跟班，轮值加强检查。强化领导带班，及时处理办班中各类问题。

【科研工作】 2020年，地委党校（地区行政学院）进一步完善党校科研管理规章制度，征集2020年度全疆党校（行政学院）系统课题选题，经过筛选，征集校级课题立项书48篇。结项自治区党校重点课题1篇、一般课题1篇；完成党校系统立项课题46个，在各类征文中累计投稿67篇，积极投稿24篇参与各类课题申请。

【学员管理】 2020年，地委党校（地区行政学院）在培训中不断总结学员管理经验，坚持严格管理与真情交流相结合，推进学员管理向更高水平发展。在主体班学员中继续推行“双百分”考核制度，强化学习纪律、严肃班风学风，把党性分析作为学员党性教育必修课，完善党性分析制度，规范党性分析流程，创新党性分析形式，探索有效考核方法，提高党性分析质量，增强党性教育的渗透力。进一步优化学员上课出勤、课堂纪律、自主选学、交流研讨等。在主体班次中建立学员临时党支部，对学员进行教育、管理、监督和服务，组织学员开展政治学习，引导学员把握正确的政治方向，增强“四个意识”、坚定“四个自信”、做到“两个维护”，使学员在思想上政治上行动上同以习近平同志为核心的党中央保持高度一致。

【办学质量评估】 2020年，地委党校（地区行政学院）严格落实自治区党委党校及地委、地委组织部关于办学质量评估的有关要求，坚持年初有计划、年中有小结、年末有结果的工作思路，有序推进工作。成功召开地区党校工作会议，审定《阿克苏地区党校办学质量评估办法》。 （栗全世）

老干部工作

【概况】 2020年，阿克苏地委老干部局（以下简称地委老干部局）以强化“三项建设”（组织建设、思想建设、政治建设）为主线铸根基，以落实“两项待遇”(政治待遇、生活待遇)为重点暖人心，以增添正能量为主题聚人气，持续为老同志发挥“三大优势”(政治优势、威望优势、经验优势)搭建桥梁，丰富平台，引导广大老同志“离岗不离党，退休不褪色”，积极为党和人民事业增添正能量。

【离退休干部情况】 2020年，阿克苏地区有离退休干部26381人，(其中离休干部132人，退休干部26249人)，机关离退休干部9680人，(其中地厅级36人，占离退休干部总数0.37%；县处级1320人，占离退休干部总数13.64%；科级及以下8324人，占离退休干部总数86%)；企事业离退休干部167019人，占离退休干部总数63.3%。离退休党员干部13247人，占离退休干部总数的51.95%。

【离退休干部发挥作用】 2020年，地委老干部局发挥离退休干部优势作用，引导老同志为党和人民事业增添正能量。举办离退休干部迎新春文艺会演活动，通过歌舞、朗诵、快闪、视频等系列文艺节目，展示离退休干部良好精神风貌。组织关工委“五老”人员开展“传承红色基因、争做时代新人”主题巡回宣讲6场(次)，受教育青少年1.2万人。开展离退休干部“十大员”和关工委“五老”志愿服务公益行动，组织引导老干部参与支持“访惠聚”驻村、脱贫攻坚、“民族团结一家亲”等工作，开展宣讲60场次，受教育群众2.6万人，为学生捐赠5万元学习用品。开展“感恩共产党·决战决胜脱贫攻坚”主题宣讲活动，组织老干部赴乡(镇)农村宣讲党的惠民政策、脱贫攻坚取得的成效，引导各族群众听党话、感党恩、跟党走，开展宣讲50场次，受教育群众2万人。组织2批次、29名退休干部赴地区七县二市开展“我看脱贫攻坚新成就·我为家乡点个赞”主题参观调研活动，深入乡镇农村、街道社区、园区企业等基层一线，实地考察现代化农业示范、林果业发展、青少年教育、红色教育基地、民族团结示范村(社区)、扶贫示范企业、乡村旅游产业、畜牧产业园、生态建设项目、城市改造项目，全面了解地区各县(市)社会稳定、经济发展、脱贫攻坚、生态文明和城市建设情况，看发展变化、忆今昔对比，谈感受认识、提意见建议，为地区改革发展稳定各项事业贡献力量。组织老干部深入基层宣讲第三次中央新疆工作座谈会、十九届五中全会精神，教育引导各族干部群众坚定对实现美好生活向往的必胜信心，为实现社会稳定和长治久安贡献智慧和力量。开展“不忘初心、牢记使命、忠诚担当、奉献边疆”为主题的党性教育活动，邀请老干部到县(市)委党校为500名新招录公务员赴乡(镇)工作岗前培训讲课，激发基层干部扎根边疆、奉献边疆。

【老干部政治待遇】 2020年，地委老干部局落实离退休干部阅读文件、参加重要会议等制度，组织召开地区离退休干部迎新春座谈会，向离退休干部通报地区稳定发展改革情况，听取老干部意见建议。落实联系离退休干部制度，通过电话、微信等方式，掌握老干部实际情况。针对年龄较大、行动不便的老干部，采取“上门服务、上门送学”等方式，保障老同志对党内事务的知情权、参与权和监督权。加大警示教育力度，组织老同志开展发声亮剑活动，地县两级开展警示教育18场次、发声亮剑活动9场次。

【老干部生活待遇】 2020年，地委老干部局为6名无固定收入离休干部遗孀发放困难帮扶资金3.6万元。在春节、古尔邦节等重要节日，采取实地走访、电话慰问等方式，慰问厅级老干部36名、离休干部144名，发放慰问金38万元。纪念抗美援朝出国作战70周年之际，慰问7名地区健在的抗日战争时期及以前参加革命工作的老同志，发放慰问金1.1万元。完善“老干部局协调、卫健委监督、医院具体实施、原单位配合、老干部家庭评价反馈”的“五位一体”健康服务模式，掌握老干部生病住院情况，赴医院探视71人次，协助相关单位办理丧事20人，帮助解决实际困难7人。

【离退休干部服务管理】 2020年，地委老干部局建立离休干部“一人一策”服务机制，开展摸底统计，更新142名离休干部信息，提高老干部精准服务水平。建立“地区老干部人才库”，按照党务工作者、宣讲宣教、文化艺术、专业技术分类建库，213名老干部入库，推荐上报16名自治区级老干部人才，引导激励老干部展现新风采，践行新作为。选派地县25名信息化工作人员、14名老干部代表，参加全区离退休干部工作信息化建设(线上直播)培训，通过微信群+QQ观看直播培训，掌握“金色天山”离退休干部服务管理平台模块功能，推动信息化建设工作提质增效。通过视频连线的方式举办离退休干部党组织党务工作者培训班2期、老干部工作者培训班2期，共培训450人次，提升离退休干部党务工作者能力素质。

【老干部精神文化生活】 2020年，地委老干部局依托离退休干部党支部、老干老年活动中心等主阵地，通过专题辅导、集中培训、座谈研讨等形式，完善支部学习、网上学习等机制，利用“新疆老干部”微信公众号、“金色天山”服务管理平台，引导老干部及时关注新闻动态；全地区开展上门送学50次，送学习资料2100份。举办地区第九届城区离退休干部系列文体比赛暨城区第四届门球赛、地区离退休干部“聚焦总目标、共圆中国梦”为主题滚动积分比赛8场(次)，丰富老干部精神文化生活。

党史地方志工作

【党史工作】 2020年，阿克苏地委党史研究室暨新疆维吾尔自治区阿克苏地区地方志办公室(以下简称地委史志办)党史文献编修成果丰硕，先后编辑完成《中国共产党阿克苏地区党委执政纪事(2019)》《中国共产党阿克苏地区历史大事记(2019)》。收集《中国共产党阿克苏地区历史大事记(2009—2018)》资料，共100万字，照片500幅；收集阿克苏地区新型冠状肺炎疫情防控文稿、大事记5000字。主动创新，启动“阿克苏红色记忆(1939—2021)”系列丛书《林基路在阿克苏》《解放阿克苏》《塔河颂》的编纂工作。截至12月，《林基路在阿克苏》收集资料10万字、照片5幅，《解放阿克苏》收集资料20万字，《塔河颂》收集资料50万字。完成自治区党史文献研究院有关资料上报，上报阿克苏地区“文化大革命”综述1.5万字；上报阿克苏地委2016—2019年执政纪事1.5万字；上报浙江省援疆指挥部党委2016—2019执政纪事1.5万字。为有效反映阿克苏近几十年来发展的实际，编辑出版《柯柯牙礼赞——阿克苏地区生态文明建设纪实》《智慧校园——阿克苏地区教育创新见闻》《美丽家园——阿克苏地区城乡建设巡礼》三部纪实书籍。

【志书编纂工作】 2020年，地区二轮修志工作完美收官，经过自治区召开的评审会后，针对评审专家提出意见建议，地委史志办对《阿克苏地区志(2001—2018)》进行反复修改，文字数量上从600万字精简到300万字，深入地委办、林业和草原局、工信局等15个单位进行相关数据最后核实，并出版发行。

地委史志办积极探索乡村志书的编写，启动《河畔村志》的编纂工作。由地委史志办主要领导带头，从篇目设计、资料收集、重要章节编撰、志书统稿等方面亲力亲为，尝试运用读者喜闻乐见的表现形式，在历史中文化因素的继承、历史现象的哲学思考及以“文学”存“史”方面，进行了探索和尝试。同时号召机关全体干部撰写志稿，形成“众人修志、众手成书”的良好局面。7月15日，该书通过自治区地方志编委会评审。

2020年，地区行业志书遍地开花，地委史志办多次对《地区妇幼保健院志》《塔里木河流域阿克苏管理局志》进行业务指导，提出意见建议。《地区妇幼保健院志》《塔里木河流域阿克苏管理局志》均已出版发行。

【年鉴编纂工作】 2020年，地委史志办启动《阿克苏年鉴(2020)》编纂工作，并对编目大纲进行修订完善，修订后的编目大纲由原来的23个篇目增至30个篇目，在原来篇目的基础上新增专载、纪检监察、扶贫、水利、信息业、生态建设、城乡建设7个篇目，调整后编目更能详细地记载阿克苏社会经济发展历程，得到自治区年鉴社专家高度认可，截至12月，《阿克苏年鉴(2020)》印刷出版。

【“两全目标”完成情况】 2020年，地委史志办领导多次深入县（市）督导协调地方志工作，前后10次深入沙雅县、新和县、柯坪县就经费、人员、资料收集等工作进行具体指导帮助。阿克苏市志、库车县志、拜城县志、沙雅县志、新和县志、柯坪县志均已出版，各县(市)年鉴编纂均已完成，“两全目标”圆满收官。

档案工作

【综述】 2020年，阿克苏地区档案馆(以下简称地区档案馆)藏档案全宗206个、151983卷（册）、

298585 件，案卷排架长度 3357.5 米，照片 23099 张，实物档案 354 件，馆藏资料 18428 册，案卷目录 1580 本,全引目录 1420 本,归档文件目录 1120 册;档案数字化119.358 卷、937GB，以件为保管单位档案 205067 件、591GB，录音录像档案 2191 盘,照片档案 23099 张,底图 1596 张。新中国成立后档案 151688 卷,298585 件，馆藏资料 115949 册，民国档案 295 卷。手工目录 4120 本;应抢救档案总数 1041 卷、141 件,已抢救档案 295 卷。

2020 年,阿克苏地区档案馆共接收案卷级档案 3722 卷、15350 件,照片档案 214 张,档案数字化案卷级档案 3722 卷、313GB，以件为保管单位档案 15350 件、182GB，新中国成立前档案开放 274 卷,新中国成立后档案开放 12479 卷。

【档案资源开发利用】 2020 年,地区档案馆启动馆藏 206 个全宗满 30 年的档案（1989 年,1990 年)开放鉴定工作，共鉴定 98 个全宗 2637 卷,需开放档案 1255 卷(永久 356 卷,长期 899 卷),不开放 1382 卷；完成 2020 年报纸期刊分类规范整理 430 册，共对 11 类 138 册报纸、15 类期刊进行分类整理装订并全部入库排列上架;共接待查阅档案 498 人次、5333 卷（册),5654 件,复印档案资料并提供证明 3478 页,查阅利用报纸 95 人次、600 册,办理破产企业个人档案转出 7 份,爱国主义教育基地共接待参观 23 批次,1215 人次。

【档案接收】 2020 年,地区档案馆共接收地区住房公积金管理办公室、地区广播电视台、地区红十字会、地委宣传部、地区政协工委办公室、地区审计局、地区“不忘初心、牢记使命”主题教育活动办公室、地区伊斯兰教经文学校重大活动档案资料永久 2895 件、定期 30 年 7141 件，全部实现纸质档案与电子档案同步接收进馆。加大征集档案资料力度，共征集相关各县市的规划图纸、旅游规划鸟瞰图、民生方面的相关书籍共计 94 本，档案资料 125 件,照片 389 张,音像视频 6 张,第二轮修订的地方志 31 本。

【档案信息化管理】 2020 年,地区档案馆完成年终目标馆藏档案数字化率达 80%，实现 1—160 号全宗电子档案的查阅利用;完成本馆查阅率较高的 27 个破产企业 1229 卷 124925 页会计档案凭证中工资表的数字化扫描;完成电子档案异地异质备份工作；完成 34 家单位的政府信息公开工作的接收、上报,将地区旅游局、地区工会、地区招商局、地区供销社、地区审计局、地区广播电视台、地区农机局、地区计生委报送的主动公开、依申请公开文件 4373 件接收进馆。

【档案服务】 2020 年,地区档案馆紧紧围绕地委的中心工作,发挥服务职能,为领导及部门决策提供优质服务和参考,积极为地区纪检委廉政教育馆、改扩建的柯柯牙纪念馆、地委史志办、地区卫健委、地委政研室提供档案资料 5222 件，提供照片档案 13589 张,安排专人对阿克苏机场改扩建项目档案、阿克苏库车铜场水库枢纽工程竣工建设征地移民安置项目档案、浙能阿克苏热电有限公司供热项目一期项目档案进行竣工验收,完成 2018 年—2019 年地区公安局及七县二市“雪亮工程”项目档案的指导和整理，编辑完成共 19 万字 388 页的《历史见证·史记柯柯牙绿化工程资料汇编》。

人大地区工委

综述

【国家机关工作人员任免】 2020年，新疆维吾尔自治区人大常委会阿克苏地区工作委员会（以下简称人大地区工委）依法做好地区中级人民法院、阿克苏检察分院(以下简称两院）法律职务和工委委员任免初审工作,严把任职审查,做好法律职务任免工作,根据相关法律规定,认真做好两院提请的法律职务任免初审工作。组织专人依法审查两院提请任免法律职务的人员资格,地委委员会通过后上报自治区人大常委会代表人事工作委员会。起草法律职务任免批复，严格按程序做好人事任免相关基础工作，将政治坚定、业务精通、作风过硬、具有法律资格的人员纳入法、检干部队伍。全年，共承办两院8批、41人法律职务任免的初审，其中地区中级人民法院3批17名拟任职、9名拟免职法官,地区人民检察分院5批、2名拟任职、13名拟免职检察官。

【人大常委会自身建设】 2020年，人大地区工委把政治建设摆在首位，履行全面从严治党主体责任，以党建引领人大工作,及时调整充实工委党组班子成员分工,明确职责、夯实责任。完善学习制度,加强思想建设，推进党支部标准化、规范化建设；进一步完善工委会议、专题会议、议事协调工作委员会制度、调查研究、监督检查、代表工作、代表视察、工委党组听取机关工作报告、机关7项工作等制度。全面加强机关作风建设,严格落实中央八项规定精神及其实施细则，驰而不息整治“四风”“四气”。落实“两个责任”,强化“一岗双责”,坚定不移推进党风廉政建设和反腐败斗争。支持地区纪委派驻人大机关纪检组开展工作。加大人大工作宣传,大力宣传人大建设和“三查(察)”活动,宣传宪法法律贯彻实施情况。指导各县市深入挖掘人大代表先进典型事例,常态宣传人大代表履职风采，加强人大宣传,讲好人大故事。年内,《阿克苏治理污染五年磨一剑》等8篇综合报道被《新疆人大》采用,在《地委简讯》《阿克苏日报》《阿克苏零距离》等媒体刊物上发表稿件近80余篇，动员组织各级领导干部开展法律宣讲30余次。编发工委大事记12期、人大工作简讯25期。

【人大工委第一次会议】 2020年4月16日，人大地区工委召开2020年第一次会议，听取并审议《关于地区行署工作报告》《关于地区人大工作委员会工作报告》《关于地区中级人民法院工作报告》《关于阿克苏检察分院工作报告》,审查《关于2019年地区国民经济和社会发展计划执行情况及2020年地区国民经济和社会发展计划（草案）的报告》《关于2019年地区财政预算执行情况和2020年地区财政预算(草案)的报告》。会议表决通过六项决议,批准“一署两院”工作报告和地区人大工委工作报告。

会议要求,地区行署及相关部门要按照地委常态化疫情防控要求，坚决打赢疫情防控阻击战;按照脱贫攻坚挂牌督战的要求,补短板、强弱项,坚决打好精准脱贫攻坚战；按照聚焦聚力总目标的要求,不折不扣落实反恐维稳各项举措,坚决维护社会稳定。切实履行政府职能,为新时代党的治疆方略在地区全面贯彻落实贡献应有力量。地区法、检两院要始终把工作置于人大监督、民主监督和社会监督之下,更加重视和保护弱势群体合法权益,确保各项职权依法行使,切实保障和改善民生。地区各级人大及其常委会要有效履行好宪法和法律赋予的职责,确保党的决策部署得到贯彻落实,确保宪法法律有效实施,确保行政权、监察权、审判权、检察权正确行使,确保人民利益得到维护。要坚持正确监督、有效监督,把对“一署一委两院”工作的监督和支持统一起来,形成加强和改进工作的合力,不断推进人大监督取得实效。加强人大代表工作,密切同人民群众的联系,畅通社情民意反映和表达渠道,虚心听取人大代表和群众的意见建议,积极回应社会关切,切实做到为人民用权、为人民履职、为人民服务。健全县乡人大工作机构,优化组成人员,全面推进和加强县乡人大工作和建设。要以党的建设为统领,全面加强人大党的政治、思想、组织、作风、纪律和制度建设,不断提高人大党建工作质量。

【人大工委第二次会议】 2020年6月23日,人大地区工委召开2020年第二次会议。会议听取和审议地区行署《关于2019年地区财政决算(草案)的报告》《关于2019年地区本级财政预算执行和其他财政收支的审计工作报告》《2019年度环境状况和环境保护目标完成情况的报告》《关于2019年地方金融企业国有资产管理情况的报告》《贯彻实施〈中小企业促进法〉及自治区实施〈中小企业促进法〉办法工作落实情况的报告》和地区人大工委执法检查组《关于检查地区〈中小企业促进法〉及自治区实施〈中小企业促进法〉办法实施情况的报告》;审查行署《关于2019年度地区国有资产管理情况的综合报告》。审议批准地区2019年财政决算。

会议对当前工作提出要求,一要提高政治站位,认真贯彻好全国“两会”和自治区党委、地委人大工作会议精神,学深悟透习近平总书记关于坚持和完善人民代表大会制度的重要思想,增强“四个意识”、坚定“四个自信”、做到“两个维护”,坚决把思想和行动统一到以习近平同志为核心的党中央决策部署上来。做好“六稳”工作,落实“六保”任务,统筹推进疫情防控和经济发展。二要聚焦工作重点,切实发挥好地区各级人大作用、推动各项工作落实。要树牢过“紧日子”思想,保障民生支出,常态化开展“经济体检”,加强对违纪违法行为追责。要坚持问题导向,严守红线,全面落实新发展理念,坚决打赢污染防治攻坚战。要进一步完善管理体制,优化金融机构分布,杜绝国有资产流失,确保保值增值。要充分发挥职能优势,加强帮扶力度,为企业排忧解难,着力破解各类问题,为促进地区经济持续平稳健康发展贡献力量。三要强化自身建设,深入学习、全面贯彻习近平新时代中国特色社会主义思想,围绕人大“两个机关”建设工作定位,讲政治、守法纪、强服务,坚决落实好人大工作纪律和各项工作制度,自觉接受党的领导和人民群众的监督。持续推进“不忘初心、牢记使命”主题教育和“两学一做”学习教育常态化制度化,切实转变工作作风,深入基层、群众和实际中了解情况,推动破解相关工作,真正为基层群众解决一些实实在在的问题,努力使地区各级人大工作有温度、接地气,切实助推地区“1+3”工作部署和民主法治建设再上新台阶。

【人大工委第三次会议】 2020年9月25日,人大地区工委召开2020年第三次会议。会议听取和审议地区行署关于2020年上半年地区国民经济和社会发展计划执行情况的报告、关于2020年上半年地区财政预算执行情况及地区本级财政预算调整方案(草案)的报告,贯彻实施《自治区民族团结进步工作条例》《自治区去极端化条例》情况的报告,地区人大工委执法检查组关于跟踪督查《自治区煤炭石油天然气开发环境保护条例》实施情况的报告。审查地区人大工委执法检查组关于跟踪督查《自治区煤炭石油天然气开发环境保护条例》实施情况的报告,审查批准预算部分调整报告。

会议要求,一要全面贯彻新发展理念,坚定不移推进经济社会高质量发展。地区行署及其相关单位要切实把思想和行动统一到党中央决策部署和自治区党委、地委具体工作要求上来,坚决落实自治区党委“1+3”重点工作,扎实做好“六稳”工作,全面落实“六保”任务,持续优化营商环境,认真落实地委一系列纾困惠企政策,激发市场活力，围绕重点产业链、龙头企业、重大投资项目精准施策，发挥本地产业优势，做优做强实体经济。要着力保障改善民生，持续实施惠民工程，千方百计稳定扩大就业，用心用力用情解决好各族群众关心的实际问题，努力把疫情造成的损失降到最低。二要坚持用法治保障民族团结，开创地区民族团结进步事业新局面。地区行署及其相关单位要坚定坚决贯彻落实习近平总书记关于民族团结的重要论述和党的民族政策，始终高举社会主义法治旗帜，把民族团结作为战略性、基础性、长远性工作来抓，进一步提升民族团结进步创建水平。深入开展民族团结和《新疆的若干历史问题》“三个白皮书”等学习宣传教育，教育引导各族干部群众正本清源、扶正祛邪。要常态化开展“民族团结一家亲”和民族团结联谊活动，加强各民族交流交往交融，努力构筑起地区各民族共同团结奋斗、共同繁荣发展的社会主义民族关系。三要坚决贯彻落实习近平生态文明思想，全面打好污染防治攻坚战。地区行署及各县(市)要顺应人民期待，严格落实主体责任，牢固树立以人民为中心的发展理念，积极开展普法宣传，做到尊重自然、顺应自然、保护自然，发展经济决不能以破坏环境为代价，全面推进风险防控，从严处理违规违法行为，要下决心整改存在的问题，对照清单、拿出措施，一项一项抓整改，一项一项抓落实，进一步改善生态环境。真正让“绿水青山就是金山银山”成为各族群众信守的共同理念，让地区的天更蓝、水更清、山更绿、土更净，切实增强广大人民群众获得感、幸福感、安全感。

【人大县乡工作推进会】 2020年11月12日，人大地区工委召开2020年县乡人大工作和建设推进会暨人大代表“家、室、站”建设经验交流会，旨在贯彻落实自治区党委、地委关于新时代加强人大工作意见取得的成绩，交流经验，促进工作，推动县乡人大工作和建设再上新台阶。

会议指出，要聚焦新时代人大工作特色，县乡人大要不断与时俱进。各县(市)人大常委会要完整准确领会新时代党的治疆方略，提高政治站位，把思想和行动统一到第三次中央新疆工作座谈会特别是习近平总书记重要讲话精神上来，把贯彻新时代党的治疆方略作为人大工作的主线，牢牢扭住总目标来谋划推进人大各项工作，把实现总目标作为衡量人大工作成效的首要标准，通过监督和代表工作为实现总目标服务保障、凝心聚力。要切实担负起宪法法律赋予的监督职责，加强对“一府一委两院”工作监督，确保法律法规、行政权、审判权、检察权得到有效实施和正确行使。要充分发挥代表作用，提高代表履职能力，强化代表履职管理。不断加强改进自身建设，把学习贯彻习近平新时代中国特色社会主义思想特别是习近平总书记关于坚持和完善人民代表大会制度的总体要求作为加强和改进自身建设的重要准则，始终把讲政治作为第一位的要求，不断提高政治站位，牢牢把握正确政治方向。

会议要求，要把准新时代人大工作方向，县乡人大要坚定不移坚持党的领导，增强“四个意识”、坚定“四个自信”、做到“两个维护”，在思想上政治上行动上同以习近平同志为核心的党中央保持高度一致。坚定坚决贯彻落实党委领导人大工作制度，地区各级人大党组要切实发挥主体作用，严格执行《中国共产党重大事项请示报告条例》。持续推进人大代表“家、室、站”标准化、规范化建设，积极探索创新，不断丰富人大代表活动形式和内容，发挥好“家、室、站”作用。持续加强和改进人大党的建设，认真履行全面从严治党管党政治责任，严明党的政治纪律和政治规矩，以党的政治建设为统领，全面提高各级人大机关党的建设各项工作水平，为不断开创新时代人大工作新局面提供坚强保证。会上，地区各县(市)人大常委会围绕人大工作和建设作了交流发言。

【人大工委第四次会议】 12月13日，人大地区工委召开2020年第四次会议。听取和审议地区行署关于办理地区人大工委组成人员审议意见情况的报告；地区行署关于2019年本级预算执行和其他财政收支审计查出问题整改情况的报告；地区中级人民法院关于诉讼服务中心建设工作情况报告；阿克苏检察分院开展公益诉讼和刑事检察情况工作报告。

会议指出，对“一署一委两院”有关工作报告提出审议意见是人大工委依法实施监督的重要形式。地区行署及其相关部门、法检两院始终坚持问题导向、目标导向、结果导向，聚焦审议意见提出的不足和问题认真研究办理工作,采取措施得当有力,办理工作取得实效。地区各级行政、监察和司法机关要依法履职,不断改进审议意见办理方式方法,完善机制、细化措施、狠抓落实,切实解决好群众的操心事、揪心事、烦心事,维护好各族群众的切身利益。

会议要求,要充分发挥审计监督“治已病、防未病”重要作用,切实推进查出问题全面整改。审计部门要主动适应新时代新要求,强化依法履职审计监督责任意识,紧紧围绕地委中心工作,加强对重大投资项目和重大政策落实情况的审计监督,注重审计查出问题整改“回头看”,推动审计整改不断取得新成效,为地区治理体系和治理能力现代化作出更大贡献。

会议强调,要深入贯彻落实习近平法治思想,为全面建设法治阿克苏履职尽责。“一署一委两院”要切实提高政治站位,增强“四个意识”、坚定“四个自信”、做到“两个维护”,坚定坚决地把思想和行动统一到习近平法治思想上来,坚持“依法治疆、团结稳疆、文化润疆、富民兴疆、长期建疆”基本方略不动摇,运用法治思维和法治方式开展工作,充分发挥法治在疫情防控、经济发展、维护稳定、脱贫攻坚中的作用,奋力夺取常态化疫情防控和经济社会发展双胜利。结合会议审议报告,地区各级行政机关要加强法治政府建设,不断提高依法执政、依法行政水平,引导全社会依法防控、依法办事,积极支持法检两院开展工作,深入开展法治宣传教育,引导公民正确行使权利和履行义务。

人大各专门委员会

【代表人事工作处】 2020年,人大地区工委代表人事工作处组织29名驻阿自治区人大代表1名地区人大工委委员,由工委主要领导亲自带队分东西两组集中视察和专题调研9个县(市)重大项目建设、民生、生态文明建设等情况,专题调研疫情防控常态化8项预警机制落实情况,倾听当前存在的困难和问题,并就视察中发现的问题积极建言献策,对视察和专题调研方面提出意见建议,形成视察总结和专题调研报告。组织人大代表参加行风评议、民主测评、案件旁听等活动,组织自治区级人大代表参加“检察官开放日”、阿克苏地区经济高质量发展提供司法服务和保障‘N+1’系列措施工作开展情况新闻发布会等各项代表活动,全年自治区人大代表参加活动17人次,县级人大代表100人次。落实“决战决胜脱贫攻坚,人大代表在行动”,积极宣传各级人大代表投身脱贫攻坚先进典型和事迹,践行“人民选我当代表,我当代表为人民”的庄严承诺。按照《关于加强人大代表“家、室、站”建设密切同人民群众联系的指导意见》,指导县乡人大规范平台建设,落实代表进站,丰富活动内容,加强建议办理,扎实推进“家、室、站”工作全面展开。截至年底,地区建设“人大代表之家”1个,县(市)建设“人大代表工作室”9个,乡(镇)建设“人大代表联络站”109个,村(社区)建设“人大代表联络站”770个。

【法制处】 2020年6月15—19日,人大地区工委法制处派出2个执法检查组赴库车市、沙雅县、新和县、拜城县、温宿县,开展以“依法防止土壤污染,助力打好净土保卫战”为主题的2020年天山环保行执法检查活动。重点检查贯彻实施《中华人民共和国土壤污染防治法》《自治区煤炭石油天然气开发环境保护条例》等情况。现场调研20家企业,了解土壤污染防治规划、调查、监测、风险管控和煤炭石油天然气矿产资源开发环境保护等主体责任履行情况。与政府部门、行业部门、企业负责人召开5场联席座谈交流会,及时反馈问题提出建议,协调解决实际困难,并形成调研报告。坚持把人大信访工作与依法行使人大职权有机结合起来,依法发挥各级人大代表联系选民作用,主动收集群众信访诉求,挖掘影响社会稳定的苗头性问题,合理安排人大代表接待群众来访,协助党委、政府和司法机关化解矛盾,切实把问题解决在“萌芽”状态,维护群众切身利益。全年,受理各类信访案件8件,办结率100%,化解苗头性问题40件。坚持每周开展走访入户活动,了解群众思想动态、生产生活状况、困难需求等,开展“一月一主题”法律宣讲活动,宣传国家安全、反恐、民族宗教、去极端化等方面的法律法规,重点宣传“三个白皮书”内容,切实澄清群众模糊认识。鼓励机关干部和群众互学语言,每周学习一句话。全年,开展联谊活动2次,利用大广播组织宣讲活动3场次,受教群众610人次,帮助协调解决各类困难40件,受益群众33户。

法律监督

【天山环保行执法检查】 2020年6月15—19日，人大地区工委开展以“依法防止土壤污染、助力打好净土保卫战”为主题的2020年天山环保行执法检查活动，对地区贯彻实施《中华人民共和国土壤污染防治法》《自治区煤炭石油天然气开发环境保护条例》(以下简称“一法一条例”)情况开展执法检查。此次执法检查采取现场查看、查阅资料、集中座谈相结合的方式进行。检查组先后深入库车市、沙雅县、新和县、拜城县、温宿县，现场查看库车市塔河炼化固体废物填埋场、沙雅县塔河管委会中石油YM2-3-15油井、新和县尚升环保处理站等20余家企业，了解土壤污染防治规划、调查、监测，农用地和建设用地安全利用，土壤污染风险管控和修复、煤炭石油天然气矿产资源开发环境保护等主体责任履行情况；与(县市)政府、行业及企业负责人召开5场座谈交流会，听取有关单位的情况汇报，及时反馈问题，提出建议，协调推动解决实际困难。

【《自治区煤炭石油天然气开发环境保护条例》实施情况】 2020年6月15—19日，人大地区工委2个执法检查组分赴拜城县、温宿县、库车市、沙雅县、新和县，开展《自治区煤炭石油天然气开发环境保护条例》(以下简称《条例》)执法检查。执法检查组通过现场察看、查阅资料、听取汇报、座谈交流等方式，深入相关单位及生产一线了解掌握《条例》实施情况。检查发现，各县(市)坚持源头严防、过程严管、后果严惩的原则，组织环保、生态、安监等部门成立联合检查组，及时排查整治各种环境隐患问题，持续加强环境违法行为打击力度，坚决查处“三防”不到位、超标排污、非法存储危险废物、不按规定开展自行监测等违法行为。2019年以来，库车市查处各类环境违法案件16起，罚款56.71万元，违法行为均整改完毕。沙雅县先后开展2次大规模油区环境保护专项检查，发现各类隐患问题25个，限时督办，整改到位。拜城县建立钻井施工环保专项方案报备制度，持续推动2018年反馈问题整改。持续推动“绿色矿山”企业创建工作，矿山企业绿化面积48.46万公顷，油田企业绿化面积18.91万公顷。温宿县2018年以来，督促19家矿产资源企业开展生态恢复治理，地质恢复、生态恢复治理面积达1.28万公顷。

【《中华人民共和国中小企业促进法》实施情况检查】 2020年，人大地区工委为促进《中华人民共和国中小企业促进法》《自治区实施〈中小企业促进法〉办法》(以下简称“一法一办法”)在地区的贯彻实施，改善中小企业经营环境，推进中小企业发展，助力疫情防控复工复产。5月18—21日，地区人大工委组成2个执法检查组，赴阿克苏市、库车市、拜城县、温宿县开展实地检查，与近20家企业和中小企业服务机构代表进行座谈。同时委托其他县人大常委会开展执法检查。检查发现部分县(市)设立中小企业发展专项资金，重点支持中小企业“专精特新”发展、公共服务体系建设、融资服务体系建设及创新创业。库车市由财政和贷款企业共同出资，建立了中小企业生产发展扶持风险基金，着力扶持企业生产发展。阿克苏市积极帮助小微企业以动产抵押和股权出质的方式进行融资。截至2020年年底，全地区减免9万余户小规模纳税人1.5亿元税额，减免1.6万余户小微企业2500万元税额，免征8426家企业社保费用2.47亿元，6077家企业享受失业保险稳岗返还政策2900余万元，免征中小微企业租金496万元，降低电价累计2258万元，降低气价累计1723万元。

代表工作

【代表培训】 2020年，人大地区工委加强代表培训，坚持代表培训制度化常态化长效化，有效应对疫情影响，将代表培训由线下转为线上培训。依托全国人大培训网站，先后六次组织各级人大代表围绕人大工作12个专题开展培训，认真做好参训人员通知、图文收集，汇总统计及上报自治区人大等相关工作。深化代表联系，组织各县(市)人大以学习《中华人民共和国宪法》《中华人民共和国选举法》《中华人民共和国监督法》《中华人民共和国代表法》为重点，全年全地区各级人大代表、各级人大干部参训近8000人。加强代表管理，完善人大代表向选民述职制度。推进代表履职平台建设,提升县乡人大工作水平。严格按照自治区人大常委会要求,加强人大代表“家、室、站”建设,为代表学习培训提供有利条件,为代表依法履职提供便利。

【代表履职】 2020年,人大地区工委保证代表履职和发挥代表作用,加强代表履职监督管理,充分发挥桥梁纽带作用。规范代表活动,发挥代表闭会期间作用。严格落实人大代表列席人大工委(常委会)会议制度,根据代表专业特长,组织代表参加执法检查、视察调研、行风评议、民主测评等活动,拓宽代表知情知政的渠道,提高代表履职水平。邀请30名自治区人大代表分东西两组开展集中视察和专题调研,实地视察重大项目建设、民生工程、生态文明建设等情况,专题调研常态化疫情防控8项预警机制落实情况,分析存在问题及原因,提出合理意见及建议;组织110多名地区各级人大代表参加法院庭审、检察院开放日、新闻发布会等活动。发挥各级人大代表密切联系群众、示范引领作用,组织动员人大代表带头发声亮剑、维护民族团结、维护社会稳定,积极投身疫情防控、脱贫攻坚等工作,深入践行“人民选我当代表、我当代表为人民”的庄严承诺。经县(市)初选、地区初评,向自治区人大常委会上报2018、2019年度15名履职优秀自治区人大代表。

【代表议案办理】 2020年,人大地区工委加强议案建议办理,督促“一府两院一委”做好议案建议办理答复,确保工作高效有序。落实《自治区人民代表大会代表议案处理办法》《自治区人民代表大会代表建议、批评、意见办理规则》要求,围绕地区重点工作及群众关心的热难点问题,10月19—23日,地区人大工委组织全国、自治区驻阿克苏人大代表深入地区各县市、重点企业、重要领域开展代表年度集中视察和专题调研,视察调研组先后视察了阿克苏机场二期改扩建项目建设等工程,以及各县(市)生态文明建设、保障和改善民生工程建设、幸福大院建设、城镇幼儿园建设等情况,全面了解地区政治、经济、文化、社会各方面发展情况。协助代表征集“一署一委两院”及各县(市)议案建议线索,分专业召开行业部门会议进一步筛选,逐条进行审核,确保提出高质量议案建议。协助阿克苏代表团向自治区十三届人大三次会议提交议案6件、占大会总数54.55%,建议76件、占大会总数18.31%,服务对接代表400余人次,对内对外宣传阿克苏新闻稿件60余篇。根据全国、自治区人大要求,收集、整理全国人大代表建议3条提交全国人民代表大会。

【信访工作】 2020年,人大地区工委做好信访接待和矛盾化解工作。进一步畅通来信、来访、来电的信访举报受理平台,及时对接地区信访局网络受理平台,确保“四位一体”渠道通畅。依托“民族团结一家亲”和民族团结联谊活动,广泛宣传信访举报相关政策规定、信访举报受理范围及举报方式,及时发现解决群众诉求、化解矛盾。坚持把人大信访工作与依法行使人大职权有机结合起来,依法发挥各级人大代表联系选民作用,主动收集群众信访诉求,切实把问题解决在“萌芽”状态,维护群众切身利益。加强与各县(市)人大常委会沟通联系,统筹谋划推进信访工作,及时处置非正常上访事件。受理各类信访案件8件,办结率100%,化解苗头性问题40件。撰写信访工作总结,由工委主要领导在自治区人大信访工作会议上作交流发言。

2020年10月,人大代表视察温宿工业园区

(地区人大工委 供图)

阿克苏地区年鉴(2021)

地区行政公署

综述

【概况】 2020年,阿克苏地区行政公署(以下简称地区行署)党组完整准确贯彻新时代党的治疆方略,牢牢扭住社会稳定和长治久安总目标,聚焦自治区党委"1+3"重点工作部署,深入实施"76331"战略,做好"六稳"工作,落实"六保"任务,全面推行"六型"政府建设,统筹推进常态化疫情防控和经济社会发展工作,圆满完成各项工作任务。以"点线面"推进经济工作机制为抓手,加快推进"6+1"产业发展,实现地区生产总值(含一师)1315.05亿元,比上年增长5.9%。固定资产投资增长17.7%;规模以上工业增加值248.28亿元,增长8.8%;一般公共预算收入121.62亿元,增长5.1%;社会消费品零售总额285.64亿元,增长1.2%;城镇居民人均可支配收入33239元,增长1.3%,农牧民人均纯收入17594元,增长8.4%。坚持依靠改革应对变局、开拓新局,7大领域133项重点改革任务、18项改革试点稳步推进,呈现全面发力、多点突破、蹄疾步稳、纵深推进的良好态势。始终坚持以人民为中心的发展思想,本级财政支出的72.8%和援疆资金的95%用于保障和改善民生,持续实施九项惠民工程,着力解决各族群众最关心最直接最现实的利益问题,民生福祉全面改善。

【农村经济发展】 2020年,地区行署持续推进稳粮、优棉、促畜、强果、兴特色,全面提高农业综合生产能力和产业化经营水平,推进农村经济稳步发展。完成农村经济总收入605.99亿元,比上年增长10.9%。种植粮食作物27.53万公顷,总产223万吨,保证地区粮食"区内平衡、略有结余"。完成县域棉花"一主两辅"用种布局,种植棉花49.87万公顷,总产101万吨,提升棉花生产的标准化规模化水平。持续推进以核桃、红枣、苹果、香梨为主的特色林果业提质增效,林果面积稳定在30万公顷。启动实施畜牧业发展"十百千亿"工程,全年牲畜存栏670.94万头(只)、增长7.36%;出栏770.96万头(只)、增长12.62%。发展设施农业,启动设施蔬菜产业发展三年行动,种植蔬菜4000公顷,其中设施蔬菜1.2万公顷。建成日光温室4395座,大田拱棚3008座。农副产品精深加工业大力发展,新增国家级重点龙头企业1家、自治区级15家,110家农副产品精深加工企业实现利润5.2亿元,增长31.3%。农业产业化步伐持续加快,分别完成"百十一"特色林果、粮食、畜牧产品基地建设7.35万公顷、14.8万公顷和1.41万吨,"十仓百企"仓储能力达7.99万吨,新增全国销售网点160个,"十城百店"销售农产品22.07万吨。

【工业转型升级】 2020年,地区行署紧扣重点产业发展现状与方向,定目标、定任务、定措施、定项目、定责任,促进产业扩容提质增效。有序发展能源化工产业。塔河炼化蒸汽裂解百万吨级乙烯项目前期工作进展顺利,榆树岭120万吨/年煤矿投产试运行,润华煤矿等8个自治区"十三五"煤炭规划项目前期手续全部完成。93家规模以上能源化工企业完成工业增加值226.87亿元、比上年增长6%。提升纺织服装产业规模稳步。按照“抓两端、带中间、补短板、强弱项”的总体思路，着力构建特色突出、可持续发展的纺织服装产业体系。全地区形成452万锭纺锭、1.2亿米织布、8700万件（套）家纺服装产能。49家规模以上纺织服装企业完成工业增加值18.55亿元、增长15%。丰富战略性新兴产业业态。加快推进新材料、新能源、节能环保、生物医药、装备制造等重点项目建设，嘉轮轮胎120万条工程轮胎项目顺利投产，精石无人直升机、凯沃新能源汽车零售部件生产组装、圣驼轮胎、德奥电梯等重点项目有序实施。新和县年产1800万吨熔喷布项目、纺织工业城护神核酸检测试剂管项目建成投产。34家规模以上战略性新兴产业完成工业增加值8.02亿元、增长10%。优化建筑业、房地产业和建材冶金产业结构逐步。全年实施房地产开发项目151个，完成固定资产投资150亿元、增长76%。141家在库资质以上建筑业企业完成建筑业总产值107亿元、增长24%。69家规模以上建材冶金企业完成工业增加值20.29亿元、增长10%。

【重点领域改革】 2020年，地区行署深入推进“放管服”改革、下放行政许可事项19项，458项事项实现“同城通办”、65%以上事项“最多跑一次”，开通网上办理事项3784项、网上可办率98.43%，地区在线政务服务能力排名全疆第一。深化供给侧结构性改革，巩固“三去一降一补”成果，淘汰煤矿落后产能33万吨。深化国资国企改革，水务集团公司上市工作有序推进，国有资产保值增值能力不断提升。深化农业农村改革，农村产权制度改革、农村土地承包经营确权登记颁证顺利完成，阿克苏市农村集体产权制度改革试点工作顺利通过农业农村部验收，并获“全国农村承包地确权登记颁证工作典型地区”称号。农业水价调价工作全面完成，供销社综合改革积极推进。大力发展民营经济，全面落实“政银保担企”机制，清理拖欠民营企业中小企业账款。深化财税金融体制改革，完善金融安全防线和风险应急处置机制，完成振兴产业引导基金设立，如期完成债务化解目标，牢牢守住不发生系统性风险的底线。

【就业工作】 2020年，地区行署深入实施就业优先战略，坚持减负、稳岗、扩就业并举，千方百计保就业、稳就业、促就业，就业形势保持总体稳定。狠抓阶段性“免、减、缓、返”企业社保费等政策落实，支持企业稳定就业岗位，累计减免企业、个体工商户社保费6.42亿元，落实稳岗就业创业补贴1.37亿元。持续加强培训力度，大力推行“订单、定向、定岗”培训模式，促进职业技能培训与实现就业有效衔接、无缝对接。累计开展各类就业技能培训6.08万人次，组织开展开放式教育培训(大培训)351.07万人次。全力打造“双创”政策先行区和南疆地区“双创”要素集聚区，新增创业5442人、带动就业11428人。高校毕业生“十五个一批”就业举措扎实推进，应届高校毕业生就业率95.33%。就业困难人员“一对一”帮扶和“一周一跟踪”服务常态化落实，累计实现城镇新增就业3.9万人，期末登记失业率1.23%；农村富余劳动力转移就业23.14万人次。

【惠民政策落实】 2020年，地区行署从群众最关心的问题入手，坚持尽力而为、量力而行，坚决把各项惠民政策落实落细。全面推进紧密型县域医共体建设，在现有1个专科联盟的基础上，新组建中医及妇幼2个专科联盟。“互联网+医疗”建设深入推进，地区二级以上医疗机构全部开通线上服务。开展全民健康体检工作，体检完成率100%。完善社会保障体系、基本养老保险和基本医疗保险制度，城乡居民养老保险参保率95%以上，基本养老、工伤、失业三项社会保险参保66.85万人次，超额完成参保扩面任务。坚持在“兜底、救急、提标、扩面”上持续用力，针对疫情影响，建立高效应急救助机制，实施临时救助30.38万人次，新增城市临时低保1.19万人，发放临时救助金及物资6902.72万元。统筹建设79所农村幸福大院，解决农村困难老年人生活照料问题，满足各族群众健康养老需求。新建农村安居富民房23294户、实施城镇保障性安居工程14821套，完成老旧小区改造21105户。深入实施“厕所革命”，新建改建农村卫生厕所14.47万户。新改建农村公路1086.2千米。加大防病改水力度，改善54.57万人饮水安全条件。公共文化服务提标扩面。逐步完善地县乡村四级公共文化服务体系，“建、管、用”水平稳步提升，“三馆一站”全面实现免费开放。体育事业蓬勃发展，群众文体生活更加丰富。

重要会议

【行署全体会议】 2020年1月19日，地委副书记、行署专员尼牙孜·阿西木主持召开2020年行署第一次全体会议，总结2019年工作，分析形势，部署2020年重点工作，动员地区各级政府和政府工作部门攻坚克难，确保“十三五”规划圆满收官，坚决夺取全面建成小康社会伟大胜利。

【行署常务会议】 行署第一次常务会议 2020年4月25日，地委副书记、行署专员尼牙孜·阿西木主持召开2020年第一次行署常务会议，听取了“1+X”风险隐患排查整改及项目工作推进情况汇报，审议了《关于落实〈阿克苏地区国有农用地租赁经营合同〉签订有关事项的请示》《阿克苏地区机关事业单位工作人员劳动能力鉴定工作规程》《关于将一般工伤案件(5—10级)认定权限下放县(市)办理的请示》《关于将库车市、阿克苏市房屋建筑和市政基础设施工程招投标管理权限由8000万元调整至20000万元的请示》等4个议题。

行署第二次常务会议 2020年6月6日，地委副书记、行署专员尼牙孜·阿西木主持召开2020年第二次行署常务会议，听取《“点线面”推进经济工作机制落实情况报告》，审议《阿克苏地区深化科技体制改革2020年推进计划》。

行署第三次常务会议 2020年7月2日，地委副书记、行署专员尼牙孜·阿西木主持召开2020年第三次行署常务会议，听取上半年“1+X”风险隐患排查工作情况汇报，审议《阿克苏地区创建全域旅游示范区促进旅游业发展奖励扶持办法(修订)》《阿克苏地区促进3岁以下婴幼儿照护服务发展的实施方案》《地区医疗废物集中处置运行及收费问题相关事宜》《2019年度地直医疗机构领导班子成员薪酬制度改革考核评价情况报告》4个议题。

行署第四次常务会议 2020年9月21日，地委副书记、行署专员尼牙孜·阿西木主持召开2020年第四次行署常务会议，听取《2020年1—8月“点线面”推进经济工作情况报告》，审议《关于成品油零售经营资格审批权限下放至地区商务局的请示》《阿克苏地区直属国有企业投资监督管理办法》《阿克苏地区节水行动实施方案》《关于调整下放涉水投资项目行政审批权限事项的方案》4个议题。

行署第五次常务会议 2020年10月31日，地委副书记、行署专员尼牙孜·阿西木主持召开2020年第五次行署常务会议，听取《地区安委办7—10月份风险隐患排查工作汇报》，审议《关于将行署权限内村民建房占用集体农用地转用审批事项委托县(市)人民政府批准的请示》《阿克苏地区进一步加快旅游业发展奖励办法》2个议题。

行署第六次常务会议 2020年11月26日，地委副书记、行署专员尼牙孜·阿西木主持召开2020年第六次行署常务会议，听取《2020年“点线面”推进经济工作情况报告》，审议《阿克苏地区药品集中采购工作实施方案》《〈关于常态化开展全民核酸检测筛查工作核酸检测价格的请示〉和〈关于常态化开展全民核酸检测筛查工作城镇职工核酸检测费用结算办法〉》2个议题。

【行署重要工作会议】 2020年2月17日，地委委员、行署常务副专员、地区疫情防控工作保障组组长梁峰源主持召开地县(市)疫情防控保障组组长视频会议，就贯彻落实自治区疫情防控工作视频会议精神、做好疫情防控和企业复工复产等有关事宜进行了安排部署。

3月23日，地委委员、行署常务副专员梁峰源主持召开3月份地区城市经济工作领导小组碰头会，听取地区发改委、工信局、财政局等部门一季度工业增加值、固定资产投资、社会消费品零售总额、财政收入等指标预测情况汇报，分析各项主要经济指标增长的有利因素和存在的困难，并就加快推进项目建设、企业复产达产、做好组织收入，确保6月底实现各项经济指标正增长等事宜进行了研究部署。

3月24日，地委委员、行署常务副专员梁峰源主持召开地区2020年金融工作座谈会，总结分析2019年金融工作，并就金融支持疫情防控和复工复产工作进行了安排部署。

4月29日，地委委员、行署副

专员孔智勇主持召开地区部分国有企业直接融资推进会，协调解决民营企业、中小微企业在经营中出现的融资难、融资贵的问题。

5月12日，地委委员、行署副专员贾京磊主持召开地区自然资源工作会议，就增减挂复垦、片区综合地价制定、耕地保护督查反馈问题整改等重点工作进行了安排部署。

6月9日，行署副专员康菊主持召开阿克苏地区康养产业发展领导小组会议，明确成员单位职责，协调推进地区社会福利园区康养项目建设相关工作。

7月2日，行署副专员陈海涛主持召开2020年地区纺织服装就业工作领导小组第一次部门联席会议。会议听取上半年纺织服装产业工作情况汇报，部署2020年下半年纺织服装产业重点工作任务。

8月22日，地委委员、行署副专员孔智勇召开中央环保督察交账验收会，总结年地区中央环保督察反馈意见整改工作，并对交账验收材料进行了审核验收。

11月10日，地委委员、行署副专员贾京磊召开地区安委会第三次全体会议，听取1—10月安全生产和防灾减灾工作情况汇报，部署当前及年底安全生产和应急管理工作。

政务服务

【政务智能建设】 2020年，地区政务服务和公共资源交易中心建成全疆首个地县两级联动的一体化政务服务平台上线运行，并与自治区平台无缝对接。组织地县两级单位认领国家确认的权责事项目录，坚持把制度化作为基础工作和长效机制，在权力清单的基础上形成实施清单，依托一体化政务服务平台，规范化、标准化和精细化梳理权责事项实施清单，完善“5+X”事项办事指南，面向社会予以公布，推进地区政务服务规范化建设，实现地区范围内同一事项“无差别受理，同标准办理”。全年，全地区开通网上办理事项3784项，实现网上可办率98.43%，网上办理事项43.34万件，网上申办率83.18%；对照自治区在线政务服务能力评价指标体系，强化人员培训，狠抓整改提升，2020年地区在线政务服务能力连续9个月排名全疆第一。

【政务延伸推进】 2020年，地区政务服务和公共资源交易中心积极构建地县乡村四级联动的政务服务组织体系。梳理公布涉及19个部门123项事项的《基层政务服务事项清单》，组织完成县(市)相关部门、乡镇(街道)、社区(村)分管领导及业务骨干相关业务培训，编制地区统一规范的乡镇政务服务大厅《办理手册》《服务指南》，推进政务服务事项“就近能办、多点可办、少跑快办”。截至2020年年末，70%以上的乡镇(街道)、65%的社区基本完成政务服务规范化建设工作，基层政务服务质量和水平切实增强。

【政务方式拓展】 2020年，地区政务服务和公共资源交易中心按照“统一受理、分类处置、限时办结、过错问责”的原则，建设地区“12345”政务服务热线平台，2020年6月开通运行，覆盖地区本级和七县二市，形成地县乡三级政府部门参与的网络体系，不断强化政民互动，倾听百姓声音，架起了各族群众与党委政府直接沟通对话、举报受理、献策纳言的连心桥。按照“全媒体接入、全天候服务、全平台统一、全智慧运营”的原则，实行电话、网络等多渠道受理，集咨询查询、投诉举报、意见建议、求助、表扬等多诉求受理于一体，全天候、全时段，365天24小时受理群众诉求、解决群众困难。共接听各类来电3.7万起，办结群众诉求3.66万件，办结率达99%，群众回访满意率达99%，受到地区各族群众普遍好评。

【涉企服务提升】 2020年，地区政务服务和公共资源交易中心制定地区本级《涉企服务事项清单》，共涉及25部门176项事项，全部实现网上可办；整合打造60项涉企服务“套餐”事项，实行“一张表单、一套资料、一次申请”，各类申报材料平均精简52.2%，办理时限平均压缩50%以上；全年，为1200余家企业提供“一件事套餐”服务。打造线下“涉企服务专厅”，推行涉企事项“一站式”服务，设立政府服务企业帮办、代办服务专窗，及时解决企业设立、经营、投资等过程中的难点、堵点问题，全过程、全环节、全方位服务企业；全年为2800余家企业提供帮办代办服务。

【涉企审批优化】 2020年，地区政务服务和公共资源交易中心认真落实“减材料、减环节、减时间、减跑次、减成本”工作措施，不断优化办事流程、压缩办理时限，地区政务服务办结时限在法定基础上平均压缩30%以上。推广应用企业开办提速服务，落实部门间数据共享、全环节电子监察，实现3个工作日办理6个事项的攻坚目标；全年办理提速服务1550余件。试点“告知承诺”，推行容缺受理、并联审批，逐步推进多审合一、多证合一、联合审查，工程建设项目审批从投资项目立项到开工审批控制在80个工作日以内。规范不动产登记流程，落实区域性定价、存量房摸排、测绘工作提前等措施，抵押登记、企业登记和一般登记分别由原来20—25个工作日压缩至3—5个工作日内办结。

放管服改革

【“简政放权”深化】 2020年，地区重点取消阻碍创新创业、社会关注度高的审批事项，更好地向市场和社会放权；同时，梳理规范政务服务事项，规范办理流程、材料清单、办结时限等内容，方便企业群众办事。年内，共取消下放行政许可事项24项，更好地为企业松绑、为群众减负。

【“减证便民”深入】 2020年，地区狠抓“减证便民”专项行动成果应用，推行“证明事项告知承诺制”试点工作，依托政务服务平台，加强“电子签章”推广应用，推动部门间“电子证照”互认互信，减少不必要的重复举证。年内，“减证便民”清理减少各类证明材料，在2019年精简66%的基础上，再行压缩18.6%，最大限度地为企业和群众提供便利。

【“同城通办”推行】 2020年，地区依托一体化政务服务平台，实行“窗口前台受理，材料内部流转”，22个单位（企业）458项事项实现地市两级政务服务大厅“同城通办”。探索“异地通办”，社保、医保、税务、住房公积金等业务中297项事项实现地区范围内“异地受理”，政务服务更加高效便利。

【“一窗受理”推进】 2020年，地区按照“分类一窗”“联合一窗”“综合一窗”三种模式，实行统一叫号、受办分离、统一出件，统筹调配行政资源，提升行政效能。年内，33个单位472项事项落实“一窗受理、集成服务”；通过“集中式”向“集成式”服务的转变，实现“窗口集成跑腿少、信息共享材料少、效率提升等待少、群众满意评价高”的目标。

【“最多跑一次”实现】 2020年，地区以与企业生产经营、群众生产生活密切相关的重点领域和办理量大的高频事项为重点，梳理公布地县两级100个“最多跑一次”高频事项清单，制定发布全地区审批服务“马上办、网上办、就近办、一次办”事项清单累计9272项，推广企业和群众心中“一件事”套餐服务，实施办件结果免费“邮政送达”等措施，实现65%以上政务服务事项“最多跑一次”。

六型政府建设

【党性宗旨意识增强】 2020年，地区坚持把“忠诚型”政府建设作为履职尽责的灵魂，摆在“六型”政府建设首位，贯穿和体现在政府工作的全过程、各方面。拓展深化“不忘初心、牢记使命”主题教育成果，坚持以党史学习教育为契机，不断增强党员干部党性宗旨意识，强化党组（党委）领导核心作用，健全和完善党组（党委）工作规则和议事决策制度，加强政府系统党的建设，提高领导班子依法科学决策水平，集体研究决定“三重一大”事项形成常态，重要行政工作经党组（党委）会议审定的占到30%以上，彰显党组（党委）的凝聚力、执行力。注重干部理论武装和“三会一课”制度落实，领导干部发声亮剑和党史专题研讨达到全覆盖，干部围绕中心服务大局，在深入实施“76331”战略、推动经济平稳较快发展中忠诚履职尽责，党员先锋模范作用充分发挥，政府工作人员中党员比例由2019年的68%增加到2020年的74%，党的基层组织战斗堡垒作用得到进一步增强。

【依法行政能力提升】 2020年，地区坚持依法行政，重视决策询法依法，各县（市）人民政府、行署各部门深入学习宣传习近平总书记全面依法治国新理念新思想新战略，牢固树立法治理念，坚决落实法治责任，推行法律顾问制度，扎实推进“法治九进”活动，加强机关干部学法用法，提高依法决策水平。规范行政执法，全面落实“三项制度”，及时建立法治责任清单，梳理完成地区行署32个行政执法部门单位权力事项清单3257条，执法事项清单2768条，执法法律条数1406条。全面落实自治区“双随机、一公开”工作，加快实施跨领域跨部门综合执法，推动执法重心下移、职能下沉、资源下放，累计开展联合执法539次，市场法治化营商环境不断改善。

【政务服务环境优化】 2020年，阿克苏地区始终坚持以人民为中心的发展思想，突出务实高效为民服务，自觉转变政府职能，解决一批社会和企业关注的堵点、难点问题，把“服务”作为优化环境的主要抓手，落实首问负责、“一次性”告知等制度，推行并联审批、容缺受理、同城通办等创新服务，“跨省通办”在国家公布的58项事项基础上增加了28项，第一批86项事项已实现“跨省通办”。优化政务服务环境，落实利企便民攻坚行动，企业开办实现2个工作日办理6个事项，工程建设项目审批从立项到开工降至60个工作日以内，建设并开通“12345”政务服务热线，全面提升服务群众水平，各类证明材料在2020年精简18.2%的基础上，再行压缩7.25%，开通网上办理事项3784项，由“群众跑腿”向“数据跑路”转变，实现了企业群众办事创业从实体大厅到网上大厅的转变，地区在线政务服务能力稳居全疆第一。

【担当作为导向凸现】 2020年，地区选定5项对地区工作影响重大、与人民群众生产生活息息相关的短板、弱项，集中力量进行重点攻坚，成效显著、群众认可。在疫情防控上体现担当，在统筹推进疫情防控和经济社会发展的大战大考中，各县(市)人民政府、行署各部门积极作为、履职尽责，广大党员干部冲锋在前、经受考验，落实落细“四不”“五字”要求，全力抓好复工复产复学、项目建设、政策落实等各方面工作，打赢打好这场阻击战。把在落实上级部署上体现担当，认真履行政府抓发展的职责和使命，全力以赴推动经济持续健康发展，2020年，实现地方生产总值994.36亿元，增长7.1%，一般公共预算收入比上年增长5.1%，全社会固定资产投资增长17.7%，位于全疆前列。

【创新发展活力增强】 2020年，地区坚持以改革发展为引擎，把创新创造作为第一动力，大力营造创新环境。开展“思想大解放、发展高质量”大讨论活动，破解发展难题，推动工作理念、工作方法、工作机制创新，持续深化科技体制改革，建立地区科技智库，落实《阿克苏地区深化科技体制改革三年行动方案(2018—2020年)》和《阿克苏地区科技创新驱动发展实施意见》。全地区科技投入逐年增加，2020年授权发明专利184件，培育引导96家创新型小微企业入驻创新创业大厦，建成新疆黑木耳工程技术研究中心，培育新疆活性炭重点实验室等一批创新平台，争取国家、自治区和援疆科技项目23项，实施地区本级科技项目22项，发挥科技对经济社会发展的支撑作用，激发创新创造活力。

【转变作风持续】 2020年，地区履行党风廉政主体责任，建立激励约束机制，强化干部勤政意识，持续转变作风，不断夯实廉政风险防控措施，健全廉政风险点排查台账，精准运用监督执纪“第一种形态”，常态化开展警示教育，将“红脸出汗”落实到日常，2020年，行署38个工作部门和直属事业单位中，被立案审查调查各类违纪违法案件比上年下降46.2%；坚决纠治形式主义、官僚主义，更多开务实管用、解决问题的会，讲短话、讲干货，落实精文减会要求，行署系统会议、文件分别减少60%、36%。

调研信息

【政务信息收集报送】 2020年，地区行署办公室根据自治区政务信息报送要点和地区工作重点，制发《政务信息报送要点》，明确不同阶段信息报送任务，增强信息报送的针对性。紧贴领导关注的重点、群众关心的热点、社会关注的焦点，挖掘深层次、高质量信息，下发《约稿通知》86期372条，信息耳目作用得到充分发挥。坚持阅览两办、部门相关文件、刊物、总结、汇报等相关内容，及时筛选整理、加工编辑，累计浏览、审阅各类信息 4600 余件、140 余万字，为地区领导决策提供全方位、宽领域、多角度的科学依据。2020 年，未发生重大紧急信息迟报、漏报、瞒报、错报现象。

【信息刊物编发】 2020 年，地区行署办公室按照“国办信息再进步，内部信息服务上水平”目标，加强政务信息业务培训，创新政务信息工作方法，推动政务信息向“见事早、反应快、文风实、质量好”转变，不断提高信息辅政水平。2020 年，编发各类信息刊物 1163 期，其中：编发《阿克苏政情》56 期、编报《政务简讯》1107 期，被自治区采用 200 条，被国务院采用 7 条，被国务院领导批示 1 条。

【督察工作】 2020 年，地区行署办公室办理回复国务院第七次大督查第十四督查组移交问题线索 10 件、国务院“互联网+督查”平台留言信息核查办理 77 件；跟踪督办自治区人民政府主要负责同志批示事项 1 件，督促办理自治区《政府工作报告》重点任务 1 件、自治区人民政府督查室发文督办事项 2 件；核实行署主要领导批示件办理情况 288 件，跟踪督办卫片执法、军队资产移交遗留问题解决等进展缓慢工作 5 件，督办 12345 政务服务热线久拖未决事项 9 件；组织开展国务院第七次大督查反馈问题和《关于盯着基层意见建议抓落实全力促进企业复产增效的情况报告和工作建议》中未落实或正在落实问题自查整改。

2020 年度阿克苏地区行政服务事项统计分析表

表 2

项目	服务事项							合计
	行政许可	行政确认	行政裁决	行政给付	其他行政权力	行政奖励	公共服务	
权力清单数量(项)	372	39	4	7	48	58	119	647
业务量(万件)	4.6	0.02	0	0.5	0.1	0	14.1	19.32

人事管理

【事业单位人事制度改革】 2020 年 7 月，阿克苏地委人事调配管理工作领导小组会议研究印发《阿克苏地区事业单位管理岗位职员等级晋升工作实施细则（试行）》，自 2020 年 7 月起，选择地区第一人民医院、教育局、人社局、农业农村局、阿克苏职业技术学院 5 个试点单位，开展事业单位管理岗位职员等级晋升试点工作，从 2020 年 11 月起在全地区推进事业单位管理岗位职员等级晋升工作。

【专业技术人员管理及职称评审】 2020 年，根据国家、自治区关于南疆四地州职称“定向评价、定向使用”决策部署，阿克苏地区人力资源和社会保障局印发《阿克苏地区开展职称“定向评价、定向使用”工作实施方案》，明确工作职责、重点任务，为开展职称“定向评价”工作提供政策依据。会同地区教育局、文旅局、住建局等行业主管部门制定 19 个系列（专业）地区专业技术职务任职资格评审条件。破除乡（镇）专业技术人员“唯论文”倾向，不以未发表论文、未从事相应专业技术工作为由限制申报职称评定，打破制约基层专业技术人员职称评审的瓶颈。督促各评审委员会修订评审量化赋分标准，量化赋分向县（市）、乡（镇）专业技术人员倾斜。指导各评审委员会做好职称评审事前、事中、事后备案工作，确保职称评审工作规范、合理、严谨、高效。2020 年，地区取得专业技术职务任职资格 5275 人，其中评审 2432 人、初定职 2672 人、授予 94 人、访惠聚三年优秀高定 77 人；正高级 119 人、副高级 812 人、中级 2310 人、初级 2034 人。2020 年，地区参加评审人数较 2019 年（2018 年未组织评审）增长 3%，总体评审通过率提高 4%，高级评审通过率提高 9%；加大人才培养选拔力度，拨付第二期 19 名天山英才培养人培养经费 99 万元，开展第二期天山英才期满考核工作；推荐50名少数民族科技骨干参加疆内外特殊培养(其中疆外培养17人、疆内培养33人)；推荐25名专业技术人员参加自治区农业、医疗、建筑等高级研修班。

【专业技术人员继续教育】 2020年，地区人力资源和社会保障局做好继续教育综合管理和组织实施工作，结合疫情防控形势和专业技术人员实际需求，指导新疆理工学院、阿克苏职业技术学院2家继续教育基地搭建线上学习平台，实现农艺、畜牧、林业、建筑、质量技术监督等26个专业继续教育线上培训，为专业技术人员尤其是基层一线专业技术人员知识更新提供了便利。不断扩大继续教育培训覆盖面和成果运用，鼓励和发动各类企事业单位专业技术人员参加学习，并将继续教育作为职称评聘的必要条件，营造各行业专业技术人员“人人参训”的良好氛围。2020年，全地区共有12300余名专业技术人员参加在线继续教育，参训人数较往年有大幅提升。

【职业技能鉴定】 2020年，地区统筹推进职业技能等级评价工作，推动职业技能鉴定和职业技能等级认定工作有序衔接，进一步厚植高技能人才成长沃土。年内，开展职业技能鉴定7980人次，其中高级工1692人次、中级工2387人次、初级工3901人次。开展“新疆馕师”职业技能等级认定947人，合格918人，其中初级888人、中级30人。加强高技能人才培养和高技能人才培训基地建设，成功申报自治区级高技能人才培训基地6个，公共实训基地6个，技能大师工作室建设项目5个，争取项目经费220万元。

【人才引进】 2020年，地区人力资源和社会保障局坚持党管人才原则，严格落实地委决策部署，以稳定地区就业为保障，合理调配引进人才计划，明确引进人才标准，重点引进内地高校毕业生，进一步优化人才队伍结构，不断满足地区经济社会发展对各类人才需求。年内，地区各级事业单位引进人才371人，其中：研究生学历51人；具有高级专业技术职称2人。

【事业单位人事管理】 2020年，地区人力资源和社会保障局坚持以“六型”政府建设为抓手，以办事需求为导向，解决地区事业单位办事多跑路、时间长、环节多等问题，推进“互联网+事业单位人事管理”建设。调整下放事业单位5项权限，通过网上经办系统分级审核，进一步提高了业务办结的效率。实施地区事业单位全员聘用第五个聘期工作，严格按照核准的单位岗位设置方案，按照竞聘上岗和择优聘任原则做到应聘尽聘，截至年底，地区事业单位在编在岗人数80310人，其中管理岗位13474人、专业技术岗位62421人、工勤岗位4415人，聘用率达100%。

【事业单位人事考试】 2020年，地区人力资源和社会保障局根据自治区、地区疫情防控常态化统一安排部署，按照地区人事考试联席会议相关要求，制定考试期间疫情防控与安保维稳总体方案，联合多部门扎实开展考试期间疫情防控、安全保障、考点保障、交通运输保障、周边环境治理、新闻宣传等各项保障工作，组织各考点负责人进行笔试考务工作培训，配齐考务用品及医疗防护物资。年内，完成自治区公务员、事业单位招录考试21747人，设置考点18个，考场968个；自治区招录驻疆部队退役士兵充实南疆乡镇考试笔试共两批次的判卷工作参考387人；地区面向社会招聘乡村医生考试笔试组织工作参考638人；自治区二级建造师执业资格考试6432人，设置考点5个、考场643个；全国注册安全工程师、注册计量师、执业药师、一级消防工程师考试等17项执业(资格)类网上报名、资格审核工作，累计审核人数2248人。

数据服务

【概况】 2020年，地区大数据服务中心（以下简称地区大数据中心)按照地区大数据“2+1+N”整体框架及“一个库、一张图、一平台”总体要求，立足南疆、着眼全疆，以“善政、兴业、惠民”为宗旨，着力推进云计算中心、政务信息资源共享、机房整合搬迁和“互联网+医疗”等智慧应用平台建设，推动智慧城市建设，为地区经济高质量发展贡献数字力量。

【大数据产业及应用】 2020年1

月，阿克苏云计算中心揭牌投用，总投资近3亿元，占地面积1730.56平方米，总建筑面积8870平方米，可部署服务器机柜664个，网络机柜93个。9月，获中国计算机用户协会数据中心分会2019年度数据中心实施样板项目。依托云计算中心，加大信息资源整合力度，将地区公安、人社、财政、工信等56家单位（其中，党政机关28家、医疗机构26家、教育机构2家）全部迁入云计算中心，将分散在各县（市）、各单位信息系统及设备进行有效整合，在全疆率先实现信息资源的跨层级、跨地域、跨系统、跨部门、跨业务的整合迁移，为地区地县两级党政机关、企事业单位、科研院校、医疗机构等单位提供数据存储及硬件设备托管等服务，每年可为地区节省云资源租赁费近百万元。依托云计算中心建设医疗云、教育云、桌面云等“三朵云”，推动医疗、教育数据整合共享力度，推动大数据、云计算与教育、医疗、政务服务、实体经济等全方位深度融合。

【政务信息平台】 2020年，地区大数据中心运用大数据、云计算、新一代互联网等信息技术，汇集各类数据资源，构建智能城市中枢，建设地区政务信息共享交换平台，搭建起法人、电子证照、宏观经济和地理空间四大基础库和企业信息、财税信息两大主题库，归集、清洗及治理41家单位1.85亿条数据，每日获取自治区数据1500万条，将归集的数据转化为35个数据接口发布至政务信息资源共享交换平台供各单位查询使用，使数据真正成为各单位决策参考的重要依据，切实打通信息孤岛。11月，建成投用疫情防控信息化平台，归集地区33家核酸检测机构2997万条核酸采样数据和4272万条核酸检测结果数据，为群众及时查询核酸检测结果和出行提供便捷服务。

【互联网+服务】 2020年，地区大数据中心开发阿克苏为民服务APP，2019年12正式上线启用，已实现生活缴费（水、电、气、暖等）、预约挂号、线上问诊、电子病历、市民互动、公积金办理、公共交通服务、“12345”政务指南、金融服务等21项功能。截至2020年年底，已完成阿克苏市城区105个小区推广任务，下载安装人数4.4万户8.2万人次，已通过为民服务APP完成水、电、气、暖、物业等生活缴费39922笔，金额1539.48万元。建成互联网+医疗平台，将14家公立医院（地区第一、第二人民医院、妇幼保健院、中医医院、维吾尔医医院以及9家县市人民医院）线下诊疗服务依托政务阿克苏、为民服务APP等应用向线上拓展，让百姓动动手指、足不出户即可实现网上预约挂号、影像信息、体检报告等信息的查询服务。建设“一码游阿克苏”平台，可通过平台、微信小程序等实现三维立体720°全景线上游阿克苏，可实现吃住行、游购娱网上预订服务等功能，提升旅游行业管理和旅游公共服务水平，助推全域旅游发展。

【政府信息公开】 2020年，地区大数据中心认真抓好地区政府信息公开年度报告编制和发布工作，地区及各县（市）发布主动公开信息5615条，编制依申请公开目录2868条，全地区政府信息网上主动公开率、向查阅点移交率、依申请备案率均达100%。做好地区政府门户网站信息发布，阿克苏政府网发布文字、图片新闻4686条，采用县（市）、部门政务动态信息2312条。疫情防控期间主动公示公开阿克苏地区、县（市）新冠肺炎疫情群众诉求热线电话及相关动态信息320条，转发2020年“两会”重要文章101条。督促加强各县（市）、各部门政务动态信息采编保密审核工作发布对外公示公告186条。建好用好微信、订阅号等政务新媒体平台，“阿克苏政府网”微信公众号发布阿克苏新闻、政务动态、通知公告等1980条。

阿克苏地区年鉴(2021)

政协地区工委

综述

【调研视察】 2020年，政协阿克苏地区工委协助自治区政协开展专题调研，围绕“聚焦总目标，加强法治新疆建设，提升社会治理体系和治理能力现代化”“加强新疆世界文化遗产地保护与开发利用，加强公共卫生安全管理体系建设”“进一步落实推进‘民族团结一家亲’长效机制，不断巩固民族团结工作成果”3个课题进行专题调研，向自治区政协和地委报送专项调研报告，提出建议对策；组织专委会开展调研视察活动，围绕地区打好精准脱贫攻坚战、加强污染防治工作、扎实推动六大产业集群经济高质量发展和构建居家社区机构“三位一体”的养老服务体系4个专题调研，形成专题调研报告报送地委、政协党组和有关部门参考决策；组织开展委员视察活动，围绕地区城乡人居环境整治和市容市貌建设、重点企业发展、扶贫产业和企业、常态化疫情防控下物流产业管理及发展情况和地区秋冬农业生产及提质增效情况等方面进行视察，形成视察报告报地委参阅；引导政协委员和县市政协开展调研视察活动，印发重点调研课题，政协委员和县市政协开展40个课题调研视察，形成一批有价值的研究成果，27条建议被列入各级党政重要决策中讨论实施。

2020年7月，政协委员对小微企业进行实地调研了解企业生产经营状况(薛树斌 摄)

【委员工作】 2020年，阿克苏各界政协委员自觉接受同级党委的领导，严格执行重大问题请示报告制度，落实政协党组成员联系中共党员委员、中共党员委员联系界别委员制度，全年，各界委员参加各级党委组织的学习培训、会议座谈、调研视察等210次。政治意识显著增强，把凝聚共识融入思想政治、学习培训、发声亮剑、调研视察、协商履职活动中，用富有影响力、感染力、吸引力的系列活动，认真履行委员职责，努力调动一切积极因素、团结一切可以团结的力量，筑牢以坚持和发展中国特色社会主义为主轴的共同思想政治基础。履职成效明显提升，发挥代表性强、联系面广、包容性大的优势，以大团结大联合凝聚各方共识和力量，切实肩负起地区社会稳定大局和经济发展，积极投入社会公益事业中。全年，共有37名委员提交履职报告，34名委员反映社情民意，43名委员提交提案，18名委员积极参加调研视察活动，踊跃建言献策；7名委员发挥界别优势，积极参与社会各界民主监督工作，认真履行政协委员“懂政协、会协商、善议政”职责。

【提案工作】 2020年，政协阿克苏地区工委向地区行署转办地区政协工委第二十九次会议提案47件，全部办复，并根据提案类别，形成《提案目录》汇编。督办“大力发展乡村旅游”“加大对农产品中小企业品牌建设扶持力度”2件重点提案，有效推动提案办理工作。

重要会议

【政协工委第二十九次会议】 2020年4月16—17日，政协阿克苏地区工委召开第二十九次委员会议，地委主要领导到会指导并作重要讲话。会议听取并审议地区政协工委主要领导作的《政协工作报告》和第二十八次委员会议以来的提案工作报告，听取行署所作的2019年地区行署工作报告，审议通过政协阿克苏地区工作委员会第二十九次委员会议关于《政协工作报告》《提案工作情况报告》的决议及政治决议。与会同志通过大会和小组讨论、提出提案、反映社情民意信息等方式，开展协商议政，广泛建言献策，提出建设性意见和建议。

参政议政

【社情民意】 2020年，政协地区工委通过组织召开政协委员约谈会、情况通报会、组织专题调研视察、约谈走访政协委员等形式，使委员知情明政。全年，向自治区政协报送工作信息20条、社情民意30条；编发《委员建言》14期，形成反映基础设施建设等方面有价值的社情民意信息34条。

【民主监督】 2020年，政协地区工委开展民主评议、委员视察、行风评议和行业监督、参与重大决策听证、重要活动巡视等监督工作。组织政协委员参与公职人员招考考录、学生升学考试等巡视监督；组织政协委员参加司法审判听证、重大决策听证等民主监督活动；引导政协委员和政协干部担任部门、单位的行风评议员和义务监督员，政协民主监督领域进一步拓展、民主监督形式不断丰富，政协民主监督更加切实有效。

【协商议政】 2020年，政协地区工委组织召开政协工委第二十九次会议和提案交办会，围绕地区中心工作进行全面协商；委员工作处领导参加地委和行署的有关重要会议，参加地区的重大政治和经济社会活动，围绕地区的发展、改革、稳定等重大问题，参与有关问题的研究协商。组织政协工委各专委会针对专题调研、视察和督办重点提案了解到的信息情况，及时组织召开专题协商会、座谈研究会等，广泛开展议政建言和研究协商，有针对性地提出一些重要的议政建言成果，有力有效地配合党政中心工作。

纪检监察

【概况】 2020年,中共阿克苏地区纪律检查委员会(阿克苏地区监察委员会)(以下简称地区纪委监委)以习近平新时代中国特色社会主义思想为指导,聚焦主责主业,忠诚履职尽责,强化监督执纪问责和监督调查处置,稳步推进纪检监察工作高质量发展。

【理论武装】 2020年,地区纪委监委始终把政治理论学习摆在首位,健全完善理论中心组学习、"三会一课"制度,坚持不懈学习贯彻习近平新时代中国特色社会主义思想、总书记重要讲话、重要指示批示精神,重点学习贯彻中共十九届五中全会、第三次中央新疆工作座谈会和自治区党委九届十次、十一次全会精神,既紧跟地委中心组学习、又紧扣职责任务要求,既交流发言促学、又严格考试督学,深刻领悟本质精髓,力求融会贯通,自觉运用党的创新理论滋养初心、引领使命,着力提高纪检监察干部政治能力。

【反腐惩恶】 2020年,地区纪委监委坚持"惩"的一手不松,严肃查处政治上蜕化变质、落实工作表里不一、阳奉阴违,甚至与"三股势力"沆瀣一气、充当"保护伞"的党员干部,纯洁干部队伍、净化政治生态。拓宽信访举报渠道,稳步推进检举举报平台建设,紧盯关键少数、重点领域、关键环节,从严查处违纪违法案件,严厉惩治违反党的纪律、搞"七个有之"(一些人无视党的政治纪律和政治规矩,为了自己的所谓仕途,为了自己的所谓影响力,搞任人唯亲、排斥异己的有之,搞团团伙伙、拉帮结派的有之,搞匿名诬告、制造谣言的有之,搞收买人心、拉动选票的有之,搞封官许愿、弹冠相庆的有之,搞自行其是、阳奉阴违的有之,搞尾大不掉、妄议中央的也有之)以及各类风险背后的腐败,持续形成强大震慑。坚持"高"的标准不降,严把程序关,把依规依纪依法理念贯彻到监督检查、审查调查全过程、各环节。严把安全关,新建留置楼,做到办案区、工作区、生活区分离,定期开展安全教育、安全检查、风险排查,全力保障办案安全。

【监督责任】 2020年,地区纪委监委紧紧围绕党中央决策、自治区党委和地委部署,紧盯责任落实、措施落实、作风纪律落实,强化政治监督,横向联合、纵向联动,常态推进疫情防控与脱贫攻坚、经济发展、社会稳定监督检查,从严查处疫情防控工作中造成严重后果、影响恶劣的违纪违法问题,确保各项决策部署贯彻到底、落实到位。加大监督检查室对口联系县(市)、地直单位工作力度,通过动态完善廉政档案、线索核查、专项检查、实地督察等方式,做实做细日常监督,运用监督执纪"四种形态"精准处置各类问题线索,推动各级党委(党组)和领导干部履职尽责担当、依法秉公用权。规范"三为主一报告"制度落实,督促指导派驻机构发挥全天候、近距离、常态化监督优势,嵌入驻在单位和综合监管单位开展监督检查,"派"的权威和"驻"的优势逐步彰显。

【专项整治】 2020年,地区纪委监委坚决贯彻习近平总书记

2020 年，地区各级党员干部分批次参观地区廉政教育基地（纪委监委办 供图）

委驻地区大中专院校监察专员宣布任职会，探索推进大中专院校纪检监察体制改革，将 7 所大中专院校纪委书记任命为监察专员，实现大中专院校纪委与监察办公室合署办公，规范完善工作机制。地区纪委监委聚焦纪检监察干部队伍建设，坚持刀刃向内、完善内控机制，探索在阿克苏市、拜城县纪委监委开展内部督察试点，坚决查处纪检监察干部违纪违法行为，持续打造纪检监察铁军。

“人民至上”重要论述精神，紧跟自治区纪委监委部署，制定《统筹抓好“五个专项”工作的具体措施》，召开“5+1”专项工作推进会，一体推进落实。农村乱占耕地建房专项整治上级下达图斑全部核查完毕。持续纠治民生领域突出问题，聚焦群众高度关注的教育医疗、食品安全等重点问题开展专项整治，持续纠治民生领域突出问题，整治涉黑涉恶腐败及其“保护伞”问题，深化违建别墅问题清理整治、林草系统“以案促改、净化政治生态”专项整治，严厉查处扶贫领域腐败和作风问题，持续增强群众的获得感幸福感安全感。10 月，地区纪委监委被自治区扶贫开发领导小组授予“自治区脱贫攻坚组织创新奖”。

【警示教育】 2020 年，地区纪委监委用好典型案例鲜活教材，编印《典型案例警示录》，制作《遗忘初心之后》警示教育片，深化警示教育、推进以案促改。开展第 22 个党风廉政教育月活动，通过主要领导讲专题党课、举办廉政书画展、廉政微视频大赛、德廉知识测试、纪法知识竞赛等方式，推动廉政教育入脑入心。做实“后半篇文章”，对查处的每一起案件，都到受处分人所在单位宣布处分决定，召开警示教育会，面对面宣读通报、面对面剖析反思、面对面督促整改，实现处分决定从“一页纸”向立体化、触及灵魂的“一堂课”转变。

【深化改革】 2020 年，地区纪委监委积极推进纪检监察体制改革，地区纪委监委派驻（派出）机构设置进行调整和优化，制定《阿克苏地区纪委监委派驻机构纪检监察工作协作机制》，以“适当归类、整合力量”原则，将派驻纪检监察组划分为 3 个片区，设立派驻机构纪检监察工作协作组，即“1 名纪委监委班子成员+1 个监督检查室+4 个派驻纪检监察组”，协作组负责协调各派驻机构联合开展专项监督检查、审查调查工作。10 月 16 日，召开地区纪委监

【巡视巡察】 2020 年，地区纪委监委聚焦政治巡察定位，采取常规、专项、提级交叉巡察和巡察“回头看”相结合等方式，地、县两级圆满完成巡察任务。注重巡察工作的协调联动，制定完善巡察机构与纪检、组织、审计、信访、宣传等部门协作配合的 9 项制度，增强工作合力，提升政治巡察效果。持续抓好巡视巡察整改，每轮巡察结束后均召开地委巡察工作领导小组会议，地委主要领导点人点事，提出具体处置意见，专题听取纪委和组织部关于履行巡察整改日常监督工作汇报，压实巡察整改责任。地区纪委监委制发《关于推动地区纪委监委机关和派驻机构监督落实巡察整改任务的实施意见（试行）》等文件，紧盯巡察整改部署、落实、总结等环节，开展全过程的监督检查，推动问题整改。全力做好巡视反馈问题整改工作，中央脱贫攻坚专项巡视、自治区党委常规巡视反馈问题全面整改到位。

对口援疆

综述

【援疆干部使用】 2020年，地区落实谈心谈话、外出报备制度，严格援疆干部人才工作、生活、学习纪律，做到真管真严、敢管敢严、长管长严。落实援疆干部人才享受南疆同职级津补贴、定期体检、核报医疗费用、子女高考入学等各项政策待遇。任职放权搭建平台，对援疆干部人才给实权、分实工、担实责，明确独立、具体分管工作，确保有岗有责、有职有权、人尽其才、才尽其用。第十批援疆干部人才总计735人，其中援疆干部115人、援疆人才620人，2名厅级干部进入地委、行署领导班子，18名县级干部在县(市)党委政府任职、30名在地直单位党政领导班子任职。

【援疆人才引进】 2020年，地区通过"请进来"的方式，邀请浙江省城市规划、乡村振兴、招商引资、园区建设、医疗卫生、教育等方面专家学者到阿克苏指导工作、授课培训、促进合作交流。2020年根据地区疫情防控需要，邀请浙江省新冠肺炎疫情防控4名专家到阿克苏地区各县(市)开展新冠肺炎核酸检测和流行病学调查现场指导工作；库车市委党校与余姚市委党校建立长效合作机制，通过邀请教授来库指导、视频交流等形式，开展学术讨论、课题研究；新和县邀请丽水市教育、医疗、农业、文化旅游等领域高级专家参加"智汇新和"论坛暨丽水专家新和行动，开展柔性引才、用才活动。以"组团式"援疆为依托柔性引才。2020年，共引进柔性援疆专技人才388人，其中党政干部135人，教育、卫生、政法、农业、项目管理类253余人。

【"传帮带"作用发挥】 2020年，地区制定《援疆干部人才"帮带提升"工作暂行办法》，建立一对一、一对多的帮带关系。通过手把手带教、岗位技能示范、联合攻关、座谈交流、讲座授课等方式，将援疆干部人才的专业知识、业务技能、工作方法、管理经验等传授给帮带对象，促进帮带对象拓宽知识储备，改善知识结构，提升岗位技能、技术创新能力和独立承担重要工作的能力。

【本地人才培养】 2020年，地区采取"请进来、走出去"的模式，通过举办主体班和专题班、跟岗学习、定向委培、挂职锻炼、合作交流等智力援疆项目，为地区培养了一支结构合理、模式适合，留得住、能战斗、带不走的干部人才队伍。为确保培训成效，针对不同培训群体，积极与后方承办单位协商，为参训人员量身定制培训模式，2020年，组织赴内地培训31批次，参加培训人数846余人。在疆举办培训96场次，参加培训4337人。

【干部人才赴浙江挂职】 2020年，地区制订科学、合理挂职锻炼方案，有计划地从地直单位、县(市)选派具有一定发展潜力和培养前途的年轻干部人才赴浙江挂职35人，专业技术人才赴浙江挂职 121 人。浙江省援疆指挥部、地委组织部、乌什县委组织部和衢州援疆指挥部共同研究商议，制订《关于运用浙江援疆平台培育乌什县经济型干部的建议方案》，年内，从乌什县发改委、工信、商务、财政等经济领域选派 11 名优秀年轻干部赴衢州挂职锻炼 1 年并负责招商。

【项目资金安排】 2020 年，地区规划安排援疆资金 165910 万元，实际安排援疆资金165009.76 万元，使用结余资金 10148.46 万元，共分 2 批次实施援疆项目 244 个。产业就业类项目 72 个，安排援疆资金 37948.9 万元；民生保障类项目 60 个，安排援疆资金 66544.1 万元；基层维稳类项目 29 个，安排援疆资金 11582.6 万元；教育援疆类项目 36 个，安排援疆资金 37059 万元；智力支援类项目 30 个，安排援疆资金 8350.16 万元；交流交往类项目 17 个，安排援疆资金 3525 万元。

智力援疆

【援疆干部人才概况】 2020 年，地区按照第七次全国对口支援新疆工作会议精神和自治区关于中央单位援疆干部人才轮换相关通知精神，完成第九批、第十批中央单位援疆干部人才轮换工作。浙江省第十批援疆干部人才（含支教教师）及中组部、人社部、教育部计划内选派援疆干部人才 697 人（不含兵团）到阿克苏地区开展为期 1~3 年的援疆工作。其中，中央单位援疆干部人才 9 人、第十批浙江省援疆干部人才 325 人（干部 111人、人才 210 人、企业经营管理人员 4 人）、“万名教师援疆计划”教师 363 人。另外，浙江省增派新疆理工学院“教授团”38 人、公安系统 200 人。

【援疆干部人才服务管理】 2020 年，地区按照《关于援疆干部人才享受新疆地区津贴的通知》《阿克苏地区援疆干部人才医疗费用管理暂行办法》，为第十批援疆干部人才办理任职手续，落实南疆工作补贴、定期体检、核报医疗费用、节日慰问等各项政策待遇，为 334 名援疆干部人才发放南疆补贴 297 万元、报销医疗费用 49.71 万元。

【“组团式”援疆】 2020 年，地区“组团式”援疆主要围绕医疗人才“组团式”援疆、教育人才“组团式”援疆、旅游园区“小组团”援疆展开。发挥地区第一人民医院医疗人才“组团式”援疆辐射带动作用，围绕打造“区域性医疗康养高地”“健康阿克苏”，深化拓展远程医疗、远程会诊和远程培训，建设医学专科联盟，为 106 名医疗人才定任务、定职责，第十批援疆医疗队参与义诊 78 次，服务群众 1412 人次，免费发放 3000 元药品，援疆专家团队成功完成人工耳蜗植入、眼球脱位复位等首例医疗项目。年初增加 4 所自治区教育人才“组团式”援疆试点学校，中组部、教育部选派 42 名援疆教师对口帮扶阿克苏地区，实现学科、学段“双覆盖”。本地教师与援疆教师结成“一对一”“一对多”的跟学对子，援疆教师帮带培养 1500 名本地教师。地区开展文化旅游、园区管理“小组团”试点工作，选派旅游和园区管理领域“小组团”援疆干部人才 19 人（其中，旅游领域 13 人，园区管理领域 6 人）到阿克苏地区开展文化援疆工作。

【公安部援疆工作】 2020 年，公安部援疆干部主动作为、敢于吃苦、深入基层，发挥自身业务优势，结合阿克苏地区工作实际，坚持边工作边学习，制定多个符合当地实际的业务系统建设方案。结合自身专业特长和技术优势，参与视频侦察技术实验室建设、七县二市的非接触式感知设备建设、大数据平台建设、社会治安管控等工作。

【中央企业援疆工作】 2020 年，中央企业援疆干部围绕社会稳定和长治久安总目标，落实阿克苏地委、行署的规划、安排部署，发挥援疆优势，主动作为。信息技术。协调推进地区信息系统平台整合迁移，完成第二批 49 家党政机关、教育机构、医疗机构的全部迁移工作。加快中小微企业金融服务平台和经济运行大数据分析平台建设，中小微企业金融服务平台已接入 23 个银行共 50 款产品，地区经济运行大数据分析平台已完成平台与为民服务APP的统一用户身份认证工作。招商引资。大力实施招商引资，突出重点招商，确保“招一个、成一个”，推进产业结构调整和转型升级，依托资源优势，主动与内地企业、集团对接，疆内外对接联系，初步在南通、泰州、南京建立招商网络，正在搭建山东、连云港等地的招商网络。围绕六大产业，发挥企业创新主体作用，加大招商力度，重点围绕深化产业链，形成产业集群，将地区的资源优势转化为经济优势，从而推动地区经济高质量发展。

产业援疆

【升级版“十城百店”工程】 2020年，地区推动线下门店优化提升，加快电商援疆拓展线上渠道。推动舟山市构建“十城百店”流通网络，推动鲜丰水果、杭州联华华商等近10家企业纳入“十城百店”体系。“十城百店”销售门店（终端）已覆盖浙江省11个省（区、市）和主要县（市、区），累计线下建成门店1123个，线上网店36个。全年，线下、线上门店（终端）累计已销售农产品13.7万吨，销售额21.2亿元，比上年增长30%以上。

【“百村千厂”工程】 2020年，地区选择人口密集、富余劳动力充足、群众就业愿望迫切的中心乡（镇）、村，通过建设标准厂房，或利用现有闲置厂房、学校和礼堂等场地，改造适合服装、针织、家纺等标准生产厂房的方式，实施“百村千厂”工程，推广“公司+卫星工厂+合作社”模式，吸纳农村富余劳动力就近就地就业。建成“百村千厂”厂房600多间，解决就近就地就业1万多人；2020年，确定阿克苏市、库车市、温宿县、乌什县4个县（市）分别安排援疆资金250万元、200万元、400万元、250万元予以补助支持开展“百村千厂”与农村集体经济消薄增收挂钩试点工作。

【“万亩亿元”帮农助农工程】 2020年，地区联合浙江省科技厅、农科院等开展果园生态化高效栽培黑木耳技术的研发攻关，完成1000万棒以上黑木耳菌棒生产，带动七县二市100个贫困村的5000个贫困家庭、近3万人脱贫增收。按照“一县一品一链”思路，大力推广食用菌、特色瓜果、茭白、莲藕等种植，助推受援地提升农业产业链，年均带动近6000户农户稳定增收。

【招商引资“一号工程”】 2020年，地区坚持把招商引资作为推动增强“造血”功能、巩固脱贫攻坚成果的重要抓手，5—8月集中开展“招商引资百日大会战”活动，召开系列招商恳谈会、项目推介会、商会企业走访、云签约等活动，接待考察洽谈客商116批、759人次，累计招引对接项目160个，协议资金151亿元、到位资金73.5亿元，推动了农夫山泉、娃哈哈等一批企业在阿克苏增资扩产。

【“数字赋能旅游”工程】 2020年，地区开发上线“浙江援疆——阿克苏、阿拉尔旅游旗舰店”，实施大数据营销、精品路线开发、数字景区建设、专业人才培养、文创产品开发等项目；推动“网络+旅游产业”发展模式，邀请网红主播、旅游达人“诗路走进丝路”，每月一主题开展视频直播活动，帮助当地销售旅游产品；组团参加中国国际（义乌）旅游博览会，实施高铁冠名、飞机喷绘及长三角旅游宣传营销等项目，在长三角主要城市、浙江全省全方位宣传阿克苏旅游资源。同时，抢抓新一波疫情结束后“窗口期”，推动新疆首趟旅游包机开航。

【金融惠疆工程】 2020年，地区联合浙江省，通过打造一支产业基金、扶持一批上市企业、构建一套担保体系、设立一个融资平台、培育一支金融队伍，创新一批金融产品、试点一类农业保险、开展一轮金融下乡等八方面措施，进一步拓宽融资渠道，有效破解融资难、融资贵问题，最终实现援受双方“金融”“情融”。开展红枣价格“保险+期货”试点，试点阶段覆盖边缘户、监测户220户，一旦红枣价格低于目标价，即启动赔付程序，以稳定枣农收入。举办浙江省援疆指挥部“十城百店”与浙江农信丰收互联合作签约仪式，促成浙江省农信联社丰收互联平台与“十城百店”签约，后续将在农产品种植、加工、物流、销售、订单农业等多个领域开展广泛合作。推动浙江省农信联社对阿克苏纺织工业园区和相关商会进行授信。

【示范基地建设】 2020年，地区争取援疆资金建设“阿克苏市电商产业园”“南疆丝路众创园”，打造创业孵化示范基地。“阿克苏市电子商务产业园”由浙江援疆资金出资4000万元建设，于2018年3月10日正式投入使用，为南疆首个集“商务、仓储、物流、培训、孵化”等功能为一体的电商专业化园区，已入驻创业企业85家，创业孵化成功率96.5%，吸纳地区各族青年人才300多人，辐射带动就业5000多人；“南疆丝路众创园”由浙阿两地协同管理，学习借鉴浙江有关大学生创业园、海创园、科技园等创业孵化平台经验。出台《南疆丝路众创园管理暂行办法》，将扶持创业政策扩展到子女入学、离岗创业、就业补贴、创业补贴、社保补贴、就业见习补贴、生活补贴、税收奖励、担保贷款等方面，并将在“十四五”期间，由浙江援疆资金安排“丝路启航奖励金”给予补助。年内在孵95家企业、共吸纳8个民族420人稳定就业。8月，两个园区双双入选自治区级创业孵化示范基地。

【产业园建设】 2020年，地区投入援疆资金1600万元支持阿克苏纺织工业城平台建设，加快推进以浙能集团热电联产项目为标志的一批重点基础设施项目建设。全年，纺织工业城累计引进集聚纺织服装企业100多家，已形成300万锭纺纱、3000台织机、4000万件（套）服装家纺、2万吨散纤维和1万吨筒子纱染色规模，吸纳产业工人4万人。9月，浙江省永康市中国科技五金城集团已成功落户“浙阿出口产业合作园”，计划2021年年初开工建设总投资10亿元“轻工五金城”；中都国脉电梯（已签订协议）、中泰海鸿织造（已签协议，进入基建）、四方拖拉机（达成意向）等“亿元、十亿”项目即将落户阿克苏。

【小组团工作】 2020年，地区安排派驻园区小组团6人，达成投资意向招商引资企业项目54个，意向投资100.54亿元；完成基础设施建设项目10个，总投资约10亿元；通过财政部债券项目和银行贷款等途径筹措园区建设资金3.2亿元；对接中国农科院、浙江省农科院、浙江农林大学、浙江师范大学等科研机构，帮助园区成功申报中央引导地方科技发展专项资金项目。

民生援疆

【安居富民工程】 2020年，地区安排23542万元资金用于农村安居房建设补助，23542户农户住上功能相对完善的安居富民房，农村居民居住条件得到极大改善，建成的安居房提高农村房屋抵御自然灾害的能力，最大限度地减少自然灾害带来的损失，确保农民群众生命财产安全。帮助实施“三区分离”（通过庭院整治，实现住宅区、种植区、养殖区三区分离）“室内室外三件事”（室内三件事：吃饭有饭桌、学习有课桌、睡觉有床；室外三件事：厕所革命、三区分离、房前屋后环境整治），改善人畜混居、家庭成员同睡一张炕、吃饭没饭桌、学习没书桌、睡觉没床的现状。

【美丽乡村示范村建设】 2020年，地区结合实际需求，有效发挥援受双方资源优势，助推各县（市）开展美丽乡村示范村建设。阿克苏市争取援疆资金500万元建成阿依库勒镇克什勒克艾日克村团结巴扎，为当地提供就业岗位200余个，使村集体每年增收10余万元，并与周边的一座乡村中心广场、一所小学“遥相呼应”，形成阿克苏市首个规划重塑的“乡村振兴”示范点；投入援疆资金1000万元重点帮助依干其乡巴格其村解决好“院内三件事”“院外三件事”，在全村整体规划的基础上，制订“一户一策”整治方案，建设集景观、休闲、经营为一体的商业街，建设葡萄长廊，进一步提升群众居住生活环境，打造“乡村游·农家乐”的新亮点。拜城县开展乡村振兴战略示范村创建，以“5美2爱3整治”项目为载体，即实施“美丽驿站、美丽公园、美丽庭院、美丽农场、美丽之家、爱心工厂、爱心医院、整治污水、整治水渠、整治立面”10个项目，打造乡村振兴战略样板。

【基层基础设施建设】 2020年，地区从政策、项目、资金上加大对基层项目建设的倾斜和支持力度，强化基层工作的硬件保障，2020年新建、改扩建基层组织阵地79个，选派公安干警200名，帮助配备基层基础设备237套。其中沙雅县配备基层基础设备84套；新和县改扩建基层组织阵地5个，配备3套基层基础设备；阿瓦提县建成1个文化礼堂、5个村级周转宿舍、17个村级党建文化中心、建设训练场1座、采购14套基层基础设备。

文化交流

【援疆十周年系列活动】 2020年，地区拍摄《十年同行 一路同心——浙江省对口支援新疆阿克苏地区和兵团第一师十周年》宣传片，全面回顾展示浙江援阿10年的显著成就、浙阿一家人一家亲的深厚情谊。实施第三届浙阿“同心杯”文化旅游体育系列活动，组织开展才艺秀大赛、乡村文化和旅游节、阿克苏网红代言人大赛、2020“我为汽车种棵树”大型公益活动、“倾情援疆我先行点亮万个微心愿”、杭温拜三地少先队员“万里赏国宝 童心永向党”云队会等活动。

【浙阿“百校十万‘石榴籽’工程”】 2020年，地区为掀起浙阿两地学生交流交融的新热潮，谋划实施浙阿“百校十万‘石榴籽’”工程，以小学生为重点组织开展覆盖面广、形式多样的青少年交往活动，培育浙阿两地百所学校十万颗以上维护民族团结的“石榴籽”。

【“浙江奥运冠军行”活动】 2020年，浙江省援疆指挥部邀请周苏红、朱启南、江钰源、王琳等奥运冠军到阿克苏市高级中学，和学校师生分享励志成长经历和中华优秀文化知识，共种奥运冠军同心林，激发孩子们爱国情怀和健康向上、砥砺奋进的意志品质。

文化援疆

【“我爱浙疆”系列活动】 2020年，地区实施“文化交流合作”“文化阵地铸魂”“文艺人才培育”“文创产业提升”四大工程，推动浙阿18家文化对口单位牵手共建，创新打造“我爱浙疆”文旅品牌，集中启动实施“诗画浙疆”“书画浙疆”“文博浙疆”“书香浙疆”“文创浙疆”“戏曲浙疆”“韵律浙疆”“舞动浙疆”“传承浙疆”“英才浙疆”10个项目。

【教育援疆】 2020年，阿克苏地区累计新建改建中小学7所，幼儿园5所，教育硬件设施建设得到改善、软件水平得到提升。2020年，按照每生每年6000元资助标准，使用援疆资金820.2万元，资助阿克苏籍大学生1367人。组织举办师徒结对仪式暨传、帮、带动员会，探索大组团、大教研、大帮带、大托管以及“学科带学科”“团队带团队”“领导带干部”“专家带骨干”等模式，推动援疆教师结对帮扶1400名当地老师。制订教育人才“组团式”援疆试点实施方案，在自治区试点基础上，增列10所地区级试点学校。邀请400名浙派名师参与“云端教研”“云端培训”等柔性教育援疆，首次对4万名本地教师进行为期7天分学段分学科全员培训，首次对200名中小学书记、3000名思政教师进行一轮培训，首次组建13人导师团按每校10天左右赴3个县（市）、10余所中小学开展“蹲点送教”培训。阿克苏职业技术学院成功跻身南疆四地州唯一的自治区优质高等职业学校行列，阿克苏教育学院实现地区“国培计划”零的突破。

2020年10月20日，“浙阿同心 一路同行”共筑中华民族共同体暨浙江援阿十周年大型文艺晚会（地区文旅局 供图）

群众团体

工会

【概况】 2020年,自治区总工会阿克苏地区办事处（以下简称地区工会)辖县(市)总工会9个,地直机关工会1个,地区教育工会1个,阿克苏纺织工业城（开发区）总工会1个，库车经济技术开发区总工会1个,乡(镇)、街道工会109个。年内,全地区共有基层工会2356个,职工240789人,工会会员229403人(其中农民工工会会员25389人)。

【组织建设】 2020年,地区工会采取单独建、联合建、挂靠建、依托建等形式，累计新建基层工会组织125个、发展会员1.49万人。先后下拨工会工作经费80万元，支持基层工会开展职工技能比武、岗位练兵、“安康杯”竞赛、职工之家建设、补充职工书屋图书等具体工作。组织220名基层工会业务骨干通过视频会议形式集中开展工会业务培训,指导各县(市)、开发区总工会开展业务培训30场次2100人次,依法依规公开选聘社会化工会工作者108人。指导各级工会落实工资集体协商、厂务公开、职工代表大会制度,推进企业民主管理进程。

【困难职工帮扶】 2020年,地区工会完善相关工作机制,加强协调合作,做好困难职工家庭基本信息数据比对和社会救助信息共享工作,确保困难职工精准识别。先后12次采取现场指导、视频会议形式开展培训,帮助基层对照检查、查漏补缺,逐条抓好整改,扎实开展全地区困难职工解困脱困工作,年内,脱困(注销)困难职工366户。2020年,全国总工会城市困难职工解困脱困工作成效第三方评估工作圆满完成,地区工会和七县二市困难职工解困脱困工作获得6个A等、3个B等和1个C等的好成绩。

【劳模评选表彰】 2020年,地区工会经逐级选拔并报地委审批同意,向自治区总工会推荐全国级劳动模范(先进工作者)候选人4人、自治区级劳动模范（先进工作者)候选人33人。最终评选全国级劳动模范(先进工作者)2人、自治区级劳动模范(先进工作者)28人,并发放劳模奖励金56万元。召开地区庆“五一”暨第五届劳动模范(先进工作者)表彰大会,命名表彰地区级劳动模范（先进工作者)200人,在《阿克苏日报》、地区工会微信公众号等刊载宣传受表彰人员先进事迹,唱响主旋律、弘扬正能量。做好劳模管理服务工作，发放2020年自治区劳模春节慰问专项补助资金30.357万元。

【服务职工群众】 2020年,地区工会自筹和多方筹集资金219万元,以节假日慰问、冬送温暖、夏送清凉等方式，走访困难企业480家，慰问坚守一线职工2.5万人，困难职工778人、先进模范人物196人、“访惠聚”驻村工作队员340人。启动并完成地区工会职工服务大厅试点建设项目,积极推进“枫桥经验”服务站试点建设,加快女职工休息哺乳室建设进度,不断完善服务载体，全面提升服务质量，保障职工群众合法权益。

【职工活动】 2020年，地区工会

以“围绕总目标、当好主人翁、建功新时代”为主题,在全地区860家企业、4700个班组、12.3万名职工中开展社会主义劳动竞赛和“安康杯”竞赛活动,激发职工群众劳动热情、助力经济社会发展。“技能促进就业技能助力脱贫”“三区三州”职业技能大赛阿克苏地区选拔赛暨地区职业技能大赛在阿克苏职业技术学院开幕,共设7个项目分别在2个赛场进行,来自各县市、兵团一师及相关院校的15支代表队233名选手参加。

【工会系统评先选优】 2020年,地区工会系统确定新和县恒丰商贸有限责任公司新和饭店工会委员会1个“全国模范职工之家”。阿克苏市宏晟达燃气有限责任公司储备站工会小组1个“全国模范职工小家”。阿克苏世纪中天实业发展有限公司工会委员会、乌什县燕山汽车运输有限责任公司工会委员会2个“自治区模范职工之家红旗单位”。徐矿集团新疆阿克苏热电有限公司工会委员会、国电阿克苏河流域水电开发有限公司工会委员会等8个“自治区模范职工之家”。阿克苏地区第一人民医院急诊重症监护病房工会小组、新疆鲁泰丰收棉业有限责任公司纺纱厂动力工会小组等8个“自治区模范职工小家”。新疆天河化工有限公司1个“全国厂务公开民主管理先进单位”。库尔班·尼亚孜、伊小军2人荣获“全国劳动模范和先进工作者”称号。李杰、塔依尔·米吉提等28人荣获“自治区劳动模范和先进工作者”称号。

共青团

【团组织基本情况】 2020年,阿克苏地区共有团组织7392个,其中:团的领导机关9个(县市团委),委260个(学校领域136个,乡镇104个,机关事业单位19个,非公企业1个),团工委39个(街道15个,机关事业单位22个,非公企业2个),团总支343个(学校领域219个,机关事业单位108个,企业16个),团支部6741个(学校领域2904个,村社区1812个,机关事业单位1147个,企业736个,新社会组织领域142个);共有团员130336人,其中28岁以下适龄团员127746人,28岁以下保留团籍的党员1261人,超过28岁的团干部1329人;共有基层团干部25094人,其中专职团干部3046人,兼职团干部22048人。全地区共有少先队组织中小学698所(小学595所,初中103所),少先队员34万名,地区级总辅导员1名、少先队大队辅导员698名、县(市)级总辅导员18名。全地区青联委员191名。

【思想教育政治引领】 2020年,共青团阿克苏地区委员会(以下简称阿克苏团地委)坚持把“青年大学习”作为学习贯彻落实习近平总书记重要讲话精神的重要载体,广泛动员,每期按团支部分析参学情况,地区团员、青年参学率每期均在98%以上,在全疆14个地(州、市)排名稳居前两名。坚持把每月“三统一”(农村社区、企业每月一次主题团日,大中学校每月一次主题团课,少先队每月一次少先队活动课)主题团(队)日活动作为思想政治引领的重要抓手,深入开展“在矢志奋斗中谱写新时代的青春之歌”等主题团日活动12场次,覆盖10万名团员青年、入团积极分子。深入开展“美好生活劳动创造”“听!英雄的故事”“让红领巾更鲜艳”“谁是真正的英雄”“迎接少代会争做好队员”等主题队日活动,地区34万名少先队员常态化接受制度自信教育、感恩教育。从党政机关青年干部、企业青年职工、学校青年教师和青年典型中选拔300名优秀青年讲师,组建地、县(市)两级青年讲师团,进学校、进企业、进农村、进社区、进网络开展“决胜小康·奋斗有我”等群众性主题宣讲700场次、覆盖2万人次。发挥“青春阿克苏”微信平台、“阿克苏共青团”抖音平台作用,发布各类信息200期,在团中央直属网站、期刊、自治区团委直属网站、“学习强国”APP及《阿克苏日报》、阿克苏零距离投稿刊登信息50篇。

【改革攻坚】 2020年,团地委持续推进阿克苏市作为全国共青团基层组织改革综合试点工作力度,探索团干部管理模式,阿克苏团市委层面,面向全国公开招考挂职副书记,在编制外选配5名青年工作干事充实力量;基层团委层面,所有乡镇(街道)团委专职副书记全部由市委组织部重新考察并发文任命、学校团委书记由教科局考察并发文任命,明确基层团委书记的股级待遇、增强责任意识;在村(社区)层面,上调一级团干部管理权限,所有村(社区)团支部书记调整必须向团市委报备，稳定团干部队伍，相关经验做法已在各县（市）逐步推开，改革基层团干部管理评价、提高党建带团建时效等涉及改革的关键性举措逐步落地见效，全面完成改革任务。阿克苏地区改革经验信息多次在《中国青年报》、中国青年网、共青团新闻联播、新疆共青团微信平台、阿克苏零距离、《阿克苏日报》等媒体刊登。

【从严治团】 2020 年，团地委对标全面从严治党，纵深推进从严治团，依托“智慧团建”系统，深化软弱涣散团组织整顿工作，完成 1050 个后进整顿支部整改。深度运用“智慧团建”系统，推动团员组织关系网上转接工作，大幅减少失联团员比例。持续扩大组织覆盖，在“两新”组织、园区新建团组织 449 个。按照“一校一策、一乡一策”的原则，逐个制定团员发展计划，严格发展程序，新发展团员 16400 名。大抓党团组织衔接，地区共确定 28 岁以下入党积极分子 4437 人，其中通过团组织推优 2961 人，推优率 66.7%；确定 28 岁以下发展对象 1550 人，其中通过团组织推优 940 人，推优率 60.6%。开展团干部“岗位大练兵，能力大提升”活动，各级团干部通过开展“参加一次集中测试、讲授一堂主题团课、撰写一篇调研文章、开展一次学习分享”活动，增强素质能力。按照疫情防控有关要求，结合地委党校视频会议系统举办中共十九届五中全会、第三次中央新疆工作座谈会及地委（扩大）会议精神培训班，采取专题讲座、理论测试等方式，对 270 名地、县（市）机关团干部，地直团工委负责人、地直学校团委书记、副书记等进行集中培训。持续加大“共青团网上国家通用语言夜校”推广力度，动员各（县）市团委举办为期 3 个月封闭式管理的“国家通用语言培训示范班”，培训基层团干部、团员青年 400 人。

【从严治队】 2020 年，团地委强化入队仪式教育，申报阿克苏市、温宿县 6 所小学作为全疆分批入队示范点举行分批入队仪式，以庆祝新中国成立 71 周年、建团 98 周年、五四运动 101 周年等活动为契机，地区 500 所小学举行入队仪式，59137 名少年儿童光荣加入少先队组织。强化初中团队衔接工作做好优秀少先队员推荐为发展对象，初中推优入团学生 8262 名及时调整地区名师工作室成员，14 个名师工作室成员申报自治区级名师工作室，5 个县（市）成立县级名师工作室。严格落实少先队标志标识的管理和使用，各县（市）少工委与教科局、市场监督管理局联合对辖区所有学校附近 500 家商铺出售的红领巾和队徽进行检查，发现问题督促整改问题 11 条。

【希望工程建设】 2020 年，团地委邀请浙江团省委、省青联来阿开展考察交流活动，为乌什县两所中小学揭牌成立希望书库，捐赠价值 4 万元的图书；为团地委、库车市、拜城县、乌什县、阿瓦提县捐赠助学助医项目资金 250 万元，与乌什县 20 户建档立卡贫困家庭学生结对认亲，捐赠助学金 2 万元。争取自治区青基会国酒茅台、金穗圆梦、兆情爱心基金等助学项目资金 69.5 万元，资助柯坪、乌什等县（市）335 名贫困家庭学生；争取自治区“向阳花少儿医疗救助基金”28.2 万元，资助贫困家庭学生就医 41 人。

【预防青少年犯罪】 2020 年，团地委深化专兼职团干部与团结关爱户未成年子女“1+5”“1+3”结对关爱帮扶机制，持续开展“结对帮扶”“情暖蓓蕾”“阳光关爱”“健康呵护”四项行动，为团结关爱户未成年子女举办“共青团爱心生日会”1200 场次。开展“法制 365 大讲堂”活动，动员地区律师志愿服务分团和地、县（市）讲师团深入县、乡（镇）、中小学校，围绕《中华人民共和国未成年人保护法》《中华人民共和国预防未成年人犯罪法》等内容，开展“法律宣传进学校”知识讲座 820 场次，覆盖青少年达 15 万人次。举办模拟法庭大赛 42 场次，参与学生 1541 人。持续深化“红领巾小课堂”活动，组织返乡大中专学生广泛开展法律法规宣传宣讲、国家通用语言文字学习等工作，264 个村（社区）、9098 名学生受益。

【青少年服务】 2020 年，团地委召开地区青年工作联席会议第二次全体会议，对青年工作进行安排部署，压实工作责任。召开地区青联三届二次常委（扩大）会议，增补 75 名青联委员。注重“青年之家”门店式布局，依托合作共赢的方式，在“花儿朵朵”青少年一站式培训基地、“天百影城”“迎宾夜市”等年轻人愿意去的地方，建立“青年之家”共营店 68 个，向青年开展服务 851 场次。依托“青年之家”在各县(市)构建“一站多点”的团代表联络模式，通过驻点团代表轮值为团代表提供履职平台，为青年反映诉求创造条件。推进团属青年社会组织建设，建成县级志愿服务类、就业创业类、文体活动类青年社会组织 21 个。

【西部计划志愿者服务管理】2020 年,团地委常态化抓实西部计划大学生志愿者待遇保障和教育管理工作。全年,新招录西部计划志愿者 208 名,其中,支教专项 176 人,基层社会管理 3 人,扶贫专项 10 人,基层青年工 8 人,研究生支教团 11 人。全年共有大学生西部计划志愿者 297 人,续签服务协议 94 人。团地委党组借助古尔邦节、中秋节、端午节、国庆节等契机,赴各县(市)志愿者之家开展慰问活动 32 次,覆盖志愿者 800 人次。

【争先创优】2020 年五四运动 101 周年之际，阿克苏地区荣获团中央“全国五四红旗团委”1 个、“全国五四红旗团支部”1 个、优秀团员与优秀团干部 2 名；自治区团委“五四红旗团委”8 个、“五四红旗团支部”18 个,优秀团员、优秀团干部 32 名。获团中央、教育部、全国少工委联合表彰“全国优秀少先队大队”1 个;“全国优秀少先队员”2 名;“全国优秀少先队辅导员”1 名。2 所学校获“自治区第六届少先队鼓号队风采展示大赛二等奖”,2 名老师获“自治区第六届少先队鼓号队风采展示大赛优秀指导老师”称号,在各级团组织、少先队组织中营造浓厚的“比学赶超”氛围。团地委获自治区级“天塞杯”第九届新疆青年创业创新大赛暨第七届“创青春”中国青年创新创业大赛新疆赛区选拔赛优秀组织奖。

妇联

【基层组织建设】2020 年,阿克苏地区妇女联合会(以下简称地区妇联)通过日常宣讲、培训、调度等方式，织密建强妇联基层组织体系，落实好联席会议、执委分工议事、执委联系妇女群众等制度,有效发挥基层妇联执委作用。1 月 8 日在地委党校举办为期 3 天的“冬季攻势”培训班,培训村(社区)妇联干部 150 人；根据疫情防控要求,10 月 11 日以地、县两级视频形式在地委党校举办为期 2 天的系列主题培训班，培训妇联干部 500 人；组织 4637 名地区各级妇联干部参加自治区妇联“学思践悟”视频培训；组织地区 18 名调查员参加自治区妇联第四期中国妇女社会地位调查线下线上培训,并顺利完成调研任务,完成涉及 3 个县(市)15 个村(社区)问卷调查 212 份(次)；组织地、县两级妇联主要领导参加自治区妇联在阿克苏举办的为期 4 天的业务知识培训班;先后选派地区 8 名各级妇联干部参加自治区妇联培训班 4 期；选派地区妇联 2 名领导为地直机关妇女干部培训班授课。

【系列活动】2020 年,地区妇联以视频形式开展“百万妇女大宣讲”示范性宣讲活动，近 2000 名基层一线妇联干部和巾帼宣讲员聆听示范性宣讲,并以此带动地区各级妇联组织开展宣讲 35822 场次,聆听群众 1905896 人次,其中“百万妇女大宣讲”5067 场次，聆听群众 469411 人次；常态化宣讲 153343 场次,聆听群众 950250 人次。组建地区妇联系统宣讲人才库 25 人，建立宣讲“专题库”和“精品库”,选派县市妇联优秀宣讲员和各级妇联干部,开展第三次中央新疆工作座谈会和中共十九届五中全会精神入户宣讲活动。借助新疆女声、

2020 年 10 月 25 日，地区妇联举行“农村贫困母亲两癌救助”中央专项彩票公益金发放仪式（蒋旭东 供图）

阿克苏女声微信平台，组织地、县、乡、村近160名四级妇联干部交流学习体会，增强学习宣讲效果。向各县市妇联免费赠送《伴侣》《新疆妇女》杂志2100套，《家庭教育杂志》500套。借助《阿克苏女声》微信公众平台开设“巾帼战役、致敬最美”专栏，充分发挥自身优势联系妇女群众助力防疫攻坚，发布工作动态信息1487篇，在各类新闻媒体和报纸杂志上发表外宣稿件72篇(条)，其中地区级39篇(条)、省级33篇(条)。推选地区抗击疫情“全国三八红旗手”1人，评选地区“巾帼志愿者”60人。

开展“三八维权月”、第十七个宪法法律宣传月、“4·15”国家安全教育日、“防控疫情·法治同行”、“6·26”禁毒宣传等法治宣传活动，组织全体妇联干部参加宪法法律网络知识答题和“全民国家安全教育日知识答题”“禁毒知识”答题活动，增强妇联干部疫情防控法律知识、宪法意识和国家安全意识。借助地、县(市)女声微信平台，组织基层妇联开展《基层妇联维权工作手册》等内容学习，先后组织基层妇联干部和广大妇女群众参加网上学法知识竞答活动，年内各级妇联开展各种形式的法治宣传5800场次，参与妇女群众累计48万人次，不断增强妇女学法用法、依法维权意识。开展“平安家庭”标兵户评选活动，评选地区级“平安家庭”标兵户50户。

贯彻《新疆维吾尔自治区去极端化条例》，地区各级妇联组织开展发声亮剑活动，为少数民族干部和妇女群众做出表率。全年地区各级妇联组织开展发声亮剑2348场次，聆听群众42881人次。开展民族团结联谊活动。地区各级妇联开展“民族团结一家亲”活动40场次，参与群众12000人次，增进各民族之间的团结友爱。开展民族团结示范单位和文明单位创建活动，6月被地区民族团结进步创建活动领导小组命名为“地区级民族团结创建示范单位”。

【妇女技能培训】 2020年，地区妇联实施“农村妇女素质提升计划”。地区各级妇联开展面点制作、餐饮服务、美容美发、家政服务、服装缝纫、地毯编织及蔬菜、花卉种植等各类培训35期，4032人参加。

【妇女创业就业】 2020年，地区妇联推动自治区妇联非贫困县27个靓发屋项目点在库车、沙雅、新和、拜城、阿瓦提和温宿等县(市)成功实施。通过持续跟踪指导，地区靓发屋全部经营正常，无关门倒闭现象。开展“春风行动”和巾帼家政“四进”(进乡村、进社区、进企业、进学校)宣传活动。积极争取自治区巾帼示范基地1个，获得项目扶持资金5万元。培树2020年地区级巾帼示范基地41个，推动巧手致富、家政服务、种、养殖、农家乐、民宿、优秀靓发屋等各类女性领办企业和妇女合作社发展，帮助和带动更多妇女就业增收。在阿克苏女声平台设立“政策解读”专栏，大力宣传党和国家就业扶贫政策、阿克苏地区疫情防控期间稳岗就业系列政策和外出务工常识等，营造全社会关心妇女创业就业的良好氛围，累计发放宣传资料40799份。积极引导地区已建立的148个靓发屋、5个全国巾帼脱贫示范基地、30个地区巾帼示范基地全部复工复产，促进妇女就业。开展地区女性领办企业和妇女合作社目前用工空岗信息摸底，及时掌握企业用工需求，促进人岗对接。

【维权服务】 2020年，地区妇联制定《地区妇联系统2020年婚姻家庭纠纷预防化解（信访）工作要点》，与县(市)妇联层层签订《2020年妇联系统婚姻家庭纠纷预防化解工作责任书》，不断完善地、县(市)、乡(镇、街道)、村(社区)四级婚姻家庭纠纷调解网络。截至2020年年底，全地区共有婚姻家庭矛盾纠纷调解组织1520个，其中县级调解室9个、乡镇(管委会)调解室226个、村级1146个、社区139个，建立反家庭暴力庇护所9个，共有专兼职调解员3624名，其中专职调解员765人。在全地区评选“平安家庭”标兵户50户，通过女声平台公示并挂牌激励，积极引导家庭成员增强“健康、平安、文明、和谐”思想意识。坚持落实每日日报制度，及时关注并掌握有重大变故或长期家庭关系不和睦家庭矛盾纠纷，做到早发现、早调处、早化解。发挥“12338”妇女维权和心理疏导服务热线的作用，保持服务热线24小时接听畅通无死角，建立地、县(市)妇联干部、妇联执委、心理咨询师、心理健康专家、法律工作者等181人的巾帼志愿服务团队，常态化不间断面向广大妇女和家庭开展心理疏导、关爱帮扶等咨询服务和法律宣传，及时化解、调处婚姻家庭纠纷。截至2020年年底，地、县(市)两级妇联累计接到投诉223起，其中涉及家庭暴力投诉 114 起。地区妇联(本级)累计接听“12338”热线 63 起，接待妇女来访 2 起。全年,地区妇联系统没有发生越级上访和因婚姻家庭纠纷的“民转刑”案件,所有来电来访均得到及时有效的受理和调解,办结率 100%。

【基层妇联工作】 2020 年,地区妇联为推进落实《阿克苏地区关于加强和改进党的群团工作实施意见》和《自治区妇联改革实施方案》文件精神,采取电话访谈、征集县(市)妇联意见等形式开展专题调研,形成调研报告《坚持党建引领,推进组织创新——为做好新时代妇女工作奠定坚实基础》。根据全国妇联《关于开展社会组织中建立妇女组织和女性社会组织工作情况调研》的通知要求,地区妇联对接地区民政部门,了解掌握女性社会组织基本情况,通过地区各县(市)妇联对本区域内女性社会组织的实地调研，形成调研报告《阿克苏地区社会组织中建立妇女组织和女性社会组织工作情况调研报告》。

科协

【学会建设与管理】 2020 年,阿克苏地区科学技术协会(以下简称地区科协)组织地区 15 个学会发挥行业优势,开展调研会、座谈会、宣讲会等学术交流活动；组织开展阿克苏地区第十四届自然科学优秀学术论文评审工作，评审优秀学术论文一等奖 1 名、二等奖 2 名、三等奖 10 名,并将获得一等奖的优秀学术论文推荐上报自治区十五届自然科学优秀学术论文评审委员会。

【科学普及】 2020 年,地区科协以“科普大篷车”、流动科技馆为活动载体,组织开展“全国科技工作者日”“全国科普日” 等科普活动 48(场)次,发放各类科普宣传书籍、资料 1.2 万份(册),普及度达 59.98 万人(次)。发挥阿克苏科技馆五个展馆科普阵地作用，宣传科普知识,培养青少年创新精神和实践能力,共接待各类团体、散客参观群众 5.5 万人次。“全国科普日”活动期间，全地区共开展各项活动 286 项，占全疆 439 项活动的 65%,参与人数 466.6 万人次,浏览量 671.2 万次,转发 5.8 万次。以“科技战疫创新强国”为主题开展网络科技活动周,与地区广播电视台、阿克苏日报社协调,利用网络推动科学精准防控知识向城乡、社区、企业等进行宣传普及,受益群众 80 万人。

【全民科学素质行动计划纲要】 2020 年,地区科协对全民科学素质工作资源进行整合,依托地区党员教育远程平台、教育系统校园班班通网络,链入“科普中国新疆云视”平台,将科普资源拓展至基层的每个站点,链入全地区乡镇、社区、村站点，实现地区科普 e 站建设达 3 个 100%。发挥 32 块(5 平方米)科普画廊电子大屏作用,借助阿克苏日报社 57 块电子大屏及广播电视等媒体手段,宣传科普知识。依托阿克苏地区广播电视台,A1 汉语综合频道、A2 汉语文艺频道、A3 维吾尔语综合频道、阿克苏党员教育频道 FM94.0 汉语综合广播频率、FM101.6 维吾尔语综合广播频率，每天播出不少于 12 频次的科普宣传节目。借助《阿克苏日报》和阿克苏新闻网、阿克苏零距离、《阿克苏日报》公众号、云报屏等新媒体增加科普知识宣传报道的版面和时段，开设科普专栏、专题、专版,提升公民科学素养。

【“科技之冬”活动】 2020 年,地区科协组织开展第三十一届“科技之冬”活动,普及科学知识,培养有思想、懂技术、有理想的城乡劳动人员。全年,共举办各类培训班 7248 期,培训 59.98 万人次。

【“基层科普行动计划”项目】 2020 年,地区科协认真做好项目的调研、推荐、评审和奖补工作。全年地区“基层科普行动计划” 奖补项目 57 个，比上年增加 15 个；奖补资金 190.5 万元,增长 141%。

【青少年科技教育】 2020 年,地区科协组织参加自治区 “第三十四届青少年科技创新大赛”,地区七县二市各中小学优秀科技辅导员作品、学生作品共 55 项报名参赛，其中 29 个作品获奖。举办地区“第 34 届青少年科技创新大赛”,本次大赛共收到各类作品 617 项，通过线上评比和实物展示,共评选出一等奖 50 个、二等奖 206 个、三等奖 361 个，参赛作品数量比上年增加 21%。组织参加第二届自治区青少年创意编程与智能设计大赛，其中库车市第七小学、温宿县第二小学、阿瓦提县第四中学的三个作品获奖。

【科技创新】 2020 年,地区科协开

展科技志愿服务“智惠行动”，组织地区各学会、各县（市）开展科技服务志愿者注册工作、科技志愿服务活动，全年组建志愿服务队657支，注册志愿服务人数1.2万人。推进“科普中国”手机APP注册、传播工作，截至2020年年底，阿克苏地区的注册人数为87465人，传播量为1924328次，月活动量67117人，此项工作各项排行位居全疆第一。

【科普惠农项目】 2020年，地区科协加大“科技小院”建设力度，推进农业科技创新，提高农业技术服务水平，加强农村实用人才培养新模式，为全面服务乡村振兴战略发挥作用，全年地区建成“科技小院”115个。

【科普示范建设】 2020年，地区科协申报创建“科技特色学校”“科技特色示范学校”，不断扩大科普示范教育基地的引领作用。全年全地区共申报“科技特色学校”13所，“科技特色示范学校”1所。

侨联

【概况】 2020年，阿克苏地区归国华侨联合会（以下简称地区侨联）紧扣增强侨联工作的政治性、先进性、群众性核心要求，从强基础优结构、完善领导体制机制、加强侨联干部队伍建设等方面全面落实侨联改革精神，深入开展侨情普查，通过建设侨胞之家、华侨文化交流基地项目和节日慰问、黄土计划等工作，进一步推进地区侨联工作上新台阶。

【送温暖活动】 2020年，地区侨联为最大限度地凝聚侨心、发挥侨力、汇聚侨智，画好侨界团结的最大同心圆，开展送温暖活动。地区侨联全年走访慰问4名参加抗疫的侨眷医护人员，发放慰问金4000元。协调“黄土高原/中国偏远山区助学计划”项目，为2018届17名大学生和2019届12名大学生发放2020年度助学资金5.8万元。

【侨爱工程】 2020年，地区侨联发挥侨务优势，以多种形式助推新农村建设。2020年5月，地区侨联投入5万元购买办公、文化、体育器材等设备，完善阿克苏市阿依库勒镇兰干村“侨爱文化活动中心”建设项目的设施配置。6月，在侨眷相对集中的沙雅县实施“侨胞之家”建设项目1个，积极争取自治区侨联拨付“侨胞之家”项目资金3万元；7月，地区侨联通过积极争取，成功将库车市“林基路烈士纪念馆”申报为自治区“华侨文化交流基地”，并获得自治区侨联拨付项目经费5万元。

【侨联外宣】 2020年，地区侨联组织广大归侨侨眷参与各类弘扬中华文化活动，在自治区开展的“侨心向党·圆梦中国”征文活动中，1名侨眷获三等奖；在中国侨联举办的“第二十一届世界华人学生作文大赛”中，提交大赛组委会稿件298篇。

【侨情普查】 2020年，地区侨联为全面掌握阿克苏地区侨情，结合第七次人口普查工作，率先在全疆启动和完成侨情普查工作。截至12月，阿克苏地区共有涉侨人员569人（其中华人90人；华侨448人；归侨31人），侨眷3089人，国外留学生205人。

工商联

【商会建设】 2020年，阿克苏地区工商业联合会（总商会）[以下简称地区工商联（总商会）]指导直属商会做好改革发展工作，完善商会、行业协会职能作用、规范自身建设、改进管理服务，进一步夯实工商联的基层组织和工作依托，更好发挥商会、行业协会在党的统战工作和经济工作中的重要作用。截至12月，阿克苏地区成立商（协）会30家，其中新成立3家商会组织，分别是地区山西商会、眼视光产业商会、汽车行业联合会。比上年增长30%，会员人数从原来的2000人增至4800人。

【服务经济建设】 2020年，地区工商联组织商会负责人、民营企业家参加国家、自治区、地区举办的各类民营企业高质量发展培训班和商会管理与发展等方面培训班，组织民营企业家参加“中国国际进口博览会”“浙洽会”等大型经贸活动，引领民营经济适应新时代经济发展模式。通过“走出去、请进来”等方式，加强疆内外工商联、商会、民营企业家的交流合作，力促合作共赢。在“走出去”方面，采取以商会商、以商邀商等形式，通过缔结友好工商联、友好商会、企业等方式，赴内地省市开展考察交流。年内，邀请浙江省工商联、民营企业家代表和130名疆内外民营企业家代表到阿克苏地区考察,开展招商引资、经贸交流4场次,完成招商任务10.9亿元。

【调查研究】 2020年,地区工商联发挥桥梁纽带作用,开展营商环境评价调查,联合相关部门研究制定工作机制,会同有关部门共同举办"中小企业可持续发展战略讲座"、法律法规、纠纷调解、税收政策和融资信贷知识讲座、"服务'六稳''六保'护航民企发展"检察开放日活动,依法保障民营企业合法权益。聚焦推动民营企业高质量发展,围绕环保节能、产业创新、降低金融风险等方面,开展调查研究,形成专题调研报告,推动民营企业高质量发展。搭建银企交流平台,帮助民营企业协调解决难题、防范金融风险,形成1篇地区民营经济发展情况报告。2020年,累积走访商会、企业150家,提出建议65条,协调解决问题15件。

【融资服务】 2020年,地区工商联贯彻落实国家及自治区的金融、财税、企业减负等扶持政策,用于支持地区中小企业的发展。灵活运用货币政策工具,指导辖区法人金融机构降低企业贷款融资成本。疫情防控期间,做好地区七大领域疫情防控重点保障企业生产经营需求的梳理摸排工作,地区共有98家企业申请列入国家重点保障企业名单,10家企业被列入国家疫情防控重点保障企业,获得授信额度1.5亿元。加大中小微企业融资纾困支持力度、降低企业融资成本,累计发放复工复产贷款124.41亿元,保险累计赔付2.22亿元,保费优惠235.6万元。

文联

【文艺活动】 2020年,阿克苏地区文学艺术界联合会(以下简称地区文联)集中精力做好抗击疫情主题文艺宣传工作。先后通过地区文联微信公众号编发抗疫系列作品16期,共刊发文艺作品226幅,阅读转发量达十余万人次,其中:10幅作品被"学习强国"平台选用,50幅作品被中国民间文艺家协会及自治区文联宣传平台选用。复工复产后,在地区部分单位及阿拉尔市举办抗击疫情主题文艺作品巡展活动。第三次中央新疆工作座谈会召开后,地区文联快速反应、及时行动,率先在全疆启动文化润疆工作。2020年10月11—18日,邀请来自中国美协、浙江美协、自治区美协、地区美协的42位美术家,举办"文化润疆"——美丽阿克苏主题美术采风创作活动,创作反映新疆是伟大祖国不可分割一部分的《刘平国戍边图》、中国共产党早期在新疆代表人物的《铁血丹心林基路》、时代先锋·民族团结楷模的《库尔班·尼牙孜》等一批精品画作,并在《中国文艺报》《阿克苏日报》及微信公众号、抖音平台进行推送,进一步提高阿克苏的知名度、美誉度。

【主题活动】 2020年,地区文联围绕柯柯牙荒漠绿化、脱贫攻坚等主题,引导文艺工作者热情讴歌党、讴歌祖国、讴歌人民、讴歌英雄,唱响主旋律,传播正能量,不断增强文学艺术的感召力、影响力。反映柯坪县脱贫攻坚的纪实文学《决战柯坪》,由作家出版社出版发行,被中宣部列为2020年主题出版重点出版物"脱贫攻坚报告文学"10部作品之一。反映地区脱贫攻坚的纪实文学《幸福花开塔里木》,由新疆人民出版社出版,被自治区党委宣传部列为"新时代文丛"五部作品之一。创新方式方法,首次采用网络3D云展的形式举办脱贫攻坚主题书画摄影展,年内,浏览量突破20万人次。邀请内地作家创作反映柯牙绿化工程的报告文学《诗意栖居柯柯牙》,由新疆人民出版社出版,被自治区党委宣传部列为"新时代文丛"五部作品之一。

【文艺创作】 2020年,地区文联结合时代大主题,文艺界创作成果丰硕,涌现出一批精彩的文艺作品。地区书法协会杨晓刚的书法作品入展中国文联举办的"中国力量——全国扶贫书法大展"、魏世周的书法作品入展中国书协举办的2019"中国书法·年展"全国楷书作品展。阿瓦提县三幅农民画入展中国美协举办的"决胜全面小康"第二届全国农民画作品展。此外,文学、摄影、美术、书法、诗词各门类400文艺作品在自治区级刊物、展示展演活动中发表、入展。

【期刊管理】 2020年,阿克苏地区文联加强和完善《阿克苏文艺》三级审稿制和三校一读制,进一步加大文艺作品审核把关力度,在期刊出版发行、展览、展示等活动中,所有文学作品严格执行"三审三校"制度,所有书法、美术、歌舞等文艺作品必须由先审再展，确保所有展览、展演、展示的文艺作品不出任何政治问题，坚决做到守土有责、守土负责、守土尽责。

残联

【残疾人康复】 2020年，新疆维吾尔自治区阿克苏地区残疾人联合会（以下简称地区残联）推进残疾人康复工作，全地区626名3~8岁残疾儿童在12个定点机构接受康复训练与服务，委托第三方专业机构对实施救助情况进行绩效评估；开展肢体残疾人康复训练399名；对1190名贫困残疾人家庭进行无障碍环境改造；协调开展贫困精神病患者免费服药650名；完成残疾人基本康复服务6360名；适配残疾人辅助器具1470件；全地区累计办理二代残疾人证78431名，办证率80.03%。

【残疾人教育】 2020年，地区残联开展扶残助学活动，协助新疆残疾人职业中专学校在阿克苏招生考试，地区共有55名残疾考生参加招生考试，录取考生29名，入学率52.7%；为地区15名2019年应届录取残疾大学生每人发放2000元助学补助。全年，全地区共有适龄残疾儿童少年4347人，其中普通学校随班就读2333人，特殊教育学校就读155人；应届高校毕业残疾大学生80人，实现就业17人。

【残疾人就业】 2020年，地区共组织农村残疾人实用技术培训30次，培训人数3200人；地区各级残联摸排分析有就业意愿和就业能力的残疾人，并通过就业援助月、“助残日”农村贫困残疾人稳就业活动，通过网络招聘会、入户宣传、就业和求职信息互相推送资源共享，就业残疾人3131名。

【残疾人事业宣传】 2020年，地区残联在全地区开展以“助残脱贫、决胜小康”为主题的第三十次“全国助残日”系列活动，宣传残疾人事业及脱贫攻坚自强不息先进典型，增进全社会对残疾人事业的理解和支持，形成促进的良好氛围；发挥协会、社会组织作用，开展残疾人文化进家庭“五个一”工程项目，让残疾人读一本书、看一次电影、游一次园、参观一次展览及参加一次文化活动。

【残疾人组织建设】 2020年，地区残联发挥行署残疾人工作委员会的统筹协调作用，制订《阿克苏地区残联改革实施方案》，全地区1415个村（社区）配备1836名社会事务协理员，保证残疾人工作横向到边、纵向到底，解决“最后一公里”服务的盲区；全地区330名工作人员认真做好残疾人基本服务状况和需求信息数据动态更新工作，实施调查和录入58956人；社区调查登记1305个。

红十字会

【救护培训】 2020年，地区红十字会以浙江省红十字会援建的应急救护培训基地为依托，大力开展应急救护培训“五进”（进学校、进社区、进农村、进机关、进企业）工作。克服疫情的影响，通过腾讯会议室、钉钉等网络平台开展网络授课，采取深入田间地头送学的培训方式对社区居民、学校师生、农牧民群众以及电力行业一线员工等进行培训。全年完成普及培训2.6万人次，救护员培训140人次，开展应急演练22场次。

【“三献”工作】 2020年，地区红十字会积极推进造血干细胞捐献工作，高分辨配型成功3例，全年成功捐献造血干细胞1例，累计捐献6例。全年采集造血干细胞血样1310人份，位居全疆第一。加大遗体器官捐献工作宣传力度，全年新增器官捐献登记人数600人，捐献遗体2例，累计捐献遗体5例、器官8例。

【公信力建设】 2020年，地区红十字会强化公信力建设定期在阿克苏政府网公示接受捐款及使用情况，邀请第三方会计师事务所开展审计并公示，主动接受社会监督。编制《内控管理手册》，规范流程、梳理风险点15个，针对风险点制定15条应对措施，红十字会公信力不断加强。

【宣传工作】 2020年，地区各级红十字会以“5·8”世界红十字日“5·12”防灾减灾日为契机，慰问困难群众、普及疫情防控知识，助力疫情防控和脱贫攻坚。各项工作在《阿克苏报》、地区及各县（市）零距离、中新网等媒体给予报道100次，红十字社会影响力不断扩大。

阿克苏地区年鉴(2021)

法　治

政法委及综治

【概况】 2020年，中共阿克苏地区委员会政法委员会（以下简称地委政法委）坚持党对政法工作的绝对领导，坚定不移聚焦总目标、打好组合拳，打防管教综合发力，全力做好疫情防控常态化条件下的政法维稳各项工作。1月被自治区党委、自治区人民政府授予“第四届自治区‘人民满意的公务员集体’”。

【严打整治】 2020年，地委政法委坚持凡“恐”必打、露头就打，始终把打击的锋芒对准具有现实危害人员、首要骨干分子、幕后“黑手”“推手”，对暴恐团伙和暴恐分子实施依法打击、精准打击、毁灭性打击。

【扫黑除恶】 2020年，地委政法委紧盯全国扫黑办确定的“一十百千万”目标，坚持“有黑扫黑、有恶除恶、有乱治乱”，将扫黑除恶与反恐维稳、反腐“拍蝇”、基层治理、维护公共安全紧密结合、一体推进，打击攻坚有力有效；严格落实提级办理、异地办理、交叉核查、督办督察等措施，实现线索核查全部留痕、线索核查细致到位；综合运用多种手段，强化案件会商研判，查办案件依法精准；健全完善纪法协调联动、线索双向移交、跟踪督察反馈机制，伞网破除毫不手软；强化公检法机关协调配合，依法查处显性“浮财”与隐形“暗财”，打财断血一查到底；持续深化十大重点行业领域专项整治，社会环境全面净化；持续整治基层组织软弱涣散、黑恶势力侵蚀基层政权等问题，基层党组织凝聚力、战斗力不断增强。专项斗争以来，召开地委专题会议7次、地区扫黑除恶专项斗争推进会4次、领导小组会议6次，分级分层推动各项任务落实。侦办涉黑涉恶团伙案件78起，抓获犯罪嫌疑人668人，查扣冻结涉案资产1.79亿元；查处涉黑涉恶腐败和“保护伞”问题案件80件，处理党员干部168人，为地区改革发展稳定营造良好的社会环境。

【社会治理】 2020年，地区市域社会治理现代化试点工作启动以来，成立由地委书记、行署专员任“双组长”领导小组，先后4次召开地委委员会进行专题研究，高位推进试点工作落实，成功申报第一期“全国市域社会治理现代化试点地区”。各级各部门始终把试点工作纳入重要议事日程，稳妥有序推进试点工作。持续深化平安创建工作，积极申报自治区优秀平安地区1个、优秀平安县1个、优秀平安乡镇(街道)15个，持续深化平安细胞创建，推动平安建设提档升级，平安创建成果持续巩固。

【政法领域改革】 2020年，地委政法委落实《关于政法领域全面深化改革的实施意见》，稳妥推动各项改革举措落到实处，不断优化政法机关和政法各单位职权配置。坚持党政军警兵民协调联动，结合维稳形势，把统战、民宗、网信、信访、军分区、武警等单位充实到政法委员会，形成大政法工作格局。不断强化政法委执法监督职责和公检法机关内部监督效能，公正文明执法司法保障机制不断完善。

法治政府建设

【政府法治监督】 2020年，地区司法局健全完善重大行政决策程序、行政规范性文件审核备案、行政执法三项制度，清理规范性文件1350件，审查涉及野生动物保护文件6件。加强规范性文件合宪性合法性审查工作，健全规范性文件报送备案、重点审查、督促纠正机制。共审查规范性文件及政府合同12件，提出审查意见20条，实行规范性文件1件，并依法向自治区人民政府进行报备，及时率、规范性100%。

【法治阿克苏建设】 2020年，地区司法局研究制定地委全面依法治阿委员会《重大事项请示报告制度》《重大事项督办制度》等5项工作制度。召开2020年办公室主任第一次会议，研究审议《2020年地委全面依法治阿委员会会议方案》《地委全面依法治阿委员会组成人员建议调整方案》等8项事宜。筹备召开地委全面依法治阿委员会2020年第一次会议。会议审议通过《地委全面依法治阿委员会2020年工作要点》《2020年地区普法依法治理工作要点》等6项重要工作方案，明确法治政府建设主要事项和分工方案，分解落实82项重点工作任务。印发《学习宣传实施〈中华人民共和国民法典〉工作方案》，统筹宣传资源，组建民法典宣讲队10支，深入全区机关、乡村、社区、学校、企业等1400家单位进行专项宣传，宣传覆盖达2万人次。

公安

【概况】 2020年，地区公安局牢牢抓住新疆工作总目标，从严、从实、从细落实防疫各项措施，全力以赴防风险、保安全、战疫情、护稳定。特别是疫情发生以来，严格按照地委、行署的统一部署，始终坚持“一手抓疫情防控、一手抓维护稳定”两手抓两不误，在全年工作中地区公安机关打破警种界限、集中优势兵力，组建严打攻坚、疫情防控、刑事侦查、社会面防控、监所安全、内部防范“六个专班”，严防死守，全警动员战疫情，全力以赴保稳定，确保全地区社会政治治安大局持续稳定。

年内，阿克苏地区公安机关有2个集体、4名个人受到全国公安系统立功表彰，141个集体和462名个人分别被自治区党委、公安厅、地委授予称号。其中，地区公安局荣获自治区民族团结先进单位、自治区抗击疫情先进集体、阿克苏地区民族团结进步模范集体；地区公安机关国保综合积分、打击“食药环”案件总数、刑侦打拐、“打破断” 专项行动、“904”专项行动、道路交通安全源头治理、酒(醉)驾查处、科技信息化等8项工作全疆排名第一；命案积案攻坚、打击危安团伙总数、超载查获、应急信息报送、打击治理跨境赌博违法犯罪、打击野生动物资源违法犯罪等6项工作全疆排名第二，政治工作和全警实战大练兵信息报送、出入境情报信息收集等3项工作在全疆排名第三；扫黑除恶、打击“盗抢骗”等工作全疆排名前列。

【社会治安专项治理】 2020年，地区公安局按照防疫、防控“两手抓、两手硬”工作部署，制定“双防”(防疫、防控)形势下社会面防控工作的新举措，突出对食品、药品、环境、黄赌毒、侵财类案件的打击，加强治安案件的查处力度。年内，共受理、查处治安案件2775起，查处率100%，结案1916起，结案率69.05%；办理黄赌案件318起(其中刑事案件28起，行政案件290起)，刑事拘留33人，行政拘留551人，收缴赌嫖资500万元，罚款56万元；查处“食药环”违法犯罪案件78起87人；查获涉案野生动物及其制品323件，没收猎捕工具164件，疫情严防期间，成功侦破口罩销售诈骗案件、非法销售84消毒液案件，在全地区新冠肺炎疫情防控阻击战中发挥公安机关应有的作用。

【便民警务站】 2020年，地区公安局以抓“1~3分钟”刚性要求、抓便民服务、抓规范运行、抓外观翻新，抓警社合一、抓兵地联动、抓科技助战警务为重点，持续强化便民警务站建设，有力推进社会面防控体系建设。便民警务站日投入警力1.15万人，日盘查各类人员7.2万人次、车辆4.3万辆次，解决各类纠纷7000起，救助困难群众6.2万人次，抓获各类违法嫌疑人1075人。

【户政管理】 2020年，地区公安局深化户籍制度改革，保障人口普查数据精准，以“一标三实”基础摸排为基础，全面调查核对常住人口、暂住人口基本情况和数据资料，加大户口清理整顿工作力度，健全完善各项管理制度，为第七次全国人口普查工作提供全面精准的人口资料。年内，共摸排户籍人口246.29万人，新增3.22万非户籍人口落户；清理重复户口148人、应销未销1926人、信息变更59.17万条，为627名无户口人员落户，梳理核对1612条村社区名称和城乡属性，规范户籍业务关系530条；受理互联网户籍业务14.86万笔，解决群众电话咨询业务510起，主动上门服务群众1000次，发放居民身份证17.45万张。

【流动人口和出租房屋管理】 2020年，地区公安局严格执行“369限时工作法”，严查流动人口社会防控薄弱点和安全隐患，基层各派出所做到来知原籍、行知去向、静知诉求、动知轨迹，持续加强对流动人口管控力度。年内，登记流动人口52.6万人，登记疆外阿克苏籍人员2.1万人，梳理登记出租房屋3.54万间，发放居住证8.27万张。

【道路交通安全管理】 2020年，地区公安局始终把确保地区道路交通安全作为重要任务。是年，全地区共发生各类交通事故385起，死亡91人，受伤458人，直接经济损失70.4万元，比上年事故起数下降44.9%，死亡人数下降41.3%，受伤人数下降42.5%，直接经济损失下降50.1%；全年，共查处各类交通违章案件93.16万起，罚款金额10545万元，行政拘留266人，扣押驾驶证4259本，吊销驾驶证1249本，暂扣押机动车1.07万辆。

【重特大交通事故】 2020年，地区公安局交警部门以“三个明显下降、一个零发生”(交通事故起数下降、死亡人数下降、经济损失下降、不发生较大事故)和“减量控大”为目标，坚持稳中求进总基调，紧紧围绕道路交通事故预防“七大提升工程”找差距、补短板、强弱项，确保全地区道路交通安全形势持续稳定，交通事故四项指数全面下降。年内，发生3人以上非营运性较大交通事故2起(新和县“1·11”较大道路交通事故、柯坪县“10·25”较大道路交通事故)。

【巡警工作】 2020年，阿克苏地区公安局继续筑牢社会面防控体系，紧扣常态化疫情防控形势的新特点，坚持把疫情防控和社会面防控有机结合，不断优化网格化服务管理、社会面巡逻防控、十户(铺)联防和维稳“双联户”等运行机制，全地区社会面整体防控能力显著提高。通过盘查抓获各类违法犯罪嫌疑人875人、抓获网上在逃人员15人，解决各类纠纷2万起、救助困难群众7万人次；完成各类安保任务91次。

【出入境管理】 2020年，地区共审核审批出入境证件1340人次(省外异地办证84人)，护照申请744人次，往来港澳通行证申请330人次，大陆居民往来台湾通行证申请266人次，自助签注机办理港澳台签注21枚；办理外国人居留许可7人，签发外国人签证23人；受新冠肺炎疫情影响，对有境外旅居史人员展开摸排，确保地区籍重点人员动态轨迹、坐标落点信息全掌握，全年，共梳理摸排来阿境外人员433人(包含港、澳、台同胞289人)。

【监所管理】 2020年，地区公安局为确保监所绝对安全，持续抓好监所封闭式管理，狠抓疫情防控和日常管理各项措施落实，严把防疫“五个关口”，坚决执行人员出入逐级审批、收押换押人员核酸检测和过渡隔离、卫生消毒、物资消杀等各项制度规定，不断加大对在押患病人员的梳理摸排和巡诊治疗，严防发生在押人员非正常死亡，坚决确保监所疫情防控“零感染”，安全管理“零事故”。年内，全地区监所共查改各类安全隐患问题1725条，整改率100%。

【禁毒工作】 2020年，地区公安局禁毒部门深入推进“两打两控”“净边2020”专项行动，严打新精神活性物质和复方类麻精药品违法犯罪活动，全力抓好禁毒工作。年内，全地区查破毒品案件97起，抓获犯罪嫌疑人117名，打掉毒品犯罪团伙4个，缴获各类毒品15.36千克，查获吸毒人员210名，强制戒毒47人。在地区集中开展专项整治活动期间，共破获“娜塔莎”案件8起，缴获毒品“娜塔莎”325.1克，铲除毒品原植物大麻987株、罂粟73株，收缴大麻种子984千克、复方地芬诺脂片6.74千克。

【网络安全管理】 2020年,地区公安局坚持从实际出发,切实履行网络安全监管职责,对本地160个网站和257家单位开展网络安全执法检查。下发整改通知书38份,指导监督全地区98家单位156个信息系统的等保备案工作,利用技术手段,发现并侦破一批案件,打击处理一批犯罪分子。疫情期间,完成近25万人次的疫情信息核查、预警任务,共发现涉疫情信息4584条,打击处理86人,其中行政拘留36人,批评教育41人,行政罚款9人。

【110接处警】 2020年,110报警服务台共受理各类报警60.52万起,有效警情11.27万起,刑事案件1162起,治安案件5703起,火灾567起,交通案件3.03万起,各类纠纷2.36万起,群众求助1.49万起。加强宣传教育,在第35个"110"宣传日活动中,出动警力300人次,发放知识宣传单、手册等宣传品8000份、制作宣传短视频5部、宣传展板100张,横幅30条,电子字幕滚动屏120块,解答群众咨询1500次,收集群众意见和建议50条。

【指挥调度】 2020年,地区公安局依托地区维稳指挥部指挥调度系统开展指挥调度,日均视频调度巡查30个公安基层点位,发挥视频督导巡查作用,高效履行指挥调度职能。年内,全地区共保障一级视频会议130场,二级视频会议120场,三级视频会议1900场,应答公安部、公安厅重点五地州点名670次,保障日常演练336次;同时协助维稳指挥部开展"一分钟、三分钟"视频测警拉动200次,开展全要素实战演练30次。

【完善公安应急机制】 2020年,地区公安局积极探索创新公安大数据支撑下的现代警务运行机制,全面整合公安数据资源,完成核心数据深度融合和应用,完善全地区视频监控一机一档信息采集工作,推送率100%,平均在线率96.37%。建立健全应急管理机制,提升应急管理水平。年内,共修订完善各类应急预案117部,开展各类综合演练5622次、单警种演练1.87万次、多警种演练9258次。编报《信息快报》24期、应急综合信息567期。

【森林公安】 2020年,地区森林公安发挥在维护林区稳定、严厉打击破坏生态资源违法犯罪活动中应有的作用。年内,共办理侦办涉自然资源刑事案件91起,抓获犯罪嫌疑人139人,涉案价值365.24万元,其中侦办野生动物案件47起82人、森林案件31起42人、林地案件6起7人、食品药品案件7起8人,收缴野生动物及其制品1168头(只)。全年开展森林防火法律法规宣传126场次,发放宣传单7700份,开展防火应急演练12次;确保林区无重大火灾和安全事故发生。

检察

【概况】 2020年,新疆维吾尔自治区人民检察院阿克苏分院(以下简称阿克苏检察分院)提出"重点工作领跑、常规工作跟跑、全盘工作奔跑"工作理念,带领地市两级院全体干警时刻保持高度的政治自觉、鲜明的政治立场和坚定的政治态度,讲政治、顾大局、谋发展、重自强,抓重点、补短板、强弱项,各项检察工作稳进、落实、提升,取得新进展。

【刑事检察】 2020年,阿克苏检察分院严厉惩治各类涉疫情犯罪,特别针对疫情期间拒不配合防控和隔离措施、暴力伤医、扰乱医疗秩序、故意传播疾病、哄抬物价、制假售假、造谣传谣等违法犯罪。疫情期间地市两级检察院对妨害疫情防控案件共提前介入侦查4件,受理审查逮捕妨害疫情防控犯罪4件4人,经审查批准和决定逮捕4件4人,受理审查起诉11件13人,经审查决定起诉8件9人。

阿克苏检察分院助力打赢"三大攻坚"。着力服务打好防治重大风险攻坚,持续抓好高检院"三号检察建议"落实以及"四个从严"专项行动,开展深化打击非法集资犯罪专项行动,突出打击非法吸收公众存款、集资诈骗、网络传销等严重危害金融管理秩序的犯罪活动,批捕33人,起诉136人。服务保障脱贫攻坚,积极发挥检察职能,依法严惩侵吞扶贫资金等职务犯罪,保护国有资产、集体财产的安全,确保扶贫成果不被蚕食,起诉涉及扶贫领域犯罪嫌疑人1件1人;积极做好国家司法救助工作,将24名因案致贫的困难群众及时纳入救助范围,发放司法救助金53.65

2020年,阿克苏地区两级检察机关举办民事行政检察业务培训(地区检察分院 供图)

万元。加强资源生态环境保护,深入推进"新三项"公益诉讼专项行动,坚持全面履职和突出重点相结合,紧盯"4+1"领域(食品、药品安全领域,生态、环境和资源保护领域,国有土地保护领域,国有财产保护领域,英烈保护领域),把重点放在人民群众反映强烈的突出问题上,参与大气污染防治行动、流域环境综合治理、农村人居环境整治行动,发放行政公益诉讼检察建议575件;督促清除处理违法堆放生活垃圾4524.7吨,保护被污染土地5.82公顷,回收和清理生产类固体废物1.05万吨;督促治理恢复被污染水源地1处;督促关停和整治造成环境污染的企业14家,关停未依法办理环评的企业11家;挽回被损毁林地共计3.56公顷;督促修复被损毁的湿地面积26.67公顷。

【诉讼监督】 2020年,阿克苏检察分院充分发挥主导责任,全面推进认罪认罚从宽制度,审结刑事案件1.15万人,适用认罪认罚从宽制度10425人,适用率90.90%。提出量刑建议1.17万人,法院采纳量刑建议1.07万人,采纳率91.82%。要求公安机关说明不立案理由1084件,监督公安机关立案969件,立案监督率89.39%。要求公安机关说明立案理由110件,监督公安机关撤案91件,撤案监督率为82.73%。开展侦查活动监督364件次、审判活动监督92件次。开展羁押必要性审查1489件次,变更强制措施1376件次,变更率92.41%。规范刑事检察业务工作,降低案件比,截至12月底,案件比降至1:1.35。核查被判处罚金刑、没收财产刑罪犯5312人8053万元,提出检察建议1227件,经监督纠正后已执行3389万元,执行金额在全疆占比90%。立案司法机关工作人员相关职务犯罪6件6人,已判决6件6人,立案数位列全疆前列。做好羁押必要性审查工作,纠正超期羁押案件22件88人,在全疆检察机关内率先完成超期羁押案件清理工作。开展重大案件侦查终结前讯问合法性核查,共核查案件1713件2540人,排除非法证据37人。

全年受理民事法律监督案件5413件(包括发出的检察建议578件),结案5347件,结案率98.7%,发出检察建议578份,采纳568份,采纳率98%。开展民事执行专项监督,调取法院2019年度3196件民商事执行案件卷宗,以类案监督方式向法院发出检察建议715份。以"驻村工作队走访"为依托,摸排拖欠农民工工资线索1554条,已经作出支持起诉1554件,法院全部受理。

【涉法涉诉信访】 2020年,阿克苏检察分院认真做好控告申诉、来信来访工作,全年共接待来信来访383件402人。坚持检察长接待日制度,积极化解涉法涉诉纠纷,地区两级院检察长接访142件156人,检察长批办51件12人,带案下访20件21人,全年无进京访、越级访及群体性事件。进一步加大司法救助力度,切实履行工作职责。地市两级院共受理国家司法救助案件109件,发放司法救助金53.65万元,其中16名为建档立卡贫困户,8名为未成年人,12名为残疾人。

(阿比旦·阿卜都热依木)

法院

【概况】 2020年,阿克苏地区中院人民法院(以下简称地区中院)连续两次在全区法院党建和审判执行工作、深化司法改革推进会上做经验交流。两级法院15个集体、35名干警受到地区级以上表彰奖励。

新和县人民法院获“全国优秀法院”。中级人民法院民事审判二庭、库车市哈尼喀塔木法庭被最高人民法院评为“全国法院先进集体”“全国人民法庭工作先进集体”。库车市法院立案庭副庭长艾尼瓦尔·艾则孜、中院政治部宣教科科长于园园分别获“全国法院优秀法官”“全国法院新闻舆论工作先进个人”荣誉称号。

【刑事审判】 2020年,地区中院建立健全系统外案件规范管理办法,做到系统外案件与通用审判系统案件同管理、同监督、同考核。坚持依法打击、宣传、普法同频共振,庭审直播平台公开宣判案件17件、公开观摩庭审2次、通报典型案例5件,召开扫黑除恶专项斗争工作新闻发布会1次,拍摄制作地区法院扫黑除恶专项斗争网络主题宣传片2部。

【民事审判】 2020年,地区中院共受理涉知识产权类民事案件98件,审结97件,通过案件审理加大对侵权企业专用权行为的打击力度,有效保护企业注册商标的合法权益。受理环境资源案件573件,审结501件。受理环境资源刑事案件22件,审结18件。受理环境资源民事案件551件,审结483件。受理环境公益诉讼案件14件,审结11件。审理乔某网上非法购买珍贵、濒危野生苏卡达陆龟、豹纹陆龟案。

【司法为民】 2020年,地区中院设立诉讼服务窗口、法官会见室、诉调对接室、信访接待室和“法官满意度星级评价系统”,开辟“脱贫攻坚绿色通道”。开展“巡回审判”和百名法官送法进机关、进乡村、进社区、进校园、进企业、进军营“法治六进”活动达5000场次,受教干部群众60万人次。加大对涉民生案件调处力度,多调少判,及时妥善化解各类矛盾纠纷。

建立健全多元化解纷机制,开辟涉中小微企业诉讼和消费者权益纠纷“绿色通道”,加大知识产权宣传和侵害企业专用权行为的打击力度,与交警大队、银保监分局、保险公司沟通协调,统一地区各部门办理人身损害赔偿案件赔偿标准的裁判尺度。指导基层人民法院成立9个“枫桥法庭”,挂牌成立58个调解工作室,在辖区国家AAAA级旅游景点设立5个“旅游景区巡回法庭”,全疆率先成立3个环境公益审判实践基地和5个环境资源法官工作室,被《人民日报》、“学习强国”APP、《新疆日报》等主流媒体专题报道。

【信息化建设】 2020年,地区两级法院深化跨域诉讼服务3.0版建设,完成信息化管理系统及应用平台39个、科技法庭91个、互联网法庭57个,在地区10个看守所和2个监狱建设12个远程审判法庭,成为全疆首个开展远程视频庭审、视频提讯、视频调解等司法审判活动的地区。全年地区两级法院开通“移动微法院”,为方便当事人诉讼,推进在线诉讼服务,网上立案、调解、开庭、拍卖、执行,切实让老百姓感受到“移动微法院”“掌上法庭”“指尖诉讼”带来的司法便利。以审判流程、裁判文书、执行信息三大司法公开为抓手,实现审判执行工作全程留痕,以司法公开倒逼司法公正。自觉接受人大、政协及社会各界监督,全面落实人民陪审员法,人民陪审员案件参审率100%。充分运用地区法院“两微一网”自媒体平台,传播司法正能量,提升司法公信力。

司法行政

【人民调解】 2020年,地区司法局构建多元化解纠纷体系,推行“1+1+N”(1个工作室,1名法律顾问)村(社区)人民调解工作机制,深入开展矛盾纠纷排查化解,筑牢维护社会稳定第一道防线。全年,地区司法体系共建立各类人民调解组织1579个,人民调解员7055人,人民调解员参加培训人数1.1万人次,培训面100%。各级人民调解组织共排查调解各类矛盾纠纷1.89万件,调解成功1.89万件,调解成功率99.9%。

【律师管理】 2020年,地区司法局根据司法厅在伊犁和阿克苏试点开展专业体系评价工作部署,完成律师专业体系评价试点工作,经评审团评审后确定40名律师入选6个专业体系。组织律师为民营企业开展“法治体检”活动,共开展法制宣传400场次、走访企业120家,参与化解企业矛盾纠纷32件,解答法律咨询5000人次,引导民营企业贯彻落实疫情防控常态化条件下各级政府出台的政策法规,积极参与整治拖欠农民工工资专项行动。完成42家律师事务所、320名律师和73个基层法律服务所、

240名基层法律服务工作者2019年度考核工作,考核结果均合格。

【普法宣传】 2020年,地区司法局深化落实“谁执法谁普法”普法责任制,精心组织,统筹安排,开展一系列学习宣传《中华人民共和国民法典》活动。努力营造尊法、学法、守法、用法的浓厚氛围;落实《阿克苏地区法官、检察官、行政执法人员、律师等以案释法制度》,开展“以案释法”等系列活动,提高干部依法办事、依法行政的能力和水平。圆满完成自治区“七五”普法验收工作。组织开展第一批“自治区民主法治示范村(社区)”创建申报工作,阿克苏市依干其乡巴格其村、阿瓦提县塔木托拉克镇英买里村等8个村被自治区司法厅和民政厅评为第一批“自治区民主法治示范村(社区)”。与电视台创办“法治阿克苏”电视栏目48期,在A1、A3、A6频道滚动播出,每期轮回播出15天,覆盖七县二市和兵团一师16个团场,受益群众100万人次,落实媒体公益普法责任,形成全社会普法宣传态势。

【公证管理】 2020年,地区司法局合理布局功能设置,优化便民措施,落实30项“最多跑一次”公证办理要求。健全服务承诺制,为老年人、孕妇等行动不便群众提供上门服务18次。完成全地区公证处机构改革过渡,阿克苏市公信公证处正式成为地区司法局管理的二级事业单位。组织召开地区2020年公证质量评查会,共查阅公证案卷120卷,其中优秀卷90卷,优秀率75%。地区10家公证机构开展法治宣传和公证咨询2.43次,提供公益法律服务905件,为老年人、未成年人、残疾人等办理减免收费的公证46件,为服务“三农”办理减免收费公证30件,为政府重点工程办理减免收费公证7件。

【法律援助】 2020年,地区司法局推进“法援惠民生”品牌建设,不断降低法律援助门槛,畅通农民工法律援助“绿色通道”,使法律援助惠及更多困难群众,全年,指派民事法律援助案件79件,指派刑事法律援助案件1186件,确保刑事案件律师辩护全覆盖,保障被告人合法权益。安排5名法律援助工作者进驻新疆法网平台,每日解答群众法律咨询。组织各县(市)20名业务骨干,采取交叉互查的方式,集中开展法律援助案件质量评查,查阅法律援助案卷500件,其中优秀卷270件,对地区规范使用新版法律援助案卷标准50名业务人员进行业务培训。

【依法行政】 2020年,地区司法局将行政执法“三项制度”(行政执法公示制度、行政执法全过程记录制度、重大执法决定法制审核制度)纳入“六型”政府法治型政府考评体系重要内容,下发《关于全面推行“三项制度”加快推进地区法治型政府建设有关事宜的通知》,合理统筹全地区“三项制度”的工作落实。共梳理地区本级权力事项2831项、执法事项2381项,涉及的法律法规(行政规章)等1435条,确定行政许可238项、行政处罚2088项、行政强制118项、行政检查177项、行政征收6项、行政给付13项、行政裁决9项、行政奖励33项、行政确认39项、其他行政权力112项。梳理各县(市)权力事项2万项、执法事项1.79万项、涉及法律法规7799条,全部统一装订成册,切实做到行政行为有法可依、有据可查。组织地直各行政执法单位6000名行政执法人员开展为期2天的法治政府建设培训,进一步提升执法人员能力素质。全年收到行政复议案件3件,下发不予受理决定书1件,受理并办结2件,结案率为100%,指导县(市)、部门办理复议件21件;承办行政应诉案件2件,成功调解一审原告撤回诉讼请求1件、一审胜诉1件,指导县(市)、部门办理应诉案件66件。组织各县(市)对759件行政处罚案件进行评查,及时纠正执法过程中存在的不足,完善案卷归档,从而不断规范执法能力建设。审查修改124件案例建立本级案例库,向自治区司法厅选送具有代表性的典型案例11件。

【矛盾纠纷调解】 2020年,地区司法行政部门推动各县(市)人民政府、地区各行政执法部门完善行政调解工作制度,建立完善预防、调处、应急等化解矛盾纠纷的工作制度,充分发挥人民调解、行政调解和司法调解的整体合力,把矛盾化解在初始状态。据统计,地、县(市)两级共有行政调解组织438个,专(兼)职行政调解员2062名。全年各级行政调解组织共受理调解案件9490件,(其中排查越级上访0件、群体性事件、恶性案件0件),调解成功8724件,调解成功率92%。

阿克苏地区年鉴（2021）

经济管理

宏观经济调控

【重点项目建设】 “十三五”期间，地区农业现代化大步迈进，阿克苏市革命大渠引水工程、库车市利华现代农业有限公司农村高标准农田、大型灌区节水改造渭干河灌区新和县骨干工程等一批重点项目陆续建成投用。纺织服装全产业链基本形成，华孚纺织、新爵纺织、利华纺织等一批纺织服装产业项目建成投产。建材冶金产业扩能增效，钵施然智能农机、高性能子午线轮胎、电动汽车生产装配等一批装备制造业快速发展。新能源发电、新材料技术、生物制药等战略新兴产业项目建成投产，填补了地区高新技术产业空白。现代服务业蓬勃发展，阿克苏海关出口监管仓库、保税仓库建成投用，阿克苏商贸物流产业园创成自治区级示范物流园区，辐射南疆的商贸物流集散中心初步形成。生态建设取得成效，国家湿地公园、森林公园、多浪河景观、东城水系及各县（市）一批生态项目建成使用，城市（镇）建成区绿化覆盖率达41.4%。教育学院、职业技术学院实现整体搬迁投用，学校布局更加优化。新疆理工学院建成，实现阿克苏地区本科院校历史性的突破，形成了从学前教育、义务教育、高中教育、职业教育到高等教育的完整教育体系，区域性教育人才高地建设取得明显成效。

【价格收费管理】 2020年，地区在全面统筹疫情防控和经济社会发展中，坚持保民生稳价格的总要求，认真开展各项工作。从2020年2月22日至6月30日期间，阿克苏地区累计用气量约11980.57万立方米，累计降价金额达2822.39万元。贯彻落实电价降价政策。自2020年2月1日至12月31日，地区累计受益7.24万户，累计用电量413938.81万千瓦时，累计降价金额8737.17万元。保民生，落实落细价格工作。强化蔬菜、粮油等生活物资保供稳价，持续关注居民消费品价格指数，及时启动社会救助和保障标准与物价上涨挂钩联动机制，2020年1—2月对阿克苏地区城乡困难人群28.54万人（次）进行临时价格补贴，合计补贴金额256.73万元。惠民生，降低天然气价格、农业水价综合改革等民生领域重点工作扎实推进。将降低天然气增值税税率的政策红利传导至终端用户，调整非居民用气终端销售价格。推进农业水价改革。全面执行“国有水利工程供水价格+末级渠系维护费”的终端水价。加强景区价格管理。完成阿瓦提刀郎部落、温宿县天山神木园、新和沙漠花海、新疆天山森林公园平台子景区门票价格成本监审工作。促消费，全面推进地区家电下乡补贴，促进农村消费增长。全地区共补贴农户14159户（人），购买家电补贴金额399.79元，购买金额约4940.92万元。化解价格矛盾，服务涉纪、涉案案件，开展好价格认定工作。办理各类价格认定和评估案件2100件，标的额近4亿元。

【民生建设】 “十三五”期间，地区开展职业技能培训46.75万人次，城镇新增就业27.2万人，农村富余劳动力转移就业92.87万人次，城镇登记失业率控制在3%以内。推进教育综合发展,“十三五”以来累计投入各类资金205.7亿元用于教育发展,教育经费年平均增长率为11.2%,形成了学前教育到高等教育完整的教育体系。持续深化医药卫生体制改革,大病救治率、慢病签约服务率均达95%以上,重症兜底保障覆盖率100%,县域医共体就诊率保持在90%以上,远程医疗服务覆盖率98%以上,建成乡镇标准化卫生院91个、村卫生室1175个,地区1299家公立医疗卫生机构实现药品网上集中采购全覆盖。加大保障性住房建设力度,累计建设农村富民安居工程17.1万户、各类城镇保障性住房11.3万套、惠及人口90万人,城镇住房保障覆盖率达35%;覆盖城乡养老、医疗社会保障体系全面建成。

【经济体制改革】 2020年,地区发改委按照2020年改革工作要点开展各项工作。落实改革主体责任,细化分解任务,建立经济体制和生态文明体制专项小组工作台账,动态跟进任务,逐项对账销号,指导和督促有关改革任务的部门和相关科室落实好各项改革任务。汇总上报2020年经济和生态文明体制改革涉及的18个单位45条改革工作要点及实施方案;落实报告工作制度,完成近五年地区经济和生态文明体制改革专项小组改革任务完成情况评估报告,梳理汇总上报2014年以来共计269项改革完成情况清单;强化改革督察督办,对专项小组14个成员单位,承接地委安排部署的45项改革任务完成情况进行督查。推进“放管服”改革工作,优化营商环境,推进地区行业协会商会与行政机关脱钩工作。

【对外开放】 “十三五”时期,阿克苏地区对外开放步伐不断加快,累计完成外贸进出口总额16.89亿美元,年均增长13%。区域性经济发展中心、交通枢纽中心、商贸物流中心初步形成,全域旅游高地、教育人才高地、医疗康养高地初具规模。地区加强与疆外和周边国家的公路、铁路、民航等综合交通运输体系建设,加快对外通道、城际通道和资源通道建设,优化节点衔接,把阿克苏建设成为新疆重要的区域性交通枢纽中心。基本形成以阿克苏市为中心,4条国道和8条省道为主骨架,农村公路为密布支线的“外通内联、通村畅乡、班车到村、安全便捷”的交通运输网络。南疆库喀铁路提速工程库尔勒——阿克苏段已完工,时速可达160千米/小时。开通阿克苏—乌鲁木齐、喀什—乌鲁木齐、阿克苏—西安、阿克苏—重庆、阿克苏—阿勒泰及“诗画浙江—阿克苏号”旅游专列等多趟直达旅客列车,以及多趟始发或途径阿克苏的货运列车,旅客运输量呈逐年增长态势。开通阿克苏—郑州、杭州、成都、重庆、西安、北京、青岛、上海;库车至成都、西安等多条国内航班航线,阿克苏机场二期改扩建工程总投资7.4亿元,已建成投用。确立了重点商贸物流产业“两核心、四大物流园区、六大综合物流基地、一计划”的发展思路,以阿温区域、库车市为两个核心,建设阿温空港物流园、阿克苏经济技术开发区公铁联运商贸物流园、地区纺织商贸物流园、库车龟兹空港商贸物流园四个商贸物流产业园;其余六个县根据情况分别建设1个综合物流基地;乡(镇)提升改造农贸市场;村一级建设中心村市场和农村电商服务站点。地区商贸物流体系辐射南疆商贸物流集散中心已初步形成,14个商贸物流园区项目和5个县级综合物流园项目全部建成投入运营。地区旅游资源富集且独具特色,文化旅游产业蓬勃发展,建立全域旅游统一协调机制,搭建旅游产业资本运作平台,加快旅游资源整合,构建“吃住行游购娱”全域全时全产业链“大旅游”格局。以“丝路古龟兹·神奇阿克苏”“多浪·龟兹”为主题的文化推介会的开展,使越来越多的游客了解阿克苏、投资阿克苏。电影《奔腾的托什干河》、大型歌舞剧《千年之约·梦幻龟兹》、“柯柯牙绿化精神”等系列文化作品得到各族群众好评,群众精神文化生活极大丰富。地区克服财政困难,投入29.1亿元,新建、改扩建幼儿园784所,投入7476.2万元,提升改造408所幼儿园办园条件。投入10.6亿元,新建城区幼儿园51所。年内,全地区共有学前幼儿园1129所,在园幼儿17.3万人,实现幼儿园应建尽建、应配尽配,实现适龄儿童应入进入,形成覆盖城乡、布局合理的学前教育公共服务体系。各职业院校与91家企业签订校企合作协议书,联合培养学生3528名,实现学校和企业优势互补、资源共享,达到了互惠互利互赢的办学目标。地区医联体医共体建设成效显著,地县乡公共卫生服务体系进一步健全,县域医共体就诊率保持在90%以上,远程医疗服务覆盖率达98%以上，建成乡镇标准化卫生院91个、村卫生室1175个。全民健康体检全覆盖实施，社会保障体系日趋完善，特殊困难群体应保尽保，各族群众的获得感、幸福感明显提升，区域性医疗康养高地建设迈出坚实步伐。

国有资产监管

【经营指标】 2020年，地区国资国企始终坚持围绕稳定与发展"两个关键点"，持续调结构、稳增长、强监管、防风险，努力克服疫情带来的不利因素，企业经营总体保持平稳运行。

——全地区国有企业（含县市）累计实现营业收入48.4亿元，比上年增加5.3亿元，增长12%；资产总额979.7亿元，增加191.1亿元，增长24.2%；净资产420.9亿元，增加103.8亿元，增长32.7%；资产负债率57%，下降3个百分点；上缴税费2.6亿元，增加0.9亿元，增长52.1%。

——地直10家监管企业（含供销集团）累计实现营业收入18.3亿元，比上年增加0.7亿元，增长4.1%；实现利润总额5435万元；资产总额306.1亿元，增加84.6亿元，增长38.2%；净资产144.2亿元，增加50.7亿元，增长55.4%；资产负债率53%，下降5个百分点；上缴税费6757万元，增加1813万元，增长38%。

【重点项目建设】 2020年，地区国有资产监督管理委员会（以下简称阿克苏地区国资委）协调重点项目建设，确保重点项目稳步推动。西域牧业参股的新疆西域肉鲜鲜食品有限公司屠宰场6月试生产，疫情期间为保障市场牛羊肉供应，实行免费屠宰政策，共屠宰200头牛、3900只羊。库车屠宰厂已进入现场施工阶段；熟食加工项目前置手续办理稳步推进。红旗坡冷链二期主体已建设完毕，库房已具备冬季果品采摘仓储条件；组建成立阿克苏优购农产品市场，成为阿克苏地区特色农（副）产品向外展示和交易的一站式购物平台，7月3日市场营业以来，累计采购11.79万件商品，完成销售额1000万元。顺北5号联合站至沙雅县输气管道建设项目接近收尾，首、末站管线已连接。地区大数据中心建设项目基本完成。政务云平台方面已完成设备安装和虚拟化，并为阿克苏为民服务APP、地区"12345"政务服务热线平台、政府网站、地区工信局中小企业服务平台提供技术支撑服务。水务集团公司相继实施城市供排水管道新（改、扩）工程、供暖设施升级改造工程、污水处理中水利用工程等项目建设，加大城市地下改造工作，不断提升和满足群众的居住舒适性和满意度，为文明城市建设贡献国资力量。第七届新疆特色果品（阿克苏）交易会在红旗坡农贸物流园成功举办，交易会成果丰硕，235家农业产业化龙头企业、专业合作社与内地客商达成350项购销协议，交易各类农产品近43万吨，协议金额突破40.5亿元，农业产业化招商引资项目10个，金额40.2亿元。

【企业退休人员管理】 2020年，地区国资委将尚未实行社会化管理的国有企业退休人员移交街道和社区实行社会化管理，协调各县（市）接收企业退休人员，解决历史遗留问题。截至10月，地直监管企业和各县市已完成移交6118人，地直国有企业退休人员社会化管理的工作有序推进。为3家企业提供1.8亿元现金支持，并为2家企业给予贷款贴息扶持。

【国资国企管理】 2020年，地区国资委制定《阿克苏地区国资委监管企业资产减值准备财务核销工作规则》《阿克苏地区直属国有企业违规经营投资责任追究办法》《阿克苏地区直属国有企业投资监督管理办法》，督促各监管企业加快建立责任追究体系建设，全面建立覆盖各级履行出资人职责的机构及国有企业的责任追究工作体系。做好清产核资工作，对国有资产进行全面调查摸底。邀请第三方机构对地直国有企业开展清产核资工作，指导出资企业清理整合无效低效股权、盘活闲置资产，汇总、整理、分析、健全和完善各项规定管理制度，防止产生新的不良资产和潜亏挂账。多措并举，提升企业防风险能力。针对个别企业带息负债过高、"两金"占比较大、企业内退人员管理、安全生产等方面可能存在风险和问题下发风险提示函2份、工作提醒函6份、工作通知2份，督办函10份。组织国有资本经营收入上缴工作。会同地区财政局编制企业年度国有资本经营收益预算指标,5月起,按照企业利润指标数据,督促本级国有企业开展利润上缴工作,年内地区本级国有企业累计上缴年度经营利润1917.8万元。争取债券资金2.5亿元,与地区财政局协调解决企业债券资金拨付、使用、还款等工作。对标一流管理,提升国资监管水平。为进一步提升国资干部理论水平和综合素质能力,准确把握国资监管政策法规,地区国资委编印《自治区国资委规范性文件汇编》《国有资产管理政策法规文件汇编》240册,为开展国资国企监管工作提供政策依据。规范产权管理,促进国有产权有序流转。进一步规范地直企业及各县市国有企业产权基础管理和国有产权转让工作,严格审核企业对外投资、发债等重大事项,从资产预期经济效益、后续管理、审批合规性等方面进行分析,提出意见,规范企业重大事项审批流程,防范企业风险。

自然资源管理

【地理测绘】 2020年,地区自然资源局持续强化地理信息安全监管,对全地区65家具备测绘资质以及涉密测绘成果使用单位进行全面督导检查,重点检查涉密测绘成果使用、存储和处理涉密测绘成果的设备管理以及涉密测绘成果保密管理等情况,及时整改发现的问题。开展国家版图意识宣传教育,完成"多测合一"名录库建设,对全地区辖区内测绘资质企业情况进行全面摸排,重点对37家测绘企业的规章制度建立、测绘经营范围、测绘资质范围、资质有效期限、主要仪器设备、技术人员力量、质量信息体系等进行审核,按照"非禁即入""自愿申请"的原则,将符合条件的11家测绘企业全部纳入阿克苏地区工程建设项目"多测合一"名录库,并在阿克苏日报公示,同时上报自然资源厅备案。

【不动产登记】 2020年,地区自然资源局建立健全不动产登记中心岗位职责、登记业务等各项制度,规范服务指南、岗位职责、收费标准、压缩办理时限等便民标牌公示上墙,通过优化办事流程,精简材料清单,建设"网上办事大厅""不见面抵押""部门信息共享"等平台,进一步压缩不动产登记时限,一般登记压缩为5个工作日、企业登记、抵押登记压缩为3个工作日办结,查封、查询、异议登记已实现即时办结。重点围绕作风、业务和廉政等方面继续开展不动产突出问题专项整治,重点排查11项整治内容、34个具体问题,深入开展不动产登记窗口规范化建设,推广创新服务,切实打造良好营商环境、提高便民利民服务效率。

【国土空间规划】 2020年,地区自然资源局坚持"多规合一",推动国土空间规划"一张图"建设,建立地区国土空间规划编制体系。1月,成立地区国土空间规划委员会,制订《阿克苏地区国土空间规划编制实施方案》,启动地区各级各类国土空间规划编制。5月,完成地区本级国土空间规划招标;7月,完成七县二市国土空间总体规划编制项目招标;9、11月,分两次完成七县二市专题专项、88个乡(镇)、19个园区、34个试点村庄规划编制招标。组建"技术联合体",完成双评价、双评估和28个专题专项初稿,完成地区本级国土空间总体规划框架编制,完成县、乡、园区国土空间规划基础资料收集和分析。

【资源调查】 2020年,地区自然资源局全面启动并实施国土"三调"工作,完成农村土地利用现状调查、城镇村庄内部土地利用现状调查、土地权属调查、时点更新变更调查、"互联网+"在线和外业实地核查任务等阶段性目标任务,通过逐级质检审核按期提交9个县(市)三调初始数据库和统一时点更新数据库,此次调查面积12.55万平方千米,作业图斑总量约105.84万个。

【确权登记管理】 2020年,地区自然资源局深入推进农村地籍调查及集体建设用地确权登记发证工作,开展"房地一体"的农村地籍调查及集体建设用地使用权确权登记发证工作,已完成开展外业调绘、权属资料收集及内业数据整理工作,此项工作投入专业技术队伍33家、685人次,完成C级控制点布设227个、E级控制点布设1266个,基本完成全地区47.11万宗土地的地籍调查工作。截至2020年12月底,已累计登记

38.53 万宗（历史已登记 12.85 万宗、新增宅基地不动产证 25.29 万宗，新增集体建设用地不动产证 2649 宗），登记率 99.88%。其中宅基地确权登记率 100%，集体建设用地使用权确权登记率 90.08%。

【服务民生】 2020 年，地区自然资源局组织实施 2018、2019 年城乡建设用地增减挂钩项目 26 个，交易指标 245.12 公顷，申请国家补助资金 13.18 亿元，全年到位资金 9.23 亿元；申报 2020 年增减挂钩项目 18 个，批准交易面积 126.67 公顷，预计资金总额 5.7 亿元；完成易地扶贫搬迁安置点 132 个，易地扶贫搬迁户 2501 户，不动产登记发证率达 100%。统筹协调用地指标，全年完成土地供应 576 宗，供应土地 3493.33 公顷，收取土地出让金 34.4277 亿元。处置批而未供土地 1773.33 公顷，闲置土地 873.33 公顷；组织挂牌出让三类矿产采矿权 80 个，地、县两级收取出让收益 2062 万元；申报地质灾害勘查与防治工程项目 20 个，申请上级资金 1.81 亿元；组织实施 11 个地质灾害勘查与防治项目，到位资金 3930 万元。

【耕地保护】 2020 年，地区自然资源局加强永久基本农田保护，加强永久基本农田巡查监管职责，开展多形式宣传指导，经全域基本农田划定，地区永久基本农田保护面积 40.17 万公顷。严格落实耕地占补平衡制度，确保“占一补一”“先补后占”，做到耕地总量不减少，质量不降低。全年，地区建设项目占用耕地面积 138.89 公顷，补充耕地面积 138.91 公顷，补充粮食产能 985.530 吨。

【执法监察】 2020 年，地区自然资源局有序推进法治化建设和自然资源领域改革，深化综合行政执法改革，加强和推动“三项制度”的落实。加强规范性文件合法性审查，全力推进规范性文件的“废、改、立”工作。梳理权责清单事项 93 项，清理失效文件 5 件，废止文件 1 件，受理“12345”群众信访服务热线 81 件，办结率 100%，群众满意率 95%，行政复议案件 1 件。开展“会战五十天，执法严起来”行动，立案查处土地矿产测绘违法案件 79 件，罚没收入 47.73 万元。摸排核查农村乱占耕地建房问题整治图斑 51393 个，纳入整治范围三大类图斑 13231 个。 （王海波）

财政

【概况】 2020 年，地区财政局按照自治区党委“1+3+改革开放”的工作部署和地委“76331”战略部署，统筹做好稳增长、调结构、促改革、惠民生、防风险等各项工作，地区经济运行总体平稳，质量效益稳步提升，人民生活持续改善，保持经济持续健康发展和社会大局稳定，朝着实现全面建成小康社会的目标迈出新的步伐。

【财政收入】 2020 年，地区狠抓收入征管，确保财政收入实现平稳增长。加强重点企业、重点项目、重点行业的税源分析监控和税收监管，及时掌握税源、税收、税负动态变化情况，有针对性地制定应对措施，确保足额入库。完善非税收入征收激励和约束机制，明确各非税收入组织部门的征收计划和相应责任，重点抓好国有资源和资产有偿使用收益等收入的征缴入库工作，确保颗粒归仓。

2020 年，地方财政收入全年完成 169.68 亿元。其中一般公共预算收入 121.62 亿元，比上年增收 5.87 亿元，增长 5.1%。（税收收入 75.88 亿元，减收 15.88 亿元，下降 17.3%；非税收入 45.74 亿元，增收 21.76 亿元，增长 90.74%）；政府性基金预算收入 46.30 亿元，比 2019 年增收 10.1 亿元，增长 27.9%；国有资本经营预算收入 1.76 亿元，增收 0.21 亿元，增长 13.3%。

【财政支出】 2020 年，地区完善财政资金投入机制，全力保障重点支出。坚持“四保一压”支出原则，大力压缩一般性、消费性支出，集中财力防风险、保民生、保稳定。涉及工资和基本运转支出全部得到保障；各项稳定支出全部落实；对涉及国计民生、社会和谐健康发展、贯彻新发展理念、落实“三大攻坚战”（防范化解重大风险、精准脱贫、污染防治）、“三项重点”（维护稳定、脱贫攻坚、经济高质量发展）工作、推进改革开放等重点支出，全额予以保障；全额保障地区确定的各项重大民生支出。硬化预算约束，规范预算执行，2020 年全地区一般性支出同比压缩 15%；“三公”经费实行年初预算源头管控，全地区“三公”经费决算支出 1.3 亿元，比上年压减 0.23

亿元,兑现只减不增的承诺,节约资金用于民生项目。

2020年,地方财政支出552.27亿元,比上年增支59.56亿元,增长12.08%。其中一般公共预算支出完成441.69亿元,增支11.63亿元,增长2.7%;政府性基金预算支出完成109.19亿元,增支48.1亿元,增长78.74%。国有资本经营预算支出1.39亿元,减支0.17亿元,下降10.9%。

全地区民生支出321.08亿元,占一般公共预算支出的72.7%。其中:教育支出87.63亿元,社会保障和就业支出35.92亿元,医疗卫生和计划生育支出42.26亿元,住房保障支出19.33亿元,科技文化支出5.63亿元。

【政府采购管理】 2020年,地区财政局化解中小微企业在政府采购市场竞争中的发展难题,全力支持中小微企业复工复产。2020年,授予中小微企业政府采购合同总额58.2亿元,占该地区政府采购规模比重98.66%。落实扶持政策,提高企业竞争力。要求采购人和采购代理机构做好政府采购需求编制工作,落实预留份额和评审价格优惠政策。对符合预留份额采购情形的,采购人须将采购预算中不低于30%的比例专门授予中小企业,保证中小企业最低市场份额。对非专门面向中小企业的项目,对小型和微型企业的产品价格给予6%~10%的扣除,用扣除后的价格参与评审,帮助中小企业提高参与政府采购的竞争力。搭建融资平台,降低企业经营成本。推出"政采贷"信用融资服务,让政府采购中标(成交)的中小企业凭政府采购合同直接向合作金融机构申请贷款,无需其他任何形式抵押或担保,就可从金融机构获得优惠利率贷款。2020年,"政采贷"实现政府采购合同融资额700万元,6家金融机构对政府采购合同授信4000万元,缓解中小企业融资难题。支持消费扶贫,拓宽企业销售渠道。要求地区各预算单位注册"扶贫832"平台,预留农副产品采购份额,优先采购贫困地区小微企业、合作社等平台供应商农副产品。2020年,各预算单位共预留农副产品采购份额1903万元,累计采购乌什、柯坪县农副产品2626万元,完成预留份额任务的138%。

【社会保障经费运行】 2020年,地区财政局全力确保社会保障经费运行,拨付各类社保专项资金37.85亿元,其中困难群众救助、优抚对象生活补助等专项资金8.36亿元;医疗救助、计划生育、乡村医生补助等医疗卫生专项资金8.22亿元;城乡医疗、养老等社保基金补助资金15.34亿元;就业及"三支一扶"补助资金2.69亿元;农村安居工程1.15亿元;残疾人事业发展补助资金0.17亿元;疫情防控专项资金1.92亿元。全年社保基金收入78.31亿元,其中:企业养老保险14.9亿元;城乡居民养老保险6.37亿元;机关养老保险21.19亿元;职工医疗保险14.85亿元;城乡居民基本医疗保险19.32亿元;工伤保险0.45亿元;失业保险1.23亿元。全年社保基金待遇支出71.29亿元,其中:企业养老保险17.45亿元;城乡居民养老保险3.03亿元;机关养老保险22.46亿元;职工医疗保险12.19亿元;城乡居民基本医疗保险14.4亿元;工伤保险0.81亿元;失业保险0.95亿元。全年筹集疫情防控专项资金9.24亿元,其中地方各级财政筹集4.22亿元。

【农村综合改革】 2020年,地区财政局在农村综合改革转移支付资金的支持下,解决突出民生问题和改善乡村生产生活条件,提升农村人居环境、提高农村公共服务水平、推进村级集体经济持续发展,不断促进农村产业优化升级,推动乡村振兴战略,为乡村生态农业、生态旅游、农家乐等发展创造了良好条件。截至12月31日,农村综合改革中央财政和自治区本级财政资金共计安排12079.54万元,其中一事一议财政奖补资金467万元,美丽乡村建设试点资金2272.2万元,农村公益事业财政奖补资金4692.34万元,扶持村级集体经济发展资金2376万元,地方国有农牧场农村税费改革转移支付资金2272万元。通过财政奖补共建成机电井3眼、其他小型水利设施4个,村内水泥或沥青路面19.28千米、其他路面2.4千米,村内垃圾收集点3个、10090平方米,村内小型生活污水处理设施935个,公共厕所6座、改造农户厕所25189座,其他村内环卫设施38个,路灯1365盏,村内绿化植树26855株,村内绿地花池2578平方米,其他村容美化亮化设施191个,村内新能源设施1个，村内公共活动场所15728平方米，其他村内公共设施10个。项目受益人数达26.62万人。

【支持经济发展】 2020年，地区财政局紧紧围绕新疆工作总目标，统筹复商复市和促进消费，多措并举创造条件，聚焦破解难点问题，纾难解困惠企，减税降费让利，扎实做好“六稳”工作、全面落实“六保”任务。争取纺织服装专项资金6.8亿元，发放贴息资金0.48亿元，兑付阿克苏纺织工业城(开发区)正常生产的规上纺织服装企业生产性用电、用气、稳岗补贴0.41亿元，用于纺织服装企业岗前培训、社保、人才引进、运费电费等各类贴息政策，有效降低企业运行成本。2020年9月底前应清尽清民营企业无分歧欠款10.53亿元，完成清欠账款总额任务的100%。全地区累计减税降费24.21亿元；持续推进降低电价政策，累计为81.84万户降低用电成本13.23亿元，保障企业稳工用工2.2万人；严格落实《扶持地区个体工商户优惠办法》，实际享受各项政策的个体工商户累计31.41万户次，减收费用1.32亿元，补贴费用0.69亿元。协调金融机构投放信贷资金共计375.81亿元，其中：各类市场主体融资328.42亿元；解困应急周转金2.35亿元；困难企业融资7.13亿元；重点项目、企业融资36.6亿元；专项再贷款1.31亿元。2020年，自治区共下达地区小额贸易企业能力建设资金1394万元用于促进边境小额贸易企业发展以及支持边境小额贸易企业发展能力建设和支持改善通关条件等，全年共安排扶持外经贸发展奖励资金91.7万元，惠及企业20家；拨付拼集运货运班列运费补贴资金204.65万元用于2019年温宿县阿克苏恒通果汁生产的浓缩果汁，开行“南疆班列”4列168组。

【财政管理】 2020年，地区财政局严格预算管理，从严控制非急需、非刚性支出，除应急救灾等支出外，预算执行中一般不再追加预算。规范资产管理，全年，共下达资产处置批复117个，划转、核销资产价值2.43亿元。为确保国有资产保值增值，盘活部分闲置资产，上缴处置收入5.38亿元，为财力增收贡献了力量。强化监督检查，切实履行会计监督职能，对9个乡(镇)、6个地直预算单位和1家国有企业进行监督检查，确保财政资金和财务行为在监督下规范运行。提效采购管理，继续深化和拓展涉及政府采购的货物、服务、工程项目在“政采云”系统实施，全地区在政采云系统完成采购58.95亿元，节约采购资金6.4亿元。

【投资评审】 2020年，地区财政局秉承“不唯增，不唯减，只唯实”的评审理念，共完成工程项目评审130个，送审造价合计67038.89万元，节约财政资金6395.16万元。

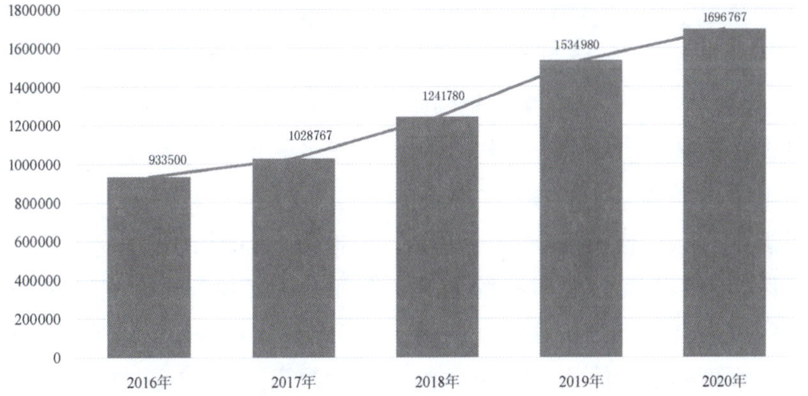

“十三五”期间地方财政收入情况统计表（单位：万元）

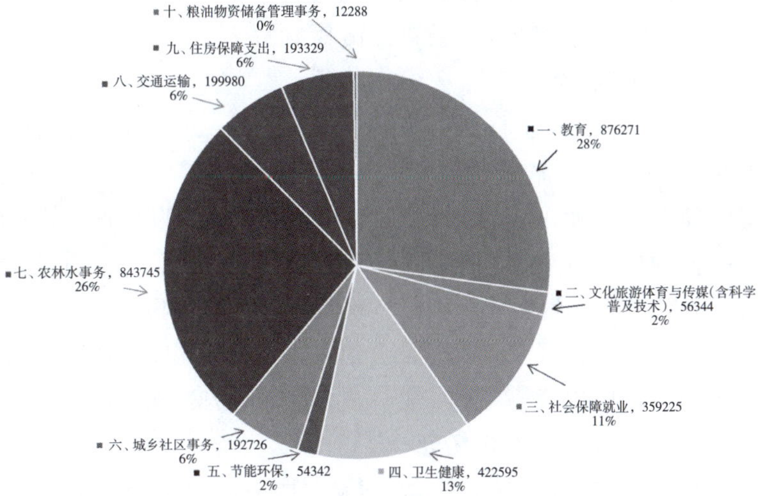

2020年阿克苏地区财政民生支出统计表（单位：万元）

其中:独立完成概算、预算、结算项目15个，送审项目金额3950.7万元，节约财政资金345.04万元;委托造价咨询单位评审由科室人员监督复核预算、结算项目115个，送审项目金额63088.19万元,节约财政资金6050.12万元。

【金融工作】 2020年,地区财政局积极推动非法集资陈案积案化解,完成11家融资担保公司,8家小额贷款公司,6家典当行,1家交易场所,1家投资公司核查和“双随机”“两库”录入工作,督促小贷、融担、典当行问题整改工作,优化营商环境,减轻监管企业负担。开展防范非法集资宣传活动，拨付各县市11万元宣传工作经费，通过在街头巷尾、居民点(小区)、电视广播、网络媒体、入户走访等宣传方式,实现了全覆盖。健全完善“政银保担企”五方合作机制。通过“政银保担企”春风行动和签约会等平台，为全地区201家企业新增授信额度34.14亿元，解决融资需求4.44亿元。为150家企业解决融资需求，贷款金额36.6亿元,探索创新“政银保担企”融资和风险补偿机制,为金融服务中小微企业发展注入“强心剂”,为8家企业解决融资需求7.13亿元。梳理中小企业融资需求,积极对接金融机构解决融资难题,“一企一策”纾困融资解难。积极协调推进了绿色公司私募债、绿色债券、中期票据发行工作,全年成功发行各类债券20亿元,为地区产业发展提供强有力的金融支持。 （曾垂涛）

税务

【税收收入】 2020年，地区税务局累计组织各项收入2010261万元,比上年下降16.2%,减收38.81万元。

税收收入194.61万元，下降16.2%,减收37.59万元;非税收入5.68万元,下降18.9%,减收1.33万元；其他收入7380万元，增长18.3%,增收1142万元。

中央级税收95.17万元，下降18.4%,减收21.4万元;地方级税收99.44万元，下降14%，减收16.2万元。

本级收入151.99万元，下降8.6%,减收14.38万元。(本级税收146.47万元,下降8.9%,减收14.38万元；非税收入4.78万元，下降2.4%，减收1195万元；其他收入7380万元,增长18.3%,增收1141万元)。第二税务分局(直征局)分配的石油收入49.04万元,下降32.9%,减收24万元。其中:税收收入481393万元,下降32.5%,减收232155万元;非税收入8998万元,下降46.5%,减收7827万元。

【税务登记】 2020年,地区辖区内共有管户11.47万户，其中企业为2.84万户，个体为8.63万户;2020年新办户3.76万户，其中企业6074户,个体31491户;2020年注销户数为2198户,其中企业为416户,个体为1782户。

【纳税服务】 2020年,地区税务局进一步完善和落实办税服务厅管理各项制度规范。按照“好差评”工作要求,完善绩效考核指标,与办税服务厅人员绩效管理相结合,确保评价率和满意率双提升。2020年纳税人满意度提升11个名次,位居全疆第14名。推广“非接触式”办税缴费服务,印制1.8万册“非接触式”办税指引及操作手册,实现发票领用“线上申领、线下配送”和发票代开“线上办理、线下开具”,全年以来累计为3411户纳税人寄送发票份数69万份。

【税收稽查】 2020年,地区税务局累计立案检查63户，结案67户。入库税款累计7668.05万元。受新冠肺炎疫情影响，与上年同期相比,检查户数和查补入库数均有所下降。组织开展2020年度双随机抽查工作,对省级重点稽查对象(第一批)8户、市级重点稽查对象4户、非重点税源纳税人22户,认真开展自查和重点检查。逐户指定自查负责人,辅导企业学习自查工作指引，督促企业开展自查自纠工作，自查查补（含滞纳金）合计943.61万元,累计已入库943.61万元。地区税务局稽查局落实《国家税务总局办公厅关于进一步加强稽查信息化用提升稽查指挥管理效能的通知》文件精神,11月20日前,完成“四室”建设并投入使用;严格按照总局稽查局工作要求补充税务稽查人员数量,壮大税务稽查力量。

【重点税源监控】 2020年,全地区纳入总结的重点税源企业101户，实现税收收入93.24万元，占全地区本级税收收入61.3%。

2020年阿克苏地区增值税主要支撑行业税收情况一览表

表3　单位:亿元

行业	收入	行业	收入
造纸及纸制品业	0.0074	电信服务	0.0033
鉴证咨询服务	0.1175	滞纳金、罚款	0.2407
洗煤	0.4597	供电	0.0022
黑色金属矿产品	0.0159	商务辅助服务	0.883
医药制造业	0.0186	交通运输业	0.7892
家具制造业	0.0018	广播影视服务	0.0045
金融服务	2.0798	机械制造业	0.0487
生活服务	0.3855	销售无形资产	0.0169
建筑服务	12.1751	电气机械及器材制造业	0.0165
发电	0.6725	其他采矿业	0.0059
销售不动产	4.4748	物流辅助服务	0.0895
纺织业	0.2031	研发和技术服务	0.4113
化学原料及化学制品业	1.1453	燃气	0.1434
黑色金属冶炼及压延加工业	0.0678	信息技术服务	0.0658
其他电力煤气及水的生产和供应业	0.0544	食品加工制造业	0.0652
软件、集成电路	0.0057	橡胶制品业	0.0023
盐	0.0192	石油加工及炼焦业	9.2534
有色金属冶炼及压延加工业	0.0007	其他现代服务	0.2073
商业	4.875	其他行业	0.1409
租赁服务	0.6049	煤气	0.0074
自来水	0.0699	酒、饮料和精制茶制造业	0.2259
文化创意服务	0.1424	邮政业	0.0172
服装及其他制品业	0.0603	非金属矿产品	0.1012
原煤	6.1749	暖气、热水、冷气等的生产和供应	0.0075
其他未列明制造业	0.8288	有色金属矿产品	0.0085
非金属矿物制品业	2.5759		

审计

【概况】 2020年,地区审计局围绕地区中心工作,主动适应新常态,贯彻新发展理念,自觉融入社会稳定和经济发展大局,坚持依法审计、文明审计,客观求实、审慎包容,落实“三个区分开来”(即把干部在推进改革中因缺乏经验、先行先试出现的失误和错误,同明知故犯的违纪违法行为区分开来;把上级尚无明确限制的探索性试验中的失误和错误,同上级明令禁止后依然我行我素的违纪违法行为区分开来;把为推动发展的无意过失,同为谋取私利的违纪违法行为区分开来)要求,发挥审计在党和国家监督体系中的重要作用,为筑牢地区经济社会发展提供审计坚强保障。地区各级审计机关完成审计和专项审计调查项目205个,查处各类违规资金3665万元,审计促使已上缴财政资金2.16亿元,核减投资额4980万元,向司法机关、纪检监察机关和有关部门移送事项15件,提交审计报告和专项审计调查报告226篇,审计提出建议556条,被采纳402条。

【疫情防控专项审计】 2020年,地区审计局聚焦中央和各级疫情防控工作的安排,重点审计各级财政安排的疫情防控资金总体规模、拨付和使用情况,延伸审计红十字会、慈善组织等11家机构,疾病控制中心等86个政府单位、6家企业,并对重要事项进行必要的延伸和追溯。审计反映,地区各县(市)

疫情防控工作有序推进，医疗、生活物资储备丰富。

【重大政策措施跟踪审计】 2020年，地区持续关注企业复工复产、金融资金支持、税收和社保费减免等政策措施落实情况，通过督促相关县(市)强化问题整改，重点开展地区新增财政资金直达县市基层直接惠企利民政策实施情况，及时组织专项审计，印发《阿克苏地区2020年中央下达地区新增财政资金直达县市基层直接惠企利民专项审计工作方案》，统筹协调推进专项审计工作。加强对地区七县二市实地指导、核查，有效掌握资金分配方案及使用效益，确保资金安全、高效使用，发挥审计在服务地区经济工作中的保驾护航作用。

【预算执行监督】 2020年，地区审计局围绕实施全面预算绩效管理和厉行节约，主要对财政管理和决算草案及重点部门的预算执行进行了审计，促进加强预算绩效管理，提高财政资金使用效益。在开展预算执行审计的同时，统筹做好地区本级一级预算单位(130家)审计全覆盖，有效推动地区一级预算单位提升财务核算和管理水平。

【经济责任审计】 2020年，地区审计局紧扣经济责任审计重点，聚焦权力运行和责任落实，听取被审计领导及单位的意见，客观评价定责，坚持监督和服务并重。全地区共开展经济责任审计项目19个，审计领导干部及企业领导人员27人。地区本级先后完成原地区农机局、原地区食药局、原地区经信委、原地区旅游局、一中、二中、教育局、卫健委、渭干河流域管理局、畜牧兽医局、地区红旗坡农业发展集团有限公司、鹏达投资有限责任公司、西域牧业发展有限责任公司、天山神木果业发展有限责任公司14家单位和企业经济责任审计。

【三大攻坚战审计】 2020年，地区审计局在开展各项审计时，把政府债务作为重点内容予以关注，促进加强政府债务管理，严守不发生政府债务风险。组织开展扶贫审计3次，采取县市自查、交叉、政策跟踪审计等模式，确保如期打赢脱贫攻坚战，为地区脱贫攻坚保驾护航。审计地区畜牧兽医局主要领导任职期间履行自然资源资产管理和生态保护责任，推动抓好源头防控，促进绿色发展。

【城镇保障性安居工程跟踪审计】 2020年，地区审计局围绕民生领域的重点问题，开展民生审计，先后完成新和县、拜城县保障性安居工程资金投入和使用绩效审计，通过审计及时清退违规享受保障房公共租赁房290套。

【固定资产投资审计】 2020年，地区审计局按照审计署、审计厅关于进一步完善和规范投资审计工作“突出重点、量力而行、确保质量”的原则，紧紧围绕工程招投标、物资采购、工程结算、质量管理等关键环节，对重点建设项目实施审计。完成沙雅县滴管项目、阿克苏技师学院、地区中等职业技术学校、迎宾停车楼、地区公安局雪亮工程、地区二中浴室项目6个政府投资项目竣工审计。

【浙江援阿项目审计】 2020年，浙江省援建阿克苏地区建设项目171个，项目计划总投资28.27亿元(其中浙江援建资金15亿元)。其中由地区各级审计机关实施审计的项目160个，项目总投资27.85亿元(其中浙江援建资金14.58亿元)；由援建方实施审计的项目11个，项目总投资0.42亿元。项目建设地点涉及地区七县二市，主要用于脱贫攻坚、安居富民、医疗卫生、教育就业、产业发展、乡村振兴和基础设施等重点领域。审计结果表明，地区各县(市)均高度重视并认真落实中央支持新疆发展各项政策，取得较好成效。

【住房公积金审计】 2020年，地区审计局审计地区住房公积金管理中心2019年度住房公积金归集、支取、增值、收益情况，审计结果表明，2019年地区住房公积金管理中心按照《住房公积金管理条例》《住房公积金财务管理办法》等制度，管理核算全地区住房公积金，记载职工个人住房公积金的缴存、提取、办理公积金贷款等业务，记载清晰翔实，财务成果较真实地反映了住房公积金的收支状况。

统计

【人口普查】 阿克苏地区第七次全国人口普查工作于2020年4月2日正式启动，成立阿克苏地区第七次全国人口普查领导小组及办公室(简称地区人普办),组建地区、县、乡、村四级普查机构,实现组织、机构、人员、经费四落实。地区人普办开展统计用区划代码和城乡划分代码更新维护工作,规范工作流程,完成行政区划代码调整及235个村居属性变更。7月,在全疆率先开展和完成普查区绘图及建筑物标绘工作,全地区共标绘建筑物66.9万个,划分普查区1427个,普查小区1.02万个。地区人普办建立横向到边、纵向到底的包联督战机制,调动地区各级普查机构及1.3万名“两员”(普查指导员、普查员)对地区全境实施“地毯式”全覆盖摸排清查,共摸排应登记114万户人口。11月1日,地区主要领导公开接受普查员入户正式登记,地区普查指导员、普查员兼顾疫情防控与普查登记,10日完成人口普查短表登记工作,11月底前完成长表登记工作。12月14日,在国家事后质量抽查中取得“零差错”成绩。自2020年12月至2021年1月,地区人普办组织各县(市)人普办对长表行职业进行编码并开展质量验收工作,高质量圆满完成编码阶段工作。

【统计服务】 2020年,地区统计局不断提高统计服务能力,按时完成2019年统计公报、2020年统计年鉴、阿克苏地区2020年国民经济和社会发展一览表、2020年领导干部手册、2019年全面建成小康社会统计监测、妇女儿童发展规划监测等综合性的统计产品。围绕地委“76331”战略,抓好“六大产业+旅游”、十大统计指标监测、28个专业统计和企业升规入统等经济发展重点任务,强化统计预警预判能力,设计《点线面投资项目汇总表》《点线面投资项目明细表》《六大产业完成情况表》,做好“点线面”机制运行及“六大产业+旅游”的统计监测和预警工作。实施2020年绩效综合考评满意度测评,全地区6677人参与测评,发放问卷16679张,委托自治区第三方机构对收回的16679张问卷进行科学汇总,科学分析评价测评结果,将被测评单位2019年测评结果与2020年测评结果进行比对说明,形成专题报告上报地委、行署。

【改革创新】 2020年,地区统计局建设完成地、县、乡三级统计视频专网,实现地县75名业务人员随时随处通过统计VPN专线办公,为地县开展统计调查提供强有力保障。推进GDP统一核算工作,平滑地区2002年至2018年共16个年度九大行业数据增加值,2019年三次产业结构优化为22:32:46,县(市)经济增长的规模、结构、速度数据与地区有效衔接。抓好500万~5000万元项目的企业联网直报工作,按月召开行业部门协调会,有效助推地区投资、建筑业通过国家、自治区验收。深化商业、劳动工资、服务业改革,推进三产发展,根据第四次全国经济普查修订地区社会消费品零售总额限上①、限下②结构比为39:61,抓好限上和限下抽样企业的帮扶指导力度,结构趋势更加合理。

注:①限上,即限额以上商贸单位(企业法人和个体):指的是年营业收入达到2000万元以上的批发业、500万元以上的零售业,年营业额达到200万元以上的住宿、餐饮业。

②限下,即限额以下商贸单位(企业法人和个体):指年营业收入未达到2000万元的批发业、500万元的零售业、200万元的住宿、餐饮业。

【统计执法】 2020年,地区统计局建立健全防范和惩治统计造假、弄虚作假责任体系,以统计造假专项整治活动为契机,制订《阿克苏地区统计局防范和惩治统计造假、弄虚作假工作方案》。采取“双随机”、下发统计专项查询书等方式,将“四条红线”执行情况作为重点,加大对各行业统计数据质量的检查指导力度。常态化做好防范和惩治统计造假、弄虚作假情况的自查和“回头看”工作。

【能源统计】 2020年,阿克苏地区统计局核算地区及分县(市)2015年至2020年共60年能源平衡表数据;深化能源核算体制,推动能源平衡表与季度核算数据有效衔接,并逐步实现统一核算;全面深化《阿克苏地区部门能源统计报表制度》,建立健全部门成员单位能源统计报表报送制度,形成部门评审机制;开展能源核算全员培训计划,制定“十四五”双控指标的预期目标,协助相关部门制订2030年前碳排放达峰行动方案,助推阿克苏地区经济高质量发展。

国家统计局阿克苏调查队工作

【概况】 2020年,国家统计局阿克苏调查队认真学习贯彻习近平总书记关于统计工作、新疆工作重要讲话指示批示精神,大力弘扬“为民调查、崇法唯实”的新时代统计调查精神,努力提高统计数据质量和统计服务水平,保质保量完成了住户调查、劳动力调查、农作物遥感测量和对地抽样调查、农产品生产者价格调查、农产品中间消耗调查、农民工监测调查、主要畜禽监测调查、消费品价格调查、工业生产者价格调查、小微企业跟踪调查、群众安全满意度调查、网购调查、服务零售结构调查等13项常规统计调查任务,组织人员参与完成国家脱贫攻坚普查任务。

【住户调查】 2020年,国家统计局阿克苏调查队以做好本队70户住户样本数据采集、审核、上报工作为基础,规范入户走访、住户补贴发放形式,大力推广电子记账,如期实现电子记账户数占比较上年有所提高的目标。疫情防控期间,创新工作方式,以住户调查点为单元,组建线上业务交流群,以视频会议形式进行业务指导,确保住户工作有序进行。认真履行住户办职能,主动与地区统计局配合,通过业务培训、现场数据检查处理、召开局队联合会、地区经济口部门季度经济形势分析会等方式,统筹做好辖区1100户调查样本户的记账工作,准确反映地区城乡居民收入变化。

【价格调查】 2020年,国家统计局阿克苏调查队紧密结合疫情防控形势,采取分县(市)实地走访检查、召开业务培训会、分层分类管理等方式,及时替换、增加PPI样本企业,完成全年PPI调查数据审核上报任务。按照CPI调查线上线下结合询价法,调整更换CPI采价规格品,更新采价网点分布图,建立月度价格电子台账,落实数据“三审制”,加强横纵向关系审核,不断增进公众对物价数据的认可度。

【农作物遥感测量和对地抽样调查】 2020年,国家统计局阿克苏调查队在保持样本数量不变的基础上,完成阿克苏地区5个县(市)、34个调查区、102个样方的农作物面积遥感测量和阿克苏市调查区内的农作物全年种植意向调查、夏粮预产及实测调查、棉花产量调查,确保数据高质量真实准确完整。

【脱贫攻坚普查】 2020年,国家统计局阿克苏调查队将脱贫攻坚普查作为全年重点任务,按照国家脱贫攻坚普查工作部署、时间安排、操作规范,倒排工期、明确时限,完成阿克苏地区2个深度贫困县和享受片区政策的7个非贫困县(市)第一批脱贫攻坚普查任务。如期完成辖区65408户贫困户普查现场登记,65408份户表、1196个行政村表、9个县表审核验收上报工作,确保脱贫攻坚普查各阶段任务不折不扣贯彻落实。

【专项调查】 2020年,国家统计局阿克苏调查队配合国家统计局吐鲁番调查队完成阿克苏地区1市1个县、300个样本的群众安全满意度调查,抽调业务骨干完成乌鲁木齐市1个区、1个县的群众安全满意度交叉调查。动员全队力量,完成阿克苏地区6个县(市)、12个乡镇的群众安全满意度调查,向党委政府提供了反映社情民意的一手数据资料。

【信息和分析研究】 2020年,国家统计局阿克苏调查队健全统计调查信息和分析撰写目标考核制度,加大对撰写量、采用量的考评和季度公示,全年累计上报各类经济信息分析75篇。利用地区经济口单位月例会,定期向当地有关领导反馈CPI、住户调查数据变动情况。

【统计法治建设】 2020年,国家统计局阿克苏调查队组织开展公职人员网络学法用法和无纸化考试工作,以宪法宣传月、“9·20”统计开放日等重要节点为契机,采取局队联合宣传、下点入户实地宣传、业务培训+法治宣传等模式,累计向调查对象发放宣传资料100余份组织各专业开展数据质量自查21次,统计执法检查38次。

市场监督管理

【概况】 2020年,地区市场监督

管理局以“固本强基、创新突破”为工作主题，一手抓疫情防控，一手抓业务工作，立足市场监管职能，勇担疫情防控责任。深化市场准入便利化改革，实施“一窗通办”，激发内生动力，成功组织自治区校园食品安全突发事件应急演练，按照“一企一室”设立远程审方中心、推广远程诊疗经营模式，对标达标行动取得成效，排名位居全疆第一，筑牢强化特种设备安全底线，实施线上线下一体化监管模式，各项工作取得新成效。

【营商环境】 2020年，地区市场监督管理局坚持把“放管服”改革作为促进“六稳”“六保”的重要举措，深化市场准入便利化改革，激发内生动力。落实“13345”改革成效显著。持续减少审批环节，大幅压缩审批时限。将办理时限压缩至1个工作日。企业开办“套餐”服务稳步推进。设置“企业开办专区”，实现企业登记、印章刻制、申领发票、社保登记、公积金开户登记、银行开户6个环节办理时限压缩至3个工作日。食品生产许可改革分类实施。将17类低风险食品生产许可权限下放至各县(市)局，实行属地化登记管理，实现就近、就地办理。落实药品经营许可“先证后查”。按照国家总局关于“证照分离”改革全覆盖试点精神，对药品经营许可证换发方式进行改革，变以往的“先查后证”模式(企业申请—受理—现场核查—审核发证)为“先证后查”模式(企业申请—自我声明承诺—受理—审核发证—证后监督核查)，截至2020年年底地区已通过“先证后查”完成换证386家。放宽市场主体经营场所限制。探索实施“一照多址”，允许企业在辖区范围内新增营业网点，不需要办理分支机构营业执照，只需向市场监管部门备案经营场所信息，降低市场准入的门槛和成本。实施市场主体简易注销登记。引导领取营业执照后未开展经营活动、未发生债权债务企业申请简易注销登记，简化企业一般注销流程，上线运行网上注销服务专区，取消企业向登记机关备案清算组的程序，支持企业通过国家企业信用信息公示系统办理清算组备案和免费发布公告，注销提交资料从原来的8项简化到4项。办理企业注销登记1454户，其中429户企业办理简易注销登记。拓展“政银合作”广度。与工商银行、农业银行等6家银行、城乡143个银行网点展开合作，实现市场主体登记注册便利、快捷，截至2020年年底，城乡160个银行网点启动免费帮办服务，帮办市场主体登记注册业务4834件。推行减证便民服务改革措施。将窗口38项审批事项纳入阿克苏地、市和温宿县“同城通办”范围；落实“容缺受理”工作机制，对已具备审批条件、申请材料非要件缺失的，先行予以受理审批，后由申请人书面承诺限期补齐；实施“一窗通办”，让办事群众无论在哪一个窗口都能满意地办理自己所需的业务。做好市场主体服务工作。落实个体工商户复工复产纾难解困各项优惠政策；落实单位主要领导定期联系服务企业制度，解决企业在生产经营过程中的实际困难；主动对接招商引资、特种设备生产（设计、制造、安装、改造、修理）企业，做好跟踪服务工作，推动企业尽快投产见效。

【综合执法】 2020年，地区市场监督管理局依托“12315”投诉举报平台和广播电台“12315周周见”栏目，加强研判分析，对驾培行业、批发市场、白酒销售等六个行业集中开展行业专项执法行动。对阿克苏市、温宿县涉及投诉的驾校开展执法检查，共立案查处7起，责令整改8家，处罚款26.41万元，退还用户2.81万元，有效规范驾培企业收费行为。结合春节期间市场检查，共查处4起侵害五粮液、洋河酒厂等知名白酒商标专用权违法行为，处罚款共计13.6万元，没收侵权白酒88瓶。查处涉嫌混淆柔雅、伊犁老酒等产品包装的违法行为7起，处罚款共计4.5万元，没收侵权白酒52450瓶，联合公安部门查处制售假酒案1起，涉案金额达131万余元。开展春季农资打假专项执法行动。以复混肥、硫酸钾、中微量元素肥为重点，执法抽样16批次，对其中检验不合格的5批次进行立案查处，处罚款共计10.7万元，没收不合格化肥16.8吨。查处广东富迪爱无价网络科技有限公司传销案1起，移送公安机关予以刑事追诉。联合银保监、人民银行和地区金融办开展非法金融机构和非法金融行为专项检查，针对发现的合同不规范、注册地址变更、许可资格年审整改不到位等情况，下达责令整改通知书。疫情防控期间开展专项执法行动。查处非法渠道购进医用口罩违法行为3起，处罚款共5万元，没收口罩1520片。对阿克苏市两家批发市场实施驻点监管，常态化开展驻点价格监测、预警以及执法检查，共检查农产品一级批发商32家，下达责令整改通知书17份。大型商超12家次，社区超市、蔬菜店67家，提醒告诫12家。建立“地头—批发市场—零售市场”三级价格监测网络，有效确保阿克苏地区价格可控。

【食品安全】 2020年，地区市场监督管理局持续加大冷链食品、环境及从业人员等监测力度，检查冷链食品经营单位3128家次，查处冷库食品违法案件2起，罚没款2.46万元。建立环境样本采样队伍27支，采样人员95人。冷链食品(含内外包装)及环境核酸采样29775管，从业人员核酸采样83104人，核酸检测均呈阴性。加大执法监管力度，全地区查办食品违法案件312件，办结243件，罚没款189.82万元。强化食品风险监测，开展食用农产品、餐饮食品、抗疫专项抽检5631批次，抽检完成率93.13%，合格率99.06%，核查处置率100%。加强疫情防控期间学校开学复课食品安全监管。开展校园餐饮、食品标签、食用农产品等专项行动12次。开展食品抽检4323批次。重大活动餐饮保障12次。

【消费者权益保护】 2020年，地区市场监督管理局整合市场监管“12315”投诉举报热线平台，实现投诉举报处置四级贯通。开展“12315”平台在线消费纠纷解决(ODR)企业申报工作，落实经营者消费维权主体责任。指导并帮助36家企业完成ODR备案申请，在地区各县(市)24家大型商场、超市、市场指导设立消费维权绿色通道。对全地区网店、网站开展线上巡查检查，全面核实异常网站、网店共计543家，其中异常网店366个，异常网站177个。全年，12315指挥中心共受理投诉(申诉)、举报案件4912件，办结4611件，办结率为94%，为消费者挽回经济损失1361.31万元。

【广告监管】 2020年，地区市场监督管理局开展打击虚假网络广告宣传，深化整治损害群众利益问题专项检查。按照整治方案要求，重点对本辖区保健食品生产、经营单位和广告发布单位，建立整治台账，共摸排保健食品经营单位974家，累计出动执法人员1533人次，科普宣传162场次，受益5132人次。经过检查，阿克苏地区未发现保健食品生产厂家。全年在全系统广告案件中上报2起影响面较大的典型案例，共查办虚假违法广告案11起，罚款7.1万元。依托网络交易监管平台，强化网络广告日常监测和巡查。检查各类广告经营者、发布者562家，共自行监测互联网广告1258条，检查各类移动端互联网广告2906条次。开展对房地产公司房屋销售广告专项整治，重点对房屋销售公司张贴和印刷的虚假宣传彩页进行甄别、梳理和查处，共检查房地产销售公司广告宣传3家，整改2家。

【药品器械化妆品监管】 2020年，地区市场监督管理局运行远程审方平台，连锁药品企业兼并重组零售经营药店487家，平台日均处方量8300单、已出具处方17万单。许可换证提速明显，推行全程电子化审批，药品经营许可证换发时间由原来的30个工作日缩短为当日办结、实现换证“秒办”。集中核查3次、核查企业259家，整改存在问题20个。专项行动有效推进，组织开展化妆品集中交易市场、执业药师挂证“回头看”、中药饮片等专项整治行动，全方位监管药品流通、使用等各个环节，共检查各类市场、门店1158家，责令改正412家、立案查处药械化案件329件、已结案232件、罚没款89.82万元。检查化妆品经营单位52家，立案1起、下发责令改正通知书2份。

【知识产权】 2020年，地区市场监督管理局知识产权工作稳步推进，成功申报阿瓦提慕萨莱思地理标志证明商标工作。组织筹划“阿克苏馕”地理标志集体商标申报和“托峰冰泉”商标注册。开展疫情防控期间知识产权管控，杜绝商标恶意注册。组织开展知识产权“铁拳”专项执法行动，全地区查处商标侵权、假冒专利案件140起，申报专利901件，有效发明专利173件，比上年增长20%。

【风险监测抽检】 2020年，地区市场监督管理局强化监督抽检，通过靶向抽检、筛查安全问题、强化风险防控，倒逼生产经营者落实安全主体责任、促进安全放心消费。全年，餐饮食品抽检764批次、农产品抽样1018批次、抗疫专项抽检30批次，县(市)农产品抽检3819批次，发布抽检信息13期。及时启动不合格产品处置程序，国家食品安全抽检监测信息系统检出不合格食品75批次，其中：国抽转移地方14件、省级本级及省级专项11件、地区本级及外省二级站28件、县市22件，已完成核查处置案件33件，其余42件正在办理中，核查处置率达100%。

【质量发展】 2020年，地区市场监督管理局开展质量安全系列专项整治行动，检查辖区内危化品生产企业34家，危险化学品包装物生产企业34家，批发零售店儿童玩具经营场所109家，校服生产企业5家，检查食品相关产品生产加工销售52家，发现问题15处，立案2起。发布备案4个果品质量分级标准，19项地区地方标准。对标达标行动取得成效，210家企业的256种产品标准与发布的对标方案进行对标。

开展棉花收购环节质量监管，督促棉花加工企业严格查验“用种证明”，严格落实垛前放置棉花品种、等级标识牌，避免棉花混类、混收、混等级、混垛问题的发生，查处各类违法案件8起，结案2起。对2019年147家棉花收购加工企业收购量、加工量、公检量进行核查，全地区收购籽棉243.19万吨、折皮棉90.87万吨，加工量88.55万吨，公检量86.73万吨，监督检查覆盖率达到100%。开展2020年度学生校服生产、销售企业和学生校服使用单位“双随机”联合抽检工作，抽查校服生产企业3家、抽检校服3个批次共18套。责令停产企业1家，责令整改1家。开展计量器具检定及监督检查，围绕商场(店)、集贸市场、批发市场、饭店(酒楼)等540个重点场所，免费检定计量器具3330台/件，监督检查计量器具3412台/件。

【特种设备安全监察】 2020年，地区市场监督管理局筑牢强化特种设备安全底线，“一单四制”大风险隐患排查工作机制运行规范。建立风险隐患清单和移交反馈、挂牌督办、分级管控及闭环管理四项机制，实施线上线下一体化监管模式。检查特种设备使用单位1394家(次)，检查特种设备17771台（次），发现隐患1540项，整改1480项。常态化开展提级管理单位隐患排查，落实每月隐患排查，共检查提级管理单位49家（次），检查特种设备1115台(次)，排查治理隐患199项，下达安全监察指令书3份。加大隐患排查力度，围绕特种设备安全专项整治三年行动，先后组织开展危险化学品相关特种设备、石化与化工企业成套装置中的压力容器、电梯、大型游乐设施等快开门式压力容器隐患专项治理。共检查单位1043家，检查特种设备5161台，发现隐患746条，整改715条，下达安全监察指令书93份，立案查处7起，移交公安部门1起。有效发挥“96333”电梯应急救援处置和维保服务平台作用，共受理电梯救援电话528起，救援被困人员1001人(次)。全年共培训考核特种设备安全管理人员和作业人员1221人，培训特种设备安全监察人员33名。

【信用监督管理】 2020年，地区市场监督管理局“双随机、一公

2020年10月，地区市场监督管理局工作人员检查克深油田特种设备安全（王一军 摄）

开"监管方式改革成效初显。建立"一单两库",将169个类别纳入监管范畴,入库检查对象151181户、执法干部622名,制定并公示跨部门任务111个。地区市场监管系统下发系统内部双随机任务38个,抽取企业1552户、已检查1330户,检查率85.7%;下发或参与联合双随机任务161个,抽取企业991户、已检查824户,检查率83.15%。地区各成员单位已制发跨部门联合双随机流程41个,各级成员单位通过部门协同监管平台制定并公示跨部门双随机任务210个。市场主体年报工作持续推动,地区应年报企业21125户,已报19301户,年报率91.37%。

【检验检测】 2020年,地区市场监督管理局全年完成业务总收入2842万元。完成棉花公检268万吨,完成监管库检验2.37万吨。检验纤维、纺织品及其制品965批次,并对外发布5期质量公报;检验特种设备2.552万台(只)及管道423.979千米,定检率始终保持在97%以上;检定、校准计量器具4.4万台/件,免征收费145万元;完成食品、产品类委托检验样品6677批次;完成"十城百店"特色农产品检测1225批次。

【科技信息化建设】 2020年,地区市场监督管理局探索创新,率先在全疆初步建成智慧市场监管信息化系统,实现对药品、医疗器械全程溯源,对食品餐饮企业进行在线监测,形成"严管"+"巧管"的监管新局面。截至年底,系统已录入药械产品数据1.8亿条,"互联网+明厨亮灶"接入小学、幼儿园1411家,覆盖率100%,录入食品生产数据161万条。

【法治建设】 2020年,地区市场监督管理局以"严"为本,全力强化法治建设,明确党政负责人为法治建设第一责任人,严守底线红线,严防违法违纪情况发生,全力做到依法履职、严格执法。"三项制度"规范运行。推行落实重大执法决定法制审核制,累计立案84件,审核案件78件,行政处罚案件信息已全部向社会公示。行政事项清单更加明晰,梳理公示权力事项清单487条,执法主体、执法权限依据以及追责情形进一步明确。出台《关于推进包容审慎监管支持市场主体健康发展的指导意见》,编制不予处罚、减轻处罚、从轻处罚3个清单,涉及193种违法情形。全年全地区查处各类违法行为1488件,立案827件,对661起轻微违法案件免除罚款,从轻处罚117起案件,减轻处罚101起案件。案件评查力度持续强化,对317起已结案件开展行政执法案卷评查工作。

【药品集散中心项目】 2020年,地区药品集散中心强化保障精准调配,全力保障疫情防控需求。中心累计采购医疗防护物资及设备4.3亿元,调拨医疗防护物资4.04亿元,现储备物资1332.9万件。1—10月,中心总销售额20.53亿元,比上年增长46%,纳税金额6111.33万元。中心共开展药械招标采购291次,其中:公开招标105次、竞争性谈判91次、询价90次、单一来源5次,招采金额达7亿元,149家公立医疗机构在中心进行二次议价并会签药品、医疗器械、医用耗材、检验试剂合同1685份。

海关

【概况】 阿克苏海关成立于2018年12月14日,2019年3月28日正式揭牌,是乌鲁木齐海关所属的正处(县)级单位。阿克苏海关位于阿克苏地区阿克苏市,属有边境无口岸的属地型内陆海关。阿克苏海关承担阿克苏地区、兵团第一师进出境运输工具、货物、物品及人员的征税、监管、缉私、出入境检验检疫、统计等工作;承担阿克苏海关干部队伍管理、基层党建、准军事化建设、宣传思想文化、财务管理、综合保障等工作。阿克苏海关按照"两级"海关工作会议,聚焦新疆工作总目标,坚持"务实、精准、创新、聚力"的工作方法,推动完善各项制度,提升依法把关服务能力,坚决打好疫情防控阻击战,统筹做好稳外资稳外贸,做好风险防控,筑牢国门安全防线,各项工作展现出新局面。

【依法行政】 2020年,阿克苏海关持续强化依法行政工作。6月17日,首次开展企业核查工作,全年完成9家企业核查任务,开展网上核查作业3家,提升核查效率，增强执法便捷性，降低企业制度性交易成本。7月4日，首次对进境大麦开展监督管理，批准调运进口大麦41批3086吨，加大进口粮食运输沿线、定点加工企业、仓库周边以及周边重点区域的外来杂草等植物疫情国门生物安全监测，强化农药、污染物、生物毒素等重点项目抽查检测，确保进口粮食疫情防控管理体系有效运行。推动辖区进出口企业认证工作，加大企业认证培育工作力度，辖区4家涉及食品、纺织、化工、甘草制品的生产企业通过一般认证企业的认证，实现辖区认证企业零的突破，举行认证企业证书颁证仪式，向4家企业颁发认证企业证书。加强业务技能培训，开展多种形式的培训、学习、岗位练兵比武活动，2020年阿克苏海关具备危险化学品及其包装检验监管资质8人，食品签证官资质5人，植物检疫签证官及查验资质3人，原产地签证人员4人，依法行政执法把关服务能力进一步提升。

【通关业务】 2020年，阿克苏海关在落实新冠肺炎疫情防控工作要求的同时，全力支持外贸企业复工复产。针对疫情防控期间辖区企业业务需求，探索尝试以“视频指导+验收报告+合格保证”等与货物相适应的模式，快速高效办理相关手续，保证货物正常出口。对辖区大宗出口商品浓缩苹果清汁，全程采取线上办理，快速出具检验检疫证书，确保疫情防控期间监管业务不断。利用“互联网+海关”，简化办证手续、压缩办理时间、提高办事效率，使企业足不出户，完成海关手续，提升通关效率与服务水平。

【风险管理】 2020年，阿克苏海关落实食品安全“四个最严”要求，监督企业落实主体责任，辖区食品出口未发生国外通报情况。开展进出口商品安全风险监督抽查，对辖区出口红枣、核桃、香梨、危化品包装和进口棉花、目录外消费品等抽检24批次。筑牢国门生物安全防御体系，完成检疫性实蝇、苹果枝枯病、葡萄小卷叶蛾等疫病疫情调查和防控工作。按照“管行业必须管安全、管业务必须管安全、管生产经营必须管安全”的要求，严格落实风险隐患排查机制，加强对监管场所和进出口生产经营企业的安全管理和风险隐患排查，加强人员培训和安全防护工作。

【服务地产品“走出去”】 2020年，阿克苏海关加大对进出口企业的帮扶力度，辖区备案进出口企业数量平稳增加，进出口业务涉及面更广，为外向型经济发展提供新动力。2020年辖区新增进出口收发货人、出口食品生产、进境粮食定点加工、出境种苗花卉生产等企业备案注册67家。帮扶辖区保税仓库实现建成以来业务零的突破，并保持平稳运营，发挥对外贸易平台作用，推进辖区外向型经济更高水平的对外开放。8月1日，实现进口货物首次报关；8月18日，首次收缴进口货物增值税。帮扶1家种苗生产企业取得出境种苗花卉生产企业注册登记证书。指导辖区3家出口红枣生产企业健全企业质量安全管理体系，实现阿克苏地区红枣对美国出口。辖区核桃出口成为检验检疫货物中货值第一的商品，大宗出口货物浓缩苹果清汁全部实现在工厂发货，由中欧班列直接发运至俄罗斯，提升对外贸易便利化水平。

农 业

种植业

【设施农业生产】 2020年,地区农业农村局启动设施农业三年行动方案,蔬菜稳产保供能力显著增强。地区拿出1.2亿元新建温室奖补资金,撬动社会资本9.8亿元,新建日光温室4395座,大田拱棚3008座,庭院小拱棚2.23万座,地区冬春季蔬菜供给能力明显提升。全面实施储菜于农行动,全地区种植秋冬菜1.74万公顷,总产39.84万吨。新建、修缮农户庭院小菜窖、以村为单位集中大菜窖23.15万个、储藏量48.88万吨,储备各类冬贮菜23.7万吨,在不外调蔬菜的情况下,可满足全地区城乡居民5个月蔬菜需求。

【粮食生产】 2020年,地区农业农村局坚持粮食生产基础地位不动摇,严格落实粮食安全县(市)长负责制,根据自治区粮食生产指导意见和地区产业结构调整状况,将粮食播种面积纳入地区目标管理考核,逐级下达生产任务,层层压实工作责任,确保粮食播种任务落实到农户、到地块。全年,全地区完成粮食种植面积27.52万公顷,总产223.46万吨。其中:小麦面积14.61万公顷,产量100万吨;水稻1.12万公顷,产量11.65万吨;玉米10.5万公顷,产量108.68万吨,发放小麦、玉米等各类作物耕地地力保护补贴资金5.8亿元,补贴作物面积33.25万公顷,涉及农户32.9万户。

【棉花生产】 2020年,地区棉花种植面积49.89万公顷。制订《阿克苏地区推进棉花高质量发展指导意见》,全面落实"一主两辅"用种模式。棉花品种"多、乱、杂"现象得到全面改善。全地区棉花种植品种由120个减少至15个,县域内实现"一主两辅"用种模式。大多数植棉乡镇实现一乡一品。棉花内在品质及皮棉单产大幅提升。加快推进高标准农田建设。2020年地区把土地平整作为高效节水滴灌的前置条件,通过项目建设,企业、农户自筹、土地增减挂资金补助等方式,全地区共筹集建设资金6.3亿元,完成土地平整77.33万公顷,建成高标准农田18.64万公顷。实现土地流转16.13万公顷。加大机采推广力度。棉花全程机械化技术全面推行,完成机采棉种植模式36.73万公顷,占总面积的71.3%,实现亩均节本增效570元。不断完善企农利益联结机制。组建棉花种植合作社422家,实现节水滴灌区棉花生产合作组织全覆盖,通过"公司+农户"模式,累计签订棉花订单309200公顷。全面落实新棉单收单垛单轧。

【种子良繁】 2020年,地区生产合格种子良繁田3.96万公顷。其中:小麦种子田面积9380公顷,玉米制种田1440公顷,水稻种子田总面积413.33公顷,棉花种子田总面积2.78万公顷,马铃薯制种田553.33公顷。

【种子质量与市场监管】 2020年,地区种业发展中心为加强种子质量监管,开展种子室内检验和田间检验。种子样品室内检验情况：对各种子加工企业生产加工的主要农作物种子随机抽查72份样品（代表数量1930.49吨），现场复核跟班质量检验情况。经检，包装待销种子平均发芽率均高于国家标准，完全可满足精量播种要求。在春季结合执法市场检查对辖区内各种子销售门店棉花和玉米种子净度、水分、发芽率三项指标进行抽样检查，扦取种子样品59份，代表数量1915吨。对检测结果达不到精量播种要求的立即进行返厂重新精选处理，确保市场销售的种子质量合格。种子田田间检验情况：5月起，地区派出专业检验人员对辖区范围内小麦、玉米、棉花、水稻种子生产过程在企业自检的基础上，会同县（市）种子管理部门共同开展种子田田间质量检查。经田间质量检查，良繁生产合格小麦种子田9380公顷、玉米制种田1440公顷、棉花种子田2.78万公顷、水稻种子田413.33公顷、马铃薯553.33公顷。种子田田间检验合格率98%以上。在检验过程中，检验人员严格按照《农作物种子检验规程》的规定，对种子田田间质量当场予以确认，符合质量标准的发放《田间检验合格单》，达不到国标标准的一律进行降级或报废处理，决不允许进入收购加工环节，消除质量隐患。

【品种管理】 2020年，地区种业发展中心做好棉花品种筛选对比试验，为地区推荐棉花主栽品种目录提供依据。全年落实棉花对比试验4组，每组3个点，共计12个点分布7个植棉县域，试验地面积28.66公顷。其中：长绒棉1组3个点（重复）17个品种，分布在阿瓦提县、阿克苏市，展示示范面积约2.26公顷；陆地棉安排试验3组9个点（重复）55个品种，分布在阿瓦提县、阿克苏市、温宿县、新和县、沙雅县和兵团一师阿拉尔市等植棉大县（市）。共安排落实棉花品种示范点372个、示范面积4469.66公顷，示范品种33个。其中2020年“一主两辅”（植棉县市确定1个主栽品种和工厂搭配品种开展棉花种植，统一棉花种植品种，从源头上提高棉花品质和一致性）15个，后备品种18个，全年全地区棉花种植面积49.9万公顷，“一主两辅”棉花良种推广种植面积41.11万公顷，用种覆盖率82.42%，其中陆地棉“一主两辅”用种11个，种植面积37.71万公顷，覆盖率81.65%，长绒棉“一主两辅”用种4个，种植面积3.4万公顷，覆盖率91.97%。

【三圃田建设】 2020年，地区种业发展中心为切实把好源头质量关，把督促落实主要农作物种子“三圃田”建设作为种子工作的重中之重，切实抓紧抓好。落实小麦、棉花、水稻“三圃田”面积956.17公顷，其中株行10.05公顷，株系68.17公顷，原种圃877.95公顷。各县（市）共计繁育小麦“三圃田”509.09公顷，其中株行圃2.74公顷，株系圃26.42公顷，原种圃479.93公顷。落实棉花“三圃田”409.05公顷，其中株行圃7.49公顷，株系圃38.41公顷，原种圃363.15公顷。落实种植水稻“三圃田”38.55公顷，其中株行圃0.36公顷，株系圃3.33公顷，原种圃34.86公顷。

【转基因检测】 2020年，根据农业农村部种业管理司、自治区农业农村厅种业处、种业发展中心关于开展制种基地转基因监管工作的相关通知要求，地区种业发展中心先后4次对县（市）玉米、水稻制种基地的品种开展转基因排查工作。先后两次对地区范围内1437.45公顷玉米制种田进行苗期转基因检测，其中乌什县80.66公顷，拜城县1356.78公顷。对玉米制种田的父母本、自交系及品种展示分别进行分类取样，检测样品154份未发现转基因品种；7月，对地区内1437.45公顷玉米制种田父母本，15.33公顷自交系再次进行取样检测，共计扦取样品178份，未发现转基因品种；9月，对辖区内分布于温宿县及兵团一师一团的418.13公顷水稻种子田进行转基因检测，取样28份，未发现转基因品种；七县二市种子管理部门不间断的开展玉米制种田及大田转基因检测工作，扦取样品225份，均未发现转基因品种。

农村产业化

【基地建设】 2020年，地区共有林果基地8.07万公顷，其中红枣2.18万公顷、核桃3.88万公顷、苹果1.5万公顷、香梨4533.33公顷、葡萄533.33公顷。粮食基地14800公顷，其中小麦6600公顷、水稻3800公顷、玉米4400公顷。畜牧基地14113吨，其中阿克苏市4400吨，库车市3250吨，沙雅县520吨，新和县1100吨，拜城县1215吨，温宿县1228吨，阿瓦提县500吨，乌什县800吨，柯坪县300吨，西域牧业800吨。

【林果绿色基地认证】 2020年，地区林果“全国绿色食品原料标准化生产基地”认证面积11.15万公顷，其中阿克苏市认证红枣、核桃、苹果基地2.2万公顷，库车市红枣、核桃、葡萄基地2.02万公顷，沙雅县红枣、核桃基地1.33万公顷，温宿县红枣、核桃、苹果基地3.6万公顷；阿瓦提县红枣、核桃基地2万公顷。

【粮食绿色基地认证】 2020年，地区粮食“全国绿色食品原料标准化生产基地”认证8.2万公顷。其中库车市认证小麦基地面积2.8万公顷；沙雅县小麦基地1.67万公顷；新和县小麦、玉米基地1.33万公顷；乌什县小麦、水稻基地1.73万公顷；拜城县玉米基地0.67万公顷；温宿县新申报的0.66万公顷水稻基地、柯坪县0.33万公顷小麦基地农业农村部已批准创建。

【农产品加工外销】 2020年，地区共有253家农产品加工企业（不含棉纺），设计加工能力362万吨，实际加工能力221万吨，总产值103亿元，营业收入72.4亿元，利润7.8亿元，从业人员2.03万人。农副产品精深加工企业110家，年设计产能168万吨，精深加工量98万吨；总产值57亿元，增加值7.8亿元，营业收入51.1亿元，利润总额5.7亿元，工业增加值7.8亿元。在浙江建成销售网点116个，全国销售网点89个；通过“十城百店”在浙江销售27.67万吨；各县(市)在浙江“政采云”平台，开店11家、上架产品60类。地区在天猫、京东、苏宁易购、淘宝、抖音等网站或新媒体上建立“线上百店、线下十进”销售模式，目前农产品销售量达86万吨。全国实体销售189万吨。组织企业参加浙江、北京、重庆等地的农产品展销会13场次，累计销售苹果、香梨、红枣、核桃、蜂蜜等50吨，交易金额近800万元。通过在展会期间的展示、洽谈，达成农产品购销协议13.81亿元。

【冷链物流项目】 2020年，自治区下达50座农产品仓储保鲜冷链物流设施建设任务，项目补贴资金1862.5万元；地区实际建设85座；项目建设涉及阿克苏市、库车市、沙雅县、拜城县、温宿县及乌什县。地区仓储保鲜能力76万吨。

【产业化统计】 2020年，地区落实农业产业化统计年报工作，具体统计农业产业化经营组织2864个；农副产品精深加工企业110家，地区农业产业化龙头企业161家，农业产业化发展情况调查统计2类及其他农产品加工业9类统计。

【园区创建】 2020年，地区建成专业农产品加工园区3个，申报6个园区基础设施、园区公共服务平台建设等，具体涉及阿克苏市、库车市、温宿县、沙雅县、拜城县及阿瓦提县。

【品牌创建】 2020年，地区共有农产品品牌342个（以红枣、核桃、苹果为主的注册商标达511件），其中农业64个、林果236个、畜牧20个及其他类22个。地区公用品牌1个，县级公用品牌12个。各类农业品牌中新疆农业名牌11个，新疆农产品著名商标10个，新疆名牌产品17个，有效期内的绿色食品67个，有机产品67个，农产品地理标志认证7个。初步形成以“红旗坡”苹果、“戈壁玉”红枣、“宝园”核桃、“梅赛莱斯”“欣喜源”系列葡萄酒等为主打的一批优质林果农产品品牌，以“金谷”“金良”“正大”“天康”“泰坤”为主的优质粮油饲料农产品品牌，以“萨帕乐”牌细羊毛、“塔里木羔羊”“博斯坦羔羊肉”“新和塔里木鸽”“鑫湖”为主的优质畜禽、水产品牌，以“巨鹰”“华孚”“同旺”为主的优质棉产业加工品牌。红旗坡集团、天山神木等国有涉农企业加快质量管理体系认证，全地区已通过ISO 9001、GMP质量管理及QC资质认证企业71家。

【招商引资】 2020年，地区签约农业产业化招商引资项目164个，签约金额327.71亿元，开工项目141个，到位总资金100.4亿元，正在跟踪洽谈的项目123个，其中引进农副产品精深加工项目75个，签约金额136.39亿元，到位资金32.93亿元。

【一村一品建设】 2020年，地区坚持把实施“一村一品”建设作为推动农业产业化发展的重要内容来抓，不断优化发展环境，完善发展机制，提高发展质量，拓展发展空间，有效促进“一村一品”向纵深发展，推动产业富村、科技兴村、企业带村新发展。成功申报温宿县柯柯牙镇核桃新村“特色林果产业”、拜城县黑英山乡“油鸡产业”荣获第十批全国“一村一品”示范村镇称号。

【农村人居环境整治】 2020年，地区农业农村局对标中央、自治区农村人居环境整治三年行动目标任务，借鉴浙江“千万工程”经验，地区强化推进“千村整治、百村示范”工程，深入实施“村庄清洁”行动战役。截至12月底，三年累计投入农村人居环境整治资金35.55亿元、地县乡村配套17.1亿元、社会资金1.43亿元。累计完成农村卫生厕所36.17万户，普及率98.37%，超额完成自治区对三类县（市）卫生厕所普及率力争达到60%的目标任务。1029个行政村实现生活垃圾有效处理，农村垃圾乱堆乱放现象得到有效遏制，圆满完成自治区对三类县（市）村庄内垃圾不乱堆乱放任务。450个行政村生活污水得到处理，完成自治区对三类县（市）实现污水乱泼乱倒现象明显减少任务。96个自治区级农村人居环境整治示范村90%以上的农户有无害化卫生厕所、90%以上生活污水实现有效治理、90%的村组巷道硬化到户，所有垃圾实现集中收运处置和村庄环境卫生保洁全覆盖，圆满完成自治区“千村示范”工程“三个90%两个全覆盖”的目标任务，并经自治区农村人居环境整治三年行动任务验收组全面验收。

【龙头企业培育】 2020年，地区共有龙头企业161家，其中地区级94家，自治区级65家，国家级2家。开展国家级、自治区级农业产业化重点龙头企业监测和自治区级农业产业化联合体申报工作。其中，新增国家级重点龙头企业1家，自治区重点龙头企业15家，监测合格50家；新申报自治区级农业产业化联合体24家。开展地区级农业产业化重点龙头企业监测和农业产业化联合体申报工作，新增地区级龙头企业21家，新增地区级农业产业化联合体25家。

农村经济

【农村经济收入】 2020年，地区农村经济收入605亿元，其中地区乡镇农村经济收入562亿元。地区农民人均纯收入17594元。

【家庭农场】 2020年，地区将规模以上种养大户全部纳入家庭农场管理范围，完成家庭农场名录系统录入。截至2020年12月底，全地区已将20234家规模以上种养大户全部录入全国家庭农场名录系统，录入完成率156%。阿克苏疆南林果种植家庭农场作为全疆唯一1个家庭农场被收录进入第二批全国家庭农场典型案例。创建首批自治区级示范家庭农场13家。

【新型农业经营主体】 2020年，地区共有农民专业合作社5071家。其中种植生产类合作社1149家、林果管理服务类1187家、畜牧养殖类1238家、加工营

2020年阿克苏地区及各县（市）农村经济总收入、农民人均纯收入统计表

表4　　单位：亿元

县市	农村经济总收入	农民人均纯收入
阿克苏市	86.63	2.07
温宿县	86.69	2.03
库车市	121.54	1.73
沙雅县	67.44	1.84
新和县	48.95	1.78
拜城县	51.78	1.64
乌什县	34.02	1.28
阿瓦提县	56.78	1.86
柯坪县	8.92	1.28
合计	562.75	15.51

销类104家、农机服务类337家、用水管理类666家、其他类390家。截至2020年年底,地区有各级示范社211家,其中国家级示范社20家、自治区级101家、地区级90家。现有录入全国家庭农场名录系统的家庭农场2.02万家,主要为种植、养殖类。全地区共有农业生产社会化服务组织1231个,服务小农户数量7.8万户,其中农业生产托管服务组织336个,托管面积27.96万公顷,服务小农户数量达4.3万户。

【建设示范社】 2020年,地区全力做好沙雅县国家级农民合作社质量提升整县推进试点工作。开展各级示范社创建,申报国家农民合作社示范社10个,创建地区级示范社61个。按照农业农村部通知要求,完成国家示范社系统中20家示范社的2019年数据更新任务。加大自治区级示范社监测力度,对159家自治区级示范社进行监测,93家示范社保留资格,66家合作社取消示范社资格。申报国家农民合作社典型1篇,并作为全疆唯一1家合作社典型被收录进入第二批全国农民合作社典型案例。通过示范引领机制带动全地区其他农民合作社规范发展。

【三资管理】 2020年,地区按照《关于做好农村集体资产年度清查的通知》(新农办改〔2020〕34号)精神,精心组织各乡镇、村做好农村集体资产年度清查工作,全面完成农村集体资产清产核资工作,全地区应完成1167个村清产核资工作,实际完成1167个村,完成率100%。全地区农村集体资产清查资产总额合计54.43亿元,其中,流动资产13.08亿元,农业资产2.93亿元,长期资产215.95万元,固定资产38.36亿元,其他资产232.23万元。

【农村经济运行情况】 2020年,地区农村经济总体运行平稳,实现农村经济总收入605.99亿元,比上年增加59.67亿元,增长10.9%[其中:乡(镇)部分总收入562.75亿元,增加64.34亿元,增长12.9%;农业收入225.49亿元,增加23.31亿元,增长11.5%;林果业156.46亿元,增加14.68亿元,增长10.4%;畜牧业130.45亿元,增加23.14亿元,增长22%;渔业1.14亿元,增加0.44亿元,增长62.6%;二产业23.13亿元,增加1.05亿元,增长4.7%;三产业26.07亿元,增加1.72亿元,增长7.1%]。农村经济总费用288.06亿元,增加31.95亿元,增长12.5%。乡镇农民人均纯收入1.76万元,增加1363元,增长8.4%。

【农村劳动力转移】 2020年,地区共有农村劳动力655616人,通过稳妥推进土地流转,鼓励有劳动能力的农民外出务工就业。全年本地务工人员活跃,基本实现户均一名劳动力转移就业,同时务工人员工资随市场大趋势明显上涨。地区农村劳动力转移就业和外出务工达35.8万人次,比上年增加3.83万人次,增长11.9%;实现务工收入31.95万元,增加6.23万元,增长24.2%;实现农民人均务工收入1894元,增加323元,增长20.6%。

【土地承包管理】 2020年,地区组织各县(市)在做好确权颁证的基础上,对农村土地确权颁证工作不断组织开展"回头看"。阿克苏市、沙雅县、拜城县顺利通过自治区成果评估验收。共完成确权面积40.95万公顷,涉及87个镇、1101个村,颁发农村土地经营权证书27.18万本,颁证率98.3%。各县(市)充分发挥仲裁调解委员会和调解小组作用,积极对辖区内土地纠纷进行调解。全年,县、乡、村三级共受理农村土地纠纷60起,调解仲裁60起,结案率100%。阿克苏市获得"全国农村承包地确权登记颁证工作典型地区"荣誉称号。

【农村集体资产管理】 2020年,地区农村集体产权制度改革全面推开,制订《全面推开农村集体产权制度改革试点工作实施方案》《农村集体产权制度改革成员身份界定指导意见》《农村集体产权制度改革股权设置与量化指导意见》,指导各县(市)做好集体成员身份界定、股权设置、集体资产量化、股份经济合作社赋码登记等工作。1116个村全部完成清产核资、成员身份界定、股权设置与量化股份经济合作社赋码登记等工作,确定集体成员身份160.6万人，设置股权185.84万股，量化资产总额14.73亿元，成立股份经济合作社1116个，村级改革完成率100%，比中央和自治区规定的时间提前一年完成任务。阿克苏市和沙雅县有34个村集体经济组织实现收益分红，金额达629.05万元，惠及10131户、44317人。阿克苏市改革典型经验被农业农村部农村集体产权制度改革简报采用，在全国推广。

【农民合作社发展】 2020年，地区扎实开展合作社规范提升行动，全年新组建合作社1279家，建立辅导员队伍476人，深入开展合作社包联行动。农业农村部门联合市场监管部门清理退出“空壳社”1607家。指导农民合作社执行合作社财务会计制度，1740个合作社执行会计制度，执行比例达58%。推动合作和联合，组建联合社20个。强化金融政策支持，全地区各金融机构共向160个合作社发放贷款24.51亿元。

【渔业】 2020年，地区涉及渔业增殖放流项目、渔业资源发展项目、渔业油价补助项目共4大项15小项涉及资金289.77万元。利用供水、灌溉、发电等各种水库形成的水面资源，合理划定禁止养殖区、限制养殖区和养殖区。在饮用水源地级保护区，自然保护区核心区、缓冲区和试验区，国家级水产种质资源保护区禁止开展水产养殖等生产经营活动；在饮用水水源地、自然保护区外围保护地带等开展水产养殖，要限制生产方式、控制养殖密度，禁止从事网箱、围栏、投饵、施肥养殖，发展稻渔综合种养，积极发展冷水鱼健康养殖，因地制宜发展循环水生态养殖等产业项目，完成稻鱼综合种养5.33公顷，完成冷水鱼健康养殖项目1个。

畜牧业

【畜牧业生产】 2020年，地区畜牧业稳产保供能力进一步增强，全地区牲畜存栏670.74万头（只），比上年增长7.33%；出栏770.96万头（只），增长12.53%；产肉39.2万吨、产奶17.45万吨、产蛋8.98万吨，分别增长16.11%、4.37%和2.98%；畜牧业总收入130.45亿元，增加23.14亿元，增长22%；畜牧业人均纯收入3421元，增加230元，增长7.2%。

【畜牧业养殖】 2020年，地区畜牧兽医局按照《阿克苏地区加快现代畜牧业发展的实施意见》《阿克苏地区现代畜牧业高质量发展三年行动方案（2020—2022年）》，全面推广“龙头企业+合作社（养殖小区）+农户”发展模式，推进牛羊猪禽及特色养殖生产标准化、经营规模化、发展产业化，建成万头（只）、千头（只）牛羊养殖场（基地）133个，其中万头牛养殖基地11个，万只羊养殖基地6个；万只以上家禽养殖基地71个；建立科学养畜示范乡15个、示范场27个、示范村84个、示范户10194个，实现产业集聚规模化发展，呈现出牛产业迅猛发展、羊产业稳步提质、猪禽产业外销大幅上升、驴和骆驼等特色畜禽养殖提质增效、畜牧业全产业链加快布局的喜人态势。

【生猪生产】 2020年，地区畜牧兽医局制订《加快阿克苏地区生猪产业转型升级的实施意见》，推进县（市）生猪产业发展，申报中央自治区项目资金3380万元，扶持地区生猪场转型升级，强化非洲猪瘟防控，积极应对疫情，按照“特事特办”原则，与地区公安部门、交通部门对接，开辟生猪外销“绿色通道”，安排专人严格执行检疫程序，确保生猪外销渠道畅通，外销1.48万吨。

【特色家禽产业】 2020年，地区畜牧兽医局借助扶贫项目支持，推进新和鸽、拜城油鸡等特色品种快速发展，已将拜城县赛诺奇油鸡养殖场建成国家级种畜场，现有原种鸡3500羽，年出栏20万羽，已成为增加贫困户增收的重要产业，带贫效益突出。

【特色地域品牌】 2020年，地区畜牧兽医局培育柯坪县喜羊羊等有机畜产品，完成地理标志认证3个，创建“西域小羔羊”“柯坪小山羊”“塔里木小山羊”“新和鸽”“拜城油鸡”等知名品牌。

【专业合作社建设】 2020年，地区畜牧兽医局坚持把招商引资作为带动畜牧业规模化、标准化、产业化、品牌化的重要手段，引进大型龙头企业，培育畜牧业新型经营主体和产业龙头，新建养殖合作社108个、规范提升324个，新建引进畜牧龙头企业11个，以"十城百店"工程为抓手，通过抓基地、创品牌、专业合作社建设、完善保障体系等，实现畜牧全产业链条加速打造、加快转型升级的良好成效，推进畜牧产业化步伐。

【畜禽废弃物资源化利用】 2020年，地区畜牧兽医局加强畜禽养殖污染治理力度，以规模养殖场粪污处理设施建设为切入点，开展标准化生产改造和设施装备提升，推进示范创建；通过推广种养结合、农牧循环的发展模式，推进畜牧业绿色发展。地区畜禽养殖废弃物资源化利用率达86.45%，规模养殖场粪设施装备配套率达99.3%。

【草原补助奖励政策】 2020年，地区实施草畜平衡管理252.93万公顷，按每亩2.5元的标准给予草畜平衡奖励，补奖资金发放1.59万户共计16.69亿元，发放到户率100%。其中禁牧补助资金发放7210万元，草畜平衡奖励资金发放9482.5万元。

【招商引资】 2020年，地区畜牧兽医局坚持把招商引资作为带动畜牧业的重要手段，利用特色畜产品优势，以规模化养殖和畜产品深加工为重点，通过多种招商方式，引导社会资本进入畜禽养殖、屠宰、加工等领域，招商畜牧类亿元以上项目4个[新疆华凌工贸(集团)有限公司、正大华融华新、西安昌富兴隆置业有限公司、新疆都护牛业发展有限公司]，签约资金51.55亿元。

动物疫病防控

【动物疫病防控】 2020年，地区动物防疫工作以禽流感、口蹄疫、布病等重大动物疫病防控和畜产品安全为重点，强化重大动物疫病强制免疫为措施，规范免疫操作技术，确保免疫剂量和免疫密度，提高免疫质量。积极做好动物疫病防疫、驱虫、治疗工作，开展动物防疫、驱虫、治疗3325万头(只)次，其中口蹄疫免疫1030万头(只)次，小反刍兽疫497.5万只(次)，布病免疫217.9万头(只)次，禽流感免疫2142万羽次，棘球蚴病免疫22.9万头份，犬驱虫12.06万条，开展马鼻疽检疫401匹，开展马传贫送样420份。

【疫病疫苗供应】 2020年，地区动物疫病控制诊断中心制定年度疫苗供需计划，按时调拨，将疫苗按冷链技术标准逐级运送至各县(市)。全地区共计调运牛、羊双价口蹄疫苗1263.5万毫升，牛羊三价口蹄疫苗2020年未调运，猪O型口蹄疫苗183.3万毫升，禽流感H5-H7三价苗1314.5万毫升，小反刍兽疫疫苗550万头份，羊布病M5号苗230万头份，牛布病A19号苗12万头份，棘球蚴病基因工程苗23万头份。

【动物疫病疫情监测和免疫效果监测】 2020年，地区动物疫病控制诊断中心开展4次免疫抗体和两次病原学监测，分别是2019年牛第三轮、2020年春防、牛第二轮集中监测和秋防监测，检测病种有口蹄疫、禽流感、新城疫、布鲁氏菌病、小反刍兽医、猪瘟、猪蓝耳病等病种，开展免疫抗体检测101421份，重大动物疫病病原学检测6606份。

【布病检疫监测】 2020年，地区动物疫病控制诊断中心根据《2020年阿克苏地区人畜共患病监测方案》的要求，明确地区及县(市)布病监测工作职责，督促县(市)完成布感染抗体和免疫抗体病检测工作，地区动物疫病控制诊断中心开展感染抗体监测10308份，免疫抗体监测1157份，县(市)开展感染抗体牛羊监测118312份，免疫抗体牛羊监测14069份。推动地区种畜场传染病的净化工作，完成种畜场布病监测4669份。

【畜产品安全监测】 2020年，地区动物疫病控制诊断中心完成畜产品抽样采样82份(肌肉)样品，开展氯霉素等12个项目的兽药残留监测582份，合格率为100%；完成生鲜乳采样40份样品，开展黄曲霉毒素等7个项目的兽药残留监测158份，合格

157 份，合格率为 99.4%，整体合格率为 99.86%。协助自治区兽药饲料监察所和农业农村部开展国家农产品质量安全抽查抽样工作 2 次，采集家畜、家禽、蛋 70 批次。

【非洲猪瘟防控】 2020 年，地区动物疫病控制诊断中心紧紧围绕非洲猪瘟防控工作，以违法违规调运生猪六项工作措施为抓手，强化对全地区 622 个生猪养殖场(户)监管，开展非洲猪瘟日常排查累计排查场点数 7.8016 万场点次，累计排查猪只数 4403.5491 万头/次，开展跨省外调生猪及其产品的非洲猪瘟实验室病原学检测 31892 份，无阳性；督促各县(市)对直联直报系统生猪养殖场无害化处理病死猪开展非洲猪瘟病原学检测工作，累计检测 606 份样品，无阳性；严格落实生猪屠宰场“两项”制度，对地区 8 家生猪屠宰场落实“两项”制度工作进行 2 次全覆盖检查，督促屠宰企业严格落实入场屠宰生猪头头检制度，8 家生猪屠宰企业，配备到位上岗官方兽医和协检员 27 人。在国家畜禽运输车辆系统“牧运通”录入并备案拉运生猪车辆 63 辆，运输生猪的养殖户 8 名、从事生猪收购贩运的单位或个人 23 名，确保非洲猪瘟防控成效。

动物卫生监督

【动物检疫监督】 2020 年，地区畜牧兽医局为进一步规范屠宰检疫和产地检疫程序，督导屠宰企业严格落实动物疫病防控和畜禽产品质量安全主体责任，严格执行宰前和宰后检疫、巡监抽检等制度，规范检疫操作，强化对检疫不合格动物及动物产品无害化处理的监管，对各县(市)23 个屠宰企业、38 个动物产地检疫申报点规范落实动物检疫工作开展 3 次全面监督检查，坚决堵住未经检疫、检疫不合格的动物产品流向市场，开展牲畜屠宰检疫 103.5 万头/只，家禽屠宰检疫 263.8 万羽，屠宰环节“瘦肉精”检测 7860 份，牲畜产地检疫 337 万头只/次，家禽产地检疫 535.6 万羽。

【畜产品质量安全监管】 2020 年，地区畜牧兽医局、农业综合行政执法支队联合对地区范围内 24 家定点屠宰场畜产品质量安全工作进行 3 次全面监督检查，通过监督指导，督导屠宰企业严格落实动物疫病防控和畜禽产品质量安全主体责任，严格执行宰前和宰后检疫、巡监抽检等制度，规范检疫操作，强化对检疫不合格动物及动物产品无害化处理的监管，坚决堵住未经检疫、检疫不合格的动物产品流向市场，确保畜产品质量安全。

【规范产地检疫】 2020 年，地区畜牧兽医局督促指导县(市)规范检疫申报、受理、现场检疫、畜禽标识查询、检疫记录、合格出证等行为，坚决杜绝“隔山开证”、不检疫就出证等违法违规行为发生。全地区 91 个乡(镇)100 个检疫申报点实现动物检疫合格证明 AB 证的电子出证工作，实现动物检疫信息快捷查询、动物及动物产品流向追踪、疫病追溯以及动物产地检疫监管数据共享和动物及动物产品相关信息可追溯管理目标，开展牲畜产地检疫 337 万头(只)/次，家禽产地检疫 535.6 万羽。

【跨省调运动物检疫监管】 2020 年，地区库车市二八台、北山牧场、柯坪县阿恰 3 个地州际公路动物消毒检查站严格履行法定职责，严格落实 24 小时值守制度，对拉运动物及动物产品的运载车辆，按规定查证验物、消毒，对手续不全、证物不符或者染疫、疑似染疫的严格按规定处理，坚决拦截“外疫”传入，3 个地州际公路动物消毒检查站全年共监督检查、消毒畜禽运输车辆 22445 辆，畜禽 1923.4 万头(只)，畜禽产品 5002.4 吨。

【兽药监管】 2020 年，地区畜牧兽医局加强兽药使用环节监管，采取分片包干的形式，对地区范围内 376 家规模化养殖场规范使用兽药情况进行 4 次检查和抽查，全年共开展兽药监督检查 168 次，出动人员 242 人次，检查兽药店 78 家，通过检查指导，明确养殖环节兽药使用规范，着力推动兽用抗菌药减量使用，监督指导养殖场建立健全兽药使用记录，完善兽药使用档案，严格执行休药期规定。

林果业

【概况】 2020年，阿克苏地区林业和草原局(以下简称地区林草局)围绕生态文明建设、林果提质增效工程、森林草原资源管理等工作，顺利完成自治区经济高质量现场会。开展大规模国土绿化行动，完成阿克苏空台里克百万亩荒漠绿化工程规划任务，认真做好艾西曼湖区域生态修复和荒漠化治理工程规划的编制工作。定期深入县(市)开展林果提质增效工程，常态抓好抓细果树修剪，有机肥沤制、病虫害防治、疏密等管理措施，着力提升其果品商品率。新疆首家生态文明建设纪念馆——柯柯牙纪念馆于10月顺利竣工开馆。加强森林资源保护，严格限额采伐制度和征占用林地审批制度，加大林业行政案件查处力度，扎实开展各类专项行动，森林资源得到有效管护。

【森林草原执法】 2020年，地区林草局在开展天山北麓、自然保护地疑似图斑核查工作中涉及阿克苏地区疑似图斑991个，涉及建筑物1869栋，其中：违章建筑1324栋，应拆除581栋，均已限期按要求完成手续补办及涉及建筑物拆除等工作。全力做好国家林草局组织开展的2018年和2019年森林督查中发现阿克苏地区违法案件194起，按照国家林草局驻乌鲁木齐森林资源监督专员办事处要求，涉及案件全部完成整改工作。依法加大动植物保护力度。全年，全地区共办理野生动物案件51起，其中刑事案件23起，行政案件28起。累计查处各类破坏草原资源案件23起，结案率100%。

【林草有害生物防控】 2020年，地区规范化管理的测报站点共有72个。通过春季喷施石硫合剂、悬挂杀虫灯、挂黄板、飞机防治等多种措施，对春尺蠖、黄刺蛾、枣瘿蚊、红蜘蛛、核桃黑斑蚜、食心虫、核桃腐烂病、蚧壳虫等有害生物进行统防统治，其中悬挂杀虫灯4.15盏，喷施石硫合剂28.13万公顷，悬挂黄板3682.04万张，飞机防治1.33万公顷(经济林)。全地区主要林业有害生物发生面积12.5万公顷，防治作业面积12.44万公顷，防治率99.52%。草原生物灾害发生面积32.96万公顷，草原虫害发生面积为2.83万公顷，毒害草发生总面积28.07万公顷。林草有害生物成灾面积为0、测报准确率92%。累计抽查经营草种店铺20家，退牧还草项目实施用种3处。检疫苗圃80公顷，受检种苗819.3万株，产地检疫率100%。

【林草重大项目】 2020年，地区林草局共争取国家、自治区重点退耕还林、三北防护林、森林生态效益补偿、草原生态修复治理、森林植被恢复费等27个项目，到位项目资金6.45亿元。其中退耕还林项目18433.78万元、草原生态修复593万元、新一轮退耕还林还草2120万元、退牧还草1709万元、森林生态效益补助资金6815.57万元、生态护林员补助4049万元、重点防护林工程资金9625万元、天保工程二期资金691.33万元、森林植被恢复费2399万元、林业贷款贴息1494万元、贫困林场扶贫资金158万、乡村绿化4640万元、营造林补助1625万元、引洪封育1600万元、林果业发展专项资金652万元、中央农业技术推广与服务资金180万元、塔里木周边防沙治沙工程450万元、林业有害生物防治专项资金690万元、中央林木良种补贴232万元、森林抚育1800万元、国家自然保护区林业中央补助资金210万元、草原生态修复保护恢复草原生态治理补助917万元、贫困县用于林果业统筹整合资金3491.21万元。通过各项目的统筹实施，有效加快地区生态文明建设步伐，积极推动构建生态文明示范区。

【自然保护区管理】 2020年，新疆托木尔峰国家级自然保护区管理局严格落实安全生产联防联控责任体系，常态开展保护区内安全生产和宣传工作，按季度按时举行森林和草原灭火演练，着力提高保护区内防火队伍的应急突出能力。首次开展“保护自然遗产守护生态家园”文艺创作大赛，严格落实保护区内林地资源管护力度，对保护区内违法征占用林地的20、21号疑似图斑依法进行处理，对温宿县华盛煤业有限责任公司在矿区土地复垦项目施工中3处超范围占用林地进行依法处罚，并责令限期回复地质。完成"中央环保督察反馈意见整改第57项和58项"勘界立碑的整改销号工作。全面推进2019—2020年天然林资源保护、森林生态效益补偿资金、保护区森林防火专用车库等天然林保护项目及塔克拉克管护所科普馆改造工程建设。积极与塔里木大学签订科研合作协议，完成保护区300种植物资源调查工作。利用105台红外相机，对保护区的雪豹、鹅喉羚羊等野生动物进行实时监测，全面分析保护区资源发展变化趋势。

【林果产业发展】 2020年，地区林果总面积30万公顷，挂果面积28.15万公顷，其中红枣6.79万公顷、核桃15.72万公顷、苹果2.55万公顷、香梨1.19万公顷、杏子1.11万公顷、葡萄0.56万公顷、其他0.22万公顷，果品产量246万吨，林果总产值156.5亿元，人均林果收入5121元，占农民人均纯收入的29.1%。全地区共建成"百十一"林果基地8.07万公顷，落实各级领导干部示范园1592个1.6万公顷，成龄果园退出粮、棉间作2.79万公顷。

【林果提质增效】 2020年，按照自治区林草局提质增效专家指导服务的工作机制，专家服务团共对阿克苏林果提质增效工作开展情况进行8次指导服务，按月编发《林果管理技术要点》，全年共组织召开6次林果现场会，对县(市)开展4次技术服务指导。全地区共完成套种油菜9.3万公顷，完成绿肥沤制1148万平方米。按照标准化管理措施，落实果园疏密改造，共落实疏密改造1.3公顷，其中核桃疏密646.66公顷、红枣疏密0.33公顷，落实恢复红枣滴灌面积1000公顷。常态开展"百千万培训行动计划——林果科技进万家"活动，全年累计完成林果业科技培训2865场次31.18万人次。申报立项中央财政林草科技推广项目2个、自治区林业发展补助项目2个、地区人才项目2个，共争取林果科技推广项目资金222万元。"阿克苏好果源"品牌形象更深入人心，建设"阿克苏好果源"质量追溯平台，加盟企业、合作社信息录入181家。截至12月底，全地区正常运营的林果农民专业合作社122家，保鲜能力47.6万吨，仓储能力38.42万吨。已注册"阿克苏苹果""阿克苏红枣""阿克苏核桃""库车白杏"等16件地理标志证明商标，拥有"宝园核桃""天山贡枣""红旗坡苹果"3个中国名牌产品，8个新疆著名商标。中国驰名商标红旗坡苹果在中国苹果区域公用品牌中排名第七，品牌价值达到42.22亿元。

【市场开拓】 2020年，地区林草局积极组织20家企业（合作社）参加第13届中国义乌国际森林产品博览会。其中2家企业产品获评金奖、5家企业产品获评优质奖，签约红枣、苹果、核桃项目6个、451吨，签约金额达485万元。成功举办第七届新疆特色果品(阿克苏)交易会，组织参展地区企业、合作社343家，邀请内地采购商195家、其他省市、地州21家企业，参会媒体17家，与内地客商达成350项购销协议，交易各类农产品近43万吨，协议金额突破40.5亿元，招商引资项目10个，金额40.2亿元，总金额达80.7亿元。

水利

【概况】 2020年，地区水利局积极践行中央新时期治水方针，动员广大水利干部职工凝心聚力、开拓进取，开创地区水利改革发展新局面，全面完成年度各项目标任务。3月，获得2019年度自治区农田水利基本建设"天山杯"大评年竞赛先进地州荣誉称号，沙雅县获得先进县(市)综合奖，阿克苏市获得河湖长制单项奖。

【防汛】 2020年，地区水利局严格落实防汛抢险措施，确保安全度汛。明确各防洪险工险段、重要城镇、重点水利工程和水库的防汛责任人及保坝负责人，落实汛期24小时值班值守制度开展汛情研判10次，完成水库(水电站)、堤防等水利设施水毁险工段排查出的47处隐患整治工作；完成重点山洪沟清障疏浚。及时修订应急预案，开展山洪灾害防御应急演练31次，参加演练9922人。全年实施中小河流治理、山洪灾害防治、小型水库维修养护等3类工程21项，总投资12041.67万元，新建堤防21.92千米，疏浚洪沟1.948千米，筑堤1.7千米；做好防汛物资储备，投入资金2833万元，落实各类抢险机械422台，储备编织袋186.3万条，麻袋10.77万条，铁丝334.65吨，照明设备140台，铅丝网片6.99万片，块石3.9万立方米；8月6日麦兹巴赫冰川堰塞湖溃决，全力做好冰川堰塞湖大面积溃决引发较大洪水的防御工作；科学应对8月8日阿克苏河西大桥河段超警戒洪峰流量1550米³/秒洪水，保证洪水安全下泄，未出现人员伤亡和财产损失。

【水利前期工作】 2020年，地区水利局完成《阿克苏地区水安全战略规划》《地区“十四五”水安全保障规划》《水利基础设施空间布局规划》《5个大型灌区“十四五”续建配套与现代化改造规划》《地区及县(市)水土保持总体规划》《县级“十四五”农村供水保障规划》《小型水库水雨情自动测报系统建设规划》《小型水库大坝安全监测设施建设规划》等重点规划编制工作。完成8类、57个水利项目前期工作，投资59.99亿元。争取到国家、自治区水利投资计划项目55项投资17.33亿元，其中中央投资14亿元，自治区资金0.02亿元，比上年争取到位资金多1.65亿元。

【农村饮水安全】 2020年，地区水利局加快推进农村供水水价改革工作，制定水价调整方案，按照“一次定价、分步到位”的原则，逐步调整水价。健全完善县级农村供水应急预案和千吨万人供水工程应急预案，进一步明确水量不足、管网爆管、水源遭受污染等情况下的应急处置措施，保障群众基本生活用水需求，完成所有集中式供水工程水质检测工作；发放含有各级水利部门农村饮水安全监督举报电话和供水单位服务电话的农村饮水安全“明白卡”26.5万份，张贴公示牌1500份。争取各类资金4.1亿元，实施农村饮水安全项目13个，新铺设供水管网332.75千米，改造老旧管网1658.23千米，改善13.24万户54.57万人(其中建档立卡贫困户1.84万户6.99万人)的饮水安全条件。

【灌区节水改造与续建配套】 2020年，国家给阿克苏河大型灌区、渭干河大型灌区下达1批64677万元建设任务，其中中央预算内资金61740万元，地方配套12937万元。建设防渗渠道379千米，建设阿克苏市、新和县2个信息化工程。

2020年，实施阿瓦提县、拜城县2个中型灌区项目，总投资7113万元，其中中央预算内资金6300万元，地方配套813万元。建设防渗渠道46.12千米，节水370.44万立方米。

【水利工程建设管理】 2020年，地区水利局采用局领导分片包干方式大力推进项目建设，完成设计、施工等102个项目招标备案工作，克服疫情影响，采用不见面开标等方式，下达投资计划的55个项目及时完成招投标开工建设，地区水利局全过程派员进行招标监督；温宿县台兰河洼地水库、拜城县温泉水库全面开工建设，完成投资8亿元；制订地区水利行业2020年质量行动方案，完成111个已完工程验收工作；完成柯坪县城乡供水工程阶段验收，南疆地区沙雅县渭干河灌区50万亩农业高效节水增收试点项目阶段验收全面完成，铜场水库竣工验收进一步推进。针对各县(市)水利局、项目业主技术力量不足的问题，积极推行项目总承包制。阿瓦提县农业水价改革项目、新和县城乡供水一体采用设计、施工EPC总承包模式。温泉水库、洼地水库工程推行建设、运营、移交的特许经营模式。柯坪县城乡供水工程、库车铜场水库验收采用政府购买专业公司服务。不断提升地区水利建设管理水平及能力，2020年，建设防渗渠道704.34千米，全地区水利建设总投入30.26亿元，比上年27.28亿元增加2.98亿元，水利建设投入和验收工作创历史新高。

【水政执法】 2020年，地区水利局开展河湖“清四乱”、水土保持、水库、堤防违建别墅治理等专项整治活动，对排查出问题及时整改，整改问题105项。其中河湖49项，水库、河道47项、水土保持9项。组织“双随机、一公开”执法监督检查、督促整改，严格执行水土保持“三同时”管理制度。全年征收的水费和水利规费总额度达10.81亿元，征收率97.4%，其中农业水费10.34亿元，水资源费3082.57万元，水土保持补偿费1671.4万元。比上年增收1.33亿元。

【农业水价综合改革】 2020年，地区水利局农业水价改革工作稳步推进。农业灌溉用水水价调价及用水合作社组建工作逐步落实，按照《地区农业水价综合改革实施方案》要求，各县（市）完成农业水价调价工作。二轮承包土地（30年承包土地）用水水价已达到2015年地区平均终端水价成本的70%或以上；二轮承包土地以外（非30年承包土地）的用水水价已达到2015年地区平均终端水价成本的100%或以上；按照《地区农业水价综合改革实施方案》要求，共计完成760家农民用水合作社组建工作，占1102个行政村的69%。

【水权制度改革】 2020年，地区水利局制订《小型农村水利工程管理体制改革实施方案》，按照“谁投资、谁所有、谁受益、谁负担”的原则，结合基层水利服务体系建设、农业水价综合改革的要求，以明晰小型水利工程所有权为重点，通过承包、租赁、拍卖、股份合作和委托等方式，明确小型水利工程管护主体、管护责任、管护范围，转换小型水利工程管理运行机制。并以沙雅县为试点，逐步推进地区小型水利工程产权制度改革各项工作，全县注册登记农民用水合作社150家，实现试点区域全覆盖。试点项目区涉及面积4.19公顷（含2017年之前建成的8566.67公顷），2019年年底已完成97个行政村3.03公顷滴灌工程的产权界定工作。各县（市）积极开展灌区分散的抗旱机电井、农业高效节水滴灌系统首部、农村水厂等水利工程承包、租赁、拍卖等改革工作。

【河湖长制工作】 2020年，地区河湖长制工作覆盖境内151条河流及9个湖泊，河流总长9487千米，流域面积19.78万平方千米，湖泊水域面积59.82平方千米。全年共开展河湖巡查18505人次；完成33条河流5个湖泊《河湖岸线保护与利用规划》、14条规模以上河流及9个湖泊《河湖管理范围划定》、11条河道采砂规划审查，并完成采砂场基本信息登记；启动区域规模以下47条（非无人区）河湖的河湖管理范围划定工作；启动区域内台兰河、木扎尔特—渭干河、卡木斯浪河、库车河、黑孜河、卡拉苏河、喀拉玉尔滚河7条河流《河湖生态流量（水量）目标制定与保障方案编制》工作；落实国有水利工程、河湖岸线管理及保护范围划界确权工作。开展河道联合执法5次，完成水利部暗查暗访发现的16个问题和水利厅督办4个采砂问题整改，对河湖“清四乱”整改成果进行复查，对新查出8个问题进行整改；地区总河（湖）长、河湖长组织召开协调会3次，现场协调解决巡河发现的围垦河道种植、河湖生态补水等6个突出问题，完成向艾西曼湖、阿勒吞达西湖、8万公顷胡杨林生态输水4.3亿立方米。

【高效节水增收示范项目】 2020年，地区水利局规划建设高效节水面积3.33万公顷，实际完成滴灌工程3.35万公顷，防渗渠道602千米，安装量测水设施2677处，完成投资11.67亿元。按照先建机制，后建工程要求，沙雅县以推进节水增收试点项目为契机，围绕“五项工程”“六项机制”建设，探索实践适度规模经营，初步实现农业节水、农民可持续增收和产业融合发展。紧抓“五项工程”建设，完成土地整理、高标准滴灌建设、配套修建防渗渠道、建成自动化计量设施、水利信息化综合管理系统平台的设计开发。狠抓“初始水权、农业用水总量控制和定额管理、农民用水合作社、斗农渠和滴灌工程产权制度改革、农业水价综合改革、三项节水补贴政策”等6项体制机制建设和改革。积极探索土地经营权适度规模经营模式，在7个乡（镇）相继建立“农户+合作社”“农户+合作社+公司”“农户+家庭农场”三种规模化生产经营管理模式。多渠道转移就业，实行分类指导、“一户一策”，精准转移就业26705人，确保“转得出、稳得住、能致富”。通过项目建设，灌区综合亩灌溉定额由650立方米降低到473立方米，土地利用率提高10%，棉花单产亩增90千克以上，成立农民用水合作社150家，村级农业灌溉运行管理机制逐步形成；斗农渠和滴灌工程产权得以明晰，管护主体和管护责任得以落实；水价综合改革稳步推进；节水奖补政策建立健全。南疆地区沙雅县渭干河灌区3.33万公顷农业高效节水增收试点项目为全疆提供可复制、可推广的模式。

【水库建设】 2020年，地区建设大型水库大石峡水库，完成温宿县台兰河洼地水库、拜城县温泉水库2座中型水库的可研、初设审批，国家给2座水库下达8亿元的投资建设计划，2座水库均完成招标开工建设，阿克苏地区实现同年同步建设3座大中型水库的前所未有历史。

其中拜城县温泉水库总库容5364万立方米，项目批复总投资134574万元。水库工程可研成果于2019年8月31日得到自治区发改委批复(新发改农经〔2019〕752号)，2020年3月20日初设成果得到批复（新发改批复〔2020〕33号)。水库工程由温泉水能开发有限公司作为建设单位，中矿联合投资集团有限公司为投资主体，该项目分别于4月27日、6月9日完成“三通一平”施工、监理招标，主体工程施工监理、泄洪冲沙洞施工于7月10日完成招标开工建设。2020年中央下达投资建设计划4亿元，其中中央资金3亿元，企业自筹1亿元。2020年年底已完成投资计划任务。

温宿县洼地水库总库容5582万立方米，项目总投资13.55亿元。水库工程可研成果于2019年10月21日得到自治区发改委批复（新发改农经〔2019〕875号)，7月16日自治区水利厅对洼地水库项目初设成果已进行审查并出具审查意见，11月19日水库初步设计成果得到自治区发改委的批复(新发改批复〔2020〕157号)。该项目于3月20日完成设计、施工总承包，建设单位为阿克苏云水环保投资有限公司。5月6日完成监理招标，5月12日“三通一平”开工建设。2020年中央下达投资建设计划4亿元，其中中央资金3亿元，企业自筹1亿元。

【统筹疫情防控和水利工作】 2020年，地区水利局克服疫情影响，积极统筹疫情防控和水利工作，促进高质量发展。为水利施工企业开辟“绿色”通道，加快施工进度，发放“绿色”通行证96张，有效缓解疫情防控期间物资运输难、施工进度慢等问题。加快投资项目审批，提高政务服务水平，采用“不见面方式”，通过网上审查办公形式对一般项目审批事项开辟“绿色通道”，对紧急项目由申请人作出承诺，地区水利局容缺办理，先评审、先批复，企业、单位限时后补办相关手续和材料。同时地区制订《关于调整下放涉水投资项目行政审批权限事项的方案》并通过行署常务会议审议，完成项目审查审批125项。根据国务院办公厅关于应对新冠肺炎疫情影响，强化稳就业举措的实施意见规定，督促检查县市水利局并和项目业主落实，允许工程建设项目暂缓缴存农民工工资保证金(占工程总投资额的5%)，支付记录良好的企业可以免缴，工程质量保证金先收取3%。全年地区范围内各水利行业相关企业均免缴存农民工工资保证金，帮助企业减轻资金压力。督促水利行业相关企业积极贯彻落实阿克苏地委、行署《阿克苏地区关于促进当前消费增长的实施意见》文件精神，大力采购阿克苏本地工业产品，帮助本地企业开拓市场。1—12月，全地区水利行业相关企业采购地产品2.49亿元。

渭干河流域管理

【水资源管理】 2020年，地区渭干河流域管理局加强水资源的科学配置和节约使用，确保灌区粮食安全，调配生态环境供水；实行最严格的水资源管理制度，认真落实“三条红线”用水总量控制指标，全年渭干河灌区库车、沙雅、新和三县市灌溉供水量23.42亿立方米，完成灌溉任务27.33万公顷；帕满水库灌区从塔河限额水量1.43亿立方米，完成灌溉任务1万公顷；保护生态环境，做好生态输水调度，对渭干河灌区跨县（市)的8.85平方千米阿勒吞达希湖进行生态修复，全年从渭干河向阿勒吞达希湖生态输水775万立方米。

【水利基本建设】 2020年，地

区渭干河流域管理局自筹资金792万元，开工建设帕满水库放水渠及草湖灌区引水渠维修工程，完成主体工程建设任务，减少渠道渗漏损失，提高水库工程输水效益，确保水库灌区1.67万公顷农田草场的灌溉供水和农业丰收；完成国家投资项目渭干河大型灌区节水改造项目渭干河总干渠防渗改建工程的竣工验收，渭干河总干渠是库车、沙雅、新和三县市的农业灌溉输水大动脉，承担着三县(市)27.33万公顷农田灌溉供水任务，该工程的改建，在改善渭干河水利工程安全生产条件，提高水资源利用效率，促进灌区农业生产可持续发展，为灌区经济发展奠定坚实基础；完成帕满水库大坝安全预警监测系统建设。

【水政执法工作】 2020年，地区渭干河流域管理局开展渭干河河道“清四乱”工作，对河道保护范围内违规涉河活动进行彻底清查治理，全年对沙雅大河沿河两岸河道管理范围内6家砂石料筛分厂、11套筛分设施设备全部拆除清理，对河道恢复原貌，根治历史遗留问题，取得明显整治效果。

【水利科研】 2020年，地区渭干河流域管理局加强渭干河灌区上中下游地下水水位、水质监测，对38口地下水监测井进行水位观测1520井次，水质化验水温监测140次；监测渭干河灌区18条排碱渠进行排水量、排盐量216次。

塔里木河流域管理

【概况】 新疆维吾尔自治区塔里木河流域阿克苏管理局(以下简称阿克苏管理局)成立于1956年，时称阿克苏河管理处，2008年更名为阿克苏地区阿克苏河流域管理局；2011年塔里木河流域水资源管理体制改革后，更名为新疆维吾尔自治区塔里木河流域阿克苏管理局，是一个独立经济核算准公益性的自收自支事业单位。代表自治区塔里木河流域管理局在阿克苏河流域(含阿克苏河、托什干河、库玛拉克河、柯柯牙河等)依法行使管辖范围内的流域水资源管理、流域综合治理和监督等职能。

【生态输水】 2020年，阿克苏管理局承担两处生态输水任务区，经自治区批准输水任务为1.1亿立方米，实际输水1.3192亿立方米，完成计划的120%。

【汛旱灾害防治】 2020年，阿克苏管理局及时调整防汛工作领导小组，明确职责，压实责任，汛前印发《关于做好度汛准备工作的通知》，检查各管理站度汛准备工作，修订《阿克苏河流域重点水利工程度汛方案》。对闸门、启闭机、备用发电机进行维修保养，及时排除隐患。

【水行政执法】 2020年，阿克苏管理局开展度汛和河道清障专项执法检查工作，发现并落实整改问题10处。加强河道巡查，共计巡河382次，出动人员780人次、车辆324辆，巡查里程17894千米。年内共查办案件6起，其中涉及采砂5起，涉河建设1起。协调解决水事纠纷1起。审批涉河建设项目8个。发放取水许可证38本，其中灌区农业用水取水许可证19本，发电取水许可证16本，工业取水许可证3本。审批河道采砂场18家。

艾里西引水枢纽航拍（塔河阿克苏管理局 供图）

【河长制工作】 2020年，阿克苏管理局开展河湖“清四乱”及采砂整治专项活动,年内共整治河道管理范围内倾倒垃圾问题3处、清理堆弃料约5万立方米、拆除机械4组,搬迁砂石料场3家。协调落实地州级河长巡河3次,协调解决阿克苏市污水处理厂排污口问题。年内共清理涉河架泵及引水口42处、采砂场14个、涉河混凝土搅拌站7个、围垦河道筑坝5条。

【项目前期规划】 2020年,阿克苏管理局开展英尔、结格及、帕什塔什三座引水枢纽除险加固工程可研、初步设计、水闸安全鉴定的审查工作;上报水利技术设施空间布局规划方案、制定塔河二期综合治理工程规划;已签订西大桥引水枢纽除险加固工程代建协议,已编制完成招标文件、工程量清单及招标控制价。

【水利工程建设】 2020年，阿克苏管理局持续加强水利工程建设，艾力西引水枢纽除险加固工程主体结构完工并投入使用。维修养护项目计划投资3070万元,已完成招标2000万元,完成投资1700万元。多功能用房建设项目主体工程已完工，完成投资的90%以上。

【信息化工作】 2020年,阿克苏管理局积极推进水情遥测自动化系统应用和维护管理,做好水情信息实时采集。完成塔里木河流域综合办公系统重新接入工作及局机关与各站视频会议扩容接入和配套设施改造。对偏远断面新建远程监控设施,实行自动计量,强化用水总量控制工作。及时按要求做好防汛信息平台、水情录入平台、断面考核等数据的录入工作,为信息化综合应用平台发挥系统功能做好支持工作。

农牧机械化

【农机购置补贴项目】 2020年,地区农业农村局争取中央农机购置补贴资金3.1亿元，简化补贴办理程序,大力推广手机APP补贴受理工作,加快补贴实施进度,加强补贴操作程序监管,确保农机购置补贴政策规范实施。全年实施兑付补贴资金3.1亿元,实施进度100%,补贴各类农机具1.17万台(套),受益农户7239户。

【农机安全监理】 2020年,地区农业农村局严格落实农机安全生产目标责任管理,扎实开展农机安全生产检查、隐患风险排查治理、农机年度检验、农机驾驶员培训考试、农机安全生产事故应急处置预案演练、农机安全知识宣传教育和大型工程机械设备监管等工作,确保地区农机安全生产形势平稳。全年农业机械累计在册13.44万台,农业机械驾驶员在册10.12万人,检查农机(大型工程机械)2133台,立案299件,结案287起,处罚金额累计10.64万元（其中大型工程机械处罚5万元)，排查安全隐患742个,整改完成742个,全年无农机事故发生。

【农机专业合作社建设】 2020年,地区农业农村局围绕农机社会化服务新型经营主体,开展多种形式的适度规模经营,把农机合作社作为主要依靠对象,采取支持政策优先倾斜、项目任务优先安排、长期跟踪指导帮扶等有效措施,加大培育和扶持力度，加快组建机械化、专业化、社会化服务队伍。农机专业合作社达191家,从业人数2840人,其中农机原值100万元以上的113家。

【农机化服务能力建设】 2020年,地区农业农村局引导农机社会化服务组织开展订单服务、承包服务、跨区作业、一条龙服务、代耕代种等多种服务形式。全地区农机服务组织238家,从业人数3449人,其中农机原值50万元以上的124家,各类农机服务经营组织年均作业面积达22.53万公顷、经营总收入达14亿元。

【农机新技术推广】 2020年,地区农业农村局围绕“稳粮、优棉、强果、促畜、兴特色”的要求,不断加大精量播种、玉米机收、卫星导航自动驾驶、林果业开沟施肥、修剪整枝、畜牧饲草料加工、作物秸秆回收利用、残膜机械化回收和棉花全程机械化技术的示范推广力度。全年实施机耕91.9万公顷、机播88.9万公顷、机收54万公顷、机采棉种植36.79万公顷、棉花机械化采收31.19万公顷;新增精量播种机560台、玉米收获机218台，自动驾驶导航仪1215台(套)、采棉机375台、青饲料收获机673台,机械化助农增收的作用进一步凸显。

工业 建筑业

工业发展

【工业经济综述】 “十三五”以来，阿克苏地区紧跟中央“工业大国”到“工业强国”的战略部署，在自治区党委的坚强领导下，强龙头、补链条、聚集群，推动工业转型发展迈出坚实步伐。工业经济稳中有进，工业增加值由2015年的116.81亿元，增加到2020年的248.28亿元，年均增长9.9%。产业结构不断优化，特别是战略性新兴产业和装备制造业异军突起，逐渐成为工业增长的重要力量。工业投资逐步增加，年均增长6.6%。产业招商实现了量和质的突破，产业链延伸项目不断增多，筑巢引凤水平不断提升，产业项目质量不断提高，工业招商引资到位资金由2015年的201.4亿元，增加到2020年的304.68亿元，年均增长8.6%。工业园区规模不断壮大，库车经济技术开发区、阿克苏纺织工业城两个园区工业总产值均突破百亿元，园区工业增加值由2015年的98亿元，增加到2020年的186亿元。规上企业数量实现新突破，企业数由2015年的192家增加到2020年的307家，增长60%。特别是2020年，地区工业经济在疫情大考面前实现转危为机、逆势而上，工业经济呈现稳中向好、稳步提升态势，全年完成规模以上工业增加值248.28亿元，增长8.8%，高于全疆水平1.9个百分点，高于全国水平6个百分点。

【能源工业综述】 2020年，地区是新疆重要的能源基地之一，是南北疆能源输出的大通道，能源资源相对富集，品种较为齐全，煤炭、油气资源丰富，地区依托资源能源优势，不断加大能源工业发展力度，地区能源化工企业、产值和产品等方面整体呈现数量增加、效益提升的良好局面，能源化工产业工业增加值所占比重超过80%，已成为地区经济发展的支柱产业。全年地区能源化工产业新入规企业20家，规模以上企业达108家，实现工业增加值214亿元，比上年增长8%。

【新兴示范性产业】 2020年，地区规模以上战略新兴企业实现工业增加值8亿元。沙雅钵施然智能农机、新疆云创智能电子产品制造对产业拉动作用显著，嘉轮轮胎顺利投产并实现“升规”，沙雅维鸿塑胶4万吨密胺树脂项目完成投资1.9亿元，北汽凯沃新能源汽车组装等一大批重点项目加快推进实施。

【建材冶金产业】 2020年，地区70家规模以上建材冶金企业实现工业增加值15.1亿元，比上年增长12.9%；水泥、商混、陶瓷砖等产品产量增速稳定，水泥产量增长3.2%，预拌混凝土产量增长37%。绿色、节能型企业发展势头良好，高效、节能、环保、防火、防水、保温等新型建筑材料销售形势较好，固废资源发展新型绿色建材形式进一步扩展。拜城鸿桥建材1亿块烧结砖新型墙材循环项目、拜城金海卫塑业、新和开源塑业等重点项目竣工投产。

【惠企政策落实】 2020年，地区落实自治区29项惠企服务政策和40条优惠政策，对标政策空间，紧盯政策时限，加强政策宣传解读，确保企业应享尽享；提前4个月完成剩余10.52亿元清偿任务；清理、加快拨付纺织服装企业系列优惠政策补贴资金，缓解企业资金运转困难，审核拨付纺织服装和口罩企业流贷贴息资金4285万元；推进落实“低电价”优惠政策，累计降低用电成本11.05亿元，其中：大用户“直购电”降电成本3.7亿元，纺织服装和劳动密集型企业降低电价1.62亿元；及时向融资担保机构推送融资信息4批次236家企业，实现发贷5.9亿元。

【工业企业信息化建设】 2020年，地区加快5G网络建设，发挥5G网络建设工作领导小组办公室功能，强化指导督促，倒排工期，持续跟进，完成1175个5G基站布点建设；加快推动5G技术在各领域融合应用，积极筹备促成中国联通、中国电信战略合作协议签订；探索推进工业互联网应用示范，华孚色纺等3家企业申报国家级工业互联网企业名录获得资格批复，榆树岭煤矿智慧矿山项目进展顺利。优化完善中小企业服务平台运行，完成平台改版升级，丰富和充实各项功能，打造线上服务“新通道”。

【产业项目招商】 2020年，地区创新招商模式，开发运用“数字招商名片”“网上招商平台”，优化疫情防控常态化形势下招商引资服务，推进实施跨区域、零距离“云签约”。全年，全地区工业领域落地招商引资项目351个，签约金额386亿元，到位资金262亿元。实现本单位年度招商引资签约金额12.6亿元，完成目标任务的2.5倍。促成行署与新能集团、北京中健锦绣大地合作框架协议签订，与新农公司签订30亿元战略合作协议；主动对接、跟踪服务，全力推进天山石化400万吨/年煤焦油和渣油综合深加工技改及下游聚酯一体化项目、新能集团10万吨/年天然气制费托合成蜡项目、克拉玛依恒通能源705门站天然气提氦项目、合成气高碳醇等一批重大项目加快落地。

【行业安全生产】 2020年，地区发挥工信资源领域专委会统筹协调作用，推进专委会高效运行，常态化开展成员单位安全生产全覆盖检查，开展隐患排查治理、安全生产专项整治三年行动，以园区、煤矿、民爆等重点领域安全整治为重点，督促企业强化主体责任，精准落实各项安全生产措施，将风险隐患及时消除在萌芽状态。狠抓煤矿安全生产监管，开展专项执法检查、“安全体检”、长期停产停建矿井安全巡查等工作，工业领域、重点行业安全生产形势持续稳定向好。

【自然资源生产】 2020年，地区累计生产原煤1960.38万吨，比上年增长19.6%；其中动力煤448.3万吨，保供地区内4家电厂动力煤279.89万吨。动力煤供需总体平衡，热电企业、供热企业动力煤储备充足。境内累计生产原油1072.22万吨，增长3.1%，天然气294.41亿方，增长8.1%。石化企业累计加工原油430.72万吨，天然气13.62亿方。

【油区重大项目】 2020年，地区协调畅通重大项目建设车辆物资运输，纾解人员进场阻碍，保障各项工程稳步推进。塔里木油田公司计划投资48.5亿元的博孜天然气处理厂和博孜油气外输工程，已完成可行性研究报告编制并报中石油总部审批；计划投资1.9亿元的克轮复线工程，已完成现场踏勘和可行性研究报告编制。西北油田公司投资23.5亿元的顺北油田5号联，已完成土建工程和主要设备安装。

【西部县(市)勘探】 2020年，中石油塔里木油田分公司、中石化西北油田分公司分别在阿瓦提县境内部署吐木1井、夏河2井等重点勘探井，填补阿瓦提县境内无油气勘探开发的局面。夏河2井已钻进至4098米，吐木1井12月29日正式开钻；中曼油气开发公司新增油气探明储量3011万吨，累计在温宿县、阿克苏市布井36口，探转采期间生产原油3.16万吨，特别是位于阿克苏市的红11井，试采期日产气4万立方米，实现阿克苏市油气开发零的突破；申能部署于柯坪县的柯坪南1井已钻进至3529米；中国地质调查中心在阿瓦提县部署二维勘探144.5千米，部署于阿克苏市的新苏参1井、新苏地1井均获良好油气显示。

表 5

2020 年阿克苏地区规模以上工业企业一览表

组织机构代码	单位详细名称	行业代码	主要业务活动或产品	县(市)
734447338	徐州矿务(集团)新疆天山矿业有限责任公司	610	原煤开采	库车市
686476950	新疆凯领阿尔格敏矿业有限公司	610	烟煤和无烟煤开采洗选	拜城县
789873860	新疆龟兹矿业有限公司	610	煤炭开采	库车县
584767685	新疆金晖兆丰煤业有限公司	610	煤炭开采	拜城县
229810028	拜城县铁热克煤业有限责任公司	610	烟煤和无烟煤开采洗选	拜城县
229750870	库车市科兴煤炭实业有限责任公司	610	煤炭开采	库车市
79816314X	新疆库车县夏阔坦矿业开发有限责任公司	610	煤炭开采	库车市
682720389	库车市榆树岭煤矿有限责任公司	610	煤炭开采	库车市
770387678	库车市永新矿业有限责任公司	610	煤炭开采	库车市
757679297	新疆拜城音西铁热克煤业有限公司	610	烟煤和无烟煤开采洗选	拜城县
770397067	新疆一成投资有限公司	610	焦煤生产	拜城县
MA77XE2W9	新疆坤振泰洗煤供应链有限责任公司	610	煤炭洗选	库车市
763779323	库车市伟晔矿业有限责任公司	610	煤炭开采	库车市
776078120	拜城县新兴矿业开发有限责任公司	610	烟煤和无烟煤开采洗选	拜城县
693409705	新疆拜城润华煤业有限公司	610	煤炭开采	拜城县
770393373	拜城县万通洗煤有限责任公司	610	烟煤和无烟煤开采洗选	拜城县
MA7833HBX	新疆鑫港煤质研发有限公司	610	煤炭开采和洗选业	拜城县
599186947	拜城县泓泰煤质研究有限公司	610	烟煤和无烟煤开采洗选	拜城县
738390746	拜城县众维煤业有限公司	610	烟煤和无烟煤开采洗选	拜城县
584799142	新疆库车晋新选煤有限公司	610	煤炭批发洗选加工销售	库车市
MA7ABRDN3	库车杰益煤炭有限公司	610	煤炭洗选	库车市
MA78JNK19	新疆欣瑞达煤业有限公司	610	煤炭洗选	库车市
599176001	库车正乾煤业有限责任公司	610	烟煤和无烟煤开采洗选	库车市
599195448	库车宁疆工贸有限公司	610	煤炭洗选、碳素制品	库车市
568861022	库车华辰矿产品加工有限责任公司	610	矿产品加工(洗精煤)及批发	库车市
580243788	库车鲲鹏煤炭有限公司	610	煤炭开采洗选	库车市
592804271	库车神州煤业有限责任公司	610	煤烟和无烟煤开采洗选	库车市

续表 5

组织机构代码	单位详细名称	行业代码	主要业务活动或产品	县(市)
MA77J5919	拜城县华瑞洁净煤有限公司	610	烟煤和无烟煤开采洗选	拜城县
689570635	拜城县天昆煤化有限公司	610	烟煤和无烟煤开采洗选	拜城县
589329000	库车华瑞煤炭有限公司	610	洗选加工精煤	库车市
MA776QLG4	库车鑫畅商贸有限责任公司	610	煤炭洗选	库车市
MA777TCJ5	中石化新疆阿克苏油气开发有限公司	711	石油开采	沙雅县
MA775CP13	新疆塔中西部油田有限责任公司	711	油气资源勘探开发	阿克苏市
MA789T89X	拜城县非常规能源科技开发有限责任公司	721	煤层气、天然气开采	拜城县
59915243X	中国石化塔河炼化有限责任公司	2511	原油深加工	库车市
MA7854XD1	新疆美拓特种油品有限公司	2511	石油制品制造	柯坪县
754555256	天山环保库车石化有限公司	2511	原油石油制品制造	库车市
784653017	新和县星河实业有限责任公司	2521	制造焦炭	新和县
599182700	新疆金晖兆丰焦化有限公司	2521	生产焦炭	拜城县
784687575	拜城县众泰煤焦化有限公司	2521	冶炼焦炭	拜城县
751673660	拜城县峰峰煤焦化有限公司	2521	洗煤、炼焦	拜城县
763781554	库车市天缘煤焦化有限责任公司	2521	机焦烧炼	库车市
564350372	新疆八钢南疆钢铁拜城有限公司	2521	热轧带肋钢筋	拜城县
556467896	库车铧烁石化有限公司	2511	生产加工各类沥青	库车市
576205615	库车中原石油化工有限公司	2511	易燃液体、压缩气体生产	库车市
763790178	新疆天河化工有限公司	2671	乳化炸药	库车市
572538287	新疆峻新化工股份有限公司	2661	新工艺炭黑生产	拜城县
734485692	新疆雅克拉炭黑有限责任公司	2661	半补强炭黑	库车市
693440227	新疆兴林农资有限公司	2631	石硫合剂制造	新和县
99970604	温宿县鑫达化工有限责任公司	2614	甲醛制造	温宿县
556455959	新和恒信化工有限责任公司	2614	粗苯加工	新和县
682747426	新疆天鹅炭黑有限责任公司	2661	炭黑生产	库车市
568890894	新疆紫光永利精细化工有限公司	2614	氰氨基二乙腈	库车市
576232568	阿克苏泓盛化工有限公司	2619	化学试剂和助剂制造	温宿县

续表 5

组织机构代码	单位详细名称	行业代码	主要业务活动或产品	县(市)
53166450	新疆金正大农佳乐生态工程有限公司	2624	化肥生产	阿克苏市
568858341	阿克苏市慧尔肥业有限公司	2624	化肥制造	阿克苏市
693419305	新疆玉象胡杨化工有限公司	2614	尿素深加工	沙雅县
738390025	阿克苏华锦化肥有限责任公司	2621	氮肥制造	库车市
MA77GLJ87	新疆青上肥业有限公司	2624	复混肥料制造	库车市
673435025	阿克苏嘉邦肥业有限公司	2625	肥料加工	阿克苏市
MA77AGKW3	新疆益地佳肥业有限公司	2624	复混肥制造	阿克苏市
MA7822TR9	中化农业(新疆)生物科技有限公司	2624	复混肥料制造	阿克苏市
MA77PF1W1	阿克苏心连心复合肥有限公司	2624	复混肥料制造与零售	库车市
313321438	新疆众望农业发展有限公司	2624	复合肥生产	库车市
MA77W0W71	拜城县恒源生物科技有限公司	2625	有机肥料制造	拜城县
313453465	新疆天胜缘生物科技有限公司	2625	肥料加工	拜城县
313380809	阿克苏振兴生物肥业有限责任公司	2625	有机肥料及微生物肥料制造	乌什县
MA776X4M4	拜城县添望生物有机肥有限公司	2625	有机肥料生产	拜城县
53183103	新疆博硕思佳木化肥有限公司	2629	其他肥料制造	温宿县
584793015	浙能阿克苏热电有限公司	4411	热电联产	温宿县
742242631	国电库车发电有限公司	4412	发电、售电	库车市
689564657	徐矿集团新疆阿克苏热电有限公司	4412	火力发电	阿克苏市
670200052	国电阿克苏河流域水电开发有限公司	4413	水力发电	温宿县
92763768	中电投新疆能源化工集团阿克苏有限公司	4416	光伏发电	柯坪县
589329932	阿克苏融创光电科技有限公司	4416	光伏发电	阿克苏市
670221187	新疆新华水电投资股份有限公司塔尕克水电厂	4413	水力发电	温宿县
789891452	国能阿瓦提生物发电有限公司	4417	生物质发电	阿瓦提县
580230899	阿克苏舒奇蒙光法发电有限公司	4416	太阳能工程建设、发电	阿克苏市
397342577	乌什风凌电力科技有限公司	4416	太阳能发电	乌什县
97021042	阿瓦提县粤水电能源有限公司	4416	太阳能发电	阿瓦提县
229830731	乌什县蓬源水电开发有限公司	4413	水力发电	乌什县

续表 5

组织机构代码	单位详细名称	行业代码	主要业务活动或产品	县(市)
584797278	沙雅晶芯科技有限公司	4416	光伏发电	沙雅县
592848338	特变电工阿瓦提县新能源有限责任公司	4416	太阳能发电	阿瓦提县
91934051	柯坪县粤水电能源有限公司	4416	太阳能发电	柯坪县
68804224	拜城县正泰光伏发电有限公司	4416	太阳能发电	拜城县
589307629	阿克苏大唐新能源有限公司	4416	太阳能发电	阿克苏市
589302828	柯坪嘉盛阳光电力有限公司	4416	太阳能发电	柯坪县
722336198	新疆新华水电投资股份有限公司克孜尔电厂	4413	水力发电	拜城县
313335696	阿瓦提华光光伏发电有限公司	4416	太阳能发电	阿瓦提县
333044618	华能新疆托什干河亚曼苏水电分公司	4413	水力发电	乌什县
313429297	柯坪海鑫光伏发电有限公司	4416	太阳能发电	柯坪县
77348756X	阿瓦提县阳光热力有限责任公司	4430	热力生产供应	阿瓦提县
599178218	库车城区集中供热有限公司	4430	热力生产和供应	库车市
751690655	拜城县昌恒热力有限公司	4430	热力生产和供应	拜城县
92764373	阿克苏阳光热力有限公司	4430	热力生产和供应	阿克苏市
MA78X7DK2	乌什县雄达热力有限公司	4430	热力生产和供应	乌什县
576210107	拜城天源热力有限公司	4430	热力供应	拜城县
784661332	新疆浩源天然气股份有限公司	4511	天然气供应	阿克苏市
580222522	库车昊泰能源有限公司	4511	天然气运输供应	库车市
MA77P2RBX	沙雅赛普能源有限公司	4511	天然气生产和供应	沙雅县
663633140	温宿县曦隆燃气开发有限公司	4511	天然气供应	温宿县
738383204	库车市鑫泰燃气有限责任公司	4511	天然气供应	库车市
676312637	沙雅鑫源燃气有限公司	4511	天然气供应业	沙雅县
MA781P4A8	沙雅县绿环新能源有限公司	4511	天然气生产和供应	沙雅县
784699090	新和海特燃气有限公司	4511	天然气供应	新和县
MA778U140	新疆瑞诚源清洁能源有限责任公司	4511	天然气生产和供应	沙雅县
MA780G7F8	沙雅县中国吉硕石油科技有限公司	4511	天然气生产和供应业	沙雅县
MA77YX1P2	沙雅丰合能源有限公司	4511	燃气生产和供应	沙雅县

石油化工工业

【概况】 2020年，地区化工产业基本建成炼油、化肥、炭黑、石油焦、沥青、润滑油等基础化工产业产品集群，有石油炼制企业4家，塔河炼化(500万吨/年能力)、天山环保(30万吨/年原油加工能力，生产能力为甲醇6万吨/年、甲醛15万吨/年、乌托品3万吨/年、SBS改性沥青10万吨/年)、中原石油(生产能力为11万吨/年凝析油分离，产品为液化气1.7万吨/年、溶剂油3.45万吨/年、环戊烷1万吨/年、混合芳烃3.5万吨/年、环已烷1万吨/年)、现代石油(生产能力15万吨/年，产品为改性沥青5万吨/年、润滑油3万吨/年、燃料油1.5万吨/年)等年原油加工能力556万吨/年。天然气化工企业4家，华锦化肥(生产能力为合成氨45万吨/年、尿素80万吨/年)、玉象胡杨(生产能力为合成氨20万吨/年、尿素30万吨/年、三聚氰胺11万吨/年)、鸿盛化工(生产能力为二硫化碳3万吨/年、橡胶促进剂1.5万吨/年、DM1万吨/年、硫氰酸盐0.3万吨/年)、兴发化工（生产能力为二甲基亚砜5万吨/年）等天然气年生产能力25亿立方米/年；炭黑生产企业3家(雅克拉炭黑、峻新化工、天鹅炭黑等生产能力13万吨/年)；石油焦生产企业3家（生产能力35万吨/年)；天河化工(炸药4.6万吨/年)；煤化工和其他化学工业中众泰(甲醇20万吨/年)、金晖兆丰焦化(LNG7.6万吨/年)、金疆化纤(棉浆粕10万吨/年、粘胶纤维10万吨/年、硫酸10万吨/年、二硫化碳3万吨/年)、同乐盛（合成氨20万吨/年、尿素30万吨/年、磷酸二铵30万吨/年、硝基复合肥60万吨/年)、兴林(石硫合剂1.5万吨/年)，整个化工行业营运能力显著提升。

【油气生产】 2020年，地区境内累计生产原油1072.22万吨，比上年1039.95万吨增长3.1%；天然气累计生产294.41亿立方米，比上年272.34亿方增长8.1%。

【油气勘探】 2020年，塔里木油田公司在温宿县博孜墩乡部署天然气处理厂，进入可行性研究报批阶段；部署在阿瓦提县境内的吐木1井12月29日正式开钻，设计井深5450米。西北油田公司部署在阿瓦提县境内夏河2井已钻井至4098米，完成设计井深5840米的70.17%。中曼油气开发公司：部署在阿克苏市红旗坡农场境内的红26-2井钻井至2200米，完成设计井深2300米的96.56%；红28井钻井至2139米，完成设计井深2150米的99.49%。申能油气开发公司：部署在柯坪县境内的柯坪南1井钻井至4616米，完成设计井深5600米的82.43%。京能油气开发公司：在柯坪北区块探矿权面积核定为27平方千米。新能油气开发公司：部署在柯坪的柯南1井，钻井至4110米，完成设计井深5600米的73.39%。2020年地区累计新布井口254口。

【石化产业发展】 2020年，地区境内石化企业累计加工原油430.72万吨，原油就地加工转化率40.17%；累计加工天然气13.62亿方、天然气就地转化利用率4.63%。

地区共建成工业园区10个，有石油石化、化学工业等企业30家，库车经济技术开发区以石油天然气大化工产业为核心，开发区能源化工产业主要依托中石化西北油田分公司、中石油塔里木油田分公司开发开采，形成塔河炼化原油炼化、化锦化肥、紫光永利精细化工、中原石化等下游石化企业协同发展的大化工产业体系；拜城化工产业园重点发展煤化工、盐化工、钢铁冶炼、电力能源、油气化工、农副产品精深加工，其中能源化工企业5家(新疆金晖兆丰能源、正泰光伏发电厂、晗锦能源等)；沙雅循环经济工业园区以天然气化工产业为主导，2020年园区重点推进玉象胡杨年产10万吨芳烃联产8万吨丙烯腈项目、顺北能源公司顺北5号联合站至工业园区天然气管道建设项目。现有能源化工企业2家；新和新材料园区主要依托英买力油气田丰富的油气资源进行产业布局，重点打造特种专用化学品精细化、精品化产业集群。

煤炭工业

【煤炭工业产能运行概况】 2020年，地区原煤产量1960.38万吨，比上年增长19.6%，销售原煤1877.1万吨，增长14.57%。其中拜城县原煤产量612.93万吨，增长60.21%，销售原煤531.97万吨，增长37.44%，库车市原煤产量1347.45万吨，增长7.23%，销售原煤

1345.13万吨,增长7.49%。

【安全监管】 2020年,地区工信局开展煤矿安全检查150矿次,下发执法文书149套(《现场检查笔录》《现场处理决定书》各一套),下发复查意见书1套,下发《加强和改善安全管理意见书》16套,共计查处安全隐患3058条,提出安全建议278条,行政处罚226.8万元(地区局84万元,县市142.8万元);对长期停产停建煤矿开展安全巡查37矿次,发现问题85条,下达长期停产停建矿井巡查意见书28份,做到监管执法全覆盖。

【重大项目建设】 2020年,地区发改委强化能源安全保障意识,加快建设矿井14处,规划产能1005万吨/年,加快建设阿艾矿区国电青松大平滩煤矿新建240万吨/年,华地投资明矾沟一号井60万吨/年;拜城矿区天辰矿业苏杭河煤矿(十二号矿井)45万吨/年改扩建、齐克勒克1号(二十号矿井)60万吨/年改扩建、齐克勒克2号矿井(十九号矿井)60万吨/年改扩建、峰峰煤焦化察尔齐整合煤矿(八号矿井)90万吨/年改扩建;加快推动温宿博孜墩矿区博孜墩东井45万吨/年、克孜布拉克煤矿45万吨/年,拜城矿区润华、顺发、宏鑫宏远、东兴泰、鑫源、众维等6处60万吨/年改扩建煤矿项目的开工建设。

【煤矿质量标准化】 2020年,地区工信局针对14处生产煤矿全部实施安全生产标准化等级评定,定期开展煤矿安全生产标准化检查,针对14处生产矿井,查出新安全隐患243条,新版安全生产标准化对标问题1697条、无重大安全隐患,提出各类安全生产建议27条,下达行政执法文书14套,行政处罚20万元。组织煤矿企业申报国家首批智能化示范煤矿建设,徐矿集团天山矿业俄霍布拉克煤矿750万吨/年矿井成为国家首批71家智能化示范煤矿矿井之一。

电力工业

【电力工业概况】 2020年,国网新疆电力有限公司阿克苏供电公司(以下简称国网阿克苏供电公司)拥有750千伏变电站2座;220千伏变电站11座,变压器21台,变电容量3600兆伏安;220千伏输电线路43条,线路总长度2542.12千米;110千伏变电站53座,变压器92台,变电容量4075.5兆伏安,110千伏线路108条,线路总长度2675.043千米;35千伏变电站85座,变压器150台,变电容量1148.75兆伏安,35千伏线路155条,线路总长度2688.534千米;10千伏变压器10391台,变压器容量2329.09兆伏安,10千伏线路703条,线路总长度14750.45千米,0.4千伏配电线路18557条,线路总长度8109.61千米。公司共有营业厅79个,分布在各县(市)和所有乡镇,为全区91.18万名电力客户提供供电服务。

2020年,阿克苏上海路110千伏变电站工程喜获国网公司输变电优质工程金奖,是全疆首个110千伏工程获得国网公司金奖殊荣的项目,同时也是西北五省唯一个110变电站获此殊荣的项目,温巴什供电所以全国排名第57名的良好成绩入选全国百强供电所,是新疆公司2020年首个入选全国百强的供电所,顺利通过全国文明单位复验。

2020年,完成发展总投入9.92亿元(其中固定资产投资8.2亿元)。完成售电量127.12亿千瓦时,较上年增长8.88%,全疆排名第三。严格执行国家阶段性优惠电费5%及基本电费降价政策,1至12月为企业让利0.87亿元,受益6.9万户。深化电力体制改革,扩大用户直接交易规模,积极引导815户用户参与直接交易,完成交易电量35.51亿千瓦时,降低成本约6.18亿元。积极促进能源优势转化,配合做好地区电量外送,累计外送电量21.02亿千瓦时。主动配合政府完成阿克苏市龙头水系、南外环等电力线路迁改,以及阿克苏至阿拉尔铁路的68条线路迁改。按期完成阿克苏红柳果业万吨核桃加工、温宿云海金帆、三峰广翰垃圾电厂、柯坪光伏储能电站等重点项目投运。落实"三省、三零"服务举措,申请业扩配套3502万元、小微企业资金925万元,解决园区用户等接入受限问题。全面降低客户办电成本,通过成本费用完成低压客户表前"零投资"19211户(其中单相13869户、三相5342户)。推广足不出户网上办电业务,地区范围内开通远程充值75.69万户、注册21.72万户、绑定16.11万户。开展"脱贫攻坚·电亮乡村"专项行动,建档逐条销号梳理出的

1094 个问题，全部治理完毕。开展自然村通动力电核查，地区 1196 个行政村、5114 个自然村均已 100%通动力电，顺利通过自治区扶贫部门普查验收。

【电网建设】 2020 年，国网阿克苏供电公司紧跟地区“76331”发展战略，多次与地区规划管理部门交流沟通，已完成“十四五”电网规划收口，确保电网规划和地区国土空间电力专项规划紧密衔接。开复工建设新和 220 千伏输变电工程、温宿 220 千伏变扩建工程、库车大龙池 35 千伏输变电等 17 项 35 千伏及以上项目，建成 35 千伏及以上线路 290 千米、容量 59 万千伏安，库车南郊 220 千伏输变电工程、乌什亚曼苏、拜城木扎提河水电站、乌什荒地变电站等 13 项 35 千伏及以上项目送电投运。开展“抵边村寨”百日攻坚行动，4 项抵边村寨项目较计划提前 16 天完工。加快七县二市老旧小区电力资产接收和改造，已完成 96 个小区移交、4.6 万户电能表改造。

【安全生产】 2020 年，国网阿克苏供电公司落实地区安全整治三年专项行动实施方案，与地区发改委、工信局等部门协力抓好电力设施保护、客户侧安全用电隐患排查、电采暖用户报装等工作。联合地区工信部门、应急管理部门，开展变电站重要场所地震、大面积停电事故等演练 157 人次，不断提高政企联合处置的应急救急能力。制定政府机关、医院等重点场所保供电方案，共计出动保电人员 3600 人次、车辆 1150 辆次、应急发电车 150 辆。完成中央领导来阿、自治区特色果品交易博览会、“多浪·龟兹”文化旅游节等 412 次重大活动保电。

棉纺工业

【纺织服装产业概况】 2020 年，阿克苏纺织工业城（开发区）党工委、管委会[以下简称阿克苏纺织工业城（开发区）]正常生产企业 204 家全部复工复产、达产达效。全年实现工业总产值 112.56 亿元，比上年增长 12%，完成全年任务 109 亿元的 103.27%；实现工业增加值 28.83 亿元，增长 9.71%，完成全年任务 28 亿元的 102.96%；实现纱线 23.87 万吨、织布 9881.67 万米、家纺服装 449.06 万件（套）、织袜 5047.66 万双、印染 8549.49 吨。用电量 12.37 亿度，增长 7.19%，其中纺织服装企业用电量 8.12 亿度。全年新增纺纱产能 30 万锭，新增织机 1000 台，50 台经编筒布及护神防护、嘉宁瑞康口罩防护服投产。新增规上企业 5 家，累计 40 家。

围绕纺织服装主导产业，开展“一体多元”招商引资。全年签约项目 14 个，开工项目 11 个（其中投产项目 8 个），正在开展前期项目 3 个；完成招商引资到位资金 70.8 亿元，完成年初目标任务 69.3 亿元的 102%；完成签约资金 20.9 亿元。完成进出口贸易额 8474 万美元，增长 128.29%，完成全年任务的100.18%。累计兑现招商引资政策资金 1.13 亿，纺织服装专项资金 1.22 亿元，贷款贴息 1166 万元，人社政策补贴 4500 万元，各类补贴资金 2763.84 万元，电价 5%优惠资金 843.6 万元，减免 38 家中小微企业和个体工商户房屋租金 94 万元。一般公共预算收入 1.8 亿元，完成全年任务的 100%。

【纺织服装业】 2020 年，阿克苏纺织工业城（开发区）49 家规模以上纺织服装企业实现工业增加值 17.16 亿元，比上年增长 22.1%，新升规企业 10 家。纺织服装重点产业项目有序实施，棉麻混纺、棉毛混纺、棉纤混纺实现较大突破；中泰海鸿纺纱织布锦涤氨一体化项目、利华棉业四期 30 万锭项目稳步加快实施，沙雅正伦实业 600 台高速喷气织机建成试生产，阿瓦提棉纺织造产业园 278 台织机建成投产，填补地区“棉麻、棉毛、棉纤”混纺、化纤纺产业的空白，实现纺纱多元化突破。年内开工新建的 70 万锭棉纺已投产 35 万锭，新增织机 1143 台。新增就业 1101 人，产业累计带动就业 10.21 万人。

截至 2020 年年底，全地区备案纺织服装企业 481 家，其中：纺纱企业 66 家，织布企业 28 家，印染企业 1 家，家纺服装 189 家，其他类企业 197 家。

【纺织服装项目建设】 2020 年，阿克苏纺织工业城（开发区）落实“点线面”推进经济工作各项措施，出台《县级领导联系服务重点企业重点项目责任分解方案》，6 名班子成员包联 40 家企业和 35 个重点项目，帮助企业化解困难问题 45 件。制订《重点项目倒排工期计划》,挂图作战。组织召开党工委会、财经会议、企业家座谈会、项目推进会、现场观摩会、“政银企”对接会,解决企业困难问题,快速推进企业复工复产、投产达效。与阿克苏海关、火车站对接协调,完成阿克苏保税仓库首单进仓业务,实现阿克苏海关保税仓进仓货物零突破。全年完成固定资产投资70.2亿元,比上年增长20.2%,完成年初69亿元目标任务的101.74%。

【棉纺织品质量监督检验】 2020年,阿克苏纺织工业城(开发区)依据国家标准对GB/T 398—2018《棉本色纱线》,行业标准FZ/T 12001—2015《转杯纺棉本色纱》、FZ/T 12003—2014《粘胶纤维本色纱线》及2018USTER公报产品质量各检验批纱线质量指标中十万米纱疵(个/100千米)、单纱断裂强力变异系数(%)、线密度变异系数(%)、单纱断裂强度(cN/tex)、捻度/米(T/米)、线密度偏差率(%)、条干均匀度变异系数(%)、-50%细节(个/千米)、+50%粗节(个/千米)、+200%棉节(个/千米)、毛羽分级(根/100米)等11项质量指标进行评定。绝大多数检验批纱线的质量结果线密度变异系数,条干质量变异系数、单纱断裂强度、单纱断裂强度变异系数和10万米纱疵数均达到优等水平,线密度偏差率达到一等水平。

工业园区建设

【工业园区建设】 2020年,地区加大园区基础投入,建立完善产业园区重点设施建设项目库,争取专项支持,力促项目提速提效。年内,实现工业总产值537.94亿元,产业园区完成固定资产投资205.8亿元(其中基础设施投资43.95亿元),按期顺利完成3个园区污水处理厂、3个固废填埋厂环保设施整改销号工作。进一步优化园区功能定位,研究制定1个自治区级、3个地区级园区提档升级时间表、路线图,稳步推进前期工作;立足西五县油气资源,重新定位温宿产业园区发展方向,加快推动温宿产业园区发展化工产业进程。

【库车经济技术开发区】 2020年,库车经济技术开发区按照中长远发展规划与产业定位,形成以精细化工为主导,纺织服装、装备制造、新型建材、食品轻工(农副产品精深加工)、高新技术协同发展的产业特色鲜明、区块功能突出的“一区六园”格局。入驻企业232家,规模以上工业企业47家。年内工业总产值235亿元,实现工业增加值99.43亿元,一般预算内收入11.38亿元(含塔化),争取上级资金7.35亿元,完成固定资产投资35.7亿元,完成进出口总额0.6943亿美元。辖区新增就业人数2714人,开展各类劳动技能培训2833人次,完成全年目标任务100%。新增入园企业11家,重点培育企业“小升规”17家。

新修道路8千米,铺设供排水管网5.03千米,铺设燃气管线3.91千米,铺设电力管线2.28千米,新建1420套公共租赁住房,已交付使用。贯彻“绿水青山就是金山银山”发展理念,建设城市与开发区之间百米绿色生态屏障,种植树苗15.34公顷,绿化面积32.016公顷,逐步形成基础设施齐全,公共服务完善、行业特色鲜明的绿色产业集聚区。

完成固定资产投资项目46个,总投资280.26亿元,完成固定资产投资35.7亿元,增速42.8%;完成新建产业链延伸项目11个,新增企业技术改造项目7个(其中中石化百万吨乙烯项目明确选址,正式进入中石化党组会议审定阶段。库车80万吨原油商业储备库项目进入收尾阶段,诚润金兰30万吨棉蛋白实现年初建设、年底投用)。天环染料中间体、云创智能电子产业园、明友面业等一批产业重大项目稳步推进,开发区中水回用、集中供热供气项目(二期)等专项债项目开工建设。农民工公寓、新桥管业扩建等7个项目完工。

开展规划环评修编工作,落实新上项目环保“三同时”制度,督促企业办理环评、环保工程竣工验收等手续。开展环境综合整治,鼓励企业采用新工艺、新设备、新能源、新材料,全面完成园区企业燃煤锅炉整治工作;对辖区内的中能管业、云图果业等8家企业现场环境隐患核查,下发限期整改通知单并在规定时间内进行复查;协助地区对固定污染源清单中121家开发区企业办理排污许可证,完成自治区2020年排污许可核发登记回头看工作;完善园区基础设施配套,督促开发区企业加快市政排水管网的接入,确保开发区空气质量监测站稳定运行;全力推进生态环境设施建设，其中5.5万米^3/天污水处理厂建设项目、80万米^{3}库容固废填埋场建设项目已完工并投入运行，5万米^3/天中水回用建设项目总投资达1.5亿元，中水回用工程正在建设泵房，基础进行施工，管道已开挖铺设。

全年落实招商引资项目32个，到位资金42.73亿元，完成地区下达招商引资到位资金任务的142.43%；签约项目21个，签约资金40.18亿元，完成地区下达招商引资签约任务的100.45%。80万吨原油储油库、年处理30万吨棉籽浓缩蛋白及精深加工、智能电子产品等一批重大项目实现当年签约、当年开工、当年投产。

新增知识产权17项，包含新增专利申请1项，专利授权量16项(发明1项、实用新型15项)，累计拥有55项有效发明专利；鼓励企业参与创新创业大赛，不断夯实企业创新动力。新桥管业“螺旋钢管检测方式的创新与招商”和库车物泰碳素有限公司“风化煤黄腐殖应用技术”项目参赛，协助新桥管业、塔北泥浆、天河化工、雅克拉炭黑4家企业成功申报国家级高新技术企业，同时塔北泥浆被认定为自治区专精特新企业；新桥管业获评自治区级专精特新小巨人。

深化“放管服”改革，强化“全程代办、最多跑一次”制度，发挥“店小二”作用，开设政策服务、企业诉求、人力社保等8个服务窗口，全年办理各类业务11862件，比上年增长23%。设立中小微企业生产发展扶持风险基金，为雅克拉炭黑、心连心复合肥、钟华香梨、锦瑞生猪4家企业发放扶持风险基金7500万元。加强企业产品产销，拓宽互利互惠渠道，成功举办企业沙龙6次，帮助销售各类产品价值1.3亿元。六大行业门类、94家企业、200个产品纳入地区工业地产品名录。9月库车经济技术开发区成功纳入第五批增量配电业务试点，改善电力资源配置，满足园区可持续发展提供充足的电力保障。

【温宿国家农业科技园区】 2020年，温宿国家农业科技园区达成投资意向招商引资企业项目73个，意向投资163.91亿元，签约入园招商引资企业34家，在建27家，投产10家，新增规模以上企业2家（温宿县拓美特果蔬制品有限公司、阿克苏华丰果业有限责任公司)，完成工业总产值7.28亿元，实现工业增加值1.93亿元，完成固定资产投资20.27亿元，招商引资到位资金15.6亿元。

截至2020年年末，园区已累计入驻企业78家，其中，核心区42家，果品加工及精深加工企业34家，包装企业2家，其他农副产品企业6家，含国家级龙头企业1家，国家级林业重点龙头企业1家，自治区级龙头企业6家；农产品注册商标65个。其中，中国著名品牌2个，新疆著名商标2个，新疆农业名牌产品3个。其中，“宝圆”核桃和“冰糖心苹果”已成为中国知名品牌。

推进农副产品精深加工产业向纵深发展，汇源红、优牧绿色等项目落地开工；拓美特番茄酱加工建设项目，9月投入生产，当月升为规模以上企业；红旗坡冷链物流（二期)30000吨相温气调库建设项目投入使用；徽疆核桃深加工、洽洽食品等8家入驻标准厂房的项目，年内相继投入生产。发展科技新型产业，引导慧尔农业、沃达农科、金丰源种业等一批高新技术企业项目落地开工，推进基础设施建设，完成基础设施建设项目10个，总投资10.08亿元，其中：续建项目5个，总投资4.78亿元，新建项目5个，总投资5.3亿元。园区纬一路与经四路(北段)、经四路(南段)、文德路南段、健康路、文化路和纬五路、经一路南段、经二路南段等道路工程已开工；给水工程、供热工程、标准厂房项目全部完工并投入运营；智能温室项目建成投入生产。道路基本形成五横四纵格局，水、电、气等基础设施可满足园区建设所有需求。

以生态文明建设为核心，以转变经济发展方式为主线，落实环境保护责任体系，坚持全园共治、源头共防，实施“三废”(废水、废气、废渣)污染防治行动，打赢蓝天保卫战。坚持生态立园的建设理念，推进生态文明建设，落实“三大红线”(生态功能保障基线、环境质量安全底线、自然资源利用上线)和负面清单，严禁“三高”(高污染、高耗能、高耗水)项目进园区，探索生态绿色和区域一体化的发展模式。投入700万元，修建完成两座提升泵站，铺设排水管网15千米，实现污水处理与阿克苏市污水处理厂对接；投入2000万元，完成314国道北边3.2千米绿化带和科技中心办公楼区域绿化建设，完善环保设施,提升园区人居环境。

坚持项目招商和引资引智并重,“引进来和走出去”并举,借助援疆小团队,采用驻点(上海)招商、以商招商、精准招商、产业招商模式,实现招商引资项目“签约一批、落地一批、建设一批、投产一批、库存一批”。全年,达成投资意向招商引资项目71个,意向投资118.91亿元,其中已签约招商引资项目32个,占地1.314平方千米,总投资33.02亿元,新建项目30个,总投资23.72亿元,累计开工招商引资项目27个,投产10个,累计到位资金15.13亿元。

按照《科技部办公厅、财政部办公厅关于开展“百城百园”行动的通知》精神,组织编撰完成《新疆温宿国家农业科技园区“科技抗疫—先进技术推广应用‘百城百园’行动”实施方案(2020—2022年)》并上报自治区科技厅转科技部和财政部,申报中央引导地方科技发展资金170万元。地委、行署为支持温宿国家农业科技园区发展建设,2020年拨付园区产业发展地区本级扶持资金10000万元。扶持资金主要用于修建标准化厂房及附属设施建设,增强园区综合竞争力和可持续发展能力,提升园区招商引资吸引力和发展承载力。

【阿克苏纺织工业城】 2020年,新疆阿克苏纺织工业城(开发区)(以下简称纺城)主要拥有棉纺、化纤、针织、梭织、染整、家纺、服装、仓储物流、动力能源、生活商贸十大功能区。产业规划600万锭纺纱、7.6亿米织布、7.2万吨针织、1亿件服装、500万件(套)家纺和10万吨印染。是以发展纺织服装产业为核心的自治区级开发区;是承接东部纺织服装产业向西部转移的示范基地;是国家西部面向中亚、南亚乃至欧洲的重要纺织品生产加工出口基地;已列为全国纺织产业转移示范园区和全国十大产业园区。

2020年,纺城正常生产企业204家全部复工复产、达产达效。全年实现工业总产值112.56亿元,比上年增长12%,实现工业增加值28.83亿元,比上年增长9.71%,实现纱线23.87万吨、织布9881.67万米、家纺服装449.06万件(套)、织袜5047.66万双、印染8549.49吨。用电量12.37亿度,比上年增长7.19%,其中纺织服装企业用电量8.12亿度。全年新增纺纱产能30万锭,新增织机1000台,50台经编筒布及护神防护、嘉宁瑞康口罩防护服投产。新增规模以上企业5家,累计达40家。与阿克苏海关、火车站对接协调,完成阿克苏保税仓库首单进仓业务,实现阿克苏海关保税仓进仓货物零突破。全年完成固定资产投资70.2亿元,比上年增长20.2%。

全年签约项目14个,开工项目11个(其中投产项目8个),正在开展前期项目3个;招商引资到位资金70.8亿元,进出口贸易额8474万美元,比上年增长128.29%。累计兑现招商引资政策资金1.13亿元,纺织服装专项资金1.22亿元,贷款贴息1166万元,人社政策补贴4500万元,各类补贴资金2763.84万元,电价5%优惠资金843.6万元,减免38家中小微企业和个体工商户房屋租金94万元。深入拓展“非接触式”办证服务,公示网上办税缴费事项清单;持续对12个重点项目走访80次,为企业提供“项目管家”服务;组织召开“政银企”座谈5次,帮助企业解决融资难问题,截至2020年年末,纺城担保公司为企业提供担保17笔9300万元;推动杭州联合农商银行阿克苏分行向纺城及园区企业整体授信10亿元,已放贷1亿元。

大力开展“绿化、美化、亮化、净化”专项行动,加大公共区域和企业内部植树绿化力度,种植“援疆林”,提升企业形象、优化园区环境,全年绿化30.95公顷,植树2.8万株,生态环境明显完善。

【阿克苏经济技术开发区】 2020年,阿克苏经济技术开发区大力发展基础设施建设,目前已初具规模,道路、给水、排水、电力、天然气、供热及通信等达到“七通一平”水平。截至2020年年末,已建成市政道路125千米,铁路专用线2条,220千伏、110千伏、35千伏变电站各一座,开发区绿化面积453.56公顷,种植防风林100.05公顷。

落实53个项目实现固定资产投资23.23亿元,比上年增长28.41%,其中新转化项目14个,实现投资5.12亿元,拉动增长28个百分点。产业项目完成投资16.83亿元,增长21.78%。新竣工的年产600万部手机制造、贵天化水溶肥等项目已投产,新投产的嘉轮轮胎于11月升规;固废填埋场竣工投入运营,电子产业园18万平方米标准厂房主体基本完工;圣驼年产60万套巨型工程轮胎、吉尔特太阳能空调生产线主体已完工。

全年签约项目43个，金额127.3亿元，其中建材冶金业15个，签约金额16.45亿元；战略新兴产业9个，签约金额89.94亿元；农副产品加工3个，签约金额4.35亿元；能源化工企业2个，签约金额7.8亿元；商贸物流行业3个，签约金额1.68亿元。其他行业11个，签约金额7.08亿元。全年完成招商引资到位资金30.06亿元。半导体碳化硅材料生产制造、全钒液流电池储能装备制造等项目落地开建，新疆国宇年产30万吨生物质碳、华羿元腾智能终端产品及配套产业链等项目签约落地，带动开发区产业升级。

落实“三线一单”制度，落实项目入园项目办理环境影响评价文件，完成2020年新（续）建项目环境影响评价45个，办理排污许可证122个，做到辖区企业建设项目环保“三同时”。加大园区基础设施建设，固废填埋场项目建设完工并投入运行，开展工业大气污染治理，推进园区循环改造。加大对燃煤设施的监管和淘汰力度，责令9家企业停用11台燃煤锅炉，其中进行节能减排技术改造4台锅炉（3家企业），改用清洁能源6台锅炉（5家企业），查封1台锅炉；按照新大气发〔2019〕127号文件，下发《阿克苏经济技术开发区工业窑炉大气污染综合治理实施方案》，落实工业窑炉综合治理，完成3家水泥、2家陶瓷企业的污染防治设施改造，做到达标排放；推进园区企业循环化改造，实施燃煤电厂超低排放和节能改造，完成徐矿电厂1号、2号机组节能改造工程。

【阿克苏商贸物流产业园】 2020年，阿克苏商贸物流产业园是一个集商贸物流、综合物流服务、农产品物流服务、区域性空港物流服务为一体的综合型现代物流园区。现已落户娃哈哈、统一、康师傅等65家企业（其中规模以上企业7家），解决就业岗位5000个，带动周边相关产业新增产值约100亿元。

依托独特的交通区位优势，立足生态优先、产城融合的发展理念，整合航空、高速公路、铁路的复合式交通枢纽，发展以生产加工、商品交易、商品集散、冷链仓储、公共配送、电子商务于一体的现代商贸物流服务体系，建设以智慧物流为核心的综合物流业，高新农副产品为特色的临港工业，配套完善生产服务和生活服务的南疆区域商贸物流中心。根据园区产业规划，将划分为电子商务产业区、农副产品加工区、综合服务区、多式联运仓储区、现代仓储区、陆空联运物流区、临港产业区、生态发展示范区、生活配套区九个产业区。

全年，园区发展成效显著，娃哈哈、统一、康师傅、华孚纺织、恒丰糖业等企业已在园区落户，园区先后建成了恒鑫物流产业园、金洲汽车城、电商物流快递分拣中心等物流专业市场；正在建设的有林汇物流、金城光电、红森林果业、浙疆果业、昌盛达陶瓷市场等项目。园区大力培育和壮大优势产业和“龙头”企业，依托阿克苏地区红枣、苹果、核桃基地，积极打造“三大果品”产业龙头企业，树立品牌，重点扶持新疆果业（新疆农产品交易中心）、新疆红旗坡农贸物流园等龙头企业，全力提升产业规模。引进投资50亿、占地3.335平方千米的海元物流商城项目，主要从事仓储经营管理、城市与产业配送、公铁联运、物流金融、海关监管区域、商品交易和配套服务，力促园区经济健康可持续发展。

园区管委会高度重视规划发展和对环境的保护工作，委托新疆鼎耀工程咨询有限公司制订《阿克苏商贸物流产业园总体规划（2018—2035）环境影响评价报告书》保障园区规划发展符合环境保护的要求。2020年，阿克苏商贸物流产业园已经建成区域符合阿克苏市城市总体规划、国土空间利用规划，节能、环保等方面符合国家的规定和标准。规划建成区域内现有企业供热由恒丰热力有限公司集中供热，该公司投入使用的循环流化床蒸汽锅炉及配套除渣、噪声、烟气治理设施符合环保部门排放要求，园区企业生产废水和生活废水经处理达标后排入市政下水管网。

以建设“六型”政府和深化“放管服”改革为契机，加强服务型政府建设，加强对入园项目政策的支持力度，对符合产业布局能够带动园区经济社会发展的好项目，在用地政策等方面给予倾斜和保障，为企业投资者创造良好的环境。2020年，园区招商引资项目14个，实现招商引资到位资金20.03亿元，完成固定资产投资13.02亿元，比上年增长32%。

【沙雅县循环经济工业园区】 沙

雅县循环经济工业园区成立于2007年,2010年经自治区人民政府批准为自治区级工业园区,为自治区工业领域第四批循环经济试点园区,沙雅县循环经济工业园区正按照近期24.5平方千米、远期48.6平方千米进行扩容规划设计,已编制园区土地集约利用评价、总体规划修编扩容规划,现已形成天然气化工、纺织服装、装备制造、农副产品加工、新型建材五大主导产业的综合性工业园区。2020年,沙雅县循环经济工业园区实现工业总产值40.19亿元,实现工业增加值9.6亿元,完成固定资产投资15.0326亿元,完成进出口总额5269万美元。辖区新增就业人数1247人,新增入园企业3家,培育"小升规"企业3家,规模以上工业企业累计达20家。

2020年,沙雅县循环经济工业园园区不断加大基础设施建设力度,已建成四纵七横路网共11条道路,总长31千米;建成园区日供水规模8万立方供水管网及23千米排水主管网;建成220千伏变电站一座、110千伏变电站两座,完成园区电力双回路改造;日处理污水4万吨的污水处理厂稳定运行;园区天然气供气支管线10千米及园区加气站等供气设施;完成绿化面积36公顷及道路亮化,安装路灯870盏;建成日处理100吨垃圾处理厂1座。2020年园区积极争取上级补助资金共1.454亿元。完成园区沙雅县工业园区110千伏变电站一座,输电线路长18.7千米、铺设园区燃气管道16.5千米、铺设供水及排水管道总长27.28千米、铺设园区道路1500米。沙雅县循环经济工业园区形成了较为完备的基础设施、配套公共服务设施,将打造成主导产业鲜明、协调配套合理的绿色产业聚集区。

2020年,沙雅县循环经济工业园区落实好"点线面"工作机制,强力稳步推进项目建设进度。2020年工业园区固定资产投资项目共31项,完成投资15.0336亿元,增速21.1%。新建产业链延伸项目3个,新增企业技术改造项目5个。新疆利华纺织有限公司30万锭环纺建设项目、新疆雪峰控股有限责任公司密胺树脂及调峰项目一期项目、阿克苏海盟纺织科技有限责任公司400台喷气织机项目相继开工建设。阿克苏正伦实业有限公司5000万米织布项目织布厂房已进行生产、新疆利华纺织有限公司40万锭纺纱项目、新疆汇峰农业科技有限公司面粉加工厂项目、沙雅深蓝环保科技有限公司含油污泥处理已建设完成。

2020年,沙雅县循环经济工业园区结合城乡生态创建工作,不断巩固、提高园区生态绿化成果,增加树木数量,提高树木占绿地面积比率。针对不同企业、不同项目、不同生产类型,制订园区企业绿化工作"一企一方案",园区绿化面积149.09公顷,占园区总面积的19.11%。在保证绿化工作前提下,结合全县开展的爱国卫生运动和园区卫生整治工作方案,发动企业在厂区科学规划绿化区域,不断优化园区环境。

结合"放管服"工作,推进"最多跑一趟""最快送一次"改革,着力提升服务水平,优化营商环境。依托工业园区平台,加大县域资源优势、投资环境、优惠政策宣传,采取以商招商、外出招商、云招商等措施,发挥好招商小分队作用,全方位多渠道做好招商引资。对引进和立项的企业,做到项目签约引进至投产运行期间实行全程跟踪服务,及时协调解决好存在困难和问题,为企业提供优质的"一站式"服务,真心实意地为客商排忧解难,确保项目顺利开工建设,促进项目早建成、早投产、早见效,营造出尊商、亲商、安商、富商和重企、亲企、扶企的良好氛围和环境。全年完成招商引资到位资金19.39亿元,完成目标任务13.9亿元的139.5%,新增入园企业3家。

【拜城产业园区】 2020年,拜城产业园区实现工业产值59.89亿元,比上年增长51.13%,实现工业增加值25.92亿元,实现销售收入57.98亿元,园区企业生产焦炭345万吨,销售353万吨,洗精煤241.2万吨,生产炭黑5.81万吨。完成固定资产投资16.2亿元,完成招商引资到位资金25.2387亿元。新建产业链延伸项目8个,新增企业技术改造项目7个。完成外贸进出口额达0.01亿美元,完成职业技能培训820人(次),完成一般公共预算收入1.51亿元。新增入园企业5家,累计入园企业42家,重点培育企业"小升规"6家,规模以上工业企业累计达到21家。

全年,园区实施债券项目3个,项目总投资达1.5亿元,铺设供排水管网67千米,新建标准厂房1.2万平方米，配套附属用房800间，建设1000万方固废填埋场一座。众泰20万吨甲醇项目建成投产，延长煤化工产业链，实现焦炉尾气综合利用。

贯彻落实“点线面”工作机制，建立《拜城产业园区建设项目例会制度》，落实领导干部包联企业责任。计划固定资产投资项目25个，总投资95.6亿元，完成固定资产投资16.2亿元。其中新疆天玉种业科研培训中心项目及年产2.4亿块新型建筑材料生产建设项目当年建设当年完工，100万头牛羊屠宰项目及500吨/年牛羊肉制品生产线建设项目开工建设，补齐产业园区畜产品深加工短板。

落实新上项目环保“三同时”制度，督促企业办理环评、环保工程竣工验收等手续。加强扬尘治理工作，督促众泰煤焦化有限公司投资5000万元建设封闭煤仓，实现当年设计、当年建设、当年投用，有效减少了园区扬尘。推进污水管网建设工作，新建北区、西区污水管网18千米，提升污水收集能力，切实打好“碧水”攻坚战。

大力推进农副产品精深加工、循环化工的招商，全年累计落实招商引资项目25个，到位资金25.2387亿元，完成地区下达招商引资到位资金任务；累计完成签约项目15个。

【温宿产业园区】 2020年，温宿产业园区实现工业总产值14.6亿元，增速46%，完成地区下达年度目标任务10亿元的146%；实现工业增加值6.7亿元，增速59%，累计完成固定资产投资9.4亿元，完成招商引资到位资金15.12亿元。新招商引资企业9个，投产企业上缴利税3800万元。

加大基础设施建设投入，投入资金1.28亿元，完成供水工程、一般工业固废填埋场、污水处理厂改造、大峡谷路改造等基础设施建设。园区2万吨/日污水处理厂运行正常，一般工业固废填埋场已正式投入使用，大峡谷路顺利通车，供水工程建设项目进入设备安装阶段。

已初步形成了以化工产业为主导发展构架，当前62家入园区企业中涉及煤炭行业4家，涉及化工行业16家，涉及建材产业12家，新兴产业8家，其他配套发展企业22家；2020年投产企业达到32家，其中新增投产企业4家，规模以上企业12家。

引进主导产业及其上下游项目，完善产业生态链建设，推动主导产业集群集聚发展。新签约招商引资项目9个，签约金额42亿元，到位资金15亿元，完成公司注册16家。

围绕“环保优先，生态立园”的宗旨，一边抓经济建设，一边抓环境保护。当年落户建设项目和基础设施项目全部完成环评审批；新投产、试生产项目均按要求落实环保“三同时”验收工作；园区2万吨/日污水处理厂全年运行正常。按照中央环保督察整改要求和时限，完成园区50万立方米一般工业固废填埋场建设整改工作，并正式投入运行。

【新和县工业园区】 2020年，新和县工业园区规模以上工业总产值13.1亿元，增加值3.6亿元，增速6.5%，现有企业37家，新增入园企业6家（其中3家已投产），实施固定资产投资项目5个（兴业路建设项目、劳动密集型标准化厂房建设项目、100万件标志服建设项目、针织服装标准化厂房、新材料产业园基础设施建设项目）；争取中央预算内项目2个，到位资金5040万，争取抗疫特别国债项目1个，到位资金1600万元。

实施基础设施建设，强化承载能力，加快路网、电网、管线、绿化、亮化等基础设施建设，改善园区内投资环境，打造绿色园区。推进2020年固定资产投资项目建设进度，洲山农业辣椒色素项目进度，3个政府代建车间已建成，2个政府代建车间已完成招标；紧盯安恒纺织1500万条工业集装袋项目进度，已开始试生产；紧盯五维科技手机制造项目，二号厂房改造已完成，设备已投入试生产，都护肉业肉牛屠宰加工项目，解决企业用电、用工、建设方面的困难，已开始试生产，现已屠宰肉牛1400头；珍果酒业果酒生产项目，土地平整等前期工作现已完成；兴业路建设项目已开工建设；大力推动电子产业建设项目，一期总建筑面积60万平方米的标准化厂房建设现已开工。

贯彻落实“抓项目就是抓发展”的理念，落实“点线面”工作机制，建立绿色通道，打通项目建设“中梗阻”，执行政策“零折扣”，实行包联项目全程负责制，主动对接，靠前服务，破解项目实施过程中的难题，按照“计划项目促开工、在建项目促进度”要求，配合县委、县政府不定期对项目进行现场督查，查进度、看质量，查人员、看实效，对标找差，推进项目建设。2020年新和县轻工业园区计划固定资产投资项目8个。

启动园区总体规划修编工作；落实新上项目环保“三同时”(同时设计，同时施工，同时投入生产和使用)制度，督促企业办理环评、环保工程竣工验收等手续。开展环境综合整治，鼓励企业采用新工艺、新设备、新能源、新材料，完成园区企业燃煤锅炉整治工作；协助地区都护肉业等一批企业办理排污许可证，责令园区18家正常生产的企业对排放污水进行全面检测；完善园区基础设施配套，实施污水处理厂和排污管网建设项目。

全年累计落实招商引资项目6个，卫欣医疗熔喷布和口罩生产项目，安恒纺织1500万条工业集装袋生产项目、五维手机整机组装和显示屏生产项目、都护肉业肉牛屠宰加工项目现已投产，洲山农业色素辣椒生产项目、珍果酒业果酒加工项目现已开工。

【阿瓦提工业园区】 2020年，阿瓦提“一区三园”(阿瓦提经济技术开发区，阿瓦提棉纺制造产业园、阿瓦提农副产品精深加工产业园、阿瓦提光伏产业园)累计完成工业总产值6.43亿元，比上年增长8.6%，完成工业增加值2.24亿元，增长8.2%，全面完成地区年度工作目标。完成固定资产投资5.78亿元，辖区新增就业人数800人，新增入园企业16家，重点培育企业“小升规”1家。

建成标准化厂房33.3万平方米，企业入驻率100%。自建项目弘于丝标准化厂房建设、莱丰纺织有限责任公司厂房建设、仁华生物科技有限公司厂房建设项目已开工。共建职工周转房24栋2280套，其中，13栋1224套已具备入住条件。职业高中教学楼及其配套基础设施已完工，并投入使用；园区幼儿园项目主体已完工；污水处理厂一期4000米^3/天已完工，具备污水处理能力；建成道路15千米；天然气管道、供水管网全覆盖；供电满足首期开发用电需求；园区亮化美化工程逐步完善，新建110千伏变电站已全面启动，已满足企业用电需求。

园区企业设备共计到位大(小)剑杆织机800台、包覆纱机580台、大圆机30台、小圆机350台、喷气织机200台、浆纱机3套、毛纺设备4条流水线。

规划环评修编工作；其中污水处理厂一期4000米^3/天已完工，具备污水处理能力。绿化面积约0.08平方千米，树木种植2000棵，种植树木以大叶榆为主。

截至2020年年底，阿瓦提工业园区落实招商引资项目37个，完成到位资金26.49亿元、签约金额40.84亿元，分别完成年度目标任务的108.56%、109.49%。

【乌什县工业园区】 2020年，入驻园区企业21家，在建企业7家。其中规模以上企业6家，规模以下企业15家。按产业分类，农副产品加工企业10家，建材加工企业4家，光伏发电企业5家，纺织加工2家。全年累计完成园区总产值4亿元，比上年增长8%，完成工业增加值1.4亿元，比上年增长7.8%。

不断提升园区形象，强化承载能力，加快路网、电网、管线、绿化、亮化等基础设施建设，改善园区招商引资环境。新修道路1千米，铺设供水管网23千米，铺设排水管网3.4千米，规划绿植面积23.35公顷，种植树木15000棵，铺设人行道7千米，新增供暖管网1千米。

全年新入园建设企业6家，其中湖南天骄物流信息科技有限公司，总投资3.3亿元，已经开工建设；乌什县餐旅净商贸有限公司，总投资0.15亿元，投入使用；乌什县洁境机械科技有限公司，总投资0.15亿元，已投入使用；乌什县康安工贸有限公司，总投资0.07亿元，已投入使用；乌什县天玉种业有限公司，总投资0.25亿元，分厂已经投资运营；乌什县民富源玉米饲料销售有限公司，总投资0.05亿元，已安装设备。新铺设23千米供水管网已投入使用，园区主干道路两旁人行道已铺设完毕并投入使用，绿化管网5千米已投入使用。

按照统一规划，分步实施的绿化要求，在园区团结路段两旁和新入园的企业厂区内、外植树造林，共植树15000棵，覆盖面积23.35公顷。累计投入150万元，对园区宣传牌更新，园区树木刷白防蛀。加大爱国卫生宣传工作，张贴爱国卫生宣传标语350条。协调园区(包括在建)企业29家，加快市政排水管网接入，确保开发区空气质量监测站稳定运行。投资700万元，建设园区供气管网7千米，供气面积达4万平方米，覆盖城北园区所有企业，全部投入使用。投资

350万元，修建园区排水管网5千米，覆盖城北园区所有企业。

拓宽招商引资渠道，完成招商引资签约资金3.85亿元，到位资金2亿元。组织参加西洽会、亚欧博览会、浙洽会、厦洽会、西博会等重大投资洽谈活动。先后引进乌什县餐旅净服务有限公司、新疆雪耀科技有限公司、乌什县洁境机械科技有限公司、乌什县康安工贸有限公司、乌什县天玉种业有限公司。

【柯坪光伏产业园区】 柯坪光伏产业园区于2016年5月获地区批准成立，规划总占地面积50平方千米，远期规划总装机容量300万千瓦时，近期规划100万千瓦时。2020年已入驻中电投、中节能、中建材、天华、浙能、粤水电、海鑫、中核汇能8家光伏发电企业，总装机容量达30万千瓦时，总投资32亿元，年发电量5亿度以上。同时，配套建设220千伏电力输出升压站及园区道路、地下电缆沟等基础设施，并配套建设光伏电站储能项目，降低弃光率，增加发电输出量，是全地区乃至南疆规模最大、运行管理较为规范的光伏产业基地。全年累计实现工业总产值3.46亿元，实现工业增加值2.24亿元。其中规上企业实现工业增加值1.69亿元，规下企业实现增加值0.54亿元。

谋划园区承载能力，加快路网、电网、管线、绿化、亮化等基础设施建设，改善区内投资环境，打造绿色园区。2020年新建污水管网总长度11087米，建设污水检查井、化粪池、污水调节池、污水潜水泵等；新建16.5兆瓦、33千瓦时磷酸铁锂电池储能系统一套。均已交付使用。

开展建设项目3个，总投资0.7208亿元。即：中电投新疆能源化工集团阿克苏有限公司16.5兆瓦/33千瓦时储能项目，建设16.5兆瓦/33千瓦时磷酸铁锂电池储能系统一套，总投资0.66亿元。柯坪县光伏产业园区交通桥建设项目，建设桥梁总长31.5米，总宽度7米，净宽度6米，总投资0.01亿元；柯坪县盖孜力克镇、玉尔其乡产业园基础设施排水管网建设项目，新建污水管网长度11087米，配套污水检查井、化粪池、调节池、潜水泵等设施，总投资0.05亿元。截至2020年年末，项目均已竣工。

2020年，自治区园区专项补助柯坪县光伏产业园区50万元，该资金用于柯坪县玉尔其乡托玛艾日克村馕产业扶贫发展项目消防工程，总投资75万元，其中园区补助资金50万元，其他资金25万元。

重点企业简介

【中国石化塔河炼化有限责任公司】 中国石化塔河炼化有限责任公司（以下简称塔河炼化公司）是由中国石油化工股份有限公司与新疆阿克苏地区共同出资组建的炼化企业，中石化占股99%，地方占股1%，其前身是成立于2005年的塔河分公司。2012年6月，中国石化为落实中央新疆工作会议精神，推进“产业援疆”工作，将塔河分公司改制为塔河炼化公司。现拥有炼油生产装置17套，原油加工能力500万吨/年，焦化处理能力340万吨/年，汽柴油混合加氢精制能力240万吨/年，航煤生产能力30万吨/年，催化重整能力75万吨/年，汽油异构化能力37万吨/年，A级沥青生产能力40万吨/年，硫黄生产能力8万吨/年。

主要加工塔河油田的重质原油，可生产92号、95号无铅汽油，0号、-10号、-20号、-35号柴油（全部达到国Ⅵ标准），符合交通运输部石油沥青标准JTGF 40—2004、石化行业标准NB/SH/T 0522—2010以及国家标准GB/T 15180—2010的各牌号石油沥青，3号喷气燃料，化工轻油，石油液化气，石油焦，硫黄等10余种产品。塔河炼化产品流向主要有两个渠道：一是成品油（汽油、柴油、航煤）全部交中石化西北销售公司统一按配置计划销售，按中石化总部“疆油疆炼疆销”指导方针，汽柴油疆内销售比例达到94%，其余6%保供青海、西藏、甘肃，航煤实现南疆机场全覆盖；二是其他炼销产品全部交中石化上海炼销公司买断经营，主要为石油焦、沥青、硫黄及液化气。

2020年，中国石化总部下达塔河炼化公司原油加工量450万吨，公司完成原油加工量450万吨，其主要产品中汽油产量58.49万吨、柴油产量217万吨、航煤产量19万吨、沥青产量22万吨、石油焦产量95.61万吨。

塔河炼化公司自成立以来，高度重视环保工作，始终坚持两个文明协调发展，现已取得“一控双达标”合格证，是新疆首批工业污染源主要污染物达标排放企业。连续获得“重合同、守信用”企业，综合治理“先进集体”，“模范纳税”企业,自治区级“文明单位”等多项称号。坚持开展“军企共建”“校企共建”“访惠聚”和精准扶贫工作,驻村工作多次荣获自治区“优秀组织单位”称号,融洽了地企关系,促进民族团结,树立央企形象。

【阿克苏华孚色纺有限公司】 阿克苏华孚色纺有限公司是全球最大的色纺纱线企业、色纺行业第一家上市公司华孚时尚股份有限公司全资子公司。公司位于阿克苏纺织工业城(开发区)上海西路1号,2010年8月正式挂牌成立。2018年8月25日,阿克苏华孚色纺工业园正式成立,占地2150亩是全球最大的色纺单体工厂。

2016年6月,阿克苏华孚被授予“全国纺织行业优秀集体”;2018年6月又喜获国家“绿色工厂”称号;近年来还多次被自治区、地区评为“产业发展促进就业先进企业”“经济发展突出贡献企业”“十佳纳税先进企业”“招商引资诚信履约先进企业”等称号。

华孚立足新疆,以优质棉花资源为起点,以轧花厂、棉麻站为载体,利用国家对农业改革、新疆发展支持,实现大农场(100万亩;建立棉花农业合作社,进行集约化经营)、大加工(100万吨/年的棉花加工能力)、大物流(连通南疆与北疆,形成100万吨/年公铁运输能力)、大交易(创建以资源、技术为背景的具有最佳性价比解决方案的棉花交易平台,形成100万吨/年的交易量)、大金融(供应链金融支持:258亿元)战略,做大做强棉花产业。实现利税8.5亿元,解决就业1.5万人。

100万锭色纺工业园占地143.33公顷,是色纺单体工厂,现已投产纺纱规模达78万锭。投资50亿元,产能18万吨,实现利税6亿元,带动就业1万人。色纺工业园将建设全球领先的时尚设计、研发和检测中心,并通过先进的智能化生产设备、数字化产品设计技术、绿色设计平台的建设,提升研发、设计和制造能力。

华孚在阿克苏投资的染色工业园分三期建设,总投资25亿元,2020年年产能2万吨。全部建成后将形成年产10万吨棉花、纱线、面料染色的能力;实现利税4.2亿元,带动就业5000人。华孚在新疆共有棉田0.53万公顷;轧花厂30多个,年棉花加工能力20万吨;染厂4个,产能4万吨;纺厂13个,110万纱锭,产能18万吨;棉花交易市场皮棉年交易量50万吨;控股阿克苏棉麻站和铁路专营线,物流吞吐量50万吨/年。已建成投产78万锭纺纱和4万吨染色,解决当地就业6000余人。

阿克苏华孚色纺有限公司纺纱车间(地区工信局 供图)

【浙能阿克苏热电有限公司】 浙能阿克苏热电有限公司(以下简称浙能阿电)归属于浙江省能源集团有限公司新疆区域能源板块,由浙江浙能电力股份公司独资控股,于2011年12月在阿克苏市注册成立。浙能阿电位于新疆维吾尔自治区阿克苏纺织工业城东北部,占地24.6公顷,项目总投资34亿元,于2017年5月24日全面建成2台35万千瓦超临界热电联产机组并投入商业运行。浙能阿电在新疆区域率先采用了国内外环保领域最先进的大气污染物超低排放工艺,使机组的大气污染物排放浓度优于国家重点地区的天然气燃气轮机机组排放限值。

企业投入6000万元,安装中水深度处理设备接收阿克苏地区污水处理厂的污水,处理后作为生产用水,每台机组每年可节省自然水源876万吨。浙能阿电还开创性地采用“直接空冷技术”,循环冷却水消耗量降至零,节水工作更为彻底。浙能阿电的储煤场采用封闭式条形煤场大跨度干煤棚,有效避免多风期煤粉外泄对环境造成污染。浙能阿电是阿克苏纺织工业城的重大配套基础设施,具备每小时700吨供工业蒸汽能力和600万平方米供暖能力,后续将利用“清洁能源”的优势,逐步推动关停并取代阿克苏纺织工业城周边126台高能耗、高污染的小锅炉,为降低单位生产总值能耗、改善阿克苏地区空气质量、带动阿克苏纺织工业城和地区跨越式发展发挥作用。

建筑业

【政府投资建设项目】 2020年,地区住房和城乡建设局代建中心共代理建设项目15个(其中新建13个、续建2个),建筑面积12.32万平方米,总投资6.9亿元。协调解决2017年至2019年代建项目中存在的问题和困难,其中解决遗留造价争议30项,推动已交付使用项目的竣工验收3项、完成工程结算并通过财政审核2项。

【建设工程质量安全管理】 2020年,地区住房和城乡建设局共监督工程项目1631项,其中新建项目1092项,跨年度项目539项,房屋建筑工程1511项,建筑面积1271.184万平方米,市政基础设施项目120项,报建工程项目质量安全受监率达100%。全年竣工验收项目289项,竣工验收合格289项,竣工验收合格率达100%,工程项目竣工备案项目117项。受理消防验收1317项,其中验收1207项,验收合格1140项,合格率94%,不合格67项。共培育18项在建工程申报自治区标准化工地,31个建筑项目(建筑面积157.23万平方米)安装现场视频监控、人员实名制认证、塔吊安全监测、扬尘噪声监测系统,全年未发生较大以上质量安全事故。

【建筑节能】 2020年,地区住房和城乡建设局发展建筑节能与绿色建筑,落实新建建筑节能强制性标准,居住类建筑设计全部推广应用低能耗建筑节能标准(节能75%标准),公共建筑达65%。新建居住建筑满足一星级绿色建筑标准,实现节能减排目标,提高新建建筑节能水平和绿色发展质量。截至12月,地区住房和城乡建设局受理新建建筑节能项目施工图审查3328项,建筑面积1098.02万平方米,居住类建筑工程应用低能耗节能标准(执行节能75%)项目共计573项,建筑面积294.53万平方米,公共建筑执行节能50%的标准共计2755项,建筑面积803.49万平方米;审查新建民用一星级绿色建筑573项,建筑面积294.5万平方米;执行率达100%。

2020年,地区住房和城乡建设局加快可再生能源建筑规模化应用,提升可再生能源消费比重。以居住建筑和有热水需求的公共建筑强制推行太阳能热水系统为重点,开展可再生能源建筑应用集中连片推广,进一步丰富可再生能源建筑应用形式,拓展应用领域。2019—2020年,阿瓦提县在县第五幼儿园、白玉兰小学、刀郎文化传承中心三个项目共1.96万平方米进行试点,同时在阿瓦提县博斯坦村68户农牧民共5800平方米农房推行太阳能光电辅助通暖技术,已全部安装投入使用,实现绿色清洁供暖,达到节能减排目标。

2020年,阿克苏地区住房和城乡建设局全面完成年度建筑能源消耗量及强度“双控”责任制工作目标,新建居住建筑严格执行《严寒寒冷县居住建筑节能设计标准》《公共建筑节能设计标准》《新疆维吾尔自治区严寒地区居住建筑节能设计实施细则》,严把施工图审查关,加强执行强制性标准技术措施,截至2020年12月,地区共计审查新建民用一星级绿色建筑573项,建筑面积2945296.994平方米,执行率达100%。

积极推广太阳能、浅层地热能、空气能和生物质能应用,因地制宜制订煤改电、可再生能源建筑应用实施方案,为建筑市场供需主体搭建产需对接平台,出台政策标准和保障机制,积极构建建筑节能与绿色建筑发展体系,促进经济社会发展全面绿色转型。坚持环保优先、绿色生态、集约节约、高效便捷、特色彰显的城镇化发展之路,推动绿色低碳发展,持续改善和提升建筑节能质量,全面提高资源利用效率。

【建设工程行政执法】 2020年,

地区共查处20个建设项目违法行为，发放行政处罚决定书43份，对12家施工单位、8家监理单位、8名建造师、8名总监实施行政处罚，收缴罚金共88.8万元。围绕“深挖根治”“长效常治”“行业整治”目标，深入开展建设系统扫黑除恶专项斗争工作，依法排查各类企业184家，各类工地及项目165项，共摸排出专项整治线索61条，其中立案查处40起，责令整改21起。截至2020年12月底，已完成整改55起，6起立案查处案件正在办理中。

房产管理

【房地产市场开发】 2020年，地区住房和城乡建设局累计完成房地产开发投资147.2亿元，较上年增长53.3%，商品房施工面积604.9万平方米，商品房销售面积308.74万平方米。地区商品房空置面积累计451.92万平方米。指导县(市)因城施策，落实城市(县城)主体责任，稳妥实施房地产调控长效机制，商品房房价保持在合理增长区间。通过举办房交会等多种政策措施，促进商品房销售，着力化解房地产库存。

【房地产市场运行监测】 2020年，地区住房和城乡建设局指导县(市)建成网签系统，实现新建商品房、商品房预售资金监管，提高房地产市场的透明度，引导居民合理消费。建立健全房地产市场运行预警预报制度，定期分析房地产市场运行情况，房地产市场总体运行平稳。完善房地产统计基础数据，建立健全房地产市场运行预警预报制度、四个时间段统计报表制度(周、月、季、年报表)、月、季、年运行分析预测制度以及专人负责制度，定期分析房地产市场运行情况。为地委行署决策房地产市场宏观调控，掌握房地产市场运行情况，对市场运行状况和发展趋势做出准确判断，提供全面、及时、准确的基础数据。截至2020年年底，共上报房地产统计报表350份。

【房地产中介市场专项整治】 2020年，地区住房和城乡建设局制订《阿克苏地区房地产中介市场专项整治工作方案》，针对房地产中介市场中的十一种乱象全面开展巡查，坚持“企业资料检查+居民举报”相结合的线索摸排方式，畅通群众举报投诉渠道，同时在各中介公司公示牌上公开举报电话，发动群众检举揭发房地产中介市场的扰乱现象。地区拉网式排查82家房地产中介服务机构，通过检查下发整改通知书32份，停业整顿4家。

【物业行业监管】 2020年，地区住房和城乡建设局建立健全物业服务企业资质和信用管理体系，修订《阿克苏地区物业服务行业信用管理办法(试行稿)》，对物业服务企业进行信用等级划分(优秀、良好、合格、不合格)，实施差别化管理。要求物业服务企业按照自治区物业行业主管部门签订的合同示范文本与业主签订物业服务合同，并按合同约定履行职责。积极探索构建业主及业主委员会、社区居委会、主管部门对物业服务企业的多方评价体系。完善物业企业信用信息系统和诚实信用档案，建立第三方评价测评制度。截至2020年年底，全地区有物业企业222个，住宅小区659个，非住宅项目28个，从业人数8326人，住宅业主大会成立204个，非住宅业主大会成立11个，由社区居委会代行业主委员会职责的小区131个，物业企业以住宅小区项目部为载体成立基层党支部的有7个，物业覆盖率85%。开展物业专项领域违法违规行为整治工作。全年开展专项检查2次，各县(市)住建部门开展检查150次，检查企业221家，查处案件106件，限期整改329家，曝光典型案件4件，清出1家物业服务企业退出物业市场。

【物业和房地产矛盾纠纷排解】 2020年，地区住房和城乡建设局及时掌握矛盾纠纷信息，在物业小区、房产开发地主要出入口及醒目位置设立企业经理、县(市)、地区主管部门投诉电话，把矛盾纠纷化解在萌芽或源头状态；结合地委政法委周研判制度，重点抓好关系业主切身利益和社会稳定的重大、复杂、疑难矛盾纠纷的排查化解，最大限度地消除由物业和房地产市场产生的各种不和谐、不稳定因素。全年，督促县(市)办理“12345”政府服务热线平台的转办件101件，办理地委网信办、专员信箱等舆情信息92件，处理物业投诉电话635起，已全部协调化解。

阿克苏地区年鉴(2021)

交通　邮政　通信

公路

【国省道建设】 2020年,阿克苏地区交通运输局克服疫情影响,采取倒排工期,超额完成国道314线阿克苏过境段(南外环)、国道579线库车—拜城—玉尔滚(二期)项目,国道579、国道580提前被纳入交通运输部"十三五"规划中期调整实施,多争取国家车购税补助资金30亿元。

【公路建设】 2020年,自治区交通运输厅向地区下达项目总计238个,总投资5.97亿元。其中农村公路建设项目63个554.2千米,投资3.67亿元;危桥改造项目39座1009.72延米,投资0.4亿元;公路安全生命防护工程136个隐患里程1856千米,投资1.9亿元。阿克苏地区2020年实际交通建设项目180个合同段,建设里程2221.59千米,总投资14.35亿元,已完工里程2165.78千米,完成投资13.35亿元,完成总投资的93%。其中车购税资金68个合同段,建设里程1032.61千米(调整后)。总投资6.32亿元,已完工里程984.11千米,完成投资5.83亿元,完成总投资的93%;其他来源资金交通建设项目112个合同段,建设里程1188.63千米,总投资8.03亿元,已完工里程1111.32千米,完成投资7.52亿元,完成投资的94%,为社会主义新农村建设和统筹城乡经济社会发展做出新的贡献。

【乡村道路线设】 2020年,地区交通运输局向上争取车购税资金6.43亿元,各县(市)自筹各类专项资金5.3亿元,新改建农村公路1086.2千米,完成攻坚目标任务的167.1%,完工项目工程质量合格率达100%;农村公路管理水平全面改善,全面推行农村公路三级路长管理机制;全地区所有乡(镇)均已成立农村公路养护管理站、交通安全管理站,落实"两站两员"办公场所配备和人员经费保障,全地区农村公路路政员19名、乡(镇)监管员178名、村级护路员3339名。加大农村公路执法力度,强化超限超载专项治理,全年共查处超限超载车辆243起、责令卸货243起、处罚7.9万元。

【高速公路管理】 2020年,阿克苏公路管理局按照《全区25条高速(一级)公路移交划转推进会议纪要》(新公管政纪〔2020〕号)和《关于全区25条高速公路(含一级)整体移交有关工作的通知》文件要求,5月1日将所管养高速公路501千米全部移交新疆交通投资有限责任公司库阿分公司。

【公路养护管理】 2020年,地区交通运输局压实县(市)养护责任,采取乡镇负总责,村组抓落实的工作机制,乡镇季度养护,村组日常养护全面落实。将农村公路护路员纳入脱贫攻坚公益性岗位,重点吸纳"监测户、边缘户",既实现贫困人口就近稳定就业,又实现农村公路有人管有人养的目标。全地区1.3万千米农村公路列养率100%,投资1657.15万元修补农村公路22.46万平方米、里程碑294块、标识牌446块、标线17830平方米,农村公路好路率达90.8%。5月1日,阿克苏公路管理局管养高速公路501千米移交新疆交通投资有限责任公司库阿分公司,10月Z930线移交兵团一师交通局后,全年管养里程共计1675.103千米,其中国道5条(专用公路217、219、314、579、580线)1174.738千米;省道6条(省道209、211、243、306、307、308线)308.261千米;专用公路6条(598、620、621、627、639、641线)192.104千米。全局管养桥梁543座,涵洞2775道,其中特大桥2座。阿克苏公路管理局目前下辖8个公路分局、6个收费站(1个收费站停运),3个服务区(1个运营,察尔齐服务区、西大桥服务区目前停运)、20个养护站。全年阿克苏公路管理局日常养护费用批复1728万元,年计划费用1721.3万元,日常养护完成总金额1739.6万元,完成率100%。

【城市客运管理】 2020年,阿克苏地区交通运输局完成城市交通五项攻坚任务。阿克苏市、库车市新增纯电动新能源公交车301辆,两市实现城市主城区万人公共交通车辆拥有量15标台的目标。开通夜市专线15条,新建小区、学校、大型商贸基地等公交覆盖率100%。公共交通基础设施日趋完善,将公共交通设施建设纳入城市总体规划,争取资金3665万元新改建公交站台459个,安装电子公交站牌76处,阿克苏市、库车市两市中心城区公交站点500米半径覆盖率50%以上。新增新能源公交车115辆,争取油价补贴8024.72万元,补贴清洁能源公交车及农村客运班线车辆2861辆。企业购置清洁能源及新能源车辆主动性显著增强,全地区建成自用充电桩共79个,有新能源纯电动公交车542辆,地区公交、出租车全部实现使用清洁能源目标。阿克苏市投资752万元、库车市投资180万建成公交智能调度平台,实现公交管理方式质的改变,其中阿克苏市公交实现疆内一卡支付互联互通。出租行业运输环境全面净化,强化出租车行业监督,发挥12328交通运输服务监督电话作用,投诉、业务咨询处置率达100%。处理违规经营行为289起;对辖区25家出租车企业及从业人员开展服务质量信誉考核,7家AAA级已报交通运输厅审核,AA级企业达到22家,从业驾驶员服务质量信誉考核AA级达到85%以上,出租汽车服务质量全面提升。多式联运配置趋于完善,公路、铁路、民航间旅客运输方式实现“零换乘”。

【安全目标管理】 2020年,阿克苏地区交通运输局开展安全生产专项整治三年行动,开展督导检查101次,排查一般安全隐患415处,整改完成率100%。强化普速铁路安全隐患整治,完成隐患整改360条。强化路域环境安全整治,组织开展非法道口、非法广告牌、非法占用和损坏路产路权等行为整治211处,依法治理涉路设施3172处(块),通过国家公路验收。开展车辆超限超载治理专项行动,建立路警联合治超机制,共检测车辆96472辆,查处违法超限运输车辆833辆,卸载、分流、转运货物26125吨。履行行业安全、消防监管责任,深入开展执法检查和安全隐患排查整治,排查出一般安全隐患2440项,已全部整改完毕,惩治各类违法违规行为304起。

【道路运输市场】 2020年,地区完成公路旅客运输客运量761.36万人次,公路货运量3517.73万吨;铁路客运量122.66万人次,货运量1257.99万吨;民航客运量160.47万人次,货运量0.81万吨。

【收费站管理】 2020年,阿克苏公路管理局向新疆交通投资有限责任公司库阿分公司移交所属16个高速公路收费站、移交聘用制收费员793人。剩余5个收费站,全年免费交通量265.86万辆,减免金额34206.78万元。3个服务区消毒累计1835次,为过往司乘人员测量体温9.37万人次,免费提供口罩207个。

铁路

【概况】 中国铁路乌鲁木齐局集团有限公司阿克苏车务段(以下简称阿克苏车务段)管辖南疆铁路东起铁门关站,西至恰尔巴格站,包括库俄新线,地跨喀什地区、巴音郭楞蒙古自治州,营业里程774.77千米。段管理范围内共有1个区段站,25个中间站,主要负责运输组织和客运组织工作。其中轮台、库车、新和、阿克苏为客货运站,库尔楚、雅克拉、库车西、库台克力克、俄霍布拉克、喀拉玉尔滚、三角地、金银川为货运,货物运输主要有石油、化工、煤、矿石、建材和棉花、化肥等农副产品。

【安全生产】 2020年,阿克苏车务

段实现无责任一般A类及以上行车事故8269天，无责任一般B1类事故8239天，无责任一般B2类事故4346天，无责任一般C类事故3828天，无责任一般D类事故3180天，无责任轻伤事故4624天，无责任火灾事故8269天，无责任道路交通事故5625天，连续实现第8个自然安全年。

阿克苏车务段开行复工复产专列，保障民生物资运输

（阿克苏车务段 供图）

【运输管理】 2020年，阿克苏车务段实现货物发送1691.92万吨，比2019年的1513.84万吨，增长11.8%。全年实现旅客发送127.826万人，比2019年298.5741万人减少57.2%。旅客运输收入1.78亿元，比2019年的4.45亿元减少60%。

自6月20日起，阿克苏车务段各客运站正式实行电子客票，旅客不用取票直接可刷身份证进站，实现火车票从“有纸化”到“无纸化”的跨越；在节支降耗上，制定一站一案节支降耗各项措施，结合客流情况，动态开启或关闭自动售取票机、卫生间等服务设备设施，启用或封闭候车区域和候车座椅，实现客运资源的最大利用化，节支降耗落到实处；在客流调查上，开发微信问卷调查小程序，旅客通过扫二维码的方式在手机上完善客流方向、购票方式、乘车等级、乘坐车次及相关建议等信息，通过后台进行数据汇总分析，掌握旅客出行成分；安全生产指挥中心实时通过TMIS、TMDS系统，掌握车流状态，通过现车系统掌握列车编组情况，及时联系运输部、调度所，按货物列车编组计划编组列车，保证车站装卸车日班计划的兑现，运输组织合理有序；在新站接管上，制定推进方案及具体工作推进表，严格按专业分工、责任到人，深入现场对遗留工程施工进度、设备设施安装、验收问题整改全程跟进，明确垃圾清运、卫生保洁、协议医院、供货超市、公铁联运等结合部事宜，细化作业方式、作业流程、工作标准，保证新建图木舒克站顺利开办。

【标准化建设】 2020年，阿克苏车务段以标准化运管科、安全生产指挥中心、中间站建设为载体，运输部、站段分级分类完善创建标准，将标准化验收与安全评估、专业评价、对规对标和日常运行机制有机融合，加大考核激励力度，与干部职工绩效考核紧密挂钩，科室、车站每月开展自评自验，站段按站等、作业量、作业性质对车站开展月度评价季度验证排序。推行指挥一体“枢纽指挥职能”，计划一体“集中编制枢纽计划”，作业一体“统筹组织枢纽调车作业”的“三位一体”区域一体化管理模式，强化安全生产指挥中心过程管理职能，以计划为牵动，实现重点落实到位、难点及时解决、应急处置及时准确。按照集团公司集约化规模化和生产全要素整合方向，完善“一中心四科室”管理模式创建，创建标准化安全生产指挥中心、运管科建设标准，厘清安全生产指挥中心、运管科、劳人科、办公室、财收科之间管理关系，解决管理力量虚置，管理职能交叉重叠，工作落实相互依赖问题。

【服务地方经济】 2020年，阿克苏车务段开行复工复产专列。在与地方政府的积极协调配合下，开行乌鲁木齐至阿克苏、和田至阿克苏、西安至阿克苏等复工复产专列。保证民生物资运输。封闭期间先后组织向克州、喀什地区、和田地区运送大米、面粉、饲料、蔬菜等民生物资8251吨，全力配合地方政府开展防控工作，购买防控备品38批，33.39万元；开展核酸检测15235人次，外部环境检测采样74次3550个点位，确保自治区八项预警机制落实到位，全段无感染病例发生。坚持把疫情防控作为重大政治责任，坚决打赢疫情防控阻击战，确保民生曲子“不脱节”，对保障人民群众日常生活的必需品，坚持优先安排、特事特办，以最快的速度运达并实现快装快卸，助推民生物资跑出“加速度”，保证疫情常态化下民生物资供应保障。

民用航空

【机场概况】 2020年，阿克苏（图木舒克）机场紧紧围绕机场集团“1123377”总体工作思路，全力做好运输保障工作。受疫情影响，运输生产量有所下降。1—12月，阿克苏机场累计完成旅客吞吐量126.7万人次，比上年减少26%；货邮吞吐量7639吨，减少7.4%；起降架次14831架次，减少14.5%。

【航空市场】 2020年，阿克苏（图木舒克）机场有中国南方航空股份有限公司、天津航空有限责任公司、中国国际航空股份有限公司、山东航空股份有限公司、西部航空有限责任公司、华夏航空股份有限公司、浙江长龙航空有限公司、中国东方航空集团有限公司8家航空公司运营，开通航线24条，通航点25个。

【空防安全】 2020年，阿克苏（图木舒克）机场围绕“大事不出”“中事不出”“小事也不出”的核心原则，完成疫情防控期间、敏感节点机场各项航空安保工作。每月定期召开航空安保暨维稳联席会议，常态化开展航空安保会议、教育培训与安保督察。完成消防保障等级提升，具备7级消防保障能力。建立完善安保制度程序，接受机场集团航空安保现场审计，完善安保管理体系，确保闭环管理。发挥机场公安分局在反恐维稳方面的职能优势，加强与机场公安分局的联勤联动，形成空防安全工作合力。

【旅客服务】 2020年，阿克苏（图木舒克）机场开展“微笑新疆”服务质量提升专项行动。持续践行真情服务，新增“微笑印章”举措，在做好旅客出行防疫措施要求的同时，提升旅客安检速度。大力推进星级机场“平安行”中转品牌创建。注册“平安行”中转服务品牌，打造机场特色名片；设计以“平安行”Logo为主题的“过站/中转登机牌”及中转服务标牌，提高“平安行”服务品牌的认知度和知名度。持续推进“关怀通道”。完善特殊旅客出行服务保障流程及措施，全力打造“关怀通道”一站式服务品牌。11月26日阿克苏机场T2航站楼正式投运，不断提升机场的综合保障能力和服务水平。阿克苏机场T2航站楼建筑面积20437平方米，共分为3层，其中旅客使用区域共2层，一层为旅客出发、到达大厅；二层为旅客候机大厅。引导新的航空公司运营阿克苏航空市场，逐步完善“疆内环起来，进/出疆快起来”航线网络新格局，全力打造阿克苏为中转枢纽的南疆航线网络中心，推动阿克苏经济快速发展。

邮政

【邮政概况】 2020年，中国邮政集团有限公司阿克苏地区分公司（以下简称地区邮政分公司）主要负责阿克苏地区以及南疆四地州邮件的运输和处理，承担普遍服务和特殊服务业务。主要经营国内国际信函、包裹寄递、特快专递、报刊出版物发行、邮票发行、邮政储蓄、机要通信、邮政物流、电子商务、机动车委托代理业务、代收费、代开国地税发票、代征车购税、农资快消品销售等近百种邮政业务。

阿克苏地区邮政分公司下辖10个县（市）分公司，全地区共有143个邮政营业网点，其中城市网点41处，农村网点102处。全地区邮路单程总长度2.05万千米，其中一级干线自办邮路2条940千米，一级干线委办邮路3条9800千米，二级干线自办邮路4条2132千米，二级干线委办邮路3条2077千米，邮区内县乡邮路5441千米，市内转趟邮路135千米。

全年累计处理邮件3188.7万件，比上年增长46%。全地区共有干线邮运车辆13辆，其中重型半挂牵引车10辆，重型厢式货车3辆。邮区邮路车辆23辆，其中重型厢式货车6辆，中型厢式货车17辆。轻型封闭厢式货车（投递和揽收车辆）110辆。小件分拣机设备和简易小件分拣机各一套。

【邮政改制】 2020年，地区邮政分公司先后对各分支机构做了更名改制工作。中国邮政集团公司阿克苏地区分公司更名为中国邮政集团有限公司阿克苏地区分公司，企业类型由全民所有制变更为有限责任公司分公司（国有独资）。

【邮政服务能力建设】 2020年，地区邮政分公司加强区内分拣深度，优化流程，提高内部处理时限，新增12个农村网点和阿克苏市区投递部分拣到段到小区，对发往和田5个县、喀什2个县进行集包处理，新增阿克苏—莎车邮路，带运麦盖提、莎车、叶城、泽普方向的邮件，使4个县的进出口邮件时限提升一天。不断强化网运基础设施，新购置6台滚轴式输送带、12组分拣搁架、60辆邮件倒驳笼车、3台13米甩挂车，为邮件运转提供设备保障。新增分拣机OBR自动扫描及配套的监控设备、出口车间狂扫设备、自动信息倒置扫描的设备，使邮件的流程可视化。先后投入600万元推进全地区营业网点标准化建设，做好普遍服务和特殊服务，配备安检机、安防监控系统等设施，确保全地区普服网点100%达标。

【代理金融业务】 2020年，地区邮政分公司38个代理金融网点，严格落实风险防控三级体系建设，提高风险防控能力。全年，全地区网点布放手机充电站40台、CRS存取一体机67台、ATM机11台、ITM机44台，共交易12.89万笔，为用户提供便捷金融服务。全地区余额规模83亿元，年新增余额11亿，活期占比23.57%。

【寄递业务】 2020年，地区邮政分公司为提升邮件寄递时限，新增6条省际直达航线，分别为阿克苏至郑州、杭州、北京、西安、青岛、成都。通过航陆结合，全力打造航陆立体复合运输网，为广大用户提供快速、高效、便捷的用邮服务。

【集邮与文化传媒业务】 2020年，地区邮政分公司拓展集邮与文化传媒业务，与微信朋友圈、微信群、抖音等线上线下相结合方式宣传营造氛围，稳定线下发力线上。发行《玫瑰》特种邮票、“520”阿克苏爱情邮局纪念封、“20200202”对称封、“国宝邮礼”、“龙抬头”等项目产品。做好党报党刊的发行征订和投送工作，将《习近平谈治国理政》(第三卷)送至基层，把党的声音传递到千家万户。

【渠道平台业务】 2020年，地区邮政分公司通过合理配置TAM机、优化布局代开发票网点、加强业务宣传、拓宽邮税合作深度，完善邮政代开代征系统，提升服务质量方便纳税客户，邮政代办税务发票业务的市场占比达90%。代开税务发票12.66万笔，代理车险3019笔，销售大肥1350吨，方便客户同时增加邮政收入。

【农村电商业务】 2020年，农村电商是中国邮政改革发展的“四梁”之一，为促进农产品进城和工业品下乡双向流通为核心，充分发挥邮政网络、品牌及“三流合一”(资金流、食物流、信息流)优势，着力构建阿克苏地区邮政农村电商新生态，实现商流带动物流和资金流，助力阿克苏地区邮政巩固农村市场。积极推动农产品基地项目，立项阿克苏薄皮核桃农产品基地，25种产品上线销售，开展网红直播和各类平台活动13次，实现自营农产品销售28万元，基地农产品销售3万元。借助新邮寄、邮乐小店等线上平台，帮助农民销售核桃、红枣、吊干杏等农产品24379件，实现销售额33.49万元。

中国移动

【党的建设】 2020年，中国移动通信集团新疆有限公司阿克苏地区分公司（以下简称阿克苏移动分公司）党委现有20个党支部(含一个离退休党支部)，党员176人(其中在职党员170人，占公司总人数的28.28%)，公司党委严格遵循发展党员工作“十六字”方针，注重“双培”思路，年内发展入党积极分子16人，重点培养对象24人，接收预备党员24人，按期转正14人。探索新时代党建工作的新途径，开展党建共创联建工作，各基层党支部按照“自愿结盟、合作共建、激励帮扶、发展共荣”的原则与各级政府委办局、关联合作单位、客户单位等企业外部其他基层党组织联合开展“党建和创”累计签约和创单位111家，开展实践活动151次，成功签约项目金额达637.75万元。开展“一支部一品牌”建设，形成19个支部党建品牌，同时与地区博物馆、三五九旅纪念馆联合建立“中国移动爱国主义教育和红色文化体验基地”，展现红色文化内涵。通过主题教育、工作实践、项目攻关、志愿活动、党员联学、品牌联创、资源联享、服务联动等活动，以此构建形式多样的“党建生态圈”;以党建引领生产,积极推进“党建+项目”双轮驱动模式,实现党建和生产经营“相辅相成、相融共促、同频共振”;成立“红色先锋攻坚队”,全年破解生产经营难题103个。

【网络建设】 2020年,阿克苏移动分公司响应“互联网+”战略,加快5G建设,全年投资1.2亿元,建设、开通5G基站267个,覆盖地区七县二市,完成阿克苏市主城区5G网络连续覆盖、其他县市热点区域和重点工业园区、行业客户精准覆盖的目标,并实现5GSA组网模式。紧跟“旅游兴疆”的战略,精准规划,加快网络基础建设进度,做好景区及景区道路连续覆盖,开展“畅游阿克苏”精品网络专项行动,实现全地区所有景区4G连续覆盖、重点国家AAAA景区5G网络优质覆盖,为游客提供高速、稳定的上网体验,第一时间将阿克苏美景发布到抖音、朋友圈、微博等,打造阿克苏旅游亮丽名片。2020年阿克苏移动分公司累计投入9000万元,新建家庭宽带点位2200个,覆盖13万家庭用户,针对农村建档立卡贫困户使用宽带7折优惠,助力乡村振兴。同时阿克苏移动分公司按照国家、自治区和地区的统一部署,加快农村区域的4G网络建设,全年投资4000万元,建设开通202个4G基站,覆盖199个行政村。

落实2020年地委(扩大)工作会议精神,结合全地区信息化建设实际,公司特向中国移动新疆公司申请2020年—2022年滚动规划投资16.12亿,建设“1+8+1”“智慧阿克苏”信息化体系,即建设一张智慧网络作为“智慧阿克苏”信息化基础设施,打造安防信息化、智慧旅游、融媒体建设、智慧教育、智慧医疗、智慧农业、智慧城管和智慧交通、企业信息化八大类“智慧阿克苏”的行业信息化应用,搭建一朵云系统架构,全力推进“智慧阿克苏”信息化建设。同时结合南疆地区特殊区情,公司整合各类优质资源,形成符合南疆地区的全行业信息化应用案例库。截至12月底已在维稳、政务、交通、教育、医疗等8大行业形成23项成熟易用的产品,可针对南疆地区涉及的70项应用场景落地使用;结合疫情防控实际需求,形成符合地区疫情防控的专属解决方案—阿克苏核酸检测大数据平台,积极在全地区推广应用。

【网络维护及应急保障】 2020年,阿克苏移动分公司完成各类应急保障16起,开展各类应急演练6次,圆满完成“新疆特色果品交易会”等地区重要活动的通信保障任务;针对新疆地震频发,在库车市进行地震灾害通信保障实战演练,确保关键时刻拉得出、冲得上、靠得住、打得赢,践行央企责任。

【通信服务】 2020年,阿克苏移动分公司始终把服务工作作为提高企业整体素质和市场竞争能力的有效载体,致力于为客户创造方便、快捷、优质的服务感知。全年开展“总经理接待日”“质量监督员”活动8期,问题解决率超过96%,同步举办12期服务质量监督员活动。推动行业纠纷各项工作落地落实,严格落实实名制登记,新增和存量客户100%实名;全面落实“断卡”行动工作要求,加大惩治治理电信网络诈骗宣传力度;开展质量强阿通信服务质量提升工作,2020年10月公司加入全国ODR企业投诉处理平台,与“12315”消费者协会联合推进本地服务质量提升。

中国电信

【经营管理】 2020年,中国电信股份有限公司阿克苏分公司(以下简称电信阿克苏分公司)把握发展机遇,提升发展效率,建立前后端联动机制,营建一体,信息同步,用户规模不断扩大、用户质态稳步提升。渠道伙伴计划成效明显,农村市场高速增长。落实“五位一体”规定动作,推进智家产品(指利用先进的计算机、网络通信等技术,将与家庭生活有关的应用子系统有机结合,通过综合管理,让家庭生活更舒适、安全、便捷的产品)规模发展。结合市场空间库,聚焦5G发展五要素,凸显内容优势,快速获取用户,坚持融合211高质量发展策略,落实比算营销,突出全家共享,落实满卡销售。全年,中国电信阿克苏分公司主营业务收入完成6.5亿元。

【客户服务】 2020年,电信阿克苏分公司持续加强专项工作的开展,落实专项工作通报、督办及服务短板持续提升工作。“侵害漠视”、“客户原声”、“宽带及移动新入网用户质量点检”、“行风纠风专项工作”、“质量强阿专项工作”、“12345”政务服务热线、“节假日及特殊时段服务保障工作”等专项工作均保质保量完成。客户满意度及端到端客户服务各项指标均达标，其中第三方公众NPS(净推荐值)满意度测评，分公司二季度、三季度连续本地行业第一，是全区唯一连续两个季度保持行业第一且优于全区平均水平的本地网。同时,狠抓“客户说了算”各类用户测评工作落地。即时测评参评率、满意率大幅提升,尤其各类即时测评参评率,稳居全区第一。

【网络建设及维护】 2020年,电信阿克苏分公司移动网以实现资产效益、运营效率、客户感知、合规、安全五大价值为目标,区县两级联动聚焦日常移动网络基础维护、网络资源攻坚挖潜和网络运营效率和效益双提升,全面提升移动网质量,建立以客户为中心的服务体系和加强移动网络建设与运营,持续提升效率。完成南疆专项、网络扶贫、普遍服务五期、南疆战役、动态扩容、诺基亚乌市调拨、黑龙江物资调拨等8大专项工程规划与建设,其中普遍服务方面承接边防17个、行政村45个基站建设任务,完成招标和合同签订,100%交付、100%点亮。覆盖行政村40个、覆BF偏远险游牧区域17个站。

开展移动网日常网优和质差小区处理,全年累计处理560个质差小区、调整2331个小区负荷相关参数;完成高负荷小区扩容项目848台;故障工单日事日结率保持99%以上;全年完成432处光衰整治完成率83.08%、完成驻波处理43处完成率86%、完成扇区接反调整222个完成率100%。与中国铁塔股份有限公司阿克苏分公司开展联合攻坚工作。完成电源、机房隐患整治44个，完成率100%，全疆第一。

通过专项工作完成行政村覆盖摸底,输出盲点库180个。全年完成重大应急通信保障12次。全年共受理各类建设、抢修、搬迁、批量装机、零星购置需求3438个,管线类领导批准启动1448个完工交付1419个交付率98%，未出现建设、抢修服务投诉,管线专业建设维护划小、合作方管理划小、事毕事结、月清季结在本地网得到进一步的落实。

中国联通

【经营发展】 2020年,中国联通阿克苏分公司经营指标完成情况:主营收入完成4.63亿元,比上年增幅7.2%。通过全面加快互联网化转型,以价值经营为导向,实现基础业务托底高质量发展。抢抓增量市场机遇,聚焦场景,精细使用营销资源,规模发展增收,用户规模稳步提升，用户规模达61万户。以5G为引领,用户、产品精准适配,快速扩大5G用户规模,5G用户达12.69万户。强化线上线下一体化运营能力，加快数字化转型步伐，将手厅运营、线上直播作为数字化转型的重点能力进行打造，截至2020年12月底手机营业厅活跃用户突破17.9万户,抖音、手机营业厅直播352场次。

加快政企创新改革，以实现公司价值最大化为目标，把创新业务打造成为公司发展的第一动能,创新业务实现重大突破。5月13日,中国联通阿克苏分公司与地区行署签订“新基建+数字政府和新型智慧城市合作协议”;6月19日，阿克苏·中国联通(南疆)云计算中心成立，推动阿克苏地区医疗、教育、桌面三朵云的部署落地，为地区传统产业的转型升级和新兴产业新生业态的萌生发展提供云基座创新动力。

【党建工作】 2020年,中国联通阿克苏分公司围绕“党建质量提升年”,狠抓基层党建工作。搭建公司政企创新业务对外沟通交流平台,改造党建活动室,邀请地区及第一师阿拉尔市7家单位参观交流开展以互联网+党建为主题的联合主题党日活动5次,实现党建和业务“双促进、双提升”。严格落实党建量化考核,狠抓“三会一课”、主题党日活动、组织生活会等规范化落地,点对点开展帮扶,每月月初、月底对各党支部日常工作进行督导、提醒,全年进行日常督导30次,按季度下发党建考核通报3次。持续开展整治形式主义、官僚主义等“四风”问题，对工作中苗头性问题,及时提醒,加强节日期间廉洁提醒、监督检查、抽查,避免发生违规问题。检查14个县分网格工作,发现问题6个,制定整改措施6项,有效推进了网格微权力的运行。

【降本增效】 2020年，中国联通阿克苏分公司持续开展资产资源价值提升工作，以“优化资源配置、提高运营效率、激发单元活力、实现提质增效”为目标,牢固树立全员降本意识。公司按月召开资产资源价值会议,补短板、抓落实,提升公司价值创造能力。累计利旧光猫、IPTV机顶盒1205个,节约成本20.6万元;通过共建共享,节约建设资金 39 万；淘汰落后产能，下线下电 GSM 设备 125 台，节约投资 23 万。

【深化改革】 2020 年，中国联通阿克苏分公司紧盯“客户导向、价值创造导向、转变作风导向”三项工作痛点，优化划小网格 17 个，CEO 竞标竞聘上岗，签订岗位、业绩双责任书；迭代优化划小网格薪酬管理办法 3.0，优化网格收入薪酬含量，完善“基础增量分享+超预算增量分享”双重增量分享体系，在分配上完善“CEO 年薪制+员工积分制”，确保同工同酬、价值导向，有效激发了划小网格的干事创业热情；持续优化倒三角工单逆向评价体系，优化梳理了 30 项倒三角工单业务，全年网格共发起倒三角工单 1000 个，工单处理及时率 99%，五星好评率 100%，全疆排名第一。

广电网络

【概况】 新疆广电网络股份有限公司阿克苏分公司（以下简称广电网络阿克苏分公司）于 2003 年 10 月正式整合、划转、成立、运营。阿克苏分公司有线电视网络，能承载数字电视、高清电视、3D 电视、互动点播、回放、宽带、VR、智慧城市等全业务。按照全疆“一张网”模式，实现数字化、双向化，阿克苏分公司于 2009 年年底完成阿克苏市、温宿县、乌什县、拜城县全网实施数字化、双向化整体改造。2013 年，完成新和县全网实施数字化、双向化整体改造。

经过 17 年发展，全地区有线电视网络光缆传输干线超过 950 千米，实现全地区七县二市及兵团第一师全部联网，覆盖收视收听人群 100 万人。

【经营业绩】 2020 年，广电网络阿克苏分公司有线电视网络收现收入指标 2307 万元，完成 3127 万元，完成目标任务的 135%；营业收入指标 2842 万元，完成 2986 万元，完成目标任务 105%；利润目标-214 万元，完成-195 万元，完成目标任务 109%。签订集客业务合同金额 1277 万元，回款 1018 万元，回款率 80%。中标沙雅县医院智慧大屏项目 50 万元，克州教育局录播教室系统项目 142 万元，伊犁巩留县教育局项目 297 万元，阿拉尔市森林防火安防系统项目 466.6 万元，拜城县公安局防火墙项目 25.5 万元，拜城县广场监控项目 39 万元，阿拉尔融媒体等级保护项目 320 万元。

【网络安全维护】 2020 年，广电网络阿克苏分公司完成教育路核心机房的搬迁工作，针对温宿县、乌什县机房 UPS 出现电压输出告警，存在安全隐患，整改完成。4 月完成温宿机房电力线路改造。完成红桥机房的建设和开通工作，缓解新区干线资源紧张问题。针对干线阿克苏至一间房火车站沿线铁路改扩建施工增多的情况，为确保省干安全，及时与铁路通信段（负责铁路沿线行车线路安全保障）沟通，对沿线铁路施工路段涉及省干线路安全路段进行盯防 20 人次，疫情期间配合铁路沿线施工盯防 15 人次，线路迁改处理 2 处，及时排除安全隐患 9 处；完成巡线 186 人次，93 车次，巡线里程 20330 千米，圆满完成干线保障任务。

【网络建设】 2020 年，广电网络阿克苏分公司 2.0 平台上线，为缓解省干链路拥塞，新增阿克苏至乌鲁木齐万兆带宽链路 2 条，上线 CDN 服务器 5 台；完成 2.0 平台迁移 35497 户，全网的升级率为 89%。完成规划设计单项工程 88 个，申报新装 FTTH 户数 15860 户，光纤改造申报户数覆盖用户 7657 户；完成新建小区 9185 户验收，12 个小区 182 个光节点扩容，老旧小区光纤改造完成 826 户的设备更换，管道验收 5959.4 米，申报工费 66 个，金额约 193 万元。EOC 不达标率整治工作。完成光节点整治 300 个，不达标率从 19.03%降到 13.8%。

【5G 建设】 2020 年，广电网络阿克苏分公司按照自治区广播电视局和总公司技术支撑中心对 700 兆清频工作要求，行程 2332 千米，截至 4 月 27 日共完成 24 个台站信息（兵团 10 个，地方 14 个）的确认工作。

【老旧小区网络改造工作】 2020 年，广电网络阿克苏分公司积极支持阿克苏地区老旧小区改造工作，按照老旧小区改造线缆入地要求，累计投入 65.02 万元，改造地委家属院片区、康居花园、虹桥小区一期及二期、市委家属院片区、拜城县锦绣康城小区、金苑小区，覆盖户数 7528 户，已改造 1243 户。

阿克苏地区年鉴（2021）

城乡建设

城乡规划

【城乡规划管理】 2020年4月，成立阿克苏地区城市居住区规划管理技术导则编纂委员会，制定《阿克苏地区城市居住区规划管理技术导则》，规范城市居住区规划审批。召开阿温同城规划管理委员会议5次，审议通过商住开发项目修建性详细规划18个；召开专家会15次，审查县（市）总规调整、公路和煤矿选址论证、商住开发项目修建性详细规划共计28个项目。全面深化“放管服”改革，进一步优化营商环境，精简建设项目审批流程，促进审批服务提质增效，积极推进建设项目用地和规划许可“多审合一、多证合一”工作，核发建设项目用地预审和选址意见书26件。

【城市基础设施建设与管理】 2020年，地区住房和城乡建设局狠抓项目储备、建设、监督管理等各项工作，不断加强和完善城镇基础设施建设。全地区新建、续建城市基础设施项目开工88个，完成投资29.37亿元，完成年度任务的367%，新增园林绿地面积160.06公顷。供水普及率99.93%，污水处理率98.86%，燃气普及率99.47%，用气人口99.11万人，人均城市道路面积22.92平方米，生活垃圾清运量46.66万吨。重点实施阿克苏市东城区产业新城建设、城市地下综合管廊建设、城市环境提升改造，地区静脉产业园（东—西区）垃圾焚烧发电，沙雅县、拜城县、新和县污水处理厂提标改造，库车市中水回用工程，乌什县排水管网改造，温宿县城区集中供热“煤改电”项目，拜城县城镇生活垃圾填埋场二期等重点项目。

【保障性住房建设】 2020年，地区完成投资43.36亿元，开工建设保障性安居工程14879套，其中建设公租房4957套，实施城市棚户区改造9922套。

【城镇老旧小区改造】 2020年，地区住房和城乡建设局完成城镇老旧小区改造165个，583栋楼21105户，改造面积190.1万平方米，惠及7.3万居民，完成投资65794.34万元。

城市建设

【城市道路】 2020年，地区投资4.78亿元，实施阿克苏市、库车市、沙雅县、温宿县城市道路新建及改扩建道路37.85千米。截至2020年年底，城市道路长度959.86千米，道路面积2284.07万平方米，人均道路面积22.92平方米。

【城市供水】 2020年，地区投资1.98万元，实施阿克苏市、沙雅县、阿瓦提县、温宿县等城区供水管网改扩建等项目建设，新建及改扩建城市供水管道长度约100千米。截至2020年年底，供水综合生产能力44.63万米³/日，供水管道长度1681.12千米，供水总量8149万立方米，用水人口99.57万人，用水普及率99.93%。

【城市排水】 2020年，地区投资1.74亿元，实施阿克苏市农村人居环境整治项目——污水处理工程、库车市中水回用工程(滴灌)项目、库车市三个重点建制镇污水处理厂及配套设施建设项目、新和县污水处理厂提标改造工程等项目，截至2020年年底，全地区累计城市排水管道总长度965.26千米，阿克苏地区共有城镇生活污水处理厂8座，污水处理率达98.86%。

【城市垃圾】 2020年，新和县、温宿县城镇生活垃圾填埋场顺利通过自治区无害化等级评定，地区静脉产业园（东—西区）垃圾焚烧发电项目稳步推进。截至2020年年底，生活垃圾无害化处理能力1470吨/日，生活垃圾清运量46.66，生活垃圾无害化处理率99.72%。

【城市供气】 2020年，阿克苏地区投资5380万元，加快推进城市供气建设。截至2020年年底，地区天然气供气总量81289万立方米，液化石油气供气总量10769吨，用气人口99.11万人，燃气普及率99.47%。

【城市供热】 2020年，地区投资4348万元，提升城市供热能力，其中库车市实施了城区集中供热改扩建项目。截至2020年年底，城区集中供热面积3470万平方米，供热能力2304兆瓦。

【城市绿化】 2020年，地区以“园林城市”和“园林县城”创建为契机，推进城镇绿道、绿廊、街头游园建设，投资1.09亿元，实施阿克苏市城市环境综合改造提升项目、阿克办市城区新建街头绿地项目15处、阿克苏市龙潭公园、温宿县府路绿化工程建设项目、玉龙泉及如意泉公园建设等绿化项目，新增绿地160.06公顷。截至2020年年底，绿化覆盖面积6226公顷，建成区绿化覆盖率41.42%，建成区绿地面积5771.55公顷，建成区绿地率38.39%，人均公园绿地面积19.14平方米。

城市管理

【城市居住环境】 2020年，地区住房和城乡建设局完善城市体检评估机制，全面开展城市体检和评估工作。投资6.58亿元，完成城镇老旧小区改造165个、583栋、21105户、190.1万平方米，惠及7.3万居民。自治区在地区召开城市管理暨老旧小区改造现场推进会，推进阿克苏祥和里等一批老旧小区改造试点工程。

【城市精细化管理】 2020年，地区住房和城乡建设局推进城市执法管理体制改革，地县两级城市管理体系基本形成，阿克苏市数字化城市管理平台建成投用，“12319”热线开通。出台《阿克苏地区城市精细化管理细则(试行)》，开展城市管理“十大行动”和物业服务企业、建设工程消防设计审查验收问题等10个专项整治行动。严格落实房屋市政工程工地扬尘防治措施，加大城市快速路和主次干道机扫、洒水频次。

住房保障

【城镇保障性安居工程】 2020年，阿克苏地区住房和城乡建设局以解决中低收入群体和居民住房问题为出发点，不断完善工

阿克苏城市街心花园一角（王敏进 摄）

作机制，落实工作责任，采取召开棚改推进会、下发督办通知、建立棚改进度月通报制度等手段强化目标管理，适时研究分析工作中出现的新问题，并提出工作建议和改进措施。完善日常管理督察和巡查制度，对土地供应、资金使用、工程质量、政策执行以及建设规划、年度计划执行情况进行监督检查。破解资金难题，加快城镇棚户区改造和公租房建设。全年，公租房开工4957套，开工率101.18%；完成棚户区改造9595户，完成率96.7%，共计完成投资41.55亿元。

【公租房保障工作】 2020年，地区住房和城乡建设局修订公租房管理办法，出台进一步加强城镇住房租赁补贴工作意见，优化“准入、使用、退出”标准，公租房运营管理服务水平不断提高。现有城镇低保家庭基本实现应保尽保，解决大量城镇中等偏下收入住房困难家庭、新就业无房职工、在城镇稳定就业的外来务工人员和进城落户农民的住房问题。

【农房建设管理】 2020年，地区圆满完成自治区下达的23294户农村安居工程建设任务，共投入建设资金11.74亿元；脱贫攻坚住房安全有保障巩固提升工作有序开展，41.5万户农户住房安全“回头看”工作全面完成，常态化监督管理、信息更新已基本实现；地区农村生活垃圾治理体系覆盖率实现100%。全地区已建设、配置垃圾收集、转运点1714个，投放垃圾桶26.33万个、垃圾船6996个，配备垃圾收集车辆1455辆、垃圾转运车474辆，组建村庄保洁队伍588个，村容村貌整治持续推进，农村人居环境得到明显改善。

人民防空

【人防工程建设管理】 2020年，地区人民防空办公室按人防工程行政审批程序和内容审批人防工程。按照国家人防办和自治区人防办部署和要求，排查人防工程防护设备安全隐患，对防护设备开展抽检复查，防护设备完好率达100%，开发使用人防工程完好率达90%以上。

【人防指挥信息建设】 2020年，地区人民防空办公室指挥通信执勤和应急训练常态化开展，完成短波电台、北斗短报文收发训练、固定指挥所电信专网、卫星专网和机动指挥所互联互通训练，有效通信率95%。开展2020年国防动员潜力统计调查，完成人防机构、人防工程、人防指挥所、人防警报设备、重要经济目标、人防指挥控制设备、人防通信设施设备、人防专业保障队伍8大体系数据的采集核查工作，客观反映地区人防战争潜力能力。9月18日12时00分至12时19分，在阿克苏城区鸣放防空袭警报，警报鸣响率95%，音响覆盖率98%。

【人防系统腐败问题专项治理】 10月26日，自治区召开人防系统腐败问题专项治理工作推进会，对专项治理工作“再起底”“回头看”，进一步摸清底数、准确定位。根据自治区推进会精神，地区人防办明确专项治理期间为2013年1月至2019年8月，通过对2013—2019年项目再次认真梳理、核查、细化归纳，存在一般性工作问题项目24项。

【人防领域安全生产】 2020年，地区人防办开展人防行业安全生产及消防安全大检查6次，检查发现安全隐患（问题）80处，下发整改通知单44份，整改落实到位80处，整改落实100%，年内人防领域安全生产零事故。

生态保护

综述

【履行主体责任】 2020年，地委、行署高度重视生态文明建设和生态环境保护工作，始终把学习贯彻习近平新时代生态文明思想作为当前和今后一个时期的重要政治任务，纳入各级党委（党组）理论学习中心组学习、党校（行政学院）教育培训的重要内容，深入学习《关于构建现代环境治理体系的指导意见》《中华人民共和国固体废物污染环境防治法》等文件精神，统一思想、学思践悟、融会贯通。地委、行署先后组织召开9次专题会议，听取工作汇报、研究解决问题，统筹推进“四场标志性战役”、中央环保督察反馈意见整改和环保基础设施建设等工作。地委、行署主要领导坚决扛起第一责任人责任，亲自安排部署，亲自督促落实；分管领导切实履行直接责任，坚持定期研究、每月调度，挂牌督办生态环境重点工作；各县（市）坚决扛起属地责任，主动谋划，推动落实；相关部门严格落实监管责任，分工协作，构建“纵向到底、横向到边”的生态环境保护工作责任体系，形成全民治污、联动治污的良好格局，推动党中央、自治区党委关于生态环境保护和污染防治的重大决策部署落到实处。

【生态修复保护】 2020年，地区牢固树立“绿水青山就是金山银山”理念，大力传承弘扬“柯柯牙精神”，持续实施柯柯牙、阿克苏河、渭干河、空台里克“四个百万亩”荒漠绿化工程。坚持山水林田湖草系统治理，完成托木尔峰国家级自然保护区内21宗矿业权的退出和矿山地质环境治理恢复工作，治理恢复面积3.41平方千米；持续开展护岸林建设、退化林修复、湿地恢复工程，完成复垦绿化、植被恢复0.12公顷，河流沿岸水生态环境持续改善；强力推进灌区渠道防渗节水、农区高效节水、高标准土地平整，建成高标准农田48.49公顷；坚持自然恢复为主、人工造林为辅、保护与修复并举，采取引洪封育、布设围栏、人工播种等措施，促进现有79.71公顷天然林有效恢复；加大生态补水输水力度，向艾西曼湖、天然胡杨林等区域实施生态补水4.3亿立方米，湖水面积扩大19.5平方千米，沙化土地面积扩展速度有效减缓；坚持“宜林则林、宜草则草、宜乔则乔、宜灌则灌”，持续推进草原禁牧、轮牧等管护措施，353.33公顷草原得到有效保护。全面组织实施三北防护林、防沙治沙、天然林资源保护、退耕还林还草等生态工程，完成营造林面积2.67公顷，地区森林覆盖率达8.9%，绿洲森林覆盖率达22%，构筑起集造林绿化、封育保护、水源涵养、农田改造、防风治沙为一体的生态安全屏障。新疆首家生态文明建设纪念馆——柯柯牙纪念馆建成开放，成为展示习近平总书记“两山”理念阿克苏实践的重要窗口和爱国主义教育基地、红色旅游基地、青少年研学基地、国家AAAA级旅游景区。坚持“城在林中、水在城中、人在园中”理念，大力推进公园城市建设，阿克苏市迎宾公园、龙潭湖公园、沙雅县金雁河公园等建成开放，所有县（市）城区完成引水进城、实现水系环绕，开窗见景、出门见绿、步行入园变成现实。全年地区新增城镇园林绿地160公顷，城市建成区绿化覆盖率达41.4%，人均公园绿地面积达17平方米，人居环境明显改善。

【蓝天保卫战】 2020年，地区扎实推进打赢蓝天保卫战三年行动计划，持续巩固建成区10蒸吨及以下燃煤设施综合整治成果，淘汰燃煤锅炉39台。狠抓建筑施工工地、道路扬尘治理，严格落实建筑施工现场“八个100%”管理和道路降尘抑尘措施，加强各类煤场、料场、堆场管控力度，扬尘污染得到有效控制。积极推进工业污染源治理，辖区火力发电、焦化、水泥等31家重点企业按要求安装建设污染治理设施，实现稳定达标排放。积极开展绿色矿产建设，塔里木油田哈得逊作业区等5家油气企业和滴水铜矿、一成煤矿2家固体矿山企业顺利通过第三方评估。深入开展挥发性有机物治理工作，辖区249座加油站、3座储油库完成油气回收治理，挥发性有机物排放有效减少。地区空气质量得到明显改善，2020年阿克苏市空气质量优良率64.8%，比上年提升10.9个百分点。

【环境执法】 2020年，地区深化生态环境领域“放管服”改革，优化环评审批服务，服务窗口前移，实行“一次性”告知、“一站式”服务，简化工作流程，环境影响报告书（表）审批时限分别压缩至20个工作日和15个工作日内，2020年批复建设项目环境影响评价报告书（表）928个、报告书初审意见14个，核发排污许可证405个，登记3067个。推行疫情期间环评审批正面清单、环评审批豁免类、环评告知承诺制审批改革试点工作，实行承诺制行政许可78个。严把建设项目环境准入关，严格落实环境影响评价和排污许可制度，落实环境监督执法“两个清单”，将环保管理水平先进、环境信用评价良好、资源要素产出高的122家企业纳入正面清单，减少环境监察执法频次，助推企业复工复产。进一步规范环境执法，坚决执行行政执法“三项制度”，开展“双随机、一公开”检查685次，立案查处环境违法行为47起。

生态环境质量

【水环境和土壤环境监测】 2020年，阿克苏地区生态环境局环境保护监测站监测12条河流19个断面（其中和田河肖塔断面为年度新增，不纳入考核）水质，共对32个水质项目开展分析；监测结果显示：18个考核断面水质均达到或优于Ⅲ类标准，达标率100%，和田河肖塔断面（非考核断面）水质类别为Ⅳ类，全地区河流地表水无劣Ⅴ类水体，与上年相比，水质保持稳定。对地区4座重点水库：多浪水库、克孜尔水库、上游水库、胜利水库上、下半年各开展一次监测，共对32个水质项目开展分析，监测结果显示：水质均达到Ⅲ类标准，达标率100%。地区七县二市在用饮用水源地共11个，均为地下水水源地，共对39个监测项目开展分析，监测结果显示：水质均达到或优于Ⅲ类水质标准，达标率100%。与上年相比，饮用水源地水质保持稳定。对3个国控点、2个区控点开展土壤环境例行监测，共对35个土壤项目开展分析，监测结果显示：各点位土壤环境因子均低于《土壤环境质量农用地土壤污染风险管控标准》（GB15618—2018）风险筛选值，土壤环境质量总体保持稳定良好。

【城市空气质量】 2020年，阿克苏市环境空气质量有效监测天数为366天，达到优、良天数237天，占64.7%，较2019年同期增加40天，优良率占比上升10.8个百分点；轻度、中度污染87天，占23.7%，比上年占比下降13.6个百分点；重度、严重污染42天，占11.6%，占比上升2.8个百分点。主要污染物可吸入颗粒物（PM_{10}）、细颗粒物（$PM_{2.5}$）年均浓度比上年分别上升11.2%、11.1%；二氧化硫（SO_2）年均浓度与上年持平；二氧化氮（NO_2）、一氧化碳（CO）、

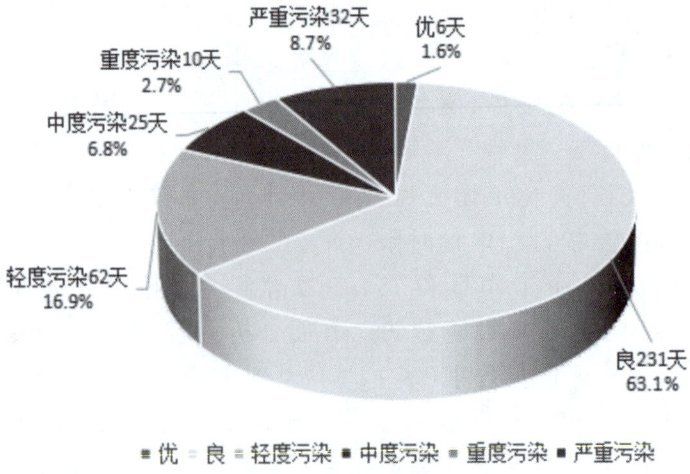

阿克苏市2020年空气质量级别占比示意图（阿克苏市 供图）

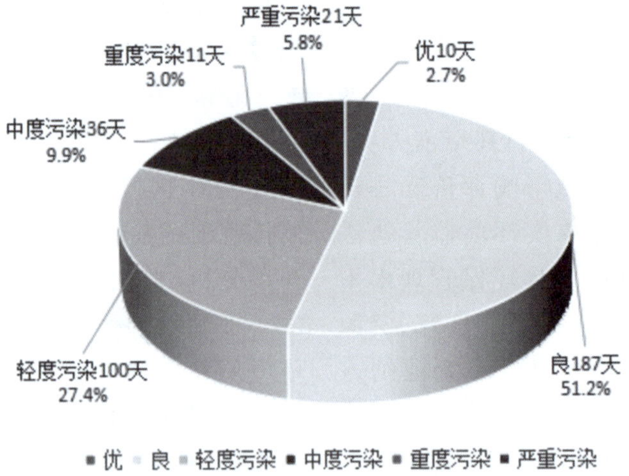

阿克苏市2019年空气质量级别占比示意图（阿克苏市 供图）

臭氧（O_{3-8h}）年均浓度分别下降9.7%、22.2%、4.3%。

【气候变化】 2020年,阿克苏地区生态环境局强化源头能耗控制,推进重点领域绿色低碳发展,严格重点领域能耗管控,切实降低温室气体排放；加快区域化低碳发展,实施分类指导的碳排放强度控制,加强废弃物资源化利用。淘汰高能耗、高污染营运车辆,共注销柴油货车151辆,全地区新增公交车辆101辆,均为新能源纯电动车辆,新增公交车的新能源车辆比例达100%,公交、出租汽车电气化率为100%,完成地区26个乡村绿色照明项目。全地区万元生产总值二氧化碳排放累计下降27.07%，超额完成“十三五”自治区下达地区降低12%目标任务。

土地资源保护

【资源保护举措】 2020年，地区自然资源局坚持实行最严格的耕地保护制度。自治区下达地区耕地保有量任务47.73公顷,严格落实主体责任，确保耕地面积不减少、质量不下降,层层签订耕地保护责任书,全地区完成耕地59.57公顷、基本农田40.19公顷保护任务。用好城乡建设用地增减挂钩节余指标跨省调剂政策,2018年申请增减挂钩项目26个,产生结余指标336.34公顷，其中自治区批复乌什县、柯坪县城乡建设用地增减挂钩项目12个,落实交易指标123.78公顷,产生收益6.957亿元，已到位4.8698亿元。2019年对拆旧复垦农用地和耕地等进行核查，争取节余指标121.33公顷,预计收益6亿元,为巩固脱贫攻坚成果和支持实施乡村振兴战略做好资金保障。严格落实耕地占补平衡政策。严格落实耕地占补平衡制度,确保“占一补一”“先补后占”，做到耕地总量不减少，质量不降低。年内,地区建设项目占用耕地面积138.89公顷，补充耕地面积138.91公顷，补充粮食产能985.53吨。

【盘活存量土地】 2020年，地区自然资源局认真开展建设用地增存挂钩工作,加快处置批而未供、闲置土地，有效缓解建设占用耕地压力。严把用地审查关,不随意审批耕地，让建设用地发挥最大作用。为更好地统筹发展和保护的关系,积极盘活利用批而未供、闲置土地,提高土地利用效率,年内，地区处置批而未供土地面积1621.56公顷,处置闲置土地面积800.81公顷，均已完成自治区下达地区的年度处置工作任务。

【净土保卫战】 2020年，地区自然资源局落实《中华人民共和国土壤污染防治法》等法律法规,加强土壤监测与污染防治力度，推进重金属污染防治工作，定期开展土壤重点行业企业地块环境状况信息调查工作，督促37家土壤环境重点监管企业开展自行监测，强化土壤环境重点污染源监管。七县二市9座生活垃圾填埋场通过自治区无害化评定，阿克苏市、温宿县、库车市工业园区固废填埋场相继建成投运。落实《阿克苏地区危险废物处置利用设施建设布局指导意见》，加强危险废物重点产生单位及经营单位规范化管理，提升地区医疗废物、危险废物处置能力，危险废物收集处置利用能力达181.92万吨/年，比上年提升92.6%，综合处置利用危险废物达130种；医疗废物无害化处置能力达4620吨/年，提升353%，实现县（市）医疗废物集中无害化收集处置全覆盖。强化矿产资源监管，完成地区130个已闭坑矿山、政策性关闭小煤矿、砂石粘土矿治理恢复工作，治理恢复面积5.72平方千米。强化农业面源污染防治，开展农药、化肥零增长行动，大力推广应用绿色防控、新型药械、测土配方施肥等技术措施，有效减少化学农药使用。2020年地区38个土壤监测点位均保持在二级以上标准，地区土壤环境质量保持稳定。

【土地执法】 2020年，地区自然资源局严格查处违法用地，完成2019年度1486个卫片图斑的核查、判定、查处工作，结案率100%。开展2019年季度卫片及个别重点区域疑似图斑的核查，完成2110个季度卫片图斑及1652个重点区域疑似图斑的实地核查。紧盯自治区党委第二巡视组巡视整改任务要求，依法从重、从快、从严惩治非法开荒行为，全面完成地区5379个疑似图斑实地核查，核查土地面积18.58公顷，立案查处2119起，收缴罚没款17613.99万元。

水资源保护

【水资源管理】 2020年，地区水利局加强各县（市）两水统管工作，采取多种措施狠抓节水抗旱。组织力量研究制订科学合理、符合实际的限额供水方案，与各县（市）签订限额供水责任状，采取抗旱打井、节水建设、供水到户、关闸闭口等管理手段，落实“灌溉面积、灌溉定额、用水总量、灌水时间”四控制措施，做好灌区灌溉用水管理各项工作，确保最严格水资源管理制度，用水总量控制方案贯彻落实，全面完成“三条红线”（水资源开发利用控制，用水效率控制、水功能区限制纳污）指标任务。完成14个典型灌区140个典型地块灌溉水利用系数测算分析，并组织各县（市）进行技术审查，测算出地区灌溉水有效利用系数为0.55万元。国内生产总值用水量863.5米^3/万元，万元工业增加值用水量为59.58米^3/万元，退减灌溉面积9426.67公顷。

2020年，自治区核定地区用水总量控制指标为80亿立方米，其中按结构分农业灌溉用水量控制指标为75.6亿立方米，按水源分地下水用水总量控制指标为6.13亿立方米。经核定年度地区经济社会用水总量实际为79.7亿立方米，其中农业灌溉实际用水量为75.53亿立方米，比2019年农业灌溉用水量77.82亿立方米减少2.29亿立方米，下降2.94%。

【水土保持】 2020年，地区水利局全面完成水土保持规划，做好生产建设项目水土保持方案审查审批，严格执行生产建设项目水土保持“三同时”制度和书面报告开工信息制度。完成99个水保项目审批，43个项目自验后进行报备，完成水土流失治理面积409.23平方千米。制订《生产建设项目水土保持监督检查实施方案》，并配合黄河流域委员会、水利厅对地区在建和完工的生产建设项目进行水土保持执法监督检查，及时整改，完成117个生产建设项目水土保持监督检查任务100%。定期对温宿县台兰河水土保持监测站气象、水土流失情况进行实时监测、设备维护。配合水利部、水利厅完成982个疑似违规扰动图斑核查工作，对认定的178个图斑进行整改。完成2019年度实施的3个水土保持重点工程的竣工验收。完成本地区2018—2020年度水土保持规划实施情况自评估报告。

【碧水保卫战】 2020年，地区水利局全面落实河（湖）长制，严守水资源管理“三条红线”，实施“一河（湖）一策方案”，健全完善地区四级河（湖）长制组织体系，全年巡河(湖)18505次,完成日常工单2729个,发现解决问题71个;扎实推进河(湖)三年治理行动,加大流域河道沿线“四乱”清理整治力度,依法惩治涉河(湖)违法行为,开展地区层面联合执法检查5次,督办、查处问题4类29个,关闭沿河违规采砂企业5个,迁移沿河采砂企业2个,清理砂石废料75.3万立方米。大力推进工业园区和城镇污水集中治理,地区6个自治区级及以上工业园区污水和县(市)城市生活污水实现二级生化处理。强化畜禽养殖污染治理,地区规模化养殖场粪污处理设施装备配套率达98%,畜禽粪污资源化利用量534.66万吨。完成11个重点镇污水处理设施建设,污水处理实现从城市向乡村的逐步推进。加大“千吨万人”饮用水水源地问题排查整治力度,地区范围内25处水源地排查发现的72个问题已全部整改到位,84个饮用水水源地实现24小时视频监控全覆盖,饮用水水源地水质达标率保持在100%。扎实推进水资源综合利用,积极实施中水回用。地区11条河流18个断面、4座水库5个断面、11座在用集中式饮用水水源地,年均水质均达到或优于Ⅲ类,河流、湖库、地下水饮用水水源地水质优良,水环境质量保持稳定良好。

森林和草原保护

【生态文明建设】 2020年,地区完成营造林3.15万公顷,其中:人工造林1.78万公顷,封育1.37万公顷。全地区春秋两季完成营造林建设面积2.33万公顷,其中:人工造林6406公顷,天然林草封育1.69万公顷。阿克苏空台里克百万亩荒漠绿化工程三年累计完成建设面积7.07万公顷,完成规划建设任务的101.3%,其中:人工造林2.38万公顷,封育4.69万公顷。全面完成2019年新一轮退耕还林8800公顷的建设任务,共涉及贫困户892户。顺利通过2018年度退耕还林自治区级核查工作、2016年度退耕还林国家级核查工作,统筹完成2018年度新一轮退耕地还林地区级检查验收工作。有序完成2020年全地区森林抚育1.2万公顷的建设任务,阿克苏地区库车市、拜城县、沙雅县、新和县、阿克苏市顺利通过自治区林业生态监测总站2019年度森林抚育项目省级验收。

【林草资源管护】 2020年,地区林业和草原局常态开展地区森林草原防火宣传活动,定期开展林区油区火灾风险隐患排查及治理工作。严格执行落实“禁火令”,全地区各类自然保护区(沙漠封禁保护区)、国家公益林区、风景名胜区、森林公园、湿地公园等重点区域实行全年禁火。全面开展塔河流域、平原重点林区,覆盖南疆阿克苏大部—喀什东部和巴州西部部分林区的航空护林任务,经过春、秋两级巡护,累计飞行64架次、133小时。2020年,地区林业和草原局与县(市)签订森林资源管理责任书,确定年内采伐限额,全年全地区林木采伐限额为20万立方米,使用森林采伐限额指标6万立方米。严格按照保护地优化调整方案,为保证保护地总面积不减少,保护强度不降低,保护性质不改变的要求,及时按要求将地区保护地数量由22个调整为12个。依托《全国建设项目使用林地审核审批管理系统》,进一步明确“权责清单”,提高办事效率,规范审批程序,通过网络审批,全地区共审批上报永久使用林地151批次,共计501公顷林地,临时用地192批次,共计781公顷,收缴植被恢复费5722万元。审批征占用或临时使用草原项目22件,其中长期征占用21件,临时使用草原1件。

【天然林资源保护】 2020年,地区林草局为切实抓好天然林资源保护各项管护措施,严格实行中心管护所管护工作责任,加强日常管护职责监督,落实绩效考核制度,促使地区天然林资源得到有效保护,森林面积和蓄积大幅增加。全面落实塔河流域胡杨林引洪灌溉任务,涉及引洪封育资金1600万元,封育任务5.33万公顷。实施森林抚育1.2万公顷,涉及项目资金1800万元,辐射全地区8个县(市)1个林场48个乡镇,涵盖380个林班1839个小班。

湿地和自然保护区保护

【阿克苏多浪河国家湿地公园】 新疆阿克苏多浪河国家湿地公园于2011年开工投建,位于新疆维吾尔自治区塔里木河的上游，阿克苏市境内，阿克苏河冲积扇上。公园地理坐标介于北纬41°06′~41°13′，东经80°12′~80°18′，南北长15千米，东西宽4千米，总面积为1291.40公顷。规划区主要包括多浪渠、唐阿克渠、青年渠及其上游沉沙池、鱼塘以及周边部分水稻田，湿地面积581.13公顷，湿地率45%，属于河流、库塘、水稻田为一体的湿地类型，2017年年初建成投入使用。

加强资源管理工作，认真履行湿地资源保护和野生动物资源保护工作职责，加强日常巡护，采取措施保护湿地。一是定期开展湿地监测工作，对私自开垦破坏湿地行为及时制止；二是加强对各大天然湿地的监管，不定期对各湿地进行巡查；三是加强越冬期、迁徙期候鸟和H7N9禽流感的监控，坚决制止和打击各种破坏湿地、侵占湿地和网鸟、毒鸟、捕鸟及非法收购珍稀鸟类的违法行为，严密监控H7N9禽流感疫源疫病工作。通过努力湿地面积得到有效保护，保护区内伴生有罗布麻、甘草等国家二级保护植物10多种，栖息着金雕、黑鹳、新疆大头鱼等7种国家一级保护动物和塔里木兔、灰鹤等20多种国家二级保护动物，另外还有自治区、地区重点保护动物70余种水禽和候鸟，据监测统计，每年大约有10万只候鸟及水禽在湿地保护区内停歇、越冬和繁殖，湿地保护区野生动物逐年递增，野生动物资源得到有效保护。

每年秋冬季，大批候鸟从北方迁飞途经阿克苏市，大量冬候鸟陆续迁至阿克苏市越冬，是野生动物保护和高致病性禽流感等野生动物疫源疫病监测防控的关键时期。加大陆生野生保护动物疫源疫病监测力度，切实做好以禽流感为主的野生动物疫源疫病防控和监测工作，做到监督措施、管理措施、工作措施三到位，及时掌握湿地鸟类活动动态，有效防范突发性重大野生动物猎杀猎捕案件和疫情的发生，确保生态安全，全年共开展野生动物疫源疫病监测活动5次，野生动物疫源疫病监测信息准确率达98%以上。

【托什干河国家湿地公园】 托什干河国家湿地公园位于新疆西部乌什县，湿地公园规划区由西向东横穿乌什县，西与克州阿合奇县接壤，东与温宿县阿热力镇交界，流经乌什县的乌什镇、亚曼苏乡、奥特贝希乡、英阿瓦提乡、依麻木镇、阿合雅镇、阿恰塔格乡等7个乡镇。地理位置介于北纬41°01′~41°20′，东经78°48′~80°15′，规划区总面积30082.71公顷，其中湿地面积10634.46公顷，包括永久性河流9948.06公顷，季节性河流244.80公顷，草本沼泽201.50公顷，灌丛沼泽240.10公顷，湿地面积占湿地公园总面积的35.35%。

托什干河湿地区植物物种较为丰富多样，湿地公园内及周边地区统计有高等植物40科、124属、203种。包括胡杨、白柳、蓝叶柳、沙棘、多枝柽柳、疏花蔷薇、大果蔷薇、粗毛锦鸡儿、唐古特白刺、罗布麻、盐生草、盐爪爪、尖叶盐爪爪、圆叶盐爪爪、里海盐爪爪、盐穗木、盐节木、木本猪毛菜、蒿叶猪毛菜、镰叶碱蓬等。丰富的植物物种组成，为湿地动物提供良好的栖息环境和食物来源，孕育丰富的动物多样性。湿地还是迁徙鸟类重要的停歇地和取食场，每年有数以万计的雁鸭类等鸟类来到托什干河湿地，场面蔚为壮观。据调查统计，乌什县托什干河国家湿地公园及周边地区分布有野生动物137种。其中兽类20种、鸟类100种、两栖爬行类8种、鱼类9种。其中国家Ⅰ级重点保护野生动物有黑鹳、金雕，国家Ⅱ级重点保护野生动物有大天鹅、鸢、棕尾鵟、高山秃鹫、灰鹤等25种。托什干河湿地动植物组成极其丰富多样，具有极高的生物多样性保育价值。

湿地水质良好、水量充沛、保育区保持自然状态，野生动物栖息环境基本不受人类活动干扰，种类和种群数量明显增加。沙棘林、河流、动物、植被等原有湿地自然资源得到迅速恢复，鸟类数量明显增加，特别是珍稀濒危动物黑鹳、大天鹅的栖息，湿地生态系统功能更趋完善，湿地特色更加突出。

【托木尔峰自然保护区】 托木尔峰自然保护区1980年由自治区党委正式批准成立，2003年经国务院批准升级为国家级自然保护区，是以保护高山冰川和其下部的森林、野生动植物及其生境为主导超大型、综合性的国家级自然保护区，拥有天山南坡最完整的垂直自然带谱，位于天山山脉南麓中段，塔里木盆地北缘的阿克苏地区温宿县境内，总面积38.048万公顷。

自然保护区地质、地形条件复杂，南、北坡气候差异显著，水热条件的垂直变化明显，给多种多样植被类型的形成创造极有利的条件，温带荒漠、山地草原和森林的广泛分布是本地区自然景观的主要特征。自然保护区植物种类丰富，有维管束植物有83科、397属、1218种，其中，蕨类植物5科、6属、9种；裸子植物3科、3属、7种；被子植物75科、388属、1202种。分别占新疆天山提名遗产地共有野生维管束植物106科、635属、2622种的78.3%、62.5%、46.5%；占新疆121科、746属3637种的68.6%、53.2%、33.5%；占中国维管束植物总科数295科、3897属、40616种的28.1%、10.2%、3.0%。另外，自然保护区内大型真菌、24科、69属、180种，地衣23科49属、120种。

托木尔峰自然保护区有丰富的食物和水源，是野生动物活动的主要地区，动物资源十分丰富，共记录到野生脊椎动物24目、57科、152种，物种数量约占新疆总数(628种)的24.2%。其中鱼类1目、2科、7种，约占新疆土著鱼类的14%；两栖类有1目、1科、1种，约占新疆已发现种类的14.3%；爬行类分别有1目、1科、2种，占新疆已发现种类的4.0%；鸟类16目、37科、114种，占新疆鸟类总数的25.2%；兽类5目、16科、28种，占新疆兽类总数的18.8%。

节能减排

【能耗“双控”管理】 2020年，地区发改委落实国家、自治区关于节能减排的战略部署，坚持把节能减排作为转变经济发展方式的重要抓手，紧紧围绕“76331”发展战略和“6+1”产业集群发展思路，以产业结构调整为依托，大力发展优势特色产业，不断优化产业和能源结构。以抓好规模以上工业企业节能为重点，不断强化重点用能单位节能管理，深入推进绿色制造工程和节能环保产业发展，加强节能监察和节能诊断服务等工作，不断提高资源能源利用效率，确保“十三五”能耗双控目标任务全面完成。2020年，全地区(含一师)单位地区生产总值能耗较2015年比累计下降23.45%，超额完成目标任务的260.56%；能源消耗总量为1263.77万吨标准煤，超额完成“十三五”总量1371.76万吨标准煤控制目标任务。能源消耗增量为134.15万吨标准煤，超额完成“十三五”增量242.14万吨标准煤控制目标任务。

【绿色产业发展】 2020年，地区大力发展先进装备制造、新材料、新能源、节能环保、生物医药和电子信息等战略性新兴产业，阿克苏纺织工业城(开发区)和阿克苏经济技术开发区成功运营两个石墨烯产业项目，大型专业无人机、粉垄深松深耕机、新型防火建材等项目成功落地，新疆嘉轮轮胎年产120万条高性能子午线轮胎、新疆好阳光照明LED产业园、新疆舰目摩托车年产12万辆摩托车总装生产线、浙江亚特电器农机制造及10万亩现代化农业产业园、新和县新材料产业园、库车宏达棉花加工全套设备、如通石油技术石油机械组装制造等项目加快推进，推动地区新兴产业向新材料、新技术、高附加值方向延伸。积极引导工业企业开发绿色产品、建设绿色工厂、创建绿色园区、打造绿色供应链，构建完善绿色制造体系。自2017年以来，地区2家企业获得国家级“绿色工厂”称号，5家企业获得自治区级“绿色工厂”称号；1家企业5种产品获得自治区级“绿色设计产品”称号；2020年地区2家企业分别获得国家第五批和自治区第四批“绿色工厂”和“绿色设计产品”称号。

【节能环保产业】 2020年，地区鼓励支持企业采用新技术、新工艺、新材料，改造工艺落后、污染严重的生产线，提升技术装备水平。重点加强石化、煤焦化、电力、水泥、冶炼等重点能耗企业推广应用节煤、节电、节水、节材以及余热、余压、尾气等综合利用节能环保工艺技术。以清洁生产为核心，以资源能源节约集约利用和废弃物集中处理为重点，实施固体废物综合利用和再生资源循环利用、水资源循环利用，构建覆盖全社会的资源循环利用体系。徐矿阿克苏热电厂、众泰煤焦化、中石化塔河分公司等重点排污单位开展了清洁生产审核工作，减少污染物排放。继续推进工业园区循环化改造，推动阿克苏市、库车市静脉产业工业园建设。以阿克苏纺织工业城、库车经济技术开发区工业园区为主要对象，努力提高园区固体废物综合利用率。在煤炭资源开发、建材冶金业等重点行业，开展大宗固体废物（粉煤灰、灰渣、电石渣、尾矿渣）资源化利用工程。

【污染物减排】 2020年，地区生态环境局扎实推动污染减排工作，经统计核算，全年实施污染减排项目73个，其中废气污染减排项目60个，废水污染减排项目13个，共计减排二氧化硫508吨、氮氧化物250吨，化学需氧量969吨、氨氮200吨。

污染防治

【大气污染防治】 2020年，地区生态环境局持续将打赢蓝天保卫战作为污染防治攻坚战的重中之重进行全面部署落实。持续推进燃煤锅炉整治，注销淘汰39台10蒸吨以下燃煤锅炉。完成6家重点行业无组织排放的排查整治；实施清洁供暖，新建扩建供热管网9千米，总投资3048万元。累计实施清洁采暖面积3704万平方米，占总面积的80.98%。推进"煤改气""煤改电"，阿克苏市14万平方米实施电采暖；沙雅县约9万平方米实施电采暖；温宿30万平方米实施电采暖。库车市东城区及4个乡镇、2000户实施燃气入户；拜城县城镇976户居民、四个乡镇779户农户实施燃气入户；阿瓦提县1000户使用壁挂炉燃气取暖；新和园区30家工业企业采用天然气或电磁锅炉取暖；徐矿集团新疆阿克苏热电有限公司完成1#机组超低排放改造；加快机动车结构升级，全年地区新增纯电动公交车115辆。截至12月底，全地区现有新能源纯电动公交车356辆，已建设投入使用的充电桩共79个，公交、出租汽车气化率为100%。建成区绿化覆盖率达到41.42%。积极开展挥发性有机物治理，辖区内249个加油站、3座油库、1家石化企业、12家化工企业、2家印刷企业已完成挥发性有机物治理。8家企业59个工业炉窑已完成整治。31家机动车尾气检测机构完成升级改造，其中28家具备三检合一资格。各县(市)划定烟花限放区。全年秸秆综合利用率90%以上。农药使用量642.91吨，持续下降，农药有效利用率达到自治区40%目标。化肥使用量35.99万吨（纯量），持续下降，化肥有效利用率达到自治区40%目标。通过采取各项措施，全年阿克苏市空气质量优良天数达237天，优良天数比例64.7%，PM2.5平均浓度60微克/立方米，达到自治区标准。

【水污染防治】 2020年，地区生态环境局持续实施《地区水污染防治工作方案》，开展"千吨万人"集中式饮用水水源地环境问题排查整治，72个问题现已完成71个，完成率98.6%；强化畜禽养殖污染治理，全年规模养殖场粪污资源化利用量105.7万吨，畜禽粪污资源化利用率为86.33%、规模养殖场粪污处理设施装备配套率为98.78%，达自治区规定的畜禽粪污综合利用率，规模化养殖场配套建设粪污设施的比例达95%以上；地区6个自治区级及以上园区和各县(市)污水全部实现二级生化处理，重点工业企业全部配套建设污水处理设施。经排查地区城市建成区无黑臭水体，辖区内249家运营加油站全部完成地下油罐防渗改造工作。加强入河排污口的监管，新疆恒丰糖业有限公司入河排污口已取消；全年境内11条河流、4座水库23个断面水质监测指标浓度均值达到或好于Ⅲ类水质比例为100%，11个在用水环境质量保持稳定良好。

【排污许可管理】 2020年，地区生态环境局快速准确核发排污许可证，奠定"一证式"监管基础。采取"三分五集中"方式，即分县(市)、园区、行业，集中时间、地点、人员、宣传、填报的方式，积极帮助有关排污单位实现持证排污。年内，共计申报核发排污许可证412个，实施登记管理3067个，实现全地区固定污染源排污许可全覆盖。

环境监管

【生态环境保护监管执法】 2020年，地区生态环境局协调统筹推进生态环境监管执法各专项行动，以"双随机、一公开"为主要监察执法方式，强化企业日常环境监察工作，持续深入落实环境执法正面清单制度，坚持严格执法和引导守法并重，对指导帮扶后仍不按要求进行整改的企业，按照“对违法事件不查清不放过，对违法行为不处理不放过，对相关责任人不追究不放过，对环境整治不到位不放过”的原则。充分利用按日计罚、限产限排、停产治理、查封扣押、案件移送等手段严厉打击偷排偷放、非法排放有毒有害污染物、非法处置危险废物等恶意违法行为，以震慑违法企业。全地区办理行政处罚案件58个，罚款281.07万元；运用新法及四个配套办法案件5个(查封扣押案件4个，限产停产1个)。

【建设项目环评审批】 2020年，地区生态环境局对暂未实现豁免或告知承诺审批的项目，发挥“互联网+政务服务”作用，通过在线指导项目申报，组织专家视频评估，快递送达批复文件，加快环评审批办理进度，实现指导服务“一站式”、群众办事“少跑腿”、环评审批“零接触”。全年在申报材料精简60%、审批时限压缩50%、登记备案100%的承诺下，共受理审查环评文件1000份，出具环评报告书(表)文件批复951个(初审意见16个)，登记表网上备案2300个，涉及总投资额450亿元以上。

【农村环境综合整治】 2020年，地区生态环境局完成3个农村环境综合整治生活污水治理项目，总投资240万元；对辖区农村千吨万人水源地进行梳理排查，确定地区共有26个农村千吨万人饮用水水源地，开展基本信息排查和问题清理整治工作，排查问题72个，已完成整治；在乡域内对农村黑臭水体数量、地理位置信息、黑臭级别和存在的主要污染问题开展全方位、地毯式排查，共排查七县二市所涉及行政村和河流湖泊，核查自治区下发卫星遥感点位120个，实现应查尽查，排查全覆盖，未发现黑臭水体均由各县(市)人民政府书面确认。

【农村生活垃圾治理】 2020年，地区住房和城乡建设局开展“清洁乡村创建”的改善农村人居环境宣传活动，动员广大干部群众关注改善人居环境、支持和参与垃圾治理工作。每月定期对乡(镇)、村干部组织集体培训，讲解《农村生活垃圾收集、转运和处置体系建设标准》内容，通过培训提升干部对农村生活垃圾收集和治理的知晓度、认同度、参与度，推动垃圾分类、转运和处置工作的顺利开展。并且要求干部率先垂范，以身作则，起到先锋带头的作用，引领农牧民从身边做起、从点滴做起，自觉、科学地开展生活垃圾治理，逐步形成垃圾分类及环境保护意识，养成珍惜资源、节约能源的生活习惯。其次结合实际指导乡(镇)和村组建专业垃圾收集、转运和处置队伍，农户、村委会和乡(镇)上下联动，分工合作，各尽其能。建立农民生活垃圾定点投放，村保洁人员及时收集和集中，乡(镇)转运至垃圾处理厂模式，截至2020年年底，全地区已建立垃圾收集、转运点1714个，投放垃圾桶26.33万个，垃圾船6996个，组建村庄保洁队伍588个。

【村容村貌整治】 2020年，地区住房和城乡建设局以创建清洁村庄全域覆盖为目标，扎实推进集中治理和攻坚行动深入开展。先后组织开展村庄清洁“一月攻坚行动”和村庄清洁行动“春季战役”“夏季战役”，集中攻克一批农村环境卫生“死角”。全面清理村内各类垃圾，清除村内私搭乱建等临时建筑物和乱贴、乱画，有效解决垃圾围村、围田、围路、围河问题。清除村内道路堆放的砖、砂石以及废弃的建筑材料和杂物，以及主要道路两侧的杂草、杂物乱堆。为大力推广垃圾分类、无害化处理模式，将部分乡作为垃圾处理示范乡镇，通过现场观摩，推动全地区垃圾收集、转运和处理规范化。推行“垃圾积分兑换”活动，引导村民自觉、科学地开展生活垃圾分类，逐步形成垃圾分类及环境保护意识，促使生活垃圾减量化；村两委充分运用村民自治，将鼓励农民参与村内环境整治工作优惠政策写入《村规民约》；村民运用焊接技术，对淘汰拖拉机进行密封改造，降低村收集点购置垃圾船费用，便于村民垃圾的收集和运输，同时为村民增收致富提供新途径。

商贸流通

综述

【促消费政策落实】 2020年,地区实现社会消费品零售总额285.64亿元,比上年增长1.2%,全年实现转正,其中限额以上商贸单位实现零售额120.28亿元,增长9.6%,限下实现零售额165.36亿元,下降4.2%。

【商贸流通业】 截至2020年,地区累计建成投运商贸物流园区32个,共引进入驻企业和商户6240家,实现就业20239人,总产值达到185.93亿元。全地区已初步形成以家居建材、钢材交易、汽车交易报废拆解等12个商贸业态,形成陆运、公铁联运、快递、电商4大物流布局,实现总投资41.56亿元。新升限上商贸单位158家,比上年增加77家,其中月度升限57家,年度升限101家;分行业看:批发业35家,零售业68家,住宿业5家,餐饮业50家。

【市场运行监测】 2020年,地区商务局重点监测的商贸企业185家,其中大型商超15家,购物中心8家,大型酒店37家,餐饮企业125家,石油销售公司2家。城乡市场商品供应充裕,粮油蔬菜肉类等商品市场货源充足,价格水平总体平稳。截至2020年年底,全地区县、乡、村三级区域共有农贸市场97个,其中国有管理市场56个,民营自行管理市场41个。按照区域划分:县(市)城区农贸市场36个,共有经营商户7346户,年营业额基本在100万元—500万元之间;乡级农贸市场54个,共有经营商户54794户,年营业额在10万元到100万元之间不等;村级农贸市场7个,共有经营商户389户,年营业额基本在10万元以上。

【加油站审批】 2020年,地区商务局给12座新建加油站审批颁发成品油经营许可证,完成加油站年检253座,合格253座。规划布局夜间文旅消费街区43个,开发就业岗位1851个,带动就业创业5004个,夜间经济已成为全地区拉动消费新的增长点。

【冷链物流业】 2020年,地区农产品冷链物流已初步形成,冷链企业稳步发展,地区从事冷链物流的企业206家,全地区现拥有冷库容量86万吨,阿克苏地区保鲜库206家,总库容41.3万吨。库容量小于1000吨161家;库容量1001吨~5000吨13家;库容量5001吨~10000吨20家;库容量大于10000吨12家。

【招商引资】 2020年,地区商务局实施招商引资“一号工程”,创新招商模式,优化营商环境,持续加大招引力度,全年落实招商引资项目766个,招商引资到位资金662.76亿元,比上年增长37.5%,位列全疆第三。通过分析,从投资产业看:第一产项目70个,落实到位资金48.5亿元,占7.3%;第二产项目393个,落实到位资金304.7亿元,占46%;第三产项目303个,落实到位资金309.6亿元,占46.7%。从投资领域看:能源化工类项目75个,到位资金92.8亿元,占比14%;纺织服装类项目61个,到位资金86.7亿元,占比13%;农副产品加工类项目 56 个,落实到位资金 29 亿元,占比 4.3%;冶金建材类项目 62 个,到位资金 19.7 亿元,占比 3%;商贸物流类项目 101 个,到位资金 78.1 亿元,占比 11.7%;战略新兴产业类项目 32 个,到位资金 26.7 亿元,占比 4%;文化旅游产业项目 45 个,到位资金 23.1 亿元,占比 3.5%。房地产项目 139 个,到位资金 197.4 亿元,占比 29.7%。

粮食和物资储备

【粮食收购】 2020 年,地区各级粮食部门认真履行组织实施责任,指导各国有粮食购销企业发挥收购主导和价格形成引导作用,稳定市场价格;支持辖区内规模面粉加工经营企业积极入市收购,增强企业竞争力;加大市场监管力度,规范收购行为,形成多元主体积极参与、优质优价的市场收购新格局。共完成夏粮收购小麦 38 万吨,收购均价 2.38 元/公斤;秋粮收购水稻 12 万吨,收购均价 2.95 元/公斤,玉米 8.5 万吨,收购均价 2.35 元/公斤。

【救灾物资管理】 2020 年,地区筹资 5 万元,对救灾物资储备库区绿化及安全设施进行改善和维修,提升管理的规范化水平;完成自治区代储物资入库登记管理工作,新增入库价值 230 万元共 16 个品种、11900 件自治区级储备物资;建立动态储备面粉 900 吨、大米 300 吨、饮用水 2 万件,建立健全地区级应急物资动态储备体系。

【粮食储备管理】 2020 年,地区完成 8 个县(市)中心粮库智能化升级改造投入使用,涉及仓库 60 个,仓容 16.33 万吨;争取自治区财政粮食仓储设施维修专项资金 12 万元,企业自筹 30 万元,用于仓房整体功能提升,涉及仓容 6 万吨,进一步改善储粮环境。扩充小麦储备规模,在原有的 8.78 万吨基础上新增地区级储备 1.25 万吨,自治区级 0.1 万吨,确保地区原粮储备基础更加牢固。建立成品粮储备 0.11 万吨,增强成品粮油储备应急保障能力。加快粮食应急供应网点建设,建成由 99 个应急网点,33 个配送中心,10 个运储企业,36 个加工企业,20 个应急保障中心组成的粮食应急体系,实现粮食应急供应网点城乡全覆盖。

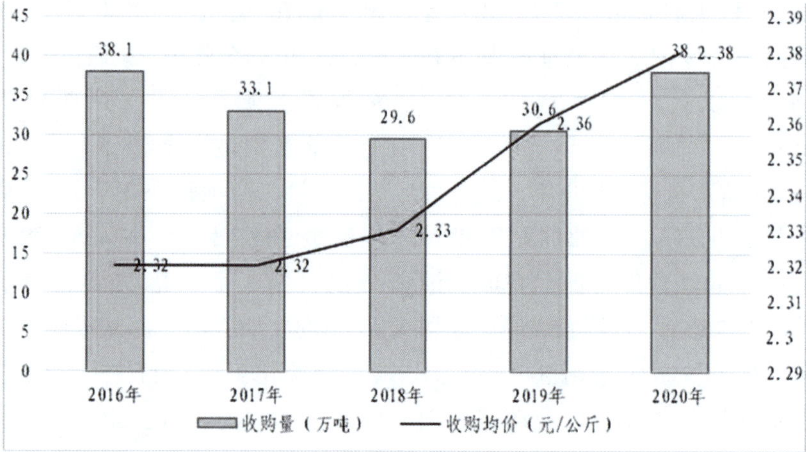

阿克苏地区"十三五"期间夏粮(小麦)收购情况一览表

【优质粮工程】 2020 年,地区 8 家国有粮食企业和 5 家民营企业"优质粮食工程"项目建设完成投入运行,不仅提高地区粮食综合生产能力,促进农民减损增收,增强农民市场议价能力,还能扩大粮食购销企业的经营范围,延伸粮食产业链,为农民提供"五代"服务(代清理、代干燥、代储存、代加工、待销售),促进一、二、三产业融合发展。

供销合作

【供销系统经营】 2020 年,地区供销系统借助"十城百店"工程、连锁店、加盟店、直营店、电子商务平台、社区便民服务中心等销售渠道,想方设法加大本地特色农产品的外销工作,在疆外设立农产品经营网点 120 个,其中:直营店 16 个,加盟店 65 个,商超专柜 39 个,累计收购各类农产品 7.6 万吨,销售 5.8 万吨,有效解决农产品销售难题。2020 年,发动全系统农资供应主体企业、各类专业合作社、各类经销网点,积极与长期建立供销关系的农业生产资料厂家、代理商、经销商联系,加大农资货源供应和储备力度,供销系统累计调入肥料 102638 吨、农药 291 吨、农膜 25785 吨,累计销售肥料73189吨、农药228吨，农膜14105吨。

【供销系统建设】 2020年，地区供销系统始终坚持把基层供销社新建、恢复、改造作为综合改革发展的着力点，通过开放办社，采取招商引资、合作办社、产业带动等多种措施，逐步推进乡（镇）基层社恢复重建。引入各类资金6500万元，对空白、薄弱、老旧基层社进行恢复重建和改造提升，完成新建改造恢复基层社9个，新建村级综合服务社（中心）12个，领办创办农民专业合作社10个。涉农乡镇基层社覆盖率达90%以上，提升基层供销社为农服务的能力和实力。

【供销综合改革】 2020年，地区供销社把完成综合改革阶段性任务目标作为重中之重，对标中发〔2015〕11号文件和新党发〔2016〕5号文件以及地委、行署出台的实施意见，对各项任务进行全面梳理，对照《关于做好供销合作社综合改革任务梳理工作的通知》列出的72个任务进行全面评估，盯准突出问题、瞄准薄弱环节集中发力，对尚未完成的，列出清单、建立台账，明确责任、逐项销号。深化企业改革，推动系统经济高质量发展。坚持问题导向，下大力气解决社有企业体制机制不顺、经营管理粗放、转型发展缓慢、竞争能力不强等突出问题，指导督促各县（市）供销社和供销集团公司进一步推进社有企业改革发展，加快转型升级，调整优化社有资本布局，聚焦为农服务主业，加快剥离偏离为农服务主业的业务，提高社有资本投资效率，2020年指导供销集团公司完成农资公司混改工作，农资公司销售额较改制前有大幅度提升。

【项目建设】 2020年，地区供销社为促进各类要素资源向为农服务优势领域和骨干企业集中，供销社系统立足当地产业资源优势，争取各级党委、政府和援疆部门资金、项目等方面支持，累计申请抗疫特别国债项目资金8950万元、地方财政资金1253万元、援疆资金1275万元，申请贷款9776万元，投资新建中国供销库车智慧物流港项目、库车供销冷链物流储运基地、柯坪县农副产品加工项目等一批既有利于带动系统经济发展，又有利于提升服务“三农”能力的项目。

【为农服务】 2020年，地区供销社依托阿克苏地区特色林果和棉花种植区域优势，顺应现代农业发展新要求，地区供销系统大力开展土地托管（流转）等农业社会化服务业务。按照“公司+专业合作社模式”，通过劳动、资本、土地合作等形式吸纳农民和各类农业经营主体参与，大力开展土地托管（流转）、大田作业、统防统治等为农社会化服务项目。全年，累计完成土地托管（流转）1.21万公顷、统防统治1.69万公顷、农机作业面积1.57万公顷。通过实施农业综合社会化服务，满足农民和新型经营主体多样化服务需求，有效促进基层供销社与农民的利益联结及农业适度规模经营，带动小农户获得更多流通环节的增值收益。全年，投入战疫情、备春耕、保供给、防滞销、促增收、惠民生等工作，累计收储、销售、供应各类水果13373吨、各类蔬菜1402.91吨、米面粮油蛋902吨；累计调入肥料10.2万吨，销售肥料6.3万吨，切实发挥双向流通、应急保障生力军和重要平台的作用，全系统共减免各类经营性资产房租626.3万元。

烟草专卖

【营销网建】 2020年，地区烟草公司营销网建工作坚持“总量控制、稍紧平衡、增速合理、贵在持续”方针，坚持稳中求进工作总基调，紧密结合南疆地区卷烟供需矛盾突出问题，主动服务于全面脱贫攻坚大局，把保障社会消费需求、解决零售客户困难作为履行政治责任和社会责任具体举措。

坚持双向并进，开展“营销全员下一线”活动，领导班子挂牌督战，营销管理中心全体工作人员到县（市）局，县（市）局营销人员到乡镇、村组、连队，对县城和农村客户开展实地走访调查，覆盖35个乡镇和团场、18个村组连队、6个贫困村。开展线上问卷调查10次，加强客户信息采集，将信息监测样本由1%扩展至2%，样本客户由77户增长至177户。分析研究市场需求状态和卷烟供给质量，及时对接新零售信息系统数据，为精准施策提供依据。加强农网卷烟投放、终端投入等资源配置，2020年终端投入40.66

2020 年 7 月 10 日，地区烟草专卖局与公安部门开展卷烟市场联合执法检查（地区烟草专卖局 供图）

万元，其中农网终端投入 9.8 万元，占比 24.1%。

建立低价位卷烟供应机制，将客户细分为城市、乡村、村组三种类型，结合品牌三级联动工作，提高货源利用率，较好地满足不同市场类型的货源需求，客户库存得到及时补充，一定程度上解决了需求响应不充分的问题。疫情期间，积极与工商银行、农业银行、中国银行、邮储银行对接，为 83 户卷烟零售客户提供贷款 589.27 万元，帮助客户缓解资金不足的难题。

科学研判疫情反复下的市场形势，建立快速响应市场需求的工作机制和保障方案，用好品牌优化策略，分阶段、分批次整合城市、农村市场品牌规格，确保乡镇、村组货源需求基本满足，提高客户满意度。全地区零售客户综合毛利率达到 15.42%，与上年同期基本持平。客户满意度 94 分，高于全区平均水平 1.08 分，卷烟供应满意度 89.2 分，高于全区平均水平 1.99 分。

【专卖管理】 2020 年，地区烟草专卖局深化与公安、市场监督管理、邮政等部门的联合打假打私长效机制，先后开展“春雷”“亮剑”等专项行动，参与公安部门“昆仑行动”，联合市场监督管理部门开展电子烟专项治理行动。共查获各类卷烟违法案件 254 起，比上年增加 20.95%；查获涉案卷烟 9399.5 条，增长 191.25%，案值 201.62 万元，增长 190.81%；查获莫合烟案件 17 起，收缴莫合烟 21085 千克，增长 269.27%，案值 96.2 万元，增长 221.39%。向公安部门移交涉烟刑事案件 6 起，依法取缔涉烟违法大户 1 户。

石油经营

中石油新疆销售有限公司阿克苏分公司

【概况】 中石油新疆销售有限公司阿克苏分公司（以下简称中石油阿克苏销售公司）位于阿克苏市塔南路 7 号，成立于 1955 年 5 月，前身为阿克苏地区石油公司。1998 年整体划入中国石油天然气集团公司，经过 1999 年重组改制，现为中国石油天然气股份有限公司地区分公司二级单位，隶属于中石油新疆销售有限公司（以下简称新疆销售公司）。主要承担地区七县二市和一师阿拉尔市的成品油供销职责，已逐步建立了以城市为中心、以国道为主线，城乡一体、统一规范、功能完善的终端销售网络。经营范围主要有：汽油、柴油、润滑油、天然气批发零售及农资、食品、饮料、糖、烟酒零售等非油品业务。2020 年，阿克苏销售公司资产总额 5.37 亿元，实际运营加油站 108 座。2020 年，阿克苏销售公司紧紧围绕习近平新时代中国特色社会主义思想，紧扣“三大一实”总体目标，成品油量效并重，非油业务上新台阶，燃气稳定增长，创新业务加快培育，深化合资合作，优化网络布局，全年实现成品油销售总量 53.31 万吨，企业安全稳定和谐发展。阿克苏销售公司先后获得自治区精神文明建设委员会 2017—2020 年度自治区“文明单位”称号、中石油新疆销售有限公司 2019 年度“设备资产管理先进单位”称号。

【市场营销】 2020 年，中石油阿克苏销售公司坚持以市场为导向、以效益为中心、强化合规管理，持续深入助力高质量发展、高质量营销的方针不动摇。稳步构建大营销格局，紧紧围绕扩销上量、稳价提效、降本控费，制定了有针对性、可操作性的营销政策，高位推动成品油市场整顿，稳固成品油市场主导地位；拓展创新业务，深化合作领域，坚持打造非油综合服务商；实施客户分级管理，强化燃气专业人才培养，提升燃气市场创效能力，成品油销售紧盯精细精准营销，实现由扩大规模向量兼顾效的转变，加强客户开发，批零协同作战。加强量化分析，严控营销支出。拓展燃气销售，提升经营效益。打造综合服务商，做精店内、做大店外，研究站外店发展规划，探索汽服业务，加快引进洗车、汽配等综合服务项目，推动非油业务转型升级。强化对加油卡、电子券、促销等业务操作的监督检查，规范非油品业务购销存管理，建立信息上报精细化管理及评比制度，按月对加油站及销售片区进行基础业务合规管理考核，提升了公司风险管控和服务保障能力。

【加油站管理】 2020 年，中石油阿克苏销售公司以加油站规范管理"五个常态化"（定置管理常态化、模板汇报常态化、平台应用常态化、服务质量提升常态化、设备设施达标常态化）、星级站创建、油品数质量管控、信息化建设、资产规范管理等工作为抓手，精准高效，规范服务高质量推进，守住三条底线，数质量管理稳受控，协同高效，对所属 108 座加油（气）站实行信息设备"全覆盖"，支撑公司生产运行，设备资产管理合规创效化扎实推进。全面推行"五个常态化"的落地执行，引入远程视频会议、手机视频巡查机制，制定销售片区经验交流分享计划，组织"学先进、补短板、促管理、强提升"站经理直播交流竞赛活动，全疆排名第一，获得神秘顾客访问黄牌豁免权一次且连续获得新疆公司、阿克苏地区安全、环保、节能类先进单位。

【网络建设】 2020 年，中石油阿克苏销售公司通过对现有站点的优化调整，巩固存量，根据城市发展及道路规划开发新网点，实现新增量。在项目开发投资增大、工程建设任务繁重、疫情防控压力倍增的情况下，主动出击，深化攻坚，实施自主开发、合资合作、存量挖潜"三轮驱动"。加大与地区优势企业和其他社会经营单位的战略合作，全面提升在当地的市场竞争力，充分利用中国石油品牌、技术和管理优势，轻资产拓展网络，全力推进项目攻坚，年内，新增加油（气）站 8 座，投运 7 座。

【安全管理】 2020 年，中石油阿克苏销售公司严格按照地区疫情防控和维稳工作要求，开展常态化疫情防控工作，严格落实各项防疫措施，坚持一手打伞，一手抓疫情防控，筑牢安全环保防线，下发风险预警信息，定期进行安全经验分享，开展防灾减灾知识讲座，观看事故警示教育片，组织"查隐患、强管理、促提升"安全隐患排查技能比武活动和知识竞赛活动。坚持安全隐患零容忍，紧盯重点部位关键环节，组织开展安全生产专项检查 10 次，检查运营加油（气）站、施工现场共 230 座次，发现问题 1900 条，对隐患排查工作履职不力或失职失责的 58 名相关责任人进行了问责。全年开展 2 次内部 Q/HSE 体系审核，强化"五关联三分开"管理追溯分析，就存在的普遍问题，深挖症结，切实提高 HSE 管控水平。

【本地就业】 2020 年，中石油阿克苏销售公司积极履行企业责任，稳步、持续推动当地就业，保障退休人员生活，紧密当地就业和企业发展的关系。按照《加快推进国有企业退休人员社会化管理工作的通知》，全年完成了 245 名退休人员档案移交和 74 名退休党员组织关系转接；公司 853 名在岗员工均为本地员工，解决了 376 名保安人员就业，吸纳地区 116 人就业，为当地提供了 1472 个就业岗位，少数民族员工占 74.8%，员工参培覆盖率达 100%。疫情期间，共支付 1139 万元用于发放工资，为当地稳就业、保收入、经济发展等方面做出了积极贡献。

中国石化销售股份有限公司新疆阿克苏石油分公司

【概况】 2010 年 3 月，中国石化销售股份有限公司新疆阿克苏石油分公司（以下简称中石化阿克苏石油分公司）正式成立，拥有阿克苏和库车 2 座油库，库容分别为 3.2 万立方米和 5.6 万立方米；日处理 10 万立方米的库车 CNG 母站 1 座；在营加油（气）站 71 座。

2020 年，阿克苏石油分公司党委将全年目标工作计划切实融入年度各项工作全过程、对标任务凝聚合力，经营、发展质量不断提高，企业保持安全稳定。经营网点分布在七县二市主要交通干道和乡镇，主要经营92号汽油、95号汽油、98号汽油、0号柴油、-20号柴油、-35号柴油、车用天然气以及非油品(便利店、润滑油)。

【市场营销】 2020年，中石化阿克苏石油分公司在全力做好疫情防控，确保零感染的前提下，持续做好“百日攻坚创效”“持续攻坚创效”行动，紧盯农用油高峰、工矿业、物流运输和重点工程建设，全力开拓市场实现成品油销售30万吨，天然气销量2000万方，市场份额占比达到48%。通过优化绩效考核调动客户经理销售积极性，积极落实分级走访维护措施，利用资源优势，强化“以信息指导经营，打破头也不丢市场”的理念，加强“低凝优势”“价格优势”“服务优势”等宣传，开展差异化营销，与客户“结对子”，确保市场份额最大。算账式经营，量效兼顾。加强资源调运，持续优化一两次物流节本降费，保持油库及加油站高库位运行，提高资源保供应急处突能力。全年节省运费80万元。扎实推进全员成本目标管理，逐步提升站点运行时率。加强与竞合伙伴沟通，减少恶性竞争，稳步扩大市场规模。同时加强与政府部门的沟通协调做好打非治违工作，加大对黑油点、偷税等违法行为的打击力度，营造良好的经营创效市场条件。举办公众开放日“云”直播活动，大力宣传中国石化“诚信为本、质优量足”的经营理念和“智慧、清洁、绿色生产”的形象。

【加油站建设】 2020年，中石化阿克苏石油分公司取得4宗土地，投营4座加油站，竣工4座加油站，新开工建设2座加油站。

【安全管理】 2020年，中石化阿克苏石油分公司认真贯彻落实安全生产责任制，积极组织开展安全监督检查、隐患排查和治理工作，为经营工作有效开展提供安全保障。全员签订《QHSSE责任书》，全面推行全员安全记分管理，逐级落实安全生产责任，实现岗位职责和应急预案卡片化、简约化。强化油品数质量风险防控，倡导每一滴油都是承诺，数质量管理不断提高。强化直接作业环节和承包商安全管控，严格对施工现场进行专项检查，实现现场管理不断规范。开展安全生产专项集中整治三年行动，完成11项安全隐患项目整改。6月顺利通过国务院安委办对库车团结油库的安全生产专项大检查。

特种行业

【旅馆业】 2020年，地区共有旅馆业经营单位474家。纳入系统数474家，覆盖率100%。其中宾馆旅店455家，留宿洗浴场所19家。其中30张床位以上331家，30张床位以下143家。全年共通过旅馆业信息系统上传信息383万条。阿克苏地区各级公安机关认真贯彻落实党中央、国务院“放管服”改革、优化营商环境的决策部署，以便民利民措施为切入点，推进“放管服”改革工作向纵深发展。按照《公安部关于印发〈公安机关服务经济社会发展服务企业群众60项措施〉的通知》(公通字〔2019〕24号)要求，落实旅馆业特种行业许可告知承诺制，对申请人承诺符合旅馆业审批条件并且申请材料齐全的，当场审批核发特种行业许可证。按照公安厅部署要求，推进网上审批、备案，为群众提供优质高效的服务。全年实行告知承诺办理旅馆业特种行业许可证业务30件，通过网上自助办理旅馆业特种行业许可证23件。同时，阿克苏地区各级公安机关强化对旅馆业日常监管，每周辖区公安机关对旅馆业“三防”(人防、物防、技防)措施落实情况、消防安全、旅馆业“四实”(实名、实数、实情、实时)登记情况、应急演练等情况进行常态化检查，对旅馆内存在的各类违法犯罪活动和违规经营活动进行坚决打击，全年查处在旅馆发生违法犯罪案件83起，抓获犯罪嫌疑人154人，通过旅馆业系统抓获网上逃犯12人，为旅馆业安全有序守法经营打下坚实基础。

【印章业】 2020年，地区共有印章业刻制经营单位38家，全年共上传印章备案信息3.53万条，登记录入从业人员信息132条。地区公安机关全面落实公安部关于全面深化公安改革有关部署要求，深入推进印章业特种行业放管服工作。实行公章刻制业特种行业许可告知承诺，根据公安厅治安总队规范文件明确要求，一次性告知申请人审批条件和所需材料。对申请人承诺旅馆公章刻制业审批条件并且申请材料齐全的，当场审批核发特种行业许可证。深入推进“互联网+”服务，实现公章刻制业特种行业许可证核发网上办理，群众可登录互联网新疆公安办事大厅平台或者“新疆公安”手机APP，直接申请相应业务，无需跑腿，随时查看办理进度，最大限度简化优化公共服务流程。2020年全年，通过网上自助办理印章业特种行业许可证8件。按照《关于切实做好特种行业“放管服”有关工作的通知》文件要求，取消公章刻制业审批许可数量限制条件，对依法申请并符合条件的公章刻制经营单位，依法审批核发特种行业许可证，确保相关政策落地有声。同时，严格按照国务院关于清理涉企收费部署和市场监管总局等部门《关于进一步加强违规涉企收费治理工作的通知》、自治区发改委《关于取消公安、工商等部门部分收费项目的通知》等文件要求，全面清理系统建设单位向印章业企业收取维护费用的情况，通过多次梳理阿克苏地区未存在违规涉企收费情况。深入贯彻落实《地区2020年利企便民攻坚行动方案》推进企业开办3个工作日办理6个事项的攻坚目标任务，地区公安局治安支队积极对接地区市场监督管理局和公安厅治安总队，解决公章刻制环节存在的问题，2020年，按照要求实现公章刻制0.5个工作日完成的目标任务，有力提升地区开办企业便利度，营造优质营商环境。

【拍卖企业】 结合“双随机、一公开”工作要求，通过跨部门和部门内部联合随机抽取的方式，结合各主管部门工作职责，对地区现有的5家拍卖企业开展行政执法检查工作。地区商务局根据行业主管部门职能，按照自治区权力下放工作要求，通过年度审查与日常检查相结合的方式，强化拍卖行业监管，推进拍卖行业自律建设，规范拍卖行业的经营行为，引导拍卖行业依法合规经营。通过“双随机、一公开”行政执法检查和年度审查，地区5家拍卖企业均能按照《中华人民共和国拍卖法》和《拍卖管理办法》相关要求合法合规经营。同时，按照“放管服”优化营商环境工作部署，地区商务局与政务服务和公共资源交易中心签订“地区政务服务事项受(办)理委托书”将“设立拍卖企业审核的初审”“拍卖企业年度审核”工作入驻政务服务大厅受(办)理。全年，地区5家拍卖企业共举办拍卖活动70场次，成交额16.28亿元。

【二手车交易】 2020年，地区共有二手车交易市场经营者8家，结合“双随机一公开”工作，地区商务局加强对二手车交易市场经营者和二手车交易经营主体经营行为的监督管理。全年开展联合检查和部门内部行政执法检查20次，其中抽查检查二手车交易市场4次。按照《二手车流通管理办法》相关规定和地区“放管服”优化营商环境工作要求，将“二手车交易市场经营者和二手车经营主体备案”政务服务事项委托地区政务服务和公共资源交易中心窗口受理。全年，全地区共备案二手车经营主体31家，二手车交易市场经营者8家，从事汽车经销企业57家。

【报废机动车回收拆解】 2020年，地区商务局按照《报废机动车回收管理办法》《报废机动车管理办法实施细则》，落实商务部门监管责任，指导各县(市)商务部门对辖区内2家报废机动车回收企业开展行政执法检查，以及对报废机动车回收拆解市场进行全面排查，对擅自回收和私拆滥解报废机动车等违法违规行为依法依规处理，坚决遏制非法从事报废汽车回收行为的蔓延势头，优化报废机动车回收拆解市场环境。2020年，阿克苏地区商务局开展打击非法回收拆解报废机动车6次，出动车辆9辆，出动人员20人次，查处2家非法回收报废机动车企业，并责令限期整改。组织和指导县(市)商务部门开展二手车流通及报废汽车回收拆解、拍卖等行业“双随机、一公开”部门联合和部门内部执法检查工作，确保商贸流通领域特殊市场的安全和稳定。全年共开展部门联合“双随机、一公开”执法检查10次，检查主体数69家，检查中未发现违法违规现象。

电子商务

【农村电子商务发展】 自2015

年阿克苏市争创国家级电子商务进农村综合示范县建设以来,截至2020年年底,地区已成功争创国家级电子商务进农村综合示范县(市)5个,累计获得国家财政奖补资金1亿元。其中2020年7月,新和县成功争创国家级电子商务进农村综合示范县,获得国家前期专项资金1000万元。结合示范县(市)建设相关要求,地区商务局优先在贫困村、易地搬迁村,组织各县(市)积极打造农村电子商务综合服务站点,全地区累计建成农村电商服务站点501个(2020年新建18个)。其中贫困村电商服务站点150个,5个国家级电子商务进农村综合示范县中,柯坪县、乌什县实现乡村两级农村电商服务站点全覆盖,阿克苏市、库车市、新和县实现贫困村电商服务站点全覆盖。电商服务站点贫困户经营者90人,带动建档立卡贫困户增收人数600人。通过线上、线下开展农村电商培训38场次,培训人员6800人次,其中建档立卡贫困户培训500人次。

【电商助农活动】 2020年,地区商务局为减少疫情给地区经济带来的影响,破解农产品滞销困局,通过电商新业态创新销售新模式,拓宽农产品销售渠道,增加农民群众收入。发动电商行业协会、电商运营企业开展“电商助农”活动,鼓励电商企业优先采购贫困户农畜产品,帮助解决滞销农畜产品。全年全地区电商运营企业共采购农产品3.15万吨、蔬菜201吨、畜牧产品2300只。以“场景直播+市长推介+媒体宣传”等方式,通过淘宝、匠心农夫、京东、抖音等主流线上直播平台开设直播专场,开展特色农产品推介活动19场次,观看直播累计百万人次,直播销售额590万元。在黄金国庆期间,22家电商企业纷纷报名参与为期10天的农优特产品直播带货活动,开展直播74场,线上参观人数34.4万人,交易总额82.42万元。

【特色林果云交易会】 2020年,地区商务局首次创新利用互联网技术,优化服务提升参会参展效果为目的,利用线下布展、线上直播、线下体验、线上推介的方式,多措并举开展云开幕、云推介、云签约、云宣传、云销售等系列活动,让更多人能够利用互联网技术采购到阿克苏当地特色农产品。云交易会当天阿克苏主会场50名供应商参会,在上海分会场近100名涉农企业家、采购商参会。通过沪阿两地云端连线推介特色产品,利用多媒体在抖音、拼多多同步直播,进一步扩大云交易会知名度。首次创新使用云签约,投资意向项目涵盖林果业精深加工、生物有机肥等,加快提升地区产业集聚发展水平。云交易会邀请本地电商企业、电商团队近140人在交易会现场打卡,云交易会当天线上观看同步直播的观众210.19万人。据不完全统计,展会期间拼多多平台网红直播带货观看人数74万人次,下单1.3万单。

对外贸易

【对外贸易规模】 2020年,地区新备案外贸企业63家(累计486家),涉及纺织服装、农副产品、电子产品、医疗器材等领域。全年共有73家外贸企业开展进出口业务,完成外贸进出口5.74亿美元(含兵团),比上年增长37.8%,其中:进口0.1亿美元,下降61.6%;出口5.64亿美元,同比增长43.8%。

【扶持资金发放】 2020年,地区商务局拨付2020年度边境地区转移支付资金1394万元,2020年度外经贸发展专项资金项目84个共1705.47万元,地区扶持外经贸企业发展资金91.76万元,“南疆集拼集运货运班列”补贴资金204.652万元,为企业争取更多的有效资源帮助企业渡过难关。

【海关监管库运营】 2020年,地区商务局积极与顺丰国际快铁有限公司、中欧国际联合物流有限公司对接,邀请企业负责人来阿考察,实现海关监管库和国际物流资源有效结合,促成海关监管库常态化运营。8月10日,海关监管库完成首单从芬兰进口1860.07吨价值128.95万美元的溶解浆入库业务,实现地区外贸进出口企业货物“就地报关、就地检验、就地放行”和“一次进口货物、分期清关使用”的本地化、便捷化服务,降低外贸进出口企业运营成本。

阿克苏地区年鉴(2021)

旅　游

综述

【旅游“双组长”制】 2020年,地委将旅游业列入地区“76331”战略和“6+1”产业总体布局,作为首选战略支柱产业培育发展。地县乡三级全面压实党政同责抓旅游“双组长”制,强化“一把手抓、抓一把手”示范引领。及时调整优化地区旅游产业发展领导小组,在该小组下设创建国家AAAAA级景区攻坚组、阿克苏好礼研发营销组、农产品进景区组、“三难两不畅”(停车难、加油难、如厕难;交通不畅、信号不畅)旅游基础设施建设推进组、“微笑新疆”提升服务质量组5个专项组,做到常态化疫情防控和旅游业发展两手抓、两手硬,全力打造区域性全域旅游高地。

【“旅游+互联网”工程】 2020年,地区文化体育广播电视和旅游局(以下简称文旅局)依托援疆资源实施“数字赋能”和“旅游+互联网”工程,围绕“新疆是个好地方”整合阿克苏地区、一师阿拉尔市旅游产品,上线去哪儿网“浙江援疆——阿克苏、阿拉尔地区旅游旗舰店”,依托去哪儿网聪明旅行家、网红旅游达人等资源,通过大数据精准分析、比对,采取定期推送、每月一直播等方式,针对重点客源市场消费偏好、不同游客需求,精准推介旅游产品,旗舰店试运行4个月以来,销售订单达5.8万单,销售金额3400万元以上。地区还密集组织“美丽乡村我代言”、“驴妈妈”县长义卖直播、浙江省FM93交通之声、FM104.5旅游之声专栏、新浪微博、小红书等线上直播宣传推广,深挖网络客源市场潜力。

【旅游宣传】 2020年,地区文旅局依托援疆助力,联合兄弟地州开展“中国推介”新疆旅游阿克苏宣传推介、“南北同心·携手同行”南疆宣传推介会等疆内宣传推介6场次。组织参加第十五届中国义乌文化和旅游产品交易博览会、2020第七届中国(深圳)国际旅游博览会等疆外宣传推介27场次,涵盖杭州、南京、北京、上海、深圳、义乌等地。

【出行便利攻坚行动】 2020年,地区文旅局破解“三难两不畅”问题,抓实抓细交通出行便利化专项攻坚行动,年内建成旅游厕所34座、加油站1座、停车场5个、通信基站7座、旅游道路1条,建成民宿226家、床位3119张。

【旅游商品研发销售】 2020年,地区文旅局制定《新疆礼物——阿克苏好礼研发暨宣传营销工作实施意见》《关于打造“新疆礼物——阿克苏好礼”旅游商品品牌推进线上线下销售推广实施方案》,组织召开推进会,全面部署推进旅游商品研发销售工作。梳理完成旅游纪念品名录、首批“新疆礼物——阿克苏好礼”旅游商品名录,建成唐安西都护府产业园游客中心、阿克苏馕产业园、地区迎宾馆旅游商品销售试点区3处。组织72家生产经营企业梳理研发244个(种)特色农副产品,有序进驻19处新疆农副产品进景区经营中心。

旅游资源

【旅游收入】 2020年,全地区接待

2020年阿克苏地区游客人均花费及构成情况表

表6

消费构成	金额(元/人)	占比(%)
餐饮费	163.45	24.27
交通费	231.84	34.43
购物消费	118.70	17.63
住宿费	22.67	3.37
旅游景区游览	23.07	3.43
娱乐费	32.21	4.78
旅行社花费	81.42	12.09
合计	673.35	100.00

国内游客1501.62万人次，比上年增长20.11%；实现国内旅游收入81.77亿元，增长10.05%，游客人均花费544.55元。

【旅游经济运行特点分析】 2020年，全区共接待游客1501.62万人次，其中接待一日游游客1170.45万人次，占全区游客接待总量的77.95%。数据表明游客出行半径较短，从景区热点看，呈现出城市绿地、公园，以及周边乡村旅游活跃的特点。地区游客人均花费544.55元。以9月份为例，地区游客人均花费为673.35元。从具体花费构成看，交通花费占比最高，为34.43%；其次是餐饮花费，占比为24.27%。

一日游客人均花费338.46元，以餐饮和交通消费支出为主，占比分别为30.37%和28.91%；过夜游客人均花费为2175.64元，以交通和住宿消费为主，占比分别为38.29%和20.53%。

【景区管理】 2020年年末，阿克苏地区有国家A级旅游景区45家，其中国家AAAA级旅游景区15家，国家AAA级旅游景区28家，国家AA级旅游景区2家。新增国家A级旅游景区18家，其中国家AAAA级旅游景区3个，为沙雅县沙雁洲景区、阿克苏地区文博院、阿克苏市国家湿地公园景区；国家AAA级旅游景区15个，分别为阿克苏市镶产业园、迎宾公园；库车市克孜尔尕哈烽燧、大馕城景区；沙雅县月亮湾景区；新和县唐安西都护府文化园、汉西域都护府文化园；拜城县亚曼苏湿地公园；温宿县柯柯牙生态纪念馆、金华新村(汉易水乡)景区、帕克勒克景区；阿瓦提县刀郎故里景区、恰其乐和村、葡萄村；乌什县燕泉河景区。

阿克苏地区国家A级旅游景区名录一览表

表7

县市	等级	景区名称	地址
阿克苏市	AAAA	多浪河景区	阿克苏市杭州大道附近
阿克苏市	AAAA	国家湿地公园景区	阿克苏市稻香路
阿克苏市	AAAA	阿克苏地区文博院(博物馆)	阿克苏市友谊路北侧
库车市	AAAA	天山神秘大峡谷	库车以北70千米国道217线独库公路左侧
库车市	AAAA	库车龟兹绿洲生态园	库车市石化大道塔北路东19号
库车市	AAAA	库车王府	老城林基路街
新和县	AAAA	沙漠花海景区	新和县塔什艾日克镇乔勒潘巴格村
拜城县	AAAA	拜城县克孜尔石窟	拜城县克孜尔乡
拜城县	AAAA	康其湿地公园	拜城县康其乡阿热勒村
阿瓦提县	AAAA	刀郎部落	阿克苏地区阿瓦提县刀郎部落景区

续表 7

县市	等级	景区名称	地址
温宿县	AAAA	天山神木园	温宿县萨瓦甫齐牧场天山神木园景区
温宿县	AAAA	天山托木尔大峡谷景区	阿温公路九千米处
乌什县	AAAA	燕泉山景区	乌什县公园路 1 号
乌什县	AAAA	沙棘林景区	乌什县奥特贝希乡巴什阿克玛一村
沙雅县	AAAA	沙雁洲景区	盖孜库木乡盖孜库木村
阿克苏市	AAA	森林公园	阿克苏市多浪河畔
阿克苏市	AAA	凤泉河景区	阿克苏市乌喀路南侧
阿克苏市	AAA	幸福公园	阿克苏市幸福路以西
阿克苏市	AAA	阿克苏馕产业园	阿克苏市幸福路 3 号阿克苏馕产业园
阿克苏市	AAA	阿克苏市迎宾公园	阿克苏市迎宾公园游客服务中心
库车市	AAA	浙商商贸城	地处 314 国道和 217 国道交会处
库车市	AAA	甬库团结村景区	库车市齐满镇东南方向约 15 千米覆盖英玛铁热克村
库车市	AAA	库车大馕城景区	库车市解放路 15 号
库车市	AAA	克孜尔尕哈烽燧世界文化遗产公园	217 沿线克孜尔尕哈烽燧
沙雅县	AAA	月亮湾景区	塔里木乡
新和县	AAA	天籁加依景区	新和县依其艾日克镇加依村
新和县	AAA	汉西域都护府文化园	新和县尤鲁都斯巴格镇
新和县	AAA	唐安西都护府文化园	新和县和谐路
拜城县	AAA	拜城县卡普司浪河景观带	拜城县拜城镇
拜城县	AAA	拜城县亚曼苏湿地公园	米吉克乡亚曼苏村
拜城县	AAA	铁热克温泉	拜城县铁热克镇
温宿县	AAA	天山托木尔平台子景区	温宿县柯柯牙镇塔格拉克村
温宿县	AAA	海立方欢乐海世界	温宿县新城区长兴街与复兴大道交会处
温宿县	AAA	龙泉湖公园	阿温大道与锦绣街交会处
温宿县	AAA	金华新村(汉易水乡)景区	温宿县托乎拉乡金华新村
温宿县	AAA	柯柯牙生态纪念馆	温宿县柯柯牙镇柯柯牙村
乌什县	AAA	天南第一木耳村	乌什县前进镇

续表 7

县市	等级	景区名称	地址
温宿县	AAA	帕克勒克景区	温宿县柯柯牙镇帕克勒克村
阿瓦提县	AAA	刀郎故里	阿瓦提镇博斯坦社区
阿瓦提县	AAA	葡萄村	阿瓦提县阿依巴格乡托万克喀格木什村
阿瓦提县	AAA	恰其乐和乡村	阿瓦提县英艾日克镇恰其乐和乡村
乌什县	AAA	燕泉河景区	乌什县公园路
温宿县	AA	高老庄西游乐园景区	阿克苏地区温宿县迎宾社区
温宿县	AA	阿克布拉克景区	温宿县柯柯牙镇
柯坪县	AA	柯坪县人民公园	柯坪县健康路南

【星级农家乐管理】 2020年，地区星级农家乐114家，其中四星级农家乐27家，三星级以下农家乐87家。2020年，新增26家，其中：创建四星级农家乐8家，分别为阿克苏市丝路有约农家乐、库车自然风情农家乐；阿斯塔纳休闲庄、春牧农家乐休闲庄；沙雅县沙岛农庄、博孜绿洲农家乐、新和县田园时光农家乐、温宿县汉易有机农场；创建三星级农家乐18家，分别为：阿克苏市枫香园、汗萨热依农庄、御景果园农庄、军旅农庄；库车市山花农家乐休闲庄、聚客来休闲庄、御府神谷田园休闲庄；沙雅县花洲庄园、出水芙蓉农家乐；新和县绿之源农家乐、都护玉苑农家乐；阿瓦提县金园美食城农家乐、小红楼兴旺度假村、馨香园农家乐；温宿县花海山度假农家乐、乡宫农家乐；拜城县亚吐尔热合提巴格农家乐、亚吐尔乡迪力阿热木休闲阁。

阿克苏地区2020年星级农家乐名录一览表

表 8

县市	农家乐名称	等级	地址
阿克苏市	好望角庄园	四星级	阿克苏市解放南路18号
	阿克苏市多浪人家休闲度假村	四星级	阿克苏市依干其乡
	阿克苏市柯柯牙生态园华东农庄	四星级	阿克苏市柯柯牙路3.5千米
	阿克苏市西部农庄农家乐	四星级	阿克苏市柯柯牙路3.5千米
	阿克苏市西湖印象农家乐	四星级	阿克苏市西湖路6号
	和园生态园	四星级	实验林场和园
	丝路有约农家乐	四星级	阿克苏市森林公园南门
	苹果小院	三星级	阿克苏市苹果园社区588号

续表 8

县市	农家乐名称	等级	地址
阿克苏市	阿克苏市兴林农庄	三星级	阿克苏市柯柯牙林管站(6 千米处)
	阿克苏市嘉鑫休闲农庄	三星级	阿克苏市依杆其村巴格其村一组
	阿克苏市熊熊农庄	三星级	阿克苏市柯柯牙路 5 千米处
	阿克苏市浏阳河庄园	三星级	阿克苏市柯柯牙路 2.5 千米处
	阿克苏市亮星级休闲园	三星级	阿克苏市实验林场园林社区三组 8 号
	阿克苏市陇上人家农庄	三星级	阿克苏市实验林场园林社区三组 1 号
	艺和园农家乐	三星级	电影小镇前行 500 米铁路桥处左转 200 米
	还乡农庄	三星级	阿克苏市实验林场八队
	枫香园	三星级	依杆旗乡依杆旗村三组
	汗萨热依农庄	三星级	一杆旗六大队三小队 5 千米处
	御景果园农庄	三星级	依干其乡
	军旅农庄	三星级	
温宿县	汉易有机农场	四星级	温宿县稻香路 289 号
	一亩田休闲农庄	三星级	温宿县恰格拉克乡古勒巴格村三组
	水上漂休闲农庄	三星级	温宿县托甫汗镇路南村
	温宿县塔格拉克聚鸿山庄	三星级	温宿县柯柯牙管理区平台子
	温宿县香钰农庄	三星级	温宿县托甫汗管理区
	温宿县假日农庄	三星级	温宿县核桃新村四组
	我的家乡	三星级	温宿县柯柯牙镇萨依巴格村一组 1 巷 62 号
	温宿县花海山度假农家乐	三星级	博孜墩乡尤喀克买里村一组
	温宿县乡宫农家乐	三星级	托乎拉乡思源村一组
新和县	田园时光农家乐	四星级	尤鲁都斯巴格镇巴扎村
	河滩农家乐园	三星级	新和县依其艾日克镇托马村一组
	白金沙漠公园度假村	三星级	新和县塔什艾日克镇吐格曼贝希村
	新和县阿尔曼果园度假村	三星级	新和县排先巴扎乡阿热买里村

续表 8

县市	农家乐名称	等级	地址
新和县	新和县戈壁休闲山庄	三星级	新和县北工业园区
	新和县买买提萨塔尔农家乐园	三星级	排先巴扎乡阿热买里村
	新和县塔什艾日克乡哈喀尼亚农家乐	三星级	新和县塔什艾日克乡排碱渠
	新和县龙泉生态渔村	二星级	新和县依其艾日克镇提根村
	新和县加依村艾依提依明农家乐	二星级	新和县依其艾日克镇加依村
	新和县依其艾日克镇蓝天农家乐园	三星级	新和县依其艾日克镇英买里村
	江湖驿家生态农庄	三星级	新和县排先拜巴扎乡排先拜巴扎村
	绿之源农家乐	三星级	依其艾日克镇喀拉塔什村
	都护玉苑农家乐	三星级	塔木托格拉克项乔拉克协海尔村
沙雅县	沙雅县四方农庄	四星级	沙雅县努尔巴格乡 210 省道西侧
	沙岛农庄	四星级	努尔巴格乡
	博孜绿洲农家乐	四星级	古勒巴格镇博孜村
	梨满园农家乐	三星级	沙雅县新村园艺二场 10 号
	沙雅县孙氏农庄	三星级	沙雅县新村园艺二场 18 号
	沙雅县杏园农民快乐庄	三星级	沙雅县沙雅镇健康路
	沙雅县星级海农家休闲庄	三星级	沙雅县沙雅镇新村水管站
	胡杨密林餐厅	三星级	沙雅县英买力镇阔什科瑞克村一组 31 号
	聚贤庄农家乐	三星级	沙雅县托依堡勒迪镇色格孜勒克村一组
	花洲庄园	三星级	古勒巴格镇古勒巴格村四组
	出水芙蓉农家院	三星级	托依堡勒迪镇
	沙雅县开发农家乐休闲庄	二星级	阿克苏沙雅县新村园艺二场
	沙雅县假日休闲农庄	二星级	阿克苏沙雅县新村一组
	沙雅县沁香园休闲农庄	二星级	沙雅县古勒巴格镇阿勒迪尔村四组
库车市	库车市桃花苑农家乐	四星级	库车市乌尊镇政府对面
	库车市百味风情园	四星级	库车市齐满镇创业就业园

续表 8

县市	农家乐名称	等级	地址
库车市	库车阿斯塔纳餐饮有限公司	四星级	库车市福洋路北 550 米处
	春牧农家乐休闲庄	四星级	库车市伊西哈拉镇伊西哈拉一村四组 46 号
	自然风情农家乐	四星级	墩阔坦镇墩阔坦村六组
	亲们农家乐休闲庄	三星级	库车市玉奇吾斯塘乡代尔瓦扎亚村三组
	埃莉巴格农家乐休闲庄	三星级	库车市比西巴格乡乡政府北面
	库车市玛江布拉克休闲园	三星级	库车市伊西哈拉镇科克拱拜孜村(福洋路以北、伊西哈拉镇政府斜对面)
	库车市克孜利亚杏花休闲会所	三星级	库车市阿格乡克孜利亚大峡谷对面
	库车市喜仁农家乐	三星级	库车市伊西哈拉镇伊西哈拉一村四组 46 号
	库车市梦归自然农家乐	三星级	库车市福洋路
	库车市泳乐园休闲农庄	三星级	库车市乌尊镇示范基地内
	库车市西部春秋农家乐	三星级	库车市福洋路北 850 米处
	库车市祖热汗葡萄农家休闲园	三星级	库车市福洋路南 50 米处
	白园农家乐	三星级	库车市伊西哈拉镇库木艾日克村
	库车山花农家乐休闲庄	三星级	阿格乡康村一组
	库车聚客来休闲庄	三星级	阿格乡康村一组 45 号
	库车御府神谷田园休闲庄	三星级	阿格乡康村一组 117 号
拜城县	康其民宿农家乐	四星级	拜城县康其乡库尔玛村一组
	尼格尔休闲庄园	四星级	拜城县康其乡九村
	胡麻热木度假村	四星级	拜城县大桥乡库西提米村一组
	拜城县牧马人家休闲阁	四星级	拜城县米吉克乡三村二组 033 号
	拜城县艾合买提库木巴格休闲园	三星级	拜城县米吉克乡
	拜城县红石榴农家乐	三星级	拜城县米吉克乡团结村
	拜城县亚吐尔热合提巴格农家乐	三星级	亚吐尔乡亚吐尔村三组
	拜城县亚吐尔乡迪力阿热木休闲阁	三星级	亚吐尔乡二村二组
	克拉斯克农家乐	三星级	米吉克乡三村一组 102 号

续表 8

县市	农家乐名称	等级	地址
柯坪县	草木间农庄	三星级	柯坪县苏巴什路 77 号金戈壁设施农业园区
	柯坪县生态园	三星级	柯坪县健康路 8 号
	柯坪县生态园家常饭店	三星级	柯坪县健康路 8 号
	柯坪县卡伊那木宴会厅农家乐	三星级	柯坪县柯坪镇亚尔巴格路 333 号
	杏花谷休闲农业农家乐	三星级	盖孜力克镇色热克托格拉克村
阿瓦提县	阿瓦提县博斯坦饮食娱乐城	四星级	阿瓦提镇丰收路
	阿瓦提县红林子餐饮休闲农庄	四星级	阿瓦提县巴格托格拉克乡 6 队
	刀郎沙漠游园农家乐	三星级	阿瓦提县塔木托格拉克镇英买里村二组
	阿瓦提县刀郎度假村	三星级	阿瓦提镇库目巴格社区
	阿瓦提县刀郎葡萄园	三星级	阿依巴格乡卡额木什二大队
	阿瓦提县核桃园农家乐	三星级	阿依巴格乡卡额木什二大队
	阿瓦提县乡村土鸡农家鱼庄	三星级	刀郎部落景区
	阿瓦提县恰尔巴格农家乐	三星级	多浪乡三大队
	阿瓦提县艾合买提江多浪胡杨度假村	三星级	阿瓦提县多浪乡塞克孜奥达克村四组
	葡萄村农家乐	三星级	阿瓦提县阿依巴格乡玉斯屯克喀格木村三组 176 号
	恰鲜拜巴扎农家乐	三星级	阿瓦提县英艾日克镇吐热村三组
	金园美食城农家乐	三星级	阿依巴格乡玉斯屯克咯格木什村
	小红楼兴旺度假村	三星级	阿瓦提镇团结村 5 巷 6 号
	馨香园农家乐	三星级	塔木托格拉克镇塔木托格拉克村一组 7 号
乌什县	乌什县天逸庄	四星级	奥特贝希乡西北约 1 千米处
	乌什县安家尼休闲园	四星级	乌什县城乌什镇二大队
	乌什县水上绿洲生态休闲园	四星级	乌什县城 6 千米处托什干河沙棘湿地自然保护区内
	乌什县燕泉山清雅山庄	三星级	乌什县燕山路 1 号
	乌什县卡赞布拉克别墅山庄	三星级	距乌什县城 2 千米,紧临 S306 道旁,位于阿克托海乡约 1 千米处
	乌什县将军树农家乐	三星级	乌什县城西南 7 千米处奥特贝希乡宫乡村一组

续表 8

县市	农家乐名称	等级	地址
乌什县	乌什县荷塘月色农家乐	三星级	乌什县英阿瓦提乡三村
	乌什县阿克优丽农家乐	三星级	乌什县奥特贝希乡八大队 1 小队(路边)
	乌什县玛尔浆湖休闲园	三星级	乌什县奥特贝希乡以北 1.5 千米处
	乌什县水上乐园	三星级	乌什县奥特贝希乡以北 1 千米处
	乌什县皇园休闲园	三星级	乌什县城 1 千米处阿克托海乡喀塔玉吉买村境内

项目建设

【项目概况】 2020 年阿克苏地区文旅系统七县二市实施旅游类基础设施建设项目 71 个，其中旅游类项目 37 个，旅游厕所 34 座，计划总投资 34.8293 亿元，完成投资 10.3851 亿元。2020 年地区文旅局加强疫情期间文旅项目复工复产协调、指导，确保项目建设有序进行，按期完工。一是抓疫情防控促项目建设。做到疫情防控和项目建设两手抓、两不误，提升旅游服务水平和能力。二是强化政策导向，科学规划引领。积极主动与财政、发展改革等部门沟通对接，争取将旅游项目资金，做好符合条件的旅游领域重大项目的申报和储备工作，做到统筹规划，整体推进。三是强化责任落实，狠抓项目质量关、安全关。细化责任分工，明确任务要求，建立健全工程质量管控责任制，专人负责项目建设，充分发挥好监理、质监等部门作用，严把工程建设质量和安全关。

【旅游类项目】 2020 年，地区文旅局计划投资 34.69 亿元，在七县二市完成 37 个旅游实施项目。年内完成投资 10.25 亿元，完成项目 27 个，其中库车市 1 个，沙雅县 4 个，拜城县 3 个，温宿县 4 个，阿瓦提县 5 个，乌什县 5 个，柯坪县 3 个，新和县 2 个。

【旅游厕所项目】 2020 年，地区文旅局投入 1307 万元建设旅游厕所 34 座，厕位数 644 个。其中阿克苏市建设旅游厕所 5 座厕位数 88 个，库车市建设厕所 2 座厕位数 96 个，沙雅县建设厕所 6 座厕位数 133 个，新和县建设厕所 4 座厕位数 109 个，拜城县建设厕所 3 座厕位数 31 个，温宿县建设厕所 2 座厕位数 46 个，阿瓦提县建设厕所 7 座厕位数 84 个，乌什县建设厕所 4 座厕位数 47 个，柯坪县建设厕所 1 座厕位数 10 个。

旅游业态

【旅游产业发展机制】 2020 年，地区文旅局调整优化地区旅游产业发展领导小组，推行“1+5”工作机制。出台《阿克苏地区 2020 年推进旅游业发展实施方案》《阿克苏地区进一步加快旅游业发展奖励政策》《阿克苏地区 2020 年秋冬季旅游工作实施方案》等系列政策措施，兑现旅游企业纾困解难资金 1074 万元，旅游奖励资金 345.63 万元，旅游企业政策性补贴 15.152 万元，实行今冬明春所有 A 级景区免门票，共计减免门票 2000 万元，持续发放 1000 万元文旅消费实体券、电子券，全方位推动旅游业复苏发展。

【旅游规划体系建设】 2020 年，地区文旅局编制地区旅游产业发展第十四个五年规划、各县(市)全域旅游规划基本编制完成。温宿县、地区文旅集团编制完成天山托木尔片区提升创建国家 AAAAA 级旅游景区规划，黄宫湖保护开发项目、拜城县铁热克温泉景区提升项目、地区生态文旅魅力发展规划等多个旅游发展专项规划编制完成并积极实施，多部门联动、多规合一的旅游规划工作格局已初步构建。

【旅游项目实施】 2020年,11个中央预算内资金旅游项目已完工7个,正在建设4个。自治区财政资金支持拜城县康其湿地景区基础设施配套完善项目已完工,柯柯牙纪念馆旅游配套基础设施项目基本完工。

【全域旅游示范区创建】 2020年,乌什县列入国家建设全域旅游示范区,阿克苏市、库车市、温宿县已成功入围自治区级全域旅游示范区创建单位,进入实地创建环节并等待验收。

【旅游商品研发】 2020年,地区文旅局制订《新疆礼物——阿克苏好礼研发暨宣传营销工作实施意见》《关于打造“新疆礼物——阿克苏好礼”旅游商品品牌推进线上线下销售推广实施方案》,部署推进旅游商品研发销售工作。梳理完成旅游纪念品名录、首批“新疆礼物——阿克苏好礼”旅游商品名录,建成唐安西都护府产业园游客中心、阿克苏馕产业园、地区迎宾馆旅游商品销售试点区3处。深化“阿克苏人游阿克苏”,党团游、民族团结结亲游、研学游有序组织,200项旅游节庆活动常态化开展,以“阿克苏人游阿克苏”为主体的乡村旅游实现接待人次334.15万人,旅游收入3.28亿元。

【旅游产业融合发展】 2020年,地区文旅局稳步推进“农业+旅游”,组织72家生产经营企业梳理研发244个(种)特色农副产品有序进驻19处新疆农副产品进景区经营中心,农产品进景区实现应进尽进全覆盖。拜城县阿热勒村获评中国最美休闲乡村示范点。“会展商贸+旅游”融合推进,阿克苏旅游宣传推介紧跟地区招商引资、林果交易会、农博会等各级各类展览展会活动步伐,实现统一部署、统一平台、统一步调,借势借力宣传推介。兵地旅游合作持续深化,兵地旅游宣传推介携手走进浙江义乌文化和旅游产品交易博览会,红色旅游线路串联开发进一步优化,柯柯牙纪念馆及旅游配套基础设施项目基本完工,与三五九旅纪念馆、沙漠之门形成兵地红色旅游示范基地聚集区。“工业+旅游”成效初显,乌什县金勺果业获评自治区首批工业旅游示范基地。

旅游节庆

【天山托木尔大峡谷第三届越野达人秀】 2020年1月1日,阿克苏地区天山托木尔大峡谷第三届越野达人秀暨越野兄弟南疆年会活动成功开办。此次活动围绕越野的主题增添了许多有趣、精彩的活动,险峻壮美法人大峡谷,激情越野达人秀,绚烂多彩的放飞气球活动、惊险刺激的动力滑翔伞、精彩纷呈的歌舞表演、壮观震撼的百车发车仪式,满足不同游客的需求,让越野不单薄,活动场面壮观精彩。活动当天越野达人秀汽车大小排量越野比赛让赛手体会了速度和激情的碰撞,让现场的游客享受了一场视觉盛宴。峡谷美食展让现场的游客品尝到不同风格、不同滋味的美食,同时,峡谷美食展活动也给了众多商家展示的平台。此次活动吸引了上千名散客参与峡谷自由行活动、100余辆来自疆内不同区域的车辆汇聚在一起,发车仪式后上百辆车前后紧随,一一进入峡谷,宛如一条长龙游荡峡谷。12家各行各业的商家聚集舞台周围,为游客提供不同的商品,丰富了活动内容,提升了活动价值。

此次活动场面壮观,关注度高,活动中阿克苏地区有7个越野车队、阿克苏地区电视台、新闻记者、摄影家协会、15户商家、参赛选手、游客等近4000人次参加。“天山托木尔大峡谷越野达人秀”的主题,为今后开展每年一度的越野达人秀提供丰富经验和成果储备。活动受到广泛关注,新疆电视台到各地方电视台、网络传媒、报纸等20家媒体,30刊次的报道;新媒体转播阅读量近400万人次,微信朋友圈上千人进行转发分享现场图片,将阿克苏冬季旅游发展热潮的景象推向全疆甚至全国。通过此次活动,打响天山托木尔大峡谷景区越野品牌,提升景区影响力,越野成为天山托木尔大峡谷的一张名片。天山托木尔大峡谷近几年来冬季旅游产业的快速发展,不断为峡谷注入新鲜元素,也为阿克苏地区旅游产业的发展添加动力,为今后不断推动旅游产业发展营造了良好的氛围。

【库车市首届冰雪文化旅游节活动】 2020年1月17日,地区文旅局举办“奇境冰雪·魅力龟兹”库车市首届冰雪文化旅游节活动。这次活动分设主会场和六个分会场。主会场设在库车市浙商世贸中心,6个分会场分别设在跃进水库、杏花公园、机场迎宾路沙世界、大龙池、天山神秘大峡谷、比西巴格乡白杨礼赞滑雪场。活动内容设置为9大板块，分别为：开启冰雪、刺激冰雪、驰骋冰雪、定格冰雪、健行冰雪、相约冰雪、乐趣冰雪、美味冰雪、年味冰雪。其间，疆内知名摄影爱好者将围绕217国道风景区的自然风光、风土人情等内容，进行实地采风，对涌现出来的优秀摄影作品并举办专题摄影展。当天，300名徒步爱好者在天山神秘大峡谷徒步旅行，体验冰天雪地中的风景。

在库车市跃进水库、杏花公园和比西巴格乡白杨礼赞滑雪场，滑雪圈、速度滑冰、冰上拔旗、雪地摩托等各式各样的冰上运动让整个雪地充满了生机与活力。高铁、火箭、航母等众多形象生动的冰雕作品陈列在跃进水库分会场，引得游人争相拍照留影。此次活动除冰雪旅游项目外，大龙池、天山神秘大峡谷两个库车市有名的旅游景区也参与其中，茫茫雪山也是冬季旅游必不可少的因素，一动一静皆是库车风情。

活动期间，“龟兹夜宴”美食文化活动如期举行，烤全羊、抓饭、凉粉、烤肉、烤鱼、烤包子、椒麻鸡等特色美食和许多夜市上的名小吃一同组成独具魅力的“龟兹夜宴”。此外，为带活库车市春节前市场氛围，方便广大市民采购质优价低的年货，活动期间浙商世贸中心分会场还会展销各类本地特色农副产品。

通过开展此次冰雪文化旅游节进一步推进“旅游+”“+旅游”，推动旅游与龟兹文化、体育、农业等深度融合。同时，加大旅游宣传推介力度，构建旅游大营销格局，打响“古韵龟兹·丝路库车”亮丽名片。

【第十六届阿克苏“多浪·龟兹”文化旅游节】 2020年5月19日，2020年第十六届阿克苏“多浪·龟兹”文化旅游节暨阿瓦提第八届刀郎美食文化旅游节在阿瓦提刀郎河畔慕萨莱思一条街开幕。活动内容包括慕萨莱思文化展示活动、慕萨莱思竞拍活动、特色美食展、刀郎美食烹饪技能大赛、桑葚王大赛、吃桑葚比赛、摘桑葚比赛、斗鸡、斗羊、叼羊、空中转轮等民俗体育活动表演。

此次活动本着“隆重节俭、务实创新、群众参与、喜庆祥和”的办会宗旨，以节促游、以节促销，满足各族人民群众文化生活需求的目的。通过整合各大媒体优势资源，形成全媒体宣传合力，通过线上人脉聚集、流量增速形成全网矩阵式宣传模式，提升阿克苏知名度、美誉度，扩大阿克苏影响力，助力地区全域旅游发展。活动期间共计刊发各类新闻及信息20篇，取得良好的宣传效果。

【阿克苏地区第三届乡村文化旅游节】 2020年9月13日，“我爱浙疆”之“诗画浙疆”——阿克苏地区第三届乡村文化旅游节暨温宿县第八届天山托木尔文化旅游节启动仪式在温宿县成功举办。此次乡村文化旅游节活动，充分结合温宿县乡村旅游发展优势，借助此次观摩，展示第二批全国旅游重点村——塔村建设成果，展示浙江金华援建村——金华新村美丽乡村建设，以中华传统文化展示与文化作品相结合，以非遗作品展示与民间手工艺制作相结合，以本地农特产品展示与本地特色美食相结合，为广大群众提供可观、可学、可尝、可参与的特色乡村旅游项目，有效提振旅游市场信心、激活群众消费热情，促进地摊经济蓬勃发展。

【乌什“迎中秋·庆国庆”系列主题活动】 2020年10月1日，地区为

乌什县2020年度“最美葡萄姑娘”采摘节（乌什县 供图）

加快激活消费市场,全面展示“丝路泉城·养生乌什”的独特魅力,提振消费信心,加快消费市场复苏,在乌什县举办2020年“迎中秋·庆国庆”系列主题活动,活动期间乌什县累计接待旅游11.127万人次,比上年增长88%;实现旅游总收入4297.37万元,增长91%。

活动共7天,包括7个系列活动:10月1日在乌什县泉域星空国际滑雪场·四季旅游度假区举办“相约金秋泉城·庆双节亲子游园惠”暨泉域星空国际滑雪场·四季旅游度假区开业仪式、10月1日晚在燕泉河景观带举办乌什县“迎中秋·庆国庆”文艺晚会、10月3日在沙棘林景区举办“情定金秋”徒步相亲活动、10月4日在乌什县阿合雅欣禧源葡萄基地举办乌什县“最美葡萄姑娘”免费采摘节、10月5日在燕泉山景区举办乌什县美食及农产品果蔬特卖惠活动、10月6日在燕泉山景区举办乌什县燕泉山景区书画展暨农产品展销活动,10月7日在乌什县燕泉山景区举办乌什县全民健身登山活动。此次活动大力开展滑雪场项目游玩、品尝美食、观看文艺演出、徒步寻宝、相亲联谊、葡萄采摘、品美酒、乌什县特色美食展销、特色农副产品展销、果蔬特卖惠及造型比赛、书画展、全民健身登山活动比赛等促销活动。开幕式当天,现场游客络绎不绝,人头攒动,熙熙攘攘,热闹非凡,使市民百姓和游客朋友兴趣盎然。

为了刺激旅游消费市场,吸引广大游客前来体验乌什旅游活动,乌什县全面落实景区(景点)门票免费,降低游客出游成本,设置奖励优惠,刺激游客出游信心。为了将此次活动办出特色、办出亮点,丰富更多农牧民群众的精神文化生活,结合县融媒体中心,依托视频、文章等宣传方式,将旅游活动和优惠奖励政策在乌什零距离、阿克苏零距离、带你游阿克苏、乌什旅游在线等微信公众号大力宣传,在人民网等众多栏目广泛报道。为加快推动当地群众脱贫致富步伐注入了新动力。当地各族农牧民通过从事售卖民族特色手工艺品、风味美食、农副产品土特产等,有力增加了农牧民的经济收入,赚得盆钵满满,让切身他们尝到了旅游产业带来的“甜头”,实现了旅游产业关联带动、旅游精准扶贫、群众就地转移就业,使贫困农户更加坚定了立足当地、勤劳致富、自我发展的信心。

“十一”黄金周集中释放被疫情压抑的消费需求,成为经济、消费加快复苏的新“引擎”。假日经济带动整个消费市场信心的增长,进一步激发旅游、文化、娱乐等市场的消费潜力。在为期7天的活动时间里,依托活动共吸引近4.5万名居民、游客,直接消费达100万元,拉动消费近675万元。尤其是于5—7日举办的乌什县美食及农产品果蔬特卖惠活动,吸引全县49家美食企业和14家农副产品销售企业参加,现场收入近80万元。

旅游推介

【中国最美公路“5+3”旅游推介活动】 2020年6月13日,新疆独库公路“5+3”旅游营销联盟推介活动在库车市启动。

2020年新疆独库公路“5+3”旅游营销联盟成员涵盖阿克苏、喀什、和田、塔城等地区和巴州、克州、伊犁州及克拉玛依市。全面贯彻落实旅游兴疆战略,以独库公路为载体,在旅游产品研发、营销、推广等方面建立密切合作机制,共同发掘旅游资源,实现资源共享、优势互补、客源互送、品牌共建、线路互联等,逐步提升新疆公路旅游公共服务水平,完善独库公路旅游综合服务体系,将独库公路打造成新疆公路旅行示范线路、经典旅游资源展示线路、国内国际知名旅游线路。

此次活动由自治区文化和旅游厅和阿克苏地区行政公署主办,地区文化体育广播电视和旅游局、库车市人民政府、宁波市援疆指挥部承办。会期自6月13—16日,随着开幕式的成功启动,旅游发展高峰论坛、畅游独库发车仪式、丝绸之路龟兹壁画艺术展、农产品及美食展、馕城夜宴赏歌舞等15项精彩纷呈的子活动,在库车市8个分会场依次展开。

【“我爱浙疆、共创未来”主题展馆】 2020年,阿克苏地区和一师阿拉尔市首次联袂亮相第15届中国义乌文化和旅游产品交易博览会,打造区域文化、全域旅游高地。

在浙江省援疆指挥部、浙江省文化和旅游厅的协调支持下,在展会入口首家展区,精心搭建200平方米的“我爱浙疆、共创未来”主题展馆,通过体验式、高端式的展览方法,将祖国西北边陲的璀璨“明珠”展现在大家面前,将阿克苏和阿拉尔深厚的历史文化底蕴和丰富的自然旅游资源推介给世界，阿克苏、阿拉尔展厅成为中外客商驻足停留的“网红”打卡点。

展馆设七个展区，分别为民俗风情表演区、精品旅游线路展示区、非遗产品展示区、农民画文创产品展示区、农副产品展示区、援疆风采展示区、数字智慧演示区，阿拉尔展示区，成为让人耳目一新的文化和旅游展示综合体，以全方位、立体化视角推介阿克苏和阿拉尔的文化和旅游产业，让来自全国各地的人们近距离体验和感受阿克苏绚丽多姿、独具魅力的民俗文化和丰富的旅游资源、农副产品资源。

【文化旅游大型推介会】 2020年，地区文旅局举办“我爱浙疆”之“诗画浙疆”——阿克苏地区和一师阿拉尔市文化和旅游大型推介会，会上地区与多家企业达成合作协议，助推阿克苏和阿拉尔旅游产业良性发展。

为大力实施“文化润疆”“旅游兴疆”战略，由阿克苏地委行署，一师阿拉尔市委、市政府，浙江省援疆指挥部，浙江省文化和旅游厅联合主办的，“我爱浙疆”之“诗画浙疆”——阿克苏地区和一师阿拉尔市文化和旅游大型推介会，在义乌国际博览中心隆重举行。

推介会上大气磅礴的自然风光、丝绸之路的历史文化、独具特色的民俗风情、流连忘返的美食瓜果，无不吸引着现场观众，成为博览会一道亮丽的风景。现场推荐官还为大家分享了当地助推旅游业的相关优惠政策和补贴办法，真正给赴阿游客带去实惠，给当地旅游业注入新机。

在浙江省援疆指挥部和地委宣传部的大力协调和支持下，阿克苏地区文旅局与携程网、去哪儿网、长龙航空公司分别签订了合作协议。阿克苏地区文旅局、一师阿拉尔市文旅局与浙江省旅行社协会签订引客入阿合作协议，为全面叫响“丝路古龟兹神奇阿克苏”品牌加速助力。自治区文化和旅游厅党组书记侯汉敏在现场启动“智慧旅游”去哪儿网“浙江援疆——阿克苏、阿拉尔旅游旗舰店”正式上线（旗舰店试运行4个月期间，销售订单达5.8万单，销售金额达3400万元）。

浙江省文旅厅、新疆维吾尔自治区文旅厅、浙江省援疆指挥部、浙江省各地市(县)文旅局、浙江省旅游企业、浙江省旅行社协会、浙江省AAA级以上旅行社等单位代表、浙江省知名旅游达人和旅行俱乐部代表200人参会，另有线上114万人次观看直播，推介会吸引50多家省级以上媒体竞相报道。

【网红直播室】 2020年，地区文旅局搭建网红直播室，开启“线上+线下”联动销售新模式。借助义博会作为亚洲最大的国际文化和旅游产品交易博览会的平台，浙江省援疆指挥部联合地委宣传部、地区文旅局主动谋划，提前预热，借助网上网下新闻媒体，加强会前、会中、会后的宣传报道，全面造势。开幕式当天邀请50家国家级、省级媒体进行全程宣传报道。3天展会期间，阿克苏、阿拉尔展厅成为众多媒体争相报道的热门展厅。阿克苏展厅内专门搭建了“丝路古龟兹神奇阿克苏·丝路山水塔里木西域红都阿拉尔”第十五届中国义乌文化和旅游产品品交易博览会“我爱浙疆”直播间，开启“线上+线下”联动销售新模式。

地区借助线上互联网的互动性、及时性、高效性、持续性特点，建立线上交易网红直播带货，实现信息发布、产品展示、在线交易等多种功能。线上销售兼顾PC、微信和小程序等界面平台，实现线下活动同步直播，并按需开通阿克苏直播专场，特价销售、消费券发放等活动为线下引流；在抖音、今日头条等新平台同步推送相关直播，并与去哪儿网、阿克苏地区广播电视台、趣阿克苏微信公众号、阿克苏苹果视频、趣阿克苏抖音、阿克苏地区广播电视台今日头条等第三方平台合作引流，实现供求信息发布、系统自动匹配采购等功能；打造永不落幕的博览会，持续为参展商和采购商对接洽谈、精准匹配搭建平台，促成最终交易达成。

博览会期间刊播相关新闻信息300条，其中学习强国、《人民日报》、新华社等国家级媒体40条；省级媒体80条，在文化和旅游部《文旅中国》专栏进行了15分钟的专题采访报道，开展现场直播12场次，“我爱浙疆”直播间开展6场线上网红直播带货活动。阿克苏网络曝光量达1000万人次，加大“丝路古龟兹神奇阿克苏”文化旅游资源和品牌宣传推广力度，阿克苏知名度美誉度得到很大提升。

3天展会期间，阿克苏、阿拉尔展厅各类商品共销售2960万元（含现场销售金额和采购订单）。其中线上网红直播带货1300万元，线下1630万元（阿拉尔线上销售300万元，线下销售50万元），单个农副产品订单最大达300万元。

【第三届新疆馕产业推介会】 2020年12月14日，第三届新疆馕产业推介会在河南省郑州市中原国际博览中心启动。此次有100家企业的200种产品参展，为河南人民了解馕文化、近距离品味新疆好味道提供一次难得的机会。举办馕产业推介会是贯彻第三次中央新疆工作座谈会精神、落实新时代党的治疆方略，主动融入新发展格局和畅通国内大循环的具体举措，加深河南人民对新疆的了解，必将增进两地人民的友谊。

近年来，新疆把馕产业作为脱贫攻坚的有力抓手，强化政策支持，严格市场标准，努力打造品牌，目前全区馕合作社已经超过387家，专业生产公司超过402家，个体工商户超过467家，生产葡萄干馕、玫瑰花馕等各类产品。在全面建成小康社会，即将开启全面建设社会主义现代化国家新征程中，馕已经走出新疆，走向世界，成为新疆对内对外开放，展示交流的一张名片。

此届推介会共设立100个展位，销售区面积2000平方米，邀请全疆14个地州百余家馕、林果、乳制品等加工企业现场展示展销，推介展示200多种馕系列产品。阿克苏地区共有10个展位，展出库车大馕、阿克苏"冰糖心"苹果、柯坪恰玛古等农特产品。

【"古韵龟兹丝路库车"主题文化旅游宣传推介】 2020年10月26日，"丝路古龟兹神奇阿克苏"文化旅游推介会在郑州举行。此次推介活动通过旅游形象宣传片展示、旅游景区推介、旅游项目开发战略签约等多种形式，全方位展现阿克苏特色旅游资源。库车市女儿国文化传媒公司歌舞团的演员们展示精彩的麦西来甫和龟兹乐舞表演，赢得与会旅游企业代表们的阵阵掌声。

阿克苏宣传推介组现场向郑州企业、旅行社和媒体团等各界嘉宾详细介绍了阿克苏地区旅游业发展概况。阿克苏作为"丝绸之路"古龟兹地区政治、经济、军事、文化和商贸中心，民族风情浓郁，文化底蕴深厚，旅游资源丰富。这里有雄浑巍峨的天山第一峰——托木尔峰，有一望无垠的塔克拉玛干沙漠奇境；鬼斧神工的天山神秘大峡谷、红山石林、雪峰辉映下的天山大小龙池显示了大自然对美丽阿克苏的独特眷恋；中国最大的内陆河——塔里木河，让我们可以欣赏长河落日下的塔里木河和金色胡杨林；众多不同民族的生活习俗、民族风情、文化娱乐、集市贸易，构成阿克苏独具特色、极有吸引力的旅游资源；而悠久的历史文化让阿克苏更具魅力，苏巴什佛寺遗址、克孜尔尕哈烽燧被列为世界文化遗产，库车老城区被命名为"国家历史文化名城""国家历史文化街区"，龟兹文化旅游景区获评"全疆十佳名胜风景旅游区"。

旅游管理

【激活市场恢复发展】 2020年，阿克苏地区文旅局做好文旅行业优惠政策的梳理，指导县（市）相关企业充分掌握政策。地委、行署制定出台《阿克苏地区关于促进当前消费增长的实施意见》《阿克苏地区进一步加快旅游业发展奖励扶持政策》《阿克苏地区2020年秋冬季旅游工作实施方案》，对标自治区加速旅游回暖10条举措，明确推动地区旅游业发展18条具体措施，助力激活市场恢复发展。狠抓刺激提振旅游消费。指导地区所有国家A级旅游景区于2020年10月至2021年4月实施免门票政策，预计减免门票2000万元。引导各景区（景点）、旅游企业加大餐饮打折、消费返券等让利营销力度，丰富业态供给，提升可观可游可体验可消费性。地县文旅行业企业持续发放千万余元旅游消费券、美食兑换券、酒店体验券、自驾车油补券等刺激旅游消费的电子券、实体券，有效串联"吃住行游购娱"全产业链，扩容延时，提振消费。帮助企业纾困解难。综合运用减免房租、延缓社保、协调落实小额贴息贷款等方式惠企稳岗，累计兑现旅游企业纾困解难资金1074万元，联合商务部门给予12个旅游企业奖励补贴15.15万元。

【文化旅游市场行业监管】 2020年，地区文旅局加大检查力度，确保市场秩序。在节假日、黄金周等假期，检查全地区旅游行业服务质量、市场秩序、安全生产、常态化疫情防控等工作，指导行业及时整改存在的问题隐患，确保旅游市场安全有序、健康发展。全年，共出动检查人员190人次，出动车辆110辆次，检查经营场所210家次。建立旅游投诉处理工作机制。规范完善旅游投诉处理制度和程序，提升投诉处理服务质量和水平，畅通旅游投诉渠道，通过全国旅游监管服务平台“12301”旅游服务投诉平台及全区旅游咨询投诉热线，妥善处理各类旅游纠纷，维护旅游企业和消费者合法权益，全年旅游投诉办结率和满意率均达100%。加强文化旅游维权宣传。积极借助各类新闻媒体和网络宣传文化旅游市场监管工作，定期向社会公告旅行社有效投诉案件信息，发布旅游服务警示，引导旅游企业诚信经营，引导游客品质旅游、理性维权，倡导健康的消费理念。开展旅行社质量保证金暂退工作。为降低新冠肺炎疫情对旅行社业造成的影响，按照文化和旅游部办公厅发布《关于暂退部分旅游服务质量保证金支持旅行社应对经营困难的通知》要求，对依法交纳保证金、领取旅行社业务经营许可证的旅行社，暂退已交纳数额的80%。

【提升行业服务质量】 2020年，地区文旅局狠抓“微笑新疆”专项行动。制订《“微笑阿克苏”旅游服务质量提升方案》，部署推动“微笑阿克苏”举措落地。组织“线下+线上”提升服务质量培训70场次，覆盖人员2.8万人。开展“微笑之星级”“微笑阿克苏形象大使”等模范典型100人选树活动，面向目的地居民持续开展“微笑阿克苏”宣传教育，强化微笑服务意识，营造人人关心旅游、人人支持旅游、人人参与旅游的良好氛围。开展旅游行业标准化建设。加强对星级饭店评定和复核工作，加大标准化建设指导力度，完善质量监督工作机制。全年，地区新评定星级饭店5家（已申报），复核星级饭店11家，复核率已达标。

【落实改革任务】 2020年，地区文旅局全面梳理和完善两个清单。本单位权利事项清单和政务服务事项清单，进一步缩短办理时限、简化办理流程和申报材料要求，为群众创造便利的办事环境。提升政务服务水平。进一步畅通政务服务渠道，开通“12345”在线政务服务热线专网平台，受理涉及文化、体育、广播电视和旅游各类交办转办政务咨询、投诉事项，为市民解疑释惑。今年以来共受理政务咨询、投诉6起，办结率和满意率均达100%。优化营商环境。建立健全公平竞争审查机制。组织机关干部加强政策培训，广泛开展公平竞争宣传。实施内部自我审查，在公文发文前严格落实公平竞争审查流程，并广泛征求意见，确保审查质量。开展增量文件审查和存量清理工作，共清理并废止涉及市场主体经济活动的行政规范性文件1件。

旅游公共服务

【“三馆一站”免费开放】 2020年，地区文旅局落实疫情防控工作要求，在可开放前提条件下，落实“三馆一站”免费开放惠民政策，保障群众享受文化权益。在坚持做好疫情防控措施常态化的前提下，把“文化润疆”作为文化惠民活动的核心，以“我们的中国梦”——文化进万家、乡村文化旅游节为载体，以元旦、春季、端午、国庆、中秋等节庆日为主题，开展展览展示、艺术培训、文化讲座、全民阅读、“图书六进”、“流动博物馆”等各级各类文化活动2439场（次），共计服务各族群众130.68万人次。根据国家和自治区相关要求，认真做好第五次全国县级以上文化馆评估定级工作，提升公共文化服务机构服务各族群众作用。

【示范点创建工作】 2020年，地区文旅局制定《2020年阿克苏地区“中华优秀传统文化进基层”示范点创建活动方案》，督促各县（市）积极申报279个“中华优秀传统文化进基层”示范点深入开展创建工作，验收达标示范点279个。

【文化智能服务】 2020年，地区文旅局制定《阿克苏地区公共数字文化智能服务“多浪云”项目实施工作方案》，1月在阿克苏市阿依库勒镇综合文化站组织举办“多浪云”项目启动仪式，在阿克苏市2个乡（镇）及8个村开展10场（次）“多浪云”线上线下数字文化服务活动，服务基层群众5000人。

金融业

银行

【银行业金融服务】 2020年,中国人民银行阿克苏地区中心支行对地区各金融机构个人自助查询机进行科学布局,合理配给。自助查询机已由2019年的18台增加至2020年的34台,实现地区7县3市(含兵团第一师阿拉尔市)每县(市)布放2台以上自助查询机。累计向企业提供查询1534笔,受理1笔企业异议,成功解决1家企业因“并档”问题,导致信用报告上展示信息错误问题,提升企业获得融资的能力。国库管理服务工作有序开展,夯实国库会计核算基础,全年全辖区各级国库累计办理预算收入业务205万笔、金额353.06亿元,预算支出业务32万笔、金额1020.78亿元。实施助农取款服务普及提升工程。深入推进辖区农村支付服务环境建设,着力构建广覆盖、多层次、可持续的农村金融支付服务体系。准确掌握辖区助农取款点实际情况,要求银行机构重点关注辖区72个空白村。全年,实现村级助农取款全覆盖,共设立助农取款点1988个,挂牌“农村金融综合服务示范点”49个。地区助农取款点累计取款笔数26.26万笔,累计取款金额2.48亿元,累计转账55.25万笔,累计转账金额10亿元,其中开通现金汇款、转账汇款、代理缴费等功能的助农取款服务站数量共1406个,具有双语提示功能的助农取款服务站数量1110个。

【银行业监管】 2020年,阿克苏银保监分局加强非现场监管,全年累计向银行保险机构下发提示单33份、警告单14份,督促银行保险机构依法合规经营。加大现场检查力度,依法行政处罚对严重违法违规的7家机构及8名责任人共计199万元,为三年来处罚金额之最。

坚持以风险监管为核心,突出重点、多措并举、促进银行保险机构持续健康发展。截至2020年12月末,辖区银行业各项存款1772.16亿元、比年初增加134.70亿元,各项贷款1354.48亿元、增加194.06亿元;不良贷款余额25.12亿元,不良贷款率1.85%、下降0.05个百分点。保险业共实现保费收入57.38亿元,比上年增长8.32%;提供风险保障2.4万亿元,赔款、给付支出22.07亿元。

【银行业支持实体经济发展】 2020年,阿克苏银保监分局聚焦创新监管,提升质效。推动地区出台《银行业服务实体经济考核实施办法》;学习浙江经验,建成“阿克苏地区金融综合融资信息服务平台”“掌上金融超市”;借鉴安徽模式,推出“4321”贷款风险分担机制;先后在阿克苏7县3市(含一师阿拉尔市)陆续召开10场“政银保担企”洽谈会、签约会;加大“银税互动”“政采贷”“信易贷”线上贷款推动力度,信用融资额比年初增长164.20%;会同地区人民银行,在乌什县和柯坪县两个国家级贫困县建立“金融服务试验区”试点,以“绿色通道”模式,推进筹建6个金融网点,2个贫困县存贷比提升15%以上。聚焦脱贫攻坚,助力民

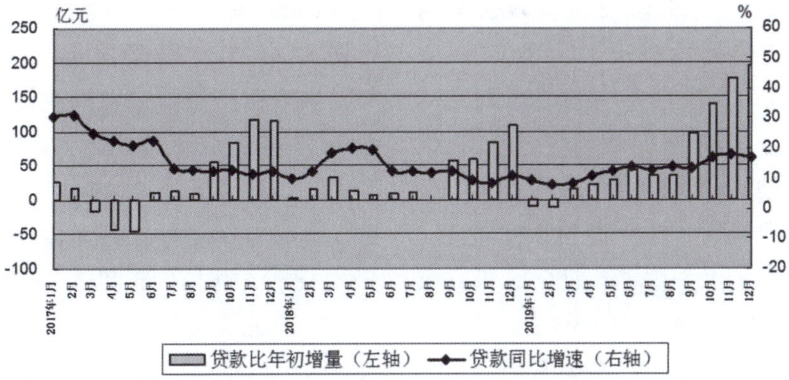

阿克苏金融机构人民币各项贷款2018年以来月增量变化示意图

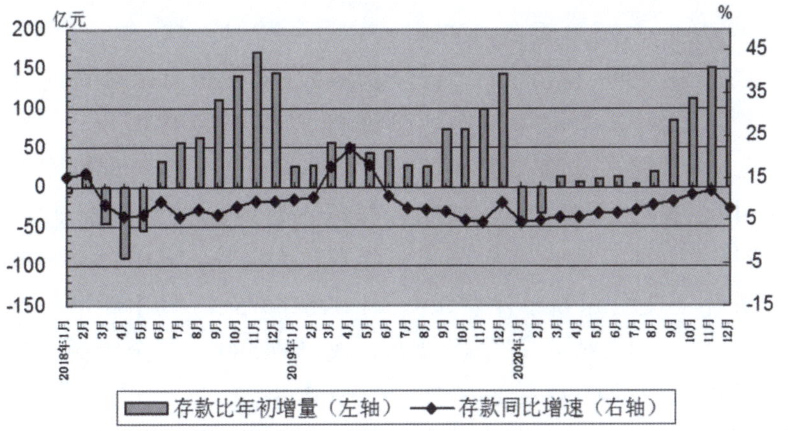

阿克苏金融机构人民币各项存款2018年以来月增量变化示意图

生。截至12月末，地区金融精准扶贫贷款余额284.2亿元，增长14.22%；累计发放扶贫小额信贷金额14.04亿元，累计支持建档立卡贫困户3.84万户，覆盖率58.92%。全年，地区承保城乡居民大病保险205.7万人，赔付1.36万人次；承保医疗救助保险35.6万人，救助7.28万人(次)；承保深贫人口补充医疗保险4.4万人，赔付4.21万人(次)，构建多维度的脱贫保障保险体系。聚焦减费让利，惠企惠民。推动降费减息、无还本续贷、延期还本付息等政策直达基层。截至12月末，辖内银行业金融机构小微企业贷款余额499.42亿元，增加72.02亿元，增幅16.85%。辖区小微企业无还本续贷余额1.75亿元，增加1.34亿元，占小微企业贷款余额的0.35%；普惠型小微企业贷款利率5.56%，下降0.92个百分点，低于全疆平均水平。自2月份以来，辖区银行机构共减息降费4.65亿元；对停驶车辆办理保险延期共2.46万笔，为相关企业节约保险费用993.14万元，清退农险保费749.15万元，小微企业满意度持续提升。聚焦信访举报，解决诉求。按照信访“如获至宝、如沐春风、如履薄冰”的思路，修订《阿克苏银保监分局领导干部接访工作方案》，分局主要领导带头接访，通过“以诚相待、以心换心”，使4件长期缠访、闹访事项得到初步妥善解决；并认真调查、严肃查处被举报的阿拉尔两家保险机构。全年累计监测并上报全国银行保险业负面舆情3万条，阿克苏银保监分局获评新疆银保监局系统2019年舆情工作先进集体。年末，阿克苏银保监分局共受理各类投诉212件。其中，信访举报24件，来信投诉43件、“12345”政务服务热线投诉咨询121件、“12378”区局转办投诉件24件，电话接访1258件，做到“件件有落实，事事有回音”。

【银行业风险管控】 2020年，阿克苏银保监分局抓重点企业，风险处置见成效。督促各银行机构充分把握政策窗口期，通过“一企一策”、召开协调会、实地调研等方式，推动民营及小微企业融资难题和大额不良贷款化解，年末不良贷款余额25.12亿元，不良贷款率1.85%，处置不良贷款12.97亿元，比年初下降0.05个百分点。

保险

【地区保险业协会经营概况】 2020年，地区共有保险主体22家(其中寿险公司8家、财险公司13家、筹建1家)，县支公司87家、营销服务部70家。截至12月末保险从业人员1.11万人，其中营销人员9703人，职工1446人。实现保费收入57.84亿元，比上年增长9.59%。其中，财险公司保费收入30.93亿元，增长8.29%；寿险公司保费收入26.91亿元，增长11.13%。全年共处理理赔案件41.87万件，共支付赔款和给付金额20.57亿元，增长21.32%。其中，财险保险公司共处理赔案37.92万件，支付赔款17.34亿元，减少23.75%；8家人寿险保险公司共处理赔案3.95万件，给付金额3.23亿元，减少5.02%。

【中国人民财产保险股份有限公司阿克苏地区分公司概况】 2020年，人保财险阿克苏地区分公司实现保费收入204513.08万元，其中车险保费收入61916.34万元，非车非农险保费收入35839.54万元。中国人民财产保险股份有限公司阿克苏地区分公司，是阿克苏地区成立最早、规模最大的国有控股财产保险公司。业务范围涵盖机动车辆保险、财产保险、货运保险、意外健康保险、责任信用保险、个人贷款保证保险、政策性农业保险等。

【中国人寿保险股份有限公司阿克苏分公司概况】 2020年，中国人寿保险股份有限公司阿克苏分公司实现保费收入10.65亿元，比上年增长10.59%。其中长险首年标准保费收入0.98亿元，增长5.88%；首年期交保费收入2.0亿元，增长17.03%；续期保费收入7.67亿元。处理赔案11109件，合计赔款金额7053.31万元。其中长险案件1072件，理赔金额4056.97万元；短险案件10037件，理赔金额2996.34万元。

【新华人寿保险股份有限公司阿克苏中心支公司概况】 2020年，新华人寿保险股份有限公司阿克苏中心支公司新单保费1.6亿元，完成率107.86%，新华保险阿克苏中支首年期交保费8464.79万元，完成率96.09%，法人短险保费1598万，完成率82%，累计续期保费4.43亿元，总保费6.03亿元，占当地寿险市场份额22.64%，市场排名第二位。

2020年6月15日，新华人寿阿克苏中心支公司开展安全生产户外咨询活动（李树芳 供图）

【永安财产保险股份有限公司阿克苏中心支公司概况】 2020年，永安财产保险公司阿克苏中心支公司完成保费收入685.35万元，比上年下降28.67%，其中机动车辆保险508.4万元，非车非农保险（财产险和人身险）176.95万元。

证券

【华融证券股份有限公司阿克苏证券营业部经营概况】 2020年，华融证券股份有限公司阿克苏证券营业部经营情况比2019年有较大提升。其中，全年新增开户数4475户，其中新增交易型有效户数580户，全年新增交易性资产4897.12万元。金融产品销售额14.02亿元。2020年实现收入2970万元，利润总额2346万元，2020年营业部人均创收达98万元。

【申万宏源西部证券有限公司阿克苏营业部经营概况】 2020年，申万宏源西部证券有限公司阿克苏证券营业部具备开展股票、基金、债券、理财产品、创业板、期货、融资融券、股票期权等各项业务资格。截至12月31日，营业部现有客户46679户，客户资产合计60.28亿元；当年新开客户3935户；全年实现A股、债券、回购、基金交易金额约329.58亿元。营业部同时还开展了期货、期权、债券投资及债券投顾等创新业务。

教 育

综述

【学生资助】 2020年，地区教育局建立家庭经济困难学生资助台账，全力推动各学段学生资助政策落地落实，实施精准资助。学前教育阶段：2020年自治区共下达农村学前三年免费教育保障机制经费42976.06万元，惠及农村学前三年在园幼儿16.1万人。义务教育阶段：2020年自治区共下达义务教育阶段公用经费37514.04万元，惠及学生42.32万人；下达义务教育阶段家庭经济困难学生生活补助18519.32万元，惠及学生18.9万人；下达农村义务教育学生营养改善计划资金23230.8万元，惠及学生29.03万人。高中阶段：2020年自治区共下达普通高中免学费资金7455.11万元、国家助学金11196.68万元，惠及普通高中学生5.34万人；下达中央彩票公益金“滋蕙计划”资金89.8万元，资助普通高中建档立卡学生449人；下达中职免学费4021.16万元、免住宿费教材费1999.35万元，惠及学生2.55万人；下达中职国家助学金3589.18万元，惠及学生1.83万人；下达中职国家奖学金19.2万元，惠及学生32人。高等教育阶段：2020年自治区共下达普通高校家庭经济困难入学资助项目资金28万元，按照疆内普通高校500元、内地普通高校1000元标准，资助家庭经济困难大学新生510名。完成“浙江援疆大学生入学资助金”资助工作，对内地普通高校就读的阿克苏籍家庭经济困难（农村建档立卡贫困户家庭学生、农村低保家庭学生、城镇低保家庭学生、烈士、伤残军人、伤残公安干警子女及孤儿学生）本科生、专科生和预科生按照每生6000元标准予以资助，共发放资助金822.6万元，惠及家庭经济困难学生1371人。争取“浙江荣盛教育基金”项目资金146.7万元，按照每生3000元标准，资助疆内普通高校家庭经济困难大学生489人。

【基础设施建设】 2020年，地区教育局新（扩）建城区幼儿园51所，建设面积约20.5万平方米。2020年中央及自治区累计拨付地区中小学项目建设资金4.6亿元，资金主要用于义务教育能力提升建设项目、义务教育校舍安全建设项目及改善普通高中办学条件建设项目等，项目覆盖七县二市，当年完成校舍建设面积达13.4万平方米。投入4.4亿元实施教育学院整体迁建项目，完成校舍建设面积8.34万平方米，当年9月份按期完工并投入使用。

【特殊教育】 2020年，地区教育局不断完善残疾儿童少年义务教育入学“一人一案”工作机制，切实保障适龄残疾儿童少年接受义务教育的权利。截至2020年秋季学期，全地区共有7~15岁适龄儿童少年4559人(失能836人)，特殊教育学校就读384人，普通学校随班就读2625人，送教上门649人，适龄残疾儿童少年入学率达98.6%。加强随班就读支持保障体系建设，争取特殊教育专项补助资金90万元用于支持地区特殊教育资源中心和温宿县、乌什县普通中小学特殊教育资源教室建设，不断扩大特教资源覆盖面。地区特殊教育资源中心组织开展特殊教育巡回指导工作,指导县(市)特殊教育资源教室建设和随班就读残疾学生个训及康复工作。

【青少年科技工作】 2020年,地区各级各类学校发挥课堂主渠道作用,开齐开足科技课程,以科普讲座、科学实验、科普剧等方式开展校园科普联合行动、科技活动周等活动,鼓励大中小学生科技创新。第34届新疆青少年科技创新大赛少年儿童科学幻想绘画活动中,阿克苏地区共有25名学生作品获奖。第34届新疆青少年科技创新大赛青少年科技实践活动中,阿克苏地区4名学生、4名辅导员获奖。

【教育信息化建设】 2020年,地区坚持以推进素质教育和教育现代化为重点,依托国家网络云课堂,发挥系统整体优势,积极搭建学习平台,分别实施中央电化教育馆“教研共同体协同提升项目”新疆试点项目、浙江省“互联网+教育”教育援阿试点项目、“阿克苏地区名师课堂展播”远程优质课展播活动,为师生提供优质教育资源。截至2020年年底,地区各级各类中小学校拥有计算机教室968间,教师专用计算机24614台,录播教室290间,拥有多媒体“班班通”设备15786套,义务教育阶段“班班通”覆盖率达100%,中小学互联网接入率达100%。

积极推进“互联网+教育”,2020年疫情期间全地区共计400651名学生通过线上网课进行学习。利用互联网技术开展跨区域教学实践,将上海、北京等教育发达地区优质资源带到地区农村、边远基层学校,让更多学生共享优质教育资源。实施中央电化教育馆“教研共同体协同提升项目”试点工作,库车市、沙雅县2个试点县(市)的20所中小学共计468个班级参与活动。全年20所试点学校参与同步教研课288节,异步教研课134节,同步示范课117节,参与远程教研教师3251人,观摩教师4195人,学生40416人次。试点开通浙江省基础教育资源公共服务平台(之江汇教育广场)账号,2020年为地区66所中小学5000名教师开通浙江省基础教育资源公共服务平台账号,共享浙江省优质教育资源。

组织全地区中小学教师参加自治区电化教馆举办的基础教育信息化教师应用能力提升线上培训。组织地区中小学生参加2020年自治区第二十届中小学电脑制作活动,全地区共上报电脑作品234件,其中20件作品获得自治区奖项(一等奖2项,二等奖2项,三等奖16项)。

【教育学会工作】 2020年,地区教育学会组织教师参加自治区级“语文名著阅读能力测试、名著阅读征文、课堂教学”“中学数学优秀主题教研活动”“中小学英语学科多项教学成果评选”等研赛16项,语文、数学、英语、历史等11个学科教师获自治区奖项3183人次。组织学前、中小学教师开展“中小学第二届命题大赛”“首届中小学课后作业设计”“学前教育教师专业技能提升研赛”“第三届中小学语文教师素养大赛”“中学理化生、政史地、中小学数学优质课大赛”等地区级研赛10项,涉及9个学科,教师获奖1536人次。

【社会力量办学】 2020年,地区教育局认真贯彻落实《中华人民共和国民办教育促进法》,按照分级管理和“谁审批、谁负责”原则,不断完善社会力量办学准入制度,严格落实社会力量举办教育机构审批程序及负面清单制度,不断加强社会力量举办教育机构党组织建设,联合民政、市场监管等部门开展“双随机、一公开”监督执法工作,畅通社会监督渠道,切实加强社会力量举办的教育机构日常监管,地区社会力量办学行为不断规范,呈现良好发展态势。2020年,全地区共有民办学校9所,其中民办幼儿园5所、民办小学3所、民办中学1所,在校学生15137人。

【招生与考试】 2020年,地区教育局组织包括普通高考、中考(含内高班招录)、自考、成人高考等在内的各类考试8次,考生总数85581人。其中,高考21858人,中考35493人,内初班考试8344人,自学考试3011人,“两学”考试4354人,英语四、六级考试5729人,成人高考6792人。

2020年自治区高校招生录取工作,阿克苏地区总录取人数17699人,总录取率81.59%,较2019年地区总录取率(79.71%)提高1.88%。2020年,地区教育局组织4681名学生参加内地新疆中职班招生考试，体检建档1221人，其中内地中等职业技术学校录取851人，组织3088名学生参加内地新疆高中班招生考试，体检建档1180人，其中内地高中学校录取905人。

【人才工作】 2020年，地区教育局建立自治区级教学能手培养工作室12个，培养自治区级教学能手48人入选自治区专家人才库；建立地区级教学能手培养工作室31个，县（市）级教学能手培养工作室194个，评选出地区级教学名师、学科带头人、教学能手256人入选地区教育系统人才库；建立地直教育系统人才信息库，评选出托峰英才16人、骨干人才463人、基础人才1199人、党政人才214人入选地直教育系统人才信息库。

【支教工作】 2020年，地区教育局认真落实对口支教计划，共选派1031名教师开展支教工作，其中自治区边远贫困地区人才计划选派81名骨干教师赴乌什、柯坪县支教，地区第十七期对口支教工作组织地区城镇950名教师赴农村学校、薄弱学校支教。2020年，地区受援县（市）、学校积极与西北师范大学沟通，西北师范大学选派476名实习生来阿实习，受援学校达77所。

【教师招聘】 2020年，地区新招聘学前至高中阶段教师6471名（学前1642人、小学3281人、初中1131人、普通高中417人）、职业院校教师61人，通过大规模的考录招聘，地区教师数量取得新突破。按照自治区银龄招募讲学文件要求，积极鼓励符合条件的退休教师参与银龄讲学计划，本学年共招募退休教师24人。

国家通用语言教育

【内地新疆学生工作】 2020年，地区教育局组织3088名学生参加内地新疆高中班招生考试，体检建档1180人，内地高中学校录取905人。组织4681名学生参加内地新疆中职班招生考试，体检建档1221人，内地中等职业技术学校录取851人。

【国家通用语言文字推广】 2020年，地区教育局认真组织地区中小学、幼儿园师生参加第二届中华经典诵读写讲大赛初赛评选活动，上报作品59件。选派57名教师参加2020年度中华经典诵读网络专项培训，16名教师参加新疆大学组织承办的国家通用语言提升培训班。积极组织新疆理工学院、阿克苏教育学院、阿克苏职业技术学院参加国家通用语言文字推广基地申报工作。指导并推荐上报阿克苏教育学院赴6所基地学校开展经典文化送基层活动13场次。扎实开展23届普通话宣传周活动。会同宣传、人社、文旅等部门联合制订下发地区实施方案，通过悬挂横幅、张贴海报、播放公益广告等方式加大宣传氛围，张贴推普周宣传海报6000份、宣传标语20000条，发放宣传单20000张。

学前教育

【概况】 2020年，地区教育局积极推进学前教育标准普惠发展，建立健全学前教育发展机制，进一步完善政府主导、社会参与、公办民办并举的学前教育办园体制，构建“广覆盖、保基本、有质量”的学前教育公共服务体系。2020年，全地区共有幼儿园1158所（含民办幼儿园），在校幼儿153222人，在校教职工13225人，其中专任教师8623人。

【普及普惠发展】 不断扩大幼儿园学位供给，结合乡村振兴战略和新型城镇化发展规划，充分考虑人口变化因素，测算学前教育段学位缺口，合理规划幼儿园布局。建立城镇小区配套幼儿园长效机制，完善城镇小区配套幼儿园建设管理制度，不断满足城镇学前适龄儿童普惠性幼儿园入园需求。不断提升学前保教人员专业素养，坚定不移推进国家通用语言文字教学，实施学前幼儿园园长和骨干教师常态化培训，年内开展培训800人。推动城乡学前教育一体化发展，通过结对帮扶、送教下乡、城乡捆绑发展等方式促进城乡幼儿园保育质量同步提升。加强质量监管、业务指导与督导评估，不断提升阿克苏地区保教质量，进一步筑牢“幼小衔接”基础。

【南疆学前教育干部支教】 2020年，共有2149名干部参与地区支教工作，其中自治区直属厅局选派 219 人;北疆新录用公务员 196 人(吐鲁番 138 人、哈密 58 人);北疆新招聘教师 445 人(吐鲁番 321、哈密 124 人);兵团选派 591 人(一师 260 人、七师 244 人、十师 65 人、十一师 22 人);阿克苏地区选派 420 人[地直单位选派 100 人,县(市)选派 320 人];阿克苏地区新招录公务员 211 人;高校组团式精准支教 67 人(新疆理工学院支教 30 人、阿克苏职业技术学院支教 28 人,阿克苏教育学院支教 9 人)。

【阿克苏市第二幼儿园】 阿克苏市第二幼儿园位于阿克苏市小南街 8 号,是 1966 年创建的一所拥有 50 多年办园历史的公办幼儿园,是阿克苏市首批地区一级一类示范园、自治区级文明校园。现拥有 2 栋教学楼,设有工会活动室、图书室、医务室、隔离室、档案室、财务室、多功能厅、舞蹈厅、淘气堡游乐室等。学校共有 17 个教学班,幼儿总数 502 人,其中汉族幼儿 366 人,少数民族幼儿 136 人。现有教职工 72 人,其中专任教师 46 人(本科学历 37 人,专科学历 9 人)、保育教师 18 人,后勤人员 8 人、园领导 2 人。

2020 年全园教职工积极参与“纸棒变变变”“让主题墙‘活’起来”等教研活动,有效提升教育理念和教育教学技能。同时,鼓励教师积极参加继续教育培训、奥鹏公益培训、浙江云端培训、浙师大远程培训、骨干教师培训、法制副校长培训等,在教师队伍中营造浓厚学习氛围。组织中青年教师积极参加地、市比赛活动,在市学前教育教师专业技能提升研赛活动中,获得一等奖 2 人、二等奖 2 人、三等奖 2 人的好成绩;1 人获得地区学前教师专业技能研赛“教学设计”一等奖,1 人获“玩教具制作”二等奖;1 节录播课获地区二等奖;2 人获地区“实践育人案例设计”三等奖。

为推动教育教学质量良性循环发展,依据教育部颁布的《3~6 岁儿童学习与发展指南》,按照幼儿一日生活作息,制定严格的系列管理办法,使每个环节都有考核,促使保教活动扎实开展,在日积月累中稳步提升。按照上级要求开展师德师风专题教育、“三进两联一交友”(进班级、进宿舍、进食堂、联系学生、联系家长;与学生交朋友)、“民族团结一家亲”等活动。开展师德大讨论、师德公开承诺活动,把师德师风与职称评聘、推优评先、表彰奖励挂钩,实现师德失范“一票否决制”,进一步提高教职工廉洁从教、廉洁自律的良好风尚。

开展“迎国庆·师生书画展”、“民族团结一家亲”、“119 消防安全进校园”、“美好时光”光盘行动、“童心向党·感恩祖国·做红色传人”等系列主题活动,不断丰富教职工和幼儿的校园文化生活,增强教职工之间的团结交往交流交融。在援疆园长的爱心连线下,以视频连线方式,与杭州市康运幼儿园开展“温暖手拉手与爱同行”共迎新年主题活动,并且通过互传信件、一起分享绘本、美食、互赠本地特产、同唱一首歌、同念一首诗等活动形式,搭建起杭阿友谊的桥梁。

义务教育

【概况】 2020 年,阿克苏地区教育局扎实推进县域内义务教育一体化发展,进一步调整完善城乡义务教育学校布局规划,保障足够学位供给,全面实现义务教育基本均衡发展目标,促进城乡义务教育质量同步提升。严格落实义务教育免试就近入学政策要求,进一步规范招生入学秩序,统筹保障不同群体入学权利和适龄学生入学机会。2020 年,全地区共有中小学 664 所,在校学生450954 人,在校教职工 32223 人,其中专任教师 27952 人。

【义务教育均衡发展】 2020 年 6 月,自治区人民政府教育督导委员会办公室对阿克苏市、阿瓦提县义务教育均衡发展情况开展督导评估验收,通过听取汇报、查阅档案资料、座谈、抽查学校等方式,结合义务教育质量监测、县域义务教育均衡发展综合差异系数监测和现场公众满意度调查结果,经综合评定,阿克苏市获“优秀”等次,阿瓦提县获“良好”等次。

2020 年 11 月,阿克苏地区行署教育督导委员会办公室组成督导评估组,对库车市、沙雅县、新和县、拜城县县域义务教育均衡发展工作进行复查验收,经督导评估组实地查验,库车市、沙雅县、新和县、拜城县各项指标均达到国家和自治区的标准要求,总体通过县域义务教育均衡发展工作复查验收。

【控辍保学】 2020年，地区教育局不断完善控辍保学“一县(市)一案”工作机制，加大中小学生学籍管理及疑似辍学失学学生核查劝返力度，持续抓好控辍保学工作，地区小学、初中适龄儿童少年入学率分别为99.9%、99.6%，九年义务教育巩固率97.2%。建立完善义务教育阶段进城务工人员子女入学长效机制，将进城务工人员子女义务教育工作纳入当地九年义务教育范畴和重要内容，保障每一位进城务工人员子女在流入地平等接受义务教育。

【教育教学改革】 2020年，地区教育局持续深化教育教学改革与实践研究，申报《阿克苏市基础教育优秀教育成果推广应用工作计划》项目，顺利通过教育部评审，阿克苏市获批入围基础教育国家级优秀教学成果推广应用示范区。编制《阿克苏地区首届中小学课后作业创新设计评比优秀作品汇编》、中小学12个学科《学科课程育人手册》。确定温宿县、拜城县为地区教育教学改革试点县，指导两县从“‘五育’并举、强化课堂主阵地作用、建设高素质专业化教师队伍”等方面落实工作要求和任务，健全立德树人落实机制，树立科学教育质量观，构建德智体美劳全面培养教育体系，营造教书育人良好氛围。

【库车市阳明小学】 库车市阳明小学创办于2018年，是宁波投资约8000万元援建的“交钥匙”项目工程，总占地面积约3公顷，总建筑面积约1.8万平方米。学校设计规模36个班，现有五个年级，24个教学班，在校注册学生889人，专任教师62人。学校共建有教学楼2幢，行政楼、综合楼、实验楼各1幢，体育馆及300米标准的田径场。每间教室配有大屏幕多媒体一体机，实现了“班班通”全覆盖。校园文化建设随处可见，有全疆唯一的王阳明先生纪念馆、阳明文化长廊以及一流的“琴棋书画”特色专用教室等。学校先后荣获阿克苏地区文明校园、文化润疆示范单位、库车市教育工作先进集体等荣誉称号。

2018年，在上级主管部门和宁波援疆指挥部的大力支持下，宁波市委派名校长担任学校首任校长，选调12名宁波优秀师资团队，引入先进理念，创新管理方式，构建优质课程，发挥援疆教师“组团式”力量，打造“宁波教育飞地”模式，弥补本地教育发展短板，学校办学特色不断凸显。2020年1月，学校首批宁波援疆教育团队已圆满完成教育教学任务，同年4月，迎来第二批援疆教育人才11人。同时，学校每年不断引进师范类青年专业教师和本地名师、骨干以及有艺术专长的特色教师，班主任均由库车市名师骨干教师担任。

秉持“生本课堂”理念，坚持以“学习活动”为主线推进教学过程研究和实践。改革备课模式，凸显实用，彰显个性。引导教师建立“高效、共享、反思”的新型备课模式，由教研组统一安排，每周半日教研为备课组集体备课时间，提高备课质量，减轻工作负担，提高工作实效。聚焦课堂，提高教学效率。深入探讨符合学科特点的生本课堂，教研组在“分层—合作”课堂模式，优化“小组合作学习”“生本视角的观察评课机制”等方面开展深入研究。规范作业与考试，实施质量监控。在新课程标准指导下，学校有效、合理设计、布置课堂作业、周末作业，充分利用市教研室教学质量监测体系，在校内实行逐年、逐班质量监测。加强校本教研，提升教师专业发展。大力推进以校为本的教学研究工作，探索新形势下教研组建设新内涵、新思路和新功能，全面提升教师专业发展水平。

学校大力开展结对帮扶等活动，多次牵线两地师生开展网络教研、书信往来、同上一堂课、共读一本书等活动。知行课程，培养个性特长。结合办学理念和学生实际，融合国家基础性课程和学校拓展性课程，学校推出“知行课程”，探索新时代背景下“歌诗、习礼、读书、考德”四大课程新内涵，共开设拓展兴趣社团36个，实现自主选择、走班选修、优质成长。阳明文化，践行知行合一。学校通过每天一诵读——阳明经典诵读；每周一课堂——静悟课堂；每月两班会——参观王阳明传习馆、阳明故事(家训)等主题队会；每年三活动——阳明文化校园日、阳明好少年评比、阳明文化游学活动，弘扬阳明文化、践行知行合一理念。生本课堂，彰显教育智慧。学校立足“减负提质”，打造高效课堂，成功举办“丝路阳明”基础教育高峰论坛暨首届“生本课堂节”活动，以教育改革、学生发展和生本课堂为主题，扎实推进学生发展核心素养培育的校本化实践和学校优质发展进程。星级评价，共享快乐成长。学校实行“阳明少年”星级综合评价，凸显过程性、全面性、多元性，旨在给每一位学生的不同发展领域给予一种肯定、一种期望、一种激励和一种导向。家校联合，共建和谐教育。学校建立家长学校，制定家长学校授课计划，每月开展教学交流活动，定期召开家长会，既有教育专家面对面的专题讲座，也有教子心得的相互交流，家校联合凝聚教育合力。

高中教育

【概况】 2020年，地区普通高中育人水平进一步提高。地区教育局紧紧围绕打造教育高地目标，深入实施普通高中优质发展攻坚计划，积极开展自治区示范性普通高中及地区级优质普通高中创建评估工作，全地区建成自治区级示范性普通高中4所、地区级优质普通高中8所。探索实施普通高中制度改革，建成普通高中信息化招生录取系统，实现普通高中招生更加规范有序、公平公正。2020年，全地区共有普通高中22所，在校学生51802名，在校教职工4982名，其中专任教师4286名。

【普通高中优质发展】 2020年，地区教育局紧紧围绕打造区域性教育人才高地目标要求，全力推动优质普通高中动态管理和评估创建，截至2020年10月，完成8所地区级优质普通高中创建和6所优质普通高中动态监管工作，将温宿县第二中学打造成地区普通高中体艺生培养培训基地，形成地区普通高中优质学校集群和区域性普通高中品牌学校，促进普通高中精品优质办学。

【中考制度改革】 2020年，地区教育局以招生制度改革为突破口，进行普通高中招生制度改革，全面实施高中阶段教育普及攻坚计划，中考志愿实现网上填报及普通高中实现网上录取，解决以往招生过程中存在的“多头招生”“哄抢生源”等无序行为，实现普通高中招生规范有序、公平公正，奠定普通高中优质发展良好基础。

2020年，地区完成普通高中招生18888人，中等职业院校招生16882人，实现普职比大体相当，推动普通高中和中等职业教育协调发展，有效推进2020年年初中毕业生升入高中阶段学校全覆盖。

【阿克苏第一中学】 阿克苏地区第一中学成立于1944年，由全日制普通中学发展成为自治区示范性普通高级中学。占地面积13.93公顷，校区总建筑面积为6.5万平方米，校园绿化率近50%。现有现代化教学楼3幢、科技楼1幢、学生公寓3幢、多功能厅1幢、学生食堂、体育馆等各种学习活动场馆，学习、生活环境优美。学校致力于打造成为一所拥有完善教学设施、优美校园环境的示范性高中，投入120万元完成智慧校园和安防系统建设，投入136万元完成绿色校园建设，投入202万完善学校体育设施建设，投入330万元完成学校一卡通、班班通项目建设。截至2020年12月底，学校内设9个职能科室，学校在编教师350人，其中专任教师267人。教师队伍中硕士研究生学历18人，大学本科学历317人，正高级职称教师1人，副高级职称教师35人，自治区级特级教师2人。学校共有62个教学班，共有学生3017人。高一年级20个教学班，学生1109人；高二年级20个教学班，学生858人；高三年级22个教学班，学生1050人。

学校秉持“为党育人，为国育才”理念，在打造国家通用语言精品学校上持续用力、步伐坚定，2019年8月起实现国家通用语言文字教育教学全覆盖。2020年选派424人次参加学习、竞赛、研讨等活动，派遣22名教师参加新疆师范大学国培计划，安排85位教师参加线上假期培训、继续教育。依托与内地名校结对子，推行送出去引进来方式，促进中层干部和青年教师成长进步。发挥援疆教学教研资源和援疆教师的示范引领作用及传、帮、带作用，帮助指导年轻教师快速成长。学校始终坚持以党的建设为统领，以年级组为单位，推进党支部建设工作，把地区一中打造成为一所“党建+”示范亮点学校。充分利用援疆平台，邀请浙江名师开展班主任培训，增强班主任技能。广泛开展升国旗、唱国歌、“我与国旗合个影”等教育活动。开办书法、茶艺等社团推进中华优秀传统文化进校园，厚植学生爱国主义情怀和民族团结意识，把立德树人贯穿到管理育人、教书育人、服务育人全过程。

学校依托援疆平台，经多次论证完善《阿克苏地区第一中学提升教育教学质量三年行动计划实施方案》，着力提升教育教学质量，调整年级组架构，设立年级管委会，进一步完善党支部建在年级组上模式，建立备课组制度，完善考试制度，学校教育教学呈现新气象。

学校以“实践科学发展，构建和谐校园”为统领，全面贯彻党的教育方针，以中华民族的优良传统为导向，以优化、美化、净化校园文化环境为重点，以“质量立校、文化凸校、名师扬校、成功靓校”为主旋律，促进学生健康成长和教师专业成长，为学校的可持续发展奠定基础。2020 年，建立图书角 62 个，举办黑板报、手抄报等比赛 20 余次，开展“红五月演讲比赛”“教学案例比赛”“红歌比赛”“讲红色故事”“看红色电影”“校园绿化美化建设创意大赛”“道路、林园、建筑名称命名大赛”等各类丰富多彩的文体比赛活动，促进学生全面发展。

2020 年学校着力提升教科研水平，2 项自治区研究课题、2 项地区级研究课题、7 项校本小课题成功立项。各级各类教学技能比赛中 27 人获得自治区一等奖，36 人获自治区二等奖，41 人获自治区三等奖，6 人获地区级二等奖，6 人获地区三等奖。目前，学校拥有自治区级“教学能手”称号教师 2 人，地区级“教学能手”称号教师 2 人。

【阿克苏第二中学】 阿克苏地区第二中学（以下简称：地区二中）始建于 1959 年，坐落于阿克苏市多浪景观河畔，占地面积 18.67 公顷，校区总建筑面积 60811 平方米，校园绿化率近 60%，是一所自治区级示范性高级中学。截至 2020 年年底，学校在编教师 280 人（党员教职工 114 人；教师队伍中硕士研究生学历 35 人、大学本科学历 264 人；正高级职称教师 11 人、副高级职称教师 60 人；自治区级特级教师 2 人，地区级托峰英才 5 人），学生 3844 人。学校目前建设有 2 个自治区级高中教师教学能手培养工作室、5 个地区级高中教师教学能手培养工作室、1 个地区级名校长工作室。2020 年，地区二中先后获地区“初高中‘教研月’优质课展示活动”优秀组织奖、地区民族团结进步模范集体等 4 项地区级称号，自治区基础教育信息化示范校和 2020 年度自治区文明校园等 5 项自治区级殊荣。

地区二中上半年学校共有教学班 76 个，高一年级教学班 26 个、高二年级教学班 25 个、高三年级教学班 25 个；下半年有教学班 75 个，高一年级教学班 22 个、高二年级教学班 26 个、高三年级教学班 27 个，共有学生 3844 人。2020 年，地区二中着眼教育教学发展需要，不断健全完善后备干部培养选拔机制，按照“职称晋升一批、任用一批、培养一批、表彰一批、沟通交流一批”的培养思路，派遣 5 名教师参加新疆师范大学国培培训活动，安排 123 名教师参加线上假期培训和继续教育。依托地区名校长工作室理论学习、校长论坛等方式，积极促进副校长及中层领导成长进步。依托教师教学能手培养工作室，鼓励引导中青年教师主动研修、自主发展。2020 年，学校有 4 名教师晋升为正高级职称，3 名教师荣获地区优秀教育工作者、地区优秀教师荣誉称号。

地区二中通过每学期的班主任工作技能大赛、每月定期开展的班主任培训、每周对班主任工作进行指导，切实增强学校德育工作实效性，2020 年班主任撰写德育论文 75 篇，班主任工作案例 75 个。一年来，学校通过表彰“优秀班干部”“优秀团干部”和十个方面之星等活动，潜移默化地陶冶学生道德情操。2020 年，学校积极组织开展“学宪法讲宪法”活动，通过层层选拔，推荐学生李静蕾在新疆选拔赛知识竞赛活动中获得高中组优秀奖。在自治区新时代好少年“美好生活劳动创造”主题教育活动中，学校荣获“先进集体”称号和教育部关心下一代工作委员会授予的“先进集体”称号。

2020 年，地区二中经过多年来大胆探索教研新思路，坚持实践课改新理念，形成“以教带研、以研促教”的良性循环。结题自治区级课题 4 项、地区级 7 项；3 项自治区级课题、11 项地区级课题成功立项。12 名教师先后在地区级及以上现场课大赛、素养大赛、教学技能大赛中获奖；107 名教师先后在地区级及以上教学设计、论文评比活动中获奖。截至 2020 年 7 月，学校拥有自治区级“教学能手”称号教师 6 人，拥有地区级“教学能手”称号教师 2 人。2020 年地区首届“十百千”名师培养评选活动中,2 名教师获评“教学名师”,7 名教师获评“学科带头人”,1 名教师获评“教学能手”。2020 年,为助推学校教学教研发展,拓宽本校教师专业化成长平台,学校积极向内地名校取经,邀请浙江援疆教师开展“同课异构”活动 1 次、展示课 9 节、专题讲座 3 场。

职业教育

【概况】 2020 年,地区共有高等职业院校 1 所,中等职业教育学校 9 所(含教育学院中专部),技工类院校 10 所。校园占地面积共 479.95 万平方米,建筑总面积 85.24 万平方米,教学仪器设备总值 3.65 亿元。各级各类职业院校共有教职工 2822 人(高职 706 人、中职 2116 人),其中在编教师 2086 人(在编教师中专任教师 1572 人),非本校编制教职工 481 人,自聘兼职教师 255 人;共有在校学生 49619 人,其中中职 41295 人、高职 8324 人。现有中职、技工专业 84 个,高职专业 41 个,初步形成以高等职业教育为引领、中等职业教育为主体、职业技能培训为支撑、企业内训和乡镇农牧民文化技术培训互为补充的职业教育体系。

【校企合作】 2020 年,地区各职业院校签订校企合作协议企业 305 家,其中 50 人规模以上企业 144 家,校企合作、产教融合逐步深化。阿克苏职业技术学院积极探索“入园(院)办学”,康复治疗技术实现专业教学过程与康养服务过程无缝对接,与北京翔宇通用航空集团校企联合办学,联合培养航空人才;地区库车中等职业技术学校与库车东城医院签订“东城医院班”护理专业联合培养护理人才;乌什县职业技术学校与洁丽雅新疆新越丝路有限公司通过“冠名班”方式联合培养纺织技术人才。

【职业教育改革】 2020 年,地区深入推进 1+X 证书制度试点,成功申报 1+X 证书制度试点 26 个,考核站点 8 个,2020 年教育厅年度抽查检测评为优秀。积极推进现代学徒制,对实践性较强、区域产业基础好、企业需求量大的专业,逐步推行“现代学徒制”和“企业新型学徒制”,以高职为龙头遴选现代纺织技术、康复治疗技术、护理三个专业作为现代学徒制试点专业,与华孚色纺有限公司、阿克苏地区第二人民医院、新疆长安中医脑病医院等 5 家企业合作开展现代学徒制培养试点工作,初步建立“入校即入企、招生即招工”双主体育人机制。

【院校布局结构调整】 2020 年,地区遵循阿克苏地区“十四五”新型城镇化和产业总体规划,累计投入资金 12.5 亿元,完成阿克苏职业技术学院、教育学院整体迁建。积极推进阿克苏职业技术学院以优质高职院校资质试办本科层次职业教育,为升格本科职业院校奠定基础。推动阿克苏教育学院转型升级阿克苏师范职业学院,地区库车中等职业技术学校(阿克苏工业技师学院)升格高等职业技术院校,打造“双高”校和南疆高等职业教育高地。2020 年拜城县职业技术学校成功升格中等职业技术学校。

【中高职贯通培养】 2020 年,地区积极推进中高职、本科贯通培养,当年推荐报考中职直升高职(专科)人数 718 人,实际录取 401 人,报考人数、录取人数均创历史最高。阿克苏职业技术学院根据自治区给定的考试大纲,做好学生考试辅导工作,设置各学科辅导群,制作辅导资料,免费向学生提供,2020 年地区报考专升本人数 585 人,录取 145 人,“3+2”本科转段 34 人,共计 179 名高职学生升入本科层次。

【兼职教师队伍建设】 2020 年,地区积极推进事业单位和行业企业高素质专业技术人才兼任职业院校教师工作,打破行业壁垒,全面挖掘行业、企业人才,盘活地区人才资源,补齐职业教育“双师型”教师短板,进一步推动地区职业教育优质发展。2020 年,地区建立兼职教师资源库,储备各行各业人才 548 人,各院校外聘兼职教师 255 人。

地区中等职业技术学校

【概况】 阿克苏地区中等职业技术学校(以下简称阿克苏地区中职学校)成立于 2013 年,是自治区重点建设的八所中职学校之一,2018 年 3 月与阿克苏技师学院合并办学,2019 年 11 月又分开办学。学校位于阿克苏市阿温大道 121 号,总占地面积 62.47 公顷，固定资产 3.93 亿元，建筑面积 13.9 万平方米，绿化面积 40.6 万平方米，绿化面积占总面积的 65%。学校开设农林牧渔、土木水利等九个专业大类。2020 年，新增计算机网络技术、服装设计与工艺、电梯安装与维修保养 3 个专业，共计 29 个专业；现有 11 个实训基地，91 间实训室。

【校企合作】 2020 年，阿克苏地区中职学校紧紧围绕地区产业布局，贯彻服务市场的发展理念，加强工学结合，深化校企合作，把学生课堂搬到企业中去，让企业高技能人才参与到教育教学中来，使合作企业成为学生的实训基地、教师能力的提升基地。截至 2020 年年底，学校拥有合作企业 69 家，共建校企合作实训室 1 个，企业投入资金 2.6 万元，在专业开设、实训室共建、人才培养、学生实习实训、教师下企业实践等方面拓展合作方式。2020 年与新疆艾斯芬纺织服装有限公司、新疆旺德福电子科技有限公司、新疆阿开电气有限公司 3 家企业开展深度校企融合。

【教学管理】 2020 年，地区中职学校坚持以思政教育为主体，国家通用语言文字教育和职业技能教育为两翼，重点培养适应地区经济社会发展、政治合格的技能人才。增加过程监督，强化常规教学管理。学校抓教学质量，树立良好师德师风，在期初、期中、期末三次教学大检查的基础上，制定《自习课管理办法》，强化日常检查、随机督查、电子督学，将检查结果作为年终绩效考核、职务晋升及聘任等的重要依据。多种形式培训，提升教师队伍素质。为建设一支可持续发展的稳定教师队伍，学校不断加大教师培训力度，2020 年通过实地送培和线上培训两种方式，选派 44 名教师参加自治区及地区组织的各类培训，组织 15 名专业教师进行校内技能提升培训，组织 83 名教师下企业实践锻炼，力促教师不断更新教育理念，提升专业技能水平。持续深化改革，提高人才培养质量。在全面调研、分析、总结 2019 年各专业试点班组建运行情况的基础上，制订《2020 级学生分层次教学实施方案》，确定试点班专业，规范试点班组建流程，科学制定人才培养方案，持续推动学校人才培养改革工作取得实效。积极申报优质中等职业学校建设项目，职业教育提质培优行动计划（2020—2023 年）建设项目，推进学校向内涵式高质量发展。

【学生教育管理】 2020 年，地区中职学校牢固树立“整体联动、全程育人、持续发展”的学生管理理念，严格落实服务育人、管理育人、教育育人的工作要求。在思想教育中渗透。以“五个认同”（认同伟大祖国、认同中华民族、认同中华文化、认同中国共产党、认同中国特色社会主义）、社会主义核心价值观、习近平新时代中国特色社会主义思想为引领，以主题班会、主题团日等活动为载体，不断强化学生爱国主义教育和民族团结教育。在行为习惯中养成。常态化开展“民族团结好班级”“民族团结好宿舍”“民族团结好学生”评比活动，发挥学生之间相互学习、互相监督、互相帮助作用，力促学生文明习惯养成教育取得实效。在结对帮扶中进步。以“三进两联一交友”活动为依托，以铸牢中华民族共同体意识为导向，落实民汉学生混班教学、混合住宿，促进各族师生在学习生活中深入交往交流交融，持续开创学校民族团结新局面。

【实训教学】 2020 年，地区中职学校调整专业布局，创新培养模式。学校 2020 年成功申报计算机网络技术应用、服装设计与工艺、电梯安装与维护保养三个新增专业。圆满完成汽车维修技能“1+X”证书制度试点考核工作，学生通过率达 100%。立足岗位需求，优化课程结构。学校结合师资、学情、设备相关情况，对课程设置、教材教辅和教学计划进行反复修订，持续抓好国家通用语言文字教学，力促形成“一、二、三”课堂协同发力教育教学模式，不断提高学生的国家通用语言水平；持续推行理实一体化教学模式，增加实训课比重，强化学生技能教育。以学生为中心，提升专业水平。组建各系部专业兴趣小组 36 个，激发学生专业技能的学习兴趣。鼓励师生积极参加各级各类技能大赛，营造技能学习的浓厚氛围。师生在全国“三区三州”技能大赛地区预选赛荣获教师二等奖 1 个，学生二等奖 1 个，在自治区预选赛获教师二等奖 1 个；师生在 2020 年中餐烹饪世界锦标赛取得 2 银 5 铜的佳绩。

【学生顶岗实习】 2020 年，地区

中职学校完善顶岗实习管理制度。学校制定《阿克苏地区中等职业技术学校实习班班主任管理办法》,修改完善《顶岗实习管理办法》《顶岗实习安全协议》《顶岗实习协议》《实习手册》,为规范和加强顶岗实习学生管理工作提供制度保障。有序组织学生顶岗实习。2020 年,学校与企业多方联系,落实实习岗位 1802 个,安排顶岗实习学生 1756 名，学生实习率达 93%。加强实习期间学生管理。严格落实顶岗实习管理办法，抽调 23 名教师成立顶岗实习指导教师小组,划分片区驻厂管理学生,对学生实习过程、实习质量、安全防范等情况进行全面巡查；班主任每周联系学生一次，做好学生实习的跟踪管理。

库车中等职业技术学校(阿克苏工业技师学院)

【教学工作】 2020 年阿克苏地区库车中等职业技术学校（阿克苏工业技师学院)(以下简称库车中职)深化教育教学改革。以国家职教 20 条为引领,科学合理调整专业设置,指导学校课程体系建设,重新修订所有专业人才培养方案及课程设置，积极申报 1+X 证书制度试点院校。2020 年共有 8 个职业技能等级证书获批,1 个 1+X 证书制度考点获批。强化分层次教育。结合学生国家通用语言文字水平高低不等的现状，从课程设置、教材使用、教学安排等方面指导落实分层分类教学。国家通用语言薄弱的学生，加强国家通用语言文字教学，提高学生听说读写能力；国家通用语言较好的学生,强化技能提升,提高职业能力和职业素养的教育，真正用最合适学生实际的教学方法，传授学生最需要的知识。提高学生技能水平和综合素养。鼓励学生参加“三校生”联考,2020 年学校共有 56 名学生进入高职院校。加强师资队伍建设。加大高技能人才的引进力度，不断充实壮大学校教师队伍。2020 年,人才引进教师 33 人，西北师范大学实习教师 14 人。积极构建核心层教师队伍,重点加强青年教师队伍建设,积极培养、储备学校事业发展的未来人才。采用“请进来,走出去”的办法,加大“双师型”教师培养力度,目前双师型教师 168 人。开展援疆教师、校骨干教师与青年教师开展“师带徒”活动,鼓励教师积极参加业务培训,2020 年共 141 人次参加各级各类线上、线下培训。积极参加教学技能大赛。“三区三州”技能大赛中 8 名教师获奖；第一届职业技能大赛新疆选拔赛 4 名教师获奖；加强教科研指导力度。定期开展集体备课,教学研讨,查找教学工作中的优点和不足，不断改进教学中存在的问题。2020 年学校共有 8 名教师发表论文 10 篇,2 名教师成功立项自治区教科研小课题。

【学生教育管理】 2020 年，库车中职学校抓实抓细学生常规管理。选优配强班主任队伍,每周召开工作例会、研判等,完善量化考核制度,调动工作积极性。以军事化管理为基准,从学生两操、卫生清理等方面抓细学生六大教育，管理教育实行“五步矫正法、五步管理法”30 次,卫生区域实行三级片区化管理机制，实行楼长责任制加强学生宿舍日常管理，定期开展女生“四自教育”等。采取“车接车送、家校联手”的方式,每逢放假与当地政府无缝对接，成立劝返工作领导小组，加大未返校学生的追踪劝返工作。多样化家访、电话访、实地访,完善联系沟通机制，助力家校联手、共同管理。开展“三进两联一交友”活动。每月组织开展“六个一”活动,重点关注建档立卡贫困生、重点家庭子女等特殊学生思想动态、生活困难,从校领导到老师层面,联系学生 5180 人,进班级 7700 次，进宿舍 2649 次,进食堂 4163 次，联系家长 8908 人,与学生开展各类交友活动 1170 次。

【实训工作】 2020 年，库车中职学校探索推进“工学结合”教学模式。先后与“石榴籽服装厂”“云创智能电子设备有限责任公司”“天天汽车服务有限公司”“库车大众修理厂” 等多家企业签订实习实践协议。不断深化教师、教材、教法“三教”改革,积极推进“工学结合”教学模式,把班级建在企业,让学生在身体力行的实践中感受、体验和学习知识,在做中学,在学中做,不断强化技能教学,提高学生就业综合竞争力。完善管理规定,加强管理。制定完善实训管理规定，各实训室设专人进行管理,做好设备使用登记台账。完成实训任务,提高技能水平。本学年,每周共安排 8 节实训课程,以理实一体化教学为主要方式,加强学生动手操作能力。各专业教师更要全程跟班教学，部分系部专业教师将办公室设在实训车间，保证设备正常运行，课程教学顺利完成。认真做好技能考核鉴定、大赛训练等各项工作。根据学校安排，认真完成学生及培训学员技能考核鉴定工作，2020年共完成技能鉴定1500人次。

【学生顶岗实习】 2020年，库车中等职业技术学校2020年我校共有2231名学生参加顶岗实习，其中2017级高级工班340人。为确保顶岗实习管理无漏洞，专门制订《顶岗实习教师跟踪方案》，指定实习指导教师，明确实习指导教师职责，在签订顶岗实习协议时，单列企业指导教师姓名及联系方式，明确具体管理人和管理职责，在制度上确保管理无漏洞无死角。根据顶岗实习管理办法，对实习学生按照每月电话访、季度实地访、特殊时期一周访、重大事情随时访的要求做好全过程管理，确保实习就业期间“三个安全一个保障”。截至2020年12月底，顶岗实习2231人，其中四年制高级工340人，就业率达92.8%，其中直接转为创业工人达50%。深化校企合作。不断深化学校产教融合、校企合作发展，学校先后与库车石榴籽服饰有限公司、新疆云创智能电子设备有限责任公司和庞贝捷汽油贸易（上海）有限公司三家大中型企业签订合作协议，通过互认挂牌、联合招生、设立“冠名班”“订单”、学生跟岗见习、顶岗实习、就业、互派人员交流合作等进行合作，截至2020年12月底，共招收“石榴籽班”“云创班”“冠名班”学生260人，近700名学生在合作企业顶岗实习、见习，一体化协同育人效果取得实效。学校把抓好就业工作作为落实“六稳六保任务”的主要抓手，2020年学校通过加强同企业合作，采取岗前教育、见习实习、就业指导等方式，提升学生就业创业技能，截至2020年12月底就业率达92.8%，其中直接转为创业工人的达50%。

高等教育

【高职扩招】 2020年，地区教育局认真贯彻落实国家高职扩招工作部署，按照自治区教育厅统一要求，积极推进阿克苏职业技术学院向应、历届高中阶段学历或同等学力毕业生、退役军人、下岗失业人员、农民工、高素质农民、基层农技人员和企业员工等人群推出学前教育、机电一体化技术、汽车检测与维修技术、通信系统运行管理、数字媒体应用技术、园艺技术、畜牧兽医7个招考专业。2020年共计747人报名参加考试，433个招生计划实际完成招生404人，其中应届高中阶段学历毕业生128人，历届高中阶段学历或同等学力毕业生106人，高素质农民51人，农民工4人，企业员工8人，退役军人102人，学前教师5人。

【科研服务】 新疆理工学院完成国家级科研项目立项2项，自治区科研项目立项9项（其中重点项目1项、面上项目3项、青年项目5项），地区科研项目立项4项，科研总经费300万元。

【混合所有制】 2020年，地区教育局不断深化职业教育改革，积极探索多元主体办学模式，推动地区高等职业学校及其二级学院股份制、混合所有制改革试点，形成多元办学格局，取得良好成效。组织阿克苏职业技术学院二级学院信息工程学院与厚溥教育集团合作开展“校企混合所有制合作办学模式改革创新”试点工作，申报并成功获批自治区教育厅“混合所有制改革试点实践与探索项目”，争取专项资金30万元。阿克苏职业技术学院第一批试点共8个班、306名学生。

【重大项目】 2020年，地区教育局积极推进阿克苏职业技术学院国家第三批现代学徒制试点项目建设，2020年11月6日该项目顺利通过自治区教育厅验收；全面启动阿克苏职业技术学院第二批自治区优质高等职业学校创建工作，获批立项为南疆唯一一所自治区优质高等职业学校建设项目学校，争取专项资金1000万元；地区成功申报自治区级技能大师工作室项目1项，争取专项资金10万元；申报2021年现代职业教育质量提升计划项目，成功获批2个专业实训基地建设项目，争取专项资金600万元。

【科技合作】 2020年，地区教育局紧紧围绕地区经济社会发展需求，推进阿克苏职业技术学院在标准制定、技术评估、技术培训等领域承接3项横向课题，其中阿克苏地区残疾人联合会横向课题1项、阿克苏地区卫生健康委员会横向课题2项,共拨付经费34.5万元,实现了高职院校横向课题“零”的突破。积极推进阿克苏职业技术学院与温宿县人民医院合作建成教学医院一家;解决企业技术难题4项;“科技下乡”服务(次)5次;开展为企业制作网站3个，为企业等制作VR实景地图4项。

成人教育

【师资培训】 2020年，地区教育局大力推进阿克苏教育学院做大做强师范中职、高职、函授大专教育,积极开展教学质量提升工程,以社会需求、职业能力和岗位技能为前提，着重加强专业课和实践环节教学，将课程体系分为政治理论课、教育理论与实践、专业基础课，学院招生规模、办学水平、学生就业明显扩大和提升,更好地适应社会需求和个人发展。当前阿克苏教育学院开设“3+2”大专班3个、中专班32个、函授大专班2个，其中全日制在校生1583名、函授小教文科大专2018级85名、小教文科大专2020级39名。

地区教育局积极争取浙江省对口援疆资金支持,助力阿克苏教育学院开展5个培训项目,实施新教师教育教学能力提升培训项目,累计培训教师540人。积极探索精准滴灌式送教下乡,组织阿克苏教育学院专家赴阿瓦提、柯坪、新和3个县10余所中小学开展送教培训,与78名青年教师结对,进行个性化诊断式教育帮扶;开展幼儿园园长、骨干教师能力提升培训项目累计培训360人。

【学历提升】 2020年，地区教育局紧密衔接地区经济社会发展需要、社会人员学历提升需求以及新疆广播电视大学阿克苏分校(阿克苏开放大学）办学实际,依托新疆电大一体化平台、国开学习平台,实施“学历教育体制创优工程”,不断加强专业建设和课程建设，持续优化和调整开放教育专业设置，全面推进学习资源建设,确保学习资源适应时代要求、符合学生需求。

阿克苏教育学院

【概况】 新疆阿克苏教育学院、阿克苏地区师范学校分别创建于1985年、1934年,2007年9月合并为阿克苏教育学院，至2020年已有82年办学历史，是阿克苏地区唯一一所以师范教育为主的,融教师的职前培养、入职教育和职后培训为一体成人高等院校和中等师范学校,是新疆9所自治区重点师范学校之一。2020年学院迁建新校区，整体搬迁至温宿县发展路以西,阿克苏职业技术学院以北。占地面积36.6830万平方米，一期建筑面积8.3053万平方米。

【大中专学历教育】 2020年,阿克苏教育学院坚持做大做强师范中职、高职、函授大专教育,将课程体系分为政治理论课、教育理论与实践、专业基础课,学院招生规模、办学水平、学生就业明显扩大和提升，更好地适应社会需求和个人发展。当前开设“3+2”大专班3个、中专班32个、函授大专班2个，其中全日制在校生1583名,函授小教文科大专2018级85名、小教文科大专2020级39名。

【中小学教师继续教育培训】 2020年，阿克苏教育学院在浙江省援疆指挥部的援助下，先后开展两个培训项目，新教师教育教学能力提升培训项目累计培训540人。因疫情影响，探索精准滴灌式的送教下乡,先后赴阿瓦提、柯坪、新和3个县中小学送教培训,与78名青年教师结对，进行个性化诊断式教育帮扶;幼儿园园长、骨干教师能力提升培训项目累计培训360人。

【教育科研】 2020年，阿克苏教育学院教师申报课题积极性显著提高，全年共申报课题87项,截至年末获批42项,结题15项。其中申报校级课题34项,申报地区社科课题17项,申报自治区校本小课题22项,申报自治区社科基金项目3项，申报自治区社科院课题14项。校级课题结题11项,地区级课题结题4项。学院教师公开发表论文42篇。

【学生管理德育】 2020年，阿克苏教育学院结合疫情防控常态化创新学生德育、管理。加强学生精细化管理。坚持“三全育人”(全员育人、全程育人、全方位育人),成立总网格长—网格长—网格组长的网格管理体系，构建金字塔网格化管理模式，做到精细管理、突发事件应急处理工作有序进行。强化德育工作。通过班主任会议、经验交流及工作座谈会等方式抓好队伍及管理机制建设；同时，利用各类德育活动，提升学生素养，2020年度共开展各类安全教育活动15次，爱国主义教育、民族团结教育9次，组织学生进行环保实践活动2次。完善社团建设。开设书法社、美术社、合唱团等13个社团，进一步丰富学生课余生活，提高学生综合能力。严格落实“三免一补”助学制度。全年免学费469万元，减免住宿费、教材费150.75万元，发放助学金225.42万元，三免一补政策覆盖率100%。

【招生工作】 2020年，阿克苏教育学院通过线下+线上相结合的方式开展招生工作，学前教育、幼儿保育、计算机应用三个专业共招生541人，超额完成招生任务。

【就业服务】 2020年，阿克苏教育学院稳步推进就业工作，全年共有毕业生704人，通过就业指导培训、毕业生推介会、小型专场招聘会等方式推动毕业生就业，2017级毕业生就业率达95.17%。

新疆广播电视大学阿克苏分校

【学生情况】 新疆广播电视大学阿克苏分校（以下简称：阿克苏电大）开放教育是经过教育部批准的，由中央电大组织实施的为社会大众提供学历教育的一种教育方式，属于国民教育范畴，教育部网上电子注册，国家承认学历。分开放教育本科、开放教育专科，学生参加学校组织的入学水平测试，择优录取。至2020年总共招收开放教育学生30181人，共毕业17662人。2020年阿克苏电大共招收本、专科学员2220人，其中本科人数938人，专科人数1282人，毕业2015人。

【教学活动】 2020年，阿克苏电大发挥电大远程教育优势，充分利用信息技术，增加云教室辅导课程，实现班主任在线监督，学生自主在家学习。充分利用“国开学习网”做好面向全学员的教学支持服务，引导学生通过手机、电脑等媒体开展学习，并及时进行线上指导答疑。同时开展网上形成性考核改革、形成性考核作业等教学活动，确保停课不停学，教学质量不降低。

教育管理

【教材征订】 2020年，阿克苏地区春季学期中小学合计免费学生472156人，免费金额44687876.79元；秋季学期免费学生453478人，免费金额42411324.98元，合计征订16.4万套；2021春季学期中小学教材征订880万册。

【课题研究】 2020年，地区教育局重视“以校为本”小课题研究工作，扎实做好2020年度课题立项及课题结题工作。各县（市）上报223个“以校为本”小课题申报立项，经专家评审，择优推荐80个申请自治区立项，其中51个被立项，107个立项为地区级课题。自治区级立项“以校为本”小课题结题32个。组织专家对地区级立项的39个“以校为本”小课题进行评审，准予结题21个，同意课题延期结题2个，建议课题延期结题1个。

【教学能手工作室】 2020年，阿克苏地区先后承担自治区级、地区级工作室研赛大赛、专题研讨、专题送教等活动42次，各级工作室承担教师继续教育培训、教材培训、送教下乡等76场次，学科涵盖语文、数学、英语、物理、化学、政治等12个。根据《自治区教学能手培养工作室考核工作的通知》要求，组织6个自治区级工作室参加自治区年度考核，对20个地区级、62个县（市）级工作室进行年度综合考核，经评审，6个自治区级工作室考核“优秀”，2个地区级工作室考核“优秀”，17个县（市）级工作室考核“优秀”。

【网络研修】 2020年，阿克苏地区教育局根据《阿克苏地区新时代“十百千”名师培养工程实施意见》精神，多层次、全方位开展教师培训、培养工作。组织教师参加自治区备、教、学、评一体化教研活动、自治区“新时代大教研”活动，参与教师6000人；组织地区10396名中小学教师参加温州市援疆专家组织的“云端送教”线上培训；组织教师参加自治区专递课堂培训、自治区教科院微课培训、2020年全国科技版小学科学新教材远程直播培训等活动，参训教师23600人次；依托浙江省“云端”教育援疆培训项目、浙江省援助阿克苏教师教学能力提升培训项目和幼教提升工程,分批培训教师5.2万人次。

教育督导

【履职评价】 2020年,地区行署教育督导委员会办公室做好2020年对地(州、市)人民政府履行教育职责评价工作,紧紧围绕14个一级指标45个二级指标,结合地区实际,坚持问题导向,开展全面自查,总结工作成效、经验做法,查找存在的问题、短板,提出改进措施、建议,并撰写客观准确、数据翔实、内容全面的自评报告,推动各级人民政府履行好教育各项职责。

【学前幼儿园网上督评】 2020年,地区行署教育督导委员会办公室引导各类幼儿园更加均衡发展、优质发展。制定幼儿园办园行为督导评估年度计划,督促各县(市)积极开展网上督评工作,并对未按计划开展督导评估的县(市)给予通报。年内,全地区各幼儿园自评完成率达98.1%,各县市教科局督评已完成86.1%。为进一步贯彻落实中共中央办公厅、国务院办公厅《关于深化新时代教育督导体制机制改革的意见》,对地、县两级教育督导机构设置、人员配置、督学队伍建设、经费保障、教育督导结果运用等情况进行调研。

【能力提升】 2020年,地区行署教育督导委员会办公室根据自治区人民政府督导委员会《关于举办2020年国家级教育督导网络培训班的通知》精神,组织各县(市)5名教育督导室负责人报名参加专题示范网络培训班,5名新任督学报名参加新任督学资格认定培训班。督促按要求完成直播和点播相结合的30学时网络课时和主题研讨和研修总结10学时,共计40学时网络培训。

重点学校

阿克苏职业技术学院

【学生情况】 阿克苏职业技术学院(以下简称阿职院)2020年在校生10697人,其中应用型本科学生180人,高职生8401人(含五年一贯制转段后学生),中职生2116人。2020届毕业生共计2629人,其中高职毕业生1615人,中职毕业生1014人。学生76.2%来源于南疆四地州,5.1%来自内地部分省份,18.7%来自疆内其他地州。

【招生工作】 2020年,阿职院积极拓展疆外生源省份,着力提高学院在全国的知名度,分别在山西、内蒙古、河南、重庆、四川、贵州、青海、陕西、甘肃、宁夏10个疆外省份投放招生计划275人,逐步拓展疆外生源范围。通过单独招生、直升专、普通高考、三校生升高职、高职扩招等招生录取方式完成高职招生3450人,其中招收疆内学生3400人,招收疆外学生50人,录取率达92.72%,报到率达88.3%,高质量完成招生录取计划。

招生数量稳中有升,2020年单独招生计划473人,录取473人,报到357人;直升专招生计划314人,录取314人,报到252人;普通高考招生计划1994人,录取1751人,报到1637人;高职扩招招生计划433人,录取405人,报到405人。本科招生有序推进,2020年阿职院“4+0”应用型本科专业合计招生60人,学院在校应用型本科生达180人,应用型本科招生工作持续稳步推进;招生质量显著提升,2020年阿职院通过普通高考录取高职新生1751人,其中344人超过二本录取分数线,录取最高分为445分,招生质量明显优于往年;招生专业设置科学,2020年阿职院高职招生数量排名前五的专业中,护理专业就业率94.5%,专业对口率88.89%;会计专业就业率100%,专业对口率83.33%;畜牧兽医专业就业率100%,专业对口率62.5%,科学的专业设置有效促进就业率和专业对口率。

【师资建设】 2020年,阿职院现有在编教职工537人,其中:专任教师426人,副高级以上职称教师45人,研究生115人,双师素质教师163人,同时建有300名以行业企业骨干技术人才为主体的、稳定的兼职教师队伍。

2020年,阿职院大力营造尊师重教氛围,于第36个教师节表彰授予3名教师“大先生”荣誉称号并分别给予2万元奖励,评选表彰“优秀共产党员”“民族团结进步好教师”“十佳教师”“十佳教育工作者”“十佳班主任(辅导员)”等94人,推荐教师获地厅级以上荣誉10人次。落实关心关爱机制,申请发放引进人才购房补贴20万元、租房补贴6万元,引进人才津补贴14万元,高标准配备教师公寓设施、举办教职工兴趣班、建立女职工休息哺乳室、开展教职工健康体检、定期走访慰问等措施,切实加强对全体教师的关心关爱,提升教师地位。健全培养培训体系,2020年阿职院举办新教师研习营培训102人,遴选73名优秀骨干教师与青年教师结对,组织骨干教师参加校外各级各类培训547人次,组织教师下企业实践锻炼129人次,认定“双师型”教师84人,晋升中级及以上职称27人,持续开展8个院级技能大师工作室建设,通过“激励与约束”并行的管理方式、“新进教师—骨干教师—专业带头人—教学名师—大先生”五级教师的成长路径,建立起较为完备的“双师型”教师培养培训体系。汇聚人力智力资源,阿职院通过公开招聘、人才引进、遴选调动等多种招聘机制,招录108名各专业紧缺教师,其中:副高职称教师2人、中级职称教师5人,具有研究生学历17人,具有一年及以上企业行业工作经历50人。柔性聘用行业企业一线专家74人,吸纳中组部“组团式”援疆教师12人,争取西北师范大学、北京邮电学院、昌吉学院等支教资源61人,为学院发展夯实人力智力资源基础。

职业技术学院学生参加2020年浙阿杯“中国创翼”创业创新大赛(王晓玲 供图)

【就业创业工作】 2020年,阿职院高职毕业生共计1615人。截至12月31日,经自治区人社厅和教育厅审核,高职毕业生就业率达94.79%,其中建筑经济管理、会计电算化、机电一体化技术、畜牧兽医等14个专业就业率均达100%。高职毕业生中已就业1531人,其中协议就业1274人,合同就业52人,应征入伍11人,国家基层项目就业11人,自主创业3人,升学180人(其中34人为护理“3+2”直接转段至新疆医科大学),待就业84人。2020年,阿职院大学生参加各级各类创新创业大赛,参赛项目共计42个,参与人数达675人次。

【专业建设】 2020年,阿职院现有医药卫生、农林牧渔等11个专业大类3个培养层次(中职、高职、本科)的53个专业设置;建有国家职业院校残疾人康复人才培养改革试点专业1个,教育部第三批现代学徒制试点专业3个,自治区职本衔接应用型本科人才培养试点专业4个,自治区级特色专业5个,自治区级优质校重点建设专业群3个,自治区级精品课程7门;拥有国家“1+X”证书制度试点16个,自治区、地区订单定向委托培养专业4个,建成1个国家级人才培训基地,2个自治区级人才培训基地,3个中央财政支持职业教育实训基地和7个自治区财政支持专业实训基地。2020年,全面启动第二批自治区优质高等职业学校创建工作,被立项为南疆唯一一所自治区优质高等职业学校建设项目学校;按照教育部职成司《关于做好2020年现代学徒制试点验收工作的通知》要求,阿职院承接的国家第三批现代学徒制试点项目顺利通过自治区教育厅的验收。

2020年,阿职院对接地区“76331”战略工程,做好园林技术、智能控制技术、民航安全技术管理、信息安全与管理4个自治区2021年高等职业教育(专科)新增专业申报工作;成功获批14个国家第三批“1+X”职业技能等级证书试点,在自治区“1+X”证书制度试点工作抽查检测中获得优秀等次;获批自治区级技能大师工作室项目1个,争取专项资金10万元;全面落实《自治区关于深化职业教育改革的实施方案》,积极开展自治区教育厅“混合所有制改革试点实践与探索项目”申报工作并获批立项,到账专项资金30万元。

【课题建设】 2020年,阿职院立项的51项各级各类纵向课题中,省部级项目3项,厅局级项目32项,院级课题16项。2020年12月立项的2021年度地区人才项目10项,获批科研经费共计32.3万元。围绕地区经济社会发展需求,在标准制定、技术评估、技术培训等领域承接3项横向课题。其中2020年3月承接阿克苏地区残疾人联合会横向课题一项,拨付15万元经费;2020年9月,承接阿克苏地区卫生健康委员会横向课题2项,拨付19.5万元经费。

【基础设施建设】 根据地区整体部署调整,阿职院目前拥有占地面积778434平方米(1167.66亩),建筑群总建筑面积151258.45平方米,其中校舍建筑总面积17.6659万平方米(在建4.5636万平方米),生均校舍建筑面积18.97平方米,教学科研行政用房建筑面积10.3256万平方米(在建1.2184万平方米)。2020年完成校园1162.25平方米规划地用地规划许可证办理工作。

【社会培训和成人教育及鉴定】 2020年,阿职院创新工作思路,大力开展社会培训、成人教育及鉴定工作,实现全年创收930万元。全年开展专业技术人员继续教育培训、骨干教师培训、创新创业培训、“双师型”职业教育师资培训、特种设备培训、职业技能培训等,培训人员3643人次,建成在线学习课程228门,培训收入284万元,取得良好的社会效益和经济效益。

阿职院与新疆财经大学、石河子大学、新疆师范大学、塔里木大学、新疆大学6所高校积极合作开展函授专科、本科学历教育,设有56个专业,并首次与昌吉学院开展联合办学,开设6个专业。

阿职院结合地区服务“三农”为重点的目标要求,加强职业技能鉴定,年内开展社会鉴定8批次,职业技能鉴定327人。

【扶贫助学】 2020年阿职院全面落实国家助学政策,持续加大助学力度,完善学院资助政策。全年13168人次享受学院、自治区、国家层面的各级各类助学金共计1572.338万元。中职学生4320人全部享受“三免”政策,其中2860人享受“一补”政策,高职学生6764人次享受国家助学金和自治区助学金,做到贫困学生应助尽助,确保无一名学生因家庭困难辍学。2020年,阿职院继续秉承大学生德厚技强的奖学金评选基本原则,争取多方支持,评选享受各级各类奖学金学生人数共计958人次,享受金额共计308.72万元。

新疆理工学院

【学生情况】 2020年,新疆理工学院有全日制本科生10290人。新疆理工学院构建课堂育人体系,培养学生实践能力。做优做强第一课堂(教室课堂),增强学生的“四个自信”(道路自信、理论自信、制度自信、文化自信),提升青年学生的专业知识技能。规范做实第二课堂,通过组建社团,成立兴趣小组,开展兴趣活动、公益服务,形成第二课堂,采取校园活动(各类比赛、竞赛、团体活动、劳动等)与校外活动(志愿服务、三下乡等)相结合的方式,通过课外活动强化学生的能力素质。创新打造第三课堂,结合学生专业特点和要求,通过认知实习、调研考察、顶岗实训、义工支教等实践教学,形成实践课堂。协调推进第四课堂,通过新媒体平台,构建网络课堂,以学生喜闻乐见的方式,组织开展网络知识测试、微视频征集、网文写作等,鼓励学生主动参与,达到教育与提升的目的。

【师资建设】 2020年,新疆理工学院引入人才充实师资力量,盘活存量激发人才活力。多渠道引进人才,通过公开招聘引进编制内教师16人,从各县(市)选拔调入研究生学历专业技术和管理人才19名,聘用人事代理工作人员26名。实施高层次人才引进工程,引进(返聘)高层次人才14人。实施《“双肩挑”人员聘任及管理办法》,从教辅、行政岗位挖掘具有研究生学历的“双肩挑”教师33人。重视“双师双能型”教师队伍建设,组织111名专业课和实践指导课教师深入企业实践锻炼。修订《教职工攻读博士学位管理规定》,鼓励职工提升学历学位层次,全年13名教师在职报考博士研究生。搭建教师成长平台,选派教师参加各类培训、交流学习481人次。

推荐教师参加各类人才项

目，1 名高层次人才入选“西部之光”访问学者，3 名高层次人才入选“托峰英才”。指定“传帮带”导师，帮助青年教师站稳讲台，13 名教师通过高校教师资格认定，96 名教师通过试用期考核。制定落实《专业技术职务任职资格评审办法》，助力教师职称评审。7 名教师通过评审获得高级职称（正高 2 名、副高 5 名），39 名教师及教辅人员通过初评定或授予方式获得高一级职称（副高 1 名、中级 37 名、初级 1 名）。

【专业建设】 2020 年，新疆理工学院优化专业规划布局，建立本科专业动态调整机制。新增“测量技术与仪器”“智能科学技术”2 个专业。推进 1 个国家级、2 个自治区级一流本科专业建设点工作，推进校级一流本科课程建设工作。开展以赛促建、以赛促改、以赛促教、以赛促学、以赛促创，在“互联网+”等大赛中获国家级奖项 27 项、省级奖项 64 项。提高人才培养质量，明确本科专业的申报、停招、撤销等相关规定，推动就业、招生计划与人才培养的有效联动，建立健全专业有进有出的动态调整机制。紧抓培育学科团队、推进平台建设和加强制度创新 3 个重点环节，以 1 个国家级一流本科专业建设、2 个自治区级一流本科专业建设为突破口，整合全校资源，对照国家级与自治区级一流专业建设标准，对 27 个专业、30 门课程开展一流专业、一流课程建设模拟申报工作。

【交流合作】 2020 年，新疆理工学院依托浙江省对口援疆优势，与浙江省 26 所高校进行交流，与 10 所高校签订合作框架协议，与中国矿业大学、塔里木大学等 5 所高校达成合作协议。立足优势专业，与疆内外企业、院所签订校企（所）合作协议，强化校企合作促使学校发挥人才优势，增强学生实践动手能力，推进学校办学模式和人才培养模式改革，与中国电信、华为集团等大型企业开展科技合作，系统性建立产学研联合体，形成稳定持续的合作关系。

【科研建设】 2020 年，新疆理工学院推进科研平台建设，申报新疆黑木耳工程技术研究中心，以自治区第二名的成绩全票通过专家组答辩，现已正式组建。提升科研服务质量，学校全年申报项目 227 项，立项 80 项，其中国家级基金项目立项 3 项，自治区重大专项 1 项。推进校级项目改革，新增“星火项目”用于补充校级一般项目以下的空白。开展申报指导，全年举办项目申报指导会 5 场，涉及人数 130 人。提升教师科研活力，针对省部级以上科研项目采取一比一配套的方式给予奖励，设立科研成果奖励。成立由第八届全国辅导员素质能力大赛三等奖获得者贾昌路为主持人的“贾昌路工作室”，为完善高校大学生培养提供人力、物力及智力支持。

【招生工作】 2020 年，新疆理工学院面向全国 14 个省（自治区、直辖市）招生，编制普通高等教育招生计划为 3269 名，实际录取 3260 名，完成计划率为 99.70%。录取新生 3260 人，其中，录取疆内学生 1360 人，疆外学生 1900 人；少数民族学生 1030 人，汉族学生 2230 人。2020 级报到在校生 3099 人，报到率 95.06%；疆外报到 1766 人，报到率 92.95%。首次进行专升本招生，计划招录 440 名，实际录取 440 名，计划完成率 100%。

【就业服务】 2020 年，新疆理工学院毕业生共 1112 人，已就业 1005 人。其中，在疆外就业 170 人，疆内就业 835 人，升学 21 人，入伍 8 人，自主创业 7 人。就业率为 90.38%。

学院党委先后 2 次选派人员，分别赴和田、巴州、喀什等地州开展毕业生就业调研工作，与 230 家单位建立联系，为毕业生收集就业岗位 5000 个。为 2020 届毕业生举办线下线上招聘会 3 场，累计邀请用人单位 500 家，提供岗位 9400 个，达成就业意向 4100 人次。通过网络召开专场招聘宣讲会 50 场，参加用人单位 80 家，提供就业岗位 3200 个。依托“2020 届高校毕业生全国网络联合招聘——24365 校园招聘服务”活动和新疆公共就业服务网等平台，为毕业生精准推送就业信息。开展线上招聘，就业工作领导小组依托新疆公共就业服务网等专业招聘网站，组织专场招聘会、双选会等线上招聘会，发布各类招聘信息 4000 条。疫情期间，采取线上“一对一、点对点”就业服务，推荐就业单位，保障毕业生充分就业。举办考公务员和事业单位线上专题讲座 10 场，邀请优秀培训机构为毕业生进行培训和指导。

科学技术

科技项目

【科技兴阿项目】 2020年,地区科技局突出科技项目技术创新引领带动作用,加快推进地区优势特色产业、重点领域科技创新,立项实施地区科技兴阿项目16项。其中,将《乌什县沙棘组培快繁植株再生与栽培技术推广示范》项目列为地区重点科技项目,推动乌什县沙棘特色产业创新发展;立项实施《新冠肺炎疫情防控中临时性负压病房建设实践与推广》《阿克苏地区疾病预防中心分子生物学重点实验室建设》2个专项,助力科技战疫;立项实施《阿克苏地区县域“一主两辅”棉花品种筛选》《阿克苏恒通果汁有限公司膜浓缩》等一批科技项目,支持地区粮、棉优质生产和特色林果产品精深加工技术研发、推广应用。

【科技型中小企业技术创新项目】 2020年,地区科技局发挥企业技术创新主力军作用,通过举办创新创业大赛的形式,支持科技型中小企业申报并实施技术创新项目,对阿克苏日昌升新材料有限公司《年产300万吨绿色环保机制骨料项目》、阿克苏恒远中汇彩印包装有限公司《新疆农副产品整体设计包装解决方案的探索与研究项目》、库车物泰炭素有限公司《风化煤黄腐植酸应用技术项目》、新疆新沃生态科技有限公司《草原生态修复野生乡土草种基地建设推广项目》等6家科技型中小企业科技项目予以立项支持,给予本级奖励资金80万元。

【国家科技项目】 2020年,地区科技局获得立项《2020年中央引导地方科技发展专项资金》1项(温宿国家农业科技园区《健全阿克苏“冰糖心”苹果果业技术服务体系》);获得立项《科技部“科技助力经济2020”重点专项》2项(阿克苏浙疆果业有限公司《核桃仁物理脱衣关键技术提升研究及应用》;阿克苏天地机械制造有限责任公司《秸秆粉碎还田、全方位残膜回收一体作业技术装备研发与示范》)。

【自治区科技项目】 2020年,地区获立自治区各类科技项目22项,其中,自治区重点研发专项1项;参与自治区重大专项1项;自治区创新环境(人才、基地)建设专项10项;创新创业大赛项目5项;其他项目6项。阿克苏宏盛牧业有限公司、新疆理工学院、浙江师范大学联合实施的《光控低盐发酵火腿生产装备研制》项目获立自治区重点研发专项;沙雅县人民政府、沙雅利华创新现代农业有限公司《棉花大面积高产高效标准化生产技术集成示范》项目作为子课题,参与自治区重大专项《棉花优质高产高效标准化生产技术集成示范》。

【科技援疆项目】 2020年,地区科技局立足地区主导产业和优势特色产业发展以及精准脱贫、乡村产业振兴对科技的迫切需求,发挥浙江省科研创新平台、技术、人才优势,积极推动科技援疆工作,争取科技援疆项目落地阿克苏。年内,乌什县《沙棘精深加工和高附加值产品研制》和新疆理工学院《基于多模态感知数据的光伏发电输出功率超短期预报系统研发及应用》2个项目获浙江省科技专项支持。

【自治区科技进步奖】 2020年，地区科技局注重凝练集成地区重大科技创新成果，积极推动科技成果登记和自治区科技奖励提名工作，年内，阿克苏地区申报自治区科学技术奖2项，获选奖项1项，《柯柯牙生态工程建设技术集成与应用》项目获2020年度自治区科学技术一等奖，是全疆唯一一项基层科技进步一等奖。

创新能力

【科技投入】 2020年，全地区各类科技投入达9.02亿元。地区科技系统全年共争取国家、自治区和浙江省科技援疆科技项目23项，总金额1060万元。地区本级通过项目征集、举办创新创业大赛等形式共立项实施本级科技计划项目22项，支持科技专项经费301万元，为地区经济高质量发展提供了有力的科技支撑。

【高新技术企业】 2020年，中化农业（新疆）生物科技有限公司、阿克苏通城建设工程项目管理有限公司、新疆雅克拉炭黑有限责任公司、库车新桥管业有限公司、库车塔北泥浆材料有限公司、新疆果然好生物科技有限公司、新疆天河化工有限公司、新疆峻新化工股份有限公司8家企业通过国家高新技术企业认定。截至年末，全地区共有12家高新技术企业。

【创新平台】 2020年，地区科技局鼓励支持县（市）、园区、企业在重点产业领域自建或与疆内外高等学校、科研院所共建工程（技术）研发中心、企业技术中心、重点实验室等创新平台，提高技术创新能力。成功打造地区首家自治区级工程技术研究中心——新疆理工学院“黑木耳工程技术研究中心”；推动温宿国家农业科技园区建立“南疆林果工程研究中心”“生物技术研究中心”；乌什县建设沙棘研发中心；新疆峻新化工股份有限公司成功建成国家级检测中心。

科技活动

【科技明白人培育工程】 2020年，地区科技局深入推进农村“户户都有科技明白人”培育工程，加大“科技明白人”培育力度，全地区拥有“科技明白人”的农村家庭达到37万户以上，实现培育工程全覆盖，“科技明白人”促稳定、谋发展、惠民生的示范引领和带动效应持续增强，促进农民增收致富。

【科技活动周】 2020年，地区围绕“科技战疫、创新强国”主题，创新活动形式，拓展活动内容，集成媒体优势资源，强化科普宣传力度，通过线上线下多种形式组织开展各类科普活动，在阿克苏地区电视台各频道、各频率持续播出防疫、节能减排、营养健康等系列科普宣传片、公益广告，形成全媒体、全覆盖的传播格局，全地区参与人数达10万人次，积极营造浓厚的科普宣传氛围。

【第五届阿克苏地区创新创业大赛】 2020年，地区科技局积极应对新冠肺炎疫情影响，运用现代互联网技术，以线上比赛方式举办第五届阿克苏地区创新创业大赛，参赛企业共计21家，通过“以赛代评、以评代奖”，遴选出一批成长性好、创新能力强的科技型企业支持科技项目经费80万元。择优推荐4家企业参加新疆第七届创新创业大赛行业赛，2家企业获得第三名，1家企业入围国家赛。

科技人才

【科技特派员】 2020年，地区科技局贯彻习近平总书记关于全国科技特派员制度推行20周年重要指示精神和工作部署要求，发挥科技人才在加强农业科技创新驱动、助力高质量打赢脱贫攻坚战和促进乡村振兴发展的生力军作用，扎实推进科技特派员工作。推行科技特派员“包村联户”服务模式，全地区下派642名科技特派员在农业生产一线开展农村先进适用技术和创业技能培训服务，助力乡村振兴。其中，295名科技特派员包联服务269个建档立卡贫困村，实现建档立卡贫困村科技特派员服务全覆盖。

【“三区”人才】 2020年，地区科

技局围绕重点县科技需求，坚持双向选择，就近就便，鼓励支持科研院所、大专院校和农牧业技术推广服务部门科技人员带着资金、项目、技术开展科技服务。从全地区选聘45名“三区”人才，根据其个人专业特长分别派往乌什县、柯坪县开展科技服务工作，进一步巩固科技助力脱贫攻坚成果。积极支持“三区”人才开展工作，争取自治区“三区”人才补助经费70万元，强化“三区”人才业务培训，优化管理、服务工作，进一步提高“三区”人才服务基层的工作积极性和主动性。

【科技智库】 2020年，地区科技系统发挥科技智库智囊团作用，按农业、林业、畜牧、工业、医疗卫生、社会事业发展等组建地区科技智库，入库专家150人以上，其中地区以外专家和企业家86人，地区科技智库在编制科技发展规划、制定科技创新政策、加强科技项目管理等方面发挥重要作用。

知识产权保护

【“双打”工作落实】 2020年，地区市场监管局制订相应的工作方案，严厉惩治各类商标、专利侵权假冒行为，部署地区2020年知识产权行政执法工作，提出重点目标工作、制定具体落实措施，对各县(市)2020年处理知识产权侵权假冒案件量提出指导性计划。指导各县(市)开展知识产权执法工作，按照知识产权行政执法工作考核要求，完成全年“双打”工作任务及考核工作。

【“铁拳”行动方案】 2020年，地区市场监管局部署地区2020年知识产权“铁拳”行动，以农业机械、商品流通等领域的打击商标、专利侵权和假冒为重点，采取日常执法、重点节日与专项行动相结合的方式，深入开展打击商标、专利、地理标志侵权假冒专项行动，严厉惩治侵权假冒违法行为。组织专项执法行动6次，立案查处1起涉嫌销售假冒名表，5起涉嫌销售假冒润滑油侵犯他人知识产权违法案件，现场依法扣留百达翡丽、宝玑、肖邦等一类假冒名表共计73块，假冒昆仑、美孚润滑油77桶(大小桶)。依法没收假冒手表77块，假冒润滑油77桶，罚款2.973万元。全年，全地区开展知识产权“铁拳”执法行动110次，出动执法人员336人次，查处商标侵权案件74起，涉案金额103万元，罚没款金额29万元，挽回经济损失22万元；查处假冒专利案件66起，涉案金额1.96万元，挽回经济损失2.01万元；受理专利侵权纠纷案件7起，结案7起；接受投诉咨询25人次，提供知识产权服务12次，开展专利纠纷案件口头审理1次。组织做好案件录入及公示工作，对2019年办结的103起专利侵权纠纷案件信息进行公开。

【专利案件查办】 2020年，地区市场监管局受理查处专利侵权案件。受理“旋耕掘根起膜两用机”专利侵权纠纷案件4起，根据案件调查情况及口审结果进行案件合议，组织开展口头审理、开展庭后证据质证，根据口审及案件调查情况下发案件处理决定书。开展专利侵权纠纷案件的处理工作。认真审核自治区移交的5起“摇树机”专利侵权案件并及时立案，针对1起专利案件的调查情况因请求人提出的被请求人主体存在明显错误，对该起案件进行撤案处理。同时联系双方当事人及时跟进其他4起专利侵权案件的进展情况。根据其中一方被请求人提起无效宣告，合议组结合实际中止处理4起案件，向双方当事人下达的中止处理通知书。

【执法检查】 2020年，地区市场监管局制订《阿克苏地区市场监管系统2020年专利、商标专用权保护专项执法“双随机”抽查工作方案》，组织各县(市)市场监管局开展地区市场监管系统2020年专利、商标专用权保护专项执法“双随机、一公开”抽查工作。重点对地区范围内的大型商超、药店、药械经营主体的假冒专利行为、专利标识不规范行为、侵犯注册商标专用权行为进行“双随机”抽查检查工作。各县(市)局共出动人员42人次，检查市场主体48家。

【商标代理机构专项整治】 2020年，地区市场监管局为规范商标代理行为，保障委托人、商标代理机构和商标代理从业人员的合法权益，维护商标代理市场的正常秩序，促进商标代理行业健康发展，及时部署全地区“蓝天”行动商标代理机构专项整治工作。组织各县（市）市场监管局开展已备案的 31 家商标代理机构的全面自查整改和信用承诺工作。通过整治，指导商标代理机构依法从事商标代理业务，加强行业自律，促进知识产权服务业健康发展。

农业科技发展

【林下经济】 2020 年，地区各级农技部门和广大农技人员克服局部流耳严重、田间病棒突出、绿霉烂棒普遍、螨虫危害发生、管理难度加大等不利影响，坚持以巩固脱贫成果为核心，以提高贫困人口收益为目标，紧扣生产各环节，强化生产一线指导服务，适时调整田间管理措施，最大限度保障黑木耳生产有序进行。全地区 88 个生产基地、4308 座生产拱棚生产菌棒 1098.3 万棒，覆盖 187 个贫困村、5205 户贫困户，累计晒制干耳 450.01 吨，销售金额 2613.63 万元，实现种植黑木耳贫困户户均纯收益 3966.33 元。

【创建粮棉高产】 2020 年，地区粮食生产连续第 17 个丰收年，小麦单产、总产均创新高。其中 2.23 万公顷单产达到 520 千克、7000 公顷单产达到 565 千克，粮食种植效益明显提高。全地区棉花总产量达 101.33 万吨，比上年增加 0.38 万吨；棉花平均单产 135.41 千克，其中：陆地棉单产 138.7 千克，亩产增加 3.14 千克，长绒棉单产 94.31 千克，亩产增加7.41 千克。

【试验示范】 2020 年，地区农业技术推广中心引进疆内外 15 个中强筋（含 3 个超强筋）小麦品种在温宿县西兰其乡进行产量、品质、抗逆性鉴定，拟筛选出适合地区种植的优质高产新品种。试验表明，邢麦 18 号、垦冬杂 4 号、新冬 55 号等品种表现综合植株生长性状、经济性状、产量表现比较突出，邢麦 18 表现早熟高产可以作为重点品种继续进行试验示范。在拜城县大桥乡 5 村 5 组开展小麦新品种新冬 55 号示范，面积 14.81 公顷，经示范田测产，平均亩产达 595.3 千克（亩穗数 33.5 万、穗粒数 36.8 粒、千粒重 47.2 克）。

【农业生产节本增效】 2020 年，地区农业技术推广中心加大示范引领，通过建立绿色防控和农药减量控害示范区，加快绿色防控技术模式的集成创新和示范带动，实现农药减量增效。全面推进统防统治工作等措施，推动地区农作物病虫害绿色防控技术覆盖率提高到 30%，专业化统防统治覆盖率提高到 40%，农药利用率提高到 40%，高效低毒低残留农药比例较上年明显提高。化肥减量增效成果明显。化肥使用总量比上年减少 0.28 万吨，减幅 0.76%。科学配方平衡施肥技术稳步推进，复合肥用量呈逐年递增趋势。

【农业技术推广】 2020 年，地区农业技术推广中心通过组建农业技术服务团队，优秀人才服务基层活动，托峰英才领航行动等有效措施，在全地区范围内推广先进适用的农业生产新技术。优质高产粮食生产新技术、机采棉优质高产配套技术、棉花全程机械化技术、设施蔬菜高效生产技术、黑木耳生产管理、测土配方化肥减量增产、病虫害绿色防控、无人机应用等一系列新技术得到大面积推广应用。创新技术推广服务方式，创办“阿克苏农技服务”微信公众平台，实时发布农业生产动态和生产技术信息，积极服务地区农业生产。

【农作物病虫害发生与防治】 2020 年，地区各级测报站在加强完善地、县、乡（镇）三级测报网络的同时，加大农林病虫草害田间监测及普查力度。在病虫害发生关键期，开展系统调查 169 次和大田普查 65 次（普查面积 5 万公顷次），对粮、棉、果、蔬等农林病虫害进行监测；各测报点（站）还固定人员对杀虫灯、测报灯等监测设备诱集害虫种类及数量定时进行记载分类，为预测和掌握害虫的发生发展情况，提供准确监测数据。

畜牧科技发展

【接羔育幼】 2020 年 3—5 月期间，地区畜牧技术推广中心组织各乡镇（场）畜牧兽医技术人员，采取分片包干、责任到人的方式，深入各乡镇村规模化养殖场和散养户进行牲畜规范接羔、科学育幼现场技术指导，接羔育幼各项工作准备做得扎实、充分，确保接羔育幼工作"人员、饲料、防疫物资、工作措施"四到位,全年接羔育幼427.97万只,成活420.78万只,成活率98.32%。

【养牛业发展】 2020年,地区畜牧技术推广中心制定“万千百十”养牛工程实施标准,加强对各县(市)推进“万千百十”养牛工程的技术指导,全地区创建存栏万头牛乡镇32个,存栏千头牛村211个,存栏百头牛村民小组(合作社)913个,饲养10头能繁母牛户数4935户。

【黄牛人工授精配种】 2020年,地区畜牧技术推广中心开展优质西门塔尔牛冻精的推广应用,动员各县市采购西门塔尔牛性控冻精,扩大基础母牛数量,购买性控冻精11.28万剂,开展黄牛冷配19.52万头,其中使用性控冻精6.52万剂,利用性控冻精冷配黄牛2.98万头。

【肉羊改良】 2020年,地区畜牧技术推广中心以示范乡、示范村、示范户为抓手,继续推行“整乡覆盖、整村推进”肉羊改良工程,在温宿县建立肉羊改良示范县,全地区建立示范乡12个,示范村85个,示范户9134户,开展肉羊改良83.44万只。

【科学养畜】 2020年,地区畜牧技术推广中心推广以“四良一规范”(良种、良舍、良法、良料、动物防疫规范化)为核心的科学养畜技术,坚持牛羊品种“一村一品”或“一乡一品”,结合科学饲养、动物防疫规范化等养殖模式,以点带面,加快畜牧业实用技术和新技术的应用,提高养殖生产装备水平和科技含量,指导完成创建科学养畜示范乡13个,科学养畜示范场22个,科学养畜示范村87个,科学养畜示范户10529个。

【畜牧技术推广】 2020年,地区畜牧技术推广中心为推进地区牛改良工作进度、推广使用优质冻精配种,解决山区牛配种难的问题。4月、12月分别在温宿县博孜墩牧场先后开展两批牛同期发情试验,共进行同期发情处理369头牛,人工配种216头,产牛犊151头,通过实验分析,可增加产值105.7万元。

【种畜管理】 2020年,地区畜牧技术推广中心按照地区“放管服”工作要求,指导地区内种畜禽场做好地区级“种畜禽生产经营许可证”网上申报指导工作,通过网上审核、现场勘验、抽血检测等方式,对网上申报的12个养殖场进行行政审批事项审核,通过11个,给通过的11个养殖场下发地区级《种畜禽生产经营许可证》。对地区12个具有场(站、公司)良种供种单位的9个品种种羊进行鉴定,共鉴定合格种羊3994只。

【良种补贴】 2020年,地区畜牧技术推广中心根据《关于做好2020年中央农业生产发展(畜牧兽医)等项目实施工作的通知》(新牧计字〔2020〕21号)文件要求,做好地区畜牧良种补贴项目,推广采购良种西门塔尔牛冻精26.65万剂,使用项目资金174.3万元。落实活体种公羊良补,按照实际调运种公羊3680只进行补贴,使用项目资金333.82万元(含2019年结余良种补贴资金31.12万元),畜牧良种补贴项目资金全部发放到农牧民手中。

【疆南绒山羊新品种培育】 2020年9月29日,由地区畜牧技术推广中心历经22年培育的疆南绒山羊新品种,通过国家畜禽遗传资源委员会审定。该品种是在1998年育成的南疆绒山羊新品种的基础上,开展以产绒量为重点,兼顾羊绒细度选育提高,最终选育出体型外貌符合“疆南绒山羊”的新品种特征,产绒量为0.4千克以上、绒品质好、遗传性能稳定的新品种。做好疆南绒山羊抓绒鉴定工作,共对18群核心育种群3808只疆南绒山羊开展抓绒鉴定工作,平均产绒量0.446千克,最高产绒量0.92千克,完成核心群疆南绒山羊人工授精3125只。

【饲草料种植试验】 2020年4—10月,地区畜牧技术推广中心在阿克苏市拜什吐格曼乡尤喀克栏干村2组开展冬小麦、粮用玉米、饲用玉米和甜高粱测产试验,在白地条件下采用不同种植模式,按照不同作物的耕作方法、水肥条件、管理措施,对冬小麦、粮用玉米、饲用玉米和甜高粱进行种植试验。试验一组冬小麦(新冬22)+复播粮食玉米(新玉85)8.4公顷,合计每公顷成本955元,毛收入2119元,实际收入1164元;试验二组冬小麦(新冬22)+复播饲用青贮玉米(旺禾105)2公顷,合计每公顷成本1013元，毛收入2715元，实际收入1702元。试验三组正播饲用甜高粱(大力士)10公顷，因疫情封锁，直到8月10日才收割第一茬。如果正常生长收割，公顷产预计可达到10吨，按市场行情200元/吨计，毛收入2000元/亩，实际每亩收入1625元。结论:无论是从土地综合利用还是土地实际产出效益来看，试验二组冬小麦+复播饲用青贮玉米种植模式可大力推广。

【饲草料种植和收储】 2020年，地区畜牧技术推广中心以转变生产经营方式为发展主线，树立“农牧结合，为养而种”的观念，优化调整农业结构，保障地区饲草料稳产保供，督促指导各县(市)完成饲草和农作物秸秆收储工作。全地区饲草和农作物秸秆收储601.72万吨，粮食作物秸秆收储405.16万吨，青贮饲料制作451.09万吨。

水文勘测

【水文情报预报】 2020年，阿克苏水文勘测局做好全年雪情和地区洪旱情预测预报工作，落实汛期水情会商机制。全年发布地区各河流汛期洪水黄色预警3次，接收17个水文站水雨情信息6224份，向自治区水文局发送水情信息4716份，及时更新自治区与中央报汛站水情数据库，编写刊印阿克苏地区2014—2018年度《水资源》公报以及2014—2016、2018—2019年度地下水监测报告，给地委、行署、地区防洪办及15家服务单位发送水情短信2.82万条，完成12家地区及跨地区水情信息服务工作，转发水库水情信息1452条。

【水质监测】 2020年，阿克苏水文勘测局使用新技术、新方法，承担完成203次各主要河流37个地表水基本站和辅助站的44项水质参数检测工作，及时掌握辖区内各河流、湖、库以及重点水域水质变化情况，为成功做好《水质简报》发布工作奠定坚实基础。制定并严格执行监测质量控制计划，实现全年控制结果符合监测标准，保障质量管理体系有效运行。定期开展31个国家地下水监测站和地区54眼地下水常观井网监测、运行和资料收集、整理分析工作，做好土壤墒情监测和站点维护。

【水文测报】 2020年，阿克苏水文勘测局围绕“建得起、能运转、成示范”的目标，推进水文巡测改革，推动组建流域中心管理站，以驻巡相结合的模式开展工作。推进测验基础设施改造工作，15个国家基本水文站共22处水位监测断面基本实现数据自动化采集与传输，部分测站完成水文缆道升级换代以及站房维修改造，实现流速、气象、蒸发等要素在线监测，推动水文测验工作逐步向自动化、数字化发展。完成7个水文站的专用光纤接入、14个水文测验断面视频水尺以及测站安防维稳共计55个远传摄像头的安装调试工作，并通过与单位VPN点对点对接，实现在办公室实时观测水位，实时监测断面气象场以及测站维稳安防实情。完成西大桥水文站标准化试点建设工作，实现远程视频监控、水位遥测以及流量实时在线监测。

【信息化建设】 2020年，阿克苏水文勘测局完成位于阿克苏水文勘测局机关、温宿县吐木秀克乡协合拉水文站、阿克苏市托普鲁克乡西大桥水文站和喀拉塔勒镇依玛帕夏水文站、兵团第一师阿拉尔市阿拉尔水文站、拜城县拜城水文站和团结乡卡木鲁克水文站六站七点的信息化视频监控系统，以及水雨情传输和视频监控信息化平台的建设工作。

气象科研

【气候概况】 2020年，地区年平均气温11.1℃，较历年偏高0.4℃。1月气温较历年偏高2.2℃，2—5月较历年偏高1.3℃~1.7℃，8月、12月较历年略偏高，6月、7月、11月较历年均偏低0.8℃，9月和10月气温分别偏低0.3℃和0.5℃。

2020年，地区年平均降水量61.5毫米，较历年偏少31.9%。拜城、乌什、柯坪年降水量79.3~136.9毫米；阿克苏、温宿、库车降水量54.5~65.7毫米；阿瓦提、阿拉尔、新和、沙雅17.9~41.9毫米。地区各月平均降水量:2月、3月和5月降水较历年偏少52.6%~98.8%，1月、6—7月、11—12月降水量较历年偏少29.4%~49.4%，9月降水量较历年略偏少6.8%，4月和8月降水量较历年偏多6.8%~22.1%，10月无降水。

（一）2020年春季气候特点

气温：春季地区平均气温15.4℃，较历年偏高1.6℃。其中阿克苏、拜城、温宿、阿拉尔偏高2.0℃~2.4℃，其余各县（市）气温偏高0.7℃~1.6℃。

降水量：春季地区平均降水量10.1毫米，较历年偏少42.2%，主要集中在4—5月。春季降水量柯坪偏多17.3%，阿拉尔、新和、沙雅、拜城较历年偏少65%~79.3%，其余县市偏少3.7%~46%。3月地区平均降水量0.1毫米，较历年偏少200%；4月地区平均降水量5.2毫米，较历年偏多22.1%；5月地区平均降水4.8毫米，较历年偏少52.6%。

（二）2020年夏季气候特点

气温：夏季阿克苏地区平均气温23.1℃，比历年偏低0.4℃。6月、7月平均气温较历年均偏低0.8℃；8月平均气温较历年偏高0.4℃。

降水量：夏季地区平均降水量12.8毫米，较历年偏少18.6%。6月地区平均降水量10.8毫米，较历年偏少33.2%；7月地区平均降水量11.9毫米，较历年偏少29.4%；8月地区平均降水量15.9毫米，较历年偏多6.8%。

（三）2020年秋季气候特点

气温：秋季阿克苏地区平均气温9.8℃，较历年偏低0.6℃。9月平均气温较历年偏低0.3℃，10月平均气温较历年偏低0.5℃；11月平均气温较历年偏高0.8℃。

降水量：秋季地区平均降水量10.1毫米，较历年偏少50.1%。9月地区平均降水量9.2毫米，较历年偏少6.8%；10月无降水；11月地区平均降水量0.9毫米，较历年偏少43.6%。

（四）2020年冬季气候特点

地区平均气温-5.3℃，较历年偏高0.3℃。地区12月平均降水量0.9毫米，较历年同期偏少49.4%。

【气象服务】 2020年，地区气象局强化责任意识，积极为地方党委政府做好气象防灾减灾的保障服务，制订全年的气象服务方案，汛期业务人员24小时值班，监视天气变化，启动“电话叫应”应急联系人制度，做好短临气象服务。与生态环境局等单位联合发布环境污染气象条件预报，与地区文旅集团签订“气象+旅游”服务合作协议，开展塔里木油田定制版专项气象服务，为油田提供应急抢险气象保障服务。为电力交通部门提供大风、沙尘、雷电等预报预警和专项气象服务，为重大基础设施建设、设备抢修提供气象服务保障。预报准确率达82.41%，农业和农村经济口群众满意度达92.95%。

【灾害防御建设】 2020年，地区气象局以乡村振兴和自治区三农专项的气象服务为契机，广泛收集、科学分类、系统整理基层防灾减灾数据，建立基层气象防灾减灾数据库；依托地理信息系统，绘制出10个县（市）局防灾减灾作战指挥图；建立气象灾害预警信息发布与传播机制，通过显示屏、电视、互联网、微信、手机短信等手段及时向政府、相关单位灾害防御责任人、基层气象灾害防御相关人员发布气象灾害预警服务信息，形成基层防灾减灾预警信息发布和传播“一张网”；建立由市（县）、乡（街道）党委、政府以及涉灾部门气象防灾减灾责任人、基层气象信息员、重点单位负责人、各驻村工作队第一书记及新型农业经营主体构成的基层气象灾害防御队伍。

【气象装备保障】 2020年，地区气象部门完成实验室标准设备量值溯源及20套能见度仪校准，完成南疆四地州压温湿共206个传感器检定，升级区域站采集器36套、通信模块101个，增加称重式降水观测设备8套，塔河油区新建自动站2套。

【气象探测环境保护】 2020年，全地区气象部门按照《气象设施和气象探测环境保护条例》的规定和标准，推进气象探测环境整治工作，所有县（市）局将院内影响探测环境的树木进行修剪，其中库车市、拜城县、新和县气象局与当地村委会和林业部门沟通协商，对院外部分影响气象探测环境的成排树木进行规整，确保气象观测数据可靠且具代表性。

【人工影响天气】 2020年，地区气象局强化岗前培训，岗前安全复训800人，500人通过考核，保证作业队伍安全可靠。完善基础设施，新建的乌什、阿瓦提人影作业基地投入使用，为天气系统前沿防御提供保障。优化作业点布局，在阿克苏市空台里克增设固定作业点一个，流动作业点4个；温宿县万亩林果基地北部山前增设流动作业点2个。根据气象台气候趋势监测预报信息，三部X波段双偏正雷达汛期24小时开机密切监视天气变化。全年共出现88次强对流天气过程，共发射炮弹5.1万发、火箭弹2.12万枚，防区内未出现明显的冰雹灾害。

【重大灾害性天气预警】 2020年，地区气象局向地区党政领导汇报天气20次，召开多部门研判会16次，电话叫应27次，制作联合会商材料15期。发布136期气象灾害预警信号，指导各县（市）发布气象灾害预警信号620期。全地区出现9次风沙降温、3次高温、2次大风、4次局地性暴雨天气过程，均预报准确及时。将国家AAA级以上旅游景点24小时常规天气预报纳入服务业务流程，覆盖辖区内所有景区。

【气象基础设施建设】 2020年，地区气象局新建南疆气象仪器检定中心风洞实验室1座，完成南园区新一代多普勒雷达安装调试，在217精品旅游风景道新建4个区域自动气象站。

地震测报

【乌什国家测震台】 2020年，乌什地震台测震仪器工作正常，乌什地震台测震仪器是通过光纤传输实时波形数据，1—12月台站实际接收数据连续率99.75%。全年无因仪器故障导致的数据中断，但受到网络传输等其他因素影响所致，国家台网接收数据未达到100%。乌什台测震共分析处理满足国家台编目地震事件3722个。数据报送全年没有出现晚发、漏发、错发数据的现象。在给国家局的五日报和月报发送过程中没有出现晚发数据的情况；每月按时发送断计统计结果文件，每半年发送一次脉冲文件。每月按时整理数据刻录文件，并按要求及时备份，寄送打印月报。两种格式的电子日志填写，全年没有漏填现象。

【库车国家测震台】 2020年，库车地震台测震仪器工作基本正常，库车地震台测震仪器是通过光纤传输实时波形数据，1—12月台站实际接收数据连续率为99.37%，全年主要因数采问题，时有中断2秒的情况发生，运行率方面比上年有大幅提升；8月太阳能板馈电，因疫情防控未能及时维护，导致实时连续率受到影响。国家台网接收数据运行率还受到网络传输等其他因素的影响。库车台测震共分析处理满足国家台编目地震事件3260个。严格按照规定的时间完成数据报送工作，在给国家局的五日报和月报发送过程中没有出现晚发数据的情况；每月按时发送断计统计结果文件，每半年发送一次脉冲文件。每月按时整理数据刻录文件，并按要求及时备份，寄送打印月报。两种格式的电子日志填写，全年没有漏填现象。

【托管测震台】 2020年，阿克苏中心地震台台网部按照监测中心要求对所辖神木园台、阿拉尔台以及柯坪台做台网版分析处理工作，各台套仪器运行良好，1月至12月运行率分别为99.75%、99.77%、98.14%，其中柯坪台连续率主要受到GPS对钟问题以及扩频微波传输的影响。每个月的脉冲标定都如期完成，波形的截取及标定均符合要求。每月5日前都按要求及时将神木园台、阿拉尔台以及柯坪台的相关月报数据通过网络传至新疆地震局台网中心。

【区域测震台】 2020年，阿克苏中心地震台台网部按照监测中心要求对所辖阿合奇台、阿克苏台以及拜城台做台网版分析处理工作，各台套仪器运行良好，1—12月运行率分别为99.84%、99.62%、99.74%。运行率方面比上年有大幅提升。每个月的脉冲标定都如期完成，波形的截取及标定均符合要求。每月5日前都按要求及时将阿合奇台、阿克苏台以及拜城台的相关月报数据通过网络传至新疆地震局台网中心。

文化体育

文化场馆

【免费开放】 2020年,地区图书馆围绕文化阵地开展免费开放活动,全年开馆269天,读者流通量达12.2万人次,图书流通9.3万册次,办证5030张,采编新书1.8万册,举办阅读推广活动66场次,线上37场次,线下29场次。

【世界读书日系列活动】 2020年,阿克苏地区图书馆在第25个世界图书与版权日活动期间,本着闭馆不闭网、服务不打烊,最大化保障群众阅读需求的原则,推出“我喜欢的一本书话题互动、经典好书多集赞、阅读时长大比拼、有声阅读·我在听”等系列线上文化活动。读者可通过关注“新疆阿克苏地区图书馆”微信公众号,即可参与相关活动;为不断提升服务质量,满足读者多样化的服务需求,在世界读书日当天邀请培训资深讲师带来《读者服务接待礼仪》讲座。讲座就图书馆员的仪容、仪态及标准化、规范化服务等相关内容进行讲解示范,并采取现场模拟,以实践促学,提升阿克苏地区图书馆的服务水平。

【全民阅读活动】 2020年,阿克苏地区图书馆开展线上、线下阅读推广活动。先后围绕“我们的中国梦——文化进万家”为主题深入阿克苏市基层乡镇、南工业园厂区开展流动图书、图片展,并通过社会化合作方式开创一周一主题的金口才、乐高机器人、心灵驿站、绘本“悦”阅读等四类品牌活动,深受家长及少儿喜爱。9月13日,在“我爱浙疆”之“诗画浙疆”——阿克苏地区第三届乡村文化旅游节开幕式上,图书馆以“民族的基因”为主题的中华优秀传统文化图书、图片以及文创产品展在主会场亮相,内容多样、主题鲜明的图片和设计新颖、美观实用的文创产品为会场增添一道亮丽风景线。

地区图书馆适时推出无边界、高质量的数字资源阅读服务。广大群众只需关注“新疆阿克苏地区图书馆”微信订阅号即可享受在线服务,通过移动客户端进行线上扫码办证、检索书目和续借图书,打破以往到馆借阅的旧模式。15.2万册电子图书、5000部视频资源、2000种有声图书、2000种电子期刊、2万集视频馆藏包含图书、期刊、讲座、听书、绘本等众多门类,可以满足不同读者的多样化需求。阅读推广活动突破疫情的局限,另辟蹊径开展“健康你我他、展现新风采”、“抗疫在行动、亲子共阅读”挑战21天阅读打卡、经典诵读会、元宵灯谜会、亲子绘本阅读大赛等37场线上活动,全力引导、吸引群众参与到读书活动中来。图书馆微信公众号发布推文171篇,线上数字资源累计访问次数超过10万人次。

【特色服务】 2020年,地区图书馆为延伸服务触角,扩大图书馆品牌宣传及影响力,增设服务项目。引进文创产品展示,设计与阅读有关的笔、U盘、笔记本、抱枕、保温杯、丝巾等文创产品种类达100种;增设歌德电子图书阅读机,让读者遨游书海的同时,可以品尝8种口味的现磨咖啡,书香中增添雅韵。

【少儿免费培训】 2020年,地区图书馆开设“巧巧手”手工制作、

"我爱阅读"口才、"朗朗上口"英语口语、"我是小小图书管理员"社会实践活动等四个培训班，通过培训培养和提高孩子们的阅读兴趣和能力，并进行结业汇报和学习成果展示。

【馆外服务】 2020年，地区图书馆先后增设阿克苏维稳指挥部、阿克苏日报社、赛弗教育、温宿女子监狱、阿克苏监狱、阿克苏市阿依库勒镇、阿克苏地区国家安全局、阿克苏地区老年大学、国家税务总局阿克苏地区税务局、地区塔里木歌舞团等10个馆外流通服务点，配备图书8300册，内容涉及政治、历史、文化、养生保健、专业技能培训、法律法规等多种类别书籍，使阅读多点开花，阅读服务到点到位。

【图书销售】 2020年，地区新华书店实现销售额2.52亿元，其中教材教辅销售1.9亿元，政策性出版物销售1079万元，一般图书销售4583万元，多元化经营销售528万元，实现利润1831万元。

【重点图书发行】 2020年5月，地区新华书店党委召开重点图书发行工作推进会，积极与宣传、组织部门沟通对接，借助短信、微信、QQ群进行广泛宣传，通过电话预订、到货配送等方式积极有效推进重点图书发行工作，并在国庆节期间举办主题出版物展销活动。全年发行《简明新疆地方史》8.4万册、《习近平谈治国理政》第三卷5.2万册、《中国制度面对面2020》7788册、《十九届五中全会百问》1984册、《论党的宣传思想工作》2100册、《清风传家》1392册、《中华人民共和国民法典》1.5万册，共计16.4万册，金额844.8万元。

【教材教辅发行】 2020年，地区新华书店针对教材集中到货和疫情影响，提前制订教材发行应急预案，有序组织教材发运工作。全地区发行教材教辅1.9亿元，其中免费教材数量1498万册，金额1.08亿元；非免教辅数量517.5万册，金额8213万元。

【"东风工程"惠民出版物发行】 2020年，地区新华书店认真落实"东风工程"及"农家书屋"等赠阅出版物发行工作，按时送书到各乡、镇(街道)、村(社区)，进行陈列上架，提升发行服务能力。完成全地区91个乡镇、16个街道、219个社区、1193个行政村的"东风工程""农家书屋"出版物配送。全年发行"东风工程"赠阅出版物39万册，金额788万元，招贴画46万张，"农家书屋"图书9.7万册，金额267.4万元。

【全民阅读推广】 2020年，地区新华书店出版物经营面积1.79万平方米，全年开展送文化进基层流动售书活动180次。开通"阿克苏地区新华书店"微信公众号，4月1—23日举行"短文朗读"线上活动11期，参与朗读活动投票人数9324人次。举办"世界读书日国学知识"微信答题活动，参加答题读者557人次，评选一等奖3名每人奖励100元购书券，二等奖7名每人奖励50元购书券，三等奖30名每人奖励30元购书券。参加阿克苏市广播电台"爱阅读"节目的直播推荐工作，全年参加24期，推荐图书24种。与北京开卷公司联合举办38期"陪伴计划"活动，围绕亲子阅读、少儿成长及家庭教育等热点话题，邀请国内知名作家曹文轩、沈石溪、伍美珍等与读者在微信群进行线上分享与交流，每期收听读者600人。举办听绘本活动48期，邀请18位家长和小朋友分享绘本。通过"阿克苏地区新华书店"微信公众号制作311期公众号消息，推送图书文章681篇。

公共文化活动

【文化概况】 阿克苏是古丝绸之路文化中心之一，汉唐丝绸之路重镇，世界四大文明曾交汇于此，这里历史悠久、风情独特、文化灿烂，孕育出阿克苏文化艺术特有的魅力。阿克苏地区历史文化资源丰富，遗留大量具有重要历史见证意义的历史文化遗产，境内有克孜尔石窟、克孜尔尕哈烽燧、苏巴什佛寺遗址3处世界文化遗产，有各类古文化遗址673处，其中全国重点文物保护单位19处，自治区级文物保护单位112处，有1座国家级历史文化名城(库车市)，自治区级历史文化名城1座(乌什县)，历史文化街区7个。多年来，阿克苏将打造"龟兹文化、多浪文化"品牌作为工作重要内容，不断更新文化理念，拓展文化发展思路，加大文化建设力度，改善城乡文化基础设施，地区及各县(市)文化艺术中心、图书馆、文化馆、博物馆等基础设施也相继投入使用，地区乌什县、温宿县、库车市、沙雅县先后进入自治区文化建设先进县行列，乌什县跻身全国文化建设先进县行列。地区所有乡(镇、街道、农林牧场、管理区)、行政村(社区)综合文化服务中心达标建设全覆盖。一年一度举办的农牧民文艺会演、青少年文艺会演、专业艺表团体文艺会演等一系列地区级的大型活动，引领着地区群众性文化活动的开展；开展以“社会主义核心价值观”“建设美丽新疆·共圆祖国梦想”“社会稳定和长治久安”“访惠聚”“去极端化”“民族团结一家亲”“中华优秀传统文化”的各项主题教育活动，从“送文化”到“种文化”，形成“月月有主题、周周有活动”的可喜局面。

【技术设备改造】 2020年，地区按照自治区广电局关于2020年地级以上电视台要实现高标清节目同播的要求，适应电视媒体发展趋势，满足观众收看高质量电视节目的需求，11月17日获国家广播电视总局批复同意阿克苏地区广播电视台三个电视频道实行高标清同播。

1月6日，地区广播电视台三个高清电视频道节目在有线电视网络整体正式入网试播。这标志着阿克苏地区广播电视台迎来高清时代。

【群众性文化活动】 2020年，地区文旅局在坚持做好疫情防控措施常态化的前提下，把“文化润疆”作为文化惠民活动的核心，以“我们的中国梦”——文化进万家、乡村文化旅游节为载体，开展各级各类展览展示、艺术培训、文化讲座、全民阅读、“图书六进”“流动博物馆”等各级各类文化活动2439场(次)，共计服务各族群众130.68万人次，努力以多样化的公共文化服务丰富地区各族群众精神文化生活。开展地区大型文体活动。9月13日在温宿县龙泉湖广场举办地区第三届乡村文化旅游节暨温宿县第八届天山托木尔文化旅游节启动仪式，各县(市)也相继重启乡村文化旅游节活动。及时组织地区文旅系统各项工作高质量发展观摩推进会。督促地区公共图书馆、地区文化馆、地区美术馆积极开展“浙阿文化合作交流”共建工程，开展图书馆业务培训和农民画学习班，成功承办自治区农民画、剪纸和年画展览及南疆片区年画培训工作。

【文化服务示范点创建】 2020年，地区为加强各级文化阵地规范化管理，地区文旅局深入地县两级公共图书馆、文化馆(美术馆)和博物馆(纪念馆)及乡镇综合性文化站、村(社区)综合性文化服务中心进行实地调研指导，有序推进“中华优秀传统文化进基层”示范点创建工作，制订《2020年阿克苏地区“中华优秀传统文化进基层”示范点创建活动方案》，督促各县市积极开展“中华优秀传统文化进基层”示范点创建工作，已经验收达标的示范点279个。

【浙阿文化交流】 2020年，地区文旅局为全面展示对口支援、东西部扶贫协作和对口合作工作成效，展现浙江省与阿克苏地区各民族之间团结交融，“浙阿文化交流合作”工程旨在通过浙江美术、文博、图书、演绎、音乐等10家单位和阿克苏对口共建，创新“我爱浙疆”文旅品牌，实施“诗画浙疆”“书画浙疆”“文博浙疆”“书香浙疆”“文创浙疆”“戏曲浙疆”“韵律浙疆”“舞动浙疆”“传承浙疆”“英才浙疆”等10大项目，推动浙阿各族干部群众广泛交往、全面交流、深度交融，铸牢中华民族共同体意识。

文学艺术

【文艺演出活动】 2020年1月21日下午，由阿克苏地委、行署主办的2020年地区春节文艺晚会在地区影剧院精彩上演。此次春晚由地区、兵团一师及社会各界的10个文艺团体600多名演员共同演绎，经过1个多月的编排，最终确定13个节目，包括歌曲、戏曲、舞蹈、小品等，内容丰富多彩，不仅烘托出了中华民族传统节日的热闹气氛，还将新中国成立70年来阿克苏各族人民生活的变化融入其中，表达了地区各族干部群众对党和伟大祖国的热爱之情、感恩之意。

10月20日，由中共阿克苏地委、阿克苏地区行署、浙江省援疆指挥部、浙江省文化和旅游厅主办，中共阿克苏地委宣传部、浙江省文化和旅游厅对口帮扶专班、阿克苏地区文化体育广播电视和旅游局承办，浙江演艺集团、浙江音乐学院、阿克苏地区塔里木歌舞团共同编排演出的“我爱浙疆”之“戏曲浙疆”“浙阿同心 一路同行”共筑中华民族共同体暨浙江援阿十周年大型综合文艺晚会在阿克苏地区影剧院上演。文艺演出围绕“浙阿同心　一路同行”主题，以《浙阿同心》开场，讲述浙阿十年援建的风雨兼程，砥砺前行。

2020年，地区塔里木歌舞团先后圆满完成地区第十六届多浪·龟兹文化旅游节开幕式、“爱新疆·游家乡”——阿克苏人游阿克苏活动启动仪式、地区第三届乡村文化旅游节启动仪式、第七届新疆特色果品（阿克苏）交易会《千年之约·梦幻龟兹》、“浙阿同心　一路同行”共筑中华民族共同体暨浙江援阿十周年文艺晚会等的演出工作，“十一”期间组织开展文化进基层惠民文化演出活动。

【情景歌舞剧】 2020年，地区塔里木歌舞团根据自治区党委宣传部审读意见，对《千年之约·梦幻龟兹》剧目进一步完善、提升，对场景、布景进行优化，改进音乐、灯光和舞蹈服装部分，该剧目舞台表现力大大增强。在新疆特色果品（阿克苏）交易会期间，与疆内外各类采购商见面，获得好评。

【文艺作品助力“抗疫”】 2020年，地区塔里木歌舞团两次疫情封闭管理期间，全团演职人员发挥专业专长，以文艺凝聚力量鼓舞人心，传递抗“疫”正能量。以抖音、微视拍摄原创歌曲、舞蹈、乐器演奏等200条“武汉加油、中国加油”“乌鲁木齐加油、新疆加油”主题视频，创作《祈福中国》《乌鲁木齐，我们爱你》《疫情中的希望》《防范主要靠自己》《我是中国人·我们一起奋斗》等抗疫歌曲、戏曲数十首，在全网点击率近400万，获赞100万，为阿克苏地区文艺界助力抗击疫情工作做出积极贡献。

【宣传推介演出活动】 2020年，地区塔里木歌舞团精干文艺演出小分队赴上海、义乌、深圳，开展文化旅游宣传推介演出活动。为当地群众奉献独具特色的手鼓、歌舞等节目，展示阿克苏的民族风情、地域特色、人文底蕴。共计演出20场次，近万名观众观看演出。

【校园美育】 2020年，地区教育局制定下发《地区2020年中小学校开展美育熏陶试点工作实施方案》，将阿克苏职业技术学院艺术系作为实践基地，依托6所试点学校，开展艺术讲座、文明礼仪传授、钢琴体验教学、在线美育教师培训等美育熏陶活动5场次。组织中小学教师参加自治区首届“石榴籽杯”教师书法篆刻作品展，选送优秀书法篆刻作品20幅，优秀书法作品57幅参加自治区巡展。组织学校师生参加“教育部抗疫斗争伟大实践影像、海报作品征集”活动，共选送海报、小视频、摄影作品200件参与评比。组织地直院校师生400人参观“书画浙疆·天山抒怀”美术作品展，提升师生的艺术鉴赏能力。参加自治区美术教师作品巡展活动，6名教师作品获奖。

文化遗产保护

【文物考古发掘】 2020年，自治区文物局实地勘察沙雅县疑似古代公共墓地。沙雅县文化体育广播电视和旅游局（文物局）看护员在对文物保护单位常规巡查中，在自治区级文物保护单位博提巴什古城外约500米的盐碱滩上采集到了陶片、铜钱和料珠等遗物。

该遗存位于沙雅县英买里镇坡托格拉克村铁热克协海尔村西约10千米的荒漠中，东距沙雅县城约37.5千米，南距塔里木河现河道27.5千米，地表为盐碱沙质土层，四周有半固定的红柳沙包，生长有红柳、骆驼刺等耐旱植被。其东南500米为博提巴什古城，东北约4千米为通古斯巴西古城，西北约4.5千米为塔什吐尔烽火台。

通过新疆文物考古研究所考古人员的观察和实测，大坑长约6米，宽约4米，最深约1米。坑壁上部可见厚约30厘米的文化层。坑内不见墓葬的痕迹。坑外堆土中不见与墓葬相关的遗物。初步判断，该区域地表分布的遗物应与博提巴什古城人群的活动有关，未发现有明确墓葬的现象。该遗存为人群活动所遗留，应作为博提巴什古城的一部分，纳入博提巴什古城的保护当中。

【文物遗产保护】 2020年，地区为充分发挥阿克苏地区烽燧遗址在“一带一路”建设和新疆反恐维稳中的文化支撑功能以及其“证史”作用，经各方面努力，阿克苏地区烽燧群保护利用设施建设项目被列入国家“十三五”项目库，项目总投资1500万元，主要用于地区境内43处烽燧遗址的保护围栏、界桩、周围环境整治及排水设施、简易道路和管理用房建设。

【文物征集】 2020年9月24日，地区文博院开展年度文物征集活动。经过前期广泛宣传、精心策划，文博院通过《阿克苏日报》、阿克苏零距离等媒体，面向疆内外广泛发布文物征集公告，根据文物征集范围对文物收藏线索进行5个多月的调查摸底，组织文物征集工作领导小组成员对拟收藏的个人持有文物进行认真筛选。最终由来自全疆的10名藏家参加了文物征集活动，并特邀3名自治区文物鉴定委员会专家对征集的文物进行现场鉴定，共鉴定征集文物50件(组)。

【文物执法】 2020年，地区文物局加大文物保护力度，树立文物安全永远是“零起点”的思想观念，时刻不忘文物安全是文物保护的底线和红线，全年累计开展文物执法巡查和安全检查119次，执法巡查文物点673处，确保辖区内地上地下文物的安全，2020年未发生文物破坏事件。

阿克苏地区全国重点文物保护单位一览表

表9

遗址名称	地址	时代	公布批次	备注
克孜尔千佛洞	拜城县克孜尔乡乌堂村东南约7千米，明屋塔格山南麓的渭干河谷北岸断崖中	唐至宋	第一批	2014年6月22日，在第38届世界遗产大会上被列入《世界遗产名录》
库木吐喇千佛洞	库车县玉奇吾斯塘乡达吾孜牙村北东方红水电站东及北面，渭干河东岸却勒塔格山中	唐至宋	第一批	
苏巴什佛寺遗址	库车县阿格乡艾日克阿热斯村北约2千米处	南北朝至唐	第四批	2014年6月22日，在第38届世界遗产大会上被列入《世界遗产名录》
森木塞姆千佛洞	库车县牙哈镇克日希村北约6千米，却勒塔格山南麓	晋至宋	第四批	
克孜尔尕哈烽燧	库车县伊西哈拉镇道来提巴格村西北3千米盐水沟台地上	汉	第五批	2014年6月22日，在第38届世界遗产大会上被列入《世界遗产名录》
克孜尔尕哈石窟	库车县伊西哈拉镇道来提巴格村西约3千米	北朝至唐	第五批	
通古斯巴西城址	新和县巴格托格拉克乡通古斯巴什农场西南约4千米	唐	第六批	
温巴什石窟	拜城县温巴什乡阿瓦提村南约3千米，吉格代力克艾肯沟两岸	唐至宋	第六批	归入第一批全国重点文物保护单位克孜尔千佛洞
台台尔石窟	拜城县克孜尔乡台台尔村北约500米沙丘上	唐至宋	第六批	归入第一批全国重点文物保护单位克孜尔千佛洞

续表 9

遗址名称	地址	时代	公布批次	备注
阿艾石窟	库车县阿格乡康村北 20 千米处天山神秘大峡谷内	唐	第六批	归入第四批全国重点文物保护单位苏巴什佛寺遗址
托乎拉克艾肯石窟	新和县尤鲁都斯巴格镇尤鲁都斯巴格村西北约 30 千米，托乎拉克艾肯沟口北约 1 千米处	晋至唐	第六批	归入第一批全国重点文物保护单位库木吐拉千佛洞
玛扎伯哈石窟	库车县牙哈镇玛扎伯哈村	唐至宋	第六批	归入第四批全国重点文物保护单位森木塞姆千佛洞
库车大寺	库车县热斯坦街道办事处古力巴克社区居民区中部高台上	清	第七批	
默拉纳额什丁玛扎	库车县乌恰镇皮浪社区北约 1 千米	明	第七批	
龟兹故城	库车县乌恰镇皮浪社区北天山路南北两侧	西汉至宋	第七批	
唐王城遗址	库车县塔里木乡英达雅村东北约 5 千米荒漠中	唐	第七批	
乌什喀特古城	新和县玉奇喀特乡玉奇喀特村	汉至唐	第七批	
库车友谊路墓群	库车县新城街道办事处文化路社区友谊路南段	晋、十六国	第七批	
阔纳齐兰遗址	柯坪县阿恰勒乡齐兰村东约 7 千米处的荒漠中	清	第七批	
克斯勒塔格佛寺遗址	柯坪县盖孜力乡库木里村东北约 3 千米，克斯勒塔格山东端，东南距柯坪县城约 9.2 千米	唐	第七批	
刘平国刻石	拜城县黑英山乡玉开都维村北约 1.5 千米，博孜克日克沟口西侧山体	汉	第八批	
乌什吐尔夏合吐尔遗址	库车县、新和县玉奇吾斯塘乡渭干河龙口处	晋至宋	第八批	
小央塔克协尔古城	沙雅县英买力镇羊达克协尔村 4 组西约 500 米	唐	第八批	

文物展示

【概况】 阿克苏地区文博院(博物馆)建筑面积1.8万平方米,展厅面积9000平方米,由阿克苏历史文化厅、新疆古代货币厅、阿克苏自然地理厅、红船起航筑梦前行——中国共产党党史展四个常设展厅以及两个临时展厅、数字化展厅、龟兹洞窟复原展示厅、学术报告厅、青少年活动区等组成。地区文博院有馆藏文物1万件,以本地出土文物和传世文物为主,时代起自先秦,历经两汉、魏晋南北朝、隋唐、宋元明直至清代、民国时期。藏品种类齐全、特色鲜明,呈现出多元一体文化交流交融的特点。2020年,在全国博物馆等级评定中,晋级为全疆仅有的4家二级博物馆之一。同时,成功申报国家AAAA级旅游景区,是第二次中央新疆工作座谈会以来,博物馆行业中唯一成功申报国家AAAA级旅游景区的展馆。

【免费开放】 2020年,地区文博院(博物馆)适应疫情防控新常态,实行电话预约参观、总量控制、分时分流和数字导览,严格入馆人员行程码核验、体温检测和佩戴口罩,做好疫情防控条件下场馆免费开放。本年度地区文博院(博物馆)共免费开放260个工作日,接待区内外观众20.9万人次,青少年观众1.5万人次,免费讲解860批次,开展各类社会教育活动62场次。

【公共服务】 2020年,地区文博院(博物馆)启动阿克苏历史展提升改造项目,改陈和更换展厅9处场景、展板和100多件文物,全新打造龟兹乐舞动态演绎和“丝绸之路”沉浸式体验区,展示丝绸之路沿线的重要文化遗址和历史背景,着重突出在中华文化浸润下阿克苏多元一体文化。创新运用体验式观展模式让文物动起来、活起来,让观众从“参观者”化身为“参与者”,亲身感悟博大精深的历史文化底蕴。

【重要展览】 2020年,地区文博院(博物馆)围绕“5·18”国际博物馆日,举办“峥嵘岁月红色记忆”——老电影物件展,展出阿克苏地区电影放映公司的老式电影机、胶片等设备20余件,为观众搭建一个历史记忆中光影的世界。发扬红色传统、传承红色基因,举办“忆峥嵘岁月铸铁血军魂——红色革命文物专题展”,全面展示中国人民解放军建军93年波澜壮阔的发展历程,激发爱国热情;推进文化润疆工程,承办“浙阿文化交流合作”工程启动仪式,并与浙江省博物馆共同举办交流展览《江南生活美学展》,通过展示香料、茶样、瓷器、古琴、非遗丝织工艺作品等具有代表性的展品,向地区各族群众传递精致、浪漫、风雅的江南文化。

【社会教育】 2020年,地区文博院(博物馆)依托历史文化资源,举办“我与阿克苏博物馆”征文比赛、“我为博物馆代言——探寻文化里的记忆”研学冬令营、“玩皮影听讲座绣福袋元旦系列活动”等20余项线下专题活动;同时,将社教活动从线下“转移”到线上,开启“云端”服务新形态,让广大观众足不出户即可在“云”端共享“好展、好课、好文物”。先后开展“习孝礼、亲圣贤——我是国学小达人”“我为国宝代言”“小讲解员带您看丝路上的历史名人”等20余项线上研学活动,做到线上线下互融共通,充分发挥博物馆作为第二课堂的宣传教育功能,被自治区教育厅评为2020年全疆中小学研学教育优秀单位,并代表阿克苏地区就“传统文化助力研学实践”与全疆校外教育同行进行经验交流。

【流动博物馆】 2020年,地区文博院(博物馆)以“新疆四史”为主题的“流动博物馆”走进了阿克苏市第二小学、古勒巴格社区、友谊社区和温宿县龙泉广场,以图文并茂的形式,向基层群众阐明新疆自古以来就是祖国不可分割的一部分,在中国成为统一多民族国家的历史演进中,新疆各族人民同全国人民一道共同开拓中国的辽阔疆土,共同缔造多元一体的中华民族大家庭。

【业务研究】 2020年,地区文博院(博物馆)承担地委政研室开放课题“阿克苏历史文化研究成果转化的实践与探索”,课题分为“阿克苏历史文化研究成果概述”“地区各级宣传教育阵地的实践活动”“文化遗产的保护与利用”“存在的问题及建议”四个部分,搜集、整理、统计近三年来,阿克苏地区各级文化场馆、文化遗产地所开展的历史文化相关的展览、社会教育、学术讲座,以及地区文旅产业园区建设等数据、资料,调研全地区历史文化研究的现状及存在的问题，并提出针对性的建议。开展“阿克苏地区文化遗产保护利用传承与可持续发展”调研。从地区历史文化遗产保护利用研究的背景内容、历史文化遗产保护利用现状以及文旅融合背景下历史文化遗产利用新模式、建议、发展展望部分进行分析探讨，为地区实施76331战略打造“先进文化引领区”特别是阿克苏地区文化遗产保护与利用提供参考依据。

新闻出版

【概况】 2020年，阿克苏日报社紧紧围绕学习宣传贯彻习近平新时代中国特色社会主义思想和中共十九大精神，自觉承担起举旗帜、聚民心、育新人、兴文化、展形象的使命任务，坚持正确政治方向，全面贯彻落实中央及自治区党委及地委一系列决策部署，不断创新工作方法、丰富报道形式、充实宣传内容，随着媒体融合步伐的加快，已初步搭建起包括“一报(《阿克苏日报》)、一网(阿克苏新闻网)、一端(掌上阿克苏小程序)、两微(阿克苏零距离、阿克苏日报微信公众号)、一屏(阿克苏日报融媒体阅报屏)、一栏(阿克苏日报融媒体阅报栏)、抖音视频直播”于一体的全媒体矩阵。

【新闻工作】 2020年，地区主流媒体开设“决战决胜脱贫攻坚”“深入学习贯彻党的十九届五中全会精神”“学习贯彻第三次中央新疆工作座谈会精神”“防疫有我爱卫同行”“推动高质量发展调研行”“走向我们的小康生活”“大力弘扬法治精神”等64个重大活动宣传专栏，刊(播)发地区重大主题宣传稿件5488条次。全面做好媒体新闻发布资质的审查，严肃举办各类新闻宣传活动报备审核机制，落实地区宣传工作指令，推进宣传工作规范开展。加强人才队伍建设，24人通过地区新闻系列评审，获得副高级、中级职称，通过率达96%。

【新闻出版】 2020年，阿克苏地委宣传部统筹推进地区新闻出版工作，地区印刷企业81家，印刷企业资产总额1.95亿元，工业总产值1.44亿元，实现利润总额1593.99万元。做好地区108家出版物发行单位年审工作，其中音像制品店5家，书店103家，地区文联、阿克苏日报社、地区广播电视台顺利通过年度期刊、报纸年度核验。大力实施东风工程，为地区220个社区、1204个行政村赠阅图书音像制品61万件，报刊28种295.7万份。争取农家书屋出版物补充更新资金241.2万元，从国家和自治区2020年农家书屋重点图书推荐目录中选出97291册优秀图书采购补充到全地区各农家书屋。持续推进软件正版化工作，采用场地许可的形式，县(市)、地直各单位完成金山WPS办公软件安装工作。开展“4·26”知识产权宣传周版权宣传活动，实施打击网络侵权盗版“剑网2020”专项行动。全年查处侵权盗版案件1起，办结1起。

【系列宣传】 重大会议宣传 2020年，阿克苏日报社充分发挥党报优势，持续深入做好习近平新时代中国特色社会主义思想和党的十九大、十九届四中及五中全会、第三次中央新疆工作座谈会、全国和自治区两会、地委(扩大)会议的宣传报道，保质保量办好“在习近平新时代中国特色社会主义思想指引下——新时代·新作为·新篇章”专栏。

第三次中央新疆工作座谈会召开前后，该报紧紧围绕地区贯彻落实习近平总书记关于新疆工作的重要讲话和重要指示批示精神，精心策划，制订宣传报道方案，充分利用报纸、网站、零距离、微信公众号、电子阅报屏(栏)等平台，网上网下步调一致，持续推出新时代党的治疆方略在新疆的成功实践系列综述报道14篇。会后，持续推出“学习贯彻第三次中央新疆工作座谈会精神”专版，通过消息、通讯、图片等多种形式重点报道第三次中央新疆工作座谈会召开之后各族干部群众和社会各界对会议的热烈反响以及地区各地各部门学习贯彻落实情况，在地区掀起学习贯彻落实第三次新疆工作座谈会精神的热潮。

社会事业宣传 2020年，阿克苏日报社围绕新时代党的治疆方略讲好阿克苏故事，该报在重要版面开设“说成就谈变化展未来”“我的幸福我来说”等专栏，用接地气、冒热气、沾露珠的新闻作品，展示地区社会稳定释放的红利和各族老百姓的美好幸福生活，刊发《合作社架起村民“脱贫致富桥”》《情深意浓“鱼兄弟”携手奔向致富路》等70篇稿件，配发记者手记，全方位、多角度、立体化展示地区各行各业的发展成就,讲述各族干部群众的奋斗故事。

疫情防控宣传　2020年,阿克苏日报社党委高度重视,主动靠前指挥,及时传达中央及自治区党委关于疫情防控会议精神,积极承担起主流媒体的使命任务,136名采编人员主动请缨,向报社党委提交"请战书",全力以赴投身到抗击疫情的宣传报道中。尤其是12名记者不畏艰险勇敢逆行到抗疫一线,深入挖掘医务工作者、党员干部、公安民警、社区工作者、志愿者等担当作为的感人事迹,在报纸、网站、零距离、电子阅报栏等平台统一开设"众志成城打赢疫情防控阻击战""防治知识""最美防疫人""夺取疫情防控和经济社会发展双胜利""统筹疫情防控和经济社会发展""党旗飘扬在一线"等专栏、专题,全方位展示抗疫一线从医务工作者到社区工作者、从地方政府到各行各业全力既防控疫情又抓经济发展的动人事迹和良好精神状态。发挥新媒体优势,多渠道融合传播,报网融合,进行全媒体、全方位、多渠道、立体化传播,制作26部原创小视频、12幅长图、8个H5作品、4个小游戏、1部动画、1部快板说等,尤其是《阿克苏冰糖心苹果送达湖北》系列稿件被新疆日报、天山网、央广网、央视网等20家自治区、中央级媒体转载刊发,收到良好的社会宣传效果。《阿克苏冰糖心苹果运达湖北》的系列稿件在阿克苏零距离微信公众号上的总阅读量达到7万人次。

脱贫攻坚宣传　2020年,阿克苏日报社大力宣传地区各县(市)各部门真抓实干、精准实策的经验成效,深刻反映地区攻克贫中之贫、坚中之坚的奋斗历程,充分利用报纸、网站、零距离、电子阅报屏(栏)等平台积极转载中央及自治区媒体刊播的重要稿件,深化全面建成小康社会的思想共识和行动自觉,持续推出了"小康路上奋斗有我""决战决胜脱贫攻坚""脱贫故事""走向我们的小康生活"等一系列专栏、专题,记录脱贫攻坚带来的城乡巨变和各族干部群众自强奋斗、团结携手奔小康的感人故事,尤其是柯坪县、乌什县两县脱贫摘帽后,在地委宣传部的带队下该报记者深入两县实地采访,重磅推出《突出特色产业打造增收新亮点——乌什县脱贫攻坚工作综述》《齐心协力突出重围——柯坪县脱贫攻坚工作纪实》《携手共克时艰铺就幸福大道——地区脱贫攻坚工作综述》三篇综述稿件。决胜全面小康的稿件还贯穿在"民族团结一家亲""访惠聚"等专栏,大力宣传报道地区在全面建成小康社会中涌现出的先进典型事迹和自立自强、劳动致富的普通群众,讲述贫困地区群众艰难奋斗的感人故事。

爱国卫生宣传　2020年,阿克苏日报社开设"加强城乡环境保洁倡导文明健康生活""防疫有我爱卫同行"等专栏、专题,报道地区各县(市)、乡村持续开展人居环境整治工作,把农村人居环境整治与村庄清洁、厕所革命、脱贫攻坚、乡村振兴有机结合,深入推进移风易俗、庭院绿化,刊发《美丽乡村高"颜值"农民生活有质量》《地区扎实开展爱国卫生运动》等60篇稿件,并在养生版刊登了新型冠状病毒的预防知识、卫生健康小知识等,在重要版面刊发10期"文明健康有你有我"为主题的公益广告,全方位多层次推进爱国卫生运动。深入宣传社会主义核心价值观,刊发《少年误陷泥沼民警奋力营救》等稿件,同时借助公益广告这一载体,进行核心价值观的宣传,营造浓厚核心价值观学习氛围。

旅游文化宣传　围绕阿克苏丰富的自然景观和浓郁的民俗风情,2020年,阿克苏日报社积极主动借势进行宣传,及时召开编委会讨论地区旅游产业宣传报道、稿件安排和版面设计,选派骨干记者对地区旅游文化产业进行全方位、立体式采写,并根据地区文旅局提供的精品旅游线路、景点介绍、各地风光图片等,精心制作推出《金秋十月畅游阿克苏》专版,在报纸、网站、零距离等平台相互宣传推介,大力宣传推介大疆南北特色和亮点、精品线路、民俗文化等,促进旅游产业的发展营造浓厚的舆论氛围。

【媒体融合】　2020年,阿克苏日报社积极推动传统媒体和新兴媒体全方位创新与融合。《阿克苏日报》已由单一纸媒发展成为集报纸、网站、零距离、公众号、电子阅报屏(栏)等多种传播形态的新型媒体矩阵,受众逾20万人;阿克苏融媒体和掌上阿克苏+两个小程序处于试运行阶段,社会反响较好;同时完成对阿克苏新闻网站和数字报的全新改版,较好展示地委贯彻落实新时代党的治疆方略特别是社会稳定和长治久安总目标的成功实践。初步搭建起包括“一报、一端、两微、一屏、一栏、抖音视频直播”于一体的全媒体矩阵。《阿克苏日报》发行量近14万份,阿克苏零距离粉丝量12万多人(次);《阿克苏日报》微信公众号粉丝量5万多;阿克苏新闻网官方微博粉丝量7万人(次)。4月率先在地州一级取得互联网信息服务资质,成功承办地区第三届“我是一颗石榴籽”网络文化活动;在各县(市)、各个公共场所布设集新闻资讯、政务服务、便民服务为一体的融媒体电子阅报屏(栏)83个,让党的声音走进千家万户,促进全民阅读和公共文化服务网络建设健康发展;依托阿克苏新闻网、阿克苏零距离、《阿克苏日报》微信公众号等新媒体矩阵,加大重要新闻、重大主题和栏目的宣传声势,精心制作小视频,VR等、实现了传统媒体与新兴媒体的深度相融,开启了讲好阿克苏故事的“加速度”。全年,阿克苏新闻网建立大型专题专栏30个,刊发稿件10.28万条;阿克苏零距离微信公众号刊发稿件4996条,阅读量180万余人次,转发量46万余人次;阿克苏日报微信公众号刊发稿件2436条,阅读量达30万余人次,转发量达14万余人次;抖音短视频40部,点赞人数达2万余人次。

【获奖情况】 2020年,阿克苏日报社156篇稿件在《新疆日报》上刊发,62篇稿件被中央级媒体采用刊发,网络平台也是硕果累累,其中中央级网站采用刊发794篇,自治区网站采用刊发1040篇,新疆访惠聚和学习强国采用刊发43篇,超额完成全年对外宣传任务。其中《新疆温宿县发展生态文化旅游主题公园打出旅游新招牌》一文在《人民日报》刊发,《同心共济,他们的暖心之举让抗“疫”有温情》等3篇稿件在央广网刊发;《人与人远了,心与心近了——新疆阿克苏三个普通人的故事》等5篇稿件在《经济日报》刊发;《“大漠村医”汗克孜·玉散依木:为防控疫情,两个月未进家门》等3篇稿件在《光明日报》刊发;《新疆阿克苏地区线上线下瓜果热销》等28篇稿件在《中国县域经济报》刊发;《托万克麦盖提村:学技能忙充电冬闲变为冬忙》等25篇稿件在《新疆日报》头版刊发。2020年,4件新闻作品获得新疆新闻奖,1件作品荣获2019年度中国地市报新闻奖(论文)奖,15件作品获地市报新闻业务交流竞赛奖。一年来,《阿克苏日报》及阿克苏新闻网、零距离、《阿克苏日报》微信平台等新媒体共开辟专版123个、设置专栏154个,刊发各类重点新闻稿件9万条。

广播影视

【栏目调整】 2020年,地区广播电视台《交通早高峰》栏目为一档生活资讯服务类直播栏目,每天早上9:00至10:30播出1小时30分钟。12月2日,《交通早高峰》栏目中增设新闻资讯版块,把党的各项惠民政策融入节目中。通过内部新闻资源的共享,灵活的节目策划,让节目内容更加具有可听性、资讯化,达到“新闻+政务+服务”效果,最大程度地吸引听众。

【升级改版】 2020年,地区广播电视台《940帮帮帮》是一档民生服务类直播栏目。改版前栏目名称为《和谐家园》,主要围绕“访惠聚”“脱贫攻坚”“民族团结”等内容进行30分钟的录播(11:00—11:30)。针对互动性不强,听众参与度不高等问题,11月1日该节目进行全面升级改版。通过重新定位节目名称为《940帮帮帮》,播出形式改录播为直播,播出时间调整为10:30~11:30延长播出时间,播出方式改为听众互动、嘉宾做客直播间,达到“解决民生类问题为主,服务咨询为辅”的宣传效果,改版三个月以来受理问题200条,解决率98%,受到广大听众的喜爱和关注。

【外宣工作】 2020年,地区广播电视台每月召开策划选题会,对新闻主题进行“一月一主题”的科学策划,进一步建立对外宣传责任制、对外宣传协调机制和对外宣传奖励机制,同时将重大选题策划报道和外宣全疆排名跟当月绩效工资挂钩,激励新闻重报组多发稿、上头条、上央视。1—12月,地区广播电视台在中央广播电视总台播出稿件70条。在新疆广播电视台播出稿件996条,连续12个月全疆第一排名。全年累计在学习强国投稿360条,采用158条,其中新疆学习平台采用123条,全国平台采用35条。

【基础设施改造】 2020年6月6日,地区广播电视中心大楼和“多浪明珠”广播电视塔简称“一塔一中心”，是地区重点公共文化设施建设项目之一，2017 年 6 月动工，2020 年 5 月全面建成。项目总投资 2.5 亿元，建设用地 4.17 公顷，工程总面积 2.84 万平方米，中心大楼建设面积 1.77 万平方米，上下九层，包含 1000 平方米演播厅。“多浪明珠”广播电视塔，高度 268 米，是西北第一高塔，建筑面积 1.08 万平方米，无线信号覆盖半径由原来的 50 千米扩大到 150 千米。

10 月 1 日，地区广播电视台 1 号演播厅正式使用。该演播厅加入全新逆光、顶光、耳光、面光、氛围光设计，采用 LED 光源灯具，配备 40 个 DMX512 信号通道、44 盏 330BEAM 光束灯、18 盏 XP5R 光束灯、24 盏 XP16R 三合一灯、52 盏摇头染色灯、48 盏切割灯、152 盏 PAR 灯、舞台采用主屏和侧屏、全新视频系统、通话系统、8 讯道摄像高清录制，具备晚会现场直播条件，可一次性容纳 560 名观众。

【安全播出】 2020 年 6 月 6 日，地区广播电视台广播前端播出系统搬迁至“多浪明珠”地区广播电视塔，告别过去 10 年模拟信号时代。搬迁后的广播前端播出系统向全新、智能化、数字化、网络化时代迈进。

12 月 25 日阿克苏地区广播电视台高标清同播系统安装调试完毕，标志着地区广播电视台电视播出进入高清时代。2021 年 1 月 6 日 06:00，AKSTV-1、AKSTV-2、AKSTV-3、党员远程教育频道高标清同播系统开始试播。

【电影管理】 2020 年，地区电影事业稳步发展，拥有各类城市影院 13 家，地委宣传部开展“我们的中国梦——电影进万家”“学时代法典庆盛世华章”公益电影主题放映活动，精选《我和我的祖国》《中国机长》《港珠澳大桥》等 263 部主题影片，通过集中展映和送电影进农村的形式，放映公益影片 1.5 万场(次)，受益农牧民群众 296 万人次。组织地区各族干部群众观看以国家改革开放40 周年“改革先锋”、地区乌什县依麻木镇民办国语小学校长——库尔班·尼亚孜的先进事迹为原型创作的电影《奔腾的托什干河》，观影群众达 90 万人。

文化市场管理

【文化市场管理】 2020 年，地区文旅局积极开展“扫黑除恶”专项行动、旅游服务环境和旅游市场专项整治、“三差一乱”治理及安全生产检查，常态化开展文旅综合执法、“双随机、一公开”检查，年内出动执法人员 3837 人次，检查旅游市场经营单位 1279 家次，发现安全隐患问题 326 个，均立查立改、有效整改。受理投诉 20 起，结案 20 起，投诉受理率、办结率和满意率均为 100%。旅游市场实现疫情“零控制”，安全生产“零事故”，投诉处理反馈“零差评”。抓“微笑新疆”提升服务。通过“线下+线上”培训方式，组织 31 家景区、40 家涉旅企业、行业协会等旅游从业单位开展专题培训 70 场次，覆盖人员 2.8 万人。在景区(点)旅游标识标牌、慢行绿道、公共游憩设施、旅游厕所等旅游公共服务设施增加“微笑阿克苏”标识、内容 320 处，各类服务场所设置微笑服务窗口 54 个，发放笑脸徽章 1500 个。向全社会发布“微笑阿克苏”旅游倡议，开展“微笑之星”“微笑阿克苏形象大使”等模范典型 100 人选树活动。

【文化市场执法检查】 2020 年，地区文化市场综合执法队，抓好文旅市场疫情防控、扫黑除恶、“扫黄打非”、行业专项整治、安全生产等工作。全年，出动检查人员 9916 人次，检查文化旅游市场经营单位 6345 家次，立案 6 起，办结 6 起，有效实现安全生产零事故。

体育

【竞技体育】 2020 年，地区文旅局鼓励县(市)文旅部门与教育部门沟通联合，组织挖掘培养体育后备人才。加快县级体育传统项目学校创建。与教育部门联合沟通，建成 5 所自治区级、10 所地区级体育传统项目学校。结合教育部门 73 所足球特色学校和篮球、排球特色学校布局建设，争创三大球传统项目学校，争取自治区、地区的传统项目学校专项补助资金。

【农牧民体育健身工程】 2020 年，地区文旅局按照县级“111”标准和乡镇“1141”标准，推进基层全民健身公共体育设施建设，合理利用景区、城市公园、公共绿地、休闲广场和空置场地建设休闲健身场地设施，不断提高全民健身供给能力和服务水平。根据疫情防控常态化要求，做好公共体育场馆免费或低收费开放工作。做好2020年全民健身设施项目建设工作。本年度建设乡镇农民体育健身工程7个,总投资350万元;拜城县建设社区健身中心工程1个，总投资200万元。社会足球场项目建设顺利完工。全年地区共下达16个社会足球场建设指标涉及地区七县二市,其中，11人制足球场2个，总投资600万元,属全额中央预算内资金;其余14个为7人制足球场,建设规模均为2200平方米，总投资70万元,属全额中央预算内资金。自治区体育局给予地区行政村农牧民体育健身工程155万元经费覆盖31个行政村。

【学校体育】 2020年,地区教育局加强学生日常锻炼,按照“一校一策”原则,科学合理制定体育课复课方案,保证学生每天体育锻炼和课外活动时间不少于1小时,确保校园足球教学的正常开展,培养学生的体育锻炼习惯。推动学校足球运动发展，完成78所足球特色学校和27所足球特色幼儿园在全国校园足球管理平台的线上注册和复核。年内，创建足球特色学校6所,足球特色幼儿园19所。开展体育特色学校创建,申报创建全国篮球特色学校43所，全国排球特色学校22所，全国青少年篮球特色学校10所，全国青少年排球特色学校5所。

【社会体育】 2020年,地区文旅局抓好线上线下全民健身活动。落实《阿克苏地区全民健身实施计划(2016—2020)》《关于大力推广居家科学健身方法的通知》，发挥好体育的特殊功能，开展群众喜爱、丰富多彩、小型多样的全民健身活动。重点做好疫情期间和后疫情时代居家全民科学健身线上、线下指导服务。举办“迎新春”门球比赛、职工篮球比赛、“丝路有约旅游杯”乒乓球比赛、“羽佳杯” 羽毛球比赛、“飞鱼杯”游泳比赛等。结合疫情居家防控工作,举办地区“健康你我他、展现新风采”系列线上文体活动、2020年阿克苏地区第十二个“全民健身日”系列活动等,参与人数近万人次。积极组织参加自治区体育局与自治区卫健委联合举办的“第二季全民健身进家庭云交流”活动新疆第四季“居家云健身运动汇”“我要上全运”选拔赛,共选送500件视频作品参加自治区活动赛事,被自治区体育局评为“第二季全民健身进家庭云交流” 活动优秀组织奖。各县(市)组织县级全民健身活动40场次,各乡(镇)开展全民健身活动不少于2000场次。坚持实施全民健身活动品牌战略,逐步形成“地、县、乡、村”四级联动的全民健身活动发展态势。

指导各县(市)结合本地实际，推动大众冰雪运动。截至2020年年底，全地区建成冰雪场地9个，乌什县滑雪场建成冰雪业余训练队1个。自治区体育局给予温宿县塔村滑雪场拨付5万元补助。

【体育协会】 2020年,地区文旅局加快推进基层体育社会组织社会化进程。加强县(市)级体育总会工作力度,做好2020年县(市)级体育总会成立或换届筹备工作,协调民政部门完成审批注册工作。拨付24万元用于支持地区13个单项体育社会组织发展壮大。

【体育培训】 2020年,地区文旅局指导各体育协会常年开展体育健身活动,组织举办阿克苏地区新编健身操、第九套广播体操、体育骨干理论培训班培养二级社会体育指导员240人,培养三级社会体育指导员120人次。并根据基层需要选派国家级、一级社会体育指导员赴阿拉尔市及沙雅县提供技术指导和服务6人次。

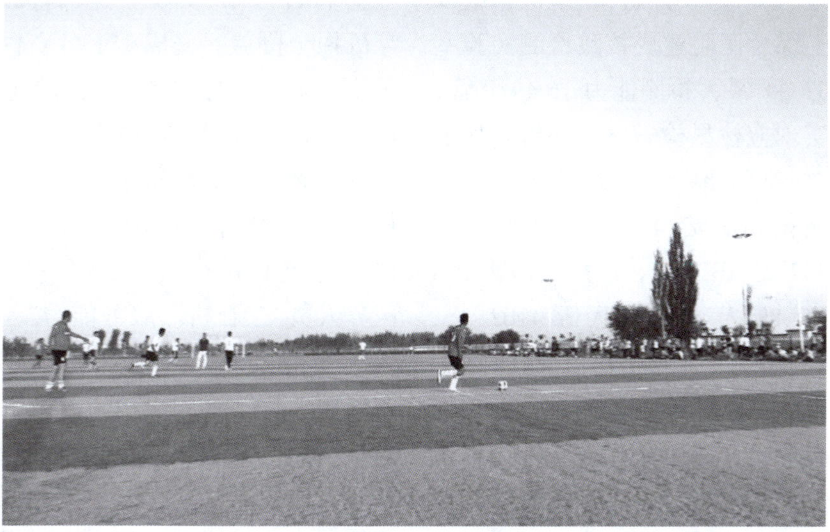

沙雅县体育公园(阿依努尔 摄)

卫生健康

综述

【抗击疫情】 2020 年,地区卫生健康委员会(以下简称地区卫健委)聚焦聚力疫情防控,对标主责主业,确保地区新冠疫情可防可控。在地区、县(市)医院设立 23 个定点发热门诊、572 间留观隔离病房,配齐负压救护车等医疗器械设备、救护物资,规范流程制度,确保及时预警、及时报告、及时处置。提升核酸检测能力,在地、县(市)疾控机构、地区二级以上综合医院建成核酸检测实验室 33 个,最大检测能力 16.49 万管,实现应检尽检、愿检必检。加强"四支队伍"建设,组建核酸检测队伍 165 支、495 人,流调队伍 447 支、1075 人,医疗救治队伍 8 支、88 人,消杀队伍 4102 支、16376 人,加强业务培训,强化应急演练。建立落实"八项监测预警机制",按照"四早"要求,实现防控关口前移,牢牢掌握疫情防控主动权。制订《阿克苏地区应对秋冬季新冠疫情应急预案》,高位推进发热门诊、候诊室、留观病房建设,启动负压病房建设。全面完成发热门诊、留观病房和候诊室规范化建设。加强医务人员专业技术培训,规范核酸检测采样、编号、登记、运送等工作流程,为秋冬季节核酸检测做好人员准备。

【健康扶贫】 2020 年,地区卫健委优化便民服务,稳妥解决因病致贫、因病返贫的问题。解决"看得上病"的问题,地区二级及以上公立医疗卫生机构 23 家,乡镇卫生院和社区卫生中心 101 家,村卫生室 1155 个,实现县、乡、村医疗机构全覆盖。完成 121 名乡村医生事业编制招录考试工作,通过乡村医生调剂和乡镇卫生院派驻等多种方式,全面消除县、乡、村三级医疗机构和医务人员"空白点"。地区医疗机构"三个一"、医务人员"三合格"、服务能力"三条线"全面实现。解决"看得好病"的问题,持续开展建档立卡贫困人口"因病致贫、因病返贫"核准核实工作;巩固家庭医生签约服务覆盖率,建档立卡贫困人口慢性病患者签约率 100%;县级医院到乡镇卫生院、社区卫生服务中心远程医疗全覆盖;解决"看得起病"的问题,"先诊疗后付费""一单式"结算政策在地区各公立医疗卫生机构全面落实。严格落实肺结核病门诊 100%、住院 90%、耐多药肺结核患者住院 100%的医疗费用报销政策,将远程会诊费用纳入城乡居民医疗保险范围。艾滋病困难患者门诊、住院报销比例均提高到 95%以上。全面落实建档立卡贫困人口基本医保个人缴费补贴政策,实现建档立卡贫困人口基本医疗保险、大病保险和医疗救助全覆盖。落实深度贫困县深度贫困人口基本医保和大病保险报销倾斜政策,地区乌什县、柯坪县贫困人口享受补充医疗保险 29660 人,享受金额累计 364.23 万元。

【综合医改】 2020 年,地区卫健委深化"三医联动"改革。优化资源结构布局。根据《阿克苏地区打造区域性医疗高地实施意见(2020—2022 年)》,制订《阿克苏地区打造区域性医疗高地推进方案》及责任分解,完成组建专科联盟2个，推进人才共享、资源流动和服务衔接，形成辐射带动和补位发展模式，提升地区中医药、妇幼健康服务能力。推进薪酬制度改革。开展地直医疗单位2019年薪酬制度考核，调整考核指标及医院类别，完善《地直医疗机构领导班子成员薪酬制度改革实施办法》，推动薪酬制度改革。结合公立医院将薪酬制度改革试点向县（市）医院和乡镇卫生院（社区卫生服务中心）延伸，地区101家基层医疗、卫生机构，按照“两个允许”落实奖励绩效工资95家。推进现代化医院管理制度改革试点。推进地区第一人民医院、拜城县人民医院、库车市中医医院（维吾尔医医院）现代化医院管理制度改革试点工作，明确党委在医院管理中的主导作用，初步形成以党建促业务发展的现代化医院管理体系。规范医联体医共体建设。整合区域医疗卫生资源，推进县域医疗卫生资源共享，促进优质医疗卫生资源下沉到基层，提高县域医疗卫生服务体系整体绩效和基层医疗卫生服务能力，年内已有90家基层医疗卫生机构满足紧密型医共体“六个统一”要求。推进医疗卫生信息化建设。大力推进“互联网+医疗”建设，地区23家二级以上医疗机构实现群众网上预约、网上挂号、网上结账和网上查询健康档案服务。开展医疗集团化试点工作。以沙雅县人民医院为龙头，横向整合县第二人民医院、妇幼保健院、计生服务站，纵向联合12个乡镇卫生院，同时覆盖全部村卫生室组建医疗集团。医疗集团各项体制机制已形成，各项制度已完善，并进入正常运转中。

【公共卫生服务】 2020年，地区卫健委始终推进以“治病为中心”向以“健康为中心”转变。持续加大肺结核病防治和重点人群肺结核筛查，设置服药点1059个，严格采取传染性肺结核患者集中隔离治疗和非传染性肺结核患者村卫生室“集中服药+营养早餐”居家治疗模式，强化结核病精准防治管理服务平台建设和应用，结核病高发态势得到有效遏制。科学防控遏制艾滋病传播，落实早发现、早诊断、早治疗措施，艾滋病筛查、检测率达100%，及时采取抗病毒治疗、母婴阻断等干预措施，切实管住源头、遏制传播。完成两轮脊髓灰质炎强化免疫接种，第一轮接种儿童11.37万人，接种率99.36%；第二轮接种儿童11.23万人，接种率99.17%。启动全民健康体检工作，将体检确诊的慢性病患者纳入规范管理，有针对性地进行健康管理和采取健康干预措施，体检率达100%。启动爱国卫生推进月，6月13日、8月22日分别召开地区爱国卫生工作推进会、部署会，依托爱国卫生工作网络，形成全社会齐动手、共同参与的良好氛围。开展“健康防病知识进万家”宣传教育活动，加强健康扶贫政策宣传，提高贫困人口对健康扶贫政策的知晓率，引导各族群众养成健康生活方式，减少疾病发生率。

【计生和妇幼工作】 2020年，地区卫健委落实“一票否决制”，全面落实“单月访视、季度查环、查孕”工作长效机制，查环查孕率100%。稳步推进违法生育查处力度，扎实做好违法生育社会抚养费征收工作。坚持将母婴安全工作纳入目标责任管理，严格执行五项制度，保障母婴安全。稳步推进婴幼儿托管服务机构建设，地区已建成婴幼儿托管机构8所，托位数652个。

【纪律建设】 2020年，地区卫健委深入开展医疗卫生领域损害群众利益专项整治工作，聚焦6个方面存在的突出问题，实行开门整治、分类查处。共收集问题线索72条，已办结72条，处理医疗机构31所，经济处罚10所，处罚金额4.2万元。处理违规人员58人，其中党纪处分2人，政务处分1人，批评教育32人，移送司法1人。

疾病防控

【疾病预防控制】 2020年，地区卫健委落实重大疾病联防联控，全年报告突发公共卫生事件1起，报告乙丙类传染病1.5万例，发病率比上年下降32.78%；免疫规划工作稳步提升，疫苗接种率99.65%，脊灰疫苗补充免疫率99.46%，地区连续27年维持无脊髓灰质炎状态，顺利完成两轮新冠疫苗接种工作；结核病、艾滋病防治成效显著，结核病报告发病率199.67/10万，下降44.93%，艾滋病新报告感染者488例,下降38.10%。

【地方病监测】 2020年,地区卫健委完成自治区中转项目地方病、寄生虫病防治任务及城乡水质卫生监测任务,有效控制饮水性氟砷中毒和碘缺乏病危害,布鲁氏菌病"三位一体"综合防治成效显著,发病率逐年下降。

【综合卫生监测】 2020年,地区全年新增68家食源性疾病监测哨点医院,实现城乡全覆盖,地区卫健委累计上报食源性疾病病例211例;职业卫生工作全面完成,全年完成随访职业性尘肺病患者599例,随访率92.3%,重点职业病健康检查上报8536例,开展放射卫生检查工作,顺利通过113项放射卫生扩项资质认定;慢性病防治工作取得新进展,全地区居民健康档案电子建档率、高血压、糖尿病、严重精神障碍患者规范管理率均达自治区要求,死因监测和肿瘤登记工作进一步规范;实验室检验检测能力显著提升,各级实验室按时完成国家及自治区下达的水、食品、尿碘、土壤、病毒载量、麻疹风疹、腹泻病和流感等检测任务。

医疗卫生

【医保扶贫】 2020年,地区医疗保障局(以下简称地区医保局)建立贫困人口参保缴费手工台账动态管理,逐一核查不符合参保条件的人员,实现参保缴费动态清零,做到应保尽保。全面落实建档立卡贫困户、低保对象缴纳居民医保140元定额补贴、特困人员全额补贴政策,全年补贴34.34万人,支出资金4916.9万元,做到应补尽补。统一提取贫困人口享受待遇数据推送至各县(市),进行横向比对、纵向核查,确保数据准确一致,确保待遇应享尽享。

完善医疗救助,制定《地区防止因病返贫致贫监测和动态帮扶办法》,扩大医疗救助范围、规范救助程序,将低收入、因病致贫家庭纳入救助范围,将36种重大疾病纳入二次救助范围,对18种慢性病开展门诊救助,通过综合施策,有效防止因病致贫、返贫。

做好"两病"(高血压、糖尿病)保障,出台"两病"用药保障机制,将居民健康体检结果作为"两病"认定参考依据,对符合要求的及时纳入"两病门诊"保障范围,实现县乡村三级医疗机构"两病"结算全覆盖。全地区已确认"两病"患者7.76万人,待遇享受1.83万人次。

【医疗保障政策】 2020年,地区医保局实现两项保险基金统收统支,推动生育保险与城镇职工医疗保险合并顺利实施,整合医疗、生育保险经办力量,提高经办效率。完善医疗保障政策,将城镇职工医疗保险门诊特殊慢性病病种扩大为28种,糖尿病、高血压等常见病累计限额提高至2万元。城镇职工基本医疗保险保障额度由8万提高至12万元。调整城镇职工基本医疗保险转诊转院制度,调整参保职工未办理转诊手续不予报销的政策降低为10%~15%的报销比例。取消"门诊特殊慢性病小目录",将门诊慢性病用药,纳入医药机构、慢性病药店购药双通道管理。

【医保制度改革】 2020年,地区医保局扩大家庭互济,将城镇职工个人账户家庭互济范围由职工与职工之间扩大至职工与居民之间。全地区4.4万名参保人员申请个人账户"家庭共享"登记,个人账户互济金额1205万元,提高城镇职工基本医疗保险基金使用效率。

推进区域点数法总额预算和按病种分值付费试点工作,作为国家首批区域点数法总额预算和按病种分值付费试点城市,拟定《阿克苏地区区域点数法总额预算和按病种分值(DIP)付费试点工作实施方案》,完成前期业务培训及23家二级以上医疗机构三年历史数据的提取工作。

推进跨省异地就医直接结算工作,在传统备案的基础上,增加新疆医保APP、微信备案小程序,使异地备案更加方便快捷,实现应备尽备。将地区范围内144家医疗机构纳入跨省异地就医即时结算平台,年内,全地区跨省异地就医备案7505人次,结算2660人次,支付费用5488万元。本地结算外地就诊421人次,支付费用481万元。

加强定点医药机构管理,完善细化定点医药机构医保协议内容,进一步规范定点服务协议管理(完善药品价格、两病准入监管等内容,修改医保医师违规处理等13项条款)。严格准入管理,改善服务质量,将符合条件的医药机构及时纳入,全年新增定点医药机构88家,确定慢性病定点药店28家,因违规解除医保服务协议23家。

【医疗保障服务】 2020年,地区医保局通过互授经办权限的方式,再次梳理可"同城通办"业务5项,地县(市)两级参保群众可就近至医保经办地点办理。全年,地县(市)两级共计办理同城通办业务1373件。实现医保业务"就近办""同城通办"。

地区医保局规范28项政务服务事项申报材料、办理条件、办事时限。将参保登记、医疗救助申请2项公共服务事项权限下放至乡(镇)、村(社区),构建全地区统一的医保经办管理体系。落实行业系统监管责任,对柯坪县医疗保障局违规办理和支付医保待遇问题,予以全地区通报批评。对涉医保基金违规相关问题线索,按规定移交柯坪县纪委监委和县委组织部。在执法检查中对地区中医院、地区维吾尔医医院存在的问题进行通报批评,追回医疗违规费用141万,行政罚款210万元。落实党员亮身份、挂牌上岗制度,设立监督台,落实"好差评"制度,建立完善奖罚机制,其中地区医保局行风建设《医保服务亮新招"12345"方法值得借鉴》一文,在中宣部"学习强国"和中国医疗保险官网发表,并在全国推广学习。

结合医保扶贫、惩治欺诈骗保等工作,拍摄专题宣传片2部,印制宣传册13万本。在电视、广播、户外电子屏、手机客户端等各类平台播发医疗保障政策,播出1101次,点击量9.98万次。在各类媒体、杂志、网站发表文章28篇,其中2篇在中宣部"学习强国"和中国医疗保险杂志官网刊登。

【全民健康体检】 2020年,地区医保局全民健康体检工作按照"分期分批"的原则,有序开展,继续采取集中体检和上门体检相结合的方式,确保全民健康体检工作覆盖最后一公里、最远一家人。统筹协调各级各类医疗卫生机构,共设置体检点119个,配备体检工作人员3029人,投入核心体检设备DR、彩色B超、全自动生化分析仪"三大件"设备604台(件)。全地区完成体检199.2万人,圆满完成2020年度全民健康体检工作。

【基金监管】 2020年,地区医保局建立完善医保基金财务管理制度和风险预警等制度,按季分析医保基金运行情况,医保基金实行统一管理,管用分离,专款专用。加大宣传。组织开展"打击欺诈骗保维护基金安全"宣传月活动,印制6.72万册《医保政策问答手册》。制定《阿克苏地区打击欺诈骗取医疗保障基金行为举报奖励实施细则》,明确举报奖励标准,落实举报奖励制度,鼓励引导群众主动参与打击欺诈骗保工作,共接收群众举报23人次,奖励金额1500元。

2020年,地区医保局实现定点医药机构和医保经办机构检查全覆盖,检查医药机构661家,处理532家,追回和处罚医疗违规基金1468.8万元,解除医保服务协议23家、暂停医保服务协议38家、行政罚款31家。检查7县2市医保经办机构问题34条,追回违规支付医保基金14.6万元,补发错办少报医保基金3.14万元。对1家问题严重的医保经办机构进行全地区通报批评,2家进行问题整改。

妇幼保健

【概况】 阿克苏地区妇幼保健院是一所集保健、医疗、康复、教学为一体的三级甲等公立性妇幼保健机构,医院现为一院两址(晶水路39号,文化路14号),编制床位210张,院内设置三大部39个科室。

医院现拥有高强度超声聚焦治疗系统(海扶刀),广域眼底成像系统,GE-E8高端全数字彩色多普勒诊断仪,全数字X线摄片系统(DR),乳腺钼靶摄片机,狼牌宫腹腔镜等先进医疗设备。

【重大公共卫生服务项目管理】 2020年,地区妇幼保健院落实重大公共卫生服务项目宣传、培训、管理工作,制作13万元的20种妇幼重大公共卫生项目宣传物品,按月、季度、半年、全年对项目执行进度与完成率及时进行总结分析,按期督促指导公共卫生项目落实完成。加强艾滋病、梅毒、乙肝母婴传播项目管理。确保全地区2万名孕妇接受HIV检测，其中孕早期检测率70.99%，HIV感染产妇所生婴儿11人100%服用抗病毒药物服药，确保艾滋病母婴传播率较上年下降59.09%。加强叶酸预防神经管缺陷项目宣传和管理，全地区3万人服用叶酸，服用率97%。认真落实农村妇女“两癌”(宫颈癌、乳腺癌)筛查项目工作，协助自治区妇幼保健院完成“两癌”筛查项目质控。加强新生儿疾病筛查、转诊、随访、救助等环节管理。新生儿疾病筛查得到普及，听力筛查率达99.55%，转诊率51.67%。强化全地区出生医学证明管理、指导、培训，及时做好新版出生医学证明的接收和发放，按照要求收集、审核、寄送作废处理的出生证2.6万份，协助补发查找存根、核查真伪鉴定40份。落实儿童营养改善项目，参与乌什、柯坪两个项目县的实施工作，发放营养包2.4万人次，发放率98.83%。

【妇女保健管理】 2020年，地区妇幼保健院抓好妊娠风险筛查、评估与管理制度，严格落实高危孕妇“五色分级”管理。加强培训，不断提高基层妊娠风险筛查识别能力，利用业务指导到各县市开展县乡两级现场培训，培训县、乡、村妇幼人员900人次，孕妇妊娠风险筛查转诊率为100%。加强对二级医疗机构高危门诊的业务指导工作，年内对七县二市的二级医疗助产机构开展高危孕产妇保健管理业务指导3次，进一步规范高危孕产妇专案管理流程，防止脱管漏管。查漏补缺，堵塞漏洞，对各县(市)上报的红色高危孕产妇紧盯不放，追踪妊娠结局，确保产妇安全。

【儿童保健管理】 2020年，地区妇幼保健院完善孕儿童死亡上报、分析制度，规范数据上报制度、流程，组织地区产、儿科专家对各县(市)上报的因病死亡案例进行分析研判6次，查找短板，为更好地落实母婴安全工作提供方向。加强儿童健康管理工作，重点加强体弱儿、高危儿的管理，完善畅通母婴安全信息渠道，协助各县(市)及时完成高危儿、体弱儿的转介工作。全年全地区3岁以下儿童系统管理率87.81%，0~6岁儿童保健覆盖率90.10%。

职业卫生

【粉尘危害专项调查】 2020年，地区卫健委按照全国重点行业职业病危害现状调查统一安排，组织开展专项调查，摸排煤矿、非煤矿山、冶金、建材企业139家，其中煤矿19家、非煤矿山22家、石油化工28家、冶金3家、建材企业67家。全面准确掌握辖区用人单位粉尘危害基本信息及其所在地址、行业、岗位、人群分布情况，建立粉尘危害基础数据库。

【尘毒危害专项治理】 2020年，地区卫健委深化煤矿、非煤矿山、冶金等重点行业尘毒危害专项治理工作。进一步完善基础信息，加强对用人单位治理整改工作的具体指导，推动用人单位从生产工艺、防护设施和个体防护等方面入手进行整治，控制和消除粉尘危害。截至年底，监督检查用人单位139家，监督覆盖率100%，制作现场笔录242份，下达卫生监督意见书24份，立案17起。

【职业病危害摸底】 2020年，地区卫健委在全地区范围内组织开展职业病危害现状调查摸底工作，摸清重点行业职业病危害因素种类、职业病暴露人群分布和接触水平，客观评估当前面临的职业病危害风险，为指定有针对性的监督对策、坚决遏制职业病高发势头奠定基础。本次调查企业769家，存在职业病危害因素的企业159家。

【尘肺病救治救助】 2019—2020年，各县(市)疾控中心多次强化开展既往职业性尘肺病患者随访与回顾性调查工作。其间，因既往尘肺病患者诊断年度跨度大、时间久远，大部分推送患者初始登记信息不全、用人单位注销或改制、个体死亡、工作单位变动等因素，给回访调查工作增加很大的难度和困扰，工作人员反复到企业、社区、乡镇查询病人，但调查到可用信息不到40%，之后取得公安局、民政局、人社局、医保局和移动、电信、联通等单位的大力协助，最后随访到既往尘肺病患者537人(其中死亡186人、存活351人)，随访成功率94.54%，达到自治区规定90%以上的随访目标。

【职业健康监管执法】 2020年，地区卫健委根据监管任务与监管力量相匹配的原则，配齐卫生监督人员，加强职业健康监管队伍建设，确保职业健康监督执法力量，乡（镇）有兼职执法人员或协管员。地区配备职业健康兼职执法人员2人，县（市）配备职业健康兼职执法人员20人，乡镇（街道）配备职业卫生监督协管员人员108人，地区本级举办职业卫生监督工作培训1场次，参加执法人员33人次；自治区为各县（市）配备职业卫生监督执法装备辐射报警仪1部，便携式四合一气体检测仪1部，噪声震动测量仪1部，粉尘检测仪1台，气体快速检测仪1台。

【用人单位主体责任落实】 2020年，地区卫健委加强煤矿、非煤矿山、冶金、建材等重点行业领域新建、改建、扩建项目职业病防护设施“三同时”（建设项目职业病防护设施必须与主体工程同时设计、同时施工、同时投入生产和使用）的监督检查，对违反规定拒不整改的，严厉处罚、公开曝光，并依法将其纳入“黑名单”管理，强化震慑作用，确保重点行业领域新增建设项目“三同时”实施率达95%以上，强化对粉尘危害风险高的用人单位的监督检查。对作业场所粉尘浓度严重超标但未采取有效工程或个体防护措施的，进行重点监督，加大执法频次，依法从严处罚；在139家监督检查用人单位中新建、改建、扩建建设项目职业病防护设施“三同时”2020年涉及企业1家，实施率100%；职业病危害项目申报粉尘危害项目单位有138家，申报率99%；职业病危害因素定期检测单位129家，定期检测率93%；用人单位接尘劳动者12373人，按照体检周期进行在岗期间职业健康检查12281人，职业健康检查率99%；企业负责人及职业健康管理人员接受职业健康培训138家，培训率99%；卫生健康综合监督执法局监督检查139家，检查率100%。通过监督检查，煤矿、非煤矿山、冶金、建材等重点行业监督检查覆盖率达95%以上，职业健康违法违规行为明显减少。

老龄健康

【老年健康预防保健】 2020年，地区卫健委开展家庭医生签约服务，由家庭医生团队为高龄、失能老人提供上门服务。按照《国家基本公共卫生服务规范》（第三版）要求，每年为地区65岁以上老年人提供1次健康管理服务，包括生活方式和健康状况评估、体格检查、辅助检查和健康指导。截至2020年年底，地区65岁及以上常住居民签约数14.59万人，签约率93%。

【医养融合发展】 2020年，地区卫健委在狠抓医养结合机构服务的同时，全面推进基层医疗卫生和养老服务融合发展，鼓励、支持医疗卫生机构与94家基层养老院、幸福大院签订服务协议，并按照医养结合机构服务质量标准进行推进、管理，增强老年群体的社会获得感、幸福感和安全感。

【中医药健康服务】 2020年，地区卫健委鼓励有条件的养老机构设置以老年病、慢性病防治为主的中医诊室。支持乡镇、社区卫生服务院开展中医药馆健康养老服务，截至2020年年底，共开设中医馆101家，覆盖率99%。支持养老机构开展融合中医健康管理的老年人养生保健、医疗、康复、护理服务。鼓励有条件的中医医院与老年人家庭签订医疗契约服务关系，开展中医健康教育。

爱国卫生

【环境卫生整治】 2020年，地区卫健委发动全地区各级党员干部群众开展责任区域环境卫生整治活动，以城乡接合部、背街小巷、平房棚户区以及建筑工地等部位为重点，全面开展城乡环境卫生整治行动，共出动人力50万人次，大小型车辆1500台次，累计清理垃圾19.2万吨。配齐环卫（志愿服务）队伍，健全管理制度，城乡清扫保洁覆盖率在90%以上，垃圾清运达到日产日清。累计新建（改造）农村卫生厕所36.7万户，普及率98.37%。落实“门前五包”（包环境卫生、包绿化美化、包立面整洁、包公共卫生设施完好、包秩序）责任制，清除乱贴乱画等“十乱”现象，营造温馨舒适的环境。

【爱国卫生月】 2020年6月13日至7月13日，地区卫健委在全地区范围内组织开展以“防疫有我,爱卫同行”为主题的爱国卫生推进月活动,从积极营造爱国卫生运动良好氛围、全面开展卫生防病知识宣传普及、大力开展主题鲜明的群众性活动、开展机关企事业单位工作环境整洁行动、开展社区乡村环境清理行动、开展市场环境综合整洁行动、开展其他重点场所环境整洁行动、开展家庭环境大扫除、开展家庭健康促进活动、开展嵌入式主题活动等10个方面为夺取疫情防控和经济发展双胜利营造良好环境。

【卫生动态管理】 2020年,地区卫健委以“开展爱国卫生运动,助力传染病疫情防控,人人有责,人人负责,人人尽责”为宗旨,坚持党建引领,党政主抓,部门协作,发挥基层党组织的核心作用,广泛发动群众,以落实十项“专项行动”及爱国卫生运动“四进”活动为重点,全面开展“卫生大清扫、环境大整顿”活动,并将“八项监测预警机制”贯穿始终,推动新时代爱国卫生运动和常态化疫情防控不断取得新成效。对各县(市)及地直各单位爱国卫生工作开展督促指导1次;各县(市)配齐环卫(志愿服务)队伍,健全管理制度,做好新冠肺炎、流感等传染病防控知识及健康生活方式的宣传科普,促使健康知识进万家。

卫生监督

【公共场所卫生监督】 2020年,地区有公共场所(宾馆、理发店、美容店、公共浴室、游泳馆等)2271家,地区卫健委监督覆盖率93.27%、监督符合率89.70%,实施量化分级:A级16家、B级183家、C级1889家、不予评级183家;公共场所样品检测657件,合格630件,合格率95.90%;监督查办案件60件,罚款11.2万元。

【学校卫生监督】 2020年,地区共有学校416所,其中:小学275所,初级中学118所,高级中学20所,普通高校3所;城区学校128所,乡镇、乡村学校288所。地区卫健委针对学校落实教学和生活环境卫生要求情况,落实传染病、常见病防控和“一案八制”(传染病疫情及相关突发公共卫生事件的应急预案;传染病疫情及相关突发公共卫生事件的报告制度;学生晨检制度、因病缺课登记、追踪制度;复课证明查验制度;学生健康管理制度;学生免疫规划的管理制度;传染病预防控制的健康教育制度;通风、消毒等制度)等内容开展检查。全年共出动监督车辆50台/次,出动卫生监督执法人员200人(次),监督覆盖率96.36%、监督符合率97.97%(地区本级6家,监督覆盖率100%、监督符合率100%),全年发生学校卫生案件1起(警告1件)。

【医疗卫生监督】 2020年,地区卫健委严厉打击非法行医60起,移送公安机关1起,罚没金额59.31万元;开展医疗美容专项整治。对全地区6家医疗美容机构和616家生活美容场所进行专项监督检查,受理医疗美容专业投诉举报12条,核查12条;依法查办案件13起,结案7起,罚没金额11.68万元。对县(市)363家民营医院、诊所、门诊完成记分管理;承担国家“双随机”抽检工作任务505家,任务完成505家,监督完成率98.42%,完结率100%,完成行政处罚案件28件,罚款金额3.12万元。

【传染病卫生监督】 2020年,地区现有传染病防治1351家、消毒产品单位243家,餐饮具集中消毒单位8家(其中地区本级传染病防治10家,餐饮具集中消毒单位3户)。实际监督传染病防治2585户次,监督覆盖率96.6%;消毒产品单位230户次,监督覆盖率94.65%;餐饮具集中消毒单位19户次,监督覆盖率100%(其中地区本级监督传染病防治22户次,监督覆盖率100%;餐饮具集中消毒单位3户次,监督覆盖率100%);共检查医疗卫生机构1305家,消毒产品单位193家,餐饮具集中单位8家。

全年,地区卫健委共出动监督车辆2834台/次,出动卫生监督执法人员5928人(次),传染病防治立案查处14家,其中警告9家,罚款10家,处罚金额4.03万元。传染病防治案件立案14起,结案14起,处罚金额4.03万元。

【职业放射卫生监督】 2020年,地区卫健委开展职业、放射卫生监督检查,检查放射诊疗机构101家(县市90家,地区11家)、职业健康检查机构20家、职业病危害因素用人单位监督检查312户次,职业卫生执法案件立案查处24起,放射诊疗执法案件立案查处17

起。地区卫健委做好放射诊疗机构竣工验收和许可证发放工作。组织相关专家对拜城县人民医院、沙雅县人民医院17家放射诊疗建设项目职业病放射防护设施竣工验收；下达卫生监督意见书17份；发放放射工作人员证20人次。扎实开展尘毒危害专项治理摸底工作。全地区有职业病危害因素的矿山、冶金、化工、建材等用人单位139家，监督检查137家（地区抽查20家），监督检查覆盖率99%，对不符合职业病防治要求的立案查处17起。

药品管理

【药品耗材价格管理】 2020年，地区医保局落实国家组织药品集中采购，按照“以量换价、以金换价”的模式，落实三批集中带量药品101种，采购金额1315.36万元，三批药品平均降幅分别为68%、78%、53%，节省地区医保基金4082.28万元。做好高值医用耗材集中采购，组织地区6家有能力开展心脏冠脉支架手术的医疗机构进行冠脉支架带量采购工作。启动阿克苏地区药品集中采购试点工作，药品集中采购以省级为单位，地县（市）原则不进行集中采购，在自治区医保局的大力支持下，同意将阿克苏地区作为地州级试点，坚持以新疆医疗机构药品采购管理平台为依托，探索地县（市）组建药品采购联合体，采取“集中议价、平台操作”的采购模式，开展药品集中采购工作。加强药品、医用耗材价格监测，根据自治区要求，对地区公立医院和零售药店的229个品规（基本药物的品种规格）药品、涉新冠肺炎治疗49个品规药品及因原料短缺、产能不足等因素确定102个短缺药品价格进行3个层面实时监测，通过分析、比对价格波动原因，指导医药机构合理控价，为全地区药品价格持续稳定提供保障。

【应用远程集中审方平台】 2020年，地区市场监督管理局率先在疆内建成“一企一室”集中远程审方中心、推广远程诊疗经营模式，高效整合各连锁企业药师的资源，通过远程网络在线审方、指导合理用药，有效解决执业药师短缺问题，随时随地为患者提供医疗健康服务。876家零售药店兼并重组、连锁率97.1%，12个审方室配备执业药师62名，平台日均处方量8300单、年内出具处方117万单。

【药品经营许可“先证后查”】 2020年，地区市场监督管理局率先在全疆实行药品经营许可重大改革、率先启动“先证后查”，减少认证程序、审批程序倒置、压缩换证时限，实现企业书面承诺即予换证、后按季度安排现场核查，药品经营许可证换发时间由原来的30个工作日缩短为当日办结、实现换证“秒办”。全年，集中核查3次、核查企业386家。

【深化专项行动】 2020年，地区市场监督管理局深化执业药师挂证“回头看”、中药饮片等专项整治行动，坚持日常巡检、跟踪检查、飞行检查相结合，及时发现案件线索，维护人民群众用药用械安全有效。全年共出动执法人员2546人次，检查各类市场、门店1158家，责令改正412家、立案查处药械化案件341件、罚没款130.7万元，办理较大案件1件。

【部门协调联动】 2020年，地区市场监督管理局联合卫健部门推进NRA评估工作，将疫苗RNA体系3个板块、33个亚指标进行分解，对照10个大项、60个小项、40项操作规程编制质量管理体系文件，做好世卫组织3月份评估准备。联合公安部门定期召开案件通报会，全年侦办药品案件15起、同比上升40%，打掉团伙1个、破获窝点3个，涉案金额80.27万元。

医疗机构

第一人民医院

【医疗质量】 2020年，地区第一人民医院加强疑难危重症、临床用血管理，全院共收治危重病人2.05万例，占出院病人的49%；组织开展多学科及疑难病例讨论148例。严格临床用血管理，全年对临床审批超过1600毫升大量用血27例，用血安全无事故。加强临床路径管理，对各科室临床路径开展情况、径外医嘱等进行综合质控，并纳入当月临床路径考核，临床路径入径人数3.91万人次，入径率87.24%，完成率70.93%，覆盖率61.88%。加强手术管理，严格监管手术权限，

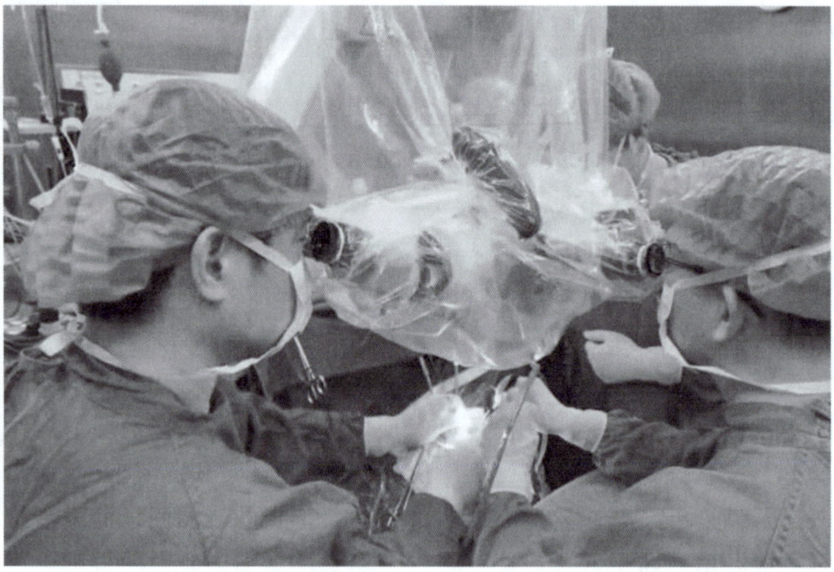

地区第一人民医院成功开展南疆首例"术中唤醒麻醉辅助下脑功能区肿瘤显微切除术"(曹瀚文 摄影)

开展手术1.23万例,手术病人占比为27.1%,三级以上手术占比57.4%。

【学科建设】 2020年,地区第一人民医院全力打造卒中中心、胸痛中心、创伤中心、危重孕产妇诊治中心和儿童诊疗中心"五大中心";重点建设眼科、口腔科、耳鼻喉科组成的"五官科学科群",ICU、CCU、EICU组成的"急危重症学科群"和泌尿外科、神经外科、普外科等"微创外科学科群",成立医院微创医学中心,成立介入医学科、肛肠科,并结合学科建设发展需求,推进地区远程病理中心、远程超声中心建设,完成眼库建设,打造地区结石体外碎石中心,加快推进骨髓移植库建设,开展儿童心脏病和复杂瓣膜手术,推进心脏手术能力再上台阶;结合地区区域医疗高地建设方案,拟定学科建设和医疗高地建设计划,投入2000万元用于南疆首家儿童诊疗中心建设,整合学科优势,全面优化儿童急诊急救、儿童重症、血液、呼吸、消化、儿童泌尿外科等综合体系建设,并开展全院学科评估工作,遴选优势学科、扶持学科,创建地区级、自治区级重点学科,明确下一步建设目标。推进核医学科从无到有、从有到优、从优到全的发展,并从肿瘤诊疗逐渐发展至内分泌系统、肾脏系统乃至心脏疾病的诊治,夯实中华医学会核医学示范病房建设,加强房颤中心建设,申报自治区级区域医疗中心建设。开展"静息+药物负荷门控心肌灌注显像""术中唤醒"脑功能区肿瘤切除术、眼球脱位复位、人工耳蜗植入、椎旁神经阻滞在术后镇痛中的应用、氯化锶(89SrCl2)治疗转移性骨肿瘤等新技术27项85例。

【远程会诊】 2020年,地区第一人民医院与新疆维吾尔自治区人民医院、新疆医科大学第一附属医院、上海白玉兰网络医院、新疆医科大学附属肿瘤医院和浙江省互联网医院等上级医院进行远程会诊对接。与上级医院远程会诊1218例。为各县乡提供免费远程医疗服务,2020年度对下级医院共会诊3216例,并逐渐与各县级单位进行5G眼科远程会诊,远程超声、远程心电。全年开展远程超声20例,远程心电30例,眼科5G远程会诊70例。

【科研工作】 2020年,地区第一人民医院创新医院发展源动力,开展7期"重症急性胰腺炎规范诊疗与临床营养实施"空中课堂学术活动,举办7次黎介寿院士专家工作站之"胰带一路"重症急性胰腺炎MDT团队基层行活动,申报各类科研项目92项,比上年增长56%,其中国家自然科学基金项目2项、自治区天山青年计划项目3项、自治区自然科学基金项目1项,地区科技兴阿项目8项,获得项目资金36.3万元,医院投入及配套资金38.15万元;发表论文82篇,其中SCI1篇,国家级核心期刊论文4篇,省级核心期刊5篇。

【人才培养】 2020年,地区第一人民医院完善人才关爱机制,减少人员流失。不断优化人员入职流程,深入开展离职的员工进行挽留谈心谈话,在"选、用、育、留"方面下功夫,2020年人员流失率2.5%。拓宽人才通道,积极储备人才,采取"空中招聘"的方式招聘各级各类人才84人,其中引进人才21人,院内招聘人员63人。年内开展岗位聘用,通过各级各类考核测评，聘任高、中、初级各类岗位99人次，并及时兑现待遇。完成2019年度引进人才试用期满考核50人次。全年，举办继续教育项目8项，申报2021年国家级继续医学教育项目8项，开展适宜技术项目7项；承担住院医师规范化培训、全科医生转岗培训、助理（全科）医生规范化培训共217人，招录住院医师规范化培训学员56名，助理全科医师规范化培训学员10名；成功获批第三批国家级住院医师规范化培训基地。

【社会公益】 2020年，地区第一人民医院携手地区残联，为地区肢体残疾的成年人及脑瘫患儿提供全面系统的康复治疗。与浙江省青少年发展基金会合作持续引进“向阳花”儿童医院救助公益基金，年内救助患儿2人，救助金额1.38万元。配合地区教育、卫健部门建立健全符合本地特色的近视综合防控体系，承担地区儿童青少年近视防控总体规划、专家指导、技术支持等任务，开展“浙里帮”医疗援疆项目“启明工程”，完成角膜移植手术2例，为南疆地区角膜捐献者与移植者之间建立顺利沟通的桥梁与通道。与地区民政局签订《明天计划救助协议》救治残疾儿童，先后救治患儿8人，协助完成温宿县残疾儿童的筛查工作。

第二人民医院

【医疗服务】 2020年，地区第二人民医院始终坚持资源共享、优势互补、互惠共赢、联动发展的思路。通过大力推进医联体、医共体合作机制，持续打造“专科联盟+多学科协作”新模式，加大对医院呼吸科、老年病科、高压氧治疗等重点专科和特色诊疗科室的建设力度，已建成全疆首个结核病精准防控平台，实现与自治区胸科医院、地区14家医疗机构、191家乡镇卫生院结核病信息系统的成功对接，使许多老年慢性病、传染病获得专业化的医疗服务，满足基层不同人群、不同层次的基本医疗卫生服务需求。

【惠民服务】 2020年，地区第二人民医院实施万名医师对口支援工程，选派5名医护人员支援新和县人民医院，开展业务讲座6次、业务查房150次、会诊162人次、手术96例次、参与健康教育、体检390人次；为强化基层医院疫情防控和医疗救治能力，地区第二人民医院赴七县二市医院开展医联体、专科联盟建设工作，为基层医院送去价值9万元医疗设备及防控物资；为切实提高老年人就医服务，确保病情第一时间得到有效救治，全力实施市区内免费接送服务，并为住院的老年人免费提供营养餐一日三次，累计投入金额208.67万元；建立“急诊急救绿色通道”，通过绿色通道救治“三无”人员15人次，救助金额9.23万元；为乌什县阿合雅乡奥皮开村和乌什县阿合雅乡阿克布拉克村累计投入38万元用于人居环境整治、村级文化活动阵地建设，为两个村的70位村民解决就业，常态化赴村开展巡回义诊活动7场次，免费发放价值2万元的日常药品。

【专科建设】 2020年，地区第二人民医院按照三级综合医院建设规范细化各学科专业，在不断建强原有学科的基础上，成立心脏重症监护室、新生儿重症监护室，规划急救重症监护室，进一步调整优化诊疗项目和职责分工。特别是呼吸重症科的改造建设，合理布局，按照医院感染管理控制要求规范化设置工作区域和隔离病房2间，有效提升地区第二人民医院呼吸重症患者的救治能力。加大老年病科建设力度，地直医疗单位唯一的高压氧舱于2020年5月通过验收投入使用，截至2020年度共治疗3200人次。2020年，医院新开展椎动脉造影术、外周血管造影术、输尿管软镜技术、三氧治疗等技术，医院康复中心新引进红外线光波治疗技术、沙疗等。

【学术研究】 2020年，地区第二人民医院卫生专业技术人员发表各类学术论文25篇，其中在《健康世界》上发表的《强化风险护理在新生儿黄疸蓝光照射中的作用》等国家级8篇，在《世界最新医学》上发表的《中医补气活血法治疗冠心病无症状心肌缺血的临床疗效观察》等省级17篇。科技兴阿项目《新冠肺炎疫情防控中临时性负压病房建设实践与推广》成功申报并立项。

【医疗设备】 2020年，地区第二人民医院新购入ECMO、OCT、40

排CT、方舱CT、眼科显微镜、超声乳化仪、移动DR等设备，补齐发展短板，强化医疗设施建设，提升医疗服务能力。加强信息化建设，HRP信息系统、门诊分诊叫号管理系统、病理信息系统、自助胶片、自助报告打印设备相继投入使用，合理规划群众就医时段，节约群众就医时间；成功申报电子病历应用水平评价、评级项目，获得国家电子病历医用三级水平。

中医院

【学术研究】 2020年6月，地区中医医院在国际核心期刊 *Cancer Cell International*（《国际癌症细胞》）上在线发表SCI学术论文，论文题目为“*Comprehensive analysis of prognostic alternative splicing signature in cervical cancer*”，该项目由两项国家自然科学基金项目资助(No.81974413,81572572)。论文目前在美国国立医学图书馆网站pubmed数据库可检索。论文的总影响因子9.7分。前期发表的SCI论文也引起了国际同行的关注，标志着地区中医医院在妇科肿瘤领域的系列研究成果在国际舞台上获得认可。

【特色医疗】 2020年，地区中医医院开展中医特色医疗。1.雷火灸又叫雷火神灸，是在古代“雷火神针”实按灸的基础上，改变其用法与配方创新发展而成的治疗法。现在的舱室雷火灸灸饼不仅运用十三种中药粉末加上纯艾绒制成艾饼，还在舱上壁加入13组红外线治疗灯一起组合而成。具有起效快，渗透力强、灸疗面广、方便、经济、安全等特点，既无外疗法的痛苦，也无内服药物的毒副作用，是一种绿色的养生保健方法。

2.三九贴与三伏贴疗法，两者都是利用“天人相应”的原理，严寒与酷暑相应，阴阳同调，互为补充。冬病冬防即在农历“三九”期间，在特定穴位进行贴敷，促进肺、脾、肾等脏器功能。调动人体的阳气，鼓舞正气，从而提高机体免疫能力，预防和治疗多种慢性疾病。冬季用药物敷贴穴位不仅能巩固夏日“冬病夏治”敷贴的效果，还能控制疾病的发作，达到冬夏皆治，使患者获得更理想的疗效。

【护理工作】 2020年，地区中医医院注重开展优质护理工作。医院“中医治疗患服”项目获国家知识产权局颁发的“实用新型专利证书”(专利号:ZL201921016137.0)。医院开展一系列便民服务举措：根据科室病人病情增加保健操项目，责任护士每日到病房带领患者一起锻炼；为高效便捷服务病人，医院实行出院患者床旁结算；各科室配备一部平板电脑，利用“互联网+”开展视频探视服务，建立“视频探视”新模式；疫情期间，为患者提供送餐服务，三餐送至病房；根据科室治疗疾病的特点并结合患者病情，提供“量身定制”的中医养生茶服务，始终坚持以患者中心开展各项治疗。

【合理用药】 2020年，地区中医医院将各项中药药事管理工作纳入医院药事管理和药物治疗学委员会职责范围，定期检查、评价，予以指导。建立健全中药饮片采购制度，供应商资质齐全，定期对供应商进行评估。全年处方数4.35万张，其中中药饮片处方2.09万张，中药饮片处方占比47.98%；中成药处方8236张，中药(中药饮片和中成药)处方占比66.92%；住院部患者中药饮片使用率92.77%。医院加强基本药物的管理，门诊基本药物使用率71.68%，住院部患者基本药物使用率74.89%。全门诊抗菌药物使用率1.21%，病区抗菌药物使用率24%，病区抗菌药物使用强度12.1DDDs。抗菌药物的应用涉及各临床，合理应用抗菌药物是提高疗效、降低不良反应发生率以及减少或延缓细菌耐药发生的关键。

【首例医疗】 2020年，地区中医医院成功实施首例永久性起搏器植入手术；多学科联合成功开展首例膀胱肿瘤术、人工膝关节置换术、髋膝关节同时置换术、PICC置管术；成功开展首例冠状动脉CTA检查；为百岁老人完成髋部骨折手术；开展微创人工全髋关节置换术；成功为75岁脊柱肿瘤患者实施腰3椎体经皮穿刺椎体成形术；完成腰椎爆裂骨折微创内固定术；开展经尿道前列腺等离子剜除术+膀胱切开取石术；为脑梗患者行子宫全切术。

民族医药

【医院概况】 阿克苏地区维吾尔医医院始建于1986年，医院现占地面积5.6万平方米，建筑面积5.5万平方米，是一所集中医、维吾尔医医疗、教学、预防保健、养生康复等为一体的二级甲等医院。皮肤科、妇科、肺病科、骨伤科为自治区级重点专科，心病科、康复科为自治区级培育重点专科。

先后引进西门子16排CT、飞利浦彩超、DR、数字胃肠机、VTRAC型准分子激光治疗仪、UV7002型全身紫外线光治疗仪、MORA过敏原检测仪、三维皮肤CT、全自动生化分析仪、五分类血球分析仪等先进的医疗设备。

【惠民服务】 2020年，地区维吾尔医医院开展一系列惠民措施，严格执行“先诊疗、后付费”政策，实行住院患者免交住院押金及“一站式”结算；实现患者出院结算最多跑一次；药剂科窗口设置药品使用注意事项咨询服务，为患者指导解答药品使用方面的难题，深受患者欢迎。

【专科建设】 2020年，地区维吾尔医医院重点打造自治区级重点专科，全院共有皮肤科、妇科、肺病科、骨伤科4个重点专科，心病科、康复科2个自治区级培育专科，皮肤科与自治区中医医院签订《新疆银屑病中西医结合诊治联盟合作协议》，自治区中医医院定期派专家来地区维吾尔医医院开展业务指导，年内自治区人民医院专家到院开展教学查房15次，学术讲座6次，远程会诊18次，其他3个重点专科和2个培育专科均制定切实可行的医联体专科联盟计划，与自治区人民医院、自治区维吾尔医医院等三级医院建立专科联盟，带动学科建设的发展，推动特色治疗项目，特别是中医、维吾尔医适宜技术在科室有效开展。

【学术研究】 2020年，地区维吾尔医医院完成两项地区级人才项目“中医草药抗肿瘤活性筛选”“骨关节炎诊治技术的推广”审批；组织专家参加疆内外学术经验交流8人次，专业技术人员撰写发表学术论文共14篇，在国家级核心期刊刊登论文14篇。年内举办自治区级继续教育培训项目1项，特别是疫情防控期间，研究熬制生产预防新冠肺炎中药汤剂，在解决新冠肺炎疫情防控中发挥作用。

【优质护理】 2020年，地区维吾尔医医院开展优质护理示范工程活动，各护理单元推行康复操、泡制养生茶，采取中医民族医特色护理等优质护理服务内容，对出院患者随访率达98%，通过每月召开一次患者及患者家属公休座谈会，听取患者的意见建议，提升护理服务、护理质量，护理合格率达100%，住院患者对护理工作满意度达98.5%。

【特色治疗】 2020年，地区维吾尔医医院皮肤科、妇科、康复科、骨伤科等特色专科充分发挥中医民族医特色优势，用传统的中医维吾尔医理论结合先进的治疗技术，治疗银屑病、湿疹、白癜风等疑难杂症。皮肤科应用中医民族医特色治疗白癜风，在传统治疗的基础上结合激光治疗、紫外线治疗等现代治疗手段，全年共治疗难治性白癜风172例，治愈率90%；妇科采用中医民族医内服外敷治疗女性盆腔炎，配以推拿、针刺、拔罐等特色治疗，疗效指数96%；骨伤科对骨折病人采用手法复位，辅以中医(维吾尔医)药外用等特色方法治疗，患者在无需手术的情况下，骨折通过手法复位恢复痊愈，避免患者手术痛苦，手法复位成功率达100%；10月15日，新成立综合外科，完成手术90例，三级、四级手术占40%。

第四人民医院(康宁医院)

【心理健康】 2020年，地区康宁医院向地区各族群众普及疫情防控知识、开展心理疏导、答疑解惑，开通24小时心理援助热线3部，牵头设立地区七县二市心理援助热线10条；组建心理危机干预团队，开展心理健康讲座12场次，录制维汉广播节目6期，累计心理危机干预113人次，心理援助348人次，心理评估1049人次，心理治疗28人次，借助网络平台发放心理健康宣传资料362次，阅读点击量达11.18万次。

【心理疏导】 2020年，地区康宁医院做客广播节目直播间，向听众普及疫病防控知识、进行心理疏导，解答听众在线疑问，为打赢疫情防控阻击战打好心理基础。复工复产后，医院心理宣讲团向地区金融系统职工、地区银保局、工行阿克苏分行、地区二中师生等开展远程心理健康讲座，累计上线人数达700人。

【精神卫生】 2020年，地区康宁医院严格落实疫情防控工作要求，落细日常消杀工作，做好患者的入出院管理，对新收治患者一律严格实行入院前核酸、传染病监测，入院后均实行隔离14天，无异常情况后解除隔离。继续做好4~5级精神障碍患者的管理工作。继续加强和规范精神障碍患者巡诊筛查工作。全年对各县(市)筛查不少于2次，确保4~5级精神障碍患者应收尽收、应治尽治、应管尽管。全年共筛查精神障碍患者1414人次，其中4级以上患者74人，均已收治。

【医疗培训】 2020年，地区康宁医院完善医院管理制度，落实常态化医疗培训工作制度，组织开展院级行政培训5次，促进医疗治疗和职能科室管理水平。强化对药品的管理，严格执行自治区药品采购规范，按照《麻醉药品、精神药品管理条例》加强二类精神药品管理。每月对门诊处方进行评价和抗生素检测，编发《药讯》11期。结合新冠肺炎疫情防控，加强院内感染工作、检验室室内质量管理、检验标本采集等方面的培训，年内累计开展培训70场次。院内每日质控在控合格率90%以上，标本合格率99%，申请单合格率95%以上。

【护理质量控制】 2020年，地区康宁医院在临床科室推行"9S管理"；组织180名专业技术人员开展"岗位技能大练兵活动"，全面提升专业技术人员的业务能力和综合素质。为提升护理质量，建立绩效和能级管理相匹配的激励机制，鼓励护理人员不断提升业务能力，对临床85名护士实行能级评定、分4个层级管理。针对医疗人员持证率低的现状，开设考前包干辅导和业务培训制度。结合绩效考核要求，实施倒逼机制，对规定年限内未持证上岗的10名医务人员暂停绩效发放。为促进和丰富在院患者康复活动，开展患者"优秀之星"评比活动5次，参与评比650人次。

医政管理

【电子化注册】 2020年，地区卫健委全面开展医疗机构、医师、护士电子化注册工作。落实《关于加快医疗机构、医师、护士电子化驻村管理改革的指导意见》，实施电子化注册系统与国家电子化注册系统互联互通，全面开展医疗机构、医师、护士电子化注册工作。全地区1759家医疗机构、4992名医生、4458名护士分别完成电子化注册管理92.81%、97.67%和98.56%。

【医疗机构改革】 2020年，地区卫健委深入推进医疗机构领域"放管服"改革工作，以优质高效服务为目标，规范各项管理，增强服务意识，提升服务水平，确保放管服改革工作取得实效。全面推进医疗机构、医务人员电子化注册管理改革，统一接入国家数据共享交换平台。压实环保责任加大日常监管力度，督促各医疗机构落实医疗废物管理，并不定时进行实地指导，做到医疗垃圾与医疗污水处置率达100%。

【"互联网+医疗健康"服务】 2020年，地区卫健委以二级及以上医疗机构信息化平台建设为支撑，以"居民健康"APP推广使用为契机，广泛开展网上预约、挂号、结账、"一站式结算"等便民服务，引导辖区群众积极利用微信公众号、手机APP等互联网方式看病问诊，减少群众看病结算、"一站式结算"等候排队时间，方便群众看病就医。全地区23家公立医院全部实现网上预约、网上挂号、网上结账和"一站式结算"服务。

阿克苏地区年鉴（2021）

民族宗教事务

“民族团结一家亲”活动

【常态化长效化机制】 2020年，阿克苏地委领导班子先后11次部署“民族团结一家亲”和民族团结联谊活动，地区本级配备专职工作人员5名，负责日常活动开展，落实2020年度活动专项经费10万元，保障活动的有序开展。把调研成果转化为推动工作的强大动力，通过实地走访、座谈交流、书面调研等方式对民族团结工作开展情况、兵地民族团结工作融合发展等方面进行4次专项调研，4次现场指导、2次验收、5次专项视频调度，撰写《阿克苏地区“民族团结一家亲”和民族团结联谊活动开展情况》《关于优化完善“民族团结一家亲”和民族团结联谊活动》等调研报告，深刻分析研究地区民族团结工作取得的成绩和面临的问题及下步打算。健全完善“九项工作机制”（结对认亲干部教育机制、双语学习机制、群众思想工作机制、扶贫帮困机制、协调联动机制、宣传机制、督查机制、组织保障机制、考核奖惩机制），将活动纳入各县（市）、地区各单位年度绩效考评内容。

【铸牢民族团结思想基础】 2020年，地区民宗局积极指导各级干部职工通过面对面或线上联系对结亲户加强卫生健康和传染病防治教育普及，引导各族群众开展爱国卫生运动，整治环境卫生，改善人居环境，养成良好的生活习惯和卫生习惯，防止秋冬季流感。以日常学习、巡回宣讲、结亲认亲为契机，开展民族团结宣传教育，全面推进“第三次中央新疆工作座谈会精神”“党的十九届五中全会精神”和《新疆的若干历史问题》3个白皮书等相关内容的学习宣传。同时，借助广播电视、网络媒体、微信微博、乡村大喇叭、滚动电子屏等媒体载体平台，不断扩大宣传的覆盖面，让民族团结的种子在各族人民群众心里生根发芽。挖掘选树民族团结先进典型，如：被党中央、国务院授予改革先锋——民族团结进步的践行者、全国民族团结进步模范个人并两次受到习近平总书记接见的乌什县依麻木镇国语小学校长库尔班·尼亚孜，全国民族团结进步模范个人阿克苏市“脱贫攻坚路上民族团结一家亲的践行者”陈耀平，全国民族团结进步模范个人新和县小牛果品农民专业合作社负责人牛怀东等，编写《让民族团结之花永远绽放——阿克苏地区民族团结先进事迹汇编》一书，用身边人、身边事感染各族干部群众，掀起学先进、争当先进的热潮。

【各族干部群众交往交流交融】 2020年，地区民宗局发挥结对子、勤走访、相互学、多活动、真帮扶、重激励“六项载体”作用，实现干部职工与结对亲戚联络长流水、不断线，促了解、增互信。坚持干部职工每季度开展住户不少于3天结亲走访活动，部门单位每两个月组织开展1次、各级学校坚持每月组织开展1次民族团结联谊活动。全年，地区7.7万名党员干部职工与13.8万户群众家庭结对认亲，走访见面各族群众161.5万户次，线上联系群众15.3万人次，开展各类融情活动25.4万场次，覆盖群众454.6万人次，进一步促进各族干部群众深入

2020年6月,红桥街道举办第八批“民族团结一家亲”结对认亲仪式(阿克苏市红桥街道 供图)

交往交流交融。通过拉家常的方式,接地气的语言,与“结亲户”相互交流,真诚地了解内心深处所思所想,竭力帮助结对亲戚解决生产生活、就学就医等方面的实际困难和问题,让各族群众感受到党和政府的关心与温暖。地区各级干部职工累计捐款589.2万元,捐物21.9万件,办理就学、就医、就业等实事好事22.5万件,送去党报党刊6.1万份,惠及各族群众68万户次。

【创新活动载体】 2020年,地区民宗局开展阿克苏市“王三街、兴隆街红红火火两条街·结对子认亲戚亲亲热热一家人”结对认亲活动。红桥街道王三街结对认亲由初期的23对、46人,发展至337对、660人,辐射带动2000户不同民族的个体商户结对认亲,涌现一大批一家亲早夜市、一家亲商贸城、一家亲蔬菜店、心连心商店等民族团结商户。柯坪县启浪乡与一师二团兵地融合、浙江湖州与柯坪学校“E网连线”、教育系统“十个一”主题活动、检察院与结亲户“检徽闪耀照民心”等特色鲜明的“品牌”活动。阿瓦提县开展民汉村组、民汉群众结对帮扶,推进产业化经营与农民专业合作社等其他农民组织化模式有效融合,培养“慕萨莱斯”“刀郎部落”等一批有影响的中华文化企业、产品、品牌,推动中华优秀传统文化创造性转化和创新性发展。

【民族团结“微创建”】 2020年,地区民宗局组织开展“民族团结好小区”“民族团结好楼栋”“民族团结好家庭”“民族团结好科室”“民族团结好班级”“民族团结之星”“民族团结好同事”等“微创建”活动,使民族团结意识深入每个社会细胞,以“微创建”促“大创建”,深入持久推进民族团结进步事业蓬勃发展。6月,地区表彰民族团结进步模范集体60个、模范个人200人;命名民族团结进步示范区20个、示范单位131个、教育基地13个。开展各类融情活动17.6万场次,覆盖群众369.7万人次,进一步促进各族干部群众深入交往交流交融。

民族团结进步创建

【体制建设】 2020年,阿克苏地委制订《阿克苏地区创建全国民族团结进步示范地区工作方案》《阿克苏地区民族团结进步模范评选表彰办法》《阿克苏地区民族团结进步示范区示范单位命名办法》《阿克苏地区民族团结进步教育基地评审命名办法》《阿克苏地区创建全国民族团结进步示范地区2020年工作要点》,将民族团结进步创建工作纳入地区绩效考评体系,实行民族团结示范单位创建与文明单位考评相挂钩,建立正向激励机制,加强各职能部门之间的沟通协调、相互配合,形成强大的工作合力。

【命名授牌】 2020年,地区民宗局筹备召开地区创建全国民族团结示范地区动员大会,全面启动地区创建全国民族团结示范地区活动,召开地区第八次民族团结进步表彰大会,对地区涌现出的60个民族团结进步模范集体和200名模范个人进行表彰奖励,对地区级6个示范县(市)、14个示范乡镇(街道)、36个机关单位、18个村(社区)、10个学校、28个企业和社会团体、7个军(警)营、9个宗教活动场所、8个景区、15个窗口单位、13个民族团结进步教育基地命名授牌。

【细胞创建工程】 2020年,地区民宗局做好民族团结进步创建工作指导,对县(市)民族团结进步创建工作进行视频调度,开展民族团结进步细胞创建工程,各行各业层层推荐评选，命名民族团结示范好小区（大院）1128个、好科室4107个、好巷道546个、好楼栋369个、好家庭2.86万个、好居民4.31万个、好商铺2019个。树立典型示范引领，通过“优中选优、好中选好”等方式建立135个各层面的示范点；推荐申报自治区级示范区2个、国家级示范单位3个，推荐自治区第八次民族团结进步模范集体9个、模范个人19名；阿克苏市、库车市和乌什县依麻木镇国语小学被命名为自治区民族团结进步示范县（市）、示范单位；库车市获评国家第四批少数民族流动人口服务管理示范城市。

【民族团结教育月】 2020年，地区开展以“中华民族一家亲同心共筑中国梦”为主体的第38个民族团结教育月，开展民族团结进步创建“九进”[进机关、学校、企业、村（社区）、军（警）营、团场连队、宗教活动场所、景区、窗口单位]活动；把民族团结“结亲周”与“两个全覆盖”（干部包联群众全覆盖、群众被干部包联全覆盖）有机结合起来，推动“民族团结一家亲”和民族团结联谊活动常态化开展；以居住、文化、源头、经济、生产“五个嵌入式”为抓手，促进各民族共居、共学、共事、共乐、交往交流交融。

【嵌入式发展】 2020年，地区民宗局以推动“五个嵌入”为抓手，打造嵌入式社区96个、小区258个、行政村112个、村民小组245个、市场161个，建成嵌入式市场161个，使各族干部群众在共居、共学、共事、共乐中进一步加深情感，增进友谊、增进团结。

宗教事务管理

【宗教人士考核】 2020年，地区民宗局严把宗教教职人员入口关，完善宗教教职人员资格认定和聘任程序，经乡（镇）、县（市）层层审核把关后，对考核合格、符合条件的伊斯兰教教职人员换发新的资格证。发挥“爱国宗教人士之家”作用，定期开展考核评议工作，不断提高宗教人士自我管理、民主管理能力，团结引导广大信教群众确立正信、抵御极端。

【宗教活动管理】 2020年，地委统战部坚持新疆伊斯兰教中国化方向，贯彻党的宗教工作基本方针，巩固完善宗教活动场所“七进两有”（水、电、路、暖、通信、广播电视、文化书屋进清真寺，主麻清真寺有净身房、有水冲式厕所）“九配备”（配备医药服务、电子显示屏、电脑、电风扇或空调、消防设施、天然气、饮水设备、鞋套或鞋套机、储物柜），宗教活动场所服务功能进一步完善。发挥宗教教职人员和民管组织自我管理、民主管理作用，引导宗教教职人员、民管会成员和信教群众维护好宗教活动场所的正常秩序。巩固去极端化成果，推进去极端化工作常态化、规范化、法治化，最大限度地铲除宗教极端思想滋生蔓延的土壤，保障信教群众的正常宗教需求，引导宗教与社会主义社会相适应，促进宗教领域和睦和谐，实现宗教健康发展。

【宗教教职人员教育服务】 2020年，地委统战部加大宗教教职人员培养培训力度，认真落实新疆维吾尔自治区宗教教职人员培养培训中长期规划，合理确定各层次宗教界人士培养目标、数量、标准，做到规模适当、质量过硬、梯次合理、总体平稳。按照政治上靠得住、宗教上有造诣、品德上能服众、关键时起作用的标准。重点培训习近平新时代中国特色社会主义思想、宪法法律法规、中华文化、新疆历史文化、国家通用语言文字等内容，增强伊斯兰教教职人员对伟大祖国、中华民族、中华文化、中国共产党、中国特色社会主义的认同。培养一批通经训、明教义、知国情、懂国策的宗教人士，使之成为坚持我国宗教中国化方向的关键力量。完善保护关爱机制，规范做好生活补贴发放工作，落实“四险一保”（医疗保险、养老保险、大病保险、人身意外伤害保险、低保）等保障措施，组织20名爱国宗教人士和统战民宗干部赴浙江进行为期9天的参观考察学习。

【扶持少数民族项目】 2020年，地区民宗局建立完善财政专项扶贫资金（少数民族发展支出方向）项目监管长效机制，遵照属地管理、“谁审批、谁管理、谁验收”的原则，由各县（市）统战部（民宗局）负责，做好项目日常管理工作。采取旬报、季报制，定期掌握资金项目执行情况，每月定期对各县（市）少数民族发展资金项目落实情况进行动态核实、实时跟进、强化监管。全年，自治区分别下达地区少数民族发展项目资金共计1.01亿元，实施项目39个，项目开工率100%，竣工（验收）39个，竣工率100%，实际支出项目资金9715.81万元，支出进度96.31%。同时，切实抓好各类巡视反馈问题整改工作，主动认领涉及财政专项扶贫资金（少数民族发展支出方向）14项问题均已整改完毕。

社会生活

人口家庭

【户政管理】 2020年,地区公安局深化户籍制度改革,全力保障人口普查数据精准,以"一标三实"基础摸排为基础,全面调查核对常住人口、暂住人口基本情况和数据资料,加大户口清理整顿工作力度,健全完善各项管理制度,为第七次全国人口普查工作提供全面精准的人口资料。是年,共摸排户籍人口246.29万人,新增3.22万非户籍人口落户;清理重复户口148人、应销未销1926人、信息变更59.17万条,为627名无户口人员落户,梳理核对1612条村(社区)名称和城乡属性,规范户籍业务关系530条;受理互联网户籍业务14.49万笔,解决群众电话咨询业务510起,主动上门服务群众1000次,发放居民身份证17.44万张。

【流动人口和出租房屋管理】 2020年,地区公安局执行"369限时工作法",严查流动人口社会防控薄弱点和安全隐患,基层各派出所做到来知原籍、行知去向、静知诉求、动知轨迹,一般人管得实,重点人控得住,持续加强对流动人口管控力度。全年,登记流动人口52.6万人,登记内地阿克苏籍人员2.1万人,梳理登记出租房屋3.54万间,发放居住证8.27万张。

【婚姻登记】 2020年,地区民政局加快推进婚姻登记领域信用体系建设,加大婚姻登记领域严重失信行为的惩戒力度,促进婚姻家庭和谐稳定,印发《关于对婚姻登记严重失信当事人开展联合惩戒和合作备忘录》《婚姻登记严重失信当事人名单管理办法(试行)》文件。加强社会事务管理,依法推进婚姻登记规范管理,全地区共办理结婚登记1.88万对,离婚登记5137对、补发结婚登记1.08万对,补发离婚登记320对。完成7.02万份中华人民共和国成立以来现存婚姻登记历史档案数据补录工作。

【殡葬管理】 2020年,地区民政局继续做好公益性生态公墓建设,2019年库车县、沙雅县、拜城县、温宿县计划建设38处公益性生态公墓,阿克苏市、新和县、阿瓦提县、乌什县、柯坪县提前完成公墓建设任务。截至2020年年末,共建成918处公益性生态公墓,覆盖所有乡镇及村。阿克苏市完成阿温路立交桥东北角公墓的迁建工作,新和县县财政资金、社会资本投入2300万元建设66.67公顷的城区公墓,乌什县投入资金1.6万元,对公墓进行绿化。开展违法违规私建"住宅式"墓地等突出问题专项摸排工作,对11个殡仪馆、589个公墓、13个殡仪服务站进行摸排,查处大墓11座,家族墓地4处。

劳动就业

【创业带动就业】 2020年,地区人力资源和社会保障局强化创业政策落实,依托电视访谈、城市广播等载体,全方位、多视角做好创业担保贷款及贴息、毕业生求职创业补贴等一揽子扶持政策的宣传。鼓励和支持高校毕业生、农民工、退役军人等人员返乡入乡创新创业。加大创业担保贷款政策实施力度,简化贷款流程,优先支持受疫情影响暂时失去收入来源的个人和小微企业。落实2021届毕业生求职创业补贴，为地区16所职业技工(院校)2564名毕业生发放补贴256.4万元。发放创业担保贷款401笔4669万元；建强创业孵化平台，全力打造“双创”政策先行区和南疆地区“双创”要素集聚区，扶持一批特色突出、功能完善、承载能力强、辐射带动作用好的孵化基地，抓好创业示范基地(园区)创建工作，南疆丝路众创园、阿克苏市电商产业园成功创建“自治区级创业孵化基地”，并获得自治区政策和资金支持；有序组织浙阿杯“中国创翼”创业创新大赛系列活动，征集优秀创业项目129个，10个项目通过路演等方式进入决赛，通过大赛，进一步浓厚“双创”氛围。全年实现新增创业5460人，带动就业9862人。

【高校毕业生就业】 2020年，地区人力资源和社会保障局制定高校毕业生“十五个一批”就业路径，通过企业吸纳、机关事业单位招录、基层服务、自主创业、灵活就业等渠道同向发力，大力宣传就业创业政策，引导毕业生转变就业观念；摸清毕业生底数和就业需求，建立未就业毕业生实名制清单，畅通线上线下就业服务渠道，为未就业毕业生提供不断线就业创业政策服务、就业创业指导和岗位招聘信息推荐等。组织高频次特色专场招聘，优先发布企业用工信息，满足高校毕业生就业需求。建立定期回访制度，跟踪了解高校毕业生就失业情况，不断提高就业统计数据的真实性和准确性；加大社会保险补贴、求职创业补贴和岗位补贴等优惠政策落实力度，吸引高校毕业生到各类企业和基层就业，不断提升高校毕业生就业率和就业质量，为高校毕业生实现就业创业保驾护航。2020届高校毕业生人数1.38万人，实名制登记率100%，就业人数1.32万人，就业率96.12%。

【中高职毕业生就业】 2020年，受疫情影响大中专毕业生就业创业困难，为贯彻落实各级党委关于大中专毕业生就业创业工作的安排部署，确保各项措施落地落实，地区建立本地职业院校大中专毕业生就业情况周报制度，协调地区相关单位、企业和职业院校组织开展线上招聘会，多措并举推进地区大中专毕业生就业工作。2020年，地区中职院校毕业生就业率89.2%，高职毕业生就业率94.79%。

【就业扶贫】 2020年，地区人力资源和社会保障局组织地区、县、乡、村四级联动，突出岗位精准、培训精准、就业精准，按照“逐户摸排、分类填表、录入汇总”的步骤，对全地区贫困户(含边缘户)劳动力已就业状态、未就业意愿进行拉网式详细调查登记，做到就业人员信息精准。根据年龄、性别等要素分类开发企业、农业内部、零工等就业扶贫岗位，做到岗位供给精准。结合贫困户文化素质、国家通用语言能力、技能水平以及家庭实际等情况，因人施策，强化基本劳动素质培训，精准组织转移就业。落实就业跟踪服务机制，对贫困劳动力就业状况进行“回头看”，了解就业人员是否稳定在岗，了解掌握就业状态、工资收入、困难需求等情况，同时督促县(市)在信息系统中据实更新完善务工时间、工资薪酬等信息，做到账实相符，对发现问题推送基层进行核查，有针对性地采取帮扶措施。抓好监测预警。依托农村劳动力转移就业系统，对贫困劳动力就业情况进行全方位、多维度监测、分析，对于收入不稳定、就业不持续等问题，分类建立问题清单，实时进行预警，动态销号管理。对失业的贫困劳动力，摸清实际情况和就业愿望，立即组织转岗转业，在一周内推荐就业岗位不少于3次，直至到岗就业。定期与扶贫部门进行数据对接，实行精准动态管理，为分类开展就业帮扶提供有效数据支撑。地区实现贫困劳动力1.33万人100%就业，边缘户劳动力9202人100%就业。

【公共就业服务】 2020年，地区人力资源和社会保障局聚焦农村富余劳动力、高校毕业生和就业困难人员等重点群体，依托公共就业服务网、微信公众号及地、县、乡、村四级公共就业服务网络，及时发布企业用工需求，组织开展“百日千万”“民营企业招聘月”“金秋招聘月”等活动，优先发布企业岗位信息，多渠道为未就业高校毕业生、农民工、退役军人等重点群体提供全方位服务。组织网上招聘会189场次，实现就业人数1.1万人。通过进企业、进车间、进村庄、进社区等方式，扩大政策宣传覆盖面。坚持“驻厂管理和返乡报到”双重管理制度，定期进行随访谈心，实时了解转移就业人员思想动态、工资收入等信息，架设员工、企业、输出地、输入地之间的沟通桥梁，及时化解各类矛盾，确保“输得出、稳得住”。基层社会事务服务保障机构有效整合。牵头对村(社区)涉及人社、民政、残联、退役军人、税务、医保等职能进行整合，统筹政策、资金、人力资源等，出台加强基层社会事务保障机构人员队伍建设的政策，解决基层社会事务服务保障政出多门、服务不全面、不精准、不到位的问题，为全地区1419个村(社区)配备高素质社会事务协理员1799人，解决基层业务工作人员政策不熟悉、工作效率低、数据质量差等问题。

【失业登记稳就业】 2020年，地区人力资源和社会保障局不断优化服务流程，为登记失业人员提供一站式服务，全年实现就业再就业1万人。强化登记失业人员服务。摸清登记失业人员基本信息，详细了解失业原因，技能水平、就业意愿，介绍后续就业服务、失业登记注销条件等信息；介绍政策法规咨询、职业介绍、职业指导等基本公共就业服务事项；对有培训就业意愿的登记失业人员，推介就业创业政策和职业培训项目，开展求职技巧指导，精准匹配岗位信息并回访求职结果；对有创业意愿的登记失业人员，提供创业培训(实训)开业指导、融资服务、政策落实等服务；对符合创业担保贷款条件的，协助办理贷款申请；对符合就业困难人员条件的登记失业人员，实施优先扶持和重点帮助，指定专人负责，制定个性化就业援助计划。对其中通过市场渠道确实难以实现就业创业且符合相关条件的，通过公益性岗位予以优先安置；对符合失业保险金申领条件的，办理失业登记和失业保险金发放。对提供虚假信息骗取失业保险待遇、就业创业扶持政策的，纳入人社信用体系。加强失业登记动态管理，对不符合失业人员登记条件的，注销其失业登记，并以适当方式予以告知。强化困难人员就业。坚持“出现一户、认定一户、帮扶一户、稳定一户”就业困难人员帮扶机制，做到工作责任、政策落实、资金投入、措施保障“四到位”，常态化实施就业困难人员“一对一”帮扶，“零就业”家庭24小时动态清零，城镇登记失业率持续保持低位运行。实现城镇新增就业3.98万人，期末城镇登记失业率1.28%。

【创新创业】 2020年，地区人力资源和社会保障局打造“双创”政策先行区和南疆地区“双创”要素集聚区，抓好创业孵化基地、创业园区和农村创新创业实训基地等创业载体建设，南疆丝路众创园、阿克苏市电商产业园成功创建“自治区级创业孵化基地”，并获得自治区政策资金支持。坚持创业带动就业，鼓励农民工、高校毕业生、退役军人等创业，新增创业人数5442人，完成年度目标任务2100人的259.14%，带动就业1.14万人，完成年度目标任务6300人的181.40%。实创业激励政策，发放创业担保贷款401笔4668.56万元，一次性创业补贴1870.9万元，一次性房租补贴567.77万元，求职创业补贴247.8万元和带动就业补贴30.6万元。

【职业技能培训】 2020年，地区人力资源和社会保障局坚持以就业为导向，围绕地区六大产业、新兴产业和紧缺行业等用工需求，以“订单、定向、定岗”为抓手，以企业自主培训为主体、以校企合作培训为补充，组织有意愿和就业能力的劳动力参加职业技能培训，开展馕产业、建筑、康养产业专项技能人才培训。全年累计开展各类培训6.08万人次，完成年度目标任务141.41%，培训后就业率95.48%，其中：开展高技能人才培训4377人，中级工培训7887人。

社会保险

【养老保险】 2020年，地区人力资源和社会保障局根据自治区人社厅、财政厅《关于2020年调整退休人员基本养老金有关问题的通知》(新人社发〔2020〕22号)精神，开展退休人员基本养老金调待工作。2020年享受基本养老金调整条件的企业、机关事业单位退休人员8.03万人，调整后月人均养老金水平可达3891.17元，月人均增加养老金189.48元，其中企业退休人员4.7万人，调整后月人均养老金水平达2739.84元，月人均增加165.65元；机关事业单位退休人员3.33万人，调整后月人均养老金水平达5517元，月人均增加223.12元。

【失业保险】 2020年，地区人力资源和社会保障局按照《自治区新冠肺炎疫情防控工作指挥部印发自治区人社厅关于切实做好减负稳岗扩就业工作意见的通知》(新机〔2020〕1276 号)文件精神，积极应对新冠肺炎疫情，全面贯彻落实社保惠企政策，大力推行“不见面、网上办、预约办”服务，加大稳岗返还力度，助力企业复工复产，稳定就业。截至 2020 年年底，完成地区 7155 家企业稳岗返还资金发放工作，累计返还 4845.6 万元；积极应对疫情期间可能出现的失业风险，织密扎牢社会保障网，放宽政策条件，对领取失业保险金期满仍未就业的失业人员、不符合领取失业保险金条件的参保失业人员，发放 6 个月的失业补助金，切实保障失业人员基本生活，全年，地区发放 2742 人失业补助金 1192.3 万元；以减轻企业事务性负担为抓手，精简手续，优化流程，企业申请缓缴“一张表、只报备”，助力企业保经营、渡难关、稳发展，全面落实疫情期间困难企业缓缴社保政策，全年，地区申请缓缴社会保险企业 56 家，缓缴金额 1624.35 万元。

【工伤保险】 2020 年，地区人力资源和社会保障局根据自治区关于推进工伤保险信息系统应用工作部署，以提升工伤保险信息化经办水平为目标，层层压实责任，逐级传导压力，不断强化培训，夯实基础，做好信息系统推广应用工作。坚持“周调度、月汇总”，对县(市)工作及时督促指导，确保各项工作任务按期完成。地区应录入系统工伤认定业务总件数 492 件，完成录入 492 件，完成率 100%。

【医疗保障信息化建设】 2020 年，地区医保局推行“互联网+医保”，推广医保电子凭证激活与使用，库车市被自治区确定为医保电子凭证首批应用试点市，并以试点为抓手推动本地区的医保电子凭证激活和使用工作。全地区共激活医保电子凭证 106.2 万人，使用人数 25.1 万人。积极推进业务编码标准维护工作，落实国家及自治区关于信息编码标准化工作，推动医疗保障信息化标准化融合发展，组织各定点医疗机构及定点零售药店加强相关信息编码的维护完善工作，共维护上报医保系统单位 11 家，医保系统工作人员 248 人，医保定点医疗机构 172 家、定点零售药店 491 家、医师 2887 名、护士 5033 名、药师 434 名、医疗服务项目慢性病病种 28 项等信息。

社会救助

【救助待遇】 2020 年，阿克苏地区民政局救助待遇更加稳定，持续实现“两线合一”(实行低保标准与扶贫标准统一设定)，将城市低保和农村低保标准分别提高至不低于 500 元/月、4100 元/年，补发低保提标资金 2546.41 万元。完善社会救助保障标准与物价上涨挂钩联动机制，发放价格补贴资金 238.7 万元。

【救助范围】 2020 年，地区民政局全年累计下拨困难群众救助资金 7.2 亿元，支付进度 100%。对因疫情影响和因突发性、紧迫性问题面临生活困难的群众，简化社会救助申办程序。对低收入家庭中的重病患者和重度残疾人按“单人户”纳入低保范围，提高临时救助效率。实施临时救助 54 万人次，发放临时救助金及物资共计 1.97 亿元。疫情期间，将 615 名城镇失业和返乡人员纳入低保。实施城市临时最低生活保障政策，为 1.19 万人发放困难群众救助资金 544.96 万元。

【特困供养照料服务】 2020 年，地区民政局将符合条件的 2408 名重度残疾人按照“单人户”纳入低保，做到“应保尽保”。将建档立卡的贫困家庭中丧失劳动能力、缺乏自我发展能力、无法通过产业就业帮扶措施脱贫家庭纳入低保范围。地区有低保对象 6.47 万户、12.92 万人，其中建档立卡贫困户中享受低保 4.3 万人，占建档立卡总人口 17.43%。制定《阿克苏地区城市生活无着的流浪乞讨人员社会救助保障工作机制》《阿克苏地区城乡社会救助体系建设（流浪乞讨人员救助管理）领导小组》，救助生活无着流浪乞讨人 690 人。

【人道救助】 2020 年，地区红十字会争取自治区心脑血管医院来阿开展“心脑血管病筛查救助”活动，全地区共计筛查患者 2.1 万人，对符合手术条件的 168 名患者免费实施手术，提供救助金额达 110 万元。争取自治区普瑞眼科支持，邀请眼科专家携带晶体来阿为 12 名生活困难的白内障患者免费实施复明手术；为助力脱贫攻坚，申报中国红十字总会博爱家园项目 1 个，项目金额 40 万元。争取浙江省红十字会支持，开展助困、助学、助医活动，共帮扶困难家庭 2830 户、受益群众 1.4 万人次；为保护游客的生命安全,助推地区旅游事业的发展,争取到浙江省红十字会援建温宿县大峡谷景区红十字救护站项目1个,项目金额20万元。

【孤残儿童关爱保护】 2020年,地区民政局统筹谋划建设农村幸福大院79所,补齐农村养老短板,有效破解农村养老服务难题。投入2330万元,实施沙雅县红旗镇敬老院、拜城县托克逊乡敬老院等福利机构项目7个。对地区898名孤儿、有意愿的农村"五保"老人831名进行集中收养和供养,收养和供养率均达100%。贯彻落实残疾人"两项补贴"政策,为地区1.76万名困难残疾人发放生活补贴2044.67万元、1.9万名重度残疾人发放护理补贴2239.14万元,做好农村留守儿童、困境儿童、留守老人等救助保护工作。

【残疾人社会保障】 2020年,地区民政局为3.78万名残疾人发放补贴3884.4万元;全地区纳入低保残疾人1.54万名,并将依靠家庭供养的5216名成年无业重度残疾人纳入最低生活保障范围;将660名生活困难残疾人纳入临时救助范围。向生活困难的1315名就业创业残疾人发放生活困难补贴399.5万元;落实企业房租、社保、电费等减免政策,减免社保122万元,发放稳岗补贴57万元,减免电费6.4万元;累计走访探视重度残疾人和特殊困难残疾人家庭9988户,帮助解决困难4142个,发放物资4143件,折合人民币67.86万元。

【根治欠薪】 2020年,地区人力资源和社会保障局围绕根治欠薪工作,主动出击,加大工作督导与调度,开展"双随机、一公开"(在监管过程中随机抽取检查对象,随机选派执法检查人员,抽查情况及查处结果及时向社会公开)执法检查、清理整顿人力资源市场秩序、深化整治损害群众利益问题、根治欠薪冬季攻坚四大专项行动。全年共检查用人单位6471家,受理并解决投诉举报案件766件,补签劳动合同2378份,向公安机关移送拒不支付劳动报酬案件37件,向社会公布重大违法行为12件,纳入拖欠农民工工资"黑名单"企业7家,为2679名劳动者追发工资3255.95万元,投诉举报案件法定时限办结率100%。

社会福利

【社会福利慈善事业】 2020年,阿克苏地区民政局康养项目一期顺利实现公建民营。地区养老产业指导中心挂牌成立。制定《阿克苏地区养老机构星级评定办法》《星级化评定细则》。启动居家和社区养老服务改革试点工作,推进地区"居家为基础、社区为依托、机构为补充、医养相结合"的现代养老服务体系进程。规范精神障碍患者巡诊筛查工作,4~5级精神障碍患者实现应收尽收、应治尽治。地区慈善总会作用发挥明显,扶老助孤、医疗救助、助学兴教、公益援助等慈善救助活动广泛开展,捐助物资价值180万元。2020年,地区共计销售福利彩票3.84亿元。

【城乡低保】 2020年,地区民政局在"兜底、救急、提标、扩面"上持续用力,民生兜底更加牢靠。加强特困供养照料服务,将符合条件的全部纳入供养范围。对符合条件的2408名重度残疾人按照"单人户"纳入低保,做到"应保尽保"。将建档立卡的贫困家庭中丧失劳动能力、缺乏自我发展能力、无法通过产业就业帮扶措施脱贫家庭纳入低保范围。截至12月底,地区有低保对象6.47万户12.92万人,其中建档立卡贫困户中享受低保4.3万人,占建档立卡总人口17.43%。

【伤病残鉴定】 2020年,地区人力资源和社会保障局全年组织开展2次机关事业单位非因工伤或因病(残)劳动能力鉴定工作,参加鉴定人员339人,通过组织体检、专家鉴定、专家评审达到国家鉴定标准完全丧失劳动能力194人;全年组织开展2次地区企业职工及灵活就业人员劳动能力鉴定工作,参加鉴定人员88人,通过组织体检、专家鉴定、专家评审达到国家鉴定标准完全丧失劳动能力的48人;全年组织开展3次工伤职工劳动能力鉴定工作,参加劳动能力鉴定工伤职工551人,及时下发工伤职工劳动能力鉴定结论书,全力维护劳动者合法权益。

【社会保障】 2020年,地区三项保险参保达66.65万人,完成"十三五"

目标任务31.16万人的213.90%；城乡居民基本养老保险参保106.12万人，完成“十三五”目标任务73.40万人的141.85%。征收社保费40.5亿元，发放社保待遇44.62亿元。基本养老、失业、工伤三项社保费社税征管职能顺利划转。稳步推进贫困人口政府代缴政策落实，为9.1万名符合条件建档立卡贫困人口、低保对象、特困人员和重度残疾人人均代缴100元城乡居民养老保险费，共计910万元；为5.3万贫困人员发放城乡居民基本养老保险金共计9220万元，实现符合条件贫困人员应代尽代、应享尽享。企业职工基本养老保险、工伤保险实现省级统筹，城乡居民基本养老保险实现自治区统一投资运营。2020年，向自治区上交企业职工基本养老保险基金23.68亿元，工伤保险基金1292万元；自治区下拨企业职工基本养老保险待遇支付资金11.92亿元。3.67亿元城乡居民基本养老保险基金已归集至自治区开展投资运营。

【降低企业社会保险费】 2020年，地区人力资源和社会保障局根据自治区统一安排实施阶段性减免企业社保费政策为1万家企业阶段性减免社会保险费7.12亿元，其中：大型企业减免社会保险费0.33亿元，中小微企业减免社会保险费6.79亿元。

【社保扶贫】 2020年，地区民政局稳步推进贫困人口政府代缴政策落实，为9.1万名符合条件建档立卡贫困人口、低保对象、特困人员和重度残疾人代缴100元城乡居民养老保险费，为5.3万贫困人员发放城乡居民基本养老保险待遇，实现符合条件贫困人员应代尽代、应享尽享。

【流动人员档案管理】 2020年，地区人力资源和社会保障局坚持简化服务流程，优化服务质量，提升服务效率，认真做好流动人员档案服务工作，下发《关于推进流动人员人事档案信息化建设的实施方案》，以服务用人单位和流动人员为中心，构建“数据向上集中、服务向下延伸、完善资源共享”的档案管理服务信息化格局，提升流动人员档案管理服务水平，实现档案管理服务信息化、标准化、便民化。全地区2万份流动人员和学生档案地县（市）按照统一模板，制作电子版花名册，设立热线服务电话，办事人员可通过热线随时查询自己的档案保存情况，实现通过电话就可办理档案转递等业务。

公积金管理

【缴存业务】 2020年，地区住房公积金管理中心新开户单位259家，实缴单位2685家，净增单位85家；新开户职工1.40万人，实缴职工15.17万人，净增职工-0.53万人；缴存额28.97亿元，同比增长6.66%。全年，缴存总额207.35亿元，比上年增加16.24%；缴存余额78.19亿元，增加7.12%。受委托办理住房公积金缴存业务的银行6家。

2020年，实缴单位数、实缴职工人数和缴存额同比分别增长-2.04%、3.27%和6.66%。缴存单位中，国家机关和事业单位占65.29%，国有企业占12.25%，城镇集体企业占1.42%，外商投资企业占0.45%，城镇私营企业及其他城镇企业占16.16%，民办非企业单位和社会团体占1.79%，其他占2.64%。

【提取业务】 2020年，地区8.75万名缴存职工提取住房公积金23.77亿元，比上年增长37.64%；占当年缴存额的82.05%，增加18.46个百分点。2020年年末，提取总额129.16亿元，增加22.55%。

提取金额中，住房消费提取占85.25%（购买、建造、翻建、大修自住住房占46.50%，偿还购房贷款本息占31.50%，租赁住房占5.06%，其他占2.19%）；非住房消费提取占14.75%（离休和退休提取占9.16%，完全丧失劳动能力并与单位终止劳动关系提取占3.98%，其他占1.61%）。

【信贷业务】 2020年，地区住房公积金管理中心个人住房贷款最高额度60万元，其中，单缴存职工最高额度60万元，双缴存职工最高额度60万元。2020年，发放个人住房贷款0.83万笔、24.02亿元，比上年分别增长80.09%、95.72%。回收个人住房贷款5.80亿元。累计发放个人住房贷款6.52万笔、104.75亿元，贷款余额56.83亿元，分别增加14.79%、29.76%、47.15%。个人住房贷款余额占缴存余额的72.68%，增加

19.77个百分点。受委托办理住房公积金个人住房贷款业务的银行6家。支持职工购建房98.75万平方米,年末个人住房贷款市场占有率为33.28%,增加4.24个百分点。通过申请住房公积金个人住房贷款,可节约职工购房利息支出4.44亿元。

2020年,发放异地贷款301笔,1.1亿元。2020年年末,发放异地贷款总额2.16亿元,异地贷款余额1.23亿元。

个人住房贷款发放额、公转商贴息贷款发放额、项目贷款发放额、住房消费提取额的总和与当年缴存额的比率为152.88%,增加55.05个百分点。

【财务数据】 2020年,地区住房公积金管理中心业务收入2.44亿元,比上年增长10.42%。存款利息9608.82万元,委托贷款利息1.48亿元,其他0.24万元;业务支出1.4亿元、增长29.02%,支付职工住房公积金利息1.37亿元,委托贷款手续费290.01万元,其他24.90万元;增值收益1.04亿元,下降7.61%,增值收益率1.34%、减少0.28个百分点;提取贷款风险准备金663.54万元,提取管理费用1711.11万元,提取城市廉租住房(公共租赁住房)建设补充资金7997.07万元,上缴财政管理费用1711.11万元,上缴财政城市廉租住房(公共租赁住房)建设补充资金7718.04万元。2020年年末,贷款风险准备金余额5683.41万元。累计提取城市廉租住房(公共租赁住房)建设补充资金4.4亿元。管理费用支出1709.37万元,增长7.14%。其中,人员经费1288.12万元,公用经费62.37万元,专项经费358.88万元。2020年年末,住房公积金存款23.01亿元。其中,活期0.01亿元,1年(含)以下定期8.10亿元,1年以上定期10.60亿元,其他(协定存款等)4.30亿元。住房公积金个人住房贷款余额、项目贷款余额和购买国债余额的总和占缴存余额的72.68%,增加19.77个百分点。

【资产风险状况】 2020年年末,地区个人住房贷款逾期额26.75万元,逾期率0.05‰。个人贷款风险准备金按贷款余额的1%提取,全年提取个人贷款风险准备金663.54万元。2020年年末,个人贷款风险准备金余额5683.41万元,占个人住房贷款余额的1%,个人住房贷款逾期额与个人贷款风险准备金余额的比率为0.47%。

【为民服务】 2020年,地区住房公积金管理中心切实简政便民,通过单位网厅、个人网厅、手机APP和房地产开发企业网厅,将购房提取、贷款申请、项目准入、项目变更等业务服务升级优化,统一纳入网厅系统集中办理,实行远程审批。优化营商环境,推行房产项目准入“容缺受理”,实行“房产融合办”,将房产开发企业法人来中心面签贷款合作协议改为属地签署,减少企业到中心的跑办事项,不断优化地区营商环境。为中小微企业减负,对取得《商品房预售许可证》的房地产开发企业,所建项目只要符合住房公积金准入条件,无需封顶就可向中心提出贷款项目申请。全年共为104家房产开发企业的108个项目、448栋楼、2.6万套住宅办理项目准入手续。激励创新作为,推动工作落实落细。在地区范围内实现业务“同城通办”,首先在全疆范围内实行业务“四通”,即“通存、通提、通贷、通还”,已完成全国“跨省通办”等业务。

【个人贷款】 2020年,地区住房公积金管理中心各项业务工作表现突出,地区住房公积金累计归集额突破200亿元,步入中等城市中心缴存规模行列;个人贷款累计发放额突破100亿元,是全疆14个地(州)、市中同比唯一正增长并且是两位数增长的地区,住房贷款市场占有率达31.09%。在全区住房公积金工作考核中排名全区第一。简政放权,将贷款审批权限下放到县(市)管理部,地区住房公积金业务正朝着“零跑路,零提交”方向迈进。

【增值收益】 2020年,地区住房公积金管理中心增值收益1.04亿元,比上年下降7.61%。增值收益率1.34%,减少0.28个百分点。提取贷款风险准备金663.54万元,提取管理费用1711.11万元,提取城市廉租住房(公共租赁住房)建设补充资金7997.07万元。上缴财政管理费用1711.11万元,上缴财政城市廉租住房(公共租赁住房)建设补充资金7718.04万元,贷款风险准备金余额5683.41万元。累计提取城市廉租住房(公共租赁住房)建设补充资金44003.93万元。管理费用支出1709.37万元,增长

7.14%。其中，人员经费1288.12万元、公用经费62.37万元、专项经费358.88万元。

【业务政策调整】 2020年，地区住房公积金管理中心持续保障和改善民生，根据自治区人民政府应对新冠肺炎疫情28项优惠政策，中心出台3项地区住房公积金应对疫情阶段性支持政策。对受疫情影响的中小微企业可申请缓交住房公积金，放宽缴存职工租房提取住房公积金的时限和金额限制，借款人未能正常还款的，不作逾期处理，不作为逾期记录报送征信部门，已报送的予以调整。2020年，中心批准48家中小企业缓缴住房公积金，共3216人，缓缴金额1796.13万元；放宽连续缴存认定的单位2647家、14.81万人；办理租房提取业务8941笔、8395.19万元，对1098户贷款逾期职工未做处理，涉及金额369.65万元。优化政务服务。进一步放宽住房公积金提取和个人贷款政策，拉动住房消费，促进地区经济高质量发展。大修提取由5万元调整到10万元，贷款额度由50万元提高到60万元，直系亲属之间均可提取住房公积金用于偿还个人住房贷款。2020年，共办理大修提取247笔、1843.78万元，办理贷款6607户、18.95亿元，办理直系亲属间提取还贷业务23.20万笔、5.66亿元。

社区建设

【组织体系】 2020年，地委组织部推行县级领导担任社区大党委第一书记，构建“街道大工委—社区大党委—网格党组织—楼栋（巷道）党小组”四级架构，优化设立社区“大党委”183个、网格党小组554个，进一步延伸党组织服务管理触角。

【社区干部队伍建设】 2020年，地委组织部根据“一般社区按照每100户1人的标准，偏远重点复杂社区按照每70户左右1人的标准”的原则，选优配强社区工作者。在阿克苏市、库车市试点开展社区工作者职业化，建立健全社区聘用人员职业化体系，科学设立岗位等级序列，完善招聘培训、薪酬待遇、正常晋升、考核激励等机制，首批招录到岗72人。

【网格化管理】 2020年，地委组织部根据地域、居民、驻区单位、党组织和党员等情况，按照城市社区每个网格不超过300户，城镇社区每个网格不超过200户的原则，整合党建、综治、城管等各类网格，调整优化网格设置，将七县二市195个社区划分为1118个网格，培育网格示范点12个。将党支部或党小组建在网格上，选优配强党支部书记或党小组组长，建强专兼职网格员队伍，加强网格资源配置，把公共服务、社会服务、市场服务、志愿服务下沉到网格，精准投送到千家万户。

【常态化疫情防控】 2020年，地委组织部构建“县（市）委—街道（镇）党（工）委—社区党支部—网格党小组—楼栋（巷道）长—单元（联户）长”的扁平化疫情防控指挥体系，统筹国家干部、享有工作补贴的干部、社会力量、志愿者、自治力量等5支力量，组织动员3万名党员干部广泛开展志愿服务，筑牢严密防线。研究制定《关于在社区常态化疫情防控工作中充分发挥基层党组织战斗堡垒作用的指导意见》《阿克苏地区人员不聚集监督管理预警机制》，按照“一周一主题、一周一调度”的模式，召开9次视频调度会议，压紧压实“四方责任”（属地责任、部门责任、单位责任、个人责任），充分运用“369”限时工作法等成熟机制，及时掌握流动人口底数，有效发挥社区在疫情防控中的阻击作用。

社会（团体）组织管理

【规范建设】 2020年，地区社会组织管理持续规范，地区民政局对60家地区本级社会组织开展等级评估，年检103家，“双随机、一公开”机制有效落实，社会组织融入社会治理创新方式日趋多样。行业协会商会与行政机关脱钩稳步推进。社会组织领域党建工作深入推进，符合条件社会组织党组织覆盖率达80%。

【基层政权建设】 2020年，地区民政局制定《阿克苏地区加强和改进村规民约、居民公约实施方案》《阿克苏地区城乡社区治理三年行动计划》，地区1396个村（社区）实现村规民约、居民公约制定100%覆盖，自治、法治、德治相结合的现代基层社会治理机制不断健全。启动开展“社区万能章”专项治理,减少村级证明事项5类、20项。

【行政区划】 2020年,地区民政局稳妥开展行政区划调整,撤乡设镇工作有序推进,阿瓦提县阿依巴格乡实现撤乡设镇。圆满完成第四轮与和田地区行政区域界线的联合检查,3条县(市)行政区域界线的联合检查工作。依托国家地名地址库做好地名信息入库更新改造,强化对地名命名更名的管理,持续整顿不规范地名,发挥好地名在社会治理中的积极作用。

老龄事务

【惠老政策落实】 2020年,地区卫健委以维护老年人权益为重点,开展对老年优待政策贯彻落实情况的专项调研督导工作,及时解决老年人政策落实过程中的问题,切实把各项惠老政策落到实处,让老年人得到实实在在的实惠。广泛开展走访慰问送温暖行动,给全地区200名高龄、特困、失能、半失能、残疾老年人给予每人500元生活救助补助,共发放救助金10万元,把党和政府的关心、关怀落实在实际行动上。

【敬老爱老宣传】 2020年,地区卫健委及时组织,以"孝老爱亲、向上向善"为主题,全面开展敬老爱老主题教育行动。组织敬老爱老文化进机关、进学校、进社区、进企业系列宣传教育活动。在地区电视台播放《孝道》《陪伴是最好的爱》《感恩父母》等公益广告25条,累计播出2580次,其中黄金时段播出1050次,在全社会广泛宣传中华民族孝亲敬老传统美德。

【主题宣讲】 2020年,地区卫健委广泛开展积极应对人口老龄化主题宣讲行动。重点宣讲习近平总书记关于加强老龄工作的重要指示和在中央政治局第三十二次集体学习的重要讲话精神,宣讲我国人口老龄化严峻形势和积极应对人口老龄化的重要意义。并组织开展"人口老龄化国情教育"进街道乡镇、进村居社区活动,增强全社会积极应对人口老龄化的思想观念。

退役军人事务

【移交安置】 2020年,地区退役军人事务局根据转业干部的服役年限、职务、立功受奖及艰苦地区工作年限等情况实行功绩制评分。坚持人岗相适的原则,按照功绩制评分情况,由用人单位和安置对象进行双向选择,最后确定安置去向。2020年,阿克苏地区接收计划安置军队转业干部及转业士官,并妥善安置在行政机关、事业单位和国有企业,接收自主择业军转干部全部报到落户,跨军地改革集体转制部队退役军人全部落户,为退役士兵办理落户手续。由地委、行署统筹,退役军人事务局牵头,人社、医保、民政、财政等职能部门积极配合,平稳推进士兵社保接续工作。

【就业创业】 2020年,地区退役军人事务局依托综合性创新创业孵化示范基地,努力打造退役军人创业园,为退役军人创业创新搭建平台,有16名退役军人申请入驻退役军人创业园。举办退役军人网络专场招聘会3次,开展退役军人职业技能培训3期,涉及电子商务、汽车驾驶2个专业,提高退役士兵就业能力。积极组织推荐退役军人参加高职扩招。积极做好留疆战士招录工作,让留疆战士更好地服务基层。

【优抚抚恤】 2020年,地区退役军人事务局根据《自治区优抚对象服务管理暂行规定》,按照属地管理原则,各类优抚对象享受生活补助人员的纸质、电子档案管理规范完整。各类重点优抚对象待遇全部采用"一卡通"足额兑现。解决现役军人子女入学入托。解决退役军人困难,投入资金141.33万元。针对常态化疫情防控工作要求,创新优抚工作方式方法,为优抚对象赠送"爱心小药箱",为建档立卡贫困退役军人及军属发放"扶智"电视机,助力地区脱贫攻坚工作。

【军民共建】 2020年,地区及时调整地、县(市)军民共建工作领导小组,多次组织军地联席会议。地区退役军人事务局坚持把宣传教育作为军民共建的基础性工作,强化各类政策宣传,营造浓厚军民共建氛围。多渠道发表军民共建信息100条,印发宣传资料

2020 年 8 月 1 日，地区退役军人事务管理局举办"感恩党、讲奉献"好军嫂慰问表彰大会(兰青供图)

1.5 万份，开展线上、线下国防教育讲座 10 期，受教育干部 1985 人。阿克苏市先后投入 130 万元，打造"军民共建一条街"、军民共建广场。广泛开展走访慰问活动，在元旦、春节、"八一""十一"等重大节日节点，先后慰问部队 73 次，赠送慰问品价值 420 万元；慰问优抚对象和退役军人 2324 人次，发放慰问金及慰问品价值 370.9 万元；开展"情系边关千里行、拥军优属暖人心"活动，为驻地部队赠送生活物资 50 吨；为立功官兵家庭送喜报 29 件；常态化为烈属、军属和退役军人等家庭悬挂光荣牌；开展"感党恩、讲奉献"好军嫂评选活动，评选表彰慰问 70 名"好军嫂"，增进了军政军民团结。阿克苏市荣获全国军民共建模范城"七连冠"，牟宗保获全国爱国拥军模范，阿克苏市军供站被西部战区评为优秀军供站。

【军休工作】 2020 年，地区退役军人事务局严格按照军休政策，有效落实军休干部、无军籍职工工资发放及各项待遇落实工作，自治区下达专项军休资金 1882 万全部落实到位。成立军休干部服务中心，核定人员编制。完成军休干部移交接收工作。开展节日慰问活动，发放慰问金及慰问品 2 万元，有效保障军休干部的政治待遇、生活待遇。

【烈士褒扬】 2020 年，地区退役军人事务局开展"致敬·2020 清明祭英烈"网上祭扫活动，引导全社会铭记英烈丰功伟绩，继承英烈崇高理想和坚定信念，弘扬英烈攻坚克难勇于奉献的英雄气概，致敬疫情中的"逆行英雄"，将传承英烈精神转化为勇挑重担和担当作为，为实现新疆社会稳定和长治久安总目标凝聚力量。开展"9·30"烈士纪念日活动，地区四套班子领导、烈士家属、机关干部代表、师生代表、解放军代表等近千人向人民英雄敬献花篮，缅怀纪念为民族独立、人民解放、国家富强和英勇牺牲的人民英雄；借助网站平台，开展"红色九月、彪炳历史、照亮未来"主题宣传纪念活动，引导广大群众学习传承英烈勇于奉献、不怕牺牲的精神，形成良好的舆论氛围。2020 年，地区有零散烈士纪念设施 42 个，烈士信息 72 条，将按计划做好建设、修缮和维护保养工作。

【基层服务保障】 2020 年，地区退役军人事务局在全地区 1415 个行政村(社区)建立退役军人服务站，按照大村 2 名、中小村 1 名的原则聘请社会事务协理员，负责人社、民政、退役军人、医保等部门基层日常业务，为打通服务退役军人的"最后一公里"奠定基础。通过线上指导调度县(市)服务中心(站)建设 26 场次，打造国家级"退役军人之家"示范点 2 个、自治区级"退役军人之家"示范点 9 个。为有困难的退役军人开展个性化服务，解决困难，投入资金 370.9 万元。

应急管理

综述

【自然灾害综合监测预警制度】 2020年，地区应急管理局健全自然灾害分类监测和分级预警制度，构建立体监测网络，建立重特大灾害应急加密观测机制，提高自然灾害预测预报水平，规范自然灾害分级预警工作。建立自然灾害综合监测预警信息共享和报送制度，统筹建立自然灾害综合监测预警信息系统、自然灾害综合监测预警信息共享机制、自然灾害综合监测预警信息逐级报送制度、风险形势和重大灾害综合会商研判制度、自然灾害监测预警联合会商制度，强化自然灾害风险形势分析研判，加强重大自然灾害快速综合研判。健全自然灾害预警信息发布和预警响应制度，加强自然灾害预警信息发布，构建基层预警信息发布服务体系，加强自然灾害预警响应机制建设。

【应急救援建设】 2020年，地区应急管理局坚持政府主导、多部门联动、响应及时、救援高效，机制健全的应急救援体系，加强应急救援队伍建设、机制建设、装备建设，打造一支“拉得出、打得赢”，适应新形势下多灾种应急救援队伍，推进应急管理体系建设，构建应急管理组织体系，完善应急管理工作机制、应急预案体系建设和应急演练。提高突发事件防范应对能力，做好风险隐患排查治理，加大监测预警信息发布覆盖面，推进综合应急平台体系建设，加强应急救援队伍建设，增强应急保障能力。依法有效应对突发事件，强化信息报送和应急值守，提升突发事件先期处置能力，实施突发事件分级响应，科学组织现场应急处置。

【事故灾害和应急处置】 2020年，地区应急管理局制定《关于成立地区事故灾害应急管理总指挥部和专项指挥部的通知》，成立由行署主要领导任组长的应急管理总指挥部和由行署各分管领导任组长的地震灾害、地质灾害、水旱灾害、森林草原火灾等6个应急管理专项指挥部，明确各指挥部职责任务和工作要求，组织修订完成突发公共事件总体应急预案10个，专项应急预案192个，部门应急预案576个，成立由1653名灾害信息员构成的四级灾害信息员队伍，组建3支专业救援队伍（502人），60支社会和企业救援队伍（1226人），成功应对35次自然灾害，有效保障人民生命财产安全。

【风险管控】 2020年，地区应急管理局制定《关于进一步完善“1+X”分级管理运行体系构建大风险隐患排查工作机制的通知》，将“管行业必须管安全”延伸为“管行业必须管风险”，把生产安全事故、非生产安全事故、自然灾害、森林草原火灾纳入专委会议事范围，从“建立部门风险隐患监管责任机制”等5个方面对风险隐患排查治理工作进行规范，实现风险管控规范化、制度化管理，确保安全生产和防灾减灾救灾工作全覆盖、无死角。严格落实自然灾害定期会商制度，每月定期召集涉灾部门会商研判，下发风险分析研判报告，为防范各类事故灾害提供决策依据。

防灾减灾

【防灾减灾能力建设】 2020年，地区应急管理局调整完成地区安委会、减灾委、森林草原防灭火指挥部、抗震救灾指挥部等地区议事协调机构，制定工作规则和运行机制，推动防灾减灾体系现代化；探索建立适应应急管理职责变化的联合会商、信息共享、部门联动、兵地协作、专家辅助决策等工作机制，全面推进预警信息、灾害分布、应急救援“智慧应急一张图”建设；完善森林草原防灭火、地震、地质灾害等各级各类多部门应急预案8000个，主动与各涉灾部门沟通协调，组织开展演练1万次，参加演练20.3万人次，地区应急管理大的体制基本明确，新的机制基本形成，新部门、新机制、新队伍的优势日益显现。

【灾害应急准备】 2020年，地区应急管理局制订地区航空应急救援体系建设方案，投入3600万元在沙雅县建设航空护林站项目，完成项目初步设计、军方选址、施工设计等前期工作。统筹建立三支专业救援队伍502人、60支1226人以消防救援队伍为主力、专业救援队伍为协同、社会力量为辅助的应急救援力量体系已初步建立。建立局领导带班、双人24小时值班值守制度，各类事故、灾害信息实现联网直报。接报各类突发事件和前兆信息669条，编辑《阿克苏应急信息》92件。争取“冬春救助”资金2000万元，组织各县（市）妥善转移安置库车市5.6级地震和温宿县洪水灾害受灾群众，保障10.3万受灾群众的防寒保暖和2次防疫关键时期的物资供应。

【打牢防灾减灾基础】 2020年，地区应急管理局制订应急管理2020—2025年发展规划，实现省、地区、县与应急指挥信息网络互联互通；提请地委、行署印发提升地区自然灾害防治能力建设八大工程实施意见，完善“领导、预案、指挥、队伍、预警、应急值守和信息报送”七大基础体系；推进灾害事故风险网格化管理，巩固基层网络报灾基础，规范自然灾害救助全过程管理；深入推进综合减灾示范社区建设，15个社区被命名为“全国综合减灾示范社区”；坚持社会共治，完善公民安全教育体系，持续推进应急科普“七进”活动，全年宣传报道6000场次，印发画册资料20万本，发送短信30万条，开放科普场馆167场次，参与人数50万人次，地区主流媒体公益宣传常态化机制更加完善，实现重要时段有声有影，全民防灾意识不断提高。

安全生产监督管理

【安全生产责任体系】 2020年，地区应急管理局建立完善安全生产目标管理体系。行署专员分别与各副专员和县（市）委、人民政府签订安全生产目标管理责任书，各副专员分别与分管部门、企业签订安全生产目标管理责任书；地区、县两级财政分别安排500万元和100万元的安全生产专项资金，并严格执行《安全生产专项资金管理办法》，明确专项资金使用管理，确保专款专用。建立完善安全生产责任落实体系。以《阿克苏地区安全生产“党政同责、一岗双责”暂行规定》为抓手，修订完善以政府主要领导为主任的安委会、以政府班子副职领导为主任的专委会、以部门主要负责人为组长的安全生产领导机构，逐步形成“主要领导总体负责、其他领导分工负责、行业部门各负其责”的安全生产监管工作责任机制；建立完善安全生产考核评价体系。坚持把安全生产、消防和应急管理工作考核控制指标纳入经济社会发展考核评价指标体系，纳入社会主义精神文明和党风廉政建设、社会管理综合治理体系中，加大各级领导干部政绩业绩考核中安全生产的权重和考核力度。

【安全生产专项整治】 2020年，地区应急管理局依托“1+X”专委会组织体系，率先在全疆范围内成立“1+15”工作专班，研究搭建“1+2+15”方案框架，从专班构成、专班工作职责、专班工作制度从三个方面加强三年行动的组织领导，构建高效的运行体系，为专项整治行动推进提供坚实的制度保障。坚持以问题为导向，精准排查、源头治理，推进危化品本质安全三年提升、打通“生命通道”集中整治等9项重点安全生产专项整治，实现安全生产监管水平大幅提升，隐患风险发生率持续下降。全年,各级各地成立联合检查组373个，督导检查1253次,检查单位4001家，督导问题9408个,行政处罚132次,责令停产整顿155家,罚款198.2万元,开展宣传报道284次。

【安全生产基础保障】 2020年，地区应急管理局推广企业安全风险分级分类管控和隐患排查治理双重预防机构建设。编制《阿克苏地区企业安全风险管控和隐患排查治理双重预防体系建设标准》，地区163家企业完成安全风险分级管控、隐患排查治理双重预防机制，有效促进企业本质安全水平的提高。组织安全生产服务组88个,指导服务各类生产经营单位637个,摸底调查512家企业，全面掌握企业生产状态，计划复工复产时间等信息，做好企业安全生产服务指导工作。组织专家对152家非煤矿山、工贸企业安全生产专项执法监察和高风险非煤矿山安全“体检”,发现隐患和问题1954条，提出整改建议1678条，局部停止作业3处,查处5家非煤矿山的安全生产违法违规行为,行政处罚21万元。创新安全培训形式,拓宽企业培训机构,“线上+线下”同步培训,组织开展“三类人员”培训班48期，培训5223人，企业本质安全、职工行为安全的综合防控水平全面提升。制订《关于高危行业领域安全技能提升行动实施方案》，部署开展以危险化学品行业领域为重点的高危行业安全技能提升工作。

【重大自然灾害处置】 2020年1月16日16时32分,新疆阿克苏地区库车市发生5.6级地震(北纬41.21度,东经83.60度),震源深度16千米。震中距离库车市城区77千米，距沙雅县城68千米,距轮台县城83千米,距新和县城91千米。地震造成库车市塔里木乡受灾,185户685人，其中11户35人居住房屋受损严重，已妥善转移安置,无人员伤亡。地震造成直接经济损失712万元，属一般破坏性地震。其中居住房屋经济损失为660万元，各系统直接经济损失52万元。

地震发生后，自治区党委高度重视作出安排，要求立即疏散危险地带群众避险，迅速启动应急预案,组织力量核实灾情,密切防范余震和次生灾害，全力做好受灾群众安置、防寒保暖和抢险救灾各项工作。根据自治区党委和政府安排，自治区常务副主席带领应急、民政、地震等部门人员赶赴震区协调指导抗震救灾工作。地区应急管理局科学指导,积极做好地震善后稳定工作。及时组织乡镇、街道力量对在地震中受损的房屋和建筑进行风险评估,科学疏散人员,确保不发生次生人员伤亡事故。

消防救援

【概况】 2020年，阿克苏地区消防救援支队（以下简称地区消防支队),着眼于队伍转型升级和消防救援事业高质量发展，一手抓疫情防控、一手抓主责主业,化挑战为机遇、转压力为动力,勠力同心、奋力拼搏,为地区经济社会跨越式发展和人民生命财产安全提供坚实的消防安全保障。2020年，支队被自治区消防救援总队表彰为“年度工作先进支队”“执勤训练先进支队”“消防宣传先进支队”;库车市消防救援大队被应急管理部表彰为“全国119消防先进集体”，荣获自治区抗疫工作“先进基层党组织”；阿克苏市消防救援大队被应急管理部消防救援局表彰为“先进基层党组织”；支队本级顺利通过“全国文明单位”复验。2020年,在全员岗位大练兵(南疆片区)比训中,获一项第一、两项第二,在总队应急通信比武中获团体第三名,《中国应急管理报》《中国消防杂志》等多次专题报道支队练兵工作经验。支队先后成功处置的“1·17”库车市地震救援、“6·24”博孜墩井喷事故等急难险重任务，受到应急管理部、自治区人民政府等相关领导的一致肯定。

【消防执法】 2020年，地区消防支队坚持将消防工作融入社会综合治理和经济社会发展大局,紧紧依靠驻地党委政府，忠诚履行防范化解重大安全风险的职责使命。地区行署出台消防救援事业高质量发展意见，投资4.1亿元保障未来3年阿克苏地区七县二市消防救援事业高质量发展。地委、行署主要领导先后9次听取消防专报,肯定并批示消防工作。12名党政领导先后开展6项火灾专项治理,落实隐患整改资金1200万元，整改隐患单位1180家,消

119 消防宣传月活动（地区消防支队 供图）

除隐患 1078 处，拆除彩钢板 9500 平方米，有效净化了社会面消防安全环境。疫情期间，支队各级充分发挥专业优势，主动请缨协助转运防疫物资 400 吨，组成 22 个消防安全技术服务组深入一线助力企业复工复产。2020 年，阿克苏市依干其乡人民政府获第五届全国 119 消防先进集体；支队在总队“三化”达标创建中获“优秀”等次。

【消防宣传】 2020 年，地区消防支队拍摄“消防员零下 11 摄氏度训练冰上救援”新闻专题得到中央电视台、应急管理部官方微信报道播出。支队联合依干其乡人民政府开展农村防火，指导建设义务消防队数十年如一日的典型事迹得到《中国应急管理报》《新疆日报》等国家级及自治区媒体的密集报道。支队指战员拍摄“我的青春在奋斗”短视频合集得到中央电视台财经频道的刊播转载。五一劳动节期间，支队指战员制止小女孩灭火“比起你的勇敢，更希望你平安”的新闻得到中央电视台财经频道、新闻频道的密集刊播，中国之声官方微信进行全文转载报道，中国文明网、搜狐评论进行专题点评，引发全网热议。

【能力提升】 2020 年，地区消防支队紧盯“主力军、国家队”全新定位，围绕“抗大震、抢大险、救大灾”能力要求，从队站建设布局、车辆装备优化、人员素质提升等方面着手，推动队伍转型升级，建精建强灭火救援力量。夯实战斗力基础，落实全员全岗“日常分级施训、周四统一考核、月末集中检验”制度，在“主官一线督训、委员全程领训、全员普训普考”中夯实队伍战斗力基础，对标体能考核百分制标准，班子成员优良率 100%，机关人员及格率 100%、优良率 95.35%，基层指战员及格率 98.63%、优良率 95.89%。建强作战体系，适应“全灾种、大应急”任务需要，斥资 300 万元升级改造具有智能研判、精准指挥、决策辅助等特性的现代化作战指挥中心，投入 115 万元搭建智慧营区平台，配备无人机 9 架、卫星电话 34 部、卫星便携站 6 套，与三大网络运营商、铁塔基建公司、地区应急管理局签订重大灾害事故处置通信保障协议，并争取政府支持，已在乌什、柯坪试点组建“轻骑兵”前突小队 98 人，地震信息速报员 48 人。提升实战能力，围绕“抗大震、抢大险、救大灾”能力要求，组建 3Dmax 数字化灭火救援预案制作专班，举办交通、危化品、水域、地震等 6 类灾害处置特训班，建精高层、地下、石化、地震、冰面等 6 支灭火救援专业队，高频次联合森林消防、蓝天救援、胡杨救援等队伍开展综合性实战演练，整合 26 支专职队、1900 家微型消防站力量实现“联勤调度”，自主研发的“消防车与水泥泵车联用接口”项目获国家专利、部局创新成果优秀奖。

县(市)概况

阿克苏市

【基本情况】 阿克苏市，维吾尔语意为“白水城”，古为秦汉之际西域三十六国的姑墨、温宿两国属地，是古丝绸之路上的重要驿站，也是龟兹文化和多浪文化的发源地，素有“塞外江南”之美誉。位于新疆维吾尔自治区西南部，塔里木盆地西北边缘，天山南麓，塔里木河上游，阿克苏河冲积扇上。北靠温宿县，南邻阿瓦提县，西与乌什、柯坪两县相毗连，东与新和、沙雅两县接壤，东南部伸入塔克拉玛干沙漠与和田地区的洛浦、策勒两县交界。东北距自治区首府——乌鲁木齐市直线距离666千米，公路里程1010千米。

2020年，市辖4个乡、2个镇、5个街道办事处和5个片区管委会。户籍人口56.59万人（不含暂住人口，含兵团），其中非农业人口33.04万人，农业人口23.55万人。男性人口28.2万人，女性人口28.39万人。常住人口69.59万人，有39个民族。全年人口出生率10.35‰，死亡率9.63‰，人口自然增长率4.26‰，下降0.37个千分点。

2020年，完成生产总值2512492万元。其中第一产业增加值276198万元，比上年增长6.2%；第二产业增加值620740万元，比上年增长15.4%；第三产业增加值1615554万元，比上年增长2.4%。

2020年，累计投入扶贫资金3.63亿元，实施扶贫项目145个，“两不愁三保障”目标稳定实现，3220户、13359名建档立卡贫困人口和贫困村全部脱贫。为坚决防止返贫和新的致贫，督战、包联、帮扶同步发力，监测预警和动态帮扶机制有效运行，各族群众生产生活条件持续改善，顺利通过国家脱贫攻坚普查验收。

【党的建设】 2020年，阿克苏市深入开展“两学一做”和“不忘初心、牢记使命”等学习教育，各级党员干部“四个意识”不断增强，“四个自信”更加坚定，“两个维护”忠诚践行。选人用人导向更加鲜明，选拔任用、监督管理、人才和关心关爱机制不断完善，一批政治坚强、素质过硬、实干担当的基层干部得到提拔重用。“访惠聚”驻村工作持续深化，软弱涣散党组织整顿有力，基层基础进一步夯实。街道“大工委”、社区“大党委”凝聚合力，城市基层党建整体效应不断提升。新时代机关党建水平全面加强。党风廉政建设深入推进，中央八项规定精神落实落细，专项整治、专项治理扎实有效，政治巡察不断深化，监督执纪“四种形态”精准发力，反腐败斗争压倒性胜利持续巩固。自治区党委第九巡视组等各级各类巡视反馈问题全面整改，党风政风进一步好转。民主政治建设全面加强，支持人大依法履职，“六型”政府建设全面推进，政协组织充分参政议政，群团组织积极发挥作用，爱国统一战线巩固发展。

【脱贫攻坚】 2020年，阿克苏市攻坚态势保持不变，攻坚责任压紧压实，“六个精准”“五个一批”“三个加大力度”落实落细，“两不愁三保障”目标稳定实现,3220户、13359名建档立卡贫困人口和贫困村全部脱贫。为坚决防止返贫和新的致贫,督战、包联、帮扶同步发力,监测预警和动态帮扶机制有效运行,各族群众生产生活条件持续改善,顺利通过国家脱贫攻坚普查验收。

【基础设施建设】 2020年,阿克苏市围绕公园城市的发展战略规划,加快推进住房和城市建设步伐,推进老旧小区改造、城市路网、市政公用设施建设等民生建设工程,完善城市功能和生态基础,市民生活质量和出行条件得到提升,城市功能和可持续发展能力得到增强。

【农业农村经济】 2020年,阿克苏市深入实施乡村振兴战略,棉粮果畜和设施农业稳步发展,农业产业化水平得到提高。农林牧渔业总产值753289.8万元,比上年增长12.5%。其中种植业产值503063.9万元,增长17.6%;林业产值1970万元,增长21.3%;畜牧业产值201435.9万元,增长2.5%;渔业产值1380万元,增长20.20%;农业服务业产值45440万元,增长5.7%。主要农产品产量:粮食(含薯类)产量15.67万吨,比上年增长9.8%;棉花产量11.88万吨,增长3.03%;蔬菜(含菜用瓜)产量28.91万吨,增长20.9%;瓜类产量7.5万吨,下降25.3%。果品类产量81.21万吨,下降1.55%。其中红枣产量8.5万吨,下降34.59%;苹果产量49.38万吨,增长4.4%;梨产量16.36万吨,增长2.84%;其他产量7.97万吨。坚果(核桃)产量6.5万吨,增长38.59%。

年末牲畜存栏73.13万头(只),比上年增长16.69%;全年牲畜出栏118.29万头(只),增长5.25%。肉类总产量9.19万吨,增长10.3%,奶类(牛奶)产量2.53万吨,下降17.5%;禽蛋产量2.15万吨,下降31%;水产品养殖产量0.09万吨,增长15%。农业机械总动力35亿千瓦,增长9.8%。

【工业经济】 2020年,阿克苏市全口径工业总产值1297714.28万元,比上年增长11.8%。全口径工业增加值353882万元,增长12.3%(规模以上工业企业88家,工业增加值338097.4万元)。主要工业产品产量:水泥产量224.24万吨,增长18.8%;纱产量26.27万吨,增长42.2%;食用植物油产量4.63万吨,增长39.5%;商品混凝土产量102.84万立方米,增长5.7%;纤维板12.89万立方米,增长3.4%。建筑业总产值45.16亿元,建筑企业施工房屋建筑面积292.39万平方米,竣工面积55.44万平方米。

【民生建设】 2020年,阿克苏市大力实施就业、教育、医疗、社保等惠民工程,各级各类教育全面加强,15年免费教育和国家通用语言教学全面落实,集团化办学深入实施,学校布局优化调整,教育发展水平明显提升。公共卫生服务体系不断健全,全民健康体检全面实施,公立医院改革和分级诊疗制度稳步推进,医联体、医共体建设全覆盖,“健康阿克苏市”进程迈上新台阶。社会保障体系日趋完善,社会救助政策全面落实,各族群众获得感、幸福感、安全感明显提升。年末,城镇居民家庭人均可支配收入34257元,增长1.5%;农村居民家庭人均纯收入20653元,增长6.9%。实现城镇再就业8665人;城镇登记失业人数1726人,城镇登记失业率为1.4%。参加城镇职工基本养老保险人数53251人,参加城镇居民基本养老保险人数121195人;参加城镇职工基本医疗保险人数74899人,参加城乡居民基本医疗保险人数383997人;参加工伤保险人数42181人;参加生育保险人数47438人。

【生态旅游】 2020年,阿克苏市特色美食与文旅融合,馕文化产业园建成运营。全域旅游纵深推进,多浪河景区、湿地公园创建为国家AAAA级旅游景区,月亮泊、皇宫湖、电影小镇和民宿老街等文旅项目各具特色,旅游服务功能和质量大幅提升,“冰火丝路·天山水城”旅游品牌更具影响力。年内,阿克苏市有多浪河景区、多浪河国家湿地公园、阿克苏地区文博院3个国家AAAA级旅游景区,森林公园、幸福公园、凤泉河公园、馕产业园4个国家AAA级旅游景区;城郊打造有凤泉街、老街等2条民俗风情街。有星级旅游酒店10家,星级农家乐22家,旅行社19家。实现旅游接待359.89万人次,比上年增长19.66%;实现旅游总收入19.56亿元,比上年增长11%。

【生态建设】 2020年，阿克苏市深入践行“两山”理论,弘扬“柯柯牙精神”，大规模开展国土绿化行动,“两个百万亩”生态建设工程全面完成,完成人工造林和天然林封育10.38万公顷，森林面积达13.73万公顷、覆盖率达9.7%。全面打响蓝天、碧水、净土保卫战,严禁“三高”项目落地,守住了生态环境保护的红线底线。公园城市建设步伐加快,凤泉河公园、森林公园、幸福公园、迎宾公园和龙潭湖公园遥相呼应,96个街头游园点缀其中,4个城市出入口景观带绿线环绕,满眼皆绿、转角皆景,“城在林中、水在城中、人在园中”的格局基本形成。

【老旧小区改造】 2020年，阿克苏市推进老旧小区提升改造专项改革，改善居民居住环境。按照“先基础后完善、先功能后提升、先地下后地上”原则和“成熟一个,改造提升一个”的要求,完成基础类改造小区80个、完善类改造小区22个、提升类改造小区49个,涉及671栋楼、2770个单元,整治改造面积297万平方米。新增机动车位8150个，非机动车位9500个，加装电梯7台,使151个老旧小区从“能住”到“好住”、3.2万户居民从“住有所居”到“住有宜居”。

【工业园区建设】 2020年4月，原阿克苏市西城片区管委会并入阿克苏经济技术开发区进行管理。阿克苏市经济技术开发区以国家产业政策为指导，以市场为导向，利用阿克苏—喀什高速公路、华疆铁路专用线、306省道等有利条件大力发展商贸物流、仓储供应链、战略性新兴产业(先进装备制造)、电力能源、新型建材、农资、农副产品加工“七大产业”,打造绿色环保产业园。

年内,阿克苏市经济技术开发区完成全口径工业增加值10.74亿元,比上年增长16.99%;其中规模以上企业完成工业增加值9.6亿元，比上年增长14.56%。完成全口径工业增加值12.25亿元,比上年增长18.3%，新增规模以上企业4家。完成固定资产24亿元,比上年增长28.41%。签约项目43个,金额127.3亿元,其中建材冶金业15个，签约金额16.45亿元;战略新兴产业9个,签约金额89.94亿元；农副产品加工3个，签约金额4.35亿元；能源化工企业2个，签约金额7.8亿元；其他行业11个,签约金额7.08亿元;商贸物流行业1个,签约金额0.18亿元。完成招商引资到位资金30.06亿元以上。

【浙江省援建工作】 2020年,阿克苏市第十批杭州援疆指挥部共派驻干部、人才95人，其中干部17人,医生6人,教师72人;派驻民警90人。杭州市安排援疆资金4.53亿元,其中用于阿克苏市援疆项目资金2.15亿元，用于阿克苏地区和兵团一师建设2.38亿元。实施推进项目35个，具体项目107个，其中民生投资占89.3%，带动投资10.4亿元，为阿克苏市民生改善、打赢精准扶贫决胜战持续助力。新建、改扩建库木巴什乡中心小学、喀拉塔勒镇中学、阿依库勒镇中心卫生院，实现当年开工、当年交付使用;实施依干其乡巴格其乡村振兴项目,累计带动村民就业300余人;援建安居富民房2670户,已全部完工并实现入住;援建基层党群服务中心12个、文化礼堂17个(新时代文明实践站、所)、青年之家17个,已完成建设并交付使用。促成招商引资实际落地项目4个;在杭州联华华商超市推进“百店百柜”项目,设立阿克苏特色产品消费援疆门店专柜49个，全年销售阿克苏农产品2984万元。年内,杭州援疆“十城百店”工程支持阿克苏农产品销售7.3亿元。

库车市

【基本情况】 库车古称“龟兹”,地处天山南麓中部、塔里木盆地北缘,位于北纬40°36′~42°35′、东经82°35′~84°17′，是古丝绸之路北道、中道上的重镇。地形北高南低,自西北向东南倾斜,市区南北长193千米，东西宽164千米,距首府乌鲁木齐市公路里程753千米，行署驻地阿克苏市公路里程257千米;全市总面积1.52万平方千米。2020年辖8个镇、6个乡、4个街道办事处。2020年,库车市户籍人口484457人,流动人口51923人,总人口536380人。人口出生率6.29‰。

库车市石油、天然气、煤炭、水土光热资源丰富,是塔里木石油天然气勘探开发的主战场和国家西气东输工程的气源地,国家、自治区重要的优质棉、粮食、畜牧、煤炭、电力基地。境内已探明的天然气储量 2 万亿立方米以上，占塔里木盆地探明储量的 90%以上；原油储量 20 亿吨，占塔里木盆地探明储量的 92%以上；煤炭资源储量达 26.8 亿吨。境内有全国目前已探明的最大的凝析油气田——牙哈亿吨级凝析油气田和西北地区保存最完整、储量最大、开采条件最好的整装煤田——俄霍布拉克煤田。矿产资源有 34 种，其中金属矿产有铁、锰、铜、铅、锌、汞、金、锑；能源矿产有石油、天然气、煤、油页岩；化工原料矿产有石灰岩、石膏、耐火黏土、陶粒页岩、石英砂岩、玄武岩、水晶、蚀面闪长岩、大理岩。库车地处暖温带，热量丰富，气候干燥，降水稀少，年温差和日温差都很大，属暖温带大陆性干旱气候。森林面积 373397 公顷，有天然草场面积 65.33 万公顷。塔里木河、渭干河和库车河流经市域，适于发展大农业和现代工业。珍稀的野生动物有雪豹、北山羊、野骆驼、金雕、白鹳、棕熊、草原斑猫等 40 余种，有罗布麻、薄荷、甘草、板蓝根、蒲公英、马兰、雪莲等丰富的药用植物。库车小刀、花帽、紫羔皮、地毯、小白杏、药桑椹、木纳格葡萄等驰名中外，有“西域乐都”“歌舞之乡”“中国白杏之乡”“中国民间艺术之乡”之美誉。

库车历史悠久，旅游资源丰富，是自治区旅游强县，境内有国家 AAAA 级旅游风景区 3 处——天山神秘大峡谷、库车王府、龟兹绿洲生态园；文物遗址景区有库木吐拉石窟、克孜尔尕哈石窟、森木塞姆石窟、林基路烈士纪念馆及被列入世界文化遗产名录的苏巴什佛寺遗址和克孜尔尕哈烽燧；自然生态景区金字塔自然旅游区(雅丹地貌)、盐水沟、“布达拉宫”景点、红山石林、克孜利亚胜景、大小龙池、塔河胡杨林等；民俗风情旅游区有老城文化街、古民居、库车大寺、老城墙博物馆等。先后荣获“中国魅力名县”“中国十大旅游文化城市”“中国十大休闲胜地”“中国最令人向往的地方”等称号。

2020 年，全市完成生产总值 288.88 亿元。其中，第一产业增加值 27.75 亿元，增长 5.3%；第二产业增加值 156.01 亿元，增长 7.1%；第三产业增加值 105.12 亿元，增长 8.3%。

全年全市粮食播种面积 2.7 万公顷，产量 18.76 万吨；棉花种植面积 11.46 万公顷，产量 23.32 万吨；油料种植面积 12 公顷，产量 16 吨。年末牲畜存栏 96.43 万头（只），其中生猪存栏 5.17 万头，牛存栏 14.02 万头，羊存栏 76.63 万只。全年肉产量 8.35 万吨，禽蛋产量 1.95 万吨，生牛奶产量 4.91 万吨。

全年规模以上工业增加值 126.75 亿元，增长 6.5%。其中，三大门类中采矿业累计完成增加值 51.17 亿元，同比增长 26.9%；制造业累计完成增加值 72.85 亿元，同比下降 3.5%；电力、热力、燃气工业累计完成增加值 2.74 亿元，同比增长 51.5%。国有控股企业累计完成增加值 96.01 亿元，占规模以上增加值的 75.7%，同比下降 6.4%；私营企业累计完成增加值 26.69 亿元，占规模以上增加值的 21.1%，同比增长 111.6%。轻工业累计完成增加值 2.03 亿元，同比增长 385.3%；重工业累计完成增加值 124.72 亿元，同比增长 5.1%。主要工业产品产量：原油加工 432.16 万吨，原煤 1289.29 万吨，发电量 31.21 亿千瓦时，水泥 161.79 万吨。全年实现建筑业增加值 23.2 亿元，增长 35.0%。

全年完成固定资产投资 140.29 亿元，同比增长 32%。其中：项目投资 99.59 亿元，同比增长 7.7%；房地产开发投资 28.84 亿元，同比增长 108.4%。全市商品房销售面积 37.18 万平方米，同比增长 285.8%，其中商品住宅销售面积 31.2 万平方米，商品营业用房销售面积 5.96 万平方米。社会消费品零售总额 46.63 亿元，按消费形态看，实现商品零售额 38.78 亿元，实现餐费收入 7.86 亿元。年末固定电话用户数 1.81 万户，移动电话用户 40.26 万户，互联网宽带用户 7.4 万户。库车机场共保障航班起降架次 5824 架次，旅客吞吐量 33.77 万人次，货邮吞吐量 424 吨。全年地方财政收入 52.08 亿元，地方财政支出 91.51 亿元。年末住户存款余额 217.26 亿元。

全年城镇居民人均可支配收入 35323 元，农牧民人均纯收入 17288 元。

年末共有中等职业教育学校 1 所，在校生 712 名，教师 33 人。共有各级各类学校 352 所，其中高级中学 3 所，完全中学 1 所，初级中学 15 所，九年一贯制学校 3 所，小学 119 所，特殊教育学校 1 所，幼儿园 210 所。年末全市共有在校学生 125527 人，专职教师 7890 人。全年新增知识产权 17 项，包括新增专利申请1项、专利授权量16项，拥有国家级精特新“小巨人”企业1家，自治区级“专精特新”企业4家，省级企业技术中心1家。

年末，全市共有各级各类医疗机构292家，其中市直公立医院3家，疾病预防控制中心1家，妇幼保健院1家，乡镇卫生院14家，行政村卫生室217个，私立医院12家，综合门诊部2个，个体诊所38个，街道社区卫生服务中心4家。全市医疗卫生人员共计3403人，其中公立医疗机构医护人员2592人，民营医疗机构医务人员324人，乡村医生487人。全市医疗机构开放床位2167张。

年末，全市就业人员230117人。参加城乡居民养老保险人数224739人，基本医疗保险人数430226人，失业保险人数44471人。城镇居民最低生活保障人数5287人，农村居民最低生活保障人数18776人。各种社会福利收养性单位数3个。

全市建成区绿化覆盖率达41%、绿地率37.91%，人均公园绿地面积14.65平方米。全市供水综合生产能力17.13万米^3/日，供水总量4826万米^3。全市集中供热能力(热水)689.12兆瓦，集中供热面积709万平方米。年末全社会用电量30.32亿千瓦时。

【党的建设】 2020年，库车市坚持刀刃向内、自我革命，巩固风清气正的政治生态，“两学一做”学习教育、“不忘初心、牢记使命”主题教育深入开展，领导班子和干部队伍建设进一步加强，12项强基层强基础措施规范落实，“访惠聚”驻村工作接续推进，基层基础不断夯实。中央八项规定及其实施细则精神严格落实，基层减负工作扎实开展，“四风”及其隐形变异问题得到有效整治，干部作风持续好转。党风廉政建设和反腐败斗争深入推进，监督执纪“四种形态”贯通运用，政治巡察不断深化，政治生态更加清朗。民主政治建设稳步推进，爱国统一战线更加巩固。

【脱贫攻坚】 2020年，库车市聚焦精准扶贫精准脱贫基本方略，“六个一批”(产业发展扶持一批、转移就业扶持一批、土地清理再分配扶持一批、生态补偿扶持一批、易地扶贫搬迁扶持一批、兜底保障一批)“三个加大力度”(加大教育扶贫力度、加大健康扶贫力度、加大基础设施建设力度)精准实施，行业扶贫、社会扶贫等合力攻坚，“两不愁三保障”稳定实现，50个贫困村出列，11595户、38654名贫困户摘帽，2019年实现整体脱贫，提前一年完成减贫任务。累计投入资金10.38亿元、实施扶贫项目303个，牛羊托养合作社、黑木耳种植基地等产业项目助力脱贫攻坚成效明显。就业技能培训常态开展，20046名有劳动能力的贫困户稳定就业、持续增收，年人均纯收入达11500元。“四个不摘”(摘帽不摘责任、摘帽不摘政策、摘帽不摘帮扶、摘帽不摘监管)“八个不变”(领导力量不变、三级书记一起抓不变、党委主体责任不变、纪委监委监督责任不变、有脱贫任务的乡村专职力量稳定不变；村第一书记和驻村工作队帮扶机制不变；各级帮扶力量不变；结对帮扶关系不变)要求严格落实，防止返贫监测预警和动态帮扶机制健全完善，脱贫攻坚成果持续巩固。

【城乡基础设施建设】 2020年，库车市坚持城乡统筹协调发展，加强城乡整体统筹谋划，实现协调联动、同步发展。建设3个城区立体停车场，完成6个老旧小区改造、7个城区公厕建设，库车河城区段生态治理工程和友谊南路、长宁路等7条道路绿化建设完工，一级汽车客运站、人民医院内科医技楼、二医院综合大楼等重点民生项目有序推进，城市颜值和品质全面提升。成功举办自治区推进城市工作座谈会暨城镇老旧小区改造现场会。新建农村安居房7340户，新修农村公路344千米，完成农村供水管网改造25.39千米、天然气入户86310户、农村安全饮水入户1700户。深入推进农村人居环境整治，大力推动120个“万村整治”村、90个“千村示范”村建设，完成三区分离7.88万户、卫生厕所改造7.44万户，农村人居环境整治工作顺利通过自治区验收。

【农业农村经济】 2020年，库车市坚持以农牧民增收为核心，深入实施乡村振兴战略，大力推进粮、棉、果、畜、设施农业“五大工程”，农业产业化发展水平稳步提高，农村经济总收入112亿元，年均增长11.55%。创建高产田7466.67公顷，小麦总产达18.7万吨；组建棉花合作社184个，种植棉花11.46公顷，棉花总产达23.3万吨；成立林果技术服务合作社76家，种植小白杏、红枣、核桃等本地优势品种、特色品种30866.67公顷;建成千头奶驴场1个、畜牧存栏千头村18个、万头乡7个,牲畜出栏185.4万头(只);种植蔬菜瓜果、色素辣椒等特色经济作物8533.33公顷,总产20余万吨;加大农业产业化龙头企业培育和引进力度,引进日处理800吨小麦面粉加工等农产品加工项目18个,签约金额51.8亿元,到位资金26.98亿元。设立内地销售旗舰店2个、直营店6个、加盟店36个、超市专柜200家,累计销售农产品6.33万吨、8.5亿元。培育"龟兹贡品""缘疆记"等农产品品牌6个,申报绿色食品标志7个。

【民生建设】 2020年,库车市大力实施"九项惠民工程",城镇居民人均可支配收入达35323元,农牧民人均纯收入17299元。累计新增城镇就业4.98万人次,农村富余劳动力转移就业16.87万人次,实现创业1.44万人、带动就业2.72万人次。15年免费教育和国家通用语言文字教学全面普及,城乡教育资源更加均衡,职业教育内涵式发展,教育事业全面加强。全民免费健康体检、双向转诊"先诊疗、后付费"全面落实,重大传染病、地方病得到有效控制,医疗服务和医疗保障水平明显提升,荣获全国"县域医共体实践最具有价值案例强基先锋奖"。特殊困难群体社会救助实现全覆盖,社会保障体系日趋完善。农村人居环境整治扎实有效,美丽乡村建设迈出坚实步伐。交通、水利、通信等一批重大项目建成使用,污水处理厂投入运行,基础设施更加完善。库车河城区段生态治理工程全面开放,建成区绿化覆盖率达42%、人均公园绿地面积达14.65平方米,公园城市建设成效显著。城镇化水平不断提高,常住人口城镇化率提高到65%。

【旅游服务业发展】 2020年,库车市旅游服务业蓬勃发展。旅游业呈现"井喷式"增长,累计接待游客1062.66万人次,旅游收入80.76亿元。编制《库车十四五文化旅游规划》《库车乡村旅游规划》,启动阿格乡康村和克孜尔尕哈烽燧世界文化遗产公园A级景区创建工作,迎宾馆、西域都护府、唐王城遗址文物保护利用设施等项目建设有序推进,苏巴什佛寺遗址保护项目主体竣工,冰雪文化旅游节、"5·19"中国旅游日和独库联盟"5+3"宣传推介活动成功举办。打造齐满镇甬库团结村、阿格乡康村等3个旅游示范村,伊西哈拉镇库木艾日克村成功入选全国少数民族特色村寨。自治区级全域旅游示范区成功创建。积极推进宝达物流、鑫汇田园综合体、智慧物流港、10万吨冷链仓储等重点项目建设,提升改造乡镇、村级电子商务服务站点143个,商贸流通业布局日趋完善。完成外贸进出口额6800万美元。全年累计完成房地产投资45.3亿元,同比增长970.1%。

【开发区建设】 2020年,库车经济技术开发区坚持以新时代党的治疆方略为指引,深入贯彻落实自治区党委九届十次全会、地委(扩大)会议精神,遵循地委"76331"战略部署,紧盯"基础配套、要素齐全、功能完备、产业聚集、产城融合"五个方面重点工作,扎实做好"六稳"工作、严格落实"六保"任务,推动"八大产业"更好更优集聚发展,奋力提升国家级园区的竞争力,各项工作取得新进展、新成效。经济运行稳中向好,全年实现工业总产值235亿元,实现工业增加值99.43亿元,一般预算内收入11.38亿元(含塔化),争取上级资金7.35亿元,完成固定资产投资35.7亿元,完成进出口总额6943.04万美元。辖区新增就业人数2714人,开展各类劳动技能培训2833人次,完成全年目标任务100%。新增入园企业11家,累计入园企业323家(规上企业42家),重点培育企业"小升规"7家。

【生态建设】 2020年,库车市坚持不懈践行习近平生态文明思想,牢固树立"绿水青山就是金山银山,冰天雪地也是金山银山"的理念,严格落实生态环境损害责任终身追究制和环境保护"一票否决"制度,严禁"三高"项目进库车,牢牢守住生态保护红线。扎实开展植树造林和国土绿化行动,大力推进库车河流域生态治理工程建设,新增绿化面积30万平方米,完成生态建设6200公顷,森林覆盖率达16.7%。粪污综合治理稳步推进,新建规模养殖场(合作社)粪污无害化处理设施配套率达100%。扎实开展生态环境修复治理,全面完成33家闭坑矿山、油区固废、3家土壤污染重点行业企业环境修复治理工程。固废填埋场、三个重点建制镇污水处理厂、中水回用、排水管网等项目建成完工,城市建成区污水管网覆盖率达99%。

【库车水系】 库车河城区河段生态恢复三期工程作为水系的收官之作,随着横跨水系的“天河中桥”落成,标志着整个水系主体工程已经完工。

库车河城区河段生态恢复工程位于库车市城区内,工程将库车河水从铜厂水库引流而下,贯穿城区南北。工程总投资5亿元,建设总长约7.5千米,建设面积约115公顷。项目按照“一脉”(库车河塔区段南北向的文化、生态脉络)“三心”(水源湿地保护中心、生态历史文化旅游中心、城市湿地景观中心)“五区”(生态湿地水源保护区、历史人文游乐区、高品质生活宜居休闲区、城市休闲活力商业区、生态休闲运动区)“三湖”(百鸟湖、东湖、西湖)“十一景”(百鸟湖、清风荷苑、塔影玲珑、花坞觅塘、芦荻雁鸣、盛世流韵、贤达话唔、林木芳菲、玲珑溢彩、星空遥响、桑陌烟柳)的空间规划布局,对库车河城区河段实施水系修复、生态景观提升、公用工程建设,主要包括歌舞广场、水下舞台、迎宾广场、植物造景等建设内容,是连接库车新老城区的重要景观轴。库车河城区段生态河景观建成后,新增绿化面积30公顷,生态水域55公顷。

库车河城区河段生态恢复工程共分为三期,一期从福洋路开始,到文化路东结束,建设面积约75万平方米(其中绿化35万平方米,水域28万平方米),主要以荷花池、生态湖心岛等特色花卉园提升周边生态环境,并结合市民休闲娱乐需求建设音乐喷泉、歌舞广场、健身步道等配套设施,同时追溯历史建设塔亭、飞天雕塑等建筑展现古龟兹文化,工程于2019年3月开工建设,8月实现注水;二期从文化东路开始,穿越江南御小区、沿天山路向西经杏花苑小区南侧至天河路结束;三期北起天河路,南至黄河路,建设面积为22万平方米(其中绿化10万平方米,水域9万平方米),该区域主要以滨水景观园林绿化文娱设施等大型滨水公共绿地为主,突出休闲、运动理念,特别是6米宽、贯穿库车城市东西方向重要道路的人行景观桥——“天河中桥”突出了人在桥上,湖水相拥的景观。

库车河城区河段生态恢复工程的建设,极大提升库车城区人居环境质量,提高人民生活幸福感,让“城在林中、水在城中、人在园中”的城市建设目标成为现实,真正实现南疆第一重镇、历史文化名城的荣誉称号,成为文化生态旅游新地标。

【工业园区建设】 2020年,库车市坚持以园区为平台,统筹把握、科学规划,持续优化产业布局、提升产业能级、提高产业质量,引导石油、化工、纺织服装等产业集聚发展,推动上下游产业配套发展。引进3万台喷水织机、10亿只一次性PVC医用手套项目,百万吨乙烯、光伏及立体农业等项目进展顺利,协益纺织405台喷气织机、年产30万套门、大平滩煤矿等项目稳步推进,80万吨原油储备基地、榆树岭煤矿、30万吨棉蛋白、棉花监管库、电子产业园项目建成投产,“六大产业”集聚发展规模逐步壮大。

【浙江省援建工作】 2020年,依托产业援疆助推库车高质量发展。因地制宜致力科技创新引领,携手中国科学院、宁波农科院和新疆农科院等多家单位创建“库车市现代农业科创中心”,为库车农业发展夯实科技支撑。助力库车经济技术开发区建设完善“龟兹电商产业园”,数字赋能新疆优势农产品向国内市场批量输出。扎实推进“十城百店”“百村千厂”“万亩亿元”三大工程,持续扩大线上线下销售渠道和采供销规模提速增量,已在宁波设立新疆特产销售网点195个(含直营店、加盟店、网店、专柜等),全年新增152个,截至11月,共采购阿克苏(库车)农副产品2.89万余吨,销售额4.28亿多元,同比增长约400%;重点扶持“百村千厂”企业26家,帮助解决就业3224人,有效促进产业、扶贫、就业“三融合”;购买优质新品种种子,持续扩大“甬甜、花蜜、丰蜜”系列甜瓜种植范围,种植黑木耳160万棒,覆盖6个乡镇、15个贫困村,辐射带动贫困户713户。大力推进招商引资,坚持招优引强,以商引商,美籍华人科学家等投资的黑玉米种植深加工全产业链项目、浙江驭云航空无人机项目、新疆康耕农业、库车市甬康畜牧、新疆宁波商会等相继落户库车。宁波—库车签订石化产业战略合作框架协议。协调开通宁波库车经停直飞航线,有效促进当地文化旅游等产业发展。

智力援疆突出软硬同步,深化

组团式智力援疆品牌。教育援疆方面,实施阳明小学校园文化提升项目,选派宁波中青年骨干教师充实阳明小学中层管理、各学科带头岗位;稳步推进"1+8+N"师干训模式,成立"仁汉大讲坛"暨宁波名师工作站,柔性引进以镇海中学吴国平校长为代表的宁波正高、特级等教师28名,培训库车教育系统干部、教师13054人次,选送90名中小学校长到宁波培训;建立4个龟兹名校长联名工作室,探索师带徒的模式,助力库车教育管理骨干培养;签订甬库两地基础教育姊妹学校7对,为库车中等职业教育学校对接"校包专业"结对学校5所。积极开展为库车学校捐款捐物活动,共捐款273万元,捐助各类书籍15万册,建立20余个天一图书馆分馆。医疗援疆方面,积极推进"1+N名医工作站"建设,成立宁波市第一医院陈晓敏院长冠心病工作室、宁波市妇女儿童医院陈安儿产科工作室和库车人民医院眼视光中心,助力库车市人民医院眼科、心血管内科、产科打造成为南疆地区优势影响力学科。积极推进传帮带活动,采取"团队带团队""专家带骨干""师傅带徒弟"等方式,加强"一对一"培训,7名医师带徒11人,门急诊5000余人次,手术395人次,危重症抢救295人次,添补15项技术空白。积极推进两地医疗人才交流交往,共选派42名库车医疗系统骨干医生、护理人才到宁波培训学习。开通"甬库远程医疗服务平台",实现远程门诊、协同会诊、双向转诊、网上义诊等八大功能,通过互联网共享宁波市优质医疗资源,不断提升库车医疗卫生机构服务能力。推进基层医疗阵地建设,完善乡镇公共卫生服务网络,在社区医院设立6个名医工作点。

【名优特产】 小白杏　库车市1999年、2006年分别被农业部、国家林业局命名为"中国白杏之乡",2005年成功注册了"库车县小白杏之乡",2014年获农产品地理标志,2015年库车小白杏地理标志商标通过农业部评审。库车栽培杏的历史已有两千多年,现保留下来的优质品种有20多个,小白杏是库车独特生态环境孕育下的优质杏品种的代表。获得认证的小白杏,种植授权保护面积为10667公顷,年产量15.68万吨。库车小白杏国家农产品地理标志的成功认证,在保护农民知识产权、促进农产品质量标准化及农业产业化经营方面意义重大,为促进库车市小白杏产业发展注入新的动力。

库车大馕　库车大馕——舌尖上的中国美食,是一种比较柔韧的食物,含有的赖氨酸、硒等微量元素可以起到养胃的作用,是维吾尔族群众生活中不可缺少的、重要的传统食品。库车馕有50多个品种,库车大馕是最有代表性的一个,其以"大、薄、脆"而闻名,直径约60厘米,厚度不超过5毫米,由当地比加克村发源而来,因此又叫比加克馕。2010年,库车大馕被列为新疆非物质文化遗产。为符合人们追求健康、生态、养生的生活方式,同时提高馕的利润空间,库车大馕城研发了一批养生馕,如荞麦馕、栗子馕、红豆馕、燕麦馕、黑米馕、恰玛古馕等。

为保护和传承库车大馕传统制作工艺,库车市投资3500万元,建设了"库车大馕城"民生项目。库车大馕城位于库车市胜利路以西500米处,占地20240平方米,分为住宅区、商业区和馕文化展示区,内有特色美食、民族手工艺产品、大馕文化展厅、群众文化大舞台,是库车市着力打造的宣传文化基地、脱贫攻坚基地、特色餐饮基地、就业创业基地和国家AAA级旅游景区。

库车大馕已经成为库车文化的一个符号,库车大馕城也已经成为库车市重要的群众文化活动场地之一。同时,库车大馕城也受到了区内外媒体的关注,凤凰卫视《丝路文明》、CCTV-4《一带一路新疆行》《舌尖上的中国》等栏目分别对大馕城进行过推介宣传,使库车大馕美名远扬。

塔里木草湖小山羊　享有"天骥龙麟"美誉的库车市塔里木乡草湖小山羊是当地的"明星羊",其以"味美"享名疆内外。因其常年在草场、胡杨林、塔里木河流域分散放养,以野生的甘草、枸杞、罗布麻、芦苇和胡杨叶等为食,市场控制售卖体重不超过八公斤,故肉质细嫩、略呈碱性且膻味低,受到消费者的欢迎。2008年获得"有机转换产品认证"证书,2010年获得"有机产品认证"证书,2013年成功注册"塔里木草湖小山羊"商标,2019年被农业农村部列入"一村一品"示范名单,成为促进乡村振兴的示范性产品,叩响了国家肉类品牌的大门。

沙雅县

【基本情况】 沙雅县位于新疆维吾尔自治区西南部，阿克苏地区东偏南，处于塔里木盆地北部，渭干河绿洲平原的南端。县城距乌鲁木齐市公路里程 832 千米，北靠天山，南拥大漠。地处北纬 39°31′~41°25′，东经 81°45′~84°47′。2020 年，沙雅县辖 7 个镇、4 个乡、1 个管委会。耕地面积 154206.67 公顷，粮食播种面积 16633.33 公顷，经济作物播种面积 137573.34 公顷。沙雅境内主要河流有塔里木河、渭干河，塔里木河在沙雅流程 220 千米，年均来水量 33.3 亿立方米，渭干河平均来水量 22.84 亿立方米；县域主要野生药用植物有甘草、罗布麻、黄麻、假木贼、绿柳、骆驼刺等，野生植物 169 种，其中有珍稀濒危植物 6 种(梭梭、胡杨、灰叶胡杨、肉苁蓉、胀果甘草、多枝柽柳)。在该区的野生植物中排名前 10 名的科分别是禾本科（26 种）、藜科(24 种)、莎草科(17 种)、菊科(13 种)、豆科(11 种)、毛茛科(7 种)、柽柳科(6 种)、眼子菜科(6 种)、蓼科(5 种)。含 1~3 种的区域性单种科或少种科高达 32 个科，如天南星科、浮萍科、灯心草科、木贼科、槐叶苹科、麻黄科、榆科、十字花科、景天科、蔷薇科、唇形科、列当科、车前科、茜草科、蒺藜科、锦葵科、夹竹桃科、紫草科、茄科、萝藦科、旋花科、香蒲科、墨三棱科、水冬麦科等。野生动物有脊椎动物 161 种，其中鱼类 1 目、3 科、15 种；两栖类 1 目、1 科、1 种；爬行类 1 目、2 科、3 种；鸟类 14 目、31 科、118 种；哺乳类 6 目、11 科、25 种。国家一级保护动物 3 种(黑鹳、金雕、新疆大头鱼)；国家二级保护动物 13 种(大天鹅、苍鹰、棕尾、白尾鹞、燕隼、灰鹤、姬田鸡、塔里木兔、兔狲、鹅喉羚、马鹿)；自治区一级保护动物 5 种（针尾鸭、翘鼻麻鸭、赤膀鸭、白眼潜鸭、环颈雉、伶鼬)；自治区二级保护动物 6 种（苍鹭、大白鹭、赤狐、沙狐、虎鼬)。

沙雅县境内已查明矿产主要 4 种，分别是石油、天然气、黏土、风积沙。

森林覆盖率 7.14%，林地面积 227846.67 公顷。被中国特产之乡暨宣传活动组委会先后授予“塔里木棉花之乡、中国红枣之乡、塔里木马鹿之乡、中国红柳之乡、中国罗布麻之乡、中国卡拉库尔羊之乡、中国胡杨之乡”等“七大之乡”称号。被新浪旅游频道推荐为“中国绝美摄影基地” 文化遗产有：拥有史前文化、两汉南北朝、隋唐五代、宋元明清，民族民俗等文化遗产实物 150 余件，有艾吉乃姆古墓群、塔什墩古城、艾格买里央塔科协海尔故城等遗址。著名的地方产品有：“一杆旗抓饭”、“沙雅一杆旗小刀”、民族乐器、羊羔帽等手工艺品闻名遐迩。境内著名的旅游景点有：沙雁洲景区(国家 AAAA 级旅游景区)、塔克拉玛干原生态沙漠公园、塔里木河、塔河外滩、魔鬼林、太阳岛、世界胡杨森林公园、千年胡杨王、月亮湾等原生态自然景区。属于大陆暖温带干旱型气候。

【党的建设】 2020 年，沙雅县以党的政治建设为统领，党的群众路线教育、“三严三实”“两学一做”“不忘初心、牢记使命”等学习教育深入开展。党的组织建设进一步加强，干部人才职级(等级)、职称晋升通道全面打通，干事创业、昂扬向上的氛围全面形成。各领域党建规范提升成效显著，“访惠聚” 驻村工作深入推进，基层基础不断夯实，“办事有人跟、说话有人听”的基层治理格局更加稳固，党的旗帜在基层阵地高高飘扬。中央八项规定及其实施细则精神严格落实，“四风”“四气”问题有效整治，基层减负工作扎实推进。政治巡察不断深化，反腐败斗争压倒性胜利持续巩固，政治生态风清气正。民主政治建设全面加强，人大、政府、政协依法依章履职尽责，群团组织作用积极发挥，爱国统一战线更加巩固。

【脱贫攻坚】 2020 年，沙雅县累计投入扶贫资金 6.26 亿元，实施项目 400 余个，脱贫户、边缘户劳动力全部实现就业，稳岗率达 98%以上。“四个不摘”、“八个不变”、监测预警和动态帮扶等政策措施落细落实，“两不愁三保障”稳定实现，7238 户、25280 名贫困人口全部脱贫，23 个贫困村全部退出，通过国家成效考核、普查验收，全县实现整体脱贫，与乡村振兴有效衔接。

【全面小康】 2020 年，实现地方生产总值 858828 万元，同比增长 7.5%。其中第一产业增加值 211975 万元，增长 6.0%；第二产业增加值 244154 万元，增长 10.1%；第三产业增加值 402699

万元,增长6.8%。三次产业比例为24.7:28.4:46.9,全年人均地方生产总值32676元,同比增长2.7%。全年城镇居民人均可支配收入32457元,同比增长0.7%。农村居民人均可支配收入15685元,同比增长9.9%。农民人均纯收入18365元,同比增长7.6%。全年居民人均消费支出15078元,同比增长16.4%。按常住地分:城镇居民人均消费支出19550元,同比增长15.4%;农村居民人均消费支出12039元,同比增长9.8%。

【基础设施】 2020年,城乡基础设施建设不断完善,全年投资10亿元,实施基础设施项目41个,支撑经济社会发展的能力明显增强。新民路、育才路等5条城区道路改造有序实施。城乡水源地输水管网及附属工程等民生项目完工投用。建成5G网络基站96个,城市综合功能不断完善。街头绿地、街心公园建设力度不断加大,新增绿地32公顷。新扩建托依堡勒迪镇—盖孜库木乡二级公路等农村公路212千米。完成托依堡干渠等渠道防渗改建70.84千米。实施农网升级改造工程,新建及改造线路141.5千米。常住人口城镇化率达42%,城镇化水平不断提高。

【农业农村经济】 2020年,沙雅县持续推进"粮、棉、果、畜、设施农业"五大生产基地建设,种植粮食29.4万亩,实现丰产丰收。种植棉花132267.33公顷,实现机采96667.15公顷,总产达28.2万吨,棉花"一主两辅"用种模式全面落实。累计建成高标准农田80000.4公顷,主要农作物综合机械化率达91.92%。林果提质增效工程持续推进,果品总产达16.5万吨。新建万头牛养殖园区4个,牲畜存栏65.81万头(只),出栏46.27万头(只)。种植蔬菜2580公顷,总产达7.58万吨。建成日光温室212座,蔬菜供应保障能力明显提升。引进上市公司上海孙桥溢佳与沙雁洲文旅投资公司合作,建设现代化连栋温室26.28公顷,打造高效设施果蔬产业基地。种植色素辣椒、西甜瓜、大芸等特色作物5333.36公顷。加强"沙雁洲"品牌建设,建成全国绿色食品原料标准化生产基地30000公顷。

【民生建设】 2020年,沙雅县狠抓扶贫产业发展和贫困劳动力就业稳岗,实施产业扶贫项目39个,1.3万余名贫困劳动力和1135名边缘易致贫户劳动力实现就业,"两户"人均收入稳定超过5000元,脱贫成果持续巩固。"国家通用语言+技能"培训促就业工程持续推进,城镇新增就业3000余人,农村富余劳动力转移就业2.43万余人次,应届高校毕业生就业1100余人。义务教育优质均衡发展持续推进,学校布局不断优化,幸福小学、幸福幼儿园等项目建成投用。推动普通高中优质发展,重点录取实现新突破,教育质量稳中有进。全年新招录教师560余人,教师队伍不断壮大、能力素质显著提升。康养沙雅建设持续推进,"互联网+医疗健康"格局逐步形成。医疗机构软硬件水平不断提升。"国家卫生县城"创建成果不断巩固。15家县乡级定点医疗机构已全部纳入跨省异地就医结算系统范围。在地区率先运行数字化预防接种门诊。2020年结核病和艾滋病发病率较2019年同期分别下降64.91%、54.44%。新(改)建城乡敬老院4所、农村幸福大院7所。

【生态旅游】 2020年,认真贯彻落实县委"1355"战略布局,全力推进文化旅游基础设施建设、乡村文化旅游发展、创新文化旅游节庆活动等各项工作,文化旅游产业快速发展。全年接待游客78.21万人,同比增长64.65%;实现旅游总收入3.28亿元,同比增长134.29%。为全县社会稳定和长治久安提供精神动力、文化引领和舆论支撑。

达标建成27个村(社区)综合文化服务中心。争取300万元新建1个足球场。配发健身器材150余件。按照"八个一"标准,积极开展基层综合性文化服务中心建设。投入资金137万元,完成27个行政村(社区)建设任务。

【生态建设】 2020年,沙雅县践行"绿水青山就是金山银山"理念,传承弘扬"柯柯牙精神",在217国道两侧、博孜墩核心区等建成绿化项目5个,全县森林覆盖率达7.14%。持续推进农村人居环境整治和美丽乡村建设,卫生厕所全面普及,建设模式全疆推广。金雁河二期、体育公园、国庆广场、雁鸣湖生态湿地公园、污水处理厂提标改造等一批生态项目建成投用,新建街头小游园38个,建成区绿化覆盖率达41%。老旧小区拆小并大、封闭小区拆墙透绿15处。

沙雁洲景区　2020年11月，沙雅县沙雁洲景区被评定为国家AAAA级旅游景区，系沙雅县首个AAAA级旅游景区。沙雅县沙雁洲景区位于沙雅县塔里木河南岸的盖孜库木乡盖孜库木村，距离沙雅县城40千米，总面积约42平方千米。是一个集湿地胡杨、戈壁胡杨、沙漠胡杨和水胡杨为一体的胡杨、塔河、湖泊（水库）、湿地、水鸟（沙雁）、农耕（棉花）、游牧（牧羊）、野生动物等综合人文景观度假旅游区，景区沙丘高低跌宕，有的沙丘高达20余米；景区间道蜿蜒曲折，马道与羊道的扬尘犹如轻纱薄雾；景区湖水碧波荡漾，湖面众鸟偎依；景区胡杨错落参差，数人合抱的古树随处可见，被誉为世界面积最大的天然“胡杨博物馆”。2020年景区接待游客9.2万人次。

【工业园区建设】　沙雅县循环经济工业园区于2007年5月开始规划建设，2009年10月被批准为地区级工业园区，2010年8月升格为自治区级循环经济工业园区，是全疆首家自治区级循环经济工业园区，是自治区工业领域第四批循环经济试点园区。园区规划总面积1450公顷，目前已开发建设面积730公顷。园区现有入园企业48家，其中工业企业44家，服务型企业4家。工业企业按行业划分：天然气化工3个、装备制造2个、纺织服装14个、油脂加工3个，农副产品加工8个、建材4个、农资5个、生物医药2个、能源供应1个、回收利用2个、服务型企业4个；按投产情况划分：建成已投产企业33家，建成未投产企业3家，在建企业10家，停产企业2家；现有规模以上企业20家、规模以下企业28家，园区企业提供就业岗位5800个。经过近年来的发展，园区形成了60万吨复合肥、11万吨三聚氰胺、8万吨硝酸、20万吨硝酸铵、30万吨尿基复合肥、136万锭棉纺、280万套服装、500万双织袜、3万吨PE、PVC供排水管网管材、万吨压力容器及生物制药、采棉机及农机制造、10万吨粮油加工及万吨果品加工为一体的综合工业园区。

【园区基础设施建设】　2020年，积极争取抗疫特别国债资金、地方政府债券资金、纺织服装中央预算内资金16340万元，新建道路6.5千米、供排水管道27.28千米、燃气管道16千米，新建110千伏变电站一座、输电线路18.7千米，新建标准化厂房6.5公顷，园区承载能力不断提升。

【园区项目建设】　2020年，园区重点投资项目共11项，完成投资11.49亿元。按照周调度会、月项目推进会、季度经济运行分析会以及“点线面”工作机制，定期组织召开项目推进会，明确时间表、任务图，新疆利华纺织有限公司30万锭环纺建设项目、新疆雪峰投资控股有限责任公司密胺树脂及其配套项目、正伦实业有限公司年产5000万米织布建设项目、海盟纺织科技有限责任公司400台喷气织机建设项目进展顺利。

【浙江省援建工作】　2020年，援疆项目按照两个80%向民生领域倾斜的原则，年度排定17个援疆项目，安排援疆资金14856万元。2020年，全部项目建设进展顺利，开工率100%，拨付到位资金11252万元，资金拨付率75%。

【招商引资】　2020年，聚焦沙雅现代农业、纺织服装、能源科技、文化旅游四大领域，组织参加省指招商引资“百日大会战”、后方企业家团队来沙考察、第三届进博会等系列活动。2020年，专题走访部门、企业近200次，签约项目8个，合同金额超48亿元，新增艺面道、烟雨楼等2家嘉兴企业入驻沙雅。“疆果东送”成绩斐然，协助北师大南湖教育基金会搭建嘉品汇·益购公益销售平台，推动疆南域、忆里福、西域商贸、大漠胡杨韵等龙头企业增设线下门店32家，“人间至味在新疆”王店展陈店助推新疆产品走上浙江“高速路”。2020年，“十城百店”销售额突破1亿元，同比增长12.5%，累计疆果销售5万吨，销售额超5亿元。

【智力支持项目】　2020年，扎实推进“组团式”教育援疆，启动实施领航、强基、匠心、四青、领雁等“五大工程”，开展组团支援“一校一园”；建立学前教育“跨省教联体”，组建“共同体”开展师徒结对工作；加强职教培训，安排资金500万元援建沙雅职校宿舍楼建设项目，打造“青竹工作室·创客研发中心”。推进“疾病防控”与“医疗服务”两大体系、5家乡镇卫生院示范点建设，医疗援疆稳步提升。“秀水医派”对口援疆中医工作站落地沙雅，引进南疆最先进的西门子1.5T磁共振设备。以“杏林工作室”为载体，实现师徒结对传帮带14人，组织开展远程会诊、“红船领航”义诊活动、“心跳使者”进工厂等500批人次，开展动脉CTA检查、分娩镇痛等新技术新项目十余项。

【名优特产】 沙雅小刀　一直保持着纯手工制作的风格，一把沙雅小刀的成型需要上百道工序，一名娴熟的手工艺人一天仅能制作两把。柄以红黄白等多色铜、银为基料，镶嵌鹿角、牛骨、贝壳、宝石及五彩石料，图案精美，经细心打磨后，光滑细润，熠熠生辉。

卡拉库尔胎羔皮帽　卡拉库尔羊的胎羔皮花色秀美、胎胶浓厚，自然卷曲经久不变的花纹有卧蚕形、跃鼠形、肋形、豌豆花形、水波纹形等，色泽温润、形态美观、毫毛闪亮、浓密紧凑，其皮手感温润、柔软坚韧，是世界上绝无仅有的珍贵裘皮。

沙雅罗布麻蜂蜜　罗布麻是新疆的野生珍稀植物，每年5月沙雅大片罗布麻花盛开，蜜蜂从其罗布麻花蕊中采集蜜汁与自身分泌物结合后在蜂巢中转化，脱水，酿造而成一级原生态成熟蜂蜜，沙雅罗布麻蜂蜜没有任何其他添加成分，2013年通过中国农业部地理标志认证。

沙雅胡杨菇　产于中国胡杨之乡的沙雅县境内，又称“皱柄羊肚菌”。羊肚菌自古就是名扬天下的山珍贡品，位居世界上四大名菌之首，是价格最为昂贵的野山菌之一。

马鹿茸　沙雅县是塔里木马鹿的主要产地，通过先进的鹿茸切片技术和设备，生产出精品包装的盒装鹿茸片、盒装鹿茸粉、盒装鹿茸段、盒装鹿茸血酒等多种深加工系列产品，并多次获广州博览会、乌鲁木齐对外经济洽谈会金奖，产品主要出口韩国、日本、新加坡等国家。

一杆旗抓饭和海楼抓饭　一杆旗抓饭和海楼抓饭颠覆了传统抓饭大米与羊肉同锅焖蒸的方法，而是将大米与羊肉分开制作，顾客既可以点一道真正的素抓饭，也可以根据自己的喜好点一份羊排或其他部位的羊肉与素抓饭一起食用。最显著的特色是在羊肉及其制作方法上。其制作方法有两种：一种为油焖法，一种为清炖。油焖羊肉外黄里嫩，带有浓郁的油炸香味，清炖羊肉则带有沙雅有机羊肉特有的醇香。

沙雅烤鱼　沙雅的烤鱼是当地一道特色美食，烤鱼时先用红柳枝条把鱼穿好插在火堆的周围然后慢慢烘烤，这种特别的烤鱼技艺只有在沙雅当地才能见到，以这样原生态方式烤出来的鱼吃起来满嘴生香，让人回味无穷。

红柳烤肉　红柳的枝条韧性很足，沙雅人用它穿制成烤肉，在烤的过程中红柳中的油脂会分泌出一种淡淡特有的植物清香味，使得肉质更加鲜嫩，加上外表的酥脆，口感一流。

沙雅大地馕　沙雅大地馕是当地特有的一种面食，是取用当地独有的红柳木和胡杨慢火烤制而成。

新和县

【基本情况】 新和县历史悠久。古代属于龟兹，清光绪十年(1884)新疆建省后，新和属阿克苏道库车直隶抚民厅西乡辖地。民国11年(1922)，从库车县西乡分出12回庄建立托克苏县佐。民国19年(1930)10月27日，改托克苏县佐为托克苏县。民国29年(1940)沙雅县大尤都斯庄被划拨给托克苏县。民国30年(1941)，托克苏县更名为新和县，意取新疆和平。1949年9月，新和县和平解放后仍属阿克苏地区至今。新和县位于新疆维吾尔自治区西南部，地处天山南麓、塔里木盆地北缘。东与库车市隔渭干河相望，西以玉尔滚山为界与阿克苏市、温宿县相交，北依天山支脉却勒塔格山与拜城县毗邻，南与沙雅县英买力乡、二牧场接壤。县境东西长136千米，南北宽91千米。行政区划总面积5820.46平方千米，县城东距乌鲁木齐市公路里程794千米(直线距离484千米)、铁路里程922千米。距库车县公路里程43千米(直线距离32千米)，西距阿克苏市公路里程216千米(直线距离194千米)，南距沙雅县公路里程43千米（直线距离34千米），北距拜城县公路里程146千米(直线距离64千米)。

2020年，辖4镇、4乡、1区管委会(央塔库都克片区管委会)。年末总人口225487人；人口出生率7.12‰，自然增长率-0.07‰。粮食播种面积20353.33公顷，比上年增加7353.33公顷，增长56.56%。

其中:小麦面积14940公顷,比上年增加3406.67公顷,增长29.5%;玉米面积5346.67公顷,比上年增加3920公顷,增长274.7%。棉花种植面积55133.33公顷,比上年减少7660公顷,下降12.19%。蔬菜面积2600公顷,比上年增加1733.33公顷,增长217.2%。瓜类面积426.67公顷,比上年减少100公顷,下降19.7%。油料作物面积33.33公顷,比上年减少126.67公顷,减少77.4%。

2020年,新和县已发现矿种5种。其中金属矿产1种(铜),非金属矿产4种(盐、石膏、页岩、砂石)。已探明天然气地质储量1247.19亿立方米,凝析油加原油储量11461.61万吨。拥有水资源7.35亿立方米,其中地表水6.34亿立方米,主要来自渭干河。县域内有五一水库一座,为调节水库。湖泊五处(野鸭湖、素喀库勒湖、阿勒吞达希湖、依干库勒湖、硝尔库勒湖)。森林覆盖率9%,全年完成造林面积1166.67公顷,其中退耕还林面积666.67公顷。属暖温带大陆性干旱气候。

2020年,完成生产总值608909万元,比上年增长7%。其中第一产业增加值179380万元,比上年增长6.9%;第二产业增加值104341万元,增长3.6%;第三产业增加值325188万元,增长8.1%。

农村经济总收入567944万元,比上年增长8.2%。其中农业279253万元,林业90122万元,牧业122377万元,农林牧服务业34845万元。主要农产品产量:粮食10.67万吨,棉花11.11万吨,油料69.6吨,蔬菜48821.29吨,瓜果19788.5吨,红枣5.72万吨和核桃4.05万吨。年末牲畜存栏48.54万头(只),增长31.6%。全年肉类总产量1.62万吨,牛奶10310吨,禽蛋2430吨,水产品350吨。

全部工业增加值7.14亿元(规模以上企业工业增加值3.57亿元),增长4.8%,规模以上企业工业增长5.9%。建筑业增加值3.29亿元。

全社会固定资产投资463182万元。完成邮政业务总量870万元,增长14.93%,其中快递业务总量5.15万件。电信业务总收入13256.94万元,其中移动收入完成10601.84万元,固网收入完成2657.1万元,移动客户数153666户,宽带客户数45235户,ITV客户数19000户,出账客户数67572户,乐播用户20758户,累计4G用户81986户。社会消费品零售总额71490万元。接待旅游者106.19万人次,旅游收入4.95亿元。地方财政收入61321万元,地方财政支出448131万元。年末城乡居民储蓄存款余额327433万元。

全县有中小学67所,其中高级中学1所,职业技术学校1所,普通中学10所,小学55所。在校学生44644人,普通中小学专任教师3277人。学龄儿童小学阶段入学率100%,初中阶段入学率100%,初中毕业升学率99.76%(含内高、内职、外县市招生)。

有医疗卫生机构13个,其中医院2个、基层医疗卫生机构8个(包括社区卫生服务中心、卫生院、门诊部等)、专业公共卫生机构3个(包括专科疾病防治院所站、妇幼保健院所站、采供血机构),卫生技术人员1044人,其中执业医师和执业助理医师305人,护士437人,药师(士)49人,检验人员45人,其他213人。病床1290张。

全年城镇居民人均可支配收入32685元,增长1.2%;农牧民人均纯收入17757元,增长7.6%。单位从业人员年平均工资85816元,比去年增长4.5%,在岗职工年平均工资82855元,比去年同期增长4%。

2020年全县单位从业人员6296人,比2019年同期增长2.1%。截至年底,参加城镇失业保险8785人,增加296人。参加城镇职工基本养老保险4605人,比上年增加483人。参加城乡居民基本养老保险人数93622人,增加752人,已领取养老保险待遇15234人。参加职工基本医疗保险人数14693人,增加645人;参加城乡居民医疗保险172346人,减少517人。参加工伤保险人数10920人,增加7678人。

【党的建设】 2020年,新和县始终把思想政治建设摆在首位,推进“两学一做”学习教育常态化制度化,巩固“不忘初心、牢记使命”主题教育成果,党员干部队伍的先进性,纯洁性不断提升。坚持“20字”好干部标准和民族地区干部“三个特别”政治标准,坚持“三个不吃亏”“基层一线出干部”的选人用人导向,干部素质培养体系不断完善。“星级化”创建,农民党员“25154”机制、“三大工程”全面落实,软弱涣散(后进)基层党组织全部晋位升级,“访惠聚”驻村工作常态长效，基层基础不断巩固，党风廉政建设和反腐败工作深入推进，作风建设持续深化，形式主义，官僚主义突出问题得到有效整治，中央八项规定及其实施细则严格落实，政治巡察全面推进，监督执纪“四种形态”常态长效。人大、政府，政协履职尽责，群团组织、统一战线作用充分发挥，民主法治建设全面加强。

【脱贫攻坚】 2020年，新和县始终把提高脱贫质量、防止返贫致贫放在首位，紧盯“一超过”“两不愁三保障”脱贫标准，坚持“四个不摘”“八个不变”，严格落实“六个精准”“五个一批”“三个加大力度”工作举措，持续推进“农副产品订单增收”、林果业提质增效、“增畜增鸽”“三大工程”，累计为219户贫困户购买生产母牛219头、122户贫困户购买鸽子6100对；扶持535户贫困户种植拱棚蔬菜33.93公顷、515户贫困户种植木耳8.6公顷；实施林果提质增效706.67公顷；严格落实扶贫小额信贷政策，发放贫困户小额贷款1936户7658.91万元；建档立卡贫困户转移就业5699人（其中监测户转移就业239人）、边缘户转移就业552人，有劳动力的贫困户、边缘户实现转移就业全覆盖，户均达到1.3人，稳岗就业率98%以上；建档立卡贫困人口中320名护林员、护草原实现脱贫增收；累计兜底保障贫困人口1607名，实现应保尽保，应兜尽兜；乡镇“幸福大院”集中供养孤寡老人160名；累计为贫困学生发放助学金1146人次173.76万元；编制实施扶贫项目62个2.05亿元；为有养殖能力的509户“边缘户”每户落实1头生产母牛补贴；通过公益性岗位累计安置脱贫监测户劳动力166人；535名“边缘户”富余劳动力均实现稳定就业；坚持“督战、包联、指导”三位一体，34名县处级干部和14名享受县级待遇的科级干部、13名乡（镇）党政正职包联32个贫困村和80个有扶贫任务的非贫困村，每人包联2户脱贫监测户、2户边缘户，走访排查100户（80户贫困户、20户边缘户）；自治区、地区、县三级89个单位参与定点帮扶，派驻单位主要领导和领导班子成员赴定点村开展调研584人次；累计派出各级干部641人，投入资金399.1万元，累计资助贫困学生489名，购销帮销农产品279.77万元；安排援疆扶贫民生项目25个1.2亿元；发挥社会扶贫APP平台作用，61家企业、1210名志愿者、6个社会组织参与扶贫工作，累计实施产业帮扶17.65万元、就业帮扶376.25万元、公益帮扶37.11万元、技能帮扶11.11万元，组织劳动力技能培训237人、帮助安置就业75人；推进消费扶贫，动员社会力量直接购买和帮助销售农产品3501.65万元。脱贫攻坚成效显著，32个贫困村全部退出，4846户17739人如期脱贫。通过国家脱贫攻坚普查和自治区脱贫攻坚成效考核。

【全面小康】 2020年，全县地方生产总值由33.37亿元增加到60.1亿元，年均增长9.4%，是“十二五”末的1.8倍；人均生产总值由17566元增加到27318元，是“十二五”末的1.56倍；公共财政预算收入由3.9亿元增长到5.13亿元，年均增长5.82%，是“十二五”末的1.32倍；社会消费品零售总额由4.14亿元增长到6.9亿元，年均增长10.76%，是“十二五”末的1.67倍。农业产业体系日趋完善，设施农业、绿色肉牛产业发展取得长足进步；新型工业化快速发展，新落地企业34家，规模以上企业达到11家，工业增加值年均增长10.2%；现代服务业迅猛发展，“两个文化园”、沙漠花海、腾飞市场等一大批文化、旅游、商贸项目相继竣工投入使用，三次产业结构由32:16:52调整至29:18:53。累计完成全社会固定资产投资169.27亿元，年均增长15.8%，是“十二五”时期的1.82倍，S508线新和县城区至新和中立交公路、县城东西出口道路改建、渭干河灌区新和县骨干工程节水改造、城乡供水一体化工程、新和220千伏输变电工程、土地平整等一大批交通、水利、能源和城乡公用设施项目相继建成投入使用，基础设施、城乡面貌、群众生产生活条件焕然一新。实施九项惠民工程，累计实施民生项目220个，转移就业6.95万人次，城镇新增就业1.68万人，登记失业率控制在4%以内，城镇人均可支配收入达到35209元，农牧民人均纯收入达到17757元，是“十二五”末的1.48倍和1.51倍，32个贫困村全部退出，4846户17739人如期稳定脱贫，脱贫攻坚决胜收官。15年免费教育政策全面落实，新招录内地教师2042名，转岗分流不胜任国家通用语言教育教师941名，新增村级幼儿园39所，实现适龄幼儿学前教育“应入尽入”。文化事业稳步发展,图书馆、博物馆建成开放,成功申报夏合吐尔遗址(拓厥关)为第八批国家级文物保护单位。深入实施“全民参保”计划,成功创建全国社会保险标准化建设“先行城市”,全民免费健康体检实现全覆盖。低保、医保政策全面落实,弱势群体合法权益得到有效保障。

【基础设施】 2020年,新和县牢固树立“公园城市”建设理念,以创建“自治区园林城市”为抓手。大力实施“十大专项行动”,统筹推进卫生洁化、空地绿化、停车序化、道路亮化、环境美化“五大工程”,新建标准化停车场16处、垃圾清运中转站3座、供排水管网40千米,疏通排水管道32千米,电力管网入地6千米,绿化覆盖率达到41.7%,承办自治区老城区改造现场会。加快水利设施建设,新建防渗渠145千米,新建骨干管网178.24千米。改扩建配水管网150千米,加快电网升级改造,新和220千伏输变电工程全面实施,新改造电力线路97千米。交通基础设施日趋完善,新改建农村公路120千米,新建公交站台64个。

【农业农村经济】 2020年,新和县坚持“稳粮、优棉、扩草、增畜、强果、兴特色”的工作思路,实现农村经济总收入56.79亿元,同比增长8.2%,持续优化种植结构,平整土地2.67万公顷,粮食总产12.1万吨,皮棉总产11.1万吨,果品总产16.6万吨,郭牌西瓜等3个设施农业产业园项目落地开建。加快推进“一创三园、两市场”建设,强力推进“增牛”“增鸽”工程,新建绿色肉牛养殖小区7个、生产母牛集中养殖点42个,都护牛业万头养殖项目稳步推进,都护肉业肉牛屠宰深加工、新和鸽产业园项目一期建成投产,全县牛存栏突破15万头、鸽存栏200万羽。推进农村人居环境整治,累计改造卫生厕所3.4万户,完成庭院绿化3.79万户、林带1116.3千米,通过自治区、地区人居环境整治评估验收。

【民生建设】 2020年,新和县牢固树立“以人民为中心”理念,实施民生项目47个,民生支出占一般公共预算支出的80%以上。大力实施就业优先战略,城镇新增就业4836人,农村富余劳动力转移就业2.56万人次。教育教学质量稳步提升,新招录内地优秀教师500名,完成标准化考场建设,首次实现高考不出县。全民参保计划深入实施,医疗保障政策全面落实,家庭医生签约率稳步提升,全民免费健康体检全面完成,发热门诊、PCR实验室等项目建成投入使用。群众生活条件持续改善,累计完成自来水入户888户,改造老旧小区10个、棚户区622户、新建安居富民房1833套,各族群众幸福感、获得感显著提升。

【文化旅游】 2020年,新和县深入贯彻“旅游兴疆”战略,加快历史文化遗址发掘保护利用进程,现存文物古迹65处,其中国家级重点文物保护单位4处,自治区级文物保护单位23处,县级文物保护单位38处。有国家A级以上旅游景区4个,国家AAA级旅游景区汉西域都护府文化园、唐安西都护府文化园、天籁加依景区,国家AAAA级旅游景区沙漠花海。星级农家乐13家,星级饭店2家。县博物馆建成开放。“龟兹故地、白马古河、东汉都护、安西首镇、前年新和”文化旅游品牌全面打响。

【生态建设】 2020年,新和县开展生态建设(国土绿化行动),春秋季完成新造林1166.67公顷,其中营造防护林500公顷,经济林666.67公顷,其中引进社会资本县绿果林木旅游农民专业合作社和新疆绿天源生物科技有限责任公司,建设生态林1300公顷,造林平均成活率71.7%。全县森林资源总面积达到64477.33公顷,其中天然林总面积28000公顷(国家级公益林21547公顷),占全县森林资源总面积的43.43%;人工林资源总面积36477.33公顷,占全县森林资源总面积的56.57%。草原面积114000公顷。

【“增牛”“增鸽”工程】 2020年,新和县强力推进“增牛”“增鸽”工程,牛产业规模扩大,牛存栏15.5万头,其中母牛存栏9万头,分别比上年增加66.6%、83.6%。新建集中养殖点7个、改扩建10个,肉牛集中养殖点总数51个,全县现有规范化牛舍1046栋,青贮窖1044座,养牛专业合作社87个,基本形成集中化、标准化的养殖新业态,实现农村人口人均1头牛目标。鸽产业迈出新步伐,引进企业完成与国企合作投资,建成都护鸽业项目,种鸽存栏12万对,农户饲养

"新和鸽"扩繁增量，出栏500万羽，鸽存栏200万羽。加大招商引资和项目落地，都护牛业万头肉牛养殖项目开工建设、九九牧业融资进展顺利，企业带动能力增强。落实重大动物疫病防控责任，未发生重大动物疫病和畜产品安全事件。

【工业园区建设】 2020年，新和县新型工业化稳步推进，新入园企业6家，国赫商砼、开源塑料、丰源纺织3家企业"升规入统"，实现规模以上工业增加值3.57亿元，同比增长6.5%。招商引资成效显著，签约项目28个，到位资金27.43亿元，熔喷布及医用口罩、农产品批发市场等24个项目实现当年签约、当年投产。强化企业纾难解困，25名县领导包联40家重点民营企业，累计减税降费7270.97万元，减免和降低企业运行成本5893.8万元，发放稳岗、就业补贴954.75万元，办理小额贴息贷款4819万元，贷款展期、续贷、延期1.07亿元。园区基础设施建设不断完善，新增园区道路4.27千米，供水管网20千米、公租房216套，新材料园区供水及污水处理厂、天然气管网输配工程、园区主干道路建成投入使用，自治区级工业园区申报工作进展顺利。工业经济稳步提升，累计实现招商引资到位资金113.72亿元，规模以上企业达到12家，累计入园企业达到85家，园区承载能力显著提升。

【浙江省丽水市援助】 2020年，丽水援疆指挥部实施"十百千"帮带提升工程、"百村千厂""十城百店""疆果东送""万亩亿元"深入实施，累计投入援疆资金1.21亿元，实施援疆项目25个。

产业援疆　2020年，丽水援疆指挥部完成"万亩亿元"温室大棚项目18个，大田拱棚项目320个；"百村千厂"项目8个；"十城百店"标准化基地建设(其中33.33公顷为丽耕公司+企业+合作社模式，农民通过土地流转和返聘员工两个途径增收致富；66.67公顷农田统一标准化管理，并高于市场价10%回购，助农增收)、农村电子商务人才培训(开展新和县青年干部电商游学，促成新和开创网上巴扎)以及公共区域品牌建设、农产品营销体系建设项目4个。联合省援疆指挥部、省农科院派出10名云和师傅到阿克苏地区各县、市开展黑木耳种植技术指导，助推"万亩亿元"工程实施。

教育援疆　2020年，丽水援疆指挥部推进"红柳·绿谷"工作室联盟提升行动。创新教研员制度，3名教师担任县教科局教研员，承担对当地教师队伍的指导和教育教学改革任务，创新开展"1总+17子"模式的"红柳·绿谷"工作室联盟建设，以"传帮带研训享"为核心，新增加4个子工作室(小学英语工作室、小学青年教师研习班、名校长工作室、学前彩翼工作室)，依托各教育阶段重点学科，将人才传帮带从受援学校拓展覆盖到县域范围。创新开展"同步课堂"，指挥部坚持"引智惠新和"，创新开展基于互联网同步课堂建设，依托互联网等信息技术优势，创新教育援疆帮扶机制，云端共享丽水优质教育资源。10月19日，丽水市教育局与新和县教科局签约丽·新"同步课堂"，新和县3所学校分别与丽水学校签订结对帮扶协议。创新推出"我是朗读高手"活动，与新和县教科局共同策划在教科局微信公众号上开设"我是朗读高手"活动专栏，带动新和县5万家庭10万人参加亲子朗读活动，培养青少年家国情怀，树立中华民族自豪感。《浙江新闻》客户端"我是朗读高手浙疆一起读"专栏每期阅读量超过30万。12月19日，帮助新和县教科局举办首届"我是朗读高手"国家通用语言比赛暨"国家通用语言推广交流"活动，共有5万名各族选手参与。援疆教师团队完成课时1410节、传帮带204次，示范课11节，跨校跨县送课7次、公开讲座21次。石榴籽工程结对22386人、导师带徒结对59人、幼教团队培训教师750人次。

【名优特产】 2020年，新和县名优特产有库买提杏、赛买提杏、白明星、黑叶杏、香梨、酸梅、沙玉葡萄、木纳格葡萄和薄皮核桃、红枣、新和鸽、新和牛肉等。有药用植物20种，以甘草、麻黄、锁阳、香附为主。香梨皮薄、肉细、香甜俱佳；木纳格葡萄和沙玉葡萄粒大味甜，耐储耐运；新和薄皮核桃又称纸皮核桃，个大、皮薄、质优，每百克含蛋白质15~20克，脂肪60~70克，碳水化合物10克，并含有人体必需的钙、磷、铁等多种微量元素和矿物质，胡萝卜素、核黄素等最为突出。认证200公顷有机核桃种植示范基地，温185核桃在中国第二届核桃大会上被评为金奖，新新2号在第一届中国核桃节上获得银奖；新和红枣个大、皮薄、质地较密、色泽鲜亮、格外甘甜，在疆内外果品展示推介会上多次荣获一等奖。枣果营养价值高，富含维生素 A、B_1、B_2、C、P 等，而以维生素 C 含量最为突出。建成 6666.67 公顷绿色红枣基地，认证 133.33 公顷有机红枣种植示范基地，并被国家林业局命名为国家红枣标准化示范县；“新和鸽”获得地理标志性品牌认证，肉质细嫩，味鲜美，蛋白质含量高达 19.7%，脂肪含量低，含丰富的维生素 B_2，远销全国，是新疆著名的地方特产食品；新和县牛品种以西门塔尔牛为主，全县现有西门塔尔牛存栏量 10 万头，胴体肉多，脂肪少而分布均匀，肉质细嫩可口。蛋白质含量高达 8%~9.5%。绿色无污染，被称为有机食品，深受消费者的青睐。

拜城县

【基本情况】 拜城县位于天山南麓、新疆中部偏西。县城距乌鲁木齐市公路里程 860 千米。

境内土壤类型种类繁多，可划分出 10 个土类、25 个亚类、29 个土属、32 个土种、15 个变种。境内旅游资源丰富，有世界文化遗产 1 处(克孜尔石窟)，创建国家 A 级旅游景区 1 家(康其湿地)，国家 AAA 级旅游景区 1 家（亚曼苏生态乐园)，国家 A 级旅游景区 5 家：国家 AAAA 级旅游景区 2 家（克孜尔石窟、康其湿地公园)，国家 AAA 级旅游景区 3 家(拜城喀普斯浪河景观带、亚曼苏生态乐园、拜城温泉)。

2020 年，辖 4 个镇、10 个乡、1 个管委会、16 个社区居民委员会，157 个行政村、641 个村民小组。重要的自然资源有：境内土壤类型种类繁多，可划分出 10 个土类、25 个亚类、29 个土属、32 个土种、15 个变种。主要有灌淤土面积为 170 平方千米，占总耕地面积的 23.28%，土质疏松，保肥保水，水肥气热协调，供肥性能好，适宜种多种农作物，是县境内较好的耕地；潮土面积为 100 平方千米，占总耕地面积的 13.7%；棕漠土面积为 600 平方千米，占盆地绿洲面积的 15.2%；水稻土 52 平方千米，占总耕地面积的 7.12%。另外，还有草甸土、沼泽土、盐化土、风沙土、棕钙土、栗钙土等多种土壤类型。境内已探明矿产资源 8 大类、58 种，既有能源、化工、建材、冶辅、宝玉石非金属矿产，亦有黑色、有色、稀有、贵重金属矿产。其中石油、天然气、煤、饰面花岗岩、红柱石、霞石正长岩、岩盐更是独具优势，除此之外，还有锰矿、硅石、重晶石、萤石、云母、宝玉石、水泥灰岩、水泥配料页岩及凝灰岩。其中部分优势矿产远景潜力很大，以原煤、天然气、霞石、红柱石、锰矿、重晶石、麦饭石及大理石等矿藏储量最大。拜城矿区是新疆煤炭工业规划的四大煤炭基地之一，区域内煤炭资源丰富。境内原油探明储量 613 万吨，天然气储量 11834.9 亿立方米，凝析油储量 613 万吨。

2020 年，完成粮食播种面积 5.15 万公顷，其中小麦 2.06 万公顷，总产量达 14.02 万吨，玉米 3.02 万公顷，总产量达 39.49 万吨。白菜、胡萝卜、恰玛古为主的秋冬季蔬菜复播面积 2646.7 公顷，新建菜窖 8089 座，仓储能力达 9.42 万吨。实现农村经济总收入 52.07 亿元，比上年增加 8.04 亿元、比上年 18.26%，农牧民人均纯收入达到 16555 元，比上年增加 1650 元、比上年 11.07%。年内，牲畜存栏达 132.25 万头(只)，出栏 79.59 万头（只)，产肉 3.5739 万吨。建设标准化集中规模养殖小区面积 29.65 万平方米，全年，建成 1 万头牛以上规模化养殖场乡镇 5 个，1000 头牛以上规模化养殖场村组 36 个，建成肉羊改良示范乡 1 个、示范村 8 个、示范户 800 户，科学养畜示范乡 1 个、示范场 4 个、示范村 11 个、示范户 1226 户，是年，创建 28 万亩小麦全国绿色食品原料标准化生产基地、2 万亩全国绿色食品原料标准化生产基地，完成 10 万亩玉米绿色原料基地认证工作；年内，创建地区级示范社 4 家、自治区级示范社 1 家，执行会计制度合作社 139 家，新建农民专业合作社 147 家。建立县、乡、村三级干部包联农民专业合作社制度，592 名干部对全县种植类、养殖类、农机服务类 262 家合作社进行规范化指导；示范乡镇、24 个示范村，实施庭院改造 5000 户，改造农村户厕 1.86 万户，普及率100%。在铁热克镇、米吉克乡示范村开展旅游示范点2 个。

2020 年，拜城县实现地区生产总值 93.43 亿元，比上年增长 10.0%，牲畜存栏达 132.25 万头(只)，出栏 79.59 万头(只)，任务完成率 82%，产肉 3.57 万吨，任务完成率 84.9%。家禽出栏 136.93 万羽；肉、蛋、奶产量分别达到 3.57 万吨、3065 吨、7553 吨。奶牛政策性保险 3.95 万头，外调的家畜

1.76万头（只），外调的畜产品67.99万吨。规模以上工业完成增加值52.8亿元,比上年增长20%。

2020年，拜城县共实施固定资产投资项目107个,年度计划投资80.43亿元，比上年增速32%，完成投资80.48亿元，完成年度投资的100.06%,比上年增速32.08%。规划覆盖民生改善、农业规模化、煤化工产业等领域重大项目20个。总投资220.85亿元,年度计划投资43.95亿元。

全年全口径财政收入34.34亿元,比上年增长6.00%。地方财政收入18.49亿元，增长10.1%，其中，公共财政预算收入17.2亿元,增长6.6%;政府性基金预算收入1.29亿元,增长95.9。全年地方财政支出46.66亿元，同比增长12.5%。其中,公共财政预算支出42.3亿元,增长9.8%。

全县中小学幼儿园总数242所，有职业中学1所，在校学生3101人(少数民族3098人);普通高中2所,在校学生4671人(少数民族4147人);初中16所(九年一贯制学校7所)，在校学生10447人（少数民族9371人）；小学84所,在校学生27558人(少数民族25249人);幼儿园136所(公办幼儿园132所、民办幼儿园4所),在园幼儿12964人。专任教师总数3871人。

县域内共有各类医疗卫生机构183个，其中二级医院2个、妇幼保健院1个、疾病预防控制中心1个、计划生育服务站1个、乡镇卫生院15个、村卫生室146个、医务室1个,营利性医疗机构16个;卫生技术人员1177人，执业（助理)医师325人,注册护士435人;乡村医生196人；编制床位1050张,实际开放1292张,其中县级医院545张,开放730张,妇幼保健院49张,乡镇卫生院358张,民营医院98张;每千人口床4.2张,其中县级公立医院每千人口床位2.2张,每千人口执业(助理)医师1.3人、注册护士1.74人。是年,城镇居民人均可支配收入32250元,农村居民人均纯收入16388元。是年，全县6349户12786人城乡低保户累计发放城乡低保金3724.21万元。清退城乡低保对象2890人、新增城乡低保对象2026人。

【党的建设】 2020年，拜城县落实新时代党的建设总要求,全面加强党的政治建设、思想建设、组织建设、作风建设、纪律建设,全面从严治党取得显著成效。以“初心红”全域党建品牌引领主题教育制度化常态化开展,党内政治生活得到加强和规范。机关党建“灯下黑”的情况得到全面整治,机关党员干部旗帜鲜明带头讲政治成为思想自觉、行动自觉。基层组织项目化管理全面实行,“访惠聚”驻村工作持续深化,党的执政基础更加稳固。职务职级并行惠及干部,乡镇机构改革全面完成,事业单位改革有序推进，基层减负扎实有效，干部人才工作再上新台阶,担当作为的激励机制不断健全完善。党风廉政建设和反腐败斗争纵深推进，专项治理、巡察工作深入推进。群团组织作用积极发挥,米吉克乡团委荣获“全国五四红旗团委”称号。民主政治建设全面加强,爱国统一战线巩固发展，党风政风焕然一新,社风民风悄然改变,厉行节约蔚然成风，党员干部轻装上阵,政治生态风清气正。

【脱贫攻坚】 2020年，拜城县共有建档立卡贫困人口6094户22473人，有深度贫困乡2个、贫困村25个(其中:深度贫困村16个)。2019年及以前退出贫困村25个(深度贫困村16个)、完成脱贫6094户、22473人,开展2020年项目库动态调整、充实完善2020年项目库建设,新增入库项目6大类25个项目,涉及资金1.17万元。是年,完成6094户贫困户信息采集、录入、核查等重点工作,贫困户自然增加214人，自然减少376人，边缘户新增15人,减少63人。对接空岗2万个,签订合同、就业协议1.8万人；年内,6894名贫困人口,722名边缘户离开土地稳定就业(稳岗率达99.32%),较去年增加3316人，贫困群众工资性收入比上年增加20%。财政补贴新增397个公益岗位,确保有劳动能力的人员一律就业、每户至少有一人稳定就业。采取“公司+合作社+农户+基地”模式,培育壮大制种、马铃薯、黑木耳、拜城油鸡、色素辣椒等产业，拜城油鸡产业带动3300余户户均增收6000余元；通过消费扶贫活动，成立10个专区、30个专柜,认定扶贫产品48种,帮助销售贫困群众农产品1.5万吨,签订购销合同15份，共计签约金额5800余万元。是年,以冬季攻势为契机，共开展各类宣传教育活动5.65万场次、技能技术培训2.5万场次,建档立卡贫困群众人均参加技能技术培训3次以上。年内,上级下达至我县扶贫资金共计5批次1.7518亿元，共计安排项目59个。完工项目59个，累计拨付资金1.73亿元，拨付率98.52%。

【基础设施】 2020年，拜城县基础设施建设日渐完善，城区功能增强，建成投用城市污水处理厂提标改造、生活垃圾处理等项目。铺设农村公路132千米，新建(改造)农村配网工程199.3千米。完成农村改厕18604户，78个行政村开展垃圾分类，157个行政村的生活垃圾实现集中收集处理，3999户农民实现生活污水集中处理，157个行政村农村生活污水得到治理。改造老旧管网322.2千米，铺设饮水安全管道571千米；新改扩建7个乡镇农村幸福大院，配备133个床位和必要的设施设备；完成渠道防渗14.62千米，新建防洪堤12.77千米；安装地下水机电井410眼，年内，脱贫攻坚地方政府债券资金农村饮水安全巩固提升工程，项目涉及6个乡镇、31个村，工程总投资2000万元，拜城县温巴什灌区节水改造工程、拜城县温巴什灌区节水改造工程、拜城县老虎台乡取水口下游木北二干渠防洪工程等四项大型工程均完工已投入使用。

【农业农村经济】 2020年，拜城县农村经济总收入51.79亿元，比上年增加7.75亿元、比上年增加17.61%。其中：第一产业收入45.84亿元，比上年增加7.17亿元、比上年增加18.55%(种植业收入18.55亿元，比上年增加2.29亿元、比上年增加增14.1%；林果业收入2.68亿元，比上年增加0.34亿元、比上年增加14.43%；畜牧业收入24.15亿元，比上年增加4.46亿元、比上年增加22.65%；渔业收入0.46亿元，比上年增加0.08万元、比上年增加21.47%)；第二产业收入1.98亿元，比上年增加0.493亿元，比上年增加28.54%；第三产业收入3.98亿元，比上年增加1441万元、比上年增加3.76%。农牧民人均纯收入达到16555元，比上年增加1650元、比上年增加11.07%。年内，申报绿色食品认证8个。全年，创建28万亩小麦全国绿色食品原料标准化生产基地、2万亩全国绿色食品原料标准化生产基地，完成10万亩玉米绿色原料基地认证工作，完成农村土地承包经营权确权颁证5.16万公顷、30363户，流转土地面积8833.33公顷，签订流转合同4506.7公顷，新建改造升级薄弱基层社2个，创建标杆社1个，领办创办合作社2个，新增基层社社员267人，新增统防统治社会化服务面积6653.3公顷。采取“龙头企业+合作社种植+大户种植+散户种植”的发展模式，持续调优农业结构，大力发展马铃薯、亚麻、加工辣椒、甜菜、瓜子等具有区域特点、比较优势明显的高效特色经济作物8286.7公顷，建设一批马铃薯、亚麻、甜菜特色农产品种植优势区。种植黑木耳100万棒，带动贫困户、监测户、边缘户475户增收，户均收入达5082.61元。

【民生建设】 2020年，拜城县实施九项惠民工程，实现城镇居民人均可支配收入35250元、比上年增长8.2%，农牧民人均纯收入16388元、比上年增长9.9%。完成脱贫6094户22473人。新增城镇就业4875人，农村富余劳动力转移就业3.18万人次。新建安居房5201套、公租房1214套、棚户区改造511套、农村改厕18604座、农村公路132千米，老旧小区改造项目共涉及小区15个，1656户，总投资4897元；落实“木扎提河”“雨露计划”“浙江援疆助学金”等学生资助政策；高考成绩突出，专科以上上线人数1057人，中考报名3063人，考上内初班53人、内高班48人，地直高中87人。持续推进“互联网+医疗健康”信息化建设，远程会诊、影像、心电、检验、病理等信息化系统全覆盖，网上预约、远程医疗服务、医疗大数据分析，实现了数据共享，通过手机随访APP、人脸识别系统，拓展公共卫生服务项目内涵。年内，远程医学教育159场、远程会诊444例，远程心电诊断800例、远程影像64732例，其中远程影像比上年增长724.5%，基本实现“乡检查、县诊断、乡治疗”。选派59名业务骨干及管理人才到各分院任命院长、副院长，以人才培养、技术帮扶、医疗管理等方面深入协作。全民健康体检常态开展，完成体检19.13万人。年内，参保人数23.8万人，参保率99.7%。医保报销1.97亿元。是年，按照自治区民政厅、财政厅《关于提高全区城乡低保标准的通知》要求，城市低保标准从456元/人·月提高到500元/人·月，农村低保标准从3732元/人·年提高到4100元/人·年，实行补差发放的提标资金259.37万元，全县6349户12786人城乡低保户累计发放城乡低保金 3724.21 万元。

【产业园区建设】 2020 年，拜城县实现工业产值 59.89 亿元，比上年增长 51.13%。实现工业增加值 25.92 亿元，实现销售收入 57.98 亿元，园区企业生产焦炭 345 万吨，销售 353 万吨，洗精煤 241.2 万吨，生产炭黑 5.81 万吨。固定资产投资 16.2 亿元。完成招商引资项目 25 个，到位资金 25.24 亿元。新建产业链延伸项目 8 个，新增企业技术改造项目 7 个。完成外贸进出口额达 100 万美元，完成职业技能培训 820 人(次)，完成一般公共预算收入 1.51 亿元。是年，新增入园企业 5 家，累计入园企业达 42 家，重点培育企业“小升规”6 家，规模以上工业企业累计达 21 家。实施债券项目 3 个，项目总投资达 1.5 亿元，强化承载能力，改善区内投资环境，铺设供排水管网 67 千米，新建标准厂房 1.2 万平方米，配套附属用房 800 余间，建设 1000 万方固废填埋场一座。众泰 20 万吨甲醇项目建成投产，延长煤化工产业链，实现焦炉尾气综合利用。

2020 年，拜城县落实项目环保制度，督促企业办理环评、环保工程竣工验收等手续。加强扬尘治理工作，督促众泰煤焦化有限公司投资 5000 万元建设封闭煤仓，实现当年设计、当年建设、当年投用，有效减少了园区扬尘。加大污水管网建设工作，新建北区、西区污水管网 18 千米，有效提升了污水收集能力，切实打好“碧水”攻坚战。

【生态旅游】 2020 年，创建国家 A 级旅游景区 1 家(康其湿地)，国家 AAA 级旅游景区 1 家（亚曼苏生态乐园），打造夜间经济示范街区 1 个(利华美食城)，三星级农家乐 3 家(亚吐尔乡迪力阿热木休闲阁、热合巴格农家乐、米吉克乡克拉斯克农家乐)。辖有国家 A 级旅游景区 5 家，其中国家 AAAA 级旅游景区 2 家，国家 AAA 级旅游景区 3 家;旅行社 1 家，城市公园 5 个，旅游购物及特色餐饮街区 11 个;宾馆酒店 38 家(三星级酒店 2 家），共有客房 2000 余间，床位 3500 余张;农家乐 38 个，其中星级农家乐达到 6 家（四星级农家乐 4 家，三星级农家乐 2 家);民宿 44 家;康其乡阿热勒村命名为全国乡村旅游重点村，黑英山乡玉开都维村命名为自治区乡村旅游重点村，进一步提升拜城旅游影响力和竞争力。谋划形成了“千年石窟——世界文化遗产探秘之旅”“醉美拜城，水墨康其——康其湿地生态观光之旅”“田园观光——亚曼苏游乐园生态之旅”“休闲度假，修身养性——温泉小镇康养之旅”“鬼斧神工——红石林雅丹地质景观体验之旅”5 条自驾游精品线路。年内，成功举办“冬日暖阳风情南疆”长三角旅游援疆联盟·南疆四地州首届冬春节文化旅游节。

2020 年，拜城县以“丝路体验、水韵漫游、健康养生”三大品牌为引领，加快景区开发，完善产业要素，扩大宣传推介，力促区域联动，“旅游+”“+旅游”融合发展，形成“吃、住、行、游、购、娱”要素配套齐全的旅游服务体系。全年，接待旅游人次 159.72 万人次，比上年增长 28.3%；实现旅游总收入 7.63 亿元，比上年增长 14.6%，旅游经济再创新高。年内，中央预算项目铁热克温泉基础设施建设项目按期完成旅游环线道路、停车场、游客服务中心、环境美化等工程已竣工投用；康其湿地国家 AAA 级景区基础设施配套完善项目总投资 500 万元，游客服务中心(含旅游厕所)、景区道路、湖心岛、景区道路等附属工程 9 月底已竣工投用;投入 120 万元援疆资金的铁热克温泉民宿建设项目 4 月底竣工运营，新增乡村旅游从业岗位 12 个，年内，乡村旅游接待达 30 万人次，比上年增长 35%以上。6 月 22 日在克孜尔石窟景区进行的 2 小时“丝绸之路”大型直播活动，浏览量达 164.22 万次。

【招商引资】 2020 年，拜城县强力实施招商引资“一号工程”，大力推进农副产品精深加工、循环化工、矿产开发、清洁能源、全域旅游“五大产业”招商，以项目拉动投资增长，以项目推动工作落实，以招商引资工作的新突破加快经济转型和产业升级，助推全县经济持续健康发展。2020 年，地区下达该县招商引资到位资金指标 75 亿元，签约合同金额指标 115.4 亿元，完成招商引资到位资金 82.82 亿元，完成年度目标任务 101.89%，同比增速 45.83%。其中新建项目 63 个，到位资金 34.76 亿元;续建项目 33 个，到位资金 48.06 亿元;签约合同项目 70 个，签约金额 155.73 亿元，完成年度目标任务的 134.94%。

【浙江省温州市援疆工作】 2020年,浙江省温州市选派第十批援疆干部人才共计23人，其中干部9名,人才14名,形成“招商工作一起推,人人都是招商员”的工作态势。成功签约拜城县新兴大酒店和亚麻种植加工基地两个项目，总签约金额9.6亿元;年内,重点围绕温州援拜的16大类、46个子项目和1.383亿元援疆资金(不含省指统筹资金),全面推进项目建设进度和资金保障。年内,所有项目均已开工,其中启动干部人才项目2个，投入援疆项目资金495万元，产业援疆项目8个,投入援疆项目资金4594万元,保障改善民生项目4个,投入援疆项目资金9885万元,交往交流交融项目1个，投入援疆项目资金70万元，文化教育援疆项目1个，投入援疆项目资金775万元。为拜城县人民医院购置医疗救护车3辆和心肺复苏(CPR)模拟人设备一套,投入资金100万元。

温宿县

【基本情况】 温宿县得名于秦汉之际,塔里木盆地边缘城郭诸国之一的古温宿国。清光绪二十八年(1902)设温宿县。温宿县位于天山中段的托木尔峰南麓,塔里木盆地北缘。县城距乌鲁木齐市公路里程1019千米。

2020年，温宿县辖8个镇、5个乡。年末总人口25.03万人(不含农生产建设兵团第一师五团场、六团场),人口出生率7.4‰,自然增长率2.98‰。耕地面积8.25万公顷,粮食播种面积3.15万公顷，经济作物播种面积3.33万公顷。

境内北部有雪带冰川197条，总储水量1582.02亿立方米;大小河流43条，地表水年径流量96.4亿立方米;地下水动储量16.18亿立方米。森林面积105890.26公顷,草地面积39.24万公顷。国家级保护动物有野骆驼、雪豹、中华秋沙鸭、黑颈鹤、猞猁、马鹿、棕熊、黑熊、盘羊、荒漠猫等63种。野生药用植物200种，以手掌参、党参、黄芪、甘草、麻黄、独活、当归、雪莲等为主。矿产资源主要有石油、天然气、煤、花岗岩、石膏、石灰岩、铀、黏土、陶土等20多种矿产。2020年完成造林1893.33公顷,补植补造3333.33公顷,森林总面积达20.67万公顷,森林覆盖率13.47%、林地面积70739.9公顷、疏林地4080公顷、灌木林地67881.2公顷。主要旅游景区有天山神木园(国家AAA级旅游景区)和天山托木尔大峡谷。名优特色产品为温宿薄皮核桃和温宿大米。属温带大陆性干旱气候。

2020年，完成地方生产总值84.98亿元,增长7.3%。其中,第一产业增加值27.31亿元，比上年增长6%;第二产业增加值13.7亿元,比上年增长8.7%;第三产业增加值43.97亿元,比上年增长7.8%。

农林牧渔及其服务业总产值79.5亿元，比上年增长6.01%,其中,农业产值57.36亿元,林果业0.64亿元,牧业11.77亿元,渔业1.47亿元,服务业4.13亿元。主要农产品产量：粮食28.05万吨,棉花6.79万吨，油料321吨，甜菜34879吨，水果(含果用瓜)57万吨,蔬菜产量12.87万吨。年末牲畜存栏84.2万头(只)。肉类总产21492吨，牛奶26735吨，禽蛋6800吨。年末农牧业机械总动力65万千瓦。

工业总产值8.65亿元，比上年增长8.4%。规模以上企业工业增加值5.7亿元，比上年增长7.7%。建筑业增加值11.4亿元,比上年增长56.59%，建筑企业施工房屋建筑面积117.6万平方米,商品房销售面积24.6万平方米。

全社会固定资产投资60.3亿元。完成邮政业务总量1855万元,电信业务总量3789.46万元。年末固定电话用户1.72万户，计算机互联网用户4.54万户。社会消费品零售总额48.84亿元。对外贸易总额(出口)6988.77万美元。接待旅游者214.3万人次,旅游总收入10.84亿元。公共财政预算收入5.42亿元,地方财政支出47.99亿元。年末金融机构人民币各项存款余额亿元。

2020年,温宿县有各类专业技术人员6446人，其中中级以上1235人。截至2020年年底,有职业中学1所,在校学生1340人(民族1339人),教师43人(民族34人);高级中学2所,在校高中学生4271人(民族3243人),教师418人(民族160人);初级中学7所,九年一贯制学校6所，在校初中学生11313人(民族10034人)，教师1037人(民族594人);小学49所,小学教学点22个，在校小学生28807人(民族25395人)，教师2135人(民族1073人);幼儿园119所,在园幼儿14152人(民族11734人),幼师1541人(民族965人)。全年教育基建投资42713万元。

有医疗卫生机构23个,其中,医院2个,基层医疗卫生机构19个,专业公共卫生机构2个;卫生技术人员1112人,病床837张。

全年城镇居民人均可支配收入32598元,农村居民人均纯收入20332.1元。

截至2020年年底,温宿县实现就业2956人,城镇登记失业率3%,参加城镇失业保险14406人、基本养老保险129065人,其中,城镇职工参加养老保险23254人、基本医疗保险2.41万人、工伤保险15164人、生育保险1.85万人;城乡居民参加养老保险105811人、医疗保险20.13万人,已领取养老保险15151人。城镇居民1182人得到政府最低生活保障救济。

【党的建设】 2020年,温宿县全面贯彻执行《中共中央关于加强党的政治建设的意见》,坚定执行党的政治路线。发展党员946名,其中疫情防控一线火线发展党员16名。举办主体培训班18期,培训党员干部5500余人次;举办专题研修班32个,培训党员干部5000余人次。健全县、乡(镇)、社区、网格、楼栋五级联动工作体系,1578名党员干部下沉一线开展防疫工作,巩固"警社合一"建设成果,提升社区"四化"建设水平,城市基层党建引领社会治理和服务居民能力不断提升。设立41个新兴党组织,持续抓好"两个覆盖",把党建工作和企业发展紧密融合、相互促进。全面贯彻落实《中国共产党党组工作条例》《中国共产党党和国家机关基层组织工作条例》,持续加强和改进新形势下机关党的建设,压紧压实各级党委(党组)履行全面从严治党主体责任,将机关党建工作和机关业务工作同安排同部署同落实,推动机关党的工作标准化、规范化。

【基层组织建设】 2020年,温宿县联审村干部759名。选派81名国家公职人员到村任村党支部书记,282名内招生、留疆战士到村任职,发展农牧民党员594人。全面落实地区"整乡推进、整县提升"试点县任务,在村民小组建立三"家"一"院"697个,推进软弱涣散和后进基层党组织整顿,村级组织的组织力、凝聚力和战斗力进一步增强。推进"访惠聚"驻村工作,聚焦"1+2+5"目标,做实"八项任务"。成立县群众工作委员会,构建三级协同配合、各级党员干部同向发力的群众工作新格局。全年走访群众12.95万户,办实事好事1.39万件。

【住房和城市建设】 2020年,温宿县投资3710万元,建成并投运供水管网3.12千米,排污管网12.41千米,供水普及率98%,基本实现排污纳管"全覆盖"。建成并投运燃气管网8千米,新增天然气入户2200户。投资2200万元,推进温宿县城生活垃圾收集清运系统工程建设。投资4280万元,建成图书馆、党政综合办公楼附属和金桥·太古里基础设施项目,城市综合服务功能进一步增强。投资3371万元改造老旧小区12个,涉及896户,改造覆盖面积14.94万平方米。整合小区68个,共26个片区。投资1.03亿元,实施红旗街延伸段、复兴大道延伸段、托乎拉农村道路及红旗街道路建设项目等重点工程,投资3956.3万元,改造3条城市道路罩面和老城区、发展大道人行道。建成玉龙泉游园、如意泉游园和16个街角绿地,完善一街一品,丰富城市街角生活。增加城市绿地37.27公顷,城区绿地总面积达963.7公顷,人均公共绿地面积达25.52平方米。投入资金2037.75万元(其中:自治区补助资金1322.75万元,援疆补助资金715万元)建成安居房715户。投资8000万元实施保障性住房建设624套,签订棚改征迁协议200户,拆迁面积4.22万平方米,货币化补偿152户,实物安置48户。新增商品房开发面积约22万平方米,消化房地产库存29.8万平方米。

【脱贫攻坚】 2020年,温宿县紧扣"两不愁三保障"脱贫标准,落实"四个不摘""八个不变"政策要求,推进"六个一批""三个加大力度"脱贫举措,狠抓发展产业带动就业,全面巩固提升脱贫成果。14个贫困村、104个有扶贫任务的非贫困村挂牌督战全覆盖,12329名有劳动能力的贫困人口全部实现稳定就业,贫困群众内生发展动力不断增强。投入2.34亿元,实施扶贫项目66个,受益贫困群众5120户。加强"两户"人员监测预警、动态帮扶,户均收入5000元以上。中央第六巡视组脱贫攻坚专项巡视"回头看"等各级各类巡视反馈的95条问题全部整改销号,脱贫攻坚取得全面胜利。建立健全稳定脱贫长效机制,确保已脱贫人口不返贫、非贫困人口不致贫。

【全面小康】 2020年，温宿县坚持把本级财政支出的70%以上用于保障和改善民生,各族群众幸福感、获得感不断提升。城镇新增就业2954人，农村富余劳动力转移就业2.82万人(次),高校毕业生就业率达98.42%，城镇登记失业率控制在3%以内。城镇居民人均可支配收入34536元,农村居民人均纯收入20332元。教育事业均衡发展,投入4.19亿元,搬迁新建四中和提升改造三中、幼教中心,启动大学城实验小学建设,5所城镇幼儿园建成投用,当年建设乡(镇)学校校舍1.88万平方米，办学条件进一步改善。落实各类教育惠民资金1.2亿元,受益学生5.86万人(次)。推进“医联体”“医共体”建设,全民免费健康体检全覆盖。实施文化惠民工程,推进中华优秀传统文化进机关、进校园、进企业、进基层文化阵地,群众精神文化生活进一步丰富。城乡居民基本养老保险参保率99.7%、基本医疗保险参保率98.89%;投入550万元,改建农村幸福大院12所，实现有意愿的鳏寡老人和孤儿集中供养。投入8000万元，建成保障性住房624套；投入7500万元，改造棚户区200户;投入2738万元,改造老旧小区12个;投入1.42亿元,提升改造红旗街等7条市政道路;投入3710万元，建成城区供排水管网15.53千米;投入2037.75万元,建成安居房715套;投入2500万元,改建农村用水管网245千米,完成自来水入户800户；投入4201.68万元,新(改)建电网线路175.96千米，解决用电2603户；投入7132.42万元,改(扩)建农村公路481.75千米。持续打好蓝天、碧水、净土保卫战,有效整治扬尘、燃煤及重点行业污染，严格落实河(湖)长制,推进土壤污染防治,完成造林2.84万亩、补植补种5万亩,森林覆盖率达13.47%;城市建成区绿化覆盖率达46.09%，人均公共绿地面积达25.22平方米。实施“十村示范、百村整治”工程,“三区分离”4万户、改厕4万户,农村人居环境整治成效明显。“七五”普法通过自治区验收,各族群众法治观念增强。

【水利建设】 2020年，温宿县投资3.4亿元实施台兰河洼地水库项目,完成三通一平、生活区搭建及临建设施施工、库盘清废、枢纽工程基础开挖，引水工程基础开挖。投资2850万元实施柯克亚河温宿县依希来木其段防洪工程。完成温宿县一干沟阿日格亚克及神木园洪沟段山洪灾害防治项目。设立河长制公示牌29个，各级河长巡河457次,其中县级河长巡河123次,乡级河长巡河334次。完成台兰河富强砂石料厂料堆和筛分机械清理工作。完成水土流失治理面积33.33平方千米。排查防洪隐患66处,整改66处,维修加固防洪堤38千米,山洪沟清淤疏浚30千米。

争取扶贫地债资金,实施温宿县2020年度农村饮水安全巩固提升工程。投资2500万元改建管网245千米及附属设施，解决1810户农牧民饮水安全问题，改善5600户农牧民饮水安全条件。结束柯柯牙镇英沿村四组近60年饮用“涝坝水”的历史。2020年自来水新增入户391户;完成715户富民安居房自来水入户改造。

【交通运输】 2020年，温宿县投资7132.42万元实施农村公路建设项目建设里程427.443千米,项目涉及共青团镇、古勒阿瓦提乡、柯柯牙镇、恰格拉克乡、阿热力镇5个乡镇。其中,农村公路建设项目330.80千米，项目总投资3068.49万元，资金来源为中央车购税资金;抵边自然村通硬化路建设项目60.297千米，项目总投资2729.3万元，资金来源为中央车购税资金;撤并建制村和通村油路建设项目共36.343千米，项目总投资1270.86万元，改建恰格拉克乡危桥一座,桥梁全长13.04米,项目总投资63.77万元。配合地区交通运输局做好G314南外环项目拆迁协调工作,指导施工单位对封闭施工路段的交通安全标识导向牌布设及安装。开展出租车领域、货物超限运输领域专项治理行动,查处行业乱象行为194起(其中查处黑车6起,超限超载84起,超营运范围载客104起),处理194起。

【农业农村经济】 2020年，温宿县农村经济总收入86.69亿元,比上年增加6.8亿元,增长8.5%;农牧民人均纯收入20332.1元,比上年增加1306.25元，增长6.87%。粮食种植面积3.06万公顷、总产25.75万吨,其中小麦1.8万公顷,总产12.2万吨;水稻0.79万公顷,总产8.5万吨；玉米0.47万公顷,总产5.03万吨；棉花种植面积3.33万公顷,总产6.79万吨。组建棉花专业合作社27个。种植温室大棚549座77.51公顷,大田拱棚

1236 个 14.1 公顷，建设庭院小拱棚 2.81 万个，智能育苗温室 2 座面积 0.53 公顷，建成“小菜窖”3.41 万个。柯柯牙帕克拉克村新建设施蔬菜日光温室 1000 座，占地总面积 266.67 公顷。种植订单蔬菜 73.42 公顷，蔬菜拱棚 649 座 6.22 公顷，露地蔬菜 67.2 公顷，涉及贫困户 696 户，带动贫困户增收 2500 元以上。种植黑木耳 100 万棒，辐射 7 个乡(镇)、24 个村、500 户贫困户，户均纯收益达 3700 元。以“农户+合作社”和企业(养殖大户)自繁自育等模式，加快推进肉牛产业发展，建成标准化肉牛集中养殖小区 12 个，新建规范化牛圈 328 座、青储窖 374 个，实现集中养殖肉牛 3 万头。年末牛存栏 8 万头、羊存栏 80 万只。改良肉羊 14.2 万只，创建肉羊改良示范乡 2 个、示范村 16 个、示范户 1513 户。

【工业经济】 2020 年，温宿县实现工业增加值 5.7 亿元，增速 9%；新增小升规企业 7 家；签约项目 137 个，签约金额 160.4 亿元，完成目标任务的 143.6%。完成落地资金 74.48 亿元，比上年增长 42.3%，完成目标任务的 102.7%。完成限额以上社会消费品零售总额 24.4 亿元以上。完成外贸出口 6988.77 万美元以上，超额完成目标任务的 22.6%。

组织 22 家规模以上企业、32 家限额以上企业、700 余家小微企业复工复产，复工复产率 100%。为 40 余家企业发放价值约 18 万元的防疫物资，为 700 余家中小微企业发放防预防新冠病毒中药 8 万余袋，帮助企业办理生产物资保障通行证 320 余张。帮助温宿县拓美特果蔬制品有限公司、恰恰坚果派农业有限公司等 3 家企业办理外贸易资质手续。累计帮助企业争取中央外经贸发展专项资金、地区边境地区转移支付资金、外经贸出口奖励资金、集拼集运货运班列”运费补贴等扶持资金 575 万元。协助外经贸企业退税 1600.51 万元，免抵 207.77 万元，有效缓解企业发展资金压力。举办温宿县大欣第七届夏季、秋季 2 次车展，展销会期间销售新车 1362 辆，销售额 1.55 亿元。协调帮助亨通果汁、泓盛化工等 41 家企业申报融资贷款 2.1 亿元，落实 3 家企业“政银企担保”业务 4500 万元。为 6 家纺织服装企业 241 人落实每人 2400 元培训补贴，总计补贴资金 57.84 万元。

【民生建设】 2020 年，温宿县城镇新增就业 2956 人，完成地区目标任务 2300 人的 128.52%，农村富余劳动力转移就业 28215 人次，完成地区目标任务 16000 人次的 176.3%。新增创业 1061 人，完成地区目标任务 130 人的 816.15%，创业带动就业 1139 人，完成地区目标任务 390 人的 292.05%，完成创业担保贷款 17 笔 154 万元。开发各行业就业岗位 3900 余个，适时组织线上线下招聘会 9 场。贫困劳动力转移就业 6988 人，就业率达 100%，稳岗率达 99.29%。累计为 620 名返乡农民工发放一次性创业补贴 124 万元，为 79 名高校毕业生和 142 名贫困户发放求职创业补贴 17.68 万元，为 147 名贫困户和 9 名高校毕业生发放自主创业补贴 195.3 万元；拨付企业失业保险稳岗补贴 525 家 222.08 万元(其中个体工商户 7 家)。温宿县 2020 年高校毕业生就业 1126 人，就业率 98.17%。

发放低保金 2768.42 万元，惠及低保户 4074 户、6855 人，发放残疾人“两项补贴”360.8 万元，惠及 2121 人，发放高龄补贴 89.1 万元，惠及 1362 名 80 周岁以上高龄老人。临时救助困难群众 3754 人，发放救助资金 343.02 万元。建立民政、扶贫、残联、卫健等多部门的社会保障兜底协同机制，兜底保障 965 户、1762 人，发放兜底保障资金 678.2 万元。加大疫情防控期间困难群体救助力度，将 369 户 602 人生活困难群众纳入临时低保，发放低保金 27 万元。建立疫情防控期间困难群众应急物资储备长效机制，按照基本生活 10~15 天备足生活必需物资，救助困难群众 13689 户 36915 人(次)。集中供养老人 74 名，收养孤儿 44 名。依托社区综合服务设施，加强“儿童之家”、日间照料中心、社区老年活动中心等养老服务设施建设，为社区老年人提供短期托养、日间照料、康复护理、精神慰藉等生活服务。投资 550 万元，规划建设农村幸福大院 12 所，总建筑面积 7160 平方米，设置床位 260 张，入住困难老年人 235 名。对 123 处公益性生态公墓进行土地平整绿化，节约土地 10173 亩，绿化面积达 43%。

【全域旅游】 2020 年，温宿县完成《温宿县全域旅游专项规划》、塔村、帕克勒克等景区规划，测绘未来 15 年文旅产业发展用地 109 个区块,约30平方千米;争取上级各类资金4500余万元,完成大峡谷、帕克勒克、柯柯牙纪念馆等7个项目建设;签约招商引资项目11个,落地9个,完成投资2亿元。2020年9月21日,温宿县被纳入自治区创建全域旅游示范区行列。帕克勒克草原、金华新村、柯柯牙纪念馆创建为国家AAA级旅游景区,全县国家A级旅游景区达10家,约占全地区国家A级旅游景区总数的25%。培育休闲农业和乡村旅游示范点11个,塔格拉克村被命名为全国第二批乡村旅游重点村,成为新疆知名"网红村"。化解疫情影响,出台《温宿县2020年旅游奖励实施细则（试行)》,运用400万旅游援疆发展基金,分3批次出台游温宿门票补贴、消费补贴等阶段性刺激政策,兑现各类奖励资金222.22万元。全年接待游客214.3万人次,同比增长26.94%;旅游总消费10.84亿元,同比增长10.52%;带动就业7292人。

【温宿产业园区】 2020年,温宿产业园区实现工业总产值14.6亿元,增速46%;实现工业增加值6.7亿元,增速59%;累计完成固定资产投资9.4亿元,同比增长31.75%。完成招商引资到位资金15.12亿元,同比增长28%。新签约招商引资合同16个,签约金额41.29亿元,完成年度目标任务20亿元的206%;落地招商引资项目23个(续建8个,新建15个)。完成外贸进出口额116万美元,完成地区下达年度目标任务100万美元的116%。新引进入园企业9家,完成地区下达年度目标任务3家的300%;新增鑫达化工、瑞昆商砼2家规上企业。新建产业链延伸项目2个,新增企业技术改造项目1个;新增就业人数318人,完成职业技能培训100人;完成一般公共预算收入0.1亿元;园区和企业内绿化覆盖率达到16%。督促企业落实安全生产主体责任。检查企业70家(次),下达执法通知书30余份,停产整顿1家,检查问题及不足501条,均已整改完毕。

【温宿国家农业科技园区】 2020年完成工业产值6.9亿元,实现工业增加值1.7亿元,完成固定资产投资7.6亿元。完成招商引资项目签约32家,签约资金33.02亿元,新落户企业27家,年内投产10家,到位资金15.6亿元;新增规上企业2家;完成一般公共财税收入453.33万元,恒通果汁完成外贸进出口额1800万美元,在疫情的影响下,仍然较2019年增长300万美元。2020年完成基础设施建设项目10个,总投资约10亿元,其中:续建项目5个,总投资4.78亿元,新建项目5个,总投资5.3亿元。

【浙江省援建工作】 2020年,实施援疆项目25个(含省援疆指挥部统筹项目1个,其中第一批援疆项目23个,第二批援疆项目2个),总投资9.13亿元,其中援疆资金1.53亿元,涉及责任主体单位18个。派出8批次前往浙江、山东以及乌鲁木齐等地招商,投产项目3个、落地项目4个、签约项目7个,总投资资金共38.8亿元。

投入援疆资金400万元将佳木镇阔坦村等11个村作为2020年温宿首批"百村千厂"消薄增收试点村,探索"建管一体、厂权共持、收益共享"的卫星工厂建设"1+N"模式,推动产业集聚,增加"造血"功能。安排援疆资金300万元,持续扶持水生蔬菜、水果、宣莲、食药用菌等特色种养殖示范基地建设,助力农业产业化进程。累计已引进农业新品种新技术58个(项)、引进种苗15万余株、建设种植养殖面积达340公顷。组织温宿县农业干部、人才和企业赴金华参加浙江购物节并开展温宿农产品专场推介会,开展林果修剪与幼果管理、食用菌栽培、水生蔬菜种植等实用技术培训20次,受训300人次。发挥金华市场大市和数字经济优势,全面推进"线下十进""十网百店""大仓东移""展会推介""品牌引领"等有力举措,2020年助力温宿销售苹果、核桃、香梨、红枣等农产品8.23万吨,实现"疆果东送"销售额12.78亿元,同比增长43.6%,居全省各市援疆指挥部前列。尝试把产业援疆和乡村振兴相结合,将厂房建在村民家边上,助力解决村民就地就近就业。

【名优特产】 温宿大米　温宿县盛产大米,被命名为"中国大米之乡"。2010年,被农业部授予"全国粮食生产大县"称号。2012年,被自治区农业厅授予"粮食生产先进县"称号。温宿大米销往北京、上海、深圳等30多个城市和700多家商场、超市,产品供不应求,年销售量已突破6万吨。

薄皮核桃　温宿县柯柯牙镇核桃新村(原名核桃林场)是温宿

县的核桃产业基地，位于新疆天山南侧，距县城西北5千米，海拔1700米，占地面积2万余公顷，是新疆优质有机核桃产区。“核桃之乡”温宿县以核桃新村万亩（666.67公顷）薄皮核桃高科技示范园区为依托，在革命大渠北岸30千米沿线发展4000公顷集生态、节水、旅游观光为一体的薄皮核桃生产基地。产品销往北京、上海、广州、深圳、南京、杭州、西安、成都、长沙等城市，覆盖长三角、珠三角，年需求量3000余吨。

【生态文明建设】 2020年，温宿县持续打好蓝天、碧水、净土保卫战，扬尘、燃煤及重点行业污染得到有效整治，河（湖）长制落实，土壤污染防治工作深入推进，完成造林1893.33公顷、补植补种3333.33公顷，森林覆盖率达13.47%；城市建成区绿化覆盖率达46.09%，人均公共绿地面积达25.22平方米；第二次全国污染源普查工作通过国家验收，中央环保督察反馈问题整改全面完成。

【企业孵化园】 2020年，温宿县在温宿国家农业科技园区实施企业孵化园项目，该项目2020年10月全面建成投入使用。项目总投资8700万元，为县财政自筹，项目建设单位为温宿县住建局。项目占地面积8.53公顷，建成10栋标准化综合厂房，每栋3000平方米，建成综合楼6000平方米及配套基础设施。签约洽洽坚果派、徽疆农业科技、睿哲工贸、西康达药业等入驻企业8家，可解决当地就业1000人。

阿瓦提县

【基本情况】 阿瓦提源于维吾尔语，意为“昌盛、繁荣”。数百年前，只有少数刀郎人猎牧于境内原始胡杨林和荒原草莽之间，清代乾隆朝始兴屯政，移周边各地人口于境内开荒垦殖，移民企盼繁荣，将新居地起名“阿瓦提”。民国19年（1930年），正式设县。1958年，阿克苏县拜什艾日克公社和英艾日克公社划入阿瓦提县。阿瓦提县位于天山南麓、塔里木盆地西北边沿。县城距乌鲁木齐市公路里程1064千米。

阿瓦提县属温带大陆性干旱气候 。2021年辖3个乡、5个镇、3个片区管委会场。2020年农林牧渔总产值3901020.18万元，同比增长12.17%。2020年造林面积1.33万余亩。

野生药材有甘草、牛蒡、列当、肉苁蓉、贝母等。野生植物有芦苇、罗布麻、沙棘等。野生动物有黄羊、狐狸、野兔、狸猫、野猪、麝鼠、天鹅、大鸨、野鸭、白鹳等。著名地方产品有慕萨莱思饮品。主要旅游景区有国家AAAA级旅游景点刀郎部落和儿童公园。

2020年，全县完成生产总值达64.65亿元，同比增长6.7%。其中，第一产业完成19.995亿元，同比增长6.5%；第二产业完成10.618亿元，同比增长13.5%；第三产业完成34.037亿元，同比增长5%。

【党的建设】 2020年，阿瓦提县共有党组织458个，其中党（工）委20个，二级党委4个，党总支部19个、党支部402个，党员1万余名。召开县委理论学习中心组学习11次，县委党校举办培训班68期、培训党员干部9832余人次。开展“整乡推进、整县提升”示范创建行动，抓2个软弱涣散、14个倒排后进党组织整顿提升，选优配强161名村党支部书记，向企业选派66名党建指导员，扩大党的组织覆盖和工作覆盖。运用“四种形态”处理党员干部1500人次，开展为期3个月的“基层党员干部损害群众利益问题专项整治”活动。

【脱贫攻坚】 2020年，阿瓦提县28名县级领导包联督战25个贫困村全覆盖、同时包联督战23个有扶贫任务的非贫困村，11名地直单位领导干部、70名科级干部包联督战104个有扶贫任务的非贫困村全覆盖，实现贫困劳动力转移就业11179人；实施林果业提质增效4475.01亩、种植黑木耳116.5万棒、发展小拱棚蔬菜2823座，带动2295户贫困户增收；扩大扶贫产品销售渠道，帮助销售扶贫产品2297.94万元；将325户符合条件的贫困人口全部纳入低保范围。

2020年，阿瓦提县择优选调162名普查员、748名引导员、25名翻译员，扎实开展精准清查摸底、现场登记、数据审核验收，圆满完成我县159个行政村、7585户建档立卡贫困户脱贫攻坚普查任务，“两不愁三保障”核心指标达标率100%。

2020年，阿瓦提县完成中央和自治区下达该县财政专项扶贫资金 1.23 亿元,共安排项目 59 个(其中扶贫发展资金以产业类项目为重点,安排产业类项目 38 个、资金 5661.76 万元),已全部完工并投入使用,资金支付率 96.9%。

【基础设施建设】 2020 年,阿瓦提县完成固定资产投资 322649 万元。一产完成投资 41129 万元,二产完成投资 71760 万元,三产完成投资 209760 万元。阿瓦提县产业园厂房建设项目完成投资 13301 万元;阿瓦提县塔木托格拉克镇饮水安全巩固提升工程建设项目完成投资 15353 万元。完成房地产投资 25332 万元,商品房销售面积累计 20800 平方米。

【农业农村经济】 2020 年,阿瓦提县年末实有耕地面积 144.22 万亩,全年农作物总播种面积 199.38 万亩,同比增长 1.3%。其中粮食播种面积 42.95 万亩,增加 6.11 万亩,同比增长 16.6%;棉花播种面积 142.06 万亩,减少 5.02 万亩,同比下降 3.4%. 其中长绒棉播种面积 44.08 万亩,细绒棉播种面积 97.98 万亩;小麦播种面积 22.57 万亩,增加 2.6 万亩,同比增长 13.02%;玉米播种面积 19.28 万亩,增加 3.95 万亩,同比增长 25.68%;瓜类播种面积 1.54 万亩,减少 0.55 万亩,同比下降 26.3%;蔬菜播种面积 4.49 万亩,增加 1.04 万亩,同比增长 30.1%。

2020 年,阿瓦提县粮食产量 205836 吨,增加 33504 吨,同比增长 19.44%;小麦产量 107345 吨,增加 14345 吨,同比增长 15.42%;玉米产量 92739 吨,增加 21978 吨,同比增长 31.05%;瓜类产量 34345 吨;蔬菜产量 92566 吨;棉花产量 190037 吨;其中长绒棉、细绒棉平均单产(皮棉)分别达 96.27 公斤和 150.37 公斤。

2020 年,阿瓦提县牲畜出栏 50.91 万只(头),增长 5.2%,其中羊出栏 45.48 万只,增长 4.67%;牛出栏 3.04 万头,增长 18.28%。牲畜存栏 57.16 万只(头),增长 7.58%,其中羊存栏 52.09 万只,增长 3.3%;牛存栏 4.04 万头,增长 133.52%。肉类总产量 28590 吨,增长 8.18%,其中羊肉产量 9036 吨,增长 12.9%;牛肉产量 4343 吨,增长 7.31%;大肉产量 1622 吨,增长 1.82%。牛奶产量 13315 吨,增长 8.05%;禽蛋产量 5069 吨,增长 8.3%。水产品产量 249 吨。

2020 年,阿瓦提县农业机械总动力 47.3 万千瓦时,增长 13.4%。农村用电量 23732 万千瓦时,增长 17.78%。拥有大中型拖拉机 10182 台,增长 4.06%;小型拖拉机 4767 台,下降 5.6%。化肥施用量(折纯)51587 吨,下降 0.03%。有效灌溉面积 158.8 万亩,与上年同期持平;节水灌溉面积 109 万亩,比上年同期增长 11.2%。

2020 年,阿瓦提县累计完成高标准农田建设 7.46 万公顷、土地平整 5.75 万公顷、土地流转 3.54 万公顷。建设县、乡、村三级林果示范园 61 个 0.08 万公顷,林果挂果面积 1.75 万公顷、总产 12.89 万吨;推进"十百千亿"工程建设,以"两基地两中心"和"12 个三千只肉羊养殖基地"建设为重点,不断扩大畜禽养殖规模,牲畜存栏 57.16 万头(只),出栏 50.66 万头(只)。加强乡风文明建设,新(改)建无害化卫生厕所 14469 座,建设固定巷道垃圾收集站 540 座,人居环境有效改善。

【城市经济建设】 2020 年,阿瓦提县规模以上工业总产值 85141.19 万元,同比增长 6%;工业销售产值 78670.46 万元,产销率 92.4%;累计实现工业增加值 29778.9 万元,同比增长 5.5%。

2020 年,阿瓦提县规模以上工业企业营业收入 67750.1 万元,同比下降 23.54%;利润总额-3080.4 万元,同比下降 206.9%。其中纺织业营业收入 39773.8 万元,利润总额-2960.6 万元;纺织服装、服饰业营业收入 2855.4 万元,利润总额-110.6 万元;农副食品加工业营业收入2052.5 万元,利润总额-74.2 万元;电力、热力生产和供应业营业收入 19686.1 万元,利润总额 52.2 万元;非金属矿物制品业营业收入 3382.3 万元,利润总额 12.8 万元。

2020 年,阿瓦提县完成建筑业总产值 182053 万元,增长43.06%,建筑业企业签订合同总额为 217227.6 万元,增长 49.99%,房屋建筑施工面积 472356 平方米,增加 180557 平方米;房屋竣工产值 165571.1 万元,增长 64.39%。

2020 年,阿瓦提县社会消费品零售总额 69686.7 万元,下降 0.4%。按城乡分,城镇消费品零售额 53334.2 万元,增长 11.06%;乡村消费品零售额 16352.5 万元,下降 25.58%。全县限额以上批发和零售业中,机电产品及设备类零售额 2473.6 万元,同比下降 13.2%;石油及制品类零售额 782.5 万元,同比下降 22.4%。

2020 年，阿瓦提县贸易实现销售总额 427078.9 万元，同比增长 4.7%。按行业分，批发和零售业销售额 385629.6 万元，同比增长 0.8%；住宿餐饮业营业额 41449.3 万元，同比增长 5.5%。

2020 年，阿瓦提县把招商引资作为“一号工程”，以外出招商、驻地招商和以商招商为抓手，发挥 19 个招商小分队和 2 个招商驻点作用，落实招商引资项目 37 个，到位资金 26.49 亿元。落实“一个企业、一名县领导包联、一个部门服务”工作机制，22 名县级领导、75 名科级领导层层包联企业，跟踪做好项目手续办理、落地建设、用工用料等各类服务，累计解决企业困难诉求 120 余件。加快“一区三园”建设，建成纺织服装标准化厂房 33.3 万平方米、园区道路 15 千米、职业高中 1 所、污水处理厂 1 座，天然气管道、供水管网实现全覆盖，园区入驻企业 23 家，配合“阿阿铁路”、G580 阿克苏—阿瓦提一级公路等项目建设，对接中石油、中石化，强化协调服务，推进“夏河二井”“吐木一井”油气勘探开发。

【民生建设】 2020 年，阿瓦提县城镇实现就业再就业 3575 人，就业困难对象再就业 222 人，转移输出劳动力 2.42 万人次，扶持创业人数 368 人，城镇登记失业率控制在 4%以内。

2020 年，阿瓦提县参加城镇基本养老保险职工人数 15820 人，比上年末增加 385 人，增长 2.5%。其中：参保离退休人员 5224 人，参加城镇职工基本医疗保险人数 21047 人。参加城乡居民基本医疗保险人数 218457 人。参加失业保险人数 13215 人，增加 700 人，增长 5.6%。参加工伤保险职工人数 12814 人，增加 165 人，增长 1.3%。参加生育保险职工人数 17307 人，增加 681 人，增长 4.1%。参加农村社会养老保险人数 117486 人，增加 484 人，增长 0.41%。

2020 年，阿瓦提县有职业技术学校 1 所、普通高中 1 所、初级中学 10 所（含 3 所九年一贯制学校）、小学 70 所，幼儿园 140 所（含 6 所民办幼儿园）。在校生 68655 人，其中：职业技术学校学生 3307 人、普通高中生 2519 人、初中生 14302 人、小学生 32122 人、幼儿园幼儿 16415 人。

2020 年，阿瓦提县争取地区科技项目 1 个，落实项目经费 4 万元，全年申请专利 8 个。全县专业技术人员 5824 人。其中：农业技术人员 205 人。

2020 年，阿瓦提县共有各类文化艺术机构 1 个，融媒体中心（电视台）1 座，乡广播站 6 座，广播人口覆盖率和电视综合人口覆盖率均达 100%。文物保护单位 8 个，其中列入自治区级文物保护单位 6 个；非物质文化遗产代表性项目名录 22 个，其中列入国家级非物质文化遗产代表性项目名录 1 个、自治区级 8 个、地区级 13 个；多功能体育馆 1 个；放映电影 1700 场（次），全年开展县级“文化惠民活动”168 场次、乡村“文化惠民活动”1800 场次；公共图书馆图书总藏量（含电子图书）25 万册。

2020 年，阿瓦提县共有卫生机构 21 个，其中医院 7 个（4 个民营医院）、卫生院 10 个，社区卫生服务中心 1 个，疾病预防控制中心 1 个，卫生监督执法局 1 个；计划生育服务站 1 个，卫生技术人员 1579 人（编制人数 776 人、聘用人数 803 人），医生（执业医师和助理医师）318 人。医院、卫生院床位数 1246 张（编制床位 927 张）。

2020 年，阿瓦提县各种福利收养性单位 9 个，各种社会福利收养单位床位数 552 床。2020 年年底享受城乡低保人数 15488 人，其中：城镇 2329 人，农村 13159 人。累计发放城乡居民最低生活保障金 5791.95 万元。农村“五保”供养人数 219 人。

【生态环境】 2020 年，阿瓦提县土地总面积 1.3 万平方千米，其中沙地面积 680780.12 公顷，耕地面积 96133.34 公顷，水浇地 95911.29 公顷，林地面积 182246.67 公顷，森林面积 94776 公顷，全县当年完成造林面积 3.2 万亩，森林覆盖率 7.18%。

全县建城区绿化覆盖率 43.49%，城镇供水覆盖率 100%，污水处理率 91.3%，垃圾处理率 100%，燃气覆盖率达 100%。工业烟(粉)尘排放量达 378.98 吨，同比减少 5%。工业废水排放量 6.22 万吨，同比下降 26%，二氧化硫排放量 532.49 吨，同比减少 5%。工业氮氧化物排放量 231.98 吨，同比减少 6%。全县自然保护公园区 1 个，自然保护公园区面积 1079.274 平方千米，污水处理厂 1 座，垃圾处理场 1 个。

【生态建设】 2020 年，阿瓦提县严

格环评与“三同时”(建设项目中防治污染的设施,应当与主体工程同时设计、同时施工、同时投产使用)管理。全办理网上备案环评登记185个,出具初审意见27份、审查意见651份,开展环保竣工验收4个。强化环保宣传,利用广播电视、户外大屏播出环保主题公益广告2万条次,播出环保会议和法律法规知识220期次;开展“6·5”及其他环保宣传活动5次,发放宣传资料5000余份,环保袋5000余个,环保理念深入人心。积极配合做好区域空间生态环境评价“三线一单”(生态保护红线、环境质量底线、资源利用上线和生态环境准入清单)编制工作。广泛征求意见,召开座谈会,多次听取相关部门的评审意见,收集相关单位资料,全面做好“三线一单”编制工作推进生态文明建设,2020年,阿瓦提县水、大气环境质量监测聘请第三方新环检测公司对水环境质量进行了监测。阿瓦提县地表水断面名称为玉满闸,水质目标为III类,断面位于阿克苏老大河,全年第三方监测公司对地表水共监测12次,水质均达到或优于III类。阿瓦提县地下水监测主要为城乡饮用水水源地,2020年共监测12次,水质均达到或优于饮用水III类标准。阿瓦提县环境空气质量监测点位有3个,2个为手工监测,分别位于光明中路1号综合办公楼院内和体育馆院内,主要监测项目为可吸入颗粒物、二氧化硫和二氧化氮3项指标。2020年由第三方监测公司新环检测公司监测4次,因沙尘暴影响,全年部分时段空气质量不佳,多数时段空气质量优良。

【贯彻落实新发展理念】 2020年,阿瓦提县坚持一产上水平,推动农业转型升级。持续推进稳粮、优棉、促畜、强果、兴特色,加快农业产业化步伐,稳步提升农业农村发展质量。累计完成高标准农田建设7.47万公顷、土地平整5.75万公顷、土地流转3.54万公顷。持续优化产业结构,稳定粮食面积1.5万公顷、总产10.73万吨;棉花种植9.47万公顷(示范推广种植机采棉模式5.69万公顷)、总产19.01万吨;建设县、乡、村三级林果示范园61个846.67公顷,林果挂果面积1.75万公顷、总产12.89万吨;加快推进“十百千亿”工程建设,以“两基地两中心”和“12个三千只肉羊养殖基地”建设为重点,不断扩大畜禽养殖规模,牲畜存栏57.16万头(只),出栏50.66万头(只)。加强乡风文明建设,新(改)建无害化卫生厕所14469座,建设固定巷道垃圾收集站540座,人居环境有效改善。2020年,累计完成固定资产实物量投资34.07亿元,增速33%;完成限额以上社会消费品零售总额1.92亿元,增速10%以上;完成规模以上工业增加值2.97亿元,增速9.8%;完成一般公共预算收入2.95亿元,增速10%。坚持“抓项目就是抓发展”的理念,争取中央预算内项目46个,资金4.22亿元,储备“十四五”期间项目2270个,涉及资金1331.19亿元。2020年,推进全面深化改革。认真落实减税降费政策,结合疫情防控和经济社会发展税费优惠政策,累计为中小企业减免税费1976万元。开展政务服务“城乡一体化”改革,下放事项审批权限123项,推动基本公共服务向农村(社区)延伸。深化营商环境改革,依托“互联网+”政务服务一体化平台,推进数据共享,将“群众跑腿”变为“数据跑路”,实现网上可办事项595项、一网通办事项460项,网上可办率达99.83%。

【民族团结】 2020年,阿瓦提县深化“民族团结一家亲”和民族团结联谊活动,全县4786名党员干部职工与15292户群众结对认亲、守望相助,办理实事好事3.6万件。深入开展民族团结宣传教育,分类施教、因人施教,重点围绕“八个讲清”,发挥“一团八队六行业”宣讲团作用,开展各类民族团结主题宣讲全覆盖2轮,受教育群众3.9万人次。开展民族团结进步创建活动,成功创建地区级民族团结进步示范县。

【浙江省绍兴市对口援疆工作】 2020年,绍兴市援疆助力阿瓦提县围绕产业就业、保障民生、基层维稳、教育援疆、干部人才、交流交往,推进援疆工作,实施援疆项目22个、到位资金1.6亿元。推进“十城百店”“百村千厂”“万亩亿元”三大工程,“十城百店”门店达65家,在绍兴各区县市实现全覆盖。开展“组团式”教育、医疗人才援疆,打造“鲁迅文化”教育援疆、“大爱越医”医疗援疆品牌,落实“帮带提升”工作机制。

乌什县

【基本情况】 乌什县位于新疆维

吾尔自治区西部,天山南麓、塔里木盆地西北边缘,阿克苏地区西南部,素为战略要地。县境东邻阿克苏市和温宿县,西部与克孜勒苏柯尔克孜自治州阿合奇县毗连,南以卡拉铁克山为界与乌什县隔山相望,北以天山山脉与吉尔吉斯斯坦共和国接壤,境内驻有新疆生产建设兵团第一师四团。县城距乌鲁木齐市公路里程1111千米。

境内有奥特贝希湖;主要河流有托什干河、库马力克河,年总径流量28亿米^3,地下水动储量6.14亿米^3。主要野生药用植物有大叶白麻、马蔺、火绒草、雪莲、蒲公英、菟丝子、车前、柴胡、锁阳、远志、乌拉尔甘草、党参、紫草等13种。国家一级重点保护野生动物主要有雪豹、北山羊、黑鹳、白鹳、金雕、胡元鹫(大胡子鹫)等11种,国家二级重点保护野生动物主要有盘羊、鹅喉羚、狼、秃鹫、大天鹅、石貂、水獭、鸢、苍鹰、雪鸡等29种。主要矿产资源有金、铜、铅锌、铝土、磷、矾、镁、锑、石膏、银、铀、汞、玛瑙、陶土、白云岩、凝灰岩、石灰石、大理石、玄武岩、黏土等20种。森林覆盖率8.66%。国家AAAA级旅游景区有2个(燕泉山景区和沙棘林湿地公园景区)。特色产品主要有核桃(核桃油)、桃豆、野生沙棘(沙棘酒、饮料)等。属暖温带大陆性干旱气候。

2020年,完成生产总值51.48亿元,比上年增长8.9%。其中第一产业增加值11.0亿元,增长5.7%;第二产业增加值9.61亿元,增长44.9%;第三产业增加值30.87亿元,增长4.2%。三次产业结构比为21:19:60。

2020年,辖3个镇6个乡。年末总人口231775人(其中少数民族人口219154人,兵团第一师四团人口8769人),其中乡村人口150033人;人口出生率8.47‰,自然增长率2.52‰。耕地面积4.75万公顷,农作物播种面积4.75万公顷,粮食(含薯类)3.74万公顷,薯类50.31公顷。

农林牧渔及其服务业总产值321496万元,比上年增长17.78%。其中农业产值200474万元,增长21.3%;林业880万元,增长7.7%;牧业83482万元,增长14.05%。主要农产品产量:粮食(含薯类)32.76万吨,油料947.3吨,甜菜2.57万吨,蔬菜4.08万吨,果用瓜1.31万吨,苜蓿1.34万吨。主要特色农作物产量:加工番茄6.62万吨,鹰嘴豆570吨,鲜木耳790.48吨,药材1314.3吨。水果产量:苹果0.35万吨,葡萄3.09万吨,桃0.034万吨,杏3.59万吨,红枣0.22万吨,其他0.35万吨。坚果产量:核桃6.38万吨。年末牲畜存栏80.23万头(只),全年牲畜出栏70.27万头(只),出栏率87.59%。肉类总产量3.59万吨,羊毛355.45吨,奶类6230吨,禽蛋1510吨,水产品580吨。年末农业机械总动力34.82万千瓦。

规模以上工业企业12家,实现工业总产值4亿元;工业增加值1.83亿元,利润总额5305.2万元。主要工业产品产量:建材97408立方米,饮料酒176.06千升,饮料364.13吨,果蔬制品8474吨,面粉27536.03吨,纺织品3191.24吨。

全社会固定资产投资36.18亿元,比上年增长25.39%。进出口贸易总额1980万美元,比上年增长12.24%,其中出口1980万美元。

完成邮政业务总量624万元,电信业务总量2700万元。年末固定电话用户7468户,移动电话用户12.8万户,互联网宽带接入用户1.94万户。接待旅游者85.8万人次,旅游收入2.8292亿元。地方财政收入36136万元(一般公共预算收入23001万元),地方财政支出395940万元(一般公共预算支出361360万元)。年末城乡居民储蓄存款余额299879.18万元。

有各类专业技术人员4749人,其中中级以上922人。

有中等职业教育学校1所,在校学生3271人(少数民族3268人);普通高中2所,在校学生3184人(少数民族3122人);初中4所,在校生10255人(少数民族10135人);小学64所,在校学生29179人(少数民族29218人);幼儿园119所,在园幼儿16646人(少数民族16321人)。各类教师4237人(少数民族2698人)。全年教育经费投入83796万元。

有医疗卫生机构134个,其中医院2个、基层医疗卫生机构128个(包括社区卫生服务中心、卫生院、门诊部等)、专业公共卫生机构4个(包括专科疾病防治院/所/站、妇幼保健院/所/站等),卫生技术人员1037人,卫生机构床位650张。

全年城镇居民家庭人均可支配收入30713元,农村居民家庭人均纯收入10387元。

2020年年末,就业人员2.83万人,比上年增长8.01%。当年实现城镇就业再就业人员1493人。年末城镇登记失业率3.9%。

截至年底,参加职工基本养老保险5784人,参加城乡居民社会养老保险110749人;参加职工基本医疗保险14961人,参加城乡居民基本医疗保险200169人;参加工伤保险10027人;参加失业保险9946人。参加新型农村合作医疗200203人,参合率99.9%。

年末城镇居民最低生活保障人数2467人,农村居民最低生活保障人数23387人。

【党的建设】 2020年,乌什县全面落实党组织和领导干部重大事项报告制度,严格执行民主集中制,所有"三重一大"事项均由集体研究决定,班子科学决策、引领发展、促进团结的水平明显提高。提升基层党(工)委(党组)组织力,扎实推进农村、城市、机关、国企、新兴组织等领域党的组织和工作全覆盖,积极推行社区"大党委"共驻共建新模式,持续深化党建带群建工作,新发展党员713名。投入2706万元新(改)建村级阵地17个,整顿软弱涣散1个和倒排后进基层党组织3个,打造提升示范点8个。实施村干部"三大工程",开展村干部四个月国家通用语言培训班3期428人,选派55名国家公职人员到村担任党组织书记,推进86名内招生、98名留疆战士到村任职,培养村级储备年轻干部629名,村"两委"班子结构不断优化。全面落实"1+2+5"八项重点任务,区地县821名干部踊跃参加"访惠聚"驻村工作,排查化解各类矛盾纠纷7.6万余件,为群众办实事好事9.8万余件。注重基层一线考察识别干部,提拔重用乡科级干部141人,公务员择优晋升职级434人次,对8名履职不力的科级干部进行调整,良好的选人用人机制成为新常态。完善"1+6"人才工作体系,建立人才信息库18421人,启动衢州·乌什"燕山飞龙"孵化行动,有效激励各类人才担当作为。关心关爱老干部,组建"夕阳红"先锋队、宣讲团,激励广大老干部离岗不离党、退休不褪色,为建设幸福乌什贡献余热。严格落实中央八项规定及其实施细则精神,大力整治不作为、慢作为、乱作为等问题,力戒形式主义、官僚主义,切实减轻基层负担。全面落实从严治党"两个责任",用好监督执纪"四种形态",强化警示教育,深化以案促改,加强党员干部教育监督管理,深入推进"5+3"专项整治,严肃查处损害群众利益突出问题,反腐败斗争压倒性态势进一步巩固。

【脱贫攻坚和全面小康】 2020年,乌什县坚持精准扶贫精准脱贫基本方略,聚焦"两不愁三保障",严格落实"四个不摘""八个不变"要求,扎实推进"六个一批""三个加大力度",集中力量攻克贫困壁垒,顺利完成脱贫攻坚普查,推动脱贫攻坚与乡村振兴稳步实现有效衔接。严格落实"三专一访""四责三实"要求,召开脱贫攻坚专题常委会会议17次,扶贫开发领导小组会议18次,专题学习15次。地区15名县处级领导、本县61名县级干部对74个贫困村和34个有扶贫任务的非贫困村包联督导全覆盖。全年投入各类扶贫资金7.79亿元,实施各类扶贫项目125个,突出抓好产业扶贫,新建农村夜市23个、扶贫商铺200余间,28个卫星工厂正常投产,有效带动了贫困村、贫困户持续增收。坚持"四员一岗"只增不减,优化调整1835名贫困人员担任护边员,选聘1605名贫困人员担任生态护林员、草场管护员,新增路管员和护路员公益性岗位1725个全部用于边缘户、监测户,管好用好2017个土地清理再分配公益性岗位,全县有劳动能力、有就业意愿的33458名建档立卡贫困人口全部就业,稳岗率98.93%。推进农村低保制度与扶贫开发政策有效衔接,对完全丧失和部分丧失劳动能力的4031名贫困人口实现应保尽保、应兜尽兜。加快推动扶贫产品线上线下销售,设立消费扶贫专区8处、专柜15处,认定扶贫产品11种126个、带贫益贫企业9家,商品总价值3.65亿元,采取"六进九销"模式,直购和帮助销售贫困户农副产品7274.64万元。坚持防返贫关口前移,运用脱贫攻坚大数据平台,按照"绿、黄、橙、红"四级分类预警,对829户3539名脱贫监测户和1681户8107名边缘户进行动态监测、精准帮扶,县财政投入1000万元为边缘户实施巩固提升项目16个,有效防止了返贫和新的致贫。讲好乌什脱贫故事,持续开展感恩教育,培训贫困群众21期6.31万人(次),宣讲3242场(次)17.31万人(次),贫困群众内生动力明显增强。

【基础设施】 2020年,乌什县坚持"泉在城中流、城在泉中映、人在泉城游"和"景城一体化"城市建设发展理念,通过洽谈引进4家房地产开发企业，投资9.37亿元实施泉域公园里、湖悦山色等6个房地产项目，投资2.79亿元实施亿嘉时代购物广场、亿年万象街、迎宾馆等项目，着力打造一批高品质商业圈、美食街、住宅区。建成村级综合文化服务中心119个，安居富民房2636套、保障性住房1000套，实施棚户区改造1360户，新建农村公路183.6千米，新建(改造)供热管网7千米、供排水管网36.3千米，升级改造农村电网79.45千米，各族群众生产生活条件得到极大改善。投入资金1.5002亿元，实施改扩建校舍及基础设施项目13个；投入资金1284万元，建设VR人工智能实验室、教学设备等项目，办学条件全面改善。加大医疗基础设施建设投入力度，先后投入资金9720万元，建设县人民医院急诊外科楼、中医医院门诊医技楼；投入500余万元，新建村级卫生室10个，并为每个乡(镇)配备1辆救护车，有力提升全县总体医疗卫生水平。积极推进阿合雅特色小城镇建设，深入推进"百村示范"村容村貌整治，新建简易垃圾填埋场13个、固定村庄巷道垃圾收集点410个，配备垃圾收集、转运车43辆，新改建户厕41611户，清理沟渠370条970千米，完成"三区分离"38360户，睡觉上床、吃饭上桌、学习有课桌38688户，干净整洁的乡村人居环境基本形成。

【农业农村经济】 2020年，乌什县坚持农业农村优先发展，创新推进路、林、渠长制，大力发展以小麦、玉米良种繁育和高产栽培为主的种植业，建设优质良种基地0.13公顷，粮食总产32.76万吨。大力发展以核桃为主的特色林果业，积极推广"沤制绿肥养园"技术，持续推进特色林果业提质增效，巩固提升县乡村三级核桃示范园160个0.18万公顷，打造特色林果"百十一"基地4.66万公顷，果品总产14.03万吨。大力发展以牛羊猪鸡鸭鹅养殖为主的现代畜牧业，培育"千头牛"合作社11个、"万只羊"合作社3个，引进20万头生猪、20万只湖羊、3000万只鸭鹅养殖项目，全年牲畜出栏70.27万头只，家禽出栏319.79万羽。大力发展以蔬菜、食用菌为主的设施农业，新建温室大棚490座，种植黑木耳305万棒，配套引进总投资3500万元的"中央厨房"项目，带动农牧民增收效果明显。2020年全县粮食种植3.36万公顷，总产28.56万吨；林果面积稳定在2.45万公顷，挂果面积2.43万公顷，果品产量突破14.03万吨；牲畜存栏80.25万头(只)，家禽存栏96.88万只，牲畜出栏70.27万头(只)，家禽出栏288.4万只，产肉、蛋、奶3.72万吨。全县农村集体经济总收入预计完成33.6亿元，同比增加3.97亿元，增长13.4%。

【民生建设】 2020年，乌什县坚持以人民为中心的发展思想，时刻把群众的安危冷暖放在心中最高位置，着力解决好群众最期盼、最关心、最现实的就业、教育、医疗、社保等民生问题，各族群众的获得感、幸福感进一步提升。千方百计促进就业，全年新增城镇就业1493人，应届高校毕业生登记就业900人，城乡富余劳动力转移就业2.83万人，城镇登记失业率稳控在3.9%以内；依托"春风行动""就业援助月"等活动，搭建就业平台，开展招聘会4场次，发放宣传单2万余份，开展技能培训3393人。加强师资队伍建设，新聘教师511名；深入推进"组团式"式教育援疆，衢州市托管县第一小学、第二中学；深化"教共体""校共体"教学改革，教育教学质量稳步提升，落实各阶段教育惠民资金1.35亿元，惠及学生10.77万人次；发放各类助学金2214.685万元，资助贫困学生9267余名。全民免费健康体检、家庭医生签约服务、困难群体医疗救助实现全覆盖，城乡居民医疗保险参保率稳定在99%以上。大力实施全民参保计划，社会保险制度更加完善，城乡居民基本养老保险参保率稳定在99.4%以上，特殊困难群体救助实现全覆盖；关心关爱困难群众，按照"应保尽保、应退尽退"的原则，动态调整城乡低保对象7067人，新增城乡低保对象3955人，全年发放低保金、孤儿基本生活保障金、残疾人"两项补贴"等资金8940万元；用心用情用力做好疫情期间困难群众的关心关爱工作，为79725户困难群众发放价值1171.49万元的救助物资，为4870户困难群众发放临时救助金233.69万元，为26523人发放冬季取暖救助金1151.86万元。新建农村幸福大院9所，实现农村老年人老有所养、老有所乐。

【生态建设】 2020年，乌什县牢固树立绿色发展理念，推进"生态立县"工程，严禁"三高"项目进乌什,努力营造天蓝地绿水清的美丽乌什新面貌。坚决打赢蓝天保卫战,扬尘、燃煤、老旧机动车超标排放等污染源综合防治成效显著,天气优良率达56.2%。打好碧水保卫战,县乡村三级河(渠)长巡河4120.1千米、巡渠1132千米;严守水环境质量底线,污水处理厂提标改造工程进展顺利,巴什阿克玛等10个饮用水源地专项整治全面完成,水质达标率均达100%。打好净土保卫战,科学编制国土空间规划,积极推进城乡生活垃圾和废弃物无害化处理,登记排污许可126家。压实环境保护政治责任,完成7项中央环保督察反馈问题整改工作;加大环境执法力度,受理各类环境信访投诉12件;开展全国第二次污染源普查工作,共清查各类源550个。深入实施国土绿化行动和生态建设工程,大力弘扬“柯柯牙”和“乌什护边员”精神,建设重点防护林0.27万公顷,实施退耕还林、退牧还草0.67万公顷,在省道306线、国道219线和边境地区完成春秋季植树造林0.58万公顷,补植补造0.47万公顷,全县森林覆盖率达12.8%。

【旅游产业】 2020年,乌什县按照“城景共享、城乡共建、山水共美、文旅共生”的旅游发展思路,高起点编制《乌什县全域旅游规划》,做好“旅游+”文章,沙棘林景区、杏花村景区、百里绿色长廊等旅游基础设施不断完善,泉域星空国际冰雪场·四季旅游度假区(二期)盛大开业,建成了集四季雪滑道、初中高雪道等为一体的综合滑雪区,集彩虹滑道、卡丁车、碰碰车、网红摇摆桥等为一体的综合娱乐项目区,“情定金秋·徒步相亲”活动、“最美葡萄姑娘”采摘节等旅游促销活动精彩纷呈,“食住行游购娱”全产业链发展格局逐步形成,依麻木镇托万克麦盖提(7)村、奥特贝希乡巴什阿克玛(1)村列入首批自治区乡村旅游重点村名录,金勺果业荣获自治区首批工业旅游示范基地。累计接待游客89.04万人次,实现旅游总消费3.24亿元。大力发展以文旅为主导的第三产业,采取政府引导、电商扶持、发展夜间经济、鼓励消费扶贫等措施刺激消费。通过“快手”、京东等平台,积极开展“县长带货直播助农”活动,乌什土特产知名度进一步提升。

【城市经济】 2020年,乌什县统筹抓好城市经济建设,落实“五个一”管理和“周调度、旬督查、月例会”工作机制,项目建设提速增效。实施各类固定资产投资项目98个(其中重大项目4个),累计完成投资38.1亿元、增长32%,华能亚曼苏水电站实现并网发电,大石峡水利枢纽工程进展顺利。先后争取到中央、自治区预算内投资项目26个,累计到位资金2.33亿元。认真做好“十三五”规划总结评估,科学编制“十四五”规划,谋划储备“十四五”项目922个,涉及总投资1107.7亿元。持续优化营商环境,重点围绕“六大支柱产业”开展精准招商,委派1名县领导带队在上海驻地招商,动员衢州援疆指挥部和第七、八批援疆干部借力招商,共签约货畅天下国际商贸物流中心等项目29个,签约金额31.59亿元,落实到位资金20.76亿元,引进华盛纺织二期、天和针织等13家劳动密集型企业。落实自治区、地区有效应对疫情扶持中小微企业、个体工商户发展的各项惠企利民政策,及时协调解决企业难题,推动全县741家中小微企业、4703户个体工商户全部复工复产、复商复市,累计落实各项纾困惠企资金2.38亿元,享受政策11.13万户(次)。培育“升规”企业5家、“上限”企业7家,新成立国有控股实体企业5家,经济实力明显增强。打好防范化解重大风险攻坚战,实现违规举债“零控制”;积极挖掘和培育新税源,各项减税降费政策全面落实;大力发展农村电子商务、夜间经济、“跳蚤”市场,疫情后消费加快复苏。

【工业园区建设】 2020年,乌什县围绕提供高效优质服务,优化经济发展环境服务理念,为投资者制定相关的投资指南及一系列优惠政策,并指派专人跟踪服务办理各项手续。同时,园区办开展企业走访、督察、集中办理各口径业务工作,全面简化审批程序,压缩审批环节,力争构建开工前、建设中、投产后3大环节“一站式”服务,日臻制定和实施“一条龙”办事制度,减少办事环节,简化手续程序,限时办结各类证照,大幅度提高办事效率,做到真正为企业解危解困。乌什县入驻园区企业20家,2020年新增规模以上企业1家,新增入园企业3家。完成工业总产值4亿元,同比增长8%;完成工业增加值1.4亿元,同比增长7.8%。其中规模以上企业完成总产值3亿元,同比增长7%;完成工业增加值

0.95 亿元,同比增长 6%。

【衢州市援建工作】 2020 年是衢州市第十批援疆指挥部的开局之年。衢州市援疆指挥部深入贯彻新时代党的治疆方略,围绕社会稳定和长治久安总目标,努力打造对口援疆升级版。助力疫情防控工作,为受援地协调解决口罩 27800 个、额温枪 500 支、防护服 100 套,价值近 40 万元。牵线衢州企业捐赠紧缺防疫物资达 120 万元,其中防护服 1000 件、三防可重复水洗隔离衣 1000 件、一次性医用口罩 50000 只、KN95 口罩 20000 只、医用帽 50000 只、医用脚套 50000 只,筹集专业救护车 9 辆。成功引进麦伦工贸智慧交通、彩印包装、盛夏木业、江山依菌业、湖羊养殖等项目。推动成立以原衢州援疆干部人才为主体的乌什新乡贤(衢州援疆干部人才)联络处,聘请 20 名高质量发展顾问,收集助力乌什经济社会发展意见建议 30 余条、投资信息和意向 10 余个。谋划推动衢州乌什经济型干部联动培养机制——“燕山飞龙”孵化行动,选派乌什县 11 名干部前往衢州挂职锻炼,另有 3 名干部在衢州绿色产业集聚区顶岗学习。新建 2636 套富民安居房交付使用,居住功能基本完善。推动乌什黑木耳产业提质发展,引进江山依菌业,扩大菌类种植品种,指导菌户种植适销对路产品。支持浙里美新疆特产旗舰店、欣禧源葡萄酒业品鉴店等一批“十城百店”企业发展,协调推进与衢州商贸龙头企业东方集团等企业合作,推动农产品进机关食堂、社区和超市,“十城百店”销售农特产品 2500 余万元。总结提升乌什·衢州小学组团式教育援疆试点成功经验,推动乌什·衢州实验中学纳入自治区组团援疆试点学校。探索制定“16234”组团援疆工作法,规范提升乌什·衢州实验中学,学校中考成绩创历史新高,高考成绩实现普通文化类本科上线人数、上一本线人数两个“零的突破”。深入开展医疗人才“传帮带”工作,建立衢州援疆医生与乌什医生、省直援疆医生与衢州援疆医生“双链式”师徒结对,推动乌什医生快速成长。坚持和深化文化润疆工程,在乌什·衢州小学师生中推广行作揖礼,减少疫情传播的途径,以线上和线上形式开展“祭孔”活动,营造尊师重教、崇贤好学的文化氛围。策划实施“衢州有礼·乌什有情”幸福石榴籽十大行动,安排资金 280 万元,用于资助 1300 名大学生和义务阶段学生。延伸结对帮扶广度深度,选取衢州绿色产业集聚区等 20 个衢州主体结对帮扶 21 个乌什乡(村)或一师四团连队,进一步增进“衢乌一家亲”理念。

【名优特产】 核桃 乌什是中国核桃之乡,乌什县核桃栽培历史悠久,种类丰富,品质优良。其中以 185 薄皮核桃品质为最佳,薄皮核桃也是乌什县的主栽品种,其皮薄如纸,一捏即破,俗称一把酥,外形美观,壳色黄白,果仁澄黄饱满,味醇香甘甜,营养价值极高,属老幼皆宜的滋养佳品,含有丰富的蛋白质、脂肪等营养元素。

沙棘冻干果粉 野生沙棘喜光,耐寒,耐酷热,耐风沙及干旱气候。对土壤适应性强沙棘的根、茎、叶、花、果,特别是沙棘果实含有丰富的营养物质和生物活性物质,沙棘果实中维生素 C 含量高,素有维生素 C 之王的美称。沙棘冻干果粉可泡茶、煲汤、炖肉等。

沙棘饮料汁沙棘汁含有丰富的维生素、蛋白质等营养元素,特别是维生素 C 的含量极高,有维生素之王的美称,是乌什人民钟爱的天然饮品,味道独特,芳香可口,老小皆宜。天然沙棘系列饮料具有高原特点,它浓缩了沙棘精华,属饮料珍品,人们不去高原就可以品尝领略到高原植物的独特风味。

黑木耳 黑木耳种植是乌什县脱贫攻坚战的重要举措和创新工程,精选优良品种,通过多次试验在乌什县落地,目前已形成规模化、标准化林带种植,品质优良,黑木耳均来自农户家中。经自然晒干的黑木耳呈黑灰色,形状大小不一,叶片较薄。含有较丰富的蛋白质、维生素、铁等营养物质,营养丰富,还含有丰富的胶质,对人体消化系统有良好的清润作用。可凉拌、炒肉、煮汤、煮粥等多种吃法,口感清脆。

鹰嘴豆 鹰嘴豆被誉为“黄金豆”“珍珠果仁”,营养成分全,含量高。鹰嘴豆中含有一定量的铁元素和大量的蛋白质,具有补血养气的作用,对人体消化系统具有良好的清润作用。可做鹰嘴豆手抓饭;也可和各种原料、沙拉汁制成饮料。

小麦胚芽 小麦胚芽原料选自乌什原产优质小麦。小麦是乌什重要的粮食作物,独特的光热资源与丰富的地下水资源造就了乌什小麦的优良品质。小麦胚芽又称麦芽粉、胚芽,呈金黄色颗粒状。胚芽是小麦生命的根源,是小麦中营养价值最高的部分。含丰富的维生素E、蛋白质等众多营养元素,营养价值极高。小麦胚芽还含有大量的膳食纤维,具有一定程度的解除便秘、降血糖、减脂、排毒等作用。可用来做面食,也可加入煮熟的豆浆、稀饭中搅拌食用。

柯坪县

【基本情况】 柯坪县位于新疆维吾尔自治区西部,阿克苏地区西南部,塔里木盆地西北边缘,柯尔塔格山南麓,介于北纬40°02′~40°57′、东经78°02′~79°56′之间。东与阿克苏市、乌什县相邻,南与喀什地区巴楚县接壤、西与克孜勒苏州阿图什市交界、北与克孜勒苏州阿合奇县毗邻。东西长151千米,南北宽110千米,总面积8709.65平方千米,县城与乌鲁木齐市直线距离792千米,乌(乌鲁木齐)喀(喀什)公路通过县境。

柯坪县域内无天然湖泊。共有河流20条,多为洪水冲沟或高山无人区河流,常年有水的河流共两条,苏贝希沟—加萨洛萨依河(当地称柯坪河、苏巴什河、包含阿恰段红沙子河)和卡布曲尔河(当地称通古孜布隆河)。苏贝希沟—加萨洛萨依河,全长193千米,我县境内160千米,流域面积9135平方千米,多年平均径流量11644万立方米;卡布曲尔河,全长74千米,该县境内74千米,流域面积837平方千米,多年平均径流量2060万立方米。全县森林覆盖率7.69%。国家AA级旅游景区有柯坪县人民公园,人民公园游览区总占地面184470.6平方米,含人民公园、生态园、月光湖、白杨林等景点。特色产品主要有羊肉、恰玛古、薄皮馕等。属温带大陆性干旱气候。

2020年,全年完成生产总值14.7亿元,比上年增长5.3%;其中第一产业增加值2.5亿元,比上年增长5.6%;第二产业增加值2.8亿元,增长19.4%;第三产业增加值9.3亿元,增长1.4%。

2020年,辖3个镇、2个乡、5个社区管委会、37个行政村。年末总人口5.4391万人(其中:少数民族人口5.3279万人),其中乡村人口4.2815万人;人口出生率为8.81‰、自然增长率3.97‰。耕地面积1.03万公顷、农作物播种面积1.52万公顷、粮食播种面积0.48万公顷、棉花播种面积0.78万公顷,蔬菜播种面积0.24万公顷。

2020年农林牧渔其服务业总产值8.5亿元,比上年增长6.9%;其中农业产值87407.7万元,比上年增长5.67%;林业产值292万元,比上年增长11%;牧业产值18218万元,比上年增长1.83%;服务业产值21650万元,比上年增长5.4%。主要农产品产量:粮食18000万吨,棉花1.68万吨,蔬菜3.37万吨,果用瓜8.47万吨。主要特色农作物产量:黑木耳40吨,恰玛古10000吨。水果产量:杏子6400吨,红枣10700吨,苹果、梨、葡萄、桃等共1000吨。年末牲畜存栏30.29万头(只),出栏20.7万头(只),全年肉类总产4842吨,羊毛产量574吨,驼毛产量22吨,奶类1500吨,禽蛋500吨。年末农牧业机械总动力6.85万千瓦。

规模以上工业企业7家,实现规模以上工业总产值38943万元,增速26.8%,产销94.8%。规模以上工业增加值16961万元,同比增长6.2%。规模以上建筑企业施工房屋建筑面积2.17万平方米,竣工面积1.3万平方米。

2020年全社会固定资产投资13.1万元,比上年增长26.8%。其中第一产业完成投资2.4亿元,第二产业4.1亿元,第三产业5.6亿元,房地产完成1亿元。2020年全年社会消费品零售总额19609.8万元。完成邮政业务总量381.51万元,电信业务总量784万元。年末移动电话用户5196万户,互联网宽带接入用户2813万户。接待旅游者10.13万人次,旅游收入1900万元。地方财政收入11255万元(其中一般预算收入7800万元),财政总支出145368万元(其中一般预算支出137760万元)。城乡居民储蓄存款余额71921.8万元。

有各类专业技术人员2219人,其中中级以上363人。

普通高中1所,在校生774名,初中2所,初中在校生3078名,小学11所,小学在校生8239名,幼儿园29所,幼儿园学生人数有8239人。各类教师有1598名。全年教育经费投入2873万元。

有医疗卫生机构46个,其中县医院1个,基层医疗卫生机构41个(包括社区卫生服务中心、卫生院、门诊部等),专业公共卫生机构2个(卫生防疫疾病控制中心1个,妇幼保健站1个),个体诊所2

个。卫生技术人员384人,其中:医生104人,医技人员28人,卫生机构床位214张。

全年城镇居民人均可支配收入30697元,全年农村居民人均纯收入10295元。

2020年开展就业技能培训660人,富余劳动力转移就业5987人次,城镇新增就业再就业1085人,城镇登记失业率控制在0.67%。

截至年底,参加职工基本养老保险3809人,参加城乡居民社会养老保险24055人;参加职工基本医疗保险7546人,参加城乡居民基本医疗保险47504人;参加工伤保险4126人;参加失业保险4000人;参加生育保险92人。

年末城镇居民最低生活保障人数657人,农村居民最低生活保障人数5055人。

【党的建设】 柯坪县"不忘初心、牢记使命"学习教育深入开展,各级党组织和广大党员干部理想信念更加坚定、作风更加扎实。强基层强基础工作措施、"访惠聚"驻村工作规范落实,软弱涣散基层党组织整顿成效显明,基层党组织建设不断夯实。党风廉政建设和反腐败工作深入推进,中央八项规定及其实施细则严格落实,政治巡查不断深化,党风政风持续向好。民主政治建设全面加强,人大、政府、政协履职尽责,群团组织积极发挥作用。

【脱贫攻坚】 柯坪县县乡村三级书记抓脱贫主体责任全面落实,监测预警和动态帮扶机制落实落细,贫困群众内生发展动力不断增强,有劳动能力的贫困人口全部实现就业。扶贫项目带贫益贫效果明显,累计投入扶贫项目资金11.34亿元,实施扶贫项目392个。扶贫人口人均纯收入由2014年的3167元增长至11131元,增长3.5倍,扶贫发生率从34.3%降至零。2020年顺利通过脱贫攻坚国家普查。同频攻坚纪实文学《决战柯坪》被中宣部列为重点主题出版物。

【基础设施】 柯坪县2020年年内实现基础设施类项目46个,累计完成投资6.64亿元,农村道路、水利基础设施、污水管网等一批项目如期竣工,基础设施支撑经济发展的能力持续增强。新改建农村公路163千米,新建城镇保障性安居工程155套,群众生产生活条件明显改善,获得感、幸福感持续提升。

【农业农村经济】 2020年,柯坪县羊产业发展形成主导优势,粮棉果畜发展势头更足,特色种植业逐渐成为优势产业,现代农业产业体系、生产体系和经营体系日益健全,预计实现农村经济总收入9.12亿元,同比增长15.2%。驼奶深加工、恰玛古深加工、双孢菇种植及深加工等特色农副产品精深加工项目落地投产。

【民生建设】 2020年柯坪县坚持把"稳就业""保民生"作为重大政治任务和政治责任,累计开展就业技能培训0.6万人次,富余劳动力转移就业3.5万人次,城镇新增就业再就业0.8万人,有劳动能力的贫困群众就业稳岗率达99.45%。社会保障体系不断完善,全民参保计划全面实施,各项社会保险参保率巩固在99.5%以上。社会福利院区和农村幸福大院投入使用,特殊困难群体社会救助实现全覆盖。农牧区水、电、路、气、讯、住房等基础设施建设明显加快,苏巴什水库、城乡饮水安全工程等一批重大水利设施项目建成投用,农业灌溉用水紧缺和5.6万人安全饮水问题得以彻底解决,农村安全住房实现全覆盖。教育事业全面发展,改建小学5所,城乡教育教学条件得到极大改善。县、乡、村三级医疗卫生体系健全完善,柯坪县人民医院续建项目、综合病房楼、医疗废物收集转运设施建设项目加快推进。

【生态旅游】 2020年柯坪县持续推进国土绿化行动,全年完成植树造林2.32万亩,森林绿化覆盖率达7.69%。公园城市建设持续推进,城市建成区绿化覆盖率达40%。大力实施"旅游+文化"工程,加大旅游产业招商引资力度,推进旅游基础设施建设,全年接待游客10.56万人次,同比增长10%;实现旅游总收入1700万元,增长12%。

【生态建设】 2020年,柯坪县生态环境局树立打赢打好污染防治攻坚战工作总目标,开展环境保护工作。先后制订《落实地委、县委扩大会议环境保护工作措施》工作指标,明确将环境保护履职情况纳入各单位领导干部考核评价体系,完善《柯坪县生态环境损害责任追究办法》《柯坪县生态环境"党政同责、一岗双责"责任考核办法》,落实生态环境损害责任终身追究制和环境保护一票否决制。加强项目审批监管,严防“三高”(高污染、高耗能、高耗水)项目进入。全年共审批各类建设项目91个,其中环境影响评价批复58个,下发初审意见33个,无“三高”项目、国家禁(限)制类项目进驻柯坪县。开展国家重点生态功能区监测。持续开展城乡环境综合整治专项活动。自治区下达柯坪县10个农村环境整治项目,总计投入资金250万元,全部完成。加强水源地保护。年内,柯坪县城乡引水工程投入运行,水源地由原有的通古孜布隆饮用水源地更换为温宿县恰格拉克乡喀拉都维村水源地,完成县水源地突出环境问题的整改,水源地变更工作及突出环境问题整改销号工作整改完成。加强总量减排工作力度。做好对全县6家重点企业(新疆美拓特种油品、立民油脂、金城热力、县人民医院、污水处理厂、喜洋洋屠宰场)污染治理设施的监管,对污染治理设施的运行情况形成减排台账,进行备案;加强在线监测设施的管理,确保县人民医院、污水处理厂、喜洋洋屠宰场污水减排设施、金城热力废气减排设施在线监测设备稳定运行,使监测数据及时有效传送至地区环境保护局。严格落实排污许可制度,完成全县42家企事业单位排污许可核发与登记工作。开展大气污染防治工作。规范各建筑工地、砖厂、施工场所、沙石料场扬尘污染控制措施,严禁该类企业在扬尘天气施工;进行全县燃煤小锅炉摸底排查,并建立台账,有序推进淘汰燃煤小锅炉专项整治工作,为逐步实施锅炉煤改电奠定基础。全年淘汰气象局、公路管理局、杏脯厂燃煤小锅炉3个,加快推进立民油脂、现代特油生产锅炉节能改造工作。加强环境执法监察力度。年内对全县企事业单位、水源地等环境敏感区域开展常态化环保大检查,先后下发整改通知书36份,查处违法案件1件,罚款1万元。发现并整改未批先建项目2个,整治环境违法行为,消除污染隐患。逐步实施农村生活污水治理。年内完成6个村的排水管网工程,提高城乡污水排放系统建设力度。

【骆驼产业发展】 柯坪县有广阔的天然草场,骆驼养殖历史悠久。柯坪驼属典型的南疆驼,为双峰驼,按毛色分有白、黄、褐红、棕褐4种颜色,其中以白骆驼为优势种。柯坪白驼是柯坪双峰驼的杂交稀有品系,以纯白色尤为少见。柯坪白驼平均体长1.42米,体高1.86米,其中体长最长达1.82米,体高达2.07米。白驼驼绒可染制各种浅色织物,增加驼绒产品的花色品种,在国际国内市场均具有竞争能力。部分母驼驯化圈养,用于挤奶,年产乳量达250~400千克。骆驼乳的营养价值很高,富含磷、钙等有机物质和维生素A、维生素C、维生素B_1、维生素B_2、维生素E等物质,是食疗优先产品。驼掌肉质细腻,驼峰丰腴肥美,两者是上等佳肴;每峰骆驼市场价达1.5万至2万元不等;每峰驼养殖的收益可达1万元以上,按出栏3000峰(2021年)计算,农牧民养驼的收益可达2900万元,养驼业人均收入746元。骆驼常年在草场上放牧,无需补饲,净收益较高。

2020年,柯坪县投资1000万元,建成总面积5646.58平方米的骆驼养殖基地,其中建设骆驼圈3栋、建筑面积5190.84平方米,隔离舍1栋、建筑面积313.2平方米,综合用房1栋、建筑面积142.54平方米及骆驼养殖基地室外附属工程,可同时饲养骆驼500余峰。基地饲养骆驼年产驼奶200余吨,年可销售驼奶120吨,销售额可达480万元。年内,全县骆驼存栏量1.5万峰,建设规模化骆驼养殖基地1处、骆驼养殖合作社2个、存栏50峰以上的养殖大户30户。

【对口援疆工作】 2020年湖州市积极融入“两为主两兼顾”新体制,推动援疆干部到地方受援单位任实职、分实工、担实责。协调吴兴区政府向柯坪县人民医院捐赠价值230万的CT设备,帮助柯坪县联系采购口罩25万个、体温计5000支、防护服1000件、额温枪1000把。援疆医疗队主动参与防疫工作。大力推进湖羊“引繁育”工程,安排援疆资金2355万元,累计引进湖羊种羊3000头。安排援疆资金3000万元,建设县教师人才公寓,投入资金2000万元,新建柯坪镇公共服务平台和4个乡级群众文化服务中心,落实500万元,改建县文体中心,采购图书设备,安排援疆资金200万元用于反恐实战培训中心和装备购置。扎实推进“百村千厂”工程,安排478万元援疆资金,用于建设微型厂房补助和群众稳岗补贴等,吸纳就业人员近800人。

阿克苏地区年鉴(2021)

新疆生产建设兵团第一师阿拉尔市

【新疆生产建设兵团第一师阿拉尔市领导名录】

党委第一书记、第一政委:窦万贵(兼任)

党委书记、政委:卢跃东

党委副书记、副师长:李斌(牵头负责行政工作)

党委副书记、副政委,组织部部长:梁邦国

党委副书记、副师长:洪国良(援疆干部,1月离任)

党委常委、副书记、副政委:王忠民(援疆干部,1月任职)

党委常委、副师长:田玉成(援疆干部,12月离任)、刘洪俊(兼任)、张永前(挂职干部)

党委常委、副政委,统战部部长:依明江·斯拉木(维吾尔族)

党委常委、副师长:马新平、张岩(援疆干部,9月任职)

党委常委,纪委书记、监委主任:董现荣

党委常委、副政委,宣传部部长:李文彬(女)

党委常委、副师长:胡三虎、马荣华(女)

党委常委、副政委,政法委书记:张勇

党委常委、副师长:习雁

党委常委、副师长:韩若昊(援疆干部,9月任职)

党委常委,人武部政委:曹登峰

副师长,公安局党委书记,局长、督察长:刘光辉

副师长:宋旭日

市委书记:卢跃东

市委副书记:李斌、梁邦国、洪国良(援疆干部,12月离任)、王忠民(援疆干部,12月任职)

市委常委:田玉成(援疆干部,12月离任)、刘洪俊(兼任)、张永前(挂职干部)、依明江·斯拉木(维吾尔族)、马新平、张岩(援疆干部,12月任职)、董现荣、李文彬(女)、胡三虎、马荣华(女)、张勇、习雁、韩若昊(援疆干部,12月任职)、曹登峰

市人大党组书记、主任:卢跃东

市人大党组副书记、副主任:姜元昆

市人大常委会副主任:袁宝林(7月离任)、陈美娜(女,11月离任)

市政府党组副书记、副市长:李斌

市政府党组成员、副市长:习雁、刘光辉、宋旭日、谷水清(女,11月离任)、程乐文(11月离任)

市政协党组书记:依明江·斯拉木(维吾尔族,10月任职)

市政协党组副书记、主席:张建华(10月任职)

市政协委员会副主席:彭卫(10月离任)、许峰(10月离任)、刘小璐(女,3月任职)、周岭(女)

【第一师阿拉尔市概况】 第一师前身是创建于土地革命时期的红六军团,抗日战争时期改编为八路军一二O师三五九旅。1949年2月整编为中国人民解放军第一野战军一兵团二军步兵第五师。1953年6月5日整编为新疆军区农业建设第一师。1954年1月由南疆军区代管,同年10月隶属于新疆军区生产建设兵团建制。第一师阿拉尔市位于南疆腹地、塔克拉玛干沙漠北缘,在阿克苏河、和田河、叶尔羌河三河交汇的冲积平原上,西至柯坪县,东接沙雅县,东西长约281千米,南北宽约180千米,与阿克苏地区沙雅县、新和县、温宿县、乌什县、阿瓦提县、柯坪县、阿克苏市交错分

布、交融发展。师部驻地阿拉尔市,距乌鲁木齐市公路里程1010千米。距离阿克苏市约120千米。市人民政府驻阿拉尔胜利大道1号。阿拉尔市是新疆维吾尔自治区直辖的县级市,由新疆维吾尔自治区和新疆生产建设兵团双重直辖,与第一师实行师市合一管理体制。2002年9月17日,国务院正式同意设立阿拉尔市,2004年1月19日阿拉尔市人民政府正式挂牌成立。第一师阿拉尔市属暖温带极端干旱的大陆性荒漠气候,光照充足,热量丰富,干旱少雨。蒸发量大,昼夜温差较大,无霜期较长。灌溉水源主要源于高山冰川、积雪融水,引自阿克苏河和塔里木河,已建有多浪、胜利、上游、新井子等平原水库。土壤属塔里木河冲积扇平原,地势平坦,高差为1/3000,经多年开垦发育为灌耕草甸土。全师市土地总面积693744.92公顷,其中耕地面积174118.53公顷,园地面积60379.13公顷,林地面积116186.67公顷,牧草地面积34091.13公顷,城镇村及工矿用地面积15212.27公顷,交通运输用地面积9174.33公顷,水域及水利设施用地面积102580.4公顷,其他土地面积182002.53公顷。下辖15个团场,是年,新增玛滩镇(七团)、塔门镇(八团)、梨花镇(九团)、昌安镇(十团)、塔南镇(十二团)、新开岭镇(十六团)6个镇,与之前设立的金银川镇(一团)、新井子镇(二团)、甘泉镇(三团)、永宁镇(四团)、沙河镇(五团)、双城镇(六团)、花桥镇(十一团)、幸福镇(十三团)、金杨镇(十四团)9个镇,共15个建制镇,率先在兵团完成所有团场建镇。承接和落实好兵团第二批1068项行政授权,授予团镇75项乡镇级和67项县级行政权限。全师市共259个连队、1个维吾尔族牧业乡(托喀依乡),4个街道(幸福路街道、金银川路街道、青松路街道、南口街道)、2家上市公司、2家国家级园区。

2020年,第一师阿拉尔市投入23亿元完善城镇基础设施,打造了师市第一条地下综合管廊,建成老城区排水管网、北市区集中供热等城镇基础设施。城市管理数字化平台建成使用。布局5G基站115个,主城区基本实现5G全覆盖。是年,阿拉尔市先后荣获"全国双拥模范城""国家民委第四批少数民族流动人口服务管理示范市"荣誉称号。成功创建全国民族团结进步示范区、国家现代农业产业园。

【水利资源】 2020年,第一师阿拉尔市拥有水库6座,总库容5.3亿立方米。机电井2600眼,提水量0.9亿立方米,水闸4238座,堤防建设长度6.1千米。全年水利工程供水量23.5亿立方米。

【矿产资源】 第一师阿拉尔市范围内矿产资源匮乏,主要有建筑用砂和砖瓦用粘土矿两类,主要分布在二团、四团、五团、六团、十团等团场的戈壁荒滩及国有未利用地,以第四系沉积矿产为主。截至2020年,师市境内已发现的矿种有砂石料矿和砖瓦粘土矿2种,均已开发利用。河道、平原、戈壁以砂石料为主,砖瓦用黏土分布较分散。师市辖区已设立采矿权8个,已发采矿证面积共计3.7339平方千米,年生产规模共计171万立方米。

【经济建设】 2020年,第一师阿拉尔市完成生产总值332亿元,比上年增长6.2%。其中,第一产业增加值145.2亿元,增长9.8%;第二产业增加值71.2亿元,增长5.8%;第三产业增加值115.6亿元,增长1.3%。三次产业增加值占生产总值比重分别为43.7%、21.5%、34.8%。全年成功申报"四上"单位99家,年内升规升限数量前所未有,师市"四上"单位总量达342家,创历史新高。是年,师市国有及国有控股企业16家,实现利润5.1亿元。

【农业】 2020年,第一师阿拉尔市全年完成农业总产值303.2亿元。其中,种植业产值267.2亿元,林业产值3.3亿元,牧业产值19.9亿元,渔业产值1.4亿元,农林牧渔服务业产值11.4亿元。农作物播种面积192.7千公顷,比上年增长4.6%。其中,粮食种植面积17.4千公顷,增长18.2%;棉花种植面积159.8千公顷,增长3.1%;蔬菜种植面积4.6千公顷,增长13.8%。全年棉花产量38.9万吨,增长7.1%;粮食产量18.3万吨,增长8.0%。年末实有园林水果(不含食用坚果)面积60.0千公顷。其中,红枣面积37.6千公顷。水果及食用坚果产量193.6万吨,增长12%。其中,红枣产量106.9万吨,下降0.7%。2020年新增果园面积4.6千公顷。核桃面积9.1千公顷,结果面积8.5千公顷,总产5.3万吨。全年水产品产量0.7万吨,增长51.1%。年末牲畜存栏头数49.6万头(只),增长16.8%。肉类总产量3.2万吨,增长5.0%;羊毛产量0.1万吨,下降26.3%;牛奶产量8.5万吨,增长0.4%;禽蛋产量0.6万吨,增长21.0%。农业产业化经营组织726个,自治区级以上农业产业化重点龙头企业13家。聚天红红枣期货交割库交割的标准仓单占全国总量的36%,在全国14家红枣期货交割库中排名第一。年末有效灌溉面积234.7千公顷,与上年持平;高新节水灌溉面积170.0千公顷,增长26.0%。

【工业】 2020年,第一师阿拉尔市全年实现工业增加值49.8亿元,比上年增长6.3%。规模以上工业累计完成工业总产值167.1亿元,增长12.7%。其中,轻工业119.4亿元,增长12.6%,拉动增长率9.0个百分点;重工业47.7亿元,增长12.8%,拉动增长率3.7个百分点。轻重工业产值比为71:29。全年规模以上工业中纺织业完成工业总产值50.8亿元,增长28.4%;农副食品加工业完成工业总产值30.1亿元,增长19.3%;非金属矿物制品业完成工业总产值17.1亿元,增长20.7%;电力、热力生产和供应业完成工业总产值16.9亿元,增长17.3%;化学纤维制造业完成工业总产值16.1亿元,下降42.9%;化学原料和化学制品制造业完成工业总产值7.7亿元,下降12.9%。

全年规模以上工业主要工业产品产量:大米3.9万吨,比上年增长2.7%;食用植物油6.1万吨,下降8.0%;自来水4093万立方米,下降1.4%;乳制品2.4万吨,下降2.8%;棉纱18.0万吨,增长29.6%;棉布1.2万米;增长111.4%;塑料制品2.8万吨,下降13.6%;机械化农业及园艺机具1.2万台,增长9.0%;水泥282.7万吨,增长12.3%;商品混凝土80.9万立方米,增长59.4%;化学纤维19.6万吨,下降30.8%;农用氮磷钾化学肥料1.3万吨,下降81.7%;小麦粉2.5万吨,下降1.8%;水泥熟料187.4万吨,增长3.9%;印染布4158万米,增长38.8%;人造板2.8万立方米,增长157.2%;纸制品0.9万吨,增长14.2%;盐酸(氯化氢,含量31%)1.6万吨,下降0.1%;烧碱(折100%)2.5万吨,增长21.5%;初级形态塑料3.6万吨,增长28.4%;乙二醇7.4万吨,增长43.8%;石灰1.3万吨,下降58.4%;电子元件10780万只,下降15.0%。

【建筑业】 2020年,第一师阿拉尔市全年实现建筑业增加值21.4亿元,比上年增长4.3%。全年签订合同额114.9亿元,增长24.7%。其中,上年结转合同额15.8亿元,下降48.3%;2020年新签合同额99.1亿元,增长60.9%;建筑业总产值74.2亿元,增长7.6%。房屋建筑施工面积188.7万平方米,增长24.9%。其中,2020年新开工面积120.3万平方米,增长118.2%;房屋竣工面积65.8万平方米,下降33.1%;房屋建筑竣工价值16.9亿元,下降35.3%。

【服务业】 2020年,第一师阿拉尔市全年批发和零售业增加值13.4亿元,比上年下降9.8%;交通运输、仓储和邮政业增加值3.7亿元,下降26.1%;住宿和餐饮业增加值4.2亿元,下降16.3%;金融业增加值15.8亿元,增长11.4%;房地产业增加值10.3亿元,增长18.0%;营利性服务业增加值8.8亿元,下降3.5%;非营利性服务业增加值55.3亿元,增长5.3%。全年规模以上服务业企业营业收入比上年增长8.7%,营业利润比上年下降95.5%。全年建设冷库590座、库容20.3万吨,加快发展冷链物流。

【交通运输业】 2020年,第一师阿拉尔市民用汽车保有量7.2万辆,增长8.6%。其中,载客汽车6.7万辆,增长9.2%;载货汽车0.5万辆,增长8.9%;其他汽车8.0万辆,增长5.2%。民用轿车保有量6.0万辆,增长11.1%。年末公路里程到达数3578千米。其中,二级公路918千米,三级公路989.6千米,四级公路1027.8千米,等外级公路637.3千米。全年新改建二级以上公路50千米。全年道路运输旅客周转量20.1亿人千米,下降12.4%;货物周转量98.1亿吨千米,下降31.0%。

【旅游业】 2020年,第一师阿拉

尔市有旅游景点15个。其中,国家A级以上旅游景点4个,国家AAAA级旅游景区——三五九旅屯垦纪念馆（位于阿拉尔市区）;国家AAA级旅游景区——印象蓝泊湾生态观光园(位于阿拉尔市区)、祥龙湖景区;兵团级重点文保单位22家，师市级重点文保单位13家;国家水利风景区3家，国家级农业旅游示范点3家,国家全域旅游示范区创建单位2家；二星级以上饭店9家，旅行社13家。全年接待旅游人数306万人次,旅游总收入11.5亿元。

【固定资产投资】 2020年,第一师阿拉尔市全社会固定资产投资比上年增长45%。其中,第一产业增长22.1%;第二产业增长52.6%;第三产业增长46.1%。三次产业投资比重由上年的11.8:26.2:62调整为10:27.5:62.5。在投资总额中:国有及国有控股经济增长46%,占比74%;民间投资增长43%,占比26%。工业累计投资增长52.6%。阿拉尔桐昆纺织产业园、新疆臻泰产业孵化园、新疆东彩织布家纺3个总投资近200亿元的重大项目签约。房地产开发企业投资10.1亿元,增长26.4%。商品房销售面积36.5万平方米,增长64.2%。其中,住宅32.2万平方米,增长62.8%。商品房待售面积22.3万平方米,增长4.2%。商品房销售额15.1亿元,增长86.3%。建设重点水利工程49项。团镇道路、供热供水、医疗卫生、教育文化等192个项目建成投用。

【国内贸易】 2020年,第一师阿拉尔市批发和零售业商品销售总额234.2亿元，比上年下降4.6%。其中,限额以上批发零售业实现商品销售总额98.8亿元,下降5.5%。全年社会消费品零售总额78.4亿元，下降6.1%。其中，批发和零售业62.0亿元,下降4.5%；住宿和餐饮业16.4亿元,下降11.8%。全年新增限上批零住餐企业30家。培育新型经营主体231家。打造7条特色商业街,拓展6家夜市,汇嘉城市商业综合体开工建设。

【对外经济】 2020年,第一师阿拉尔市全年货物进出口总额17500万美元。其中，进口总额395万美元，出口总额17105万美元。全年招商引资项目283个,其中,园区招商引资项目47个。投资总规模228.6亿元。引进项目当年形成实物量67亿元,其中,园区招商引资项目当年形成实物量24.5亿元。从分产业看，第一产业3.3亿元;第二产业38.9亿元；第三产业24.9亿元。全年援建投资项目35个，当年开工建设项目35个，完成投资总额3.7亿元,援疆到位资金3.4亿元。

【财政和金融】 2020年,第一师阿拉尔市全口径财政收入173.7亿元,比上年增长2.6%;完成地方财政收入19.1亿元,增长33.5%;一般公共财政收入13.2亿元,增长8.6%，其中税收7.4亿元,增长36.7%。全年驻市银行金融机构(含农发行工作组)10个,年末金融业机构各项存款余额348.1亿元,增长9.9%。年末金融机构各项贷款余额234.8亿元,增长16.2%。新疆银行南疆第一家分行——塔里木分行在师市挂牌成立。

【税收】 截至2020年年底,第一师阿拉尔市辖区管户15162户，企业纳税人4154户,个体工商户11008户，一般纳税人1495户，小规模纳税人13667户。现有机关事业单位社保费缴费人379户,城乡居民“两险”缴费人17万余人次,顺利完成社保费划转,成功接收企业1264户,灵活就业人员94879人。2020年,累计组织税收收入135011万元,比上年增长34.4%，增收34555万元。此外，累计办理出口退税3813万元,增长10.5%,增加361万元;累计组织非税收入3439万元,增长25.2%,增收866万元;累计组织社会保险费收入64056万元。是年，师市产业税收贡献比为1.3%:46.66%:52.04%。

【收入】 2020年,第一师阿拉尔市居民人均可支配收入35977元,比上年增长3.8%。按常住地分，城镇居民人均可支配收入41555元,增长0.4%;连队居民人均可支配收入24987元，增长12.3%。全年师市居民人均消费支出18175元,下降13.2%.按常住地分，城镇居民人均消费支出18721元,下降18.8%;连队居民人均消费支出17098元，增长0.4%。居民家庭恩格尔系数为32.9%,比兵团水平高0.9个百分点，其中，城镇为32.4%，连队为34.1%。

【教育】 2020年年末，第一师阿拉尔市有各类学校54所，教职工5276人，比上年增长7.3%。在校学生5.6万人，增长3.9%；新招生1.6万人，增长3.0%；毕业生1.4万人，增长10.8%。普通高中在校学生0.6万人，增长1.7%。普通初中在校学生1.1万人，增长3.7%，招生0.4万人，下降4.9%；毕业学生0.3万人，增长6.0%。普通小学在校学生2.4万人，增长7.6%；招生0.5万人，增长8.2%；毕业学生0.4万人，下降4.8%。小学学龄儿童入学率与初中阶段适龄少年入学率均达到100%。全年新建、改扩建各类学校5所。塔里木职业技术学院获批并实现首批招生。成功创建“国家级信息化教学实验区”“基础教育国家级优秀教学成果推广应用示范区”。

【科技】 2020年，第一师阿拉尔市有科学研究与技术开发机构8个，实施科技项目25项。

【文化】 2020年，第一师阿拉尔市共有专业文艺团体1个，文艺从业人员17人。拥有广播电视播出机构16个。其中，农牧团场广播电视播出机构15个。有线电视用户12000户，广播节目综合人口覆盖率100%，电视节目综合人口覆盖率100%。拥有纪念馆(展览馆)15座，新建连队综合活动室165个，拥有公共图书馆18个。

【卫生】 2020年，第一师阿拉尔市有卫生机构（含营利性卫生机构)446家，拥有各类卫生人员(含连队卫生人员及营利性机构人员)3361人，执业和执业助理医师1355人，注册护士1679人。阿拉尔医院成功创三甲。

【环境】 2020年，第一师阿拉尔市规模以上工业企业综合能源消费量134万吨标准煤，比上年增长1.9%。各类能源中，煤炭消费量204万吨，增长15.7%；汽油87吨，下降75%；柴油1093吨，下降62%；天然气9639万立方米，下降36%；电力15.2亿千瓦小时，下降2.3%。

【安全生产】 2020年，第一师阿拉尔市工矿商贸企业未发生职工死亡事故。亿元生产总值生产安全事故死亡人数0.012人。工矿商贸企业10万从业人员死亡数0人，生产安全事故死亡人数4人。

【社会保障】 2020年，第一师阿拉尔市新增就业9468人，年末城镇登记失业率2.5%。全年师市发放低保资金1391万元，2421人享受最低生活保障，发放医疗救助资金359.9万元，2296人得到医疗救助。年末，参加基本养老保险人数(不含已退休人员)17.9万人。全年师市受理人事劳动争议案件142件，结案142件，结案率100%。受理劳动保障监察案件30件，结案30件，结案率100%。

年末有养老服务机构5个，床位数728张，增长40.8%；收养人数3人，增长50.0%。年末有城镇社区服务设施59个，城镇社区服务设施面积7.6万平方米。全年国家抚恤补助各类优抚对象310人，增长24.2%，接收安置退役士兵64人，发放退役士兵补贴1862.8万元。

【阿拉尔市人大】 2020年，市人大常委会召开常委会会议6次，审议报告38件，开展执法检查和视察调研8次，任免国家机关工作人员26人次。是年，市四届人大常委会坚持党管干部的原则，依法行使人事任免权，任免国家机关工作人员26人次。是年，阿拉尔市第四届人民代表大会常务委员会开展执法检查4项，视察和调研活动4次。3月4日，市四届人大常委会第十六次会议听取审议了市四届人大常委会代表资格审查委员会关于补选的市四届人大代表的代表资格审查报告，确认补选的29名代表的代表资格有效。6月22日至7月10日，市人大常委会领导及工作人员深入5个乡镇人大主席团、16个代表组、3个城区街道，走访看望84名人大代表。

【阿拉尔市政协】 2020年3月13日至15日，中国人民政治协商会议阿拉尔市第四届委员会第四次会议在塔河花园酒店召开。3月5日，市政协在师市机关101会议室召开政协阿拉尔市第四届委员会常务委员会第十三次会议。3月8日，市政协在师市机关101会议室召开政协阿拉尔市第四届委员会常务委员会第十四次会议。4 月 15 日,市政协在师市机关 301 会议室召开政协阿拉尔市第四届委员会常务委员会第十五次会议。11 月 4 日,市政协在师市机关 401 会议室召开政协阿拉尔市第四届委员会常务委员会第十六次会议。是年,市政协组织 45 名委员参加 22 批监督活动,围绕民生热点开展视察监督。是年,市政协共提交提案 112 件,经审查撤案 9 件,并案 39 件(并为 21 件),立案 69 件,13 件作为建议,交由师市 46 个单位、部门办理。截至 11 月,提案建议答复率为 100%。

对口援建

【概况】 2020 年,浙江省台州市援助第一师阿拉尔市共安排援疆项目资金 3.46 亿元,涵盖产业就业、民生保障、基层维稳、教育援疆、智力援疆、交流交往六大类 35 个大项,其中,基建项目 38 个,投资 2.38 亿元。落实 5798 万元资金,扎实开展产业援疆工作。安排智力援疆资金 1925 万元,全面完成全年 12 大类,48 个子项目。

【产业援疆】 2020 年,台州援疆指挥部积极落实省指和师市招商引资工作部署,主动出击,助力师市高质量、跨越式发展。多次组织召开投资项目专题对接会,加快已签约项目落地。拜访新疆浙江商会、兵团浙江商会,加强各异地台州商会工作联系,先后接待 39 批次 200 人次客商到师市考察投资项目,加大招商宣传推介。2020 年,促成 14 个投资项目签约,总投资额 44.73 亿元,到位资金 12.71 亿元。台州指挥部开展红花药材试种,支持生猪养殖产业发展,实施“万亩亿元”工程,扶持特色林果产业,建立健全师市农业产业援疆项目储备库 72 个,助力农业提质增效,促进职工增收。创建“台阿农产品产销对接平台”,加强产销信息对接。支持师市赴浙江农博会举办优质特色农产品推介会,在台州举办“新疆农特产品推介会”。安排专项资金 60 万元,积极筹备 2021 年春节“台阿年货节”,搭建线上线下农产品展销平台,宣传推广“塔里木河”区域公共品牌。帮助师市销售因疫情影响滞销农产品 500 多吨。安排资金 226 万元,推进“十城百店”工程,新增 1 家运营企业,合计 2 家,已在台州构建各类网点 118 个,共销售师市农产品 5285.4 吨,销售金额 11503.3 万元,完成原定任务 192%。台州指挥部实施扶持旅游产业项目,安排 500 万元奖补资金和 3622 万元建设资金,着力提升师市旅游基础设施建设水平和旅游接待服务能力。全年帮助一师阿拉尔市创成一批国家 AAA 级旅游景区、四星级酒店、四星级农家乐,十团五连被文化和旅游部、国家发展改革委评为全国乡村旅游重点村。安排资金 300 万元,克服疫情影响,实施“台州千人游阿拉尔”项目。2020 年,在疫情情况下,实现师市游客接待量共计 301 万人,旅游总收入 11.3 亿元。实施“百村千厂”工程,安排资金 1000 万元,扶持经济技术开发区建设标准厂房 9 万平方米,入驻企业预计年产值 12.8 亿元,新增就业岗位约 1000 个。

【智力援疆】 2020 年,台州援疆指挥部全面推动建设医院合理用药管理信息平台等一系列平台类项目,同时试点建设网络学习城信息化建设示范点,7 个平台类建设项目全部完成。开展点单式的紧缺人才柔性引进,加强两地科研院所与职能部门的对接帮扶,全年有 20 位专家进疆。以“青蓝计划”为抓手,提升医疗援疆工作水平。10 名援疆医生开展“组团式”医疗援疆,带教 15 批 320 名新疆医疗技术骨干,参与疫情防控和救治一体化等医疗体系建设,建立多学科远程会诊制度,全力打造南疆医疗高地,师市医院三级手术增长 132%,四级手术增长 104%,转诊率下降 59%,手术量增长 12%。“青蓝计划”被多家国家级媒体报道。以“一校一品”为抓手,提升全链式教育援疆效能。

园区经济

阿拉尔经济技术开发区

【概况】 2004 年,阿拉尔经济技术开发区(以下简称经开区)随第一师阿拉尔市建设而启动,2005 年,阿拉尔工业园区管委会成立,为市人民政府的派出机构。2008 年,升级为自治区级工业园区,

2012年8月30日，国务院批准正式设立国家级阿拉尔经济技术开发区，属市政府派出机构。2013年3月22日，阿拉尔经济技术开发区管委会正式挂牌，与阿拉尔市工业园区管委会实行“一个机构，两块牌子”的管理模式。同日，开发区党工委、纪工委与园区管委会一同挂牌。10月30日，第一师阿拉尔市下发《关于加快阿拉尔经济技术开发区发展的若干意见》。2020年在全国218家国家级经开区中综合排名第165位，较上一年度跃升52位。

【经济建设】 2020年，经开区围绕师市“五城”发展定位，充分利用师市及周边油气、棉花、粘胶纤维、果品、畜牧等资源，现有企业574家，规上工业企业35家，已形成纺织服装、石油天然气精细化工、绿色食品加工三大主导产业。2020年，经开区实现规模以上工业总产值102.76亿元，比上年增长11.2%。完成全口径税收6.36亿元，增长40.4%；其中，地方留存3.86亿元，增长47.6%。预计完成进出口总额1.05亿美元，其中，预计出口总额1.03亿美元。完成固定资产投资30.5亿元，增长38.4%。

【基础建设】 2020年，经开区建设项目共48个（其中，基础类30个，产业类18个），已完工20个。项目建设合同金额37.51亿元，完成产值22.24亿元。建设道路33.09千米，供水管线10.38千米，排水管线9.46千米，蒸汽管网4.16千米，110千伏输变电工一座，标准厂房452000平方米，建设保障住房318套、幼儿园一座、社区卫生服务中心一座。

【招商引资】 2020年，经开区坚持内外联动，6个招商小组，累计外出23批次，走访企业662家；引进来访企业222批次，促成18个疆外项目签约，签约金额178.84亿元。紧盯大型企业、上市公司，先后引进了世界聚酯化纤龙头——浙江桐昆集团纺织产业园及下游配套项目。全年新签约项目33个，签约金额265.53亿元，新签约项目形成实物量8.26亿元；全年续建、新建招商引资项目共计45个，形成实物量23.02亿元。

【服务企业】 2020年，经开区不断转变服务理念、创新服务方式，“代理代办”常态化，提速企业开办时间。现已实现企业设立登记100%网上办理。协助企业分期验收办理不动产权证。建立与要素供应单位定期联合巡查制度，根据企业生产，合理制定检修计划，统筹协调要素集中检修，合理降低计划性检修次数，减少突发要素事件，保障区内企业生产运行。按月优惠政策兑现，全年为辖区内29家企业兑现优惠政策资金5.6亿元。

【园区重点企业选介】 中泰纺织科技有限公司 中泰纺织科技有限公司是新疆中泰（集团）有限责任公司的控股子公司，于2015年9月注册成立。公司已形成34万吨粘胶纤维、8万吨浆粕、30万吨废气制酸的生产规模，企业资产总规模57亿元。公司现有从业人员2451人，其中，少数民族343人，内地籍员工1152人。2020年，生产粘胶短纤维19.6万吨，累计工业总产值16.09亿元，实现税收2286.9万元。

洁丽雅新疆公司（新疆新越丝路有限公司） 新疆新越丝路有限公司是浙江洁丽雅集团全资子公司，于2011年6月注册成立，公司目前拥有员工1894人，所建“洁丽雅新疆品牌产业生产研发基地”项目一期规划投资25亿元，建设涵盖纺纱、织造、印染、缝制、包装到最终成品的全产业链生产线。在兵师党委与阿拉尔经济技术开发区的大力关怀下，2020年，全年生产毛巾、棉纱3456.75吨，累计工业总产值5.44亿元，纳税8453.6万元。

阿拉尔国家农业科技园区（第一师阿拉尔垦区国家现代农业示范区）

【概况】 2002年1月16日，兵团批准设立阿拉尔农业科技园区（以下简称农业园区），园区规划475066.67公顷，分为核心区、示范区和辐射区。其中，核心区规划面积13333公顷，包括十团、十二团、阿拉尔农业科学研究所、塔河种业等；示范区规划面积近13466.67公顷，包括一团、二团、三团、五团、六团、十团、十二团等；辐射区范围包括第一师及邻近一师的周边阿克苏地区（市）的县乡，面积460600公顷。2010年12月9日，科技部批准设立阿拉尔国家农业科技园区，成为南疆首个国家级农业科技园区，也是兵团继石河子市之后的第二个国家级农业科技园区。2013年3月，第一师阿拉尔市党委、人民政府组建成立阿拉尔国家农业科技园区、第一师阿拉尔垦区国家现代农业示范区管委会。2015年3月，师市为园区行政划拨2.6平方千米土地，用于核心区建设。2018年，农业园区开始牵头创建阿拉尔市国家现代农业产业园，2018年7月获批创建，2019年12月通过国家验收认定。2020年7月，师市党委批准园区成立党工委、纪工委。

【园区建设】 2020年10月，农业园区获农业农村部授牌，是新疆唯一获得认定的国家现代农业产业园，主导产业为红枣，种植面积33093.33公顷，主导产业覆盖率67.5%，适度规模经营率95.09%，干制红枣总量39.52万吨，主导产业总产值86.29亿元。园区主要以绿色理念引领产业发展。投入1030万元大力推广“疏密提干+有机肥”生产模式，申报8家绿色食品认证企业，2000公顷绿色食品生产基地，商品枣率由70%提升至85%。引导种养紧密结合，培育果畜一体化发式，园内畜禽粪污综合利用率达87.5%。依托红枣产业研究院，开展红枣产业关键技术攻关。推广红枣简约高效栽培标准化技术666.67余公顷。整合检测机构，加强监督管理。园内已有获得国家CMA认证的红枣检验机构3家，连续5年对师市红枣产业实施全域检测。

【企业集聚】 2020年，农业园区科创中心投入使用，新注册企业15家，已办理入驻企业11家，其中，中小微科技型企业1家，农业高新技术企业1家。农业科创中心企业今年实现总产值5000万元。突破税收“零”突破，达到17.5万元。

【招商引资】 2020年，农业园区转变招商引资思路，确立“不求落在园区、但求落在师市”的招商理念，竭尽全力优化营商环境，配套30万元保障《支持入园企业创新发展九条意见》落实落地，力推3小时注册、零成本入驻举措，科创中心投用后，当年即入驻企业15家，实现企业总产值5500万元，税收17.5万元，取得了园区成立以来“零”的突破，完成全年招商引资任务的105.64%。其中，新疆奎木星测控技术有限公司连续两年获得兵团创新创业大赛第一名，5家企业在科技部全国大众创业万众创新活动周云展览上初露锋芒。

【园区重点企业选介】 新疆奎木星测控技术有限公司 新疆奎木星测控技术有限公司是为响应国家西部大开发战略和科技援疆号召，于2019年在阿拉尔国家农业科技园区成立的高科技公司。公司主要从事农副产品含水率检测仪器的设计、生产和销售，同时开展智慧农业软硬件系统的开发和推广应用，目前公司研制成功并投产销售的产品已获得国内多项专利和软件著作权。2020年公司拥有发明专利2项，实用新型专利2项，软件著作权1项。新疆金色沙垦农业科技有限公司新疆金色沙垦农业发展有限公司成立于2020年，是一家集研发、育种、种植、生产、销售的全产业链优质大米生产企业。公司秉持绿色、健康、精致饮食为发展理念，坚持“良种”“良田”“良法”“良品”的经营发展模式，致力于打造中国最好吃、最安全、最放心的大米品牌，树立中国大米质量标杆。公司生产的“羊脂籽米”获得中关村生态乡村创新服务联盟“中关村姐妹”食品类质量安全标准体系认证；获得第三届稻米解香全国优质大米争霸赛特等奖；获得第五届兵团创新创业大赛(一师赛区)暨第一届一师创新创业大赛成长组一等奖。

上市公司

新疆青松建材化工(集团)股份有限公司

【概况】 新疆青松建材化工(集团)股份有限公司(以下简称青松集团)是2000年底，由第一师独资的青松建材化工总厂改造为股份有限公司(员工身份并未置换)。2003年7月，在上海证券交易所首发上市，股票简称：青松建化，股票代码：600425，总股本13.79亿股，其中，阿拉尔统众公司、阿拉尔水利水电工程公司、一师电力公司为一师控股企业，持股29.58%，拥有15条新型干法水泥生产线，拥有23家控股(全资)子分公司，9家参股公司。

【生产经营】 截至2020年12月31日，青松集团资产总额82.77亿元，比上年增加2.88亿元。其中，流动资产23.17亿元，增加5.62亿元；负债总额33.72亿元，减少0.36亿元。资产负债率40.75%，下降1.91个百分点。净资产49.05亿元。利润总额3.82亿元，增利1.52亿元；净利润2.82亿元，增利1.49亿元；净利润归母净利润2.52亿元，增利0.31亿元。

【企业改革】 2020年，青松集团推行“去机关化”，对各生产单位进行统一的大部制机构设置和人员定编，实行管理人员竞聘上岗，取缔车间、科室管理界限，归并整合车间部室职能。成立不超过30人的专工队伍，深入各分子公司提供常态化点单式服务，解决生产、工艺、设备、机电等方面的专业技术难题，实行动态考核管理。对分子公司实行契约化管理，考核模式三年不变，将熟料产量、质量、水泥产量、质量、定额消耗等指标管控与分子公司绩效考核挂钩，实行“清单作业”“挂图作战”。

新疆塔里木农业综合开发股份有限公司

【概况】 新疆塔里木农业综合开发股份有限公司（以下简称新农开发）成立于1999年4月23日，是经新疆生产建设兵团由新疆阿克苏农垦农工商联合总公司独家发起，并经中国证监会以《关于核准新疆塔里木农业综合开发股份有限公司(筹)公开发行股票的通知》核准采用社会募集方式设立的股份有限公司，1999年4月在上海证券交易所上市。公司股票简称“新农开发”，股票代码“600359”。2020年，新农开发拥有乳业、种业、甘草三大产业，下属四家子公司(塔河种业、新农乳业、新农甘草、新农发产业投资管理有限公司)，注册资本381512820元，总资产17.52亿元，净资产4.82亿元。

【经济建设】 截至2020年12月末，新农开发总资产17.52亿元，净资产4.82亿元；资产负债率72.48%，比上年下降4.03%；实现营业收入5.56亿元，净利润4304万元，增长5.18倍。净资产收益率9.44%，增长4.07%，人均产值80万元，正式步入良性发展轨道。

【阿拉尔新农乳业有限责任公司】 阿拉尔新农乳业有限责任公司成立于2002年10月，注册资金7.02亿元，是由新疆塔里木农业开发股份有限公司投资控股、阿拉尔市沙河镇建融国有资产投资经营有限责任公司共同出资的一家以饲草料种植、奶牛繁育养殖、科技研发及加工、市场推广营销为一体的乳制品综合加工企业。2020年，公司总资产达6.28亿元。全年收购师市鲜奶39550吨，实现师市各团场所产鲜奶百分之百就地加工。生产加工液态奶22148吨。全年销售营业额共计2.71亿元。2020年，申请国家发明专利1项，申请国家外观专利3个。2020年10月，被中国奶业协会誉为“大爱无疆”企业，为2020年抗疫捐赠奶业企业。2020年12月，公司获得“中国学生饮用奶生产企业”许可使用中国学生饮用奶标志。

【阿拉尔新农甘草产业有限责任公司】 新疆阿拉尔新农甘草产业有限责任公司(简称新农甘草)成立于2002年8月20日，注册资本2500万元，是集研发、种植、加工、销售、进出口为一体的甘草制品产业化制药企业。2020年度公司总资产总额1.90亿元，生产甘草制品1152.49吨，销售甘草制品581.43吨，销售收入3205.22万元，营业收入3205.22万元，利润净额为0.43万元。2020年新疆阿拉尔新农甘草产业有限责任公司荣获2020年“创客中国”兵团中小企业创新创业大赛企业组第一名，通过海关AEO一般认证，成功申报兵团级科技型中小企业。

附　录

厅级干部职务的任免和变更

2020年,阿克苏地区厅级干部任免如下:

1月

朱林森任阿克苏地委委员、副书记(浙江援疆)。

免去王通林阿克苏地委副书记、委员职务(浙江援疆)。

陈海涛任阿克苏地区行署副专员(浙江援疆)。

免去陈建忠阿克苏地区行署副专员职务(浙江援疆)。

4月

卢跃东任阿克苏地委委员。

6月

免去邓选斌阿克苏地委副书记、委员职务。

9月

魏诚任阿克苏地委委员、纪委书记。

免去何晓东阿克苏地委委员、纪委书记职务。

免去王学东阿克苏地委副书记、委员职务。

赵大毅任阿克苏地委委员、地区行署副专员(中石化援疆)。

张书文任阿克苏地区行署副专员(中石化援疆)。

免去郭齐军阿克苏地委委员、地区行署副专员职务(中石化援疆)。

12月

张建国任阿克苏地区行署副专员。

免去赵忠伟阿克苏地区行署副专员职务。

地区、县(市)级机构领导干部名录(2020年)

【地区厅级领导名录】

中共阿克苏地区委员会

书　记:窦万贵

副书记:尼牙孜·阿西木(维吾尔族)

　　　刘洪俊

　　　吴　宕

　　　朱林森(浙江援疆,1月任)

　　　邓选斌(6月免)

　　　王学东(中组部援疆,9月免)

　　　王通林(浙江援疆,1月免)

委　员:王升琪

　　　卢跃东(4月任)

　　　马国强

王凯旋
杜　明
买买提·沙吾提(维吾尔族)
梁峰源
艾则孜·买提尼牙孜(维吾尔族)
秦加友
贾京磊
常玉轩
孔智勇
魏　诚(9月任)
赵大毅(中石化援疆,9月任)
何晓东(9月免)
郭齐军(中石化援疆,9月免)

自治区人大常委会阿克苏地区工作委员会

党组书记、副主任:刘宝升
党组副书记、主任:帕塔尔·吐尔逊(维吾尔族)
党组成员、副主任:卡米力·赛麦提(维吾尔族)
汤剑锋
罗　俊
柯　旭
迪力夏提·克然木(维吾尔族,9月免)

阿克苏地区行政公署

专员、党组书记:尼牙孜·阿西木(维吾尔族)
常务副专员、党组副书记:梁峰源
副专员、党组成员:贾京磊
孔智勇
赵大毅(中石化援疆,9月任)
康　菊(女)
陈海涛(浙江援疆,1月任)
木合甫力·艾山(维吾尔族)
艾买尔江·阿吾提(维吾尔族)
张书文(中石化援疆,9月任)
张建国(12月任)
郭齐军(中石化援疆,9月免)
常玉轩(9月免)
赵忠伟(12月免)
陈建忠(浙江援疆,1月免)

自治区政协阿克苏地区工作委员会

党组书记、副主任:
党组副书记、主任:艾尼瓦尔·莫明(维吾尔族)
党组成员、副主任:阿不力克木·托合塔吉(维吾尔族)
高　焰
朱培桓
艾合买提·吐尔地(维吾尔族)

中共阿克苏地区纪律检查委员会、地区监察委员会

书　记:何晓东(副厅级,9月免)
魏　诚(副厅级,9月任)

地区中级人民法院

党组书记、副院长:魏东亮(副厅级)
党组副书记、院长:伊力亚斯·阿吾提(维吾尔族,副厅级)

阿克苏检察分院

党组书记、副检察长:王建军(副厅级)
党组副书记、检察长:阿地里江·阿不都哈迪尔(维吾尔族,副厅级)

地委组织部

部　长:杜　明(副厅级)

地委宣传部

部　长:邓选斌(正厅级,6月免)
常玉轩(副厅级,9月任)

地委统一战线工作部

部　长:艾则孜·买提尼牙孜(维吾尔族,副厅级)

地委政法委员会

书　记:吴　宕(副厅级)
副书记:艾则孜·买提尼牙孜(维吾尔族,副厅级)
赵忠伟(副厅级,12月免)

地区法学会

党组书记、会长:吴　宕(副厅级)

党组副书记、副会长:艾则孜·买提尼亚孜(维吾尔族,副厅级)
赵忠伟(副厅级,12月免)

地委党校(地区行政学院)

校　长:杜　明(副厅级)

地委网络安全和信息化领导小组办公室(中共阿克苏地区网络安全和信息化工作委员会办公室、阿克苏地区互联网信息办公室)

书　记:吴　宕(副厅级)
副书记:赵忠伟(副厅级,12月免)

地区教育局(地委教育工委)

地委教育工委书记:王学东(副厅级,9月免)
朱林森(副厅级,9月任)
教育工委副书记:买买提·沙吾提(维吾尔族,副厅级)
木合甫力·艾山(维吾尔族,副厅级)

地区公安局

党委书记、局长、公安机关督察长:
赵忠伟(副厅级,12月免)
张建国(副厅级,12月任)

自治区总工会阿克苏地区办事处

党组书记:迪力夏提·克然木(维吾尔族,副厅级,9月免)

地区工商业联合会(地区商会)

主席(会长):高　焰(副厅级)

【中共阿克苏地区委员会】

地委秘书长、副秘书长

秘书长:汤剑锋(副厅级,9月免)
张宏伟(9月任)
副秘书长:张宏伟(9月免)
张　伟(正县级,7月免)
张　强(正县级)
张晓明(正县级,9月免)
徐云峰(正县级,7月免)
周传金(正县级,12月免)
颜　画
李文波(浙江援疆)
张　波(正县级,9月任)
刘　勇(正县级,7月任)
富　相(正县级,12月任)
徐　谨(正县级,2020.1—2020.12)

【中共阿克苏地区纪律检查委员会(地区监察局)】

书记、副书记、委员

书　记:何晓东(副厅级,9月免)
魏　诚(副厅级,9月任)
纪委委员、副书记、监察委员会副主任:
田瑞莲(女)
李　峰
凯赛尔·吐尔孙(维吾尔族)
张小军
陈光耀(浙江援疆,6月免)
纪委委员:宁承军
俱　强(9月免)
艾力·艾合买提(维吾尔族,3月免)
地力夏提·司马义(维吾尔族,3月任)
马凌勇(浙江援疆,3月任)
王　成(9月任)
王鑫赟
监委委员会委员:陈　强(9月免)
俱　强(9月免)
张　瑜(女)
马凌勇(浙江援疆,3月任)
王　成(9月任)
地力夏提·司马义(维吾尔族,3月任)

【各处室负责人】

办公室主任:许绍辉
组织部部长:程晓东
宣传部部长:苗向军
政策法规研究室主任:白俊峰
党风政风监督室主任:石鲜宁(女,9月免)

黄顺春(11 月任)
信访室主任:陈方亮
案件监督管理室主任:黄海清
第一监督检查室主任:李　勇
第二监督检查室主任:张大勇(11 月免)
翟　晖(女,11 月任)
第三监督检查室主任:乃比江·阿不拉(维吾尔族)
第四审查调查室主任:张伟奇
第五审查调查室主任:王　成(9 月免)
空　缺
案件审理室主任:李文江
纪检监察干部监督室主任:蒋友强(9 月免)
杨昌森(11 月任)
二级巡视员:赵儒林(2020.6—2020.9)
一级调研员:赵儒林(6 月免)
谢德生(3 月免)
于洪亚(3 月任)
二级调研员:郑　莹(女)
三级调研员:张晓力(3 月任)
四级调研员:高　彬(3 月免)

地委巡察专员

正县级巡察专员:于洪亚(3 月免)
袁　伟(9 月免)
高长宽
艾合买提·克然木(维吾尔族)
李　新(12 月任)
龙祖荣(3 月任)
副县级巡察专员:张晓力(3 月免)

地委巡察工作领导小组办公室

主　任:王鑫赟
副主任:李玉波(6 月免)
阿依先木·斯迪克(维吾尔族,女)
吴湘芸(女)

地区纪委派驻地直单位纪检监察组

派出地区直属机关纪检监察工委书记:
杨　斌(11 月任)
派驻地委办公室纪检监察组组长:吴培华
派驻地区行署办公室纪检监察组组长:
母忠贵(6 月免)
王定平(6 月任)
派驻地区人大工委机关纪检监察组组长:李明晖
派驻地区政协工委机关纪检监察组组长:
凯撒·尕依提(维吾尔族)
派驻地委组织部纪检监察组组长:王功刚
派驻地委宣传部纪检监察组组长:魏宏前
派驻地委政法委纪检监察组组长:徐　东
派驻地区发改委纪检监察组组长:彭新安
派驻地区财政局纪检监察组组长:欧　勇
派驻地区教育局纪检监察组组长:樊晓棠(女)
派驻地区卫健委纪检监察组组长:赵存亮
派驻地区农业农村局纪检监察组组长:
龙祖荣(3 月免)
高　彬(3 月任)

【地委各工作部门负责人】

地委办公室

主　任:张宏伟
副主任:陈文峰
黄晓勇(11 月免)
党天喜
库尔班江·尼扎米丁(维吾尔族)
董建利(11 月任)
地委机关党委专职副书记:姚宁宁(女)
二级巡视员:吐鲁洪·马木提(维吾尔族,12 月任)
一级调研员:吐鲁洪·马木提(维吾尔族,12 月免)
二级调研员:张建军(3 月任)
三级调研员:张建军(3 月免)
四级调研员:樊晓辉(11 月免)

地委机要局地委机要保密局(地区国家保密局、地区密码管理局)(副县级)

局　长:张　健
副局长:雷朝军
徐　蔚(女)
李艳彬

地委专用通信保障服务中心(副县级)

局　长:刘　震

地区档案馆

馆　长:孙学武

副馆长:张雪琴(女)

陈咏梅(女)

阿不来提·热木吐拉(维吾尔族)

地委网络安全和信息化委员会办公室(地委网络安全和信息化工作委员会、地区互联网信息办公室)

书　记:吴　宕(副厅级)

副书记:赵忠伟(12 月免)

张建国(12 月任)

肖春峰

主　任:肖春峰

党工委委员、专职副主任:余　君(女)

党工委委员、副主任:库尔班·麦合木提(维吾尔族)

王　星

地委组织部

部　长:杜　明(副厅级)

常务副部长:杨晓林

副部长:朱英山(正县级,3 月免)

汪　峰(2020.3—2020.7)

瞿红艳(女,3 月免)

吾斯曼·塔力甫(维吾尔族)

王云凤(女,3 月任)

卢　飞(浙江援疆,3 月免)

吴宝辉(7 月任)

部务委员:汪克礼

王志荣(6 月免)

杨海凤(女,3 月任)

四级调研员:艾则孜·吐尼牙孜(维吾尔族,11 月免)

地区党员教育中心(地区党员干部远程教育工作办公室)(副县级)

主　任:周志宇

地委巡察专员

地委正县级巡察专员:阿孜古丽·艾拜(维吾尔族,女,12 月免)

卜晓辉(女)

地委老干部局

局　长:瞿红艳(女,3 月免)

空　缺

副局长:杨海凤(女,3 月任)

安尼瓦尔·哈迪尔(维吾尔族)

申年昌

二级调研员:陈　文

四级调研员:肖　岩(女)

老干、老年活动中心(副县级)

主　任:陈　浩

地委机构编制委员会办公室

主　任:汪克礼

副主任:付　蓉(女)

王　杰

艾则孜·吐尼牙孜(维吾尔族,11 月任)

四级调研员:赵　辉(苗族,女,10 月免)

地委宣传部

部　长:邓选斌(正厅级,7 月免)

常玉轩(9 月任)

常务副部长:王新春(正县级,女,3 月免)

朱英山(3 月任)

副部长:孟雁东(回族)

肖春峰

王云凤(女,3 月免)

黄晓平(女)

杜　挺(浙江援疆)

王新春(女,3 月任)

麦麦提·吐拉甫(维吾尔族,3 月任)

地区融媒体中心(新闻中心)(副县级)

主　任:杜　刚

地委干部理论教育讲师团(副县级)

团　长:刘　海

地区宣传文化产品鉴定中心(副县级)

主　任:空缺

地区社会科学界联合会

党组书记、副主席:李元元(女)

主　席:邓选斌(9月免)

　　　常玉轩(9月任)

党组成员、副主席:刘　绅

地区广播电视台

党委书记、副台长:田文兰(女)

党委副书记、台长:阿力木·艾则孜(维吾尔族)

党委委员、副台长:易重庆

　　　宋冬梅(女)

　　　张　炜(浙江援疆,3月任)

地委统一战线工作部

部　长:艾则孜·买提尼牙孜(副厅级,维吾尔族)

常务副部长:吴多生(正县级)

副部长:刘　超

　　　陆　斌

　　　齐宗伟

　　　郑建廷

　　　王　伟

　　　迪力木热提·麦麦提(维吾尔族)

　　　郑建江

二级调研员:杜　军

社会主义学院

党支部书记、副院长:刘　超

党支部副书记、院长:安尼瓦尔·再东(维吾尔族)

副院长:郭在峰

　　　吾布力哈斯木·买买提(维吾尔族,10月免)

四级调研员:赵国安(6月免)

　　　阿不都克依木·合里力(维吾尔族)

地区归国华侨联合会

主　席:阿曼吐尔·艾山(柯尔克孜族)

副主席:陈　昌(6月任)

地委政法委员会(地区社会治安综合治理办公室)

书　记:吴　宕(副厅级)

副书记:艾则孜·买提尼牙孜(副厅级,维吾尔族)

　　　赵忠伟(副厅级,12月免)

　　　张建国(副厅级,12月任)

　　　张晓青(副厅级)

　　　张晓明(9月免)

　　　谭永强(正县级)

　　　努尔买买提·阿布拉(正县级,维吾尔族)

　　　王　炜(正县级)

　　　张　波(正县级,9月任)

地区法学会

党组书记、会长:吴　岩(副厅级)

党组副书记、副会长:艾则孜·麦提尼亚孜(副厅级,维吾尔族)

　　　赵忠伟(副厅级,12月免)

　　　张建国(副厅级,12月任)

党组成员、副会长:李　国

　　　张晓明(9月免)

党组成员:努尔买买提·阿布拉(维吾尔族)

　　　张　波(9月任)

党组成员、秘书长:张培洪(副县级)

地区网格化服务中心(副县级)

党支部书记:吾拉木·买海买提(维吾尔族,6月免)

　　　空　缺

主　任:空　缺

地区维稳指挥中心

主　任:黄振军(7月免)

　　　徐正胜(9月任)

副主任:母忠贵(6月任)

　　　刘茂林(6月任)

　　　艾尼瓦尔·艾尔肯(维吾尔族)

地委政策研究室(地委全面深化改革领导小组办公室)

主　任:颜　画

副主任:熊道喜

尔肯·依斯热依力(维吾尔族)

李　涛(正县级)

改革办专职副主任:王　杰(正县级)

新疆社会科学研究院阿克苏经济社会发展研究所

所　长:李　涛(正县级)

副所长:赵　俊(12月免)

魏　辉

地区直属机关工作委员会

书　记:穆玉北(回族)

副书记:张彦忠

孙太保

艾热提·提力瓦力迪(维吾尔族)

地委党史研究室(地区地方志办公室)

主　任:粟　新

副主任:鲁福贵

艾尔肯·玉素甫(维吾尔族)

苏　伟(女)

四级调研员:李冬梅(女)

地委党校(地区行政学院)

校　长:杜　明(副厅级)

校委会副主任委员、常务副校长(院长):贺东辉(女)

校委会委员、副校长(副院长):苏　敏(女,回族)

王立宪(土家族)

马合木提·马木提(维吾尔族)

四级调研员:代建平

阿克苏日报社(党委)

党委书记、总编辑:韩俊萍(女)

党委副书记、社长、副总编辑:王小平(10月免)

黄晓勇(11月任)

党委委员、副社长:艾尔肯·依力亚斯(维吾尔族)

党委委员、副总编辑:俞尚义

阿力木江·热合曼(维吾尔族)

赵德忠(2020.11—2020.12)

【自治区人大常委会阿克苏地区工作委员会】

党组书记、主任、副主任、秘书长、副秘书长

党组成员、秘书长:夏宏伟(11月免)

张　洵(11月任)

党组成员、副主任:迪力夏提·克然木(维吾尔族,9月免)

副秘书长:富　相(12月免)

刘　艳(正县级,女,2020.3—2020.11)

徐云峰(12月任)

办公室、代表人事工作处、法制处

办公室主任:富　相(12月免)

徐云峰(12月任)

办公室副主任:艾来提·哈斯木(维吾尔族)

李伟刚

法制处处长:王　霖

法制处副处长:阿依古丽·阿布都热依木(维吾尔族,女)

代表人事工作处处长:李如武(9月任)

代表人事工作处副处长:买买提·嘎依提(维吾尔族,10月免)

空　缺

二级巡视员:夏宏伟(11月任)

刘　艳(女,12月任)

一级调研员:刘　艳(女,2020.11—2020.12)

四级调研员:赵　辉

【阿克苏地区行政公署】

秘书长、副秘书长

秘书长:艾合买提·吐尔迪(维吾尔族,9月免)

艾尼瓦尔·买提尼牙孜(维吾尔族,9月任)

副秘书长:徐　谨(正县级,7月免)

艾尼瓦尔·买提尼牙孜(正县级,维吾尔族,9月免)

宁承江(正县级,12月免)

张　波(9月免)

吕　军(3月免)

戴胜军(正县级,7月任)
买买提·乃买提(正县级,维吾尔族,9月任)
李劲松
侯玉芳(正县级,女)
努尔艾力·麦麦提(正县级,维吾尔族)
谭清华(9月任)
赵自新(挂职)
毛　捷(3月任)
魏云峰(挂职,6月任)

【行署工作部门负责人】

地区行署办公室

党组书记:艾合买提·吐尔迪(维吾尔族,9月免)
艾尼瓦尔·买提尼牙孜(维吾尔族,9月任)
党组副书记、主任:徐　谨(正县级,7月免)
戴胜军(正县级,7月任)
党组成员、副主任:陈　杰
尹红安
赛米江·买买提(维吾尔族)
党组成员:艾尼瓦尔·买提尼牙孜(正县级,维吾尔族,9月免)
李劲松
宁承江(正县级,12月免)
张　波(9月免)
侯玉芳(正县级,女)
努尔艾力·麦麦提(正县级,维吾尔族)
赵自新(挂职)
买买提·乃买提(正县级,维吾尔族,9月任)
谭清华(9月任)
毛　捷(3月任)
魏云峰(挂职,6月任)
二级调研员:罗清华(女)
四级调研员:钮建新

地区驻北京联络处

主　任:李星广
副主任:王雅锋

地区驻乌鲁木齐办事处

主　任:张　兵(正县级)
副主任:巴斯提·巴拉提(维吾尔族)
杨海峰

【自治区政协阿克苏地区工作委员会】

秘书长、副秘书长

党组成员、秘书长:努尔兰·依明(维吾尔族)
副秘书长:张　敏(正县级,女)
申海峰(12月免)
党组成员、副主任:高　焰

办公室、委员工作处

办公室主任:申海峰(12月免)
办公室副主任:任啸虎
古力加马力·艾合塔木(维吾尔族,女,6月免)
四级调研员:胡亚军
委员工作处处长:李　瑜
委员工作处副处长:吐尔逊·吐拉吾东(维吾尔族)

【地区中级人民法院】

党组书记、副院长:魏东亮(副厅级)
党组副书记、院长:伊力亚斯·阿吾提(副厅级,维吾尔族)
党组副书记:李益民(正县级)
党组成员、副院长:艾山江·玉素甫(正县级,维吾尔族)
依力哈木·亚森(正县级,维尔族)
张庆民(正县级)
李保胜
党组成员、执行局局长:包金星
党组成员、政治部主任:郑光喜(3月任)
审判委员会专职委员:阿里木·力提甫(正县级,维吾尔族)
艾力·沙依提(正县级,维吾尔族)
董金梅(副县级,女)
三级高级法官:戴　群(11月任)
阿曼吐尔·提尼西(柯尔克孜族,7月任)
艾尔肯·拍祖拉(维吾尔族,7月任)
马　莉(女,7月任)
何　玲(女,7月任)
四级高级法官:阿曼吐尔·提尼西(维吾尔族,7月免)
艾尔肯·拍祖拉(维吾尔族,7月免)

马　莉(女,7月免)
何　玲(女,7月免)
克力比努尔·哈皮孜(维吾尔族,女)
四级调研员:侯彦雄
石　岚(女)

【阿克苏检察分院】

党组书记、副检察长:王建军(副厅级)
党组副书记、检察长:阿地里江·阿不都哈迪尔(副厅级,维吾尔族,6月任)
党组副书记、检察长人选:
阿地里江·阿不都哈迪尔(副厅级,维吾尔族,6月免)
党组成员、副检察长:哈力木拉提·买合木提(维吾尔族)
李欣茹(女)
安尼瓦尔·坎吉(维吾尔族,11月免)
梁俊辉
曾　伟(3月任)
阿不都热依木·阿不拉(维吾尔族,11月任)
党组成员、政治部主任:刘文勇
检察委员会专职委员:张建强(正县级,6月免)
钟利民(正县级)
二级调研员:邢进军
姜锡龙
三级调研员:田采霞(女)
三级检察官:安尼瓦尔·坎吉(维吾尔族,11月任)
李　忠(3月任)
阿不都外力·阿力木(维吾尔族,11月任)
四级检察官:吐尔逊·司马义(维吾尔族,6月免)
张林贵(3月免)
司热吉丁·哈斯木(维吾尔族)
王　勇(3月免)
吐鲁洪·牙合牙(维吾尔族,3月免)

地区公安局

党委书记、局长、公安机关督察长:
赵忠伟(副厅级,12月免)
张建国(副厅级,12月任)
党委副书记、副局长:张建国(正县级,12月免)
李　军(正县级)
党委委员、副局长:赵立新(正县级)
杨旭东(正县级,蒙古族)
艾尼瓦尔·斯兰别克(正县级,萨克族)
艾孜麦提·依明(正县级,维吾尔族,3月免)
王晓明(正县级)
吐尔洪·吐尔逊(维吾尔族)
刘茂林
韦安鲲(浙江援疆,壮族,9月免)
托乎提·尼亚孜(正县级,维吾尔族,3月任)
何　科(12月任)
林景夫(浙江援疆,3月任)
党委委员、政治部主任:徐久林
政治部副主任:刘晓颖(女,6月免)
警令部主任:王　枭(3月免)
徐文革(女,7月任)
警令部政委:徐文革(女,7月免)
王树森(7月任)
刑事侦查支队支队长:李　斌
刑事侦查支队支政委:艾尼瓦尔·拜合提(维吾尔族)
综合技术侦察支队支队长:刘春生(3月免)
陈文龙(3月任)
综合技术侦察支队支政委:文　耀(7月免)
空　缺
国保支队支队长:托乎提·尼亚孜(维吾尔族,3月免)
依力哈木·罗合曼(维吾尔族,3月任)
国保支队政委:王树森(7月免)
空　缺
治安经文保支队支队长:齐　疆
治安经文保支队政委:王宏强
警卫处处长:杨　健
交警支队支队长:曹寒汀
交警支队政委:阿不力肯木·阿帕尔(维吾尔族,3月免)
空　缺
特警支队支队长:王睿刚(7月免)

史万军(7月任)
特警支队政委:霍振东(3月免)
史万军(2020.3—2020.7)
卡斯木·买买提明(维吾尔族,7月任)
警务技术一级主任:杨 军(3月免)
二级警务专员:王 军(12月任)
一级高级警长:王 军(11月免)
二级高级警长:何 科(12月免)
马文光(回族,9月任)
王 枭(3月任)
米吉提·吐尔地(维吾尔族,5月任)
顾省玉(7月任)
阿不力肯木·阿帕尔(维吾尔族,7月任)
艾拜·托乎提(维吾尔族,7月任)
段晓忠(3月免)
张晋瑾(7月任)
二级调研员:马文光(回族,9月免)
张晋瑾(7月免)
三级高级警长:艾尔肯·艾西丁(维吾尔族)
霍振东(3月任)
文 耀(7月任)
刘晓颖(女,6月任)
穆合塔尔·吾麦尔(维吾尔族,7月任)
王凯军(7月任)
李志远(7月任)
贾 轶(7月任)
刘春生(2020.3—2020.6)
阿不力肯木·阿帕尔(维吾尔族,2020.3—2020.7)
四级高级警长:艾拜·托乎提(维吾尔族,7月免)
米吉提·吐尔地(维吾尔族,5月免)
姚新军
穆合塔尔·吾买尔(维吾尔族,7月免)
王凯军(7月免)
李志远(7月免)
贾 轶(7月免)
阿巴斯·麦麦提(维吾尔族)
张雪森
李红兵(9月任)

王睿刚(7月任)

新疆网络监控处置中心阿克苏地区分中心(新疆互联网管理中心阿克苏地区分中心)

主 任:王来杰
政 委:段晓忠(3月免)
空 缺
龟兹石窟分局(副县级)
局 长:顾省玉(7月免)
空 缺
政 委:梁慧鹏(7月任)
副局长:艾拜·托乎提(维吾尔族)
森林分局(副县级)
局 长:张晋瑾
政 委:努尔麦麦提·木塔力甫(维吾尔族)

地区司法局

党组书记、副局长:李 国
党组副书记、局长:玉山江·肉孜(维吾尔族)
党组成员、副局长:李建勤
卡哈尔·热合曼(维吾尔族)
党组成员、政治部主任:赵文明(女)
党组成员:李鹏飞
张海波(11月免)
莫明江·毛拉托乎提(维吾尔族)
三级调研员:张志军(7月任)
王海利(7月任)
四级调研员:张志军(7月免)
王海利(7月免)

地区职业技能教育培训服务管理局

局 长:李 国
副局长:李鹏飞
张海波(11月免)
莫明江·毛拉托乎提(维吾尔族)

地区机关事务服务中心

党组书记、副主任:王文林(7月免)

黄振军(7月任)
党组副书记、主任:艾合麦提江·买买提(维吾尔族)
党组成员、副主任:匡命林
彭 战

地区民族宗教事务局
党组书记、副局长:陆 斌
党组副书记、局长:阿力木江·依干拜地(维吾尔族)
党组成员、副局长:申 冰
艾尼瓦尔·买买提(维吾尔族,9月免)
党组成员:张 屹(10月任)
二级调研员:阿不拉江·亚生(维吾尔族,6月免)
四级调研员:古则力·乌斯曼(维吾尔族,女)

地区伊斯兰教经文学校(新疆伊斯兰教经学院阿克苏分院)
党支部书记、副校长(副院长):郑建廷
党支部副书记、校长(院长):阿不都外力·沙木沙克(维吾尔族)
党支部副书记:马利军(回族)
副校长(副院长):阿布都沙拉木·吐尼牙孜(维吾尔族)
陈 新
马利军(回族,12月任)

地区伊斯兰教协会(副县级)
党支部书记:张 屹
专职副会长:吐尔洪·牙克甫(维吾尔族)

地区人力资源和社会保障局
党组书记、副局长:王云凤(女,3月任)
党组副书记、局长:帕尔哈提·麦合木提(维吾尔族)
党组成员、副局长:
阿依木尼沙·吾斯曼(维吾尔族,女,3月免)
王金定(浙江援疆,3月任)
吾拉木江·阿迪力(维吾尔族,3月任)
孙长满(3月任)
党组成员:郭桦蓉(女)
二级调研员:阿依木尼沙·吾斯曼(维吾尔族,女)
吕学明(6月免)
四级调研员:祖 雷(6月免)

地区社会保险中心(副县级)
党支部书记:吾拉木江·阿迪力(维吾尔族,3月免)
阿不力米提·吐尔逊(维吾尔族,6月任)
主 任:郭桦蓉(女)

地区人力资源和社会保障服务中心(副县级)
主 任:祖 雷(6月任)

地区公共就业服务中心(副县级)
主 任:空 缺

地区民政局
党组书记、副局长:李庭生(7月免)
张润德(9月任)
党组副书记、局长:艾尔肯·斯拉木(维吾尔族)
党组成员、副局长:王 军
副局长:张晓岚(女)
四级调研员:邢 伟(女,11月任)

第四人民医院
党委书记:宋江培(女,10月免)
袁慧博(女,10月任)
院 长:阿布来提·阿布都力(维吾尔族)

地区外事办公室(地委外事工作委员会办公室)
党组书记、副主任:谭清华(9月免)
张 标(9月任)
党组副书记、主任:古丽扎尔·木合塔尔(维吾尔族,女,7月任)
主 任:宏千姆·居曼(维吾尔族,女,7月免)
党组成员、副主任:展国泰
刘 青(女)
四级调研员:章君成

地区发改委(地区能源局)
党组书记、副主任:艾利亚·塞提尼亚孜(维吾尔族)
党组副书记、主任:李旺军
党组成员、副主任:李彦成

王　强(浙江援疆)
李秋风(女)
一级调研员:杨亚强
四级调研员:刘继忠(10 月任)

地区投资项目服务中心(副县级)

主　任:王志江(7 月任)

地区工业和信息化局

党组书记、副局长:白和斌
党组副书记、局长:米吉提·依米提(维吾尔族)
党组成员、副局长:丁永军(3 月免)
陈王进(浙江援疆)
邓于平(3 月任)
党组成员:汤　辉
二级巡视员:田广宁(2020.6—2020.7)
一级调研员:田广宁(6 月免)
兰　疆(12 月免)
二级调研员:张振军(12 月任)
陈　宏(2020.3—2020.6)
三级调研员:陈　宏(3 月免)

地区油区服务协调中心

主　任:汤　辉
副主任:王凌文
吾拉木·买海买提(维吾尔族,6 月任)
刘加军(挂职三年)

地区商务局

党组书记、副局长:买买提·乃买提(维吾尔族,9 月免)
范江明(2020.9—2020.12)
党组副书记、局长:于　东(7 月免)
吐尔洪·热合曼(维吾尔族,9 月任)
党组成员、副局长:加尔肯·努素别克(哈萨克族,11 月免)
曹江涛
骆林勇(3 月任)
二级巡视员:卡合曼·司迪克(维吾尔族,12 月任)
正县级干部:范江明(12 月任)
一级调研员:卡合曼·司迪克(维吾尔族,12 月免)
塔依尔·买买提(维吾尔族,6 月免)
四级调研员:徐国泰
王松鹤(3 月任)

地区财政局(地区金融工作办公室)

党组书记、副局长:
吾麦尔江·乃麦提(维吾尔族,11 月免)
艾海提·司马义(维吾尔族,11 月任)
党组副书记、局长:张晓东
党组成员、副局长:张海汇
王　琛(浙江援疆,3 月任)
周　霞(女,3 月任)
二级巡视员:吾麦尔江·乃麦提(维吾尔族,12 月任)
一级调研员:吾麦尔江·乃麦提(维吾尔族,2020.11—2020.12)
四级调研员:刘安利

地区外资贷款项目服务中心(副县级)

主　任:刘国新

地区资产评估中心(副县级)

主　任:田三平(7 月任)

地区国有资产监督管理委员会

党委书记、副主任:张建和
党委副书记:王莉萍(女,3 月免)
主　任:王莉萍(女,3 月免)
张晓东(10 月任)
党委委员、副主任:李　强
崔　宁(女,12 月免)
穆合塔尔·苏里坦(维吾尔族)
王青松(6 月任)
务　玮(女,12 月任)

地区住房和城乡建设局(地区人民防空办公室)

党组书记、副局长:张　洵(11 月免)
塔依尔·库尔班(维吾尔族,11 月任)
党组副书记、局长:
塔依尔·库尔班(维吾尔族,11 月免)

韩　鹏(11 月任)
党组副书记、副局长:柳　清(回族,7 月免)
党组成员、副局长:韩　鹏(11 月免)
李晓木
周　易(3 月任)
党组成员:林一敏(副县级,女)
三级调研员:李　强
四级调研员:乃麦提·麦麦提(维吾尔族)

地区城乡建设服务中心(副县级)
主　任:李　强

地区住房公积金管理中心
党组书记、副主任:孙承江
党组副书记、主任:赵　欣
党组成员、副主任:艾斯哈尔·艾米肉拉(维吾尔族)
杨家鹏

地区交通运输局
党委书记、副局长:王先福
党委副书记、局长:阿布来提·亚库甫(维吾尔族)
党委委员、副局长:李　伟(6 月任)
王克功
李爱军
党委委员:姜东洲(3 月免)
郑德良(副县级)

地区交通运输综合执法局(副县级)
副县级领导:空　缺
局　长:空　缺

地区大数据发展服务中心
党组书记、副主任:赵　鹏
党组副书记、主任:亚力坤·麦斯木(维吾尔族)
党组成员、副主任:杨培峰
王志涛

地区政务服务和公共资源交易中心
党组书记、副主任:刘　春(女)
党组副书记、主任:阿不来提·阿肉甫(维吾尔族)
党组成员、副主任:田　军
冉崇建(土家族,11 月任)
党组成员:王明东(7 月任)

地区政府采购中心(副县级)
党支部书记:王明东
主　任:董建军

地区供销合作社联合社(党组)
党组书记、理事会主任:李　新(12 月免)
刘　立(12 月任)
党组成员、监事会主任:朱卫东
党组成员、理事会副主任:
刘全国(11 月免)
杨　斌
阿不来提·阿不杜热合曼(维吾尔族)
二级调研员:艾尔肯·尤努斯(柯尔克孜族,2020.3—2020.6)
三级调研员:艾尔肯·尤努斯(柯尔克孜族,3 月免)

地区审计局(地委审计委员会办公室)
党组书记、副局长:依明·尼亚孜(维吾尔族)
党组副书记、局长:刘　艳(女,3 月免)
王莉萍(女,3 月任)
党组成员、副局长:潘志勇
艾克拜尔·阿不都瓦依提(维吾尔族)
三级调研员:崔　宁(女,12 月任)

地区固定资产投资服务保障中心(副县级)
主任:赵海云(7 月任)

地区统计局
党组书记、副局长:阿地力·多来提(维吾尔族)
党组副书记、局长:史　红(女)
党组成员、副局长:李美芳(女)
于遴志
党组成员:库尔班·艾则孜(维吾尔族)

地区社会经济调查队(副县级)
队　长:库尔班·艾则孜(维吾尔族)

地区生态环境局
党组书记、副局长:汤人俊
党组副书记、局长:阿力甫·吉力力(维吾尔族)
党组成员、副局长:王　雷
　　　　　　　　周　涛

新疆阿克苏(南疆)危险废物管理中心
主　任:杨　军
副主任:王　勇
　　　王　柯

地区市场监督管理局(地区知识产权局)
党组书记、副局长:戴胜军(7月免)
　　　　　　　　徐云峰(2020.7—2020.12)
　　　　　　　　徐　谨(12月任)
党组副书记、局长:艾力·热麦提(维吾尔族)
党组成员、副局长:刁春林
　　　　　　　　汪连江(3月任)
党组成员:王志强(副县级)
三级高级主办:关炳峰(11月任)
四级高级主办:王　宏(11月免)
　　　　　　苏玉江

地区检验检测中心
党委书记、副主任:吐尔洪·热合曼(维吾尔族,9月免)
　　　　　　　　空　缺
党委副书记、主任:金永生
党委委员、副主任:关炳峰(11月免)
　　　　　　　　高　华
　　　　　　　　王　宏(11月任)

阿克苏纺织工业城(开发区)管委会(党工委)
党工委书记:马国强(6月任)
党工委书记、管委会副主任:肖　林(6月免)
党工委副书记、管委会主任:刘　勇(7月免)
　　　　　　　　　　　　于　东(7月任)
常务副书记、管委会副主任:肖　林(2020.6—2020.7)
　　　　　　　　　　　　刘　勇(7月任)
党工委副书记、纪工委书记、政法委书记:
　　　　　　　　　　　　楚国强(10月免)
党工委副书记、纪工委书记:蔡　赣(11月任)
党工委委员、管委会副主任:张　彬
　　　　　　　　　　　　刘　青
　　　　　　　　　　　　木塔力甫·米吉提(维吾尔族)
　　　　　　　　　　　　刘继忠(10月免)
　　　　　　　　　　　　陈　伟(6月任)
　　　　　　　　　　　　马新全(11月任)
党工委委员:王永峰(副县级)

库车经济技术开发区管委会(党工委)
党工委书记:秦加友
党工委副书记、管委会主任:俞红梅(女)
党工委常务副书记:王　伟(9月任)
党工委副书记、管委会副主任:李　刚(3月任)
党工委委员、管委会副主任:杨庆彪
　　　　　　　　　　　　王筱元
　　　　　　　　　　　　周　颖(浙江援疆,3月任)
党工委委员、纪工委书记:塔依尔·卡地尔(维吾尔族)

地区农业农村局(地委农村工作领导小组办公室)
党组书记、副局长(地委农办主任):刘　建
党组副书记、局长:吐尔洪·买买提(维吾尔族)
党组成员、副局长(地委农办常务副主任):华伟杰
党组成员、副局长:吐尔洪·麦麦提(维吾尔族)
　　　　　　　　卢祥余(浙江援疆)
党组成员:刘同友
　　　　马现平
二级调研员:库尔班·托乎提(维吾尔族)
四级调研员:李　子
　　　　　李　坚

地区农业技术推广中心
党总支书记、副主任:雷春军
主　任:张　明
副主任:毛尼亚孜·依麻木尼亚孜(维吾尔族)
　　　陈　娟(女)
　　　徐占伟
　　　杨　涛(12月任)

地区农业产业化服务中心(副县级)
党支部书记:刘同友
主　任:李堆牛
副县级干部:张　宏

地区农村合作经济发展中心(副县级)
党支部书记:马现平
主　任:木合塔尔·牙生(维吾尔族)

地区农牧业机械化技术推广中心(副县级)
主　任:姚仕林

地区种业发展中心(副县级)
党支部书记:麦合木提·达吾提(维吾尔族)
主　任:陈德华

地区农业综合行政执法支队(副县级)
队　长:空　缺

新疆农业广播电视学校阿克苏地区分校(阿克苏地区农牧民教育培训中心)(副县级)
校　长(主任):阿迪力·吐尼亚孜(维吾尔族)

地区林业和草原局(党委)
党委书记、副局长:李新斌
党委副书记、局长:哈力甫·奥斯曼(维吾尔族)
党委委员、副局长:陈建军(3月任)
　　朱云峰(3月任)
　　卡合曼·克然木(维吾尔族,11月任)
党委委员:陈建军(3月免)
　　杨泽军
　　宋　卫(6月任)
一级调研员:李学军(3月免)
二级调研员:方　真(7月免)

新疆托木尔峰国家级自然保护区管理局
局　长:杨　纯
副局长:杨泽军
　　卡合曼·克然木(维吾尔族,11月免)
　　普尔拜·孟克(蒙古族,11月任)

地区林业技术推广服务中心
党支部书记、副主任:宋　卫(3月任)
主　任:宋　卫(3月免)
党支部副书记、主任:帕坦木·艾沙(维吾尔族,3月任)
副主任:邓　浩(6月免)
　　胡安鸿

地区林业发展保障中心(副县级)
党支部书记:周长凌
主　任:塔依尔·阿不都克然木(维吾尔族)

地区草原工作站(副县级)
党支部书记:谈文阁
站　长:穆合塔尔·热合曼(维吾尔族)

地区航空护林站(地区护林防火指挥部办公室)(副县级)
站　长(主任):李宗明

地区水利局
党组书记、副局长:陈　彤
党组副书记、局长:莫合塔尔·依明(维吾尔族)
党组成员、副局长:阿布都维力·胡达拜迪(维吾尔族)
　　李　鹤(挂职)
　　马洪武(3月任)
党组成员:崔海岗(6月任)
　　阿不都克里木·艾力(维吾尔族)
二级调研员:李金柱(6月免)
四级调研员:托乎提·吐迪(维吾尔族)

地区水资源总站
站　长:崔海岗
副站长:苏来曼·赛买提(维吾尔族)
　　石学军

渭干河流域管理局(副县级)
党总支书记:阿不都克里木·艾力(维吾尔族)

局　长：单劲松

地区畜牧兽医局
党组书记、副局长：艾斯卡尔·托乎提（维吾尔族）
党组副书记、局长：何宗霖
党组成员、副局长：景永元
　　　　樊会堂
党组成员：杨世忠（3月免—2020.3）
　　　　刘全国（11月任）

地区畜牧技术推广中心（地区山羊研究中心）
党支部书记：阿迪力·马木提（维吾尔族）
主　任：张富全

地区动物卫生监督所（副县级）
党支部书记：刘全国（11月任）
所　长：扎依尔·月山（维吾尔族）

地区动物疫病控制诊断中心（副县级）
党支部书记：古力拜克然木·阿吾提（维吾尔族，女）
主　任：俞　进

地区扶贫开发办公室
党组书记：李劲松
党组副书记、主任：方　勤
党组成员、副主任：米吉提·依不拉音（维吾尔族）
　　　　刘国蓉（女）
　　　　韩永峰
　　　　葛　军（挂职）
　　　　姚仕林（挂职）
党组成员：黑胜利（回族）
二级调研员：贾新财（3月任）
四级调研员：库尔班·买买提（维吾尔族）

地区科学技术局
党组书记、副局长：贾其明
党组副书记、局长：
　　麦麦提·麦合布孜（维吾尔族，11月免）
　　加尔肯·努素别克（哈萨克族，11月任）
党组成员、副局长：贾新军
　　　　李登峰（浙江援疆，3月任）
　　　　牙合甫江·色买提（维吾尔族，11月任）

地区教育局（地区民族语言文字工作委员会、地区教育工作领导小组办公室）
地委教育工委书记：王学东（援疆，9月免）
　　　　空　缺
地委教育工委副书记：买买提·沙吾提（维吾尔族）
　　　　木合甫力·艾山（维吾尔族）
　　　　张百和（7月免）
　　　　阿米娜·亚克西（维吾尔族，女）
　　　　张　伟（7月任）
党组书记、副局长：张百和（7月免）
　　　　张　伟（7月任）
党组副书记、局长：阿米娜·亚克西（维吾尔族，女）
党组成员、副局长：杨洪军（正县级）
　　　　黄世海
　　　　蓝邓骏（畲族，浙江援疆）
党组成员：谭光明
　　　　王小平（10月任）
二级调研员：赵庆贺（6月免）
　　　　田建苏（2020.3—2020.6）
三级调研员：田建苏（3月免）
四级调研员：阿依先木古丽·热木提拉（维吾尔族，女）
　　　　林　雪（女）

地区教育工会（副县级）
主　席：谭光明

地区教育保障中心（副县级）
主　任：王小平（10月任）

地区文化体育广播电视和旅游局（地区文物局）
党组书记、副局长：王云凤（女，3月免）
　　　　王新春（女，3月任）
党组副书记、局长：吉利力·海利力（维吾尔族）
党组成员、副局长：陈振雄（3月任）
　　　　俞　聪（浙江援疆，3月任）

曹献宝
党组成员:李　燕(女)
杨　飞
王　宇

地区文博院(博物馆)
院　长(馆长):颜　松
副院长(副馆长):唐　霞(女)
艾斯克尔·阿巴斯(维吾尔族)

地区塔里木歌舞团(副县级)
党支部书记:李　燕(女)
团　长:麦米提米尼·萨迪克(维吾尔族,6月任)
阿力木江·卡马力(维吾尔族,11月任)

地区文化艺术中心(副县级)
党支部书记:杨　飞
主　任:胡晓燕(女)

地区社会体育指导中心(地区体育运动中心、地区业余体校)(副县级)
党支部书记:王　宇
主　任:阿布来提·艾斯麦提(正县级,维吾尔族,7月任)

地区文化市场综合行政执法队(副县级)
党支部书记:乔燕妮(女,6月任)
队　长:楚国强(10月任)

地区卫生健康委员会
党委书记、副主任:张润德(9月免)
孙学武(9月任)
党委副书记、主任:
古丽扎尔·木合塔尔(维吾尔族,女,7月免)
阿孜古丽·马木提(维吾尔族,女,7月任)
党委委员、副主任:
艾合塔木·塔力甫(维吾尔族,9月免)
张新龙
罗华标(3月任)
莫合旦·艾合旦木(维吾尔族,9月任)
党委委员:陈　磐(12月免)
钱雅璐(女,6月任)
刘建军(12月任)
艾合塔木·塔力甫(维吾尔族,12月任)
二级调研员:陈　磐
唐爱民
四级调研员:朱新力
宋江培(女,10月任)

地区卫生健康综合监督执法局(副县级)
党支部书记:钱雅璐(女,6月任)
局　长:唐爱民(6月任)
(2020.6由卫生监督所改制而来)

地区计划生育宣传教育技术指导所(副县级)
党支部书记:刘建军
所　长:热艳古丽·艾依提(维吾尔族,女)

地区疾病预防控制中心
党总支书记、副主任:
郑建江(9月免)
艾合塔木·塔力甫(维吾尔族,9月任)
党总支副书记、主任:阿孜古丽·马木提(维吾尔族,女,7月免)
罗文伟(女,7月任)
党总支委员、副主任:张军辉
副主任:罗文伟(女,7月免)

地区老年大学(副县级)
校　长:王　晖(女)

地区医疗保障局
党组书记、副局长:艾海提·司马义(维吾尔族,11月免)
车　勇(11月任)
党组副书记、局长:
车　勇(11月任)
麦麦提·麦合布孜(维吾尔族,11月任)
党组成员、副局长:陈超勇
周　霞(女,3月免)
李滟预(女,3月任)

四级调研员:李滟预(女,3月免)

地区退役军人事务局

党组书记、副局长:王文江
党组副书记、局长:热汗古丽·买买提(维吾尔族,女,7月任)
党组成员、副局长:于年强
托合尼亚孜·日西提(维吾尔族)
杨钟鹏(9月免)

地区信访局

党组书记、副局长:张　波(9月免)
谭清华(9月任)
党组副书记、局长:麦合木提·艾海提(维吾尔族)
党组成员、副局长:杨国营
艾尼瓦尔·买提尼亚孜(维吾尔族)
党组成员:赵端泰

地区粮食和物资储备局

党组书记、副局长:海　涛(回族)
党组副书记、局长:艾斯卡尔·艾哈旦木(维吾尔族)
党组成员、副局长:郑江宏
惠　涛(3月任)
党组成员:张一平(11月任)
三级调研员:张一平(6月任)
四级调研员:张金萍(女)

地区应急管理局

党委书记、副局长:努尔·阿力木(维吾尔族)
党委副书记、局长:李如武
朱永刚
党委委员、副局长:孙　涌
副局长:卢江林
党委委员:郭　伟
一级调研员:郭　沙(3月免)
徐东明(3月免)
阿不都沙拉木·尼亚孜(维吾尔族,3月免)
四级调研员:开赛尔·依米提(维吾尔族)

地区自然灾害综合监测预警中心(副县级)

主　任:郭　伟

自治区总工会阿克苏地区办事处

党组书记、副主任:迪力夏提·克然木(维吾尔族,9月免)
周　刚(11月任)
党组副书记、主任:周　刚(11月免)
空　缺
党组成员、副主任、女工委主任:薛　萍(女)
党组成员、副主任:李汉勇
丁建民
图尔贡·约麦尔(维吾尔族)

【群众团体】

共青团阿克苏地区委员会

书　记、党组书记:高　凡(女)
副书记、党组成员:依帕尔古丽·阿地力(维吾尔族,女)
曹钰声
范国文
张　虹(女)
张　芳(女,11月任)
副书记:米克热阿依·西热甫(维吾尔族,女)
马文斋(6月免)

地区妇女联合会

党组书记、副主席:谷学珍(女)
党组副书记、主席:
哈丽旦·如孜(维吾尔族,女,11月免)
阿孜古丽·阿不都肉素力(维吾尔族,女,11月任)
党组成员、副主席:阿斯古丽·阿吾提(维吾尔族,女)
郝　云(女)
曾　蓉(女,挂职二年)
二级调研员:王君玉(女,3月免)

地区科学技术协会

党组书记、副主席:赵海峰(3月免)
俱　强(3月任)

党组副书记、主席:热汗古丽·买买提(维吾尔族,女,7月免)
主　席:宏千姆·居曼(维吾尔族,女,7月任)
党组成员、副主席:王敬西
买买提·嘎依提(维吾尔族,10月任)
副主席:茹先古丽·吐尔迪(维吾尔族,女,10月免)

地区工商业联合会(地区商会)

主席(会长):高　焰
党组书记、副会长:齐宗伟
党组成员、副主席:
杨　安
居来提·热合曼(维吾尔族,9月任)
汪　龙
二级调研员:帕尔哈提·那曼(维吾尔族,6月免)
四级调研员:周　忠

地区残疾人联合会

党组书记、副理事长:徐正胜(9月免)
郑建江(9月任)
党组副书记、理事长:阿力甫·吐尼牙孜(维吾尔族)
党组成员、副理事长:高雪莲(女)
副理事长:阿布来提·阿布拉(维吾尔族,6月任)
四级调研员:李旗生

地区文学艺术界联合会

党组书记、副主席:孟雁东(回族)
党组副书记、主席:杨　萍(女)
党组成员、副主席:艾尼·那尔麦提(维吾尔族)
副主席:李雪莉(女)
一级调研员:刘核云(女,2020.12—2020.12)
二级调研员:刘核云(女,12月免)

地区红十字会

党组书记、常务副会长:
汪海涛(10月免)
哈丽旦·如孜(女,维吾尔族,11月任)
党组成员、副会长:
王　馨(女)
莫合旦·艾合旦木(女,维吾尔族,9月免)
党组成员、三级调研员:何廷伟(2020.3—2020.6)
党组成员、三级调研员:何廷伟(3月免)

【事业单位】

地区实验中学(党委)

党委书记:李　健
党委副书记、校长:阿布来提·阿布拉(维吾尔族)
党委委员、副校长:费拥军
冯　昱(11月免)
邢　伟(女,11月免)

阿克苏职业技术学院(党委)

党委书记:蒲思雄
党委副书记、院长:买尼沙木·亚生(维吾尔族,女)
党委副书记、纪检委书记:王定平(6月免)
党委委员、副院长:王　东
邱明科
依明·米吉提(维吾尔族)
朱福根(浙江援疆,3月任)
李晓龙(11月任)
王新萍(女,6月任)
党委委员、组织部部长(组织人事处处长):
祖　蓓(女,6月免)
陈　斌(7月任)
党委委员、宣传(统战)部部长:王安防
党委委员、纪检委书记:韩　勇(6月任)
团委书记:张　虹(女)
办公室主任:付鹏飞(3月免)
周　军(11月任)
学生处处长:马云军(7月免)
张军华(7月任)
教务(科研)处处长:陈再蓉(女)
总务处处长:雷洪柱
医学系党总支书记:佐热古丽·热依木(维吾尔族,女,6月免)
刘　萍(女,6月任)
医学系主任:刘　萍(女,6月免)
空　缺

人文教育系党总支书记:卢文凯(女)
人文教育系主任:吐尔洪·恰瓦尔(维吾尔族,7月免)
空 缺
经济管理系党总支书记:安外尔·麦麦提(维吾尔族,6月任)
经济管理系主任:曾振华
机电工程系党总支书记:马合木提·瓦依提(维吾尔族,6月任)
机电工程系主任:董 燕(女)
生物工程系党总支书记:安尼瓦尔·阿布都热合曼(维吾尔族,6月任)
生物工程系主任:唐 敏(女)
信息工程系党总支书记:王思远
信息工程系主任:
阿布力米提·色买提(维吾尔族,5月免)
空 缺
体育运动系党总支书记:
安尼瓦尔·阿布都热合曼(维吾尔族,6月免)
佐热古丽·热依木(维吾尔族,女,6月任)
体育运动系主任:李 刚
艺术系党总支书记:刘红梅(女)
纺织工程系党总支书记:曾 磊(6月任)
纺织工程系主任:阿尔孜古丽·乌休尔(维吾尔族,女)
思政部主任:蔡素珍(女)
正县级干部:赫崇军(锡伯族,3月免)
六级职员:马云军(7月任)

阿克苏工业技师学院(地区库车中等职业技术学校)

党委书记:张 钦(回族,女)
党委副书记、院长(校长):
阿布力米提·喀德(维吾尔族)
党委委员、副院长(副校长):
康希文
迪力木拉提·麦合木提(维吾尔族)
郭志清
吾买尔·热合曼(维吾尔族)
党委委员、纪委书记:陆美霞(女,10月免)

阿克苏地区中等职业技术学校

党委书记:袁 俊(回族)
党委副书记、校长:甫拉提·艾则木(维吾尔族)
党委委员、副校长:
阿不都沙拉木·呼希塔尔(维吾尔族)
王新萍(女,6月免)
冯 昱(11月任)
祖 蓓(女,6月任)
徐向忠(浙江援疆,3月任)
党委委员、纪检委书记:廉 万

阿克苏教育学院(党委,地区师资培训中心)

党委书记:欧阳勤(女)
党委副书记、院长:莫拉麦提·吐尔迪(维吾尔族)
党委委员、副院长:李校军
张宇华(3月任)
卢 伟(浙江援疆,3月任)
党委委员、纪检委书记:张宇华(3月免)
苏 斌(6月任)

新疆广播电视大学阿克苏分校(党委)

党委书记:孙凤霞(女)
党委副书记、校长:努尔·卡斯木(维吾尔族)
党委委员、副校长:
阿依南木·买合苏木(维吾尔族,女)
徐 涵
党委委员、纪检委书记:吕志斌

阿克苏技师学院(地区高级技工学校)

党委书记:杨志强
党委副书记、院长(校长):帕尔合提·吐尼亚孜(维吾尔族)
党委委员、副院长(副校长):
塔衣尔·库尔班(维吾尔族)
韩 勇(6月免)
陈勇良(6月任)
党委委员、纪检委书记:许庆英(女)

地区第一中学(党委)

党委书记:张淑萍(女)
党委副书记、校长:阿布来提·艾斯麦提(维吾尔族,

7 月免)
艾尔肯·艾拜(维吾尔族,7 月任)
党委委员、副校长:热西提·阿西木(维吾尔族)
汪利生
王峥君(浙江援疆,3 月任)
党委委员、纪检委书记:翟　晖(女,11 月免)
张大勇(11 月任)
副县级干部:毛新强

地区第二中学(党委)
党委书记:高仕毅
党委副书记、校长:何小贵
党委委员、副校长:汪　蕾(女)
艾尔肯·艾拜(维吾尔族,7 月免)
杨泽军
吐尔洪·恰瓦尔(维吾尔族,7 月任)
金春华(浙江援疆,3 月任)
党委委员、纪检委书记:万东柱

地区第一人民医院(党委)
党委书记、副院长:程庆林
党委副书记、院长:涂建锋(浙江援疆)
党委委员、副院长:凌传江
莫合特尔·阿布力米提(维吾尔族)
刘学军
卜智斌(浙江援疆,3 月任)
党委委员、纪检委书记:高军成

地区第二人民医院(党委)
党委书记、副院长:陈　刚
党委副书记、院长:阿米娜·马合木提(维吾尔族,女)
党委副书记、常务副院长:牛　刚(1 月免)
空　缺
党委委员、副院长:张可成
刘　勇(1 月免)
党委委员、纪检委书记:王志荣(6 月任)
副院长:杨　凡

地区第三人民医院(传染病医院)(副县级)
党委书记:牛刚(10 月任)
党委副书记、院长:吾买尔·尼亚孜(维吾尔族,10 月任)

地区中医医院(党委)
党委书记、副院长:李亚先
党委副书记、院长:李应琴(女)
党委委员、副院长:
欧阳栋(9 月免)
姜笃信
刘　炜
唐军(9 月任)
古力扎尔·木萨(维吾尔族,女,12 月任)
副县级:欧阳栋(2020.9—2020.9)

地区维吾尔医医院(副县级)
党委书记:刘　勇(9 月任)
党支部书记:唐　军(2020.6—2020.9)
党委副书记、院长:阿地力·阿不都热依木(维吾尔族)

地区妇幼保健院(副县级)
党委书记:邓志斌
院　长:陶应珍(女)

【国有企业】

新疆红旗坡农业发展集团有限公司
党委书记、董事长:范江明(6 月免)
李波涛(聘期三年,6 月免)
党委副书记、副董事长、总经理:
杨　博(3 月任)
韩双胜(聘期三年,3 月免)
党委委员、副总经理:王露茜(兼财务总监,女)
赵红军
贺章平
莫合塔尔·达吾提(维吾尔族)

阿克苏西域牧业发展有限责任公司
党委书记、董事长:葛　雷
党委副书记、副董事长、总经理:
马　军(聘期三年,回族)
党委委员、副总经理:

逯　宾
张　伟
申秀兰(聘期三年,兼任财务总监,女)
托乎尼亚孜·奥斯曼(聘期三年,维吾尔族)

阿克苏文化旅游发展集团有限公司
党委书记、董事长、总经理:窦有红(聘期三年,12 月免)
党委书记、董事长:窦有红(聘期三年,12 月任)
党委副书记、副董事长、总经理:
李志平(聘期三年,12 月任)
党委委员、副总经理:
刘　胜(聘期三年)
胡建勇(聘期三年)
李志平(聘期三年,12 月免)
张　辉(聘期三年)
吐尔洪·肉孜(聘期三年,维吾尔族)
孟　瑞(浙江援疆,聘期三年,11 月任)
副总经理:吕汝健(壮族,9 月任)

阿克苏鹏达投资有限责任公司
党委书记、董事长:李波涛(聘期三年,6 月免)
代沂杰(聘期三年,6 月任)
党委副书记、副董事长、总经理:
施俊宏(聘期三年,3 月免)
陈　明(聘期三年,3 月任)
党委委员、副总经理:
陈　明(3 月免)
庄永宏(聘期三年,兼任财务总监,女,6 月免)
文福顺
艾买江·米吉提(维吾尔族)
夏锋平(浙江援疆,聘期三年,3 月任)
褚长文(7 月任)

阿克苏天山神木果业发展有限责任公司
党委书记、董事长:贾新财(3 月免)
刘　强(聘期三年,3 月任)
党委副书记、副董事长、总经理:张　勇(12 月免)
空　缺
党委委员、副总经理:孟建华
吐尔逊·亚森(维吾尔族)
余　杰(兼任财务总监)
蒲　敏
正县级干部:张　勇(12 月任)

阿克苏交通建设投资股份有限公司(二类企业)
党支部书记、董事长、总经理:许新萍(女)

阿克苏供销投资〈控股〉集团有限责任公司
党委书记、董事长:刘　立(聘期三年)
党委副书记、副董事长、总经理:
刘　强(3 月免)
施俊宏(聘期三年,3 月免)
党委委员、副总经理:
张盛军
陈　洁(兼任财务总监,女,12 月免)
韩　勇
阿布都许克尔·阿布都热合曼(柯尔克孜族)

阿克苏水务集团有限责任公司
党委书记、董事长:高　文(聘期三年)
党委副书记、总经理、副董事长:
丁永军(聘期三年,3 月任)
党委委员、副总经理、财务总监:王　华(女)
党委委员、副总经理:努尔丁·木依丁(维吾尔族)
杨　明

阿克苏良信粮油购销集团有限责任公司
党委书记、董事长:张振军(12 月免)
黄建霞(12 月任)
党委副书记、副董事长、总经理:张峻崎
党委委员、副总经理:
粟　杨(兼财务总监,女,12 月免)
苏小玲(女)
杨维兵
艾斯卡尔·艾尼瓦尔(维吾尔族)
副县级干部:粟　杨(12 月任)

地区绿色实业开发有限公司
党支部书记、董事长:李波涛(聘期三年,3 月免)

杨　博(2020.3—2020.11)
总经理、副董事长:陈红玮(聘期三年,女)
副总经理:刘兴德(聘期三年)
陈　洁(聘期三年,兼任财务总监,女,12月任)
正县级干部:杨　博(11月任)

【县(市)】

【阿克苏市】

阿克苏市委

书　记:马国强(地委委员兼任)
副书记:吾拉木江·热依木(维吾尔族)
孙学武(8月免)
张晓明(8月任)
杨国正(浙江援疆,1月免)
黄建正(浙江援疆,1月任)
潘万峰
常　委:张向荣
周　华(浙江援疆,1月免)
袁建强(浙江援疆,1月任)
赵立新(6月免)
张建国(2020.6—2020.12)
王晓明(12月任)
艾力·艾合买提(9月免)
石鲜宁(女,9月任)
张　欣
王新利
刘一村(女)
麦麦提·吐拉甫(维吾尔族,3月免)
艾热提·吾斯曼(维吾尔族,3月任)
王保华(9月免)
阿力木江·巴吐尔(维吾尔族,9月任)

阿克苏市人大常委会

党组书记:孙学武(8月任)
张晓明(8月免)
主　任:吾布力喀斯木·艾买提(维吾尔族,10月免,退休)
吐尼牙孜·托乎尼牙孜(维吾尔族,11月任)
副主任:吐尼牙孜·托乎尼牙孜(维吾尔族,11月免)
张　帆(女)
艾力·艾合买提(维吾尔族,9月任)
杨　平
艾尔肯·肉孜(维吾尔族)

阿克苏市人民政府

市　长:吾拉木江·热依木(维吾尔族)
常务副市长:潘万峰
副市长:周　华(浙江援疆,1月免)
袁建强(浙江疆,1月任)
杨海凤(女,3月免)
陈　泽(3月任)
艾热提·吾斯曼(3月免)
庄永宏(女,6月任)
图尔荪·热合曼(维吾尔族,3月任)
沙比尔·麦合木提(维吾尔族,3月任)
张　帆(12月任)
常国宏(12月免)

政协阿克苏市委员会

党组书记、副主席:刘卫江(12月免)
周传金(12月任)
主　席:阿依先木·阿布都热合曼(女,维吾尔族)
副主席:阿布来提·阿布拉(维吾尔族,6月免)
高学忠(6月任)
周　力(6月免)
吐尼亚孜·库尔班(维吾尔族)
茹先古丽·吐尔迪(女,维吾尔族,10月任)

阿克苏市人民法院

党组书记、副院长:姚建英(女)
党组副书记、院长:吐尔逊·吾斯曼(维吾尔族)

阿克苏市人民检察院

党组书记、副检察长:曾　伟(3月免)
魏　敏(3月任)
党组副书记、检察长:
阿不都外力·阿力木(维吾尔族,11月免)
阿依古力·阿布拉(女,维吾尔族,11月任)

阿克苏经济技术开发区管理委员会(党工委,副县级)

党工委书记:郭建新

管委会主任:张　帆(12 月免)

阿克苏市多浪片区管理委员会(党工委,副县级)

党工委书记:金玉龙(9 月免)
　　　　　杨和成(9 月任)

管委会主任:艾合拜尔·依明(维吾尔族)

阿克苏市红旗坡片区管理委员会(党工委,副县级)

党工委书记:田　琛

管委会主任:
　　沙比尔·麦合木提(维吾尔族,3 月免)
　　艾尔肯·吾司曼(维吾尔族,11 月任)
　　阿力木江·巴吐尔(维吾尔族,2020.7—2020.9)

阿克苏实验林场管理委员会(党工委,副县级)

党工委书记:王学高

管委会主任:
　　图尔荪·热合曼(维吾尔族,3 月免)
　　麦米提米尼·萨迪克(维吾尔族,6 月任)

阿克苏市司法局(副县级)

党组书记:王宝龙(9月免)
　　　　黎增晓(9 月任)

局　长:阿力木江·巴吐尔(维吾尔族,7 月免)
　　　玉山江·阿布拉(维吾尔族,9 月任)

阿克苏市其他县级干部

副处长级:焦向阳(9 月任)

二级巡视员:刘卫江(12 月免)

三级调研员:周　力(6 月任)
　　　　　吐尔逊·艾力(维吾尔族,6 月任)

四级调研员:王保华(9 月任)
　　　　　王宝龙(9 月任)

四级高级警长:巴吐尔·阿布都热依木(维吾尔族)

【库车市】

库车市委

书　记:秦加友(地委委员兼任)

副书记:阿不都卡德尔·毛尼亚孜(维吾尔族)
　　　张行波(浙江援疆,1 月免)
　　　单继诚(浙江援疆,1 月任)
　　　朱永刚(8 月免)
　　　潘素华
　　　王　伟(8 月任)
　　　祁伟斌(援疆,9 月免)
　　　方雪明(援疆,9 月任)

常　委:王新平(浙江援疆,1 月免)
　　　范胜兵(浙江援疆,1 月任)
　　　郭智辉
　　　王晓明(12 月免)
　　　何　科(12 月任)
　　　卫　刚
　　　骆　娟(女)
　　　司迪克·艾力(维吾尔族)
　　　买买提·艾则孜(维吾尔族)
　　　代风云
　　　李　柱(挂职三年)
　　　王　伟(8 月免)
　　　方　胜(8 月任)
　　　陈振雄(3 月免)

库车市人大常委会

党组书记:朱永刚(8 月免)
　　　　潘素华(8 月任)

主　任:塔依尔·艾肯木(维吾尔族)

副主任:艾尼瓦尔·吾买尔(维吾尔族)
　　　张　斌
　　　哈德尔·依明(维吾尔族)
　　　袁　伟(1 月任)

库车市人民政府

市　长:阿不都卡德尔·毛尼亚孜(维吾尔族)

常务副市长:潘素华(8 月免)
　　　　　王　伟(8 月任)

副市长:王新平(浙江援疆,1 月免)
　　　范胜兵(浙江援疆,1 月任)
　　　李　柱(挂职三年)
　　　艾合买提·吾甫尔(维吾尔族)
　　　米孜古丽·买买提(女,维吾尔族)

尹铁刚
姚新龙
方　胜(8月免)
梁永政(9月任)

政协库车市委员会

党组书记、副主席:
艾合买提·阿不都热依木(维吾尔族,12月免)
阿孜古丽·艾拜(女,维吾尔族,12月任)
主　席:王景田(12月免)
袁伟(12月任)
副主席:塔力甫·毛拉(维吾尔族)
强文莉(女)
阿不都如苏力·热西提(维吾尔族)

库车市人民法院

党组书记:王　陆
院　长:依力哈木·热合曼(维吾尔族)

库车市人民检察院

党组书记:魏江波
检察长:地力夏提·司马义(维吾尔族,3月免)
吐鲁洪·牙合牙(维吾尔族,3月任)

库车市司法局(副县级)

党组书记:梁永政(9月免)
冯小洋(9月任)
局　长:热依木·斯地克(维吾尔族)

库车市其他县级干部

二级巡视员:艾合买提·阿不都热依木(维吾尔族,12月任)
二级调研员:王景田(12月任)
三级调研员:吐尔洪·莫明(维吾尔族,7月任)
张书忠(6月任,退休)
三级主办:艾斯喀尔·海力力(维吾尔族)
四级调研员:吐尔洪·莫明(维吾尔族,7月任)
陆美霞(10月任)
张书忠(6月免)

【沙雅县】

沙雅县委

书　记:秦研科
副书记:夏帕克提·吾守尔(维吾尔族)
金梓伟(浙江援疆,1月免)
王建峰(浙江援疆,1月任)
韩双胜(3月免)
瞿红艳(女,3月任)
居来提·热合曼(维吾尔族,9月免)
常　委:卯向军
杨克建(浙江援疆,1月免)
王振林
胡亚东(浙江援疆,1月任)
晏晓华(3月免)
李拥国(3月任)
易昭勇(6月免)
李玉波(6月任)
杨　杰
董世生
居麦·托喀(维吾尔族)
屈耀明(援疆,9月免)
戈宝存(援疆,9月任)
艾尼瓦尔·买买提(维吾尔族,9月任)
普尔拜·孟克(蒙古族,11月免)

沙雅县人大常委会

党组书记:韩双胜(3月免)
瞿红艳(女,3月任)
主　任:罗合曼·库尔班(维吾尔族)
副主任:沙拉木·乃买提(维吾尔族)
翟玉清
龚英付
买买提·克比尔(维吾尔族)

沙雅县人民政府

县　长:夏帕克提·吾守尔(维吾尔族)
常务副县长:杨　杰
副县长:杨克建(浙江援疆,1月免)
胡亚东(浙江援疆,1月任)

屈耀明(援疆,9月免)
戈宝存(援疆,9月任)
辛万霞(女)
托乎提·木塔力甫(维吾尔族)
苏勒坦·赛买提(维吾尔族)
李拥国(3月免)

政协沙雅县委员会

党组书记、副主席:周　岩
主　席:依明·买买提(维吾尔族)
副主席:阿比力米提·热西提(维吾尔族)
徐　斌
艾则孜·他西(维吾尔族,6月免,退休)
亚森·木沙(维吾尔族,6月任)

沙雅县人民法院

党组书记:常正海
院　长:胡西塔尔·胡都尤木(维吾尔族)

沙雅县人民检察院

党组书记:李　忠(3月免)
王　勇(3月任)
检察长:阿不都热依木·阿不拉(维吾尔族,11月免)
吐尔洪·吐迪(维吾尔族,11月任)

沙雅县循环经济工业园区管理委员会

党工委书记:许　平
管委会主任:周象征

阿克苏地区沙雅中等职业技术学校

党委书记:周剑英(6月任)
校　长:阿布力米提·色买提(维吾尔族,6月任)

沙雅县司法局(副县级)

党组书记:郭小坤(11月免)
局　长:空　缺

沙雅县其他县级干部

副处长级(副县级):郭小坤(11月任)
范国文(9月任)
付鹏飞(3月任)
马振虎(9月免)
四级调研员:马振虎(9月任)

【新和县】

新和县委

书　记:杜海涛(7月免)
肖　林(7月任)
副书记:肖　林(2020.7—2020.7)
艾买尔江·依明(维吾尔族)
张　标(8月免)
汪　峰(8月任)
罗运乾(浙江援疆,1月免)
吕晓东(浙江援疆,1月任)
常　委:张　东
章　斐(浙江援疆,1月免)
朱剑成(浙江援疆,1月任)
袁　刚
李　志
白永强
吾买尔江·阿木提(维吾尔族)
阿依古力·艾麦提(女,维吾尔族)
刘晓峰
马继勇

新和县人大常委会

党组书记:张　标(8月免)
汪　峰(8月任)
主　任:艾合买提·买买提(维吾尔族,12月免)
努尔尼沙木·提力甫(女,维吾尔族,12月任)
副主任:严勇斌
塔依尔·艾则孜(维吾尔族)
艾合买提·克然木(维吾尔族)
梁理军

新和县人民政府

县　长:艾买尔江·依明(维吾尔族)
常务副县长:刘晓峰
副县长:章斐(浙江援疆,1月免)

朱剑成(浙江援疆,1月任)
艾海提·米吉提(维吾尔族)
睢　鹏
玉山江·拜克力(维吾尔族,6月免)
阿克木江·阿西木(维吾尔族,6月任)
李晓龙(1月免)

政协新和县委员会

党组书记、副主席:田向奎
主　席:努尔尼沙木·提力甫(女,维吾尔族,12月免)
副主席:玉山江·拜克力(维吾尔族,6月任)
古尼沙·买买提(女,维吾尔族,1月免)
艾合买提·阿皮孜(维吾尔族,1月任)
艾克拜尔·依米提(维吾尔族,3月任,退休)
陈博杰

新和县人民法院

党组书记:何清洁
院　长:买合木提·纳曼(维吾尔族)

新和县人民检察院

党组书记:毛　宏(3月任)
检察长:要儿达西·居买(维吾尔族)

新和县司法局(副县级)

党组书记:杨昌森(11月免)
局　长:阿克木江·阿西木(6月免)

新和县其他县级干部

副县级:韩明磊
二级调研员:古尼沙·买买提(女,维吾尔族,2020.1—2020.3,退休)
四级调研员:艾合买提·买买提(维吾尔族,12月任)

【拜城县】

拜城县委

书　记:彭　刚
副书记:买买提江·莫力(维吾尔族)
孔伟雄
张　洪(浙江援疆,1月免)
池晓荣(浙江援疆,1月任)
常　委:宋　涛
张兵恒
李　轶
杜　翀
李　杰
欧阳军(挂职三年)
王松鹤(2月免)
王文彬(3月任)
库尔班·艾来提(维吾尔族,3月免)
吴宝辉(8月免)
杨钟鹏(8月任)
何　科(12月免)
黄成骞(浙江援疆,1月免)
王云师(浙江援疆,1月任)
巴哈尔古丽·艾麦提(女,维吾尔族,11月免)
海尔古丽·沙吾提(女,维吾尔族,11月任)

拜城县人大常委会

党组书记:孔伟雄
主　任:艾合麦提·库尔班(维吾尔族)
副主任:陈军杰
艾尔肯·依不拉音(维吾尔族)
李　梅
艾合麦提·阿克木(维吾尔族)

拜城县人民政府

县　长:买买提江·莫力(维吾尔族)
常务副县长:王松鹤(2月免)
王文彬(3月免)
副县长:欧阳军(挂职三年)
黄成骞(浙江援疆,1月免)
王云师(浙江援疆,1月任)
赵　鹏
玉苏甫·依明(维吾尔族)
海尔古丽·沙吾提(女,维吾尔族,11月免)
庞　毅(12月任)
董　磊

政协拜城县委员会

党组书记、副主席：

努尔东·依不拉音（维吾尔族，7月免）

主　席：王忠毅

副主席：蒋加强

古丽拜克然木·艾则孜（女，维吾尔族）

艾斯卡尔·艾麦提（维吾尔族）

拜城县人民法院

党组书记：吴多敏（6月免）

任学涛（6月任）

院　长：买买提·马木提（维吾尔族）

拜城县人民检察院

党组书记：黄晓明

检察长：开赛尔·热合曼（维吾尔族）

拜城县工业园区管理委员会

党工委书记：杨小飞（6月免）

赵　鹏（6月任）

管委会主任：梁　刚

拜城县其他县级干部

副处长级（副县级）：王松鹤（2020.2—2020.3）

赵　俊（12月任）

张海波（11月任）

四级调研员：杨小飞（6月任）

四级高级警长：比拉力·拜克力（6月任）

【温宿县】

温宿县委

书　记：薛建强

副书记：包尔汗·买买提（维吾尔族）

刘洪胜

肖　森

王建国（浙江援疆，1月免）

孔德东（浙江援疆，1月任）

常　委：张新华

汪　军

宋喜坤

克尤木·台外库力（维吾尔族）

阿孜古丽·阿吾拉（女，维吾尔族）

项世扬（浙江援疆，1月免）

陶国建（浙江援疆，1月任）

郑光喜（3月免）

宋　磊（3月任）

温宿县人大常委会

党组书记：刘洪胜

主　任：艾尼外尔·赛来（维吾尔族）

副主任：阿依先木古丽·阿塔吾拉（女，维吾尔族）

马监君

张方远

艾散·阿卜都热合曼（维吾尔族）

温宿县人民政府

县　长：包尔汗·买买提（维吾尔族）

常务副县长：肖　森

副县长：项世扬（浙江援疆，1月免）

陶国建（浙江援疆，1月任）

罗卫东

阿依甫拉提·司马义（女，柯尔克孜族）

吐尔洪·库尔班（维吾尔族，6月免）

艾木都拉·牙生（维吾尔族，9月任）

董建利（11月免）

政协温宿县委员会

党组书记、副主席：张锦锋（12月免）

宁承江（12月任）

主　席：图尔干·克热木（柯尔克孜族，10月免，退休）

副主席：艾买尔·艾肯木（维吾尔族）

塔依尔·艾沙（维吾尔族）

孙有佩

温宿县人民法院

党组书记：罗　文

院　长：吾斯曼·热合买提（维吾尔族）

温宿县人民检察院

党组书记：魏　敏（3月免）

陈　慧(女,3 月任)
检察长:买买提·吐尼亚孜(维吾尔族)

温宿国家农业科技园区管理委员会

党工委书记:肖　森(6 月免)
薛建强(6 月任)
党工委副书记:肖　森(6 月任)
侯明平
管委会主任:侯明平
管委会副主任:李小刚(浙江援疆,3 月任)
吐逊江·苏力旦(维吾尔族)
郭振江
况东旭(12 月任)

温宿产业园区管理委员会

党工委书记:况东旭(12 月免)
管委会主任:朱永强

温宿县司法局(副县级)

党组书记:黄顺春(11 月免)
局　长:图尔荪·艾尔肯(维吾尔族)

温宿县其他县级干部

副处长级:邓　浩(6 月任)
一级调研员:阿不来提·乌斯曼(维吾尔族,3 月任,退休)
二级调研员:张锦峰(12 月任)
四级调研员:吐尔洪·库尔班(维吾尔族,6 月任)
艾斯卡尔·玉素甫(维吾尔族,6 月免,退休)

【阿瓦提县】

阿瓦提县委

书　记:李承刚
副书记:吾布力喀斯木·买吐送(维吾尔族)
桂美军
艾则孜·买买提(维吾尔族)
陈云伟(浙江援疆,1 月免)
齐方良(浙江援疆,1 月任)
常　委:杨永权
陈听杰(浙江援疆,1 月免)
马芹标(浙江援疆,1 月任)
付长山
库尔班·卡衣木(维吾尔族)
付昌奇
惠　涛(3 月免)
代沂杰(6 月免)
易昭勇(6 月任)
陈玉辉
程建文(6 月任)
吾甫力哈斯木·麦麦提(维吾尔族,10 月任)
蔡　赣(11 月免)
黄建霞(12 月免)
杨秋湘(12 月任)

阿瓦提县人大常委会

党组书记:桂美军
主　任:艾尔肯·斯迪克(维吾尔族)
副主任:李秀军
艾买尔江·艾买提(维吾尔族)
玉素甫江·吾休尔(维吾尔族)
黄艳红(女,回族)

阿瓦提县人民政府

县　长:吾布力喀斯木·买吐送(维吾尔族)
常务副县长:代沂杰(6 月免)
易昭勇(6 月任)
副县长:陈听杰(浙江援疆,1 月免)
马芹标(浙江援疆,1 月任)
贺　建
阿不力米提·阿不都热依木(维吾尔族)
帕坦木·艾沙(女,维吾尔族,3 月免)
迪丽拜尔·艾山(女,维吾尔族,3 月任)
程建文(6 月免)
张勇峰(6 月任)

政协阿瓦提县委员会

党组书记、副主席:陈　刚

主　席:艾则孜·买买提(维吾尔族)
副主席:阿布都热合曼·依木热木孜(维吾尔族)
黄　敏(女)
阿不都萨拉木·麦和木提(维吾尔族,6月免,退休)

阿瓦提县人民法院
党组书记:戴　群(11月免)
吴　洁(11月任)
院　长:阿布都热依木·阿布都热合曼(维吾尔族)

阿瓦提县人民检察院
党组书记:刘　洪
检察长:赛麦提·奥斯曼(维吾尔族)

阿瓦提县司法局(副县级)
党组书记:杨少辉
局　长:玉苏甫江·艾山(维吾尔族)

阿瓦提县其他县级干部
四级调研员:樊晓辉(11月任)

【乌什县】
乌什县委
书　记:刘国强
副书记:吐尔洪·阿不拉(维吾尔族)
刘　宁
高云波
刘世锋(挂职)
祝升明(浙江援疆,1月免)
李　昱(浙江援疆,1月任)
艾尔肯·吐拉克(挂职,6月免)
巴哈尔古丽·艾麦提(11月任)
常　委:罗志军
唐好全
张林辉
牟新页
张　君
阿迪力·阿布拉
郑建林(浙江援疆,1月免)
黄建霖(浙江援疆,1月任)
汪连江(3月免)
巴哈尔古丽·艾麦提(女,维吾尔族,11月任)
阿孜古丽·阿不都肉素力(女,维吾尔族,11月免)

乌什县人大常委会
党组书记:刘　宁
主　任:托合提·热合木提(维吾尔族)
副主任:阿不拉江·麦麦提(维吾尔族)
阿不来提·托乎提(维吾尔族)
张静梅(女,1月任)
牛　鑫(1月任)

乌什县人民政府
县　长:吐尔洪·阿不拉(维吾尔族)
常务副县长:张林辉
副县长:郑建林(浙江援疆,1月免)
黄建霖(浙江援疆,1月任)
高建华
孙长满(3月免)
阿不力米提·托乎提(维吾尔族)
何　嘉(挂职二年)
奴容沙·买买提(女,维吾尔族,3月任)
尹正护(3月任)
赵　英(女,挂职二年,6月任)

政协乌什县委员会
党组书记:高云波
主　席:阿不都沙拉木·买木提明(维吾尔族)
副主席:艾尔肯·达吾提(维吾尔族)
樊东海
刘维忠
阿曼吐尔·马木提(柯尔克孜族)

乌什县人民法院
党组书记:王锡琳(女)
院　长:阿布来提·亥米提(维吾尔族)

乌什县人民检察院
党组书记:孟建明
院　长:艾买尔·吐地(维吾尔族)

乌什县司法局(副县级)
党组书记:赵有刚
局　长:艾尼瓦尔·玉散(维吾尔族)

【柯坪县】

柯坪县委
书　记:柯　旭(地区人大工委副主任兼任)
副书记:吾尔叶提·吾守尔(维吾尔族)
　　李明飞
　　艾尼瓦尔·苏来曼(维吾尔族)
　　汪　峰(3月免)
　　沈孔鸿(浙江援疆,1月免)
　　滕　辉(浙江援疆,1月任)
常　委:王　阳
　　杜能文(6月任)
　　许行峰(浙江援疆,1月免)
　　金培荣(浙江援疆,1月任)
　　卫国荣
　　刘志慧
　　曹　翔
　　王文彬(3月免)
　　阿里木江·吾斯曼(1月免)
　　卡迪亚古丽·依木拉依木(女,维吾尔族,1月任)
　　杨　斌(11月免)
　　郭新宇(11月任)

柯坪县人大常委会
党组书记:李明飞
主　任:阿木提·马木提(维吾尔族)
副主任:那依甫·依沙(维吾尔族)
　　葛　军(维吾尔族)
　　吴学文(6月免,退休)
　　王齐方(7月任)

柯坪县人民政府
县　长:吾尔叶提·吾守尔(女,维吾尔族)
常务副县长:王文彬(6月免)
　　杜能文(6月任)
副县长:许行峰(浙江援疆,1月免)
　　金培荣(浙江援疆,1月任)
　　牙合甫江·色买提(11月任)
　　贺　勇
　　阿不都热合曼·阿曼(维吾尔族,3月任)
　　靳秋运
　　邓永华(挂职二年)
　　徐久龙(挂职二年,3月任)

政协柯坪县委员会
党组书记、副主席:艾尼瓦尔·苏来曼(维吾尔族)
主　席:韩国新
副主席:艾买尔·提拉木(维吾尔族)
　　开赛尔·吐尔迪(维吾尔族)
　　吐尔逊·吐尔地(维吾尔族)
　　杜能文(6月免)
　　吴晓庆(6月任)

柯坪县人民法院
党组书记:王彦林
院　长:吐尔逊·托合提

柯坪县人民检察院
党组书记:陈　慧(女,3月免)
　　张林贵(3月任)
检察长:阿不里克木·阿玉甫(维吾尔族)

柯坪县司法局(副县级)
党组书记:陈勇
局　长:艾哈买提·马木提(维吾尔族)

柯坪县其他县级干部
四级高级警长:艾尼瓦尔·托乎提(维吾尔族)

奋进新时代　展现新作为　开启新征程
奋力开创团结和谐文明富裕的美丽阿克苏建设新局面

——窦万贵在2021年中共阿克苏地委（扩大）会议上的报告（摘登）

“十四五”时期的指导思想

高举中国特色社会主义伟大旗帜，坚持以习近平新时代中国特色社会主义思想为指导，坚决贯彻落实自治区党委决策部署，完整准确贯彻新时代党的治疆方略，牢牢扭住社会稳定和长治久安总目标，坚持依法治疆、团结稳疆、文化润疆、富民兴疆、长期建疆，坚持新发展理念，以推动高质量发展为主题，以深化供给侧结构性改革为主线，以满足人民日益增长的美好生活需要为目的，以推进社会治理体系和治理能力现代化为保障，统筹发展和安全，深入实施“76331”战略，实现经济行稳致远、社会安定和谐，建设团结和谐文明富裕的美丽阿克苏。

丰富和优化“76331”战略内涵

面对新形势、新任务、新变化，地委坚持解放思想、实事求是、与时俱进，对“76331”战略定位及其内涵进行丰富和完善，具体优化为：以习近平新时代中国特色社会主义思想为引领，完整准确贯彻新时代党的治疆方略，着眼“七区”发展定位，大力推进“六大产业”集群，积极培育“三个中心”，全力打造“三个高地”，加快形成“区域性中心城市”，建设团结和谐文明富裕的美丽阿克苏。“7”就是：建设团结和谐平安区、先进文化引领区、能源产业集聚区、特色农业优势区、民生建设先行区、生态治理示范区、融合发展创新区。“6”就是：推进能源化工、纺织服装、农副产品加工、建材冶金、装备制造、战略新兴产业集群。第一个“3”就是：培育区域性交通枢纽中心、商贸物流中心、文化旅游中心。第二个“3”就是：围绕丝绸之路经济带核心区重要板块建设，全力打造区域性创新创业高地、教育人才高地、医疗康养高地。“1”就是着眼宜居宜业公园城市定位，加快形成阿温同城区域性中心城市。

“十四五”时期的奋斗目标

到2025年，经济发展取得新成效，改革开放迈出新步伐，民族团结实现新加强，社会文明程度得到新提高，生态文明建设实现新进步，民生福祉达到新水平，社会治理效能得到新提升。力争实现地区生产总值年均增长8%以上，固定资产投资年均增长10%以上，规模以上工业增加值年均增长10%以上，社会消费品零售总额年均增长9%以上，外贸进出口总额年均增长15%以上，一般公共预算收入年均增长6%以上，城镇建成区绿化率达45%，户籍人口城镇化率达55%，常住人口城镇化率达65%，城乡居民人均可支配收入增幅高于经济增长速度。

展望至2035年，地区社会大局保持持续稳定长期稳定，经济综合实力明显增强，成为丝绸之路经济带核心区重要增长极，区域竞争力、影响力显著增强，人民生活更加富裕，社会文明程度明显提升，资源节约集约利用水平显著提高，生态环境更加优美，区域发展协调性显著增强，依法治阿达到更高水平，与全国全疆同步基本实现社会主义现代化远景目标。

2021年是中国共产党建党100周年，也是“十四五”规划开局之年，做好2021年各项工作，对“十四五”开好头、起好步，极其关键、意义重大。

2021年预期目标

地区生产总值增长7%以上，全社会固定资产投资增长12%以上，规模以上工业增加值增长8%以上，社会消费品零售总额增长9%以上，一般公共预算收入增长6%以上；民生投入资金占一般公共预算支出的70%以上，居民消费价格涨幅控制在3.5%以下，城镇登记失业率控制在3.5%以内，城乡居民人均可支配收入增长高于经济增速。社会大局保持稳定，经济发展稳中向好，民族团结更加巩固，宗教健康发展，意识形态领域持续安全，民生事业全面进步，生态环境更加优美，党的建设不断加强。

这次会议的主要任务是：坚持以习近平新时代中国特色社会主义思想为指导，深入贯彻落实党的十九大和十九届二中、三中、四中、五中全会以及第三次中央新疆工作座谈会精神,贯彻落实自治区党委系列工作部署,回顾第二次中央新疆工作座谈会以来地区工作,分析当前形势,明确“十四五”工作思路和目标任务,安排部署2021年工作,动员全地区各级党组织和广大党员干部群众,完整准确贯彻新时代党的治疆方略,不忘初心、牢记使命,担当实干、砥砺前行,奋力开创团结和谐文明富裕的美丽阿克苏建设新局面。

一、第二次中央新疆工作座谈会以来工作回顾

第二次中央新疆工作座谈会以来,在自治区党委的坚强领导下,地委团结带领地区各级党组织和广大党员干部,坚定坚决贯彻落实新时代党的治疆方略,贯彻落实自治区党委系列决策部署,紧紧围绕社会稳定和长治久安总目标,深入实施“76331”战略,全力以赴保稳定、谋发展、促改革、惠民生,“十三五”规划重点目标任务圆满完成,全面建成小康社会胜利在望,地区稳定发展改革取得了历史性成就。

六年来,我们坚持标本兼治、综合施策,反恐维稳成效显著。

六年来,我们坚持守正创新、凝心铸魂,意识形态工作扎实有效。习近平新时代中国特色社会主义思想和党的十九大精神深入人心,社会主义核心价值观教育常态开展,文化惠民工程深入推进,“四馆一中心”“一塔一中心”、柯柯牙纪念馆和一大批基层综合性文化服务中心建成投用,“农家书屋”、百日文化广场等公共文化服务有力有效。文化艺术作品精彩绽放,阿克苏题材电影《奔腾的托什干河》在国内公映,《千年之约·梦幻龟兹》大型歌舞剧得到各族群众好评,群众精神文化生活极大丰富。

六年来,我们坚持同心同向、携手共进,民族团结巩固发展。民族团结进步宣传教育不断加强,各族群众“五个认同”“三个离不开”思想更加牢固,中华民族共同体意识进一步铸牢。“民族团结一家亲”和民族团结联谊活动常态开展,党员干部职工与各族群众结对认亲,宣传教育、融情联谊、帮扶解困实现全覆盖。“全国民族团结进步示范地区”创建活动扎实有力,涌现出以库尔班·尼亚孜为代表的一批民族团结先进模范,各族群众共居共学共事共乐的氛围更加浓厚。

六年来,我们坚持依法管理、因势利导,宗教领域和睦和谐。全面贯彻党的宗教工作基本方针和基本原则,宗教事务管理法治化水平明显提升。

六年来,我们坚持精准方略、攻坚克难,脱贫攻坚取得决定性成就。地县乡村四级书记抓脱贫攻坚政治责任全面落实,“六个精准”要求和“七个一批”“三个加大力度”脱贫路径持续推进,专项扶贫、行业扶贫、社会扶贫、援疆扶贫深入实施,“两不愁三保障”稳定实现。挂牌督战有力有效,监测预警和动态帮扶机制落细落实,脱贫攻坚顺利通过国家普查验收、成效考核。累计投入扶贫资金87.87亿元,实施扶贫项目3477个,乌什、柯坪2个贫困县摘帽。

六年来,我们坚持稳中求进、质效并举,经济发展成果丰硕。2020年预计实现地区生产总值1294.34亿元,较2014年增长61.8%,年均增长8.4%,产业结构从27:29:44优化为23:31:46;固定资产投资增长114.2%,年均增长13.5%;一般公共预算收入121.6亿元,增长59.4%,年均增长8.08%;农村经济总收入605.9亿元,增长73.14%,年均增长9.58%;完成规模以上工业增加值250.5亿元,增长66.2%,年均增长8.8%;限额以上社会消费品零售总额119.44亿元,增长93%,年均增长11.6%。农业现代化大步迈进,粮棉果畜设施农业五大基地建设、农副产品精深加工长足发展,高标准农田建设、农业高效节水等有力助推农业发展、农民增收。工业经济优化升级,石油石化一业独大的局面发生深刻变化。纺织服装产能实现量的突破,全产业链基本形成。建材冶金产业扩能增效。钵施然智能农机、高性能子午线轮胎、电动汽车生产装配等一批装备制造业快速发展。新能源发电、新材料技术、生物制药等战略新兴产业项目建成投产,填补了地区高新技术产业空白。现代服务业蓬勃发展,阿克苏海关出口监管仓库、保税仓库建成投用,阿克苏商贸物流产业园创成自治区级示范物流园区,辐射南疆的商贸物流集散中心初步形成。旅游业发展迅速,累计接待游客4411万人次,实现旅游总收入248.3亿元。金融风险有效防范,金融服务实体经济的作用不断增强。基础设施极大改善,阿克苏火车站新候车楼、阿克苏机场T2航站楼、阿克苏市北外环公路、纺织大桥、华能亚曼苏24.4万千瓦大型水电站、库车—阿克苏750千伏特高压输变电线路等一批重大项目建成投用。

六年来,我们坚持以人为本、真心为民,民生福祉持续增进。九项惠民工程深入实施,城镇居民人均可支配收入达34962元，增长62.2%，年均增长8.4%；农牧民人均纯收入达17594元，增长65.5%，年均增长8.7%。就业规模不断扩大，新增城镇就业27.4万人，农村富余劳动力转移就业121.4万人次。各级各类教育全面加强，15年免费教育持续落实，新建中小学校62所、新改建幼儿园855所，阿克苏高级技工学校、库车高级技工学校分别升格为阿克苏技师学院、阿克苏工业技师学院。教育学院、职业技术学院实现整体搬迁投用，学校布局更加优化。举全地区之力建成新疆理工学院，实现了阿克苏地区本科院校历史性零的突破，形成了从学前教育、义务教育、高中教育、职业教育到高等教育的完整教育体系，区域性教育人才高地建设取得明显成效。地县乡公共卫生服务体系进一步健全，全民健康体检全面实施，区域性医疗康养高地建设迈出坚实步伐。社会保障体系日趋完善，特殊困难群体应保尽保。建成城镇保障性住房12.75万套，农村安居房21.4万套，解决农村35.2万人安全饮水问题，新改建农村公路7772千米。城镇化水平不断提高，常住人口城镇化率从2014年的32%提高到56.4%。“1+X”风险隐患排查机制有效运行，安全生产形势持续稳定。

六年来，我们坚持全面发力、重点突破，改革开放纵深推进。全面落实中央、自治区重大改革任务1045项，探索开展地区层面改革试点126项，国资国企、医疗卫生、农村集体产权制度等重点改革取得突破性进展，全面深化改革持续走在全疆前列。“放管服”“最多跑一次”等改革成效凸显，“点线面”工作机制有效推进，营商环境持续优化，市场主体活力不断激发。党政机构改革全面完成。对外开放持续扩大，累计完成招商引资到位资金2530.95亿元。对口援疆全方位推进，投入资金94.81亿元，实施项目1393个，产业援疆、干部人才援疆、组团式教育医疗援疆、“石榴籽”工程等亮点纷呈。兵地融合纵深发展，全力支持一师阿拉尔市发展壮大，一师团场划地设镇全面完成；形成了兵地维稳共担、发展共融的局面；基础设施、农业科技、工业项目、三产服务深度融合；教育教学、医疗卫生、文化旅游、干部人才等各领域交流合作全面加强。油地共建迈出新步伐，油地混合所有制经济发展和属地注册取得重大进展。军地军民共建共融，在地区经济社会发展中发挥了积极作用。

六年来，我们坚持生态立区、防治结合，生态建设卓有成效。积极践行绿水青山就是金山银山的理念，大力传承和弘扬“柯柯牙精神”，“四个百万亩”生态治理工程全面完成，全地区森林总面积达1752.9万亩，森林覆盖率达8.9%，阿克苏荒漠绿化受到习近平总书记点赞，成为全国生态文明建设的典范。蓝天、碧水、净土保卫战取得重大进展，生态环境明显改善。农村人居环境整治扎实有效，美丽乡村建设迈出坚实步伐。公园城市建设成效显著，国家湿地公园、森林公园、多浪河景观、东城水系及各县（市）一批生态项目建成使用，城市（镇）建成区绿化覆盖率达41.4%，各县（市）城镇面貌焕然一新，城市品质品位大幅提升。老旧小区改造深入实施，群众生活环境极大改善。

六年来，我们坚持从严治党、强基固本，党的建设全面加强。突出政治建设，党的群众路线教育实践活动和“三严三实”“两学一做”“不忘初心、牢记使命”等学习教育深入开展，党的组织建设和干部队伍建设进一步加强，“访惠聚”驻村工作成效显著，基层基础不断夯实。中央八项规定精神及其实施细则严格落实，“四风”“四气”突出问题有效整治，基层减负工作扎实推进，政治巡察不断深化，反腐败斗争压倒性胜利持续巩固，政治生态风清气正。民主政治建设全面加强，各级人大依法履职尽责，“六型”政府建设高效推进，政协组织充分参政议政，群团组织积极发挥作用，爱国统一战线更加巩固。

过去的六年极不平凡、极不容易。面对异常严峻的反恐维稳形势和经济下行的巨大压力，我们凝心聚力、担当实干，干成了一批强基础利长远的大事，办妥了一些多年想办而没有办成的要事，实现了一系列具有标志性意义的突破，各族群众的获得感、幸福感、安全感不断增强，各项事业取得巨大成就。特别是今年以来，面对突如其来的新冠肺炎疫情，我们坚持人民至上、生命至上，坚决贯彻落实党中央战略部署和自治区党委工作要求，以坚定果敢的勇气、坚忍不拔的决心、精准管用的举措，全力以赴打好疫情防控人民战争、总体战、阻击战，地区上下勠力同心、众志成城、顽强拼搏、共克时艰，夺取了抗疫斗争阶段性胜利，确保了人民群众生命安全和身体健康，为经济社会平稳有序发展赢得了战略主动。

成绩来之不易，这是以习近平同志为核心的党中央关心关怀的结果，是自治区党委坚强领导的结果，是地区各族干部群众团结奋斗的结果，是浙江省无私援助的结果，是兵地携手、油地共建、军民齐心的结果。特别是广大党员干部忠诚坚守、超常付出，为地区社会稳定和长治久安付出了巨大努力、作出了巨大贡献。

在此，我代表地区四大班子，向为地区稳定发展改革付出辛勤汗水的各族干部群众、援疆干部、驻阿部队、武警官兵、一师和中央、自治区驻阿单位的广大干部职工、社会各界人士，表示衷心的感谢和崇高的敬意！

总结第二次中央新疆工作座谈会以来的奋斗历程，我们深刻体会到，做好阿克苏各项工作，实现社会稳定和长治久安总目标：

——必须坚持党的全面领导。增强“四个意识”、坚定“四个自信”、做到“两个维护”，在思想上政治上行动上同以习近平同志为核心的党中央保持高度一致，做到对党绝对忠诚。

——必须坚持总目标统领。完整准确贯彻新时代党的治疆方略，牢牢扭住社会稳定和长治久安总目标，坚持依法治疆、团结稳疆、文化润疆、富民兴疆、长期建疆。

——必须坚持以人民为中心。始终把群众安危冷暖放在心上，紧贴民生推动高质量发展，不断增强各族群众的获得感、幸福感、安全感，最大限度地凝聚民心、汇聚力量。

——必须坚持改革创新。坚持新发展理念，大力弘扬创造精神、创新精神，以思想破冰引领改革突围，不断激发内生动力，释放发展新活力，推动改革和发展深度融合、高效联动。

——必须坚持系统观念。注重统筹兼顾、综合平衡、突出重点、带动全局，加强前瞻性思考、全局性谋划、战略性布局、整体性推进，推动稳定发展改革各项事业全面进步、行稳致远。

——必须坚持担当实干。传承和弘扬“柯柯牙精神”，勇于担当、攻坚克难，苦干实干、久久为功，以钉钉子精神推动党中央决策部署和自治区党委工作要求落地落实。

这些经验弥足珍贵，凝聚了地区各级党组织和广大党员干部的实践智慧，必须牢牢把握、始终坚持。

二、“十四五”时期和2021年工作要求、目标任务

“十四五”时期是我国全面建成小康社会、实现第一个百年奋斗目标之后，乘势而上开启全面建设社会主义现代化国家新征程、向第二个百年奋斗目标进军的第一个五年。做好当前和今后一个时期工作，我们必须认清大势，把握机遇，应对挑战。

充分认清形势：从国际环境看，世界正经历百年未有之大变局，经济全球化遭遇逆流，新冠肺炎疫情全球大流行使世界形势加速演变，保护主义、单边主义上升，我国发展的外部环境日趋复杂。从国内环境看，我国正处于转变发展方式、优化经济结构、转换增长动力的攻关阶段，发展不平衡不充分问题仍然突出，重点领域和关键环节改革任务仍然艰巨，不确定因素和挑战增多。从疆内和地区环境看，疫情形势下推动经济社会发展任务艰巨，经济下行压力依然较大，发展动能不足，科技支撑不强，实体经济水平有待提高，产业链条短、转型升级困难，基础设施建设和民生领域还有不少短板。

牢牢把握机遇：一是政策叠加的机遇。中央对新疆特别是南疆稳定发展改革出台一系列重大政策和倾斜支持措施，这些政策的叠加必将有力推动南疆高质量发展，为加快阿克苏地区发展创造重要条件。二是稳定红利的机遇。稳定的红利持续释放，为地区改革发展营造了和谐稳定的社会环境。三是改革开放的机遇。丝绸之路经济带核心区建设，我们迎来了对外开放的广阔前景，特别是近年来机场、铁路、公路、电力、水利等一大批基础设施项目的实施，地区区位优势、通道优势充分彰显，对外开放的载体更加丰富，为地区积极融入核心区建设，实现更高层次、更大范围的资源优化配置带来更大机遇。四是乡村振兴战略实施的机遇。国家乡村振兴战略的全面实施，将对地区巩固脱贫攻坚成果、改善农牧区生产生活条件、补齐农村发展短板、激发农业农村发展活力，起到重要的促进作用。五是融合发展的机遇。对口援疆、兵地融合、油地共建将在干部人才、产业发展、民生改善、民族团结上进一步聚焦发力，必将为我们实现强区晋位、推动高质量发展提供更加强劲的助力。

总的来看，机遇与挑战并存，但机遇大于挑战，未来阿克苏地区发展优势更加凸显。党的十九届五中全会明确了“十四五”时期的指导思想、目标要求和重大举措，体现了以习近平同志为核心的党中央谋划未来的远见卓识和继往开来的历史担当，为我们指明了发展方向、提供了行动指南。第三次中央新疆工作座谈会从战略和全局的高度，擘画了新时代中国特色社会主义新疆的宏伟蓝图，为我们推进新时代新疆社会稳定和长治久安提供了根本遵循，注入了强大动力。奋进新时代、开启新征程，我们要把思想和行动统一到党的十九届五中全会和第三次中央新疆工作座谈会精神上来，统一到习近平总书记的重要讲话和重要指示精神上来，充分认识国情区情，把握发展规律，保持战略定力，立足新发展阶段、贯彻新发展理念、融入新发展格局，准确识变、科学应变、主动求变，善于在危机中育先机，于变局中开新局，脚踏实地、奋勇争先，推动新时代阿克苏各项事业勇往直前、再谱新篇。

“十四五”时期的指导思想是：高举中国特色社会主义伟大旗帜，坚持以习近平新时代中国特色社会主义思想为指导，坚决贯彻落实自治区党委决策部署，完整准确贯彻新时代党的治疆方略，牢牢扭住社会稳定和长治久安总目标，坚持依法治疆、团结稳疆、文化润疆、富民兴疆、长期建疆，坚持新发展理念，以推动高质量发展为主题，以深化供给侧结构性改革为主线，以满足人民日益增长的美好生活需要为目的，以推进社会治理体系和治理能力现代化为保障，统筹发展和安全，深入实施“76331”战略，实现经济行稳致远、社会安定和谐，建设团结和谐文明富裕的美丽阿克苏。

面对新形势、新任务、新变化，地委坚持解放思想、实事求是、与时俱进，对“76331”战略定位及其内涵进行丰富和完善，具体优化为：以习近平新时代中国特色社会主义思想为引领，完整准确贯彻新时代党的治疆方略，着眼“七区”发展定位，大力推进“六大产业”集群，积极培育“三个中心”，全力打造“三个高地”，加快形成“区域性中心城市”，建设团结和谐文明富裕的美丽阿克苏。“7”就是：建设团结和谐平安区、先进文化引领区、能源产业集聚区、特色农业优势区、民生建设先行区、生态治理示范区、融合发展创新区。“6”就是：推进能源化工、纺织服装、农副产品加工、建材冶金、装备制造、战略新兴产业集群。第一个“3”就是：培育区域性交通枢纽中心、商贸物流中心、文化旅游中心。第二个“3”就是：围绕丝绸之路经济带核心区重要板块建设，全力打造区域性创新创业高地、教育人才高地、医疗康养高地。“1”就是：着眼宜居宜业公园城市定位，加快形成阿温同城区域性中心城市。

“十四五”时期的奋斗目标是：到2025年，经济发展取得新成效，改革开放迈出新步伐，民族团结实现新加强，社会文明程度得到新提高，生态文明建设实现新进步，民生福祉达到新水平，社会治理效能得到新提升。力争实现地区生产总值年均增长8%以上，固定资产投资年均增长10%以上，规模以上工业增加值年均增长10%以上，社会消费品零售总额年均增长9%以上，外贸进出口总额年均增长15%以上，一般公共预算收入年均增长6%以上，城镇建成区绿化率达45%，户籍人口城镇化率达55%，常住人口城镇化率达65%，城乡居民人均可支配收入增幅高于经济增长速度。

展望至2035年，地区社会大局保持持续稳定长期稳定，经济综合实力明显增强，成为丝绸之路经济带核心区重要增长极，区域竞争力、影响力显著增强，人民生活更加富裕，社会文明程度明显提升，资源节约集约利用水平显著提高，生态环境更加优美，区域发展协调性显著增强，依法治阿达到更高水平，与全国全疆同步基本实现社会主义现代化远景目标。

2021年是中国共产党建党100周年，也是“十四五”规划开局之年，做好2021年各项工作，对“十四五”开好头、起好步，极其关键、意义重大。

2021年预期目标：地区生产总值增长7%以上，全社会固定资产投资增长12%以上，规模以上工业增加值增长8%以上，社会消费品零售总额增长9%以上，一般公共预算收入增长6%以上；民生投入资金占一般公共预算支出的70%以上，居民消费价格涨幅控制在3.5%以下，城镇登记失业率控制在3.5%以内，城乡居民人均可支配收入增长高于经济增速。社会大局保持稳定，经济发展稳中向好，民族团结更加巩固，宗教健康发展，意识形态领域持续安全，民生事业全面进步，生态环境更加优美，党的建设不断加强。

三、完整准确贯彻新时代党的治疆方略，全面做好“十四五”开局之年各项工作

（一）高举法治旗帜，确保社会大局持续稳定长期稳定。牢牢扭住社会稳定和长治久安总目标，坚决把维护国家安全、维护社会稳定作为重于泰山的政治责任，实现更有利于长治久安的根本性变化，着力建设团结和谐平安区。

1.坚持总体国家安全观,坚决维护国家安全。

2.坚持依法治阿,推进反恐维稳常态化。

3.全面推进社会治理现代化,建设更高水平的平安阿克苏。

4.铸牢中华民族共同体意识,扎实做好民族团结工作。

5.坚持新疆伊斯兰教中国化方向,促进宗教健康发展。

(二)坚持新发展理念,推动经济高质量发展。坚持稳中求进工作总基调,持续深化供给侧结构性改革,大力发展实体经济,扎实做好“六稳”工作,全面落实“六保”任务,实现地区经济平稳健康发展。

1.坚持农业农村优先发展。着眼特色农业优势区发展定位,积极推进全面脱贫同乡村振兴有效衔接。加快高标准农田建设,大力发展高效节水农业,持续加强粮棉果畜设施农业“五大基地”建设,突出绿色化、优质化、特色化、品牌化,推动农业由增产向提质转变。粮食面积稳定在400万亩,确保粮食安全和有效供给。建立优质棉良繁基地,推广“一主一辅”用种模式,实施长绒棉品牌保护,扩大机采棉规模,棉花总产稳定在95万吨以上。持续加大林果提质增效工作力度,不断优化种植结构,力争“全国绿色果品原料标准化生产基地”认证面积150万亩以上,扩大“阿克苏好果源”品牌影响力。深入实施畜牧业高质量发展“十百千亿”工程,推进粮经饲三元种植结构调整,实现全地区牲畜存栏810万头(只)、出栏860万头(只)。大力实施设施蔬菜产业发展三年行动,以新建育苗中心、日光温室为重点,不断扩大规模,种植面积稳定在18万亩,产量30万吨左右。着力构建现代农业产业体系、生产体系、经营体系,深入推进“百十一”“十仓百企”“十城百店”工程,加强生产、加工、销售等各环节质量管理,提高农产品品牌知名度和市场竞争力。大力培育和壮大农副产品加工企业、农民专业合作社,积极引进特色农副产品龙头企业,构建“初级加工在乡村、精深加工在园区”的农副产品加工布局。多措并举巩固拓展脱贫成果,保持现有帮扶政策总体稳定,切实做到“四个不摘”“八个不变”,健全完善防止返贫监测预警和动态帮扶机制,突出抓好发展产业带动就业,确保有劳动能力的脱贫户、边缘户家庭成员全部就业,确保脱贫后不返贫、能发展、可持续。

2.加快工业转型升级。用好比较优势和产业政策,巩固提升优势产业,培育壮大新兴产业,推动工业强基增效。着眼能源产业集聚区发展定位,推进油气资源就地转化利用,大力发展精细化工,在固链补链强链上狠下功夫,加快推进塔河炼化百万吨乙烯、金晖100万吨PVC循环经济等项目建设,推进石油、天然气化工产业提质扩能。加快煤层气勘探开发利用,提高煤炭资源加工转化和综合利用水平。持续优化纺织服装产业结构,稳步发展纺纱,壮大织造,延伸印染,谋划聚酯纤维、辅料等中间产业,优化家纺服装,推动纺织服装全产业链发展。积极推进中泰海鸿纺织印染一体化、库车健康纺织家纺产业园等项目进程。鼓励传统建材产业工艺改造和技术升级,积极发展新型节能环保建材,加快冶金产业发展。推动装备制造业集群发展,抓好太阳能空调生产、电梯制造、新能源汽车组装等项目建设,规划建设农机装备制造园区,促进装备制造产业链向中高端延伸。着力培育壮大新材料、新能源、节能环保、生物医药、电子信息等战略新兴产业,推进新疆璨科电子专用材料等项目建设。坚持项目产业化、产业园区化、园区集聚化,大力发展园区经济,准确定位各园区功能和发展模式,错位发展、突出特色,精准谋划主导产业,培育优势产业集群。

3.大力发展现代服务业。坚持扩大内需这一战略基点,贯通生产、分配、流通、消费各环节,多措并举促进消费,增强消费对经济发展的基础性作用,积极培育区域性商贸物流中心。全面提升四大物流园区承载能力,完善六大综合物流基地服务功能,不断丰富和发展线上线下、批发零售一体推进的商贸物流新业态、新模式,着力构建公铁联运、航空物流、城乡配送、信息服务等为一体的现代商贸物流体系。提高电子商务产业园规范化运营水平,大力发展农村电子商务,构建覆盖县乡村三级的农村商贸物流网络。加快推进海元物流一期、阿克苏直属棉储备库、浙阿轻工五金城等项目建设,力争国家级优质棉花、优质棉纱交易中心落户阿克苏。着力引进和培育现代商贸流通企业,提升仓储、加工、保鲜及配套服务能力。深入推进阿克苏药品集散中心建设,打造服务南疆区域、辐射中亚国家的药品和医疗器械交易平台。着力培育消费增长点,巩固提升传统消费、鼓励新型消费,加快发展康养、育幼、家政、物业等服务业,大力发展夜间经济,激活消费市场，改善消费结构，提升消费服务，促进消费升级。创新金融体制机制，做强现有金融主体，积极引进和建立更多的银行、保险等机构，发挥信贷、保险、证券、信托、担保等机构的融资服务和资产配置功能，增强筹融资能力，提高存贷比例，建立多层次、综合性金融服务体系，提升区域性金融影响力。进一步加大金融对实体经济、对传统产业改造提升和新兴产业培育的支持力度，改善对“三农”和中小微企业的普惠性金融服务，提高金融业服务地方经济高质量发展的能力。

4.推动文旅产业高质量发展。深入实施旅游兴阿战略，积极培育区域性文化旅游中心。大力发展文化产业，以红色教育游、民族文化游、历史古迹游、乡村休闲游为特色，充分挖掘历史文化内涵，整合特色物产资源，推出一批富有地域特色的文化旅游产品。办好“多浪·龟兹”文化旅游节、环塔拉力赛及胡杨节等系列活动，积极参加各类旅游展会，推动疆内疆外、线上线下互动宣传营销，打响“丝路古龟兹神奇阿克苏”文化旅游品牌。深入实施“旅游+”“+旅游”，推动旅游与文化、体育、农业、交通、生态等行业深度融合。加快推进精品景区建设，力争年内增加A级景区6家以上，积极创建AAAAA级景区。加大引客入阿力度，深入开展阿克苏人游阿克苏活动，提升旅游热度，激活旅游市场。不断完善文化旅游业态，多层次、全方位扩大旅游供给，打造“吃住行游购娱”产业链。持续加强文旅基础设施建设，完善智慧旅游公共服务体系，建强旅游人才队伍，优化旅游市场环境，提升旅游服务水平，力争全年接待游客1650万人次，实现旅游收入85亿元以上。

5.加强基础设施建设。充分发挥重大项目促投资稳增长的关键作用，积极探索稳投资资金保障机制，用足用好中央投资和地方政府专项债券资金，精心谋划推进一批新型城镇化、交通、水利、通讯、电力等基础设施重大项目，深化点线面工作机制，形成“开工一批、建设一批、申报一批、储备一批”的良性循环。积极培育区域性交通枢纽中心，加快G579线库车—拜城—玉尔滚公路建设进度，推进伊宁—阿克苏铁路、新和—拜城铁路、阿克苏—阿瓦提一级公路等项目开工建设，确保阿克苏—阿瓦提—阿拉尔铁路、G314线阿克苏过境段(南外环)年内建成通车。加快大石峡、温泉水利枢纽等重大水利工程建设，推进天然气管网及油气储备设施、特色小城镇、5G移动通信网络等项目建设，为经济高质量发展提供强有力支撑。

6.持续推进美丽阿克苏建设。树牢绿水青山就是金山银山理念，大力传承和弘扬“柯柯牙精神”，推动生态治理示范区建设迈出新步伐。严守生态红线底线，实行最严格的生态环境保护制度、空间用途管制制度、水资源管理制度，严禁“三高”项目进阿克苏。坚决打好蓝天、碧水、净土保卫战，持续抓好重点行业污染源治理，强化源头管控和系统整治。全面落实河(湖)长制，合理开发利用水土资源。加强危险废物、固体废物、油区污染、农业领域污染防治，推进垃圾分类。深入实施山水林田湖草一体化生态保护和修复，有序开展大规模国土绿化行动，推行林长制，巩固“四个百万亩”荒漠绿化工程成果，实施艾西曼湖区域生态修复和荒漠化治理工程，让阿克苏的天更蓝、山更美、水更清。

(三)坚持以人民为中心，提升保障和改善民生水平。着眼民生建设先行区发展定位，深入实施“十项惠民工程”，持续提升各族群众的获得感、幸福感、安全感。

1.千方百计扩大就业。坚持经济发展就业导向，创新就业方式，提升就业质效。深入实施发展纺织服装产业促就业战略，加快发展劳动密集型产业，开发就业岗位、拓宽就业渠道。持续加大职业技能培训力度，梳理提升一批职业院校优势专业，加强校企合作，促进产教融合，提高劳动者就业能力，力争全年培训3.5万人次。发挥创业孵化基地和创业示范园区作用，落实创业担保贷款及财政贴息等扶持政策，鼓励支持“大众创业、万众创新”。坚持就近就地就业，建立农业实体稳定就业机制，持续推进城乡富余劳动力转移就业，突出抓好高校毕业生、退役军人、就业困难人员和失业人员等群体稳定就业，力争年内实现农村富余劳动力转移就业15万人次，城镇新增就业2.5万人，零就业家庭动态清零。

2.优先发展教育事业。全面贯彻党的教育方针，落实立德树人根本任务，大力实施教育提升工程，深化学校思想政治理论课改革创新，促进学生德智体美劳全面发展。坚定不移推广普及国家通用语言文字，巩固提升各学段国家通用语言文字教学成果，加大社会面特别是中青年群体国家通用语言文字的教育培训力度,大力营造学习使用国家通用语言文字的浓厚氛围。扎实办好学前教育,提高幼儿园办园水平。加快义务教育优质均衡发展。推动地区示范性高中和优势高中动态管理,打造普通高中优质学校集群和区域性普通高中品牌学校。整合教育资源,优化专业设置,统筹推进职业教育、技工教育和技能培训提质培优,推动阿克苏职业技术学院升格本科职业院校、阿克苏教育学院转设阿克苏师范职业学院、库车中等职业技术学校(阿克苏工业技师学院)升格高等职业院校。支持新疆理工学院提高办学实力。深化教师管理体制改革,大力实施新时代“十百千”名师培养工程,打造高素质专业化创新型教师队伍,提升教育高质量发展水平,全力打造区域性教育人才高地。

3.大力发展卫生健康事业。把维护人民健康摆在更加突出的位置,深入实施全民健康工程。深化医药卫生体制改革,整合医疗卫生资源,加快推进紧密型医共体建设,不断提升公共卫生服务、医疗服务、医疗保障、药品供应保障水平。巩固乡镇卫生院和村卫生室标准化建设成果,探索建立乡村医护人员定向培养制度,提高基层卫生服务能力。建立稳定的公共卫生事业投入机制,加快实施健康阿克苏行动,切实保障公共卫生安全。全面开展健康体检工作,健全完善疾病预防控制体系,加强重大传染病防控,提高结核病筛查率和治愈率,有效降低结核病、艾滋病发病率。推动全民健身与全民健康深度融合。大力支持中医药和民族医药事业发展,积极推进医疗卫生和康养服务相结合,全力打造医疗、预防、保健、康养等一体化服务的区域性医疗康养高地。做好第七次全国人口普查资料开发工作。坚持和改进计划生育工作,保持适度生育水平,促进人口长期均衡发展。

4.不断增强社会保障能力。实施全民参保计划,持续推进五项保险参保扩面,城乡居民基本养老保险参保率稳定在95%以上。落实人身意外伤害保险、大病保险、异地就医直接结算等各项惠民政策,完善社会保险体系。落实低保、医保、养老、特困人员救助供养、社会救助等综合社会保障政策。深入推进居家和社区养老服务,对有意愿的“五保”老人集中供养、孤儿集中收养。加大医养基础设施建设,提升农村幸福大院、托幼所管理服务水平,解决好“一老一小”问题。全面加强残疾人康复服务。做好退役军人服务保障工作。

5.加快新型城镇化建设。统筹城乡协调发展,补齐城镇基础设施短板,加快形成阿温同城区域性中心城市,积极融入南疆城市群建设。推进以人为核心的新型城镇化,深化户籍制度改革,加大对农业转移人口市民化的财政支持力度,扩大保障性住房供给,培育和发展住房租赁市场,进一步提高城镇化率。以推进全国及自治区特色小镇建设为契机,加快特色小镇建设步伐,促进城市与小城镇协调发展。坚持“城在林中、水在城中、人在园中”的理念,持续推进水系建设和生态绿地改造,因地制宜开展绿化亮化美化。实施城市更新行动,统筹城市规划、建设、管理,推动城市结构优化、功能完善、品质提升,全面推进老旧小区改造,推行“大物委”机制,切实提高物业服务能力,让各族群众生活更美好、更幸福。

6.着力办好为民实事好事。加强农牧区水、电、路、气、讯等基础设施建设,积极推进煤改电工程,新改建农村公路600千米,农村安居富民工程3700户,城镇保障性安居住房9068套,持续巩固农村饮水安全,不断改善各族群众生产生活条件。严格执行安全生产事故责任追究制度,落实“1+X”风险隐患排查机制,深入开展安全生产专项整治三年行动,坚决遏制重特大安全生产事故。健全完善综合应急管理机制,全面提升防灾减灾能力水平。加强农产品和食品药品安全监管,让各族群众吃得放心、用得安心。

(四)坚持培育和弘扬社会主义核心价值观,坚决维护意识形态领域安全。坚定不移举旗帜、聚民心、育新人、兴文化、展形象,深入实施文化润疆工程,着力建设先进文化引领区。

1.大力培育和践行社会主义核心价值观。持续深化习近平新时代中国特色社会主义思想、党的十九届五中全会、第三次中央新疆工作座谈会精神宣传教育,加强党史、新中国史、改革开放史和社会主义发展史宣传教育,厚植思想根基。大力弘扬民族精神和时代精神,广泛开展爱国主义教育、公民道德教育、反分裂斗争教育,建好用好爱国主义教育基地,切实把社会主义核心价值观转化为各族干部群众的情感认同和行为习惯。全面推进新时代文明实践中心建设,深入开展志愿服务,打通宣传服务群众“最后一公里”。持续推进移风易俗和文明乡风建设,开展“道德模范”“中国好人”等系列评选活动。深入开展精神文明“五大创建”活动，引导全民讲文明树新风。

2.坚决维护意识形态领域安全。落实意识形态工作责任制，管好方向、管好队伍、管好阵地。引导各族干部群众树牢马克思主义“五观”，增强“五个认同”。全面加强宣传文化产品审读，严把宣传文化产品的政治方向、舆论导向、价值取向。持续深化意识形态领域专项行动。

3.深入实施文化润疆工程。大力传承弘扬中华优秀传统文化，精心打造地区文博院、汉唐文化产业园、龟兹文化研究院等一批具有中华文化特征和中华民族视觉形象的宣传文化阵地。以柯柯牙纪念馆、三五九旅屯垦纪念馆等为载体，大力弘扬社会主义先进文化和红色革命文化。加强文化遗产保护成果运用，更好发挥资政、证史、育人作用。深入推进铸魂、培育、惠民等文化润疆十项工程，统筹推进基本公共文化服务标准化、均等化建设，优化城乡文化资源配置，实施城市书房示范项目，推动基层公共文化服务提质增效。加强文艺人才培养，大力开展文艺精品创作，突出阿克苏原创，推出一批正确反映新疆历史、具有中华文化底蕴、彰显优秀民族文化特色、符合现代文明理念、反映各族群众现实生活的精品力作。

4.壮大主流舆论声势。立足讲好阿克苏故事，着力在“请进来、走出去、主动发声”上下功夫，理直气壮地宣传社会稳定的大好局势、人民安居乐业的幸福生活。充分运用主流报刊、电视、广播、网站等媒体媒介，精心做好建党100周年系列宣传活动。坚持移动优先、贴近群众，提升“新闻+政务服务商务”能力，建强用好地县融媒体中心，推动阿克苏日报社、地区广播电视台深度融合，形成手段先进、竞争力强的主流媒体。持续加强网上正面宣传引导，构建网上网下一体，内宣外宣联动的主流舆论格局。

（五）坚持改革创新，全面深化改革扩大开放。充分发挥改革的突破和先导作用，破除体制障碍，扩大对外开放，深化融合发展，进一步增强经济社会发展的动力活力。

1.深化重点领域和关键环节改革。坚持问题导向、目标导向、结果导向，加强制度创新，提高改革的战略性、前瞻性、针对性。深入推进“六型”政府建设，提高依法行政水平。深化“放管服”改革，全面推行政务服务“全地区通办”，积极落实“跨省通办”，推进政务服务向村级延伸。创新便民利企审批服务方式，不断优化营商环境。深入实施国企改革三年行动，推进国有经济布局优化和结构调整，增强国有经济整体功能和效率。支持民营企业改革发展，进一步放宽市场准入，鼓励民营企业转型升级、优化重组，促进民营企业规范健康发展。推进统计改革，优化统计服务。稳妥推进土地流转。探索开展“互联网+”农产品出村进城等一批综合改革试点，使改革更好对接发展所需、基层所盼、民心所向。

2.深入实施创新驱动战略。坚持创新发展，深化科技体制改革，全力打造区域性创新创业高地。深入实施“大数据”战略，推进“互联网+”、云计算、移动5G、物联网、人工智能等技术与工业信息化融合发展，加快推动数字经济发展。强化企业创新主体地位，加大企业科技研发扶持力度，积极引进培育一批高新技术企业和科技创新型企业。深入推进农业科技创新，加快新品种、新技术、新模式转化应用，着力提升农业科技含量。健全科技投入财政保障机制，加强与高校、科研院所深度合作，着力打造综合性创业孵化平台和科技、人才集聚基地，培育研发中心和企业技术中心，促进产学研协同创新，加快创新型阿克苏建设。

3.持续扩大对外开放。加快融入丝绸之路经济带核心区建设，充分发挥区位优势和资源优势，鼓励纺织服装企业和其他生产型企业申请外贸进出口经营资质，着力培育外贸龙头企业。积极融入全疆自贸区建设，完善阿克苏海关监管库功能，支持引导地区地产品出口企业开拓境外市场，力争外贸进出口总额增长15%以上。进一步完善招商引资机制，坚持“引进来”“走出去”，推进云上招商，深化线下招商，突出产业链招商、驻地招商、小分队招商、以商招商，促进主导产业纵向链接、横向配套、上下游联动，提高招商质效，力争到位资金增长15%以上。

4.深化对口援疆和融合发展。着眼融合发展创新区定位，深入推进浙江对口援疆工作，充分发挥援疆干部人才作用，持续推进“百校十万‘石榴籽’”工程，深化跨省医联体建设，全方位打造教育、医疗人才“组团式”援疆升级版。深化产业援疆，主动承接产业转移，持续发挥“百村千厂”“万亩亿元”等工程作用，不断提高援疆综合效益。深化油地共建，支持石油石化企业扩大产能、提高效益。牢固树立“兵地一盘棋”思想,加强兵地双方经济发展、社会事业、干部人才、维护稳定等方面交流合作,全方位推动兵地融合发展。深化军民双拥共建,不断巩固和发展军政军民关系。

四、全面加强党的领导,为建设团结和谐文明富裕的美丽阿克苏提供坚强政治保证

坚持党要管党、全面从严治党,贯彻落实新时代党的建设总要求,以党的政治建设为统领,持续加强政治、思想、组织、作风和纪律建设,不断夯实党的执政基础。

(一)加强政治思想建设。始终把党的政治建设摆在首位,坚定政治方向,站稳政治立场,不断增强“四个意识”、坚定“四个自信”、做到“两个维护”,在思想上政治上行动上始终同以习近平同志为核心的党中央保持高度一致。持续推进“两学一做”学习教育常态化制度化,落实“不忘初心、牢记使命”制度,深入学习习近平新时代中国特色社会主义思想,强化党员干部理想信念教育,筑牢信仰之基、补足精神之钙、把稳思想之舵。

(二)打造忠诚干净担当干部队伍。认真落实新时代好干部五条标准和民族地区干部“三个特别”政治标准,抓好干部队伍教育培养、选拔任用、监督管理。突出政治训练,常态识别干部政治素质,着力培养一支理论功底扎实、政策把握到位、实践能力强的干部队伍。扎实做好县乡换届工作,选优配强各级领导班子,使选拔的干部、配备的班子更好适应地区稳定发展改革需要。大力培养选拔年轻干部,加大地直部门和县乡干部交流力度。加大国企、高校、科研院所与党政机关年轻干部交流力度。加强干部关心关爱,落实公务员职务职级并行和事业单位管理岗等级晋升政策,强化干部待遇保障,激励干部担当作为。深化人才体制改革,加大人才引进、培养力度,确保人才引得来、留得下、用得好。全面加强老干部和关心下一代工作。

(三)夯实党的基层基础。坚持把抓基层打基础作为稳疆安疆的长远之计和固本之举,持续整顿软弱涣散基层党组织,深化村级组织“星级化”创建工作,选育培优党建示范点,推动整乡推进、整县提升。坚持重心下沉,推动人财物资源向基层一线倾斜。精心组织实施村(社区)“两委”换届,加强基层党组织和干部队伍建设,选优配强村党组织书记。开展街道管理体制改革,推动社区党建、单位党建、行业党建互联互动。全面提升机关、学校、国有企业、新兴组织、公立医院等各领域党建工作整体水平。深入推进“访惠聚”驻村工作,提升基层组织的组织力、凝聚力、战斗力。

(四)持之以恒正风肃纪。严格落实中央八项规定及其实施细则精神,驰而不息纠治“四风”“四气”,巩固基层减负成效,严肃整治文山会海、过度留痕、简单粗暴等形式主义、官僚主义突出问题,坚决防止反弹回潮。坚持刀刃向内、动真碰硬,用好监督执纪“四种形态”,抓早抓小、防微杜渐。持续强化扶贫、民生等重点领域专项整治,坚决纠治群众身边不正之风,密切党群干群关系。

(五)深化党风廉政建设和反腐败斗争。落实党委主体责任和纪委监督责任,坚持无禁区、全覆盖、零容忍,始终保持惩治腐败高压态势,重点查处党的十八大后仍不收敛不收手、问题线索反映集中、群众反映强烈的案件。深化以案促改、标本兼治,常态化加强党纪党规教育、廉政教育、警示教育,筑牢拒腐防变的思想防线。深化政治巡察,充分发挥监督保障执行、促进完善发展作用,一体推进不敢腐、不能腐、不想腐,持续巩固发展反腐败斗争压倒性胜利。

(六)推进民主政治建设。坚持党委总揽全局、协调各方,支持和保证人大依法行使职权,加强人大对“一府一委两院”的监督,充分发挥各级人大代表作用。加快转变政府职能,增强政府执行力、公信力,建设人民满意政府。支持人民政协履行政治协商、民主监督、参政议政职能。充分发挥工青妇等人民团体联系各界群众的桥梁纽带作用,巩固发展最广泛的爱国统一战线,形成民主团结、生动活泼、安定和谐的政治局面。

在抓好各项工作的同时,要慎终如始抓好常态化疫情防控,时刻绷紧疫情防控这根弦,坚持思想不松、措施不松、机制不松、责任不松,抓好“外防输入、内抓规范”。坚持常态化防控与应急处置相结合,完善应急预案。深入开展新时代爱国卫生运动,全面推进城乡环境卫生综合整治,广泛普及科学防疫和卫生健康知识,筑牢群防群控的严密防线。

宏伟蓝图已绘就,团结奋进再出征。让我们更加紧密地团结在以习近平同志为核心的党中央周围,坚持以习近平新时代中国特色社会主义思想为指导,完整准确贯彻新时代党的治疆方略,同心同德、顽强奋斗,乘势而上、开拓进取,奋力开创团结和谐文明富裕的美丽阿克苏建设新局面!

阿克苏地区创建全国民族团结进步示范地区工作方案

（2020 年—2022 年）

为深入贯彻习近平新时代中国特色社会主义思想，全面落实《中共中央办公厅、国务院办公厅〈关于全面深入持久开展民族团结进步创建工作铸牢中华民族共同体意识的意见〉》（中办发〔2018〕65 号）、《自治区党委办公厅印发〈关于建立各民族相互嵌入式的社会结构和社区环境的意见〉的通知》（新党办发〔2018〕59 号）要求，全面开展全国民族团结进步示范地区创建工作，结合实际，制定本工作方案。

一、充分认识创建全国民族团结进步示范地区的重大意义

民族团结是各族人民的生命线，是我们做好一切工作的根本前提和保证。党的十八大以来，以习近平同志为核心的党中央高度重视民族工作，着眼培育中华民族共同体意识，创新推进民族团结进步创建，取得了新的历史性成就。目前，全地区累计创建国家级民族团结进步教育基地 2 个、民族团结进步示范单位 2 个、民族团结进步模范集体 19 个、模范个人 20 人，自治区级民族团结进步模范集体 53 个、模范个人 108 人，为我们创建全国民族团结进步示范地区创造了良好条件，积累了丰富经验，打下了坚实基础。深入开展民族团结进步示范地区创建工作，对全面正确贯彻党和国家民族政策，贯彻落实新时代党的治疆方略、特别是社会稳定和长治久安总目标，促进地区稳定发展改革各项事业全面进步具有十分重要的意义。

（一）创建全国民族团结进步示范地区是贯彻落实党中央决策部署和自治区党委工作安排的具体体现。民族团结进步事业始终是关系党和国家事业发展全局的一项重要工作。党的十九大指出："深化民族团结进步教育，铸牢中华民族共同体意识，加强各民族交往交流交融，促进各民族像石榴籽一样紧紧抱在一起，共同团结奋斗，共同繁荣发展"，为新时代民族工作赋予了新的内涵和重大历史使命。开展全国民族团结进步示范地区创建工作，是贯彻落实习近平新时代中国特色社会主义思想在民族工作领域的重要体现，是贯彻落实党中央、自治区党委决策部署的现实需要，是推进民族团结进步事业发展的必然要求。

（二）创建全国民族团结进步示范地区是维护社会和谐稳定的长远之策。在社会历史发展的长河中，民族问题对过去、现在和未来，都具有重大影响。阿克苏是一个多民族聚居、多宗教并存地区，社会稳定形势严峻复杂，经济社会发展相对滞后，统筹区域之间、民族之间、城乡之间协调发展的任务十分艰巨。开展全国民族团结进步示范地区创建工作，有利于解决影响社会稳定和长治久安的突出问题，有利于创造各族群众共居、共学、共事、共乐的良好氛围，有利于地区社会大局持续稳定、长期稳定、全面稳定。

（三）创建全国民族团结进步示范地区是推进民族团结进步事业发展的必然要求。近年来，地区全面贯彻执行党的民族政策，牢牢把握各族人民共同团结奋斗、共同繁荣发展的民族工作主题，紧紧围绕促进民族团结、实现共同进步的主线，民族团结进步事业取得显著成就。同时要看到，新形势下民族团结进步创建工作仍存在体制机制不健全、载体方式不适应等薄弱环节。开展全国民族团结进步示范地区创建工作，有利于补短板、强弱项，着力解决影响民族工作方面的突出问题，有利于把党的民族政策落实到日常工作的各方面、各环节，转化为维护国家统一、社会稳定和民族团结的自觉行动，努力实现好、维护好、发展好各族人民的根本利益。

二、创建工作的总体要求和目标任务

（一）指导思想

高举中国特色社会主义伟大旗帜，坚持以习近平新时代中国特色社会主义思想为指导，全面贯彻党的十九大和十九届二中、三中、四中全会精神，全面贯彻新时代党的治疆方略，特别是社会稳定和长治久安总目标，加强党对民族工作的领导，增强"四个意识"、坚定"四个自信"、做到"两个维护"。坚持以人民为中心，紧扣"中华民族一家亲，同心共筑中国梦"目标，紧紧围绕共同团结奋斗、共同繁荣发展主题，秉持"重在平时、重在交心、重在行动、重在基层"理念，按照人文化、实体化、大众化总要求，全面深入持久开展民族团结进步创建工作,大力营造中华民族一家亲的社会氛围,为建设平安和谐富裕美丽阿克苏凝聚磅礴力量。

(二)目标任务

到2020年年底前,力争5个县(市)创建为地区级以上民族团结进步示范县(市),70%以上的党政机关事业单位、乡镇(街道)、村(社区)、学校、企业、军(警)营、宗教活动场所、景区、窗口单位创建为地、县(市)级民族团结进步示范单位。

到2021年底前,所有县(市)全部创建为地区级以上民族团结进步示范县(市),90%以上的党政机关事业单位、乡镇(街道)、村(社区)、学校、企业、军(警)营、宗教活动场所、景区、窗口单位创建为地、县(市)级民族团结进步示范单位。

到2022年底前,阿克苏地区成功创建全国民族团结进步示范地区。

通过全面深入开展全国民族团结进步示范地区创建工作,推动实现中华民族伟大复兴的中国梦、中国特色解决民族问题正确道路和党的民族理论政策更加深入人心,各族群众的道路自信、理论自信、制度自信、文化自信更加坚定;民族团结进步价值理念广泛弘扬,中华民族共同体意识和凝聚力不断增强;依法治理民族事务能力显著提高,各民族和睦相处、和衷共济、和谐发展,社会主义民族关系进一步巩固和发展。

(三)基本原则

——坚持党的领导,把牢方向。毫不动摇地坚持党的领导,聚焦聚力总目标,坚持走中国特色解决民族问题的正确道路,以铸牢中华民族共同体意识为根本方向、以加强各民族交往交流交融为根本途径、以“中华民族一家亲,同心共筑中国梦”为目标,牢固树立“三个离不开”思想,不断增强“五个认同”,实现各民族和睦相处、和衷共济、和谐发展。

——坚持因地制宜,分类指导。坚持解放思想、实事求是、与时俱进,学习借鉴疆内地(州)市创建工作的成功经验做法,积极探索,大胆实践,创造性地谋划和推进创建工作,既要做好规定动作,又要做活自选动作,既要体现全国统一标准和要求,又要彰显民族和地域特色,提升创建工作的感召力、影响力,增强针对性、实效性。

——坚持分级创建,同步实施。根据创建标准,地区、县(市)、乡(镇、街道、管委会)、村(社区)四级联创,党政机关、企业、学校、宗教活动场所、军(警)营、景区、窗口单位等同步实施。民族团结进步示范单位实行分级命名,动态管理,努力使民族团结进步示范单位始终具有典型性、先进性、时代性。

——坚持典型引路,整体推进。结合实际、选树典型、以点带面,找准民族团结进步创建与社会心理的契合点、与民族情感的共鸣点、与群众切身利益的结合点,不断总结经验,提升创建实效。坚持“先进带后进、后进赶先进”的原则,做到达标一批,命名表彰一批,推动创建工作在全社会广泛深入开展。

三、深入开展民族团结进步“十进”创建活动

各级党政和行业主管部门是民族团结进步创建工作的责任主体,要按照属地管理、行业部门牵头抓总的要求,以民族团结进步“十进”为载体,以“民族团结一家亲”和民族团结联谊活动为抓手,突出创建主题,把握创建方向,深化创建内涵,丰富创建形式,扩大参与范围,提升创建水平。

(一)创建民族团结进步示范县(市)。把民族团结进步创建融入经济社会发展大局,纳入平安创建体系、精神文明创建范畴、综合考评体系、财政预算保障。坚持抓基层、强基础,创建工作重心要下沉到村(社区)、乡镇(街道、管委会)、学校、企业等基层单位,突出干部、青少年、知识分子、信教群众等群体,在资源配备、力量投入等方面给予倾斜,多层次、立体化、全方位开展创建活动。通过2年时间,辖区内90%以上的机关单位、乡镇(街道、管委会)、村(社区)、企业、学校、宗教活动场所、景区、窗口单位创建成为县(市)级以上民族团结进步示范单位,并争创地区级以上民族团结进步示范县(市)。

(二)创建民族团结进步示范乡(镇、街道、管委会)。围绕“领导班子好、宣传教育好、经济发展好、基础设施好、民生改善好、团结稳定好”,把创建活动纳入乡镇总体发展规划,与实施乡村振兴战略相结合,与加快乡镇经济社会发展相结合,与支持各族群众发展生产、增收致富相结合,农村各项事业稳步发展,农民生活水平显著提高,党的民族政策普及率达90%以上,辖区内各民族群众之间相互尊重、和睦相处。通过2年时间,辖区内90%以上的站所、村(社区)、企业、学校、宗教活动场所、景区、窗口单位创建成乡(镇、街道、管委会)级民族团结进步示范单位,并争创县(市)级及以上民族团结进步示范乡(镇、街道、管委会)。

(三)创建民族团结进步示范村(社区)。充分发挥基层组织在民族团结进步事业中的重要作用，广泛开展民族团结好家庭、好邻居、好楼栋、好居民、好巷道等微创行动，积极打造民族团结示范社区、村(组)、大院(小区)、民族团结之家，定期表彰和奖励先进集体和个人，调动广大居民共同参与创建工作积极性。落实各项社会治安综合治理措施，做好流动人口服务管理工作。及时化解涉及民族因素的矛盾纠纷，积极回应各族群众利益诉求，促进民族团结、维护社会稳定。

(四)创建民族团结进步示范单位(机关)。各党政机关、企事业单位要紧扣思想认识到位、政策落实到位、帮扶措施到位，切实发挥示范引领作用，把创建活动与加强中华民族共同体主题教育、社会主义核心价值观教育、党史新中国史、中国特色社会主义和中国梦宣传教育、新疆“四史”及反分裂斗争教育等宣传教育活动结合起来，作为单位干部职工经常性学习内容，引导广大干部职工自觉做民族团结的维护者、宣传者、引领者。常态开展“民族团结一家亲”和民族团结联谊活动，多层次多形式走动互动，形成各民族交往交流交融的长效机制。积极开展微创建活动，使90%以上的科室创建为民族团结“好科室”，90%以上的二级单位创建为本系统的示范单位，实现共创共建目标。

(五)创建民族团结进步示范企业。围绕“经济效益好、诚信经营好、民族关系好、宣传教育好、创建活动好”，结合企业生产经营实际，认真组织学习习近平总书记关于新疆工作的重要讲话和重要指示批示精神、新时代党的治疆方略特别是社会稳定和长治久安总目标、宪法法律、党史新中国史、新疆“四史”等内容，不断强化“五个认同”，铸牢中华民族共同体意识。开展民族团结“好车间(班组)”“好员工”“好宿舍”“团结岗”等微创行动，促进各族职工加深了解、增进感情。积极履行社会责任，企业用工要向当地村(居)民倾斜，少数民族员工要占一定比例，营造各民族职工共居、共学、共事、共乐的社会条件。

(六)创建民族团结进步示范学校。大力开展民族团结宣传教育进校园活动，把民族团结教育作为加强中华民族共同体意识的重要组成部分，贯穿学校教育工作的各个环节，中小学校要开设民族团结教育相关课程，大中专院校要在思想政治理论课和形势政策课中充实民族团结教育内容，使民族团结教育进教材、进课堂、进头脑，引导各族青少年牢固树立正确的国家观、民族观、历史观、文化观、宗教观。大力开展“好班组”“好老师”“好学生”等微创活动，持续开展“十个一”融情、“三进两联一交友”活动，推进各族师生进一步交往交流交融。

(七)创建民族团结示范宗教活动场所。充分发挥宗教团体和爱国宗教人士之家作用，引导爱国宗教人士在讲经解经过程中把法律许可、符合教义精神、适应社会发展要求的宗教思想和主张挖掘出来，把伊斯兰教主张的爱国、和平、团结、中道、宽容、善行等教义贯穿到讲经解经活动中，团结广大信教群众确立正信、抵制极端。持续开展“和谐清真寺”和“先进爱国宗教人士”创建评选活动，实现党委、政府依法管理与宗教界协同管理、自我管理的有效衔接和良性互动。

(八)创建民族团结进步示范军(警)营。积极开展拥军爱民、军民共建活动，开展评比民族团结“好连队(排、班)”“好干部”“好宿舍”“好战士”等微创行动，大力宣传军营中涌现出来的民族团结进步模范人物典型事迹，深化军民共建活动，推动军地融合发展。

(九)创建民族团结进步示范景区。发挥景区在民族团结宣传中的窗口作用，通过宣传牌、展板、景区电视、LED屏等展示和播放民族团结宣传标语、先进典型事迹，营造民族团结进步创建浓厚氛围。组织开展优秀讲解员、服务明星、示范岗、优秀员工、诚信商户评选活动，用身边事和身边人教育人、鼓舞人。在景区(点)开发、营运过程中，鼓励各族群众发展农家乐、农家客栈、农家购物等旅游业态，带动周边群众增收致富。

(十)创建民族团结进步示范窗口单位。积极开展“民族团结示范窗口”“民族团结爱心司机”“民族团结爱心车队”“民族团结先锋岗”等微创行动，利用广播电视、楼宇电视、手机终端等载体，滚动播放民族团结先进典型事迹和民族团结公益宣传片、影视片，教育引导各族群众主动参与民族团结进步创建。

四、创建工作实施步骤

第一阶段：启动阶段(2020年1月—2月)

召开动员大会，对创建工作进行安排部署；成立地区民族团结进步创建工作领导小组，制定印发《阿克苏地区创建全国民族团结进步创建示范地区工作方案》，细化民族团结进步示范单位(机关)、村(社区)、乡(镇、街道、管委会)、学校、企业、宗教活动场所、军(警)营、景区、窗口单位创建测评标准。各县(市)、各部门(单位)结合实际,完善规划、明确标准、健全机制,努力营造民族团结进步创建的良好氛围。

第二阶段:创建阶段(2020年3月—2021年12月)

各县(市)、各部门(单位)对照创建测评指标体系,围绕民族团结进步创建工作总体目标,结合本地实际和行业特点,科学规划、精心部署、创新载体、整体推进,每年地区、县(市)、乡(镇、街道、管委会)对创建达标的单位进行集中命名,并按照"自治区至少每5年,州、市(地)至少每3年,县(市)至少每2年召开一次民族团结进步表彰大会"的要求,适时召开民族团结进步表彰大会,表彰民族团结进步模范单位和模范个人。

第三阶段:巩固提升阶段(2020年4月—2022年12月)

按照测评体系要求对全地区创建工作目标任务进行自查,并对自查发现的问题提出整改意见,各县(市)、各部门(单位)对照整改意见,全面进行整改,建立长效机制,巩固创建成果。

第四阶段:迎检阶段(2021年6月—2022年12月)

向自治区提出创建全国民族团结进步示范地区验收申请,迎接自治区、国家民委检查验收。

五、保障措施

(一)加强组织领导,强化责任落实。要把创建全国民族团结进步示范地区工作作为重要政治任务,调整充实地区民族团结进步创建工作领导小组,加强对新形势下民族团结进步创建工作的统一领导。各县(市)、各部门(单位)要把民族团结进步创建工作纳入重要议事日程,及时成立领导机构和工作机构,充实工作人员队伍,结合实际制定本县(市)、本部门(单位)创建工作实施方案,将各项任务细化实化具体化,层层分解、明确责任、具体到人,形成一级抓一级、一级对一级负责的责任体系,做到人人身上有责任、人人都要负责任、人人都要尽责任。

(二)加强统筹协调,形成工作合力。各级民族团结进步创建工作领导小组要切实发挥牵头抓总作用,加强对本地本部门民族团结进步创建工作的组织协调、指导推进,做到工作有计划、有安排、有落实、有指导、有检查、有总结,形成党委统一领导、党政齐抓共管、民宗部门综合协调、各部门上下联动的工作格局。各县(市)、各部门(单位)要认真对照创建工作测评指标,落实落细各项措施,积极开展民族团结进步创建工作。要动员、组织中央和自治区驻阿单位、援疆干部、社会各界开展富有特色的创建活动,推动形成社会各界广泛参与的良好局面。

(三)加强宣传教育,营造创建氛围。各级宣传部门要充分发挥各类新闻媒体作用,通过报刊、电视、抖音、微信等各种平台,多视角、多领域、全方位宣传党的民族理论、民族政策、法律法规,使"五个认同""三个离不开"思想更加深入人心。要持续深化民族团结进步宣传月、宣传周、宣传日活动,讲好阿克苏民族团结进步故事,唱响民族团结进步主旋律,传播社会正能量,引领时代新风尚。要大力宣传民族团结进步创建工作先进集体和先进个人,通过典型引领、以点带面,营造人人参与、人人共创的浓厚氛围。

(四)加强督导检查,确保工作实效。建立健全民族团结进步示范区创建工作监督监察、考核、问责和正向激励机制,把创建工作纳入党政领导班子和领导干部绩效考评和干部任期目标责任制,作为评先选优的重要依据。地区创建办要会同地区纪委监委、地委组织部和督查部门,加强对创建工作的日常督促指导,随时掌握进展情况,及时协调解决有关问题,对思想上不重视、工作推进不力的单位要及时通报、限期整改,确保创建工作顺利有序推进、取得实效。

附件:阿克苏地区民族团结进步创建工作领导小组

阿克苏地区民族团结进步创建工作领导小组

为切实加强对创建全国民族团结进步示范地区工作的领导,决定调整充实阿克苏地区民族团结进步创建工作领导小组,领导小组组成人员名单如下:

组长:窦万贵(地委书记)

副组长:尼牙孜·阿西木(地委副书记、行署专员)

邓选斌(地委副书记、宣传部部长)

刘洪俊(地委副书记)

吴宕(地委副书记、政法委书记)

王学东(地委副书记、教育工委书记)

朱林森(地委副书记、援疆指挥部党委书记、指挥长)

王升琪(地委委员、阿克苏军分区政委)

马国强(地委委员、阿克苏市委书记)
王凯旋(地委委员)
杜明(地委委员、组织部部长)
买买提·沙吾提(地委委员、教育工委副书记)
何晓东(地委委员、纪委书记、监委主任)
梁峰源(地委委员、行署常务副专员)
艾则孜·买提尼牙孜(地委委员、统战部部长)
秦加友(地委委员、库车市委书记)
贾京磊(地委委员、行署副专员)
常玉轩(地委委员、行署副专员)
孔智勇(地委委员、行署副专员)
郭齐军(地委委员、行署副专员)
迪力夏提·克然木(地区人大工委副主任、地区工会党组书记)
康菊(行署副专员)
木合甫力·艾山(行署副专员、教育工委副书记)
赵忠伟(行署副专员、地区公安局党委书记、局长)
艾买尔江·阿吾提(行署副专员)
艾合买提·吐尔迪(地区政协工委副主任、行署党组成员、秘书长)
魏东亮(地区中级人民法院党组书记)
王建军(地区检察分院党组书记)
成员:张宏伟(地委副秘书长、办公室主任)
张晓明(地委副秘书长、政法委副书记)
徐谨(行署副秘书长、办公室主任)
李劲松(行署副秘书长、地区扶贫办党组书记)
肖林(行署党组成员、纺织工业城党工委书记)
田瑞莲(地区纪委常务副书记、监委副主任)
杨晓林(地委组织部常务副部长)
王新春(地委宣传部常务副部长)
王云凤(地委宣传部副部长、地区文旅局党组书记)
吴多生(地委统战部常务副部长)
陆斌(地委统战部副部长、地区民宗局党组书记)
齐宗伟(地委统战部副部长、地区工商联党组书记)
王伟(地委统战部副部长)
穆玉北(地直机关工委书记)
艾利亚·塞提尼亚孜(地区发改委党组书记)
张百和(地委教育工委副书记、地区教育局党组书记)
贾其明(地区科技局党组书记)
白和斌(地区工信局党组书记)
阿力木江·依干拜地(地区民宗局党组副书记、局长)
徐久林(地区公安局党委委员、政治部主任)
李庭生(地区民政局党组书记)
李国(地区司法局党组书记)
吾买尔江·乃买提(地区财政局党组书记)
帕尔哈提·麦合木提(地区人社局党组副书记、局长)
马水(地区自然资源局党组书记)
汤人俊(地区生态环境局党组书记)
张洵(地区住建局党组书记)
王先福(地区交通运输局党委书记)
陈彤(地区水利局党组书记)
刘建(地区农业农村局党组书记)
张润德(地区卫健委党委书记)
努尔·阿里木(地区应急管理局党组书记)
刘艳(地区审计局党组副书记、局长)
张建和(地区国资委党委书记)
戴胜军(地区市场监督管理局党组书记)
阿迪力·多来提(地区统计局党组书记)
李新斌(地区林草局党委书记)
艾斯卡尔·托乎提(地区畜牧兽医局党组书记)
李新(地区供销合作社联合社党委书记、理事会主任)
周刚(地区工会党组副书记、主任)
高凡(团地委书记、党组书记)
谷学珍(地区妇联党组书记)
朱基明(地区税务局党委书记、局长)
韩俊萍(阿克苏日报社党委书记)
杨永权(阿克苏军分区政治工作部副主任)
张泽民(69220部队政委)
王英涛(69221部队政委)
张统辉(武警新疆总队山地反恐特战支队政委)
舒德川(武警阿克苏地区支队政委)
丁鸣(地区公安边境管理支队政委)
龚良(地区消防救援支队政治部副主任)
许峰(兵团第一师党委统战部副部长)

领导小组下设办公室,办公室设在地委统战部,与地区“民族团结一家亲”办公室合署办公,主任由艾则孜·买提尼牙孜同志兼任,副主任由陆斌、王伟同志兼任,负责落实领导小组会议筹备、文件起草、督办落实、检查验收等工作,完成领导小组交办的其他工作任务。

关于脱贫攻坚巩固提升与推进乡村振兴有机衔接的指导意见

党的十九大以来，地区各级党政和干部群众深入贯彻落实习近平总书记关于扶贫工作重要论述，贯彻落实党中央、自治区党委关于脱贫攻坚工作的决策部署，聚焦社会稳定和长治久安总目标，坚持精准扶贫、精准脱贫基本方略，扎实推进脱贫攻坚各项工作。2019年完成乌什、柯坪2个深度贫困县脱贫摘帽，77个贫困村退出，16065户56634人贫困人口脱贫，全地区实现整体脱贫退出。

2020年是建成小康社会目标实现之年，是全面打赢脱贫攻坚战收官之年。做好脱贫攻坚巩固提升与乡村振兴的有机衔接，是党中央提出的一项重要任务，是新时代做好“三农”工作的现实需求。

总体要求是，以习近平新时代中国特色社会主义思想为指导，全面贯彻党的十九大和十九届二中、三中、四中全会精神，贯彻落实中央一号文件精神，贯彻落实新时代党的治疆方略、特别是社会稳定和长治久安总目标，对标对表全面建成小康社会目标，以实施乡村振兴战略为总抓手，围绕脱贫攻坚巩固提升，建立防止返贫监测预警和解决相对贫困长效机制，按照“四个不摘”要求，着力抓好监测户帮扶，强化边缘户政策资金支持，不断提升农牧民增收致富能力，实现脱贫攻坚巩固提升与乡村振兴有机衔接。

目标任务是，将脱贫攻坚巩固提升纳入乡村振兴战略统筹安排，建立健全稳定脱贫长效机制，集中力量完成打赢脱贫攻坚战和补上全面小康“三农”领域突出短板两大重点任务，确保已脱贫人口不返贫、边缘人口不致贫，实现巩固提升与乡村振兴的有机衔接，确保与全国同步全面建成小康社会。

重点工作对象及标准是，以已脱贫户中的“监测户”、一般农户中的“边缘户”(以下简称“两户”)为重点扶持对象，通过“发展产业保基础、转移就业保增收、综合保障兜底线”三项举措，推动脱贫攻坚与乡村振兴战略的有机衔接。

一、加强统筹协调、强化责任落实

全面贯彻落实《中国共产党农村工作条例》，加强党对“三农”工作的领导，强化各级党委政府抓脱贫攻坚和乡村振兴的主体责任，坚持把脱贫攻坚形成的领导体制和工作机制延续至乡村振兴，建立健全责任体系、监督体系、考核评估体系等制度体系。一是严格落实脱贫攻坚中央统筹、自治区负总责、地县抓落实、乡村抓落地的工作机制，落实党政主要领导“双组长”制，坚持“四级书记一起抓”，分管领导专门抓，专项组统筹抓，行业部门具体抓，驻村工作力量联手抓，将脱贫攻坚巩固提升和乡村振兴责任压实到位、压力传导到位。二是继续保持贫困县(市)、乡镇党政正职稳定，扶贫干部不得随意撤换，做到机构不变、机制不变、人员不减、力度不减。按照“三专一访”“四责三实”要求，落实专题学习、专题会议、工作专班，落实四级书记遍访贫困对象责任。县(市)党委政府每月至少专题研究一次脱贫攻坚工作、党政正职每个月至少要有5个工作日用于脱贫攻坚工作。三是进一步压实地区扶贫开发领导小组成员单位、深度贫困地区脱贫攻坚工作领导小组16个专项组帮扶责任，专项组牵头领导要履职尽责，做到亲自安排、亲自协调、亲自督促、亲自落实，专题研究部署行业脱贫攻坚各项工作，细化专项(部门)工作方案，督促指导驻村结对帮扶。

二、全面排查整改问题

围绕解决“两不愁三保障”突出问题和“三落实、三精准”(责任落实、政策落实、工作落实；识别精准、帮扶精准、退出精准)的要求，全面开展问题排查，及时查漏补缺，逐项对账销号。针对中央脱贫攻坚专项巡视“回头看”、2019年脱贫攻坚成效考核、脱贫攻坚“大排查”等反馈或发现问题，以及中央、自治区各类巡视巡察、督查检查、审计监督等指出问题，细化工作方案，制定问题清单、任务清单、责任清单，明确整改目标、完成时限、工作要求、具体责任，坚持举一反三，建立整改常态化、长效化机制，全面抓好整改落实，并定期开展“回头看”“回头查”，强化跟踪问效，确保彻查彻改，把问题整改成果转化为认识成果、实践成果、制度成果。

三、建立防止返贫、致贫监测预警和动态帮扶机制

坚持把建立健全防止返贫、致贫监测预警和动态帮扶作为巩固脱贫成果的重中之重。一是及时发现。强化脱贫攻坚大数据系统平台共享使用，拓展扶贫数据系统服务功能，加强数据共享、深化数据分析、用好比对成果，开展远程调度分析，充分发挥帮扶干部入户走访、驻村工作队研判和部门数据分析等作用，对存在返贫风险的已脱贫人口和存在致贫风险的边缘人口进行监测预警，实行预警管理。二是及时帮扶。对已脱贫贫困人口实现分级管理、分类施策，严格落实“四个不摘”要求，确保对监测户的帮扶力度只增不减，防止返贫。对边缘户根据致贫原因和帮扶需求，由县（市）统筹，及时提供帮扶，相关部门根据业务职责分类施策，防止致贫。三是及时录入结果。以县（市）为单位将监测预警和帮扶情况录入系统，全程记录，动态管理。

四、分类施策、精准帮扶，促进农民持续稳定增收

（一）发展产业保基础。坚持把产业作为巩固提升脱贫成果，实现乡村振兴的基础性工作来抓，以农业供给侧结构性改革为主线，依托优势产业，推进农业产业由增产导向转向提质导向，大力推进农业产业化发展，逐步实现农村一二三产业融合发展，着力增强可持续发展水平，巩固脱贫攻坚成果，实现产业扶贫转向产业兴旺。

1.坚持一产上水平。一是稳定粮食生产。坚持稳字当头，强化县（市）长责任制，以市场为导向，优化小麦品种布局，保持粮食播种面积和产量基本稳定。依托粮食生产功能区和重要农产品保护区建设，优先将深度贫困地区纳入项目建设范畴，组织贫困户开展优质粮食生产，支持饲用玉米种植，积极发展特色小杂粮。二是推进棉花高质量发展。坚持以纺织服装企业用棉需求为导向，以高标准农田建设和深化棉花目标价格改革为契机，以优化棉花品种结构为突破口，以植棉专业合作社为平台，以订单生产为抓手，以提质节本增效为目标，通过三年时间实现地区棉花产业优质、高产、高效发展。2020 年全面实现县域内棉花“一主两辅”品种布局，2021 年达到县域品种“一主一辅”，2022 年实现地区范围内“一县一品”“多县一品”棉花品种区域布局。以行政村为单位，以滴灌首部为基本单元，以“专业合作社+农户”的模式，建立区域性棉花生产专业合作社。2020 年完成已有高效节水项目区内植棉合作社组建，合作社订单生产达到 40%以上，2021 年完成新增滴灌项目区内植棉合作社组建，合作社订单生产达到 50%以上，2022 年所有滴灌棉田已建植棉合作社实现规范高效运行，合作社订单生产达到 60%以上。坚持把土地平整作为高效节水滴灌的前置条件，先进行农田规划、土地平整，再实施高效节水建设，确保土地平整后的条田面积达到百亩以上。积极争取国家项目资金、新增耕地指标和城乡建设用地增减挂钩指标调剂收益、援疆资金、水费结余资金、地方政府债等投入土地平整，切实加大高标准农田建设力度。发挥党委、政府主体作用，建立企农联结机制，推进多元化订单生产，推动产销双方建立紧密的利益联结机制。棉纺企业根据用棉标准提出订单需求，与植棉合作社签订生产订单，建立稳定的原料生产基地。集成推广机械化、标准化、规模化生产技术应用，扩大机采棉规模，2020—2022 年全地区棉花机械采收面积，从 2019 年的 22.4 万公顷，分别增加到 26.67 万公顷、33.34 万公顷、40 万公顷。三是推进林果提质增效。以红枣、核桃为重点，建立覆盖贫困村的各级领导示范园，抓住关键性技术措施，推进标准化生产。全面恢复红枣节水滴灌系统，落实水肥一体化措施，实现提质增产。大力培育组建技术服务型和产品初加工型农民林果专业合作社，吸纳农户入社并参与管理，提升林果管理技术水平。继续采取政府购买服务方式，向贫困户提供生产技术社会化服务，贫困户全程参与，巩固技术水平，实现贫困户户均 1 名技术明白人。加大物化投入，全面落实轮作休耕制度，逐步退出林棉、林粮间作套种模式。实施百万亩郁闭果园一年两季套播油菜措施，花期翻耕。切实抓好以废弃菌棒、农家肥、绿肥为原料的农家肥沤制力度，确保增施有机肥 3 立方米/亩，持续增加土壤有机质。加大果品营销力度，大力推行果品分选分级、剥皮、烘干设备普及,构建果品加工利益联结机制。加强特色农产品溯源体系建设,落实“一箱一码一标”,做大做强“阿克苏好果源”品牌。四是推进现代畜牧业发展。以增加能繁母畜、扩大出栏为重点,不断提升畜牧业生产标准化、规模化和商品化水平。在牛产业方面,采取“分散繁育集中育肥”发展模式,加大性控冻精推广力度,快速提升良种母牛存栏数。在羊产业方面,以提高繁殖率和产肉性能为核心,推广早期断奶全程育肥技术和品种改良等技术,提高能繁母羊比例和个体产肉性能,打造多羔肉羊优势区。对边缘户购买的自用种公羊由财政购买商业保险。在猪禽产业和特色养殖业方面,抓住中东部养殖业转移的机遇,加大标准化、规模化生猪蛋鸡养殖基地建设,强化品牌意识,发展外向型猪禽产业。强化重大动物疫病防控,严格落实非洲猪瘟、禽流感等重大动物疫病防控措施,完善动物疫情监测网络,增强预警能力;强化重大动物疫情应急物资地县乡三级储备,提升重大动物疫情应急处理能力推行“政府保免疫密度、业务部门保免疫质量”的工作模式,加强免疫效果监测评价,重大动物疫病免疫密度不低于97%,重大动物疫病免疫抗体合格率不低于75%。坚持重大动物疫病防控公益性定位,将动物防疫公益性和社会化服务有机结合,落实乡镇畜牧兽医站技术干部“一岗双责”工作机制,加快推进畜牧兽医技术服务市场化、专业化、职业化。积极吸纳贫困人口和“两户”人员加入村级防疫员队伍。实施科学养畜示范体系建设,加大“四良一规范”技术规程推广力度,提升科学养畜水平。五是大力发展设施农业。坚持因地制宜,调优设施蔬菜生产结构和布局,扩大设施农业规模。加强育苗中心建设,强化科技支撑和服务,选育优质品种,推行集中育苗、供苗;围绕“春提早”和“秋延后”,大力发展大田拱棚;积极发展日光温室,解决冬季蔬菜供给保障;继续发展庭院小拱棚,保障农民自给的基础上,提升生产技能,巩固脱贫成果;着力培育设施蔬菜生产、种苗繁育、病虫害防治、市场营销等新型经营主体,不断提高设施蔬菜生产组织化程度、产业化水平和市场经营能力;引导贫困户、边缘户积极参与设施农业发展,落实项目资金及地县财政扶持政策。三年内力争实现地区设施蔬菜种植面积在现有基础上翻一番,打造区域性设施蔬菜生产基地。六是实施特色作物订单生产。继续实施农副产品订单生产增收工程,以贫困村为主体,全面推广大苗移栽、春提早、秋延后栽培等技术,落实菜苗(种)补贴。全力推进黑木耳产业发展。提升贫困户生产农副产品市场销售份额,完善国有企业、合作社、贫困户三方利益分配机制。支持贫困乡(镇)、村发展恰玛古、甜菜、鹰嘴豆、辣椒等订单式名优特新农产品生产。加大庭院改造力度,支持发展种植型、养殖型、加工型、手工型和经商型等庭院经济,推行“五个一”庭院经济模式(一座拱棚、一个菜窖、一个暖圈、一群家禽、一架葡萄),提高庭院经济综合效益。

2.坚持二产抓重点。一是大力发展纺织服装为主的劳动密集型产业。立足区域资源禀赋,优化营商环境,着力引进一批带动能力强的龙头企业,推动纺织服装、农副产品精深加工等劳动密集型产业发展,带动贫困户稳步增收。大力培育在龙头企业带动下有订单、有市场的卫星工厂、扶贫车间,推动健康可持续发展。二是培育组建新型农业经营主体。坚持把农民专业合作社和家庭农场等新型经营主体培育组建作为工作重中之重,实施农民合作社规范提升行动和家庭农场培育计划,依托当地优势产业,组建培育以开展先进农业实用技术服务和农产品初加工为主要内容的各种形式的农民专业合作社,逐步形成乡村初级加工,县(市)产业园区精深加工布局。采取项目扶持、贷款贴息、担保补贴、以奖代补等方式,推进财政支农政策广覆盖、项目支撑服务重点落实到符合条件的新型农业经营主体。扩大政府向新型农业经营主体购买农业公益性服务,鼓励农民合作经济组织承接相适应的政府购买农业公益性服务。抓好农民专业合作社规范管理,推行“龙头企业+农民专业合作社+农户”产业链模式,鼓励农民以土地、林权、资金、劳动、技术、产品等最大限度入股合作社,提高组织化程度,提升产业化水平。引导新型农业经营主体进一步完善“保底收益+按股分红”、股份合作、订单农业等利益联结机制,组织带动小农户开展标准化生产,促进小农户与现代农业有机衔接,让更多农户分享乡村产业发展政策红利,特别是与贫困户精准对接,助力脱贫攻坚。财政直接补助农民合作社形成的资产要量化到农民合作社成员。三是调整优化产业化布局。对承载劳动力转移就业的企业，向园区集中，解决其生产、生活基础设施配套问题，降低生产经营成本。对承载就近就业的企业，向中心乡（镇）集中，解决就近就业的问题，保障企业生产、生活所需的公共服务。对就地就业以发展农民专业合作社为重点，加快小农户与大市场的对接，实现农业增收、增效和劳动力在家门口就业。

3.坚持三产大发展。一是推进消费扶贫。依托东西部扶贫协作、中央单位定点扶贫工作机制和民营企业“万企帮万村”精准扶贫行动，组织党政机关、企事业单位和贫困村建立长期稳定供销关系，购买、销售贫困村、贫困户农产品，多措并举解决“卖难”问题。深化农业产业化“十城百店”工程，贫困户、脱贫监测户及边缘户农产品纳入“百十一”基地和“十仓百企”范畴，提升产品产量和质量，确保“销的出、价格优”。二是深化“旅游+扶贫”模式。支持有条件贫困村发展旅游产业，做好地区扶贫旅游线路推介，推进旅游精准扶贫，实施乡村旅游产业带动就业脱贫项目，加快贫困地区休闲农业、乡村旅游发展，重点发展农家乐、牧家乐和以采摘为主的观光游，开展民俗体验服务、特色美食制作、农副产品销售，依托旅游企业开发民族刺绣、手工艺品、纪念品，安排贫困人口到旅游企业从事保安、保洁、服务工作，拓宽贫困人口收入渠道。三是大力推进电商扶贫。开展多种形式的产销对接活动，拓宽农产品营销渠道，加强贫困乡村农产品批发市场、冷藏储运等物流设施建设，完善农村电子商务服务站点基础设施，畅通产品流通营销渠道。

（二）转移就业保增收。严格落实实名制管理要求，坚持“跨县（市）整建制转移、县域内就近就地转移就业、农业内部转移就业”三种方式不放松，实现有劳动能力的贫困户家庭至少有一人稳定转移就业，确保现有贫困人口就业稳定率达到95%以上。鼓励农民到种养大户、家庭农场、合作社务工增收，到“卫星工厂”就业，鼓励贫困人口创办小商店、小饭馆、小作坊、小理发店、小修理店等小微企业创业带动就业，通过创业增加收入。稳妥推进农村土地适度流转经营，引导农村富余劳动力向劳动密集型产业、纺织服装产业、工业园区企业转移，加快农民市民化进程。护边员、草场管护员、生态护林员和土地清理再分配开发公益性岗位的“三员一岗”，贫困人口就业人数只增不减，新增岗位优先选聘监测户、边缘户。受中美贸易摩擦影响用工减少的企业，优先保证监测户、边缘户在岗就业，确需减员的，必须开展培训，并转岗就业。

（三）综合保障兜底线。强化脱贫攻坚政策与农村社会保障政策的衔接，落实落细低保、医保、养老保险、特困人员救助供养、临时救助等综合社会保障政策，对完全丧失劳动能力和部分丧失劳动能力且无法依靠产业、就业帮扶的贫困户、边缘户，给予兜底保障。强化义务教育控辍保学联保联控责任，实施学生台账化精准控辍，确保义务教育阶段身体正常的适龄儿童、少年都能上学，不因贫失学辍学，加大对家庭经济困难学生资助力度。

五、加大政策支持力度，保持政策总体稳定

坚持稳定政策支持、激发农牧民群众内生动力，做好规划统筹、政策统筹、监管统筹、工作统筹。确保支持不松劲、投入不减少。

（一）强化人才支持。建立健全乡村人才工作体制机制，继续发挥“访惠聚”驻村工作队作用，充分激发乡村现有人才活力，积极开拓人才培养新路径。

1.充分发挥驻村工作队作用。按照保障重点、循序渐进的原则，着力推进“访惠聚”驻村工作队巩固和扩大脱贫攻坚成果，谋划实施乡村振兴战略，逐步将脱贫攻坚帮扶干部转化为乡村振兴帮扶干部。继续落实贫困村“五个一”帮扶包联，攻坚期内帮扶单位、帮扶干部保持相对稳定，贫困户脱贫后帮扶关系不变，贫困村退出后帮扶工作不脱钩。派强用好村第一书记和“访惠聚”驻村工作队，充分发挥“访惠聚”工作队一线尖兵作用，做好传帮带，合力打造“不走的工作队”。深化推进“民族团结一家亲”活动，常态化开展结对认亲走访，构建全方位包村联户联动机制和工作推进格局。

2. 拓展人才培养路径。加大农民技能培训力度。重点实施职业教育、致富带头人、农业实用技术、劳动力转移就业等技能大培训，确保每户农户家庭劳动力至少掌握1—2门就业技能、实用技术。

引导农民工、大中专毕业生、退役军人、科技人员等返乡入乡人员和"田秀才""土专家""乡创客"创新创业。创建农村创新创业和孵化实训基地。

3.加强扶志扶智工作。充分发挥农民群众主体作用,坚决防止包办代替、越俎代庖甚至强迫命令,坚决防止政策"养懒汉"、助长"不劳而获""等靠要"等不良风气。利用周一升国旗、"民族团结一家亲"结亲住户、农牧民夜校等方式,开展感恩教育,发挥先进典型示范引领作用,激发农民群众自我培养、自我奋进的内生动力。

(二)强化文化支持。坚持物质文明和精神文明一起抓,繁荣兴盛农村文化,培育文明乡风、良好家风、淳朴民风,改善农民精神风貌,实现扶贫精神转向振兴力量。

1.加强脱贫攻坚总结宣传。全面总结脱贫攻坚壮阔实践、伟大成就、成功经验等,提炼弘扬脱贫攻坚精神,讲好阿克苏减贫故事,宣传推介扶贫攻坚和乡村产业发展鲜活经验,充分调动农民群众积极性主动性,培育农民群众内生动力和发展能力。健全涉贫舆情分级管理和处置机制,加强对脱贫攻坚舆情监测,积极回应关切,强化正面引导。

2. 倡导移风易俗。大力倡导健康文明生活方式,开展文明村镇、星级文明户评选,推进喜事新办、丧事简办等移风易俗,倡导睡觉上床、吃饭上桌等健康生活习惯,努力培育文明乡风、良好家风、淳朴民风。

3.推进乡村治理体系和治理能力现代化。全面加强农村基层党组织建设,强化村党组织对村级各类组织的领导,优化农村基层党组织设置,充分发挥战斗堡垒作用。完善农村矛盾纠纷排查调处化解机制,持续推进平安乡村、法治乡村建设,着力维护农村社会稳定。深入推进农村移风易俗,充分发挥社会主义核心价值观引领作用,加强村规民约建设,加强正面典型激励引导。

(三)强化生态支持。坚持以生态文明理念为指导,遵循乡村建设规律和实际情况,着眼长远、因村制宜建设美丽乡村。在脱贫攻坚期满足农民群众基本生活需求的基础上,结合乡村振兴发展需要,逐步扩大基础设施建设覆盖面,有序升级功能功效,实现村容整洁转向生态宜居。

1.大力实施农村基础设施建设。实施贫困村提升工程,继续完善基础设施建设,提升已退出村水、电、路、广播电视、宽带通信等基础设施水平。统筹涉农资金、援疆资金、城乡建设用地增减挂钩受益资金加大非贫困村基础设施建设,营造普惠发展环境。加强水利工程运行管理,进一步改善地区生产发展条件。巩固提升饮水安全保障水平。大力推进交通扶贫,加快建成外通内联、通村畅乡、客车到村、安全便捷的交通运输网络。继续抓好富民安居房建设,着力提升安全住房水平。大力推进网络扶贫,创新"互联网+"扶贫模式,加强已实现光纤宽带网络覆盖的贫困村日常维护,确保网络稳定运行。落实易地搬迁户继续后续产业发展和转移就业扶持政策,加强搬迁安置区域基础设施和公共服务配套设施建设,夯实增收致富基础。

2. 深入开展农村人居环境整治。以新冠肺炎疫情防治为切入点,加强乡村人居环境整治和公共卫生体系建设。用足用活奖补资金,深入推进"百村示范、千村整治"工程,开展"美丽庭院""最美家庭"创建,组织农户持续开展村庄清洁行动,全面推进农村生活垃圾治理、农村改厕、污水处理等工作,加大村庄绿化工作,加强农田防护林网修复,统筹推进"院内院外六件事"和"三清一改"各项工作。积极探索建立社会化服务、合作社或保洁队伍,建立较为稳定有偿服务保洁管护机制。突出抓好以残膜为重点的农业面源污染治理,着力推进农作物秸秆、畜禽粪污、农产品加工剩余物质资源利用,加快发展资源节约型、环境友好型、生态保育型农业。

(四)强化组织支持。围绕乡村振兴的战略布局和脱贫攻坚目标任务完成后的战略思路,夯实乡村振兴基层基础,为实现农业农村现代化目标、贯彻新发展理念、解放和发展农村生产力提供组织保障。

1.加大财政保障力度。坚持增加政府扶贫投入与提高资金使用效益并重,强化扶贫资金、乡村振兴资金多渠道多样化投入,形成互为补充、互为支撑的项目资金投入格局。强化项目资产监管,扩大扶贫资产受益面。建立完善与扶贫资金项目审批权限下放相适应的项目后续管护制度,健全扶贫资产管理体制和运行机制，落实扶贫资产监管工作办法。对扶贫存量资产开展全面摸查、确权登记，根据扶贫资产的资金来源、资产类型、收益范围等，采取因地制宜、分类指导的方式，构建多形式、多层次、多元化的管理模式，进一步规范收益使用分配，实现扶贫资产家底清晰、产权归属明晰、类型界定科学、主体责任明确、运行管理规范，确保扶贫资产最大限度发挥作用。在不改变用途的情况下，涉农资金投入设施农业、养殖、卫星工厂、扶贫车间、水电、乡村旅游等项目形成的资产，具备条件的折股量化到全体村民，持续发挥效益。

2.深入开展监测户帮扶。对监测户各类政策落实情况逐户逐项摸排，严格落实“四个不摘”要求，确保对监测户的帮扶力度只增不减。针对返贫风险点，完善“一户一策、一人一办法”实名制帮扶台账，因人因户精准施策，逐人逐户抓好落实。加大转移就业力度，抓好就业技能培训，通过整建制输出、就近就地、农业内部转移就业等方式实现有劳动力的监测户家庭至少有一人稳定就业；在享受原有产业类项目的基础上，鼓励监测户加入以合作社为主的各类新型经营主体，建立稳定的企农利益联结机制，优先为其提供农业“生产、加工、销售”等关键环节的社会化服务，确保稳定增收。护边员、草原管护员和生态护林员新增岗位优先选聘监测户。对无法通过产业就业帮扶提高收入的进一步加大兜底保障力度，纳入兜底保障范围。

3.加强边缘户扶持。对照“两不愁三保障”扶贫标准，村“两委”、驻村工作队、帮扶干部按照入户走访要求，对所有边缘户生产、生活情况进行全面摸底、动态监测，对转移就业不稳、产业发展薄弱、因病、因残、因灾等有困难、有需求、易致贫的边缘户，按照“监测、预警、核实、帮扶、录入”的工作流程，建立实名制帮扶台账，采取“户申请、村评议、乡审核、县统筹、干部全程跟踪帮扶”的方式，以转移就业、发展产业、政策兜底为主要措施，在产业发展、就业培训等方面给予政策倾斜，精准施策。对有就业意愿的实行“就业需求”“岗位供给”清单管理，开展订单、定岗、定向培训，最大限度做到人岗匹配，实现培训一人、就业一人、致富一家，对清理土地收益开发新增的公益性岗位优先选聘边缘户。对有发展产业意愿的坚持宜农则农、宜林则林、宜牧则牧，把长效常态产业增收措施和“短平快”入户产业项目长短结合双管齐下，着力加大对边缘户的生产技术指导和培训，提供良种良法、病虫害统防统治、果树修剪、畜禽科学养殖、疫病防治等社会化服务。对种植林果的落实林果提质增效措施，强化技术服务、加大物化投入；对发展畜牧的建立畜牧产业品种改良、畜禽防疫、保险保额资金扶持机制；对发展特色种植的落实订单生产。鼓励边缘户加入各类农民专业合作社参与生产经营，提高生产技能的同时增加务工收入。以县(市)为主体，统筹城乡建设用地增减挂钩节余指标跨省域调剂资金、援疆资金、地方财政资金、行业项目资金、水费结余资金和各类社会帮扶资金，用于支持边缘户开展高标准农田建设、林果提质增效、畜禽养殖、订单蔬菜、黑木耳种植等产业类项目，强化项目监管，建立边缘户增收长效机制，夯实边缘户持续增收的产业基础。依托创业园、创业小市场等平台，优先满足边缘户创业就业需求，拓宽致富门路。对无劳动力的边缘户，采取土地流转、代收、代种、代管等方式解决其生产经营问题，把符合低保条件、无法通过自己劳动增收致富的边缘户纳入低保，确保其基本生活有保障。

4.落实干部包联帮扶责任。由驻村工作队所在单位负责，确保每个边缘户至少要有一名帮扶干部实名制包联。以扶志扶智为重点，加强对边缘户的政策宣传和教育引导，帮助其理清发展思路，激发增收致富的内生动力。

让我们更加紧密团结在以习近平同志为核心的党中央周围，坚定信心、锐意进取，埋头苦干、扎实工作，坚决打赢脱贫攻坚战，加快补上全面小康“三农”领域突出短板，为决胜全面建成小康社会、实现第一个百年奋斗目标作出应有的贡献！

先进集体

国家级先进集体

地直单位

阿克苏地委组织部

2020年3月,《以政治建设统领组织工作的实践与思考》被中共中央组织部评为“省区市党委组织部自主开展课题优秀调研成果”。

地区司法局

2020年,被司法部授予全国司法行政机关2019年国家统一法律职业资格考试工作表现突出单位。

阿克苏地区疾病预防控制中心

2019年12月,被中国疾病预防控制中心农村改水技术指导中心授予“全国农村饮用水卫生监测十年工作成绩突出单位”称号。

2020年3月,被中国疾病预防控制中心慢性非传染性疾病预防控制中心授予“先进集体”称号。

阿克苏地区妇幼保健院

2020年11月,被中央精神文明建设指导委员会授予“全国文明单位”称号。

阿克苏地区税务局

2020年11月,被中央精神文明建设指导委员会授予“全国文明单位”称号。

阿克苏地区人力资源和社会保障局劳动保障监察支队

2020年9月,被人力资源和社会保障部办公厅、国家市场监督管理总局办公厅通报表彰“2020年全国清理整顿人力资源市场秩序专项执法行动取得突出成绩”。

阿克苏科技馆

2020年10月,被中国科协科普部、中国自然科学博物馆学会科技馆专委会、中国科技馆联合授予“2020年全国科学实验挑战赛优秀组织单位”称号。

阿克苏地区教育局

2020年10月,被教育部关心下一代工作委员会评为“‘新时代好少年,美好生活劳动创造’主题教育读书活动先进集体”称号。

阿克苏检察分院

2020年9月,“e检阿克苏”一站式掌上检察服务平台被法治日报社授予“智慧检务”十大创新案例。

2020年11月,“e检阿克苏”一站式掌上检察服务平台被法治日报社授予2020政法智能化建设——“智慧检务”十大创新案例。

阿克苏地区农业技术推广中心

2019年12月,阿克苏地区机采棉配套栽培技术集成与示范推广项目,被农业农村部评为“全国农牧渔业丰收奖二等奖”。

阿克苏地区财政局

2020年10月,被财政部中国杂志社授予“2020年度‘三刊两鉴’宣传工作先进集体”称号。

阿克苏地区中级人民法院民事审判二庭

2020年1月,被最高人民法院授予“全国法院先进集体”称号。

阿克苏地区文化体育广播电视和旅游局

2020年10月,被国家版权局授予“2019年度查处重大侵权盗版案件有功单位”称号。

阿克苏地区第二中学

2020年8月,被教育部关心下一代工作委员会授予“新时代好少年主题教育读书活动,美好生活劳动创造先进集体”称号。

阿克苏地区环境保护监测站

2020年9月,被国务院第二次全国污染源普查领导小组办公室授予“第二次全国污染源普查表现突出集体”称号。

阿克苏地区红十字会

2020年12月,被中国红十字会授予“中国红十字会抗击新冠肺炎疫情先进集体”称号。

阿克苏地区发展和改革委员会

2020年7月,被人力资源和社会保障部、国家发展和改革委员会、国家市场监管总局联合授予“全国工作先进集体”称号。

2020年11月,被国家发展和

改革委员会授予"'十三五'搬迁工作担当有为集体"称号。

阿克苏地区市场监督管理局

2020年12月，被国家市场监督管理总局授予"全国市场监管系统抗击新冠肺炎疫情先进集体"称号。

阿克苏地区关工委

2020年8月，被中国关心下一代工作委员会、中央精神文明建设指导委员会办公室联合授予"全国关心下一代工作先进集体"称号。

阿克苏地区统计局

2019年12月，被国务院第四次全国经济普查领导小组授予"国家级先进集体"称号。

阿克苏地区司法局

2019年12月，被司法部授予"全国司法行政机关2019年国家统一法律职业资格考试工作表现突出单位"称号。

阿克苏市

阿克苏市

2020年3月，被中央农村领导小组办公室、农业农村部授予"全国村庄清洁行动先进县(市)"称号。

2020年10月，被全国双拥工作领导小组、退役军人事务部、中央军委政治工作部授予"全国双拥模范城"称号。

2020年10月，被中央农村领导小组办公室、农业农村部授予"全国农村承包地确权登记颁证工作典型地区"称号。

2020年12月，被中央农村工作领导小组办公室、农业农村部、中央组织部、中央宣传部、民政部、司法部联合授予"乡村治理体系建设首批试点县(市)"称号。

阿克苏市公安局

2020年11月，被国家卫生健康委员会、中央政法委、最高人民法院、最高人民检察院、公安部、民政部、司法部、国家市场监管总局、中国银保监会、国家中医药管理局联合授予"2018—2019年度全国平安医院工作表现突出集体"称号。

阿克苏市消防救援大队

2020年6月，被应急管理部消防救援局授予"2020年度全国消防救援队伍先进基层党组织"称号。

阿克苏市生态环境局

2020年9月，被国务院第二次全国污染源普查委员会授予"第二次全国污染源普查表现突出集体"称号。

阿克苏市人民医院

2020年11月，被中央精神文明建设指导委员会授予第六届"全国文明单位"称号。

阿克苏市农业农村局

2020年4月，被农业农村部授予"第二批全国农村集体产权制度改革试点典型单位"称号。

阿克苏市融媒体中心

2020年11月，《新疆阿克苏两名小学生向医护人员敬礼》短视频，入选"2020年度中国新媒体战'疫'十大精品案例(地方媒体)"。

阿克苏市南城街道人民调解委员会

2020年1月，被司法部授予"新时代司法为民好榜样——调解为民好榜样"称号。

阿克苏市依干其乡人民政府

2020年11月，被全国119消防先进集体和先进个人评选表彰工作室领导小组办公室授予"全国119消防先进集体"称号。

2019年12月，被中央农村工作领导小组办公室授予"全国乡村治理示范乡(镇)"称号。

阿克苏市依干其乡尤喀克科克巴什村

2019年12月，被中央农村工作领导小组办公室授予"全国乡村治理示范村"称号。

2020年5月，被共青团中央授予"全国五四红旗团支部"称号。

阿克苏市喀拉塔勒镇

2020年8月，被全国爱国卫生运动委员会授予"2017—2019周期国家卫生乡(镇)"称号。

库车市

库车市

2019年11月，被全国普法办公室授予"'七五'普法中期先进集体"称号。

2020年4月，被国家信访局办

公室授予“2019 年度信访工作‘三无’县”称号。

2020 年 11 月，被国家民族事务委员会办公厅授予“第四批少数民族流动人口服务管理示范城市”称号。

库车市“百杏”微宣讲团

2020 年 10 月，被中央宣传部办公厅授予“2020 年基层理论宣讲先进集体”称号。

库车市玉奇吾斯塘乡玉奇吾斯塘村

2020 年 11 月，被中央文明委授予“全国文明村”称号。

库车市人民法院哈尼喀塔木人民法庭

2019 年 11 月，被最高人民法院授予“全国法院人民法庭工作先进集体”称号。

库车市消防救援大队

2020 年 11 月，被应急管理部授予“全国 119 消防先进集体”称号。

库车市公安局交警大队车管所

2020 年 8 月，被公安部授予“优秀县级车辆管理所”称号。

库车市税务局第一税务所

2020 年 1 月，被人力资源和社会保障部、国家税务总局联合授予“全国税务系统先进集体”称号。

库车市伊西哈拉镇库木艾日克社区

2019 年 12 月，被国家民族事务委员会授予“第三批中国少数民族特色村寨”称号。

库车市第二中学

2020 年 6 月，被中国科协青少年科技中心、中国青少年科技辅导协会授予“2020 年度全国青少年人工智能活动特色单位”称号。

新疆天河化工有限公司

2020 年 11 月，被全国厂务公开协调小组办公室授予“2020 年度全国厂务公开民主管理工作先进单位”称号。

库车市司法局

2020 年 1 月，被司法部授予“全国社区矫正机构先进集体”称号。

库车市公安局刑事科学技术室

2020 年 2 月，被公安部五局授予“全国示范刑事科学技术室”称号。

库车市总工会

2020 年 12 月，被全国厂务公开协调小组授予“全国推动厂务公开民主管理工作先进单位”称号。

沙雅县

沙雅县沙雅镇朝阳社区

2020 年 5 月，被国家减灾委员会、应急管理部、中国气象局、中国地震局授予“2019 年度全国综合减灾示范社区”称号。

沙雅县沙雅镇

2020 年 11 月，被中央精神文明建设指导委员会授予“全国文明村(镇)”称号。

沙雅县疾控中心

2020 年 3 月，被中国疾控中心慢性非传染性疾病预防控制中心授予“2004—2019 年中国死因登记报告工作先进集体”称号。

新和县

新和县

2020 年 4 月，被国家信访局办公室授予 “全国信访工作 ‘三无’县”称号。

2020 年 6 月，被商务部授予“2020 年度电子商务进农村综合示范县”称号。

新和县依其艾日克镇加依村

2020 年 8 月，被文化和旅游部、国家发展和改革委员会授予“第二批全国乡村旅游重点村”称号。

2020 年 11 月，被中央精神文明建设指导委员会授予第六届“全国文明村”称号。

新和县工商业联合会

2019 年 12 月，被中华全国工商业联合会办公厅授予“2018—2019 年度全国五好县级工商联”称号。

新和县小牛果品专业合作社

2020 年 12 月，被农业农村部办公厅授予“第二批全国农民合作社典型案例”称号。

拜城县

拜城县

2020年7月，被全国爱国卫生运动委员会授予“2017—2019周期国家卫生县城”称号。

拜城县米吉克乡团委

2020年4月，被共青团中央授予“全国五四红旗团委”称号。

拜城县康其乡阿热勒村

2020年8月，被文化和旅游部、国家发展和改革委员会列入“全国乡村旅游重点村”名录。

拜城县图书馆

2020年4月，被全国妇联家庭和儿童工作部授予“全国家庭亲子阅读体验基地”称号。

拜城县社会保险管理局

2020年3月，被国家标准化管理委员会授予“社会管理和公共服务综合标准化试点单位”称号。

拜城县康其乡阿热勒村

2020年9月，被农业农村部办公厅授予“2020年中国美丽休闲乡村”称号。

温宿县

温宿县

2020年4月，被国家信访局办公室授予“2019年度信访工作‘三无’县”称号。

温宿县公共法律服务中心

2020年3月，被司法部授予“全国公共法律服务工作先进集体”称号。

温宿县佳木镇绿色守望志愿者服务队

2020年11月，被中国青年志愿服务项目大赛组委会评为“第五届中国青年志愿者服务项目大赛铜奖”。

温宿县第二中学、第五中学、第二小学

2020年6月，被教育部体育卫生与艺术教育司评为“全国青少年校园篮球特色学校”。

温宿县第四中学

2020年6月，被教育部体育卫生与艺术教育司评为“全国青少年校园足球特色学校”。

温宿县幼儿教育中心、温宿镇托峰路幼儿园、克孜勒镇依尔玛村幼儿园

2020年6月，被教育部体育卫生与艺术教育司评为“全国足球特色幼儿园”。

温宿县柯柯牙镇塔格拉克村

2020年8月，被文化和旅游部、国家发展改革委联合授予“全国乡村旅游重点村”称号。

温宿县柯柯牙镇核桃新村

2020年11月，被农业农村部授予“全国一村一品示范村（镇）”称号。

温宿县人民检察院

2020年，被最高人民检察院授予“全国先进基层检察院”称号。

阿瓦提县

阿瓦提县

2020年4月，被国家信访局办公室授予“2019年度信访工作‘三无’县”称号。

阿瓦提县发展和改革委员会

2020年1月，被国家发展和改革委员会价格检测中心授予“全国价格监测工作先进单位”称号。

乌什县

乌什县依麻木镇国家通用语言小学

2020年11月，被中央文明委授予“全国文明校园”称号。

乌什县第二中学

2020年8月，被教育部关心下一代工作委员会授予“新时代好少年主题教育读书活动美好生活劳动创造先进集体”称号。

柯坪县

柯坪县

2020年9月，被人力资源和社会保障部授予“人社扶贫助力全面建设小康社会优秀成果奖”称号。

柯坪县妇联

2019年11月，被全国妇联授予“全国维护妇女儿童权益先进集体”称号。

柯坪县阿恰勒镇幸福村安置区

2020年11月，被国家发展和

改革委员会授予“国家‘十三五’易地扶贫搬迁美丽安置区”称号。

自治区级先进集体

地直单位

阿克苏地委政法委

2020年1月，被自治区党委、自治区人民政府授予第四届“自治区人民满意的公务员集体”称号。

阿克苏地区行署办公室

2020年1月，被自治区人民政府办公厅授予“2019年度自治区安全生产和消防工作先进单位”称号。

阿克苏地委组织部

2020年4月，《地方领导班子和领导干部政治素质考察研究》获得自治区党委组织部组织工作调研成果一等奖；《人才管理体制运行问题研究》获得自治区党委组织部组织工作调研成果二等奖；《把加强党性教育作为基层党员教育必修课问题研究》获得自治区党委组织部组织工作调研成果三等奖。

2020年11月，被自治区党委组织部评为“2020自治区党员教育电视展播片观摩交流‘组织资源制作先进单位’”。

阿克苏地委网信办

2020年10月，被自治区党委网信办授予“2020年易路同行、助力脱贫网络公益行动先进单位”称号。

阿克苏地区疾病预防控制中心团支部

2020年7月，被共青团自治区委员会授予“2017—2019年度自治区五四红旗团支部”称号。

阿克苏职业技术学院医学院团支部

2020年5月，被共青团自治区委员会评为“2017—2019年度自治区五四红旗团支部”称号。

阿克苏职业技术学院医学院教工党支部

2020年11月，被自治区党委教育工委评为“自治区党建工作样板支部”。

阿克苏职业技术学院

2020年11月，被自治区教育厅评为“第二批自治区优质高等职业学校建设项目”。

阿克苏地区公安局

2020年3月，被自治区党委、自治区人民政府授予“自治区第八次民族团结进步模范集体”称号。

地区中级人民法院审判管理办公室

2020年3月，被自治区高级人民法院授予“自治区法院系统先进集体”称号。

地委直属机关工委

2020年5月，被共青团自治区委员会授予“2017—2019年度自治区五四红旗团委”称号。

阿克苏地委党史研究室暨地区地方志办公室

2020年9月，被自治区地方志编委会授予“全区地县两级完成第二轮志书两全目标先进集体”称号。

阿克苏地区应急管理局

2020年10月，《阿克苏2021年度地震趋势研究报告》被自治区地震局评为“自治区2021年地震趋势研究报告一等奖”。

阿克苏市

2020年3月，被自治区人民政府授予“2019年度自治区农田水利基本建设‘天山杯’——河(湖)长制先进县(市)单项奖”。

2020年9月，被自治区民族事务委员会授予“2020年度民族团结进步示范市”称号。

阿克苏市高级中学、市第三中学、市第四中学、阿克苏市第一小学、市第二小学、市第二幼儿园

2020年9月，被自治区精神文明建设指导委员会授予第一届“自治区文明校园”称号。

阿克苏市依干其乡、拜什吐格曼乡

2020年9月，被自治区精神文明建设指导委员会授予“2017—2019年度自治区文明乡(镇)”称号。

阿克苏市依干其乡巴格其村、依干其乡阔什托格拉克村、依干其乡良种托万克乔格塔勒村、依干其乡尤喀克巴里当村、依干其乡布隆

科瑞克村、拜什吐格曼乡托万克阿布来希艾日克村、拜什吐格曼乡尤喀克兰干村、拜什吐格曼乡阿热兰干村、喀拉塔勒镇尤喀克萨提村、喀拉塔勒镇乔纳克村、喀拉塔勒镇托吾热其村、喀拉塔勒镇托万克阿勒迪尔村、库木巴什乡尤喀克喀日纳斯村

2020年9月，被自治区精神文明建设指导委员会授予"2017—2019年度自治区文明村"称号。

阿克苏市公安局特巡警大队

2020年3月，被自治区公安厅记"集体二等功"。

阿克苏商贸物流产业园

2020年4月，被自治区发改委、住建厅、自然资源厅、交通运输厅联合授予"自治区示范物流园"称号。

共青团阿克苏市委员会

2020年5月，被共青团新疆维吾尔自治区委员会授予"2017—2019年度自治区五四红旗团委"称号。

阿克苏市地方志办公室

2020年11月，被自治区地方志编纂委员会授予"2020年度完成第二轮志书'两全目标'先进集体"称号。

杭州市援疆指挥部

2020年1月，浙江省杭州市对口支援阿克苏市干部工作队被自治区党委、自治区人民政府授予"第九批省市援疆工作先进集体"称号。

阿克苏市第七小学

2020年7月，被自治区教育厅、科学技术协会、生态环境厅、科技厅联合评为"第三十四届新疆维吾尔自治区青少年科技创新大赛三等奖"。

阿克苏市依干其乡巴格其村

2020年9月，被自治区"扫黄打非"领导小组授予"第三批自治区'扫黄打非'进基层示范点、示范标兵"称号。

2020年12月，被自治区司法厅授予"自治区民主法治示范村"称号。

库车市

库车市

2020年9月，被自治区民族事务委员会授予"2020年自治区民族团结进步示范区"称号。

2020年9月，被自治区文化和旅游厅授予"自治区全域旅游示范区"称号。

库车市伊西哈拉镇、玉奇吾斯塘乡、牙哈镇、阿克吾斯塘乡、乌恰镇萨哈古村、伊西哈拉镇阿热买里村、伊西哈拉镇玉斯屯比加克村、伊西哈拉镇夏玛勒巴格村、伊西哈拉镇龟兹一村、玉奇吾斯塘乡代尔瓦扎亚村、玉奇吾斯塘乡阿热吾斯塘村、玉奇吾斯塘乡柳树村、玉奇吾斯塘乡兰干村、齐满镇渭干村、齐满镇阿克吾斯塘村、齐满镇绿园村、齐满镇甬库团结村、墩阔坦镇阔什艾日克村、墩阔坦镇塔格玛克村、墩阔坦镇兰干村、墩阔坦镇阔恰托格拉克村、墩阔坦镇亚喀守努特村、牙哈镇晨光村、牙哈镇苏盖特力克村、阿克吾斯塘乡吐格曼拜什村、阿克吾斯塘乡花园村、阿格乡康村、塔里木乡长兴村、比西巴格乡林场村、比西巴格乡科克提坎村、乌尊镇色根苏盖提三村、乌尊镇锦绣村

2020年9月，被自治区精神文明建设指导委员会授予"2017—2019年度自治区文明村（镇）"称号。

库车市第二中学、实验中学、第六中学、第四小学、第七小学、第十小学

2020年9月，被自治区精神文明建设指导委员会授予第一届"自治区文明校园"称号。

库车市委办公室

2020年5月，被自治区党委办公厅授予"2019年度全区党委信息工作表现突出单位"称号。

库车市人民检察院

2020年2月，被自治区人民检察院授予"全疆检察机关信息工作突出集体"称号。

中国石油运输有限公司新疆塔里木运输分公司

2020年12月，被自治区厂务公开领导小组办公室授予"自治区厂务公开民主管理示范单位"称号。

中国石油运输有限公司新疆

塔里木运输分公司特车运输大队

2020年5月，被自治区总工会、中国石油塔里木油田公司联合授予“自治区重点工程塔里木油田建设3000万吨大油气田劳动竞赛2019年度优胜集体”称号。

库车新桥管业有限公司

2020年12月，被自治区工业和信息化厅授予“第二批自治区专精特新‘小巨人’培育企业”称号。

库车市消防救援大队

2020年1月，被自治区消防救援总队授予“2019年度全区消防救援队伍基层建设先进单位”称号。

库车市消防救援大队党委

2020年6月，被中共新疆维吾尔自治区消防救援总队委员会授予“全区消防救援队伍先进基层党组织”称号。

库车市公安局特巡警大队

2020年3月，被自治区公安厅记“集体二等功”。

库车市公安局治安大队

2020年11月，被自治区公安厅授予“全区第七次全国人口普查户口整顿工作成绩突出集体”称号。

库车钟华香梨专业合作社

2020年10月，被自治区扶贫开发领导小组授予“自治区2020年‘千企帮千村’精准扶贫行动先进民营企业”称号。

库车市生态环境局

2020年12月，被自治区第二次全国污染源普查领导小组办公室授予“自治区第二次全国污染源普查表现突出集体”称号。

库车市齐满镇人民政府

2020年9月，被自治区“扫黄打非”领导小组授予“第三批自治区‘扫黄打非’进基层示范点”称号。

库车市伊西哈拉镇库木艾日克社区

2020年11月，被自治区司法厅授予“自治区民主法治示范村(社区)”称号。

阿克苏管理局沙雅分局

2020年3月，被自治区交通厅、自治区总工会授予“2019年度‘聚焦总目标当好主人翁建功新时代奋斗强交通’主题劳动和技能竞赛国省干线公路精品旅游风景道服务品质竞赛优胜单位(集体)”称号。

库车市交通运输局

2020年3月，被自治区交通厅、自治区总工会授予“2019年度‘聚焦总目标当好主人翁建功新时代奋斗强交通’主题劳动和技能竞赛‘四好农村路’示范县创建竞赛优胜单位(集体)”称号。

库车巴郎子大馕城有限责任公司

2020年7月，被自治区人力资源和社会保障厅授予“新疆馕师技能大师工作室”称号。

沙雅县

沙雅县

2020年3月，被自治区人民政府授予“2019年度自治区农田水利基本建设‘天山杯’先进县”称号。

2020年4月，被自治区信访局授予“2019年度自治区信访工作‘三无’县”称号。

沙雅县沙雅镇、海楼镇、努尔巴克乡努尔巴克村、海楼镇羌尕铁热克村、海楼镇团结村、海楼镇海楼村、沙雅镇民富村、古勒巴格镇硝日协海尔村、古勒巴格镇古如其阔坦村、塔里木乡其格格热木村、托依堡勒迪镇新安村、托依堡勒迪镇铁热克村、托依堡勒迪镇一农场村

2020年9月，被自治区精神文明建设指导委员会授予“2017—2019年度自治区文明村(镇)”称号。

沙雅县第二中学、第四中学、第一小学、第三小学、县嘉兴第一实验小学、县第一幼儿园、县第二幼儿园

2020年9月，被自治区精神文明建设指导委员会授予第一届“自治区文明校园”称号。

沙雅县红旗镇布吉塔村团支部、玉象胡杨化工有限公司团支部、沙雅中等职业技术学校团支部

2020年5月，被共青团自治区委员会授予“2017—2019年度自治区五四红旗团支部”称号。

沙雅县昭阳粮油工贸有限公

司、沙雅益康油脂有限公司、阿克苏地区盛疆制粉有限公司

2020年8月，被自治区农业产业化领导小组授予“自治区农业产业化重点龙头企业”称号。

沙雅县地方志办公室

2020年11月，被自治区地方志编纂委员会授予“2020年度完成第二轮志书‘两全目标’先进集体”称号。

沙雅县古勒巴格镇向阳学校

2020年9月，被自治区“扫黄打非”领导小组命名为“第三批自治区‘扫黄打非’基层示范点”。

沙雅县努尔巴克乡亚当村

2020年11月，被自治区司法厅、自治区民政厅授予“自治区民主法治示范村”称号。

新和县

新和县

2020年1月，被自治区财政厅授予“自治区2019年度全面实施预算绩效管理综合评价优秀县”称号。

2020年4月，被自治区信访局授予“2019年度自治区信访工作‘三无’县”称号。

新和县依其艾日克镇加依村、依其艾日克镇克孜勒努尔村、依其艾日克镇乌尊阔恰村、新和镇尤鲁都斯阔恰村、新和镇托克苏村、塔木托格拉克乡英艾日克村、塔木托格拉克乡兰干村、渭干乡古勒阿瓦提村、渭干乡苏盖特库孜来克村、尤鲁都斯巴格镇阿恰勒村、尤鲁都斯巴格镇巴扎村、尤鲁都斯巴格镇奥依其兰村、尤鲁都斯巴格镇伯克勒克艾日克村、尤鲁都斯巴格镇先拜巴扎村、玉奇喀特乡拜勒开斯提村、玉奇喀特乡库孜勒克买里村、玉奇喀特乡裁缝铁热克村、玉奇喀特乡团结新村、塔什艾日克镇阿热吐格曼村

2020年9月，被自治区精神文明建设指导委员会授予“2017—2019年度自治区文明村”称号。

新和县第一中学、第二小学、焦作幼儿园、依其艾日克镇中学、玉奇喀特乡玉奇喀特小学

2020年9月，被自治区精神文明建设指导委员会授予第一届“自治区文明校园”称号。

新和县塔什艾日克镇团委

2020年4月，被共青团自治区委员会授予“2017—2019年度自治区五四红旗团委”称号。

新和县依其艾日克镇加依村

2020年7月，被自治区文化和旅游厅、自治区发展和改革委员会联合授予“第一批自治区乡村旅游重点村”称号。

新和县尤鲁都斯巴格镇

2020年2月，被自治区平安建设领导小组授予“自治区优秀平安镇”称号。

新和县地方志办公室

2020年11月，被自治区地方志编纂委员会授予“2020年度完成第二轮志书‘两全目标’先进集体”称号。

新和县人民法院

2020年3月，被自治区高级人民法院授予“自治区优秀法院”称号。

阿克苏公路管理局新和分局机关党支部

2020年6月，被中共新疆维吾尔自治区交通运输厅委员会授予“新疆维吾尔自治区交通运输厅系统先进基层党组织”称号。

拜城县

拜城县

2020年12月，被自治区党委、自治区人民政府授予“2019年度自治区脱贫攻坚成效考核中综合评价为‘好’的县市”称号。

拜城县米吉克乡、康其乡、米吉克乡库木墩村、米吉克乡喀纳依买里村、温巴什乡托万温巴什村、温巴什乡托喀依买里村、温巴什乡阔纳吐尔村、赛里木镇英沙尔买里村、老虎台乡科台克吐尔村、黑英山乡尤勒滚亚喀村、拜城镇肯迪克墩村、大桥乡塔合塔村、大桥乡库西提米村、大宛其管委会托万买里村、布隆乡牙斯热木库鲁齐村

2020年9月，被自治区精神文明建设指导委员会授予“2017—2019年度自治区文明村（镇）”称号。

拜城县第二中学、第四高级中学、县幼儿园

2020年9月,被自治区精神文明建设指导委员会授予第一届“自治区文明校园”称号。

拜城镇

2020年2月,被自治区平安建设领导小组授予“自治区优秀平安镇”称号。

拜城县教科局

2020年9月,被自治区教育厅关心下一代工作委员会授予“自治区新时代好少年‘美好生活劳动创造’主题教育活动先进集体”称号。

新疆天玉种业有限责任公司、新疆俊新化工股份有限公司、新疆凯领阿尔格敏矿业有限公司

2020年10月,被自治区扶贫开发领导小组授予“自治区2020年‘千企帮千村’精准扶贫行动先进民营企业”称号。

拜城县人工影响天气办公室

2020年3月,被自治区人工影响天气办公室授予“2019年度人工影响天气工作先进集体”称号。

拜城县人民检察院

2020年2月,被自治区人民检察院授予“2019年度全区检察机关信息工作突出集体”称号。

拜城县康其乡阿热勒村

2020年5月,被自治区文化和旅游厅、自治区发改委授予“新疆维吾尔自治区乡村旅游重点村”称号。

拜城县黑英山乡玉开都维村

2020年5月,被自治区文化和旅游厅、自治区发展和改革委员会授予“自治区乡村旅游重点村”称号。

拜城县妇联

2020年5月,在2020年“爱在新疆——网上儿童冬令营”活动中被自治区妇联评为“优秀组织奖”。

拜城县团县委、县第二中学团委、米吉克乡团委

2020年4月,被共青团自治区委员会授予“2017—2019年度自治区五四红旗团委”称号。

拜城县生态环境局

2020年12月,被自治区第二次全国污染源普查领导小组办公室授予“自治区第二次全国污染源普查表现突出的集体”称号。

拜城县财政局团支部、县华康医院、城投公司团支部

2020年4月,被共青团自治区委员会授予“2017—2019年度自治区五四红旗团支部”称号。

温宿县

温宿县

2020年10月,被自治区文化和旅游厅纳入“自治区全域旅游示范区名录”。

温宿县古勒阿瓦提乡提根村

2020年9月,被自治区精神文明建设指导委员会授予“2017—2019年度自治区级文明村”称号。

温宿县第二中学

2020年9月,被自治区精神文明建设指导委员会授予“第一届自治区文明校园”称号。

温宿县委机要保密局

2020年1月,被自治区党委密码工作领导小组办公室授予“2019年度全区机要密码部门业务考核优秀达标单位”称号。

温宿县古勒阿瓦提乡

2020年2月,被自治区平安建设领导小组授予“自治区优秀平安乡”称号。

温宿县第二小学

2020年11月,被自治区科协、自治区教育厅授予“自治区青少年创意编程与智能设计优秀组织单位”称号。

2020年9月,被自治区科协、自治区教育厅授予“第六批自治区青少年科技活动特色学校”称号。

温宿县第五中学

2020年9月,被自治区科协、自治区教育厅授予“第六批自治区青少年科技活动特色学校”称号。

温宿县佳木镇第一小学

2020年6月,被共青团自治区委员会授予“自治区五四红旗团支部”称号。

温宿县恰格拉克乡前进村团支部

2020年5月,被共青团自治区委员会授予“2017—2019年度自治区五四红旗团支部”称号。

温宿县托乎拉乡思源村党支部

2020年11月，被自治区司法厅授予“自治区民主法治示范村”称号。

温宿县生态环境局

2020年4月,被自治区生态环境厅授予“2019年自治区生态环境保护执法大练兵表现突出先进集体”称号。

2020年12月，被自治区第二次全国污染源普查领导小组办公室授予“自治区第二次全国污染源普查表现突出先进集体”称号。

阿瓦提县

阿瓦提县巴格托格拉克乡、巴格托拉克乡玉斯屯克巴格托格拉克村、巴格托拉克乡卡尔库杰克村、拜什艾日克镇其浪巴格村、拜什艾日克镇光明村、乌鲁却勒镇木孜鲁克村、英艾日克镇八连村

2020年9月，被自治区精神文明建设指导委员会授予“2017—2019年度自治区文明村(镇)”称号。

阿瓦提县第二中学、第三中学、县第一幼儿园、英艾日克镇中心小学、拜什艾日克镇中学、丰海幼儿园

2020年9月,被自治区精神文明建设指导委员会授予“第一届自治区文明校园”称号。

阿瓦提县人工影响天气办公室

2020年3月,被自治区人工影响天气工作领导小组办公室授予“先进集体”称号。

阿瓦提县人民检察院

2020年2月,被自治区人民检察院记“集体三等功”。

阿瓦提县阿瓦提镇委员会

2020年2月,被自治区平安建设领导小组授予“自治区优秀平安镇”称号。

阿瓦提县阿依巴格乡葡萄村、拜什艾日克镇索克满村

2020年5月,被自治区文化和旅游厅、自治区发展和改革委员会联合授予“第一批自治区乡村旅游重点村”。

乌什县

乌什县英阿瓦提乡、阿恰塔格乡奥依吐尔吐尤克村、英阿瓦提乡库齐村、英阿瓦提乡特日木村、依麻木镇拜什铁热克村、依麻木镇乌鲁克亚依拉克村、乌什镇南关村、奥特贝希乡尤喀克墩其格村

2020年9月,被自治区精神文明建设指导委员会授予“2017—2019年度自治区文明村(镇)”称号。

乌什县第一小学、县第二小学、县第三小学、县第四小学、县第一幼儿园、县第二幼儿园

2020年9月,被自治区精神文明建设指导委员会授予“第一届自治区文明校园”称号。

乌什县公安局国保大队

2020年1月,被自治区公安厅记“集体二等功”。

乌什县奥特贝希乡

2020年2月,被自治区平安建设领导小组授予“自治区优秀平安乡”称号。

乌什县第二中学

2020年8月,被自治区教育厅关心下一代工作委员会授予“新时代好少年主题教育读书活动美好生活劳动创造先进集体”称号。

乌什县第二小学

2020年5月,被共青团自治区委员会授予“自治区五四红旗团支部”称号。

乌什县依麻木镇国家通用语言小学

2020年9月,被自治区民族事务委员会授予“自治区民族团结进步示范校”称号。

乌什县英阿瓦提乡人民政府

2020年9月,被自治区人民政府办公厅授予“自治区人民政府基层行政立法联系点”称号。

柯坪县

柯坪县

2020年3月,被自治区党委办

公厅、自治区人民政府办公厅评为“自治区2019年脱贫攻坚成效考核排名第一名”。

2020年9月,被自治区交通运输厅授予“自治区2019年度‘四好农村路’示范县”称号。

柯坪县盖孜力克镇喀拉玛村、玉尔其乡玉斯屯库木艾日克村、阿恰勒镇库勒村、阿恰勒镇喀拉玛村、启浪乡努尔巴格村、启浪乡科克托格拉克村

2020年9月,被自治区精神文明建设指导委员会授予“2017—2019年度自治区文明村(镇)”称号。

柯坪县柯坪湖州小学

2020年9月,被自治区精神文明建设指导委员会授予第一届“自治区文明校园”称号。

柯坪县第二中学、阿恰勒镇

2020年5月,被共青团自治区委员会授予“2017—2019年度自治区五四红旗团支部”称号。

柯坪县盖孜力克镇玉斯屯巴格勒格村

2020年12月,被自治区司法厅、自治区民政厅联合授予“自治区民主法治示范村”称号。

柯坪县青少年科技活动中心

2020年4月,被自治区教育厅、自治区文化和旅游厅联合授予“自治区级中小学生研学旅行实践教育基地”称号。

先进人物

国家级荣誉称号

阿克苏市

冯冀巧(阿克苏市发展和改革委员会价格科科员)

2020年1月,被国家发展和改革委员会价格监测中心授予“2018—2019年度全国价格监测工作先进个人”称号。

阿曼古丽·麦木托拉(阿克苏市法律援助救助中心主任)

2020年2月,被司法部授予“全国法律救援先进个人”称号。

曹晓飞(阿克苏市市民)

2020年9月,被中央文明办授予“中国好人”称号。

张义琮(阿克苏市生态环境局党组书记)、刘林章(阿克苏市生态环境局环境监察大队负责人)

2020年9月,被国务院第二次全国污染源普查领导小组办公室授予“2020年第二次全国污染源普查表现突出个人”称号。

雪克然提·许库(阿克苏市公安局特巡警大队民警)

2020年9月,被公安部授予“全国公安系统抗击新冠肺炎疫情先进个人”称号。

牟宗宝(阿克苏市宗宝园艺科技有限责任公司董事长)

2020年10月,被退役军人事务部、中央军委政治工作部授予“全国爱国拥军模范”称号。

罗汝光(阿克苏市退役军人事务局党组成员、军供站站长)

2020年10月,被西部战区军事运输投送调度中心、重庆市退役军人事务局、四川省退役军人事务厅、西藏自治区退役军人事务厅、甘肃省退役军人事务厅、青海省退役军人事务厅、宁夏回族自治区退役军人事务厅、新疆维吾尔自治区退役军人事务厅联合授予“西部战区‘十三五’军供工作优秀军供站站长”称号。

依米然·白和提(阿克苏市兰干街道党工委副书记、主任)

2020年11月,被中共中央宣传部、中共中央组织部授予“最美公务员”称号。

库车市

胡天书(库车市新城街道党工委副书记、政法书记)

2020年9月,被中共中央、国务院、中央军事委员会授予“全国抗击新冠肺炎疫情先进个人”称号。

王晓明(库车市委常委、公安局党委书记、局长)

2020年1月,被公安部五局授予“2019年度刑事案件现场勘查工作成绩突出的县级公安局长”称号。

艾尼瓦尔·艾则孜(库车市人民法院刑事审判庭审判员)

2020年1月，被最高人民法院授予“全国法院先进个人”称号。

李运飞（库车市长宁路消防救援站政治指导员）

2020年9月，被中央文明办授予“中国好人”称号。

何连成（库车市公安局刑事侦查大队民警）

2020年1月，被公安部五局授予“2019年度刑事案件现场勘查工作成绩突出的勘查民警”称号。

房俊呈、何连成、李晓强（库车市公安局刑事侦查大队民警）

2020年4月，被公安部五局授予“2020年1至3月刑事技术破案会战优秀刑事技术民警”称号。

房俊呈（库车市公安局刑事侦查大队民警）

2020年7月，被公安部五局授予“2020年4至6月刑事技术破案会战优秀刑事技术民警”称号。

阿地力江·热合曼（库车市公安局刑事侦查大队民警）

2020年10月，被公安部五局授予“2020年7至9月刑事技术破案会战优秀刑事技术民警”称号。

徐广平（库车市生态环境局局长）、哈春英（库车市生态环境局科员）

2020年9月，被国务院第二次全国污染源普查领导小组办公室授予“第二次全国污染源普查表现突出的个人”称号。

吾买尔·艾则孜（库车市人民检察院检委会专职委员）、热沙来提·扎克尔（库车市人民检察院退休干部）、米热巴尼·亚森（库车市人民检察院退休干部）、努尔艾力·买买提（库车市人民检察院退休干部）

2019年12月，被最高人民检察院授予“检察荣誉章”。

陈江燕（库车市东城街道人民调解委员会副主任）

2020年3月，被司法部授予“‘大排查、早调解、护稳定、迎国庆’专项活动表现突出个人”称号。

沙雅县

伊小军（沙雅县人民医院党委委员、副院长）

2020年11月，被中共中央、国务院授予“2020年全国先进工作者”称号。

古丽菲叶·库尔班（沙雅县人民法院党组成员、副院长）

2020年10月，被全国妇联授予“2019年度全国三八红旗手”称号。

彭碧珍（沙雅县疾控中心慢病科科员）

2020年3月，被国家疾控中心慢性非传染性疾病预防控制中心授予“2004—2019年度中国死因登记报告工作先进个人”。

方静（沙雅县团县委大学生“西部计划”志愿者）

2020年9月，被全国大学生志愿服务西部计划项目管理办公室授予“2019—2020年度大学生志愿者服务西部计划考核等次优秀志愿者”称号。

梁振兵（沙雅县公安局原党委委员、副局长）

2020年12月，被公安部追授“全国公安系统二级英模”称号。

拜城县

凯沙尔·艾合买提（拜城县环保局科员）

2020年9月，被国务院第二次全国污染源普查领导小组办公室授予“第二次全国污染源普查表现突出的个人”称号。

温宿县

丁魁谦（温宿县委组织部关心下一代工作委员会主任）

2020年8月，被中国关心下一代工作委员会、中央精神文明建设指导委员会办公室授予“全国关心下一代工作先进工作者”称号。

张娓娓（温宿县吐木秀克镇纪委书记）

2020年1月，被中国气象局评为“百名优秀气象信息员奖”。

李文科（阿克苏地区温宿分局党组书记）

2020年9月，被国务院第二次全国污染源普查领导小组办公室授予“第二次全国污染源普查先进个人”称号。

马拜提·斯坎旦尔（温宿县吐

木秀克镇四级主任科员)

2020年11月，被国家发展改革委办公厅授予"'十三五'奋进易地搬迁好干部"称号。

马玉涛（佳木镇第四小学教师）

2020年10月，被教育部关心下一代工作委员会授予"先进个人"称号。

阿瓦提县

芮守学(阿瓦提县塔木托格拉克乡人民政府干部)

2020年9月,被中央文明办授予"中国好人"称号。

乌什县

库尔班·尼亚孜（乌什县依麻木镇国家通用语言小学校长）

2020年11月,被中共中央、国务院授予"全国劳动模范"称号。

阿不米提·吾甫尔（乌什县党组副书记、局长）

2020年9月,被国务院第二次全国污染源普查领导小组办公室授予"第二次全国污染源普查表现突出的个人"称号。

郑冬梅(乌什县农业农村局农业技术推广站站长)

2020年9月,被中央文明委授予"中国好人"称号。

地直单位

戴思芸(阿克苏地区疾病预防控制中心干部)

2019年12月，被中国疾病预防控制中心农村改水技术指导中心授予"全国农村饮用水卫生监测十年工作成绩突出个人"称号。

李涛(阿克苏地区疾病预防控制中心慢病科副科长)

2020年3月,被中国疾病预防控制中心慢性非传染性疾病预防控制中心授予"突出贡献先进个人"称号。

周德荣(地区科协科普部部长)

2020年11月，被中国科协科普部授予"明星科普工作者"称号。

艾斯卡尔·艾哈旦木（阿克苏地区粮食和物资储备局党组副书记、局长)

2020年7月,被国家发展和改革委员会、国家粮食和物资储备局、财政部、农业农村部、国家统计局、中国农业发展银行、中国储备粮管理集团有限公司联合授予"全国政策性粮食库存数量和质量大清查工作先进个人"称号。

雪克然提·许库（阿克苏市公安局特巡警大队三级警长)

2020年9月，被公安部授予"全国公安系统抗击新冠肺炎疫情先进个人"称号。

李斌(阿克苏地区公安局刑侦支队支队长)

2020年12月，被公安部授予"全国公安百佳刑警"称号。

谢辉(地区中级人民法院执行局二级法官)

2019年12月，被最高人民法院、人力资源和社会保障部联合授予"全国法院'基本解决执行难'工作先进个人"称号。

于园园(地区中级人民法院政治部宣传教育科科长)

2020年1月,被最高人民法院授予"全国法院新闻舆论工作先进个人"称号。

冉毅东(中共阿克苏地委党校讲师)

2020年1月,课题《大力弘扬柯柯牙精神——绿色发展的阿克苏实践》被中共中央组织部办公厅评为"学习贯彻习近平新时代中国特色社会主义思想全国好课程"。

2020年11月,宣讲报告《绿水青山就是金山银山——阿克苏柯柯牙的"绿色涅槃"之路》被中宣部评为"全国优秀理论宣讲报告"称号。

何冬英(地区环境保护监测站站长)、李静(地区环境保护监测站副高级工程师)、代斌(地区环境保护监测站工程师)

2020年9月,被国务院第二次全国污染源普查领导小组办公室评为"第二次全国污染源普查表现突出个人"称号。

侯晶哲(阿克苏地区发展和改革委员会农经科科长)

2020年11月，被国家发展改革委授予"'十三五'奋进易地搬迁好干部"称号。

张学刚（阿克苏地区市场监督管理局科技信息化科科长）

2019 年 12 月，被人力资源和社会保障部、国家市场监督管理局授予“全国市场监管系统先进工作者”称号。

赵文明（阿克苏地区司法局党组成员、政治部主任，地委法律服务行业党工委委员）

2020 年 1 月，被司法部授予“全国法治政府建设工作先进个人”称号。

张国军（阿克苏地区司法局律师工作管理科科长）

2020 年 1 月，被司法部授予“全国公共法律服务工作先进个人”称号。

自治区级荣誉称号

阿克苏市

艾山江·阿木冬（阿克苏市公安局局党委委员、副局长）

2020 年 1 月，被自治区公安厅记“二等功”。

刘小艳（阿克苏市喀拉塔勒镇人民政府城建办干部）

2020 年 11 月，被自治区第二次全国污染源普查领导小组授予“自治区第二次全国污染源普查表现突出个人”称号。

白云（阿克苏市地方志办公室主任）

被自治区地方志编纂委员会授予“2020 年度完成第二轮志书‘两全目标’先进个人”称号。

董康（阿克苏市人民检察院第一检察部副主任、二级检察官）

2020 年 2 月，被自治区人民检察院授予“全疆检察机关优秀检察干部”称号。

努斯热提·阿不力孜（阿克苏市人民检察院第二检察部副主任、二级检察官）

2020 年 2 月，被自治区人民检察院记“全疆检察机关个人三等功”。

魏敏（阿克苏市人民检察院党组书记、副检察长、三级高级检察官）

2020 年 1 月，被自治区人民检察院记“全疆检察机关个人二等功”。

姜扬（阿克苏市人民检察院政治部三级主任科员）

2020 年 3 月，被自治区人民检察院授予“新冠肺炎疫情防控工作中表现突出先进个人”称号。

陈耀平（阿克苏市拜什吐格曼乡阿热兰干村村民）

2020 年 1 月，被自治区扶贫开发领导小组授予“自治区脱贫攻坚奋进奖”称号。

帕提古丽·依麦尔（阿克苏市拜什吐格曼乡阔纳艾日克村）

2020 年 1 月，被自治区妇联授予“2019 年新疆最美家庭”称号。

库车市

张庆凯（库车市委办公室副主任）

2020 年 5 月，被自治区党委办公厅授予“2019 年度全区党委信息工作表现突出个人”称号。

赵学斌、候兴兴、孙敏（阿克苏地区库车中等职业技术学校教师）

2020 年 10 月，在 2020 年自治区职业院校技能大赛教学能力比赛中，被自治区教育厅评为“一等奖”。

张华强（库车市委政法委科员）

2020 年 3 月，被自治区铁路护路联防办公室授予“2019 年度自治区铁路护路联防工作优秀信息员”称号。

王三明（库车市消防救援大队二级指挥员）

2020 年 3 月，被自治区消防救援总队记“个人三等功”。

宋继成（库车市公安局刑事侦查大队副大队长）

2020 年 6 月，被自治区人力资源和社会保障厅、自治区公安厅、自治区禁毒委员会办公室联合授予“十佳缉毒民警”称号。

张明亮（库车市民政局党组书记、副局长）、邵梦竹（库车市伟晔矿业总经理）

2020 年 9 月，被自治区扶贫开发领导小组授予“2020 年度脱贫攻坚奉献奖”称号。

周亨(库车市阿拉阿格镇党委委员、组织干事)、胡英杰、马天德(库车市生态环境局科员)

2020年12月，被自治区第二次全国污染源普查领导小组办公室授予“自治区第二次全国污染源普查表现突出个人”称号。

王磊(库车市公安局齐满派出所所长)

2020年1月,被自治区公安厅记“个人二等功”。

刁鹏(库车市玉奇吾斯塘乡人民政府科员)

2020年7月,被自治区党委宣传部授予“2020年度自治区理论云宣讲大赛金牌宣讲员”称号。

蒋红丽(库车市人民检察院党组成员、副检察长)

2020年3月,被自治区人民检察院授予“新冠肺炎疫情防控工作中表现突出先进个人”称号。

艾沙·阿地(库车市人民检察院第三检察业务部主任)

2020年2月,被自治区人民检察院授予“全疆检察机关优秀检察干部”称号。

芮芦萍(库车市人民检察院办公室主任)

2020年2月,被自治区人民检察院授予“全疆检察机关信息工作突出个人”称号。

赵玉庆(库车市财政局离休干部)

2020年6月,被自治区党委组织部、老干局授予“2020年自治区离休干部先进个人”称号。

阿布力肯木·阿布都热木(沙雅监狱四级警长、挂职库车市司法局社区矫正办公室负责人)

2020年5月,被自治区司法厅授予“刑罚执行一体化建设工作先进个人”称号。

吴世杰(库车市交通运输局干部)

2020年3月，被自治区交通厅、自治区总工会联合授予“2019年度‘聚焦总目标当好主人翁建功新时代奋斗强交通’主题劳动和技能竞赛‘四好农村路’示范县创建竞赛优胜个人”称号。

沙雅县

张鹏国(沙雅县沙雅镇党委书记、四级调研员)

2020年1月，被自治区党委、自治区人民政府授予“人民满意公务员”称号。

阿布都热合曼·艾则孜(沙雅县公安局英买力派出所副所长)

2020年1月,被自治区公安厅记“个人二等功”。

伊卜拉伊木·麦麦提(沙雅县英买力镇也先拜巴扎村村民)

2020年1月,被自治区扶贫开发领导小组授予“2019年度自治区脱贫攻坚奋进奖”称号。

左热古力·肉孜(沙雅县托依堡勒迪镇塔勒克布隆小学教师)

2020年1月,被自治区扶贫开发领导小组授予“2019年度自治区脱贫攻坚贡献奖”称号。

塞买提·肉孜(沙雅县托依堡勒迪镇托依堡勒迪村宽敞庭院手工拉面店负责人)

2020年9月,被自治区扶贫开发领导小组授予“2020年度自治区脱贫攻坚奋进奖”称号。

依米提·亚森(沙雅县人民检察院五级检察官助理)

2020年2月,被自治区人民检察院记“个人三等功”。

张爱龙(沙雅县信访局四级主任科员)

2020年5月,被共青团自治区委员会授予“2017—2019年度自治区优秀共青团干部”称号。

祖丽胡玛尔·亚森(沙雅县红旗镇古再勒村扶贫车间负责人)

2020年5月,被共青团自治区委员会授予“2017—2019年度自治区优秀共青团员”称号。

谭书春(沙雅县农业农村局一级科员)

2020年5月,被自治区南疆学前教育干部支教工作领导小组授予“自治区南疆学前教育优秀支教干部”称号。

新和县

热合曼·麦麦提(新和县依其艾日克镇党委副书记、镇长)

2020年1月，被自治区党委、自治区人民政府授予“人民满意公务员”称号。

蒋飞（新和县塔什艾日克镇党委书记）

2020年9月，被自治区扶贫开发工作领导小组授予“自治区脱贫攻坚创新奖”称号。

牛怀东（新和县小牛果品农民合作社社长、依其艾日克镇央达克村科技副书记）

2020年1月，被自治区扶贫开发工作领导小组授予“自治区脱贫攻坚奉献奖”称号。

阿曼古丽·托合提（新和县玉奇喀特乡人民政府科员）

2020年4月，被共青团自治区委员会授予“2017—2019年度自治区优秀共青团干部”称号。

赖陈德（新和县地方志办公室副主任）

2020年11月，被自治区地方志编纂委员会授予“2020年度完成第二轮志书‘两全目标’先进个人”称号。

石广（新和县人工影响天气办公室党支部书记、副主任）

2020年3月，被自治区人工影响天气领导小组办公室授予“2019年度全疆人影系统先进个人”称号。

艾木都拉·卡斯木（新和县人民检察院专职委员）

2020年1月，被自治区人民检察院政治部记“全疆检察机关个人三等功”。

米合日尼沙·卡德尔（国家税务总局新和县税务局退休干部）

2020年12月，被自治区精神文明建设指导委员会授予“自治区新冠肺炎疫情防控最美志愿者”称号。

拜城县

张红军（拜城县生态环境局党组副书记、局长）

2020年12月，被自治区第二次全国污染源普查领导小组办公室授予“自治区第二次全国污染源普查表现突出个人”称号。

赵斌（拜城县环境执法大队大队长）

2020年12月，被自治区第二次全国污染源普查领导小组办公室授予“自治区第二次全国污染源普查表现突出个人”称号。

陈晨（拜城县环境监测站站长）

2020年12月，被自治区第二次全国污染源普查领导小组办公室授予“自治区第二次全国污染源普查表现突出个人”称号。

罗云（拜城县人民检察院干部）

2020年2月，被自治区人民检察院授予“2019年度全区检察机关信息工作突出个人”称号。

温宿县

罗卫东（温宿县人民政府副县长、政法委副书记、公安局党委书记、局长）

2020年1月，被自治区公安厅记“个人二等功”。

王慧（温宿县气象局局长）

2020年7月，被自治区气象局通报“嘉奖”。

古丽先·吾休尔（温宿县人民法院刑事审判庭副庭长、一级法官）

2020年3月，被自治区高级人民法院授予“自治区优秀法官”称号。

牙森·毛拉艾买提（温宿县吐木秀克镇塔木力克村护边员）

2020年1月，被新疆出入境边防检查总站授予“优秀护边员”称号。

马玉涛（温宿县佳木镇第四小学教师）

2020年10月，被自治区教育厅关心下一代工作委员会授予“先进个人”。

蔡辉珍（温宿县托甫汗镇稻泉村“两委”委员、党员远程教育站点操作员）

2020年6月，被自治区党委党建工作领导小组办公室、自治区党员教育中心授予“2020年度党员远程教育操作之星”称号。

阿瓦提县

王吉祥（阿瓦提县人工影响天

气办公室党支部书记)

2020年3月,被自治区人工影响天气工作领导小组办公室授予“先进个人”称号。

刘志德(阿瓦提县人民检察院法警队队长)

2020年3月,被自治区人民检察院授予“先进个人”称号。

张凯龙(阿瓦提县乌鲁却勒镇中学教师)

2020年5月,被共青团自治区委员会授予“自治区优秀共青团员”称号。

乌什县

刘国强(乌什县委书记)

2020年12月,被自治区党委、政府授予“民族团结模范个人”称号。

库尔班·尼亚孜(乌什县依麻木镇国家通用语言小学校长)

2020年12月,被自治区党委、自治区人民政府授予“民族团结模范个人”称号。

兰真玉(乌什县乌什镇南关村村民)

2020年12月,被自治区党委、自治区人民政府授予“民族团结模范个人”称号。

托乎提·肉孜(乌什县阿克托海乡党委书记)

2020年1月,被自治区党委、自治区人民政府授予“自治区人民满意的公务员”称号。

郑冬梅(乌什县农业农村局农业技术推广站站长)

2020年1月,被自治区扶贫开发领导小组授予“自治区脱贫攻坚贡献奖”称号。

李娜(乌什县发展和改革委员会干部)

2020年1月,被自治区扶贫开发领导小组授予“自治区脱贫攻坚贡献奖”称号。

阿依夏姆古丽·玉山(乌什县乌什镇卡赞村村民)

2020年1月,被自治区扶贫开发领导小组授予“自治区脱贫攻坚奋进奖”称号。

何国明(乌什县华盛纺织有限公司总经理)

2020年1月,被自治区扶贫开发领导小组授予“自治区脱贫攻坚奉献奖”称号。

王超(乌什县阿克托海乡副乡长)

2020年5月,被共青团自治区委员会授予“2017—2019年度自治区优秀共青团干部”称号。

王小亮(乌什县第一中学教师)

2020年5月,被共青团自治区委员会授予“自治区优秀共青团员”。

杨德吉(乌什县团县委副书记)

2020年5月,被共青团自治区委员会授予“2017—2019年度自治区优秀共青团干部”称号。

周佩兰(乌什县团县委副书记)

2020年10月,被共青团自治区委员会授予“抗击新冠肺炎疫情青年志愿服务先进个人”称号。

吴涛、袁建(乌什县干部)

2020年12月,被自治区第二次全国污染源普查领导小组办公室授予“自治区第二次全国污染源普查表现突出个人”称号。

柯坪县

程刚(柯坪县一中副校长)

2020年9月,被自治区教育厅评为“自治区特级教师”。

阿不都沙塔尔·阿不都热依木(启浪乡党委副书记、政法书记)

2020年3月,被自治区铁路护路联防办公室授予“铁路护路联防工作先进个人”称号。

艾尼瓦尔·托乎提(柯坪县公安局党委副书记、政委)

2020年11月,被自治区民族事务委员会授予“自治区级民族团结进步模范个人”称号。

地直单位

何晓东(原阿克苏地委委员、纪委书记、监委主任)

2020年4月,《关于贯彻落实中央八项规定精神深入纠治“四风”情况的调研报告》被自治区纪委办公厅评为“二等奖”。

艾力江·吐尼牙孜（阿克苏地区公安局国内安全保卫支队副支队长、二级警长）

2020年6月，被自治区党委、自治区人民政府授予“自治区先进工作者”。

艾尼瓦尔·买提尼牙孜（行署党组成员、秘书长、行署机关党组书记）

2020年11月，被自治区民族事务委员会授予“新疆维吾尔自治区第八次民族团结进步模范个人”称号。

吕小强（地区纪委监委政策法规研究室副主任、四级调研员）

2020年1月，被自治区扶贫开发领导小组办公室授予“自治区脱贫攻坚贡献奖”称号。

左浩明（驻地区卫健委纪检监察组四级主任科员）

2020年1月，被自治区人力资源和社会保障厅党组授予“2019年度优秀共产党员”称号。

胡卫东（新疆维吾尔自治区驻浙江省新疆籍人员服务管理工作组务工经商小组义乌分站站长、新疆阿克苏地区温宿县公安局四级高级警长）

2020年6月，被浙江省人民政府授予“浙江省民族团结进步模范个人”称号。

韦安鲲（阿克苏地区公安局党委委员、副局长）

2020年9月，被自治区党委、自治区人民政府授予“第九批中央和国家机关、中央企业优秀援疆干部人才”称号。

2020年9月，被自治区党委、自治区人民政府记“个人二等功”。

张君珍（地区民族宗教事务局民族科科长）

2020年12月，被自治区民族团结进步模范创建活动办公室授予“民族团结进步模范个人”称号。

郑秀翠（地区农业农村局农业生态与资源保护站副站长）

2020年12月，被自治区生态环境厅授予“自治区第二次全国污染源普查表现突出个人”称号。

阿曼古力·牙生（地区中级人民法院翻译室一级科员）

2020年5月，被自治区南疆学前教育干部支教工作领导小组授予“自治区南疆学前教育优秀支教干部”称号。

古丽莎·买买提（阿克苏地区第二中学团委书记）

2020年5月，被共青团自治区委员会授予“2017—2019年度自治区优秀共青团干部”称号。

栗新（地委史志办主任）、王军（地委史志办地方志科科长）、郑晓梅（地委史志办年鉴科副科长）

2020年9月，被自治区地方志编委会授予“全区地县两级完成第二轮志书两全目标先进个人”称号。

岳能举（阿克苏地区应急管理局〈地区矿山应急救援支队〉干部）

2020年10月，被自治区应急管理厅授予“自治区首届专业化应急救援技能竞赛金牌教练”称号。

叶尚忠（地区环境保护监测站副高级工程师）

2020年12月，被自治区第二次全国污染源普查领导小组办公室评为“自治区第二次全国污染源普查表现突出个人”。

何海渤（阿克苏地区扶贫开发办公室业务科副科长）

2020年9月，被自治区扶贫开发领导小组授予“2020年自治区脱贫攻坚贡献奖”称号。

2020年国民经济和社会发展统计公报

阿克苏地区统计局　国家统计局阿克苏调查队

2020年是新中国历史上极不平凡的一年。面对错综复杂的国际形势、艰巨繁重的改革发展稳定任务特别是新冠肺炎疫情的严重冲击，在以习近平同志为核心的党中央坚强领导下，阿克苏地区认真落实自治区党委“1+3”工作部署，坚持稳中求进工作总基调，贯彻新发展理念，以供给侧结构性改革为主线，统筹疫情防控和经济社会发展工作，深入实施“76331”战略，聚焦总目标，当好排头兵，着力做好“六稳”“六保”工作，三大攻坚战取得重要进展，民生建设持续加力，改革开放深入推进，财税金融有效支撑，营商环境不断改善，经济发展稳中有好、稳中有进，圆满完成预期目标，为奋力开创团结和谐文明富裕的美丽阿克苏建设奠定了坚实基础。

一、综合

经地区生产总值统一核算结果，全年实现地区生产总值1315.05亿元（含一师），按可比价计算，比上年增长5.9%。其中，第一产业增加值313.37亿元，增长5.8%；第二产业增加值392.35亿元，增长7.4%。第三产业增加值609.33亿元，增长5.1%，三次产业结构比为23.8:29.9:46.3。

附图1 2016—2020年地区生产总值及增速

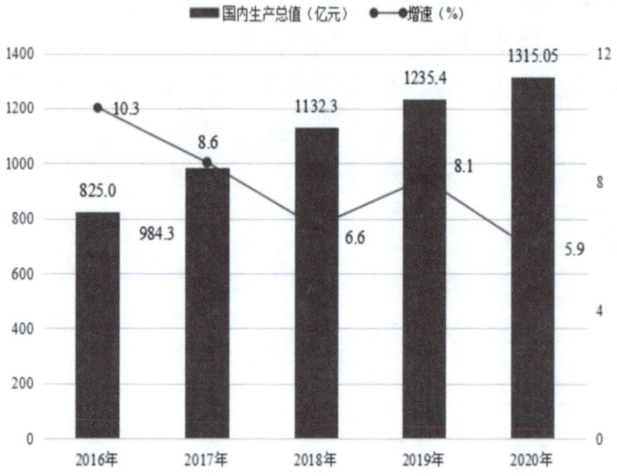

附图2 2016—2020年三次产业增加值占地区生产总值比重

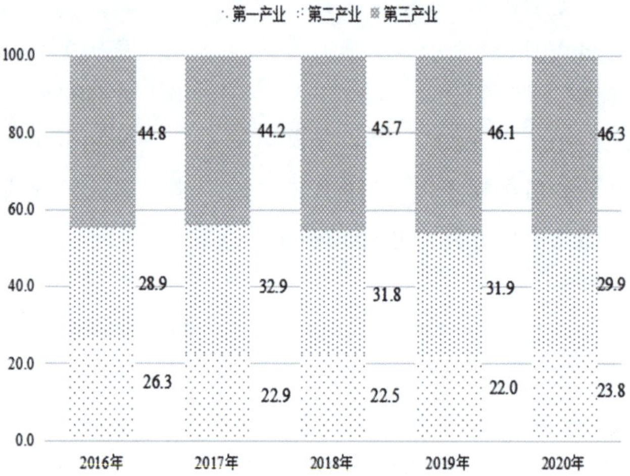

年末全地区城镇从业人员总数38.04万人。当年累计城镇新增就业3.98万人；年末城镇登记失业率1.28%；农村富余劳动力转移就业23.18万人(次)；就业困难人员实现就业4871人，“零就业”家庭保持24小时动态清零；应届高校毕业生1.37万人，就业率96.12%；培训各类人员6.08万人(次)。

附图3 2016—2020年城镇新增就业岗位(万人)

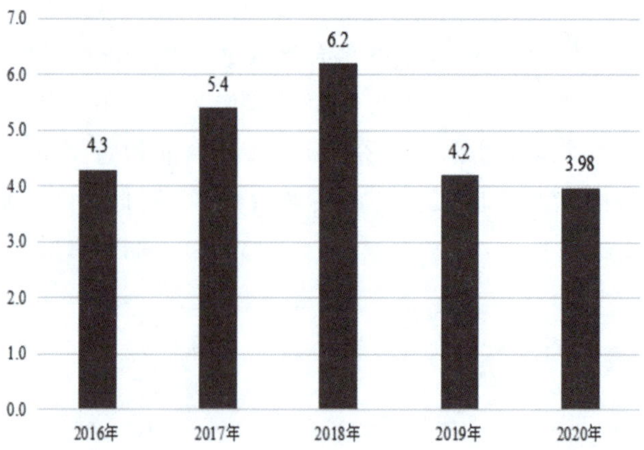

全年阿克苏市居民消费价格指数(CPI)比上年上涨1.2%、库车市居民消费价格指数(CPI)比上年上涨1.6%。

附表 1　2020 年居民消费价格比上年涨跌幅度

单位:%

指标居民	阿克苏市	库车市
消费价格	1.2	1.6
其中,食品烟酒	1.8	4.5
衣着	0.5	-1.0
居住	4.7	2.3
生活用品及服务	-1	0.3
交通和通信	-2.6	-3.4
教育文化和娱乐	-0.7	-0.1
医疗保健	0.2	0.3
其他用品和服务	5.4	5.4

供给侧结构性改革取得新成效。坚持“房住不炒”,促进房地产市场健康发展,商品房销售不断增长，全年销售面积同比增长 179.3%，销售额增长 226.9%。全地区私营企业 2.24 万户,增长 15.1%。个体工商户 14.11 万户,增长 12.6%。重点围绕降低制造业和小微企业税收负担，不折不扣落实国家、自治区和地区出台的一些较大规模减税降费政策,减税红利不断向深度释放。2020 年地区累计减税降费 24.21 亿元，比上年增加 6.4 亿元，增长 35.9%。降低企业用电成本,贯彻落实国家、自治区阶段性降低企业用气用电等用能成本有关要求,累计降低用户用电成本 15.5 亿元,受益用户 89.56 万户。持续深化“放管服”和“最多跑一次”改革,制定发布全地区审批服务“马上办、网上办、就近办、一次办”事项清单 9272 项,65%以上政务服务事项实现“最多跑一次”。

三大攻坚战取得决定性成就（国家统计公报、自治区统计公报都是这样表述)。2020 年,地区持续坚持精准扶贫精准脱贫基本方略,把提高脱贫质量、坚决防止返贫作为首要任务,严格落实“四个不摘”“八个不变”工作要求,抓好防止返贫动态监测预警。圆满完成脱贫攻坚普查任务,65408 户 246575 名贫困人口脱贫、269 个贫困村退出、乌什和柯坪县 2 个摘帽县脱贫攻坚成果不断巩固提升,有序推进全面脱贫与乡村振兴有效衔接。全年阿克苏地区年平均降水量 61.7 毫米；年平均气温 11.1℃。环境空气质量优良天数达到 237 天,占 64.8%,同比上升 10.8 个百分点,细颗粒物($PM_{2.5}$)年平均浓度为 61 微克/立方米。地区辖区 11 条重点河流 18 个考核断面中，Ⅰ~Ⅲ类优良水质断面比例为 100%,无劣Ⅴ类重污染水质断面,在监测的 4 个重点水库中,Ⅰ~Ⅲ类优良水质湖库比例为 100%。

新动能持续发力。全年规模以上工业中,战略性新兴产业实现增加值 6.97 亿元，占规模以上工业增加值的比重为 2.8%，比上年增加 0.5 个百分点,占比稳步提升。

城镇综合承载能力显著提升。年末城镇供水普及率、污水处理率、生活垃圾无害化处理率分别为 99%、98.86%、99.72%。建成区绿化覆盖率为 41.42%。

二、农业

全年粮食播种面积 242933.34 公顷,比上年增加 4533.34 公顷,增长 1.9%。棉花播种面积 498926.67 公顷,比上年减少 17980 公顷,下降 3.5%;油料播种面积 5333.34 公顷,比上年减少 31866.67 公顷,下降 37.4%；糖料播种面积 39533.34 公顷，比上年增加 866.67 公顷,增长 2.2%。

全年粮食产量 157.4 万吨，比上年增加 1.56 万吨,增长 1%。谷物产量 153.45 万吨,比上年减少 0.4 万吨,下降 0.3%。其中,水稻 9.13 万吨,比上年减少 4.27 万吨,下降 31.8%;小麦产量 87.93 万吨,比上年增加 9.58 万吨,增长 12.2%;玉米产量 56.24 万吨,比上年减少 5.77 万吨,下降 9.3%;豆类产量 0.16 万吨,比上年减少 0.07 万吨,下降 31.2%;薯类(折粮)产量 3.83 万吨，比上年增加 2.03 万吨，增长 112.8%。

全年棉花产量 101.3 万吨，比上年减少 0.36 万吨,下降 0.4%;油料产量 0.7 万吨,比上年减少 1.07 万吨,下降 60.5%;糖料产量 18.69 万吨,比上年减少 2.62 万吨,下降 12.3%。

全年林果业总面积 30000 公顷。其中,挂果面积 281466.67 公顷，比上年增长 0.7%。林果产量

245.59 万吨,比上年增加 1.72 万吨,增长 0.7%,其中,苹果产量 73.55 万吨,比上年增加 4.67 万吨,增长 6.8%;香梨产量 42.39 万吨,比上年增加 0.62 万吨,增长 1.5%;葡萄产量 15.16 万吨,比上年增加 1.02 万吨,增长 7.2%;红枣产量 47.8 万吨,比上年减少 9.7 万吨,下降 16.9%;核桃产量 49.08 万吨,比上年增加 5.27 万吨,增长 12.0%。

全年肉类总产量 18.57 万吨,比上年增加 4.2 万吨,增长 29.2%。牛奶产量 12.14 万吨,比上年减少 0.79 万吨,下降 6.0%。禽蛋产量 4.32 万吨,比上年减少 0.21 万吨,下降 4.5%。

年末牲畜存栏数 681.06 万头,比上年末增加 115.59 万头,增长 20.4%。其中,牛存栏数 68.57 万头,比上年末增加 27.29 万头,增长 66.1%;猪存栏数 18.11 万只,比上年末增加 3.14 万只,增长 21.0%;羊存栏数 594.38 万只,比上年末增加 85.17 万只,增长 16.7%;活家禽存栏数 907.56 万只,比上年末增加 449.95 万只,增长 98.3%。

年末牲畜出栏数 516.48 万头,比上年减少 2.44 万头,下降 0.5%。其中,牛出栏数 32.6 万头,比上年增加 8.94 万头,增长 37.8%;猪出栏数 20.83 万只,比上年减少 3.99 万只,下降 16.1%;羊出栏数 463.05 万只,比上年减少 7.41 万只,下降 1.6%。活家禽出栏数 1032.05 万只,比上年增加 372.5 万只,增长 56.5%。

全年水产品产量 21539 吨,比上年减少 98 吨,下降 0.5%。

三、工业和建筑业

全年全部工业(含一师)增加值 295.77 亿元,比上年增长 6.8%。其中:地方规模以上工业完成增加值比上年增长 8.8%。分经济类型看,股份制企业增长 9.1%,外商及港澳台商投资企业下降 18.2%,其他经济类型企业增长 1.1 倍;按所有制看,公有制经济下降 3.3%,非公有制经济增长 31.9%;分门类看,采矿业增长 13.6%,制造业增长 3.8%,电力、热力、燃气及水生产和供应业增长 24.8%。

附图 4 2016—2020 年规模以上工业增加值增速

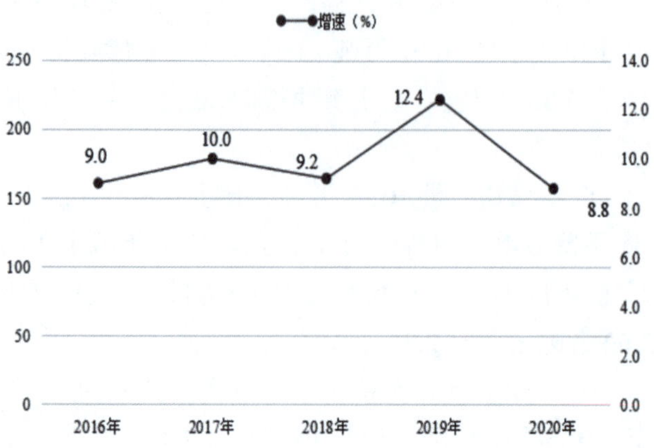

规模以上工业中,农副食品加工业增长 70.4%,石油和天然气开采业下降 18.4%,电力、热力生产和供应业增长 15.1%,非金属矿物制品业增长 20.9%,化学原料和化学制品制造业增长 10.0%,黑色金属冶炼和压延加工业增长 15.3%,纺织业增长 21.6%,煤炭开采和洗选业增长 22%,石油煤炭及其他燃料加工业下降 4.8%,六大高耗能行业增加值比上年增长 1.5%。

附表 2 2020 年主要工业产品产量及增速

单位:%

产品名称	单位	产量	同比增长(%)
原煤	万吨	1972.6	11.8
焦炭	万吨	475.0	19.2
原油加工量	万吨	433.2	-8.8
精制食用植物油	万吨	8.13	21.1
铁合金	万吨	7.81	12.0
纱	万吨	40.7	33.1
水泥	万吨	433.01	9.2
全社会用电量	亿千瓦时	110.6	13.5
规模以上工业用电量(含一师)	亿千瓦时	63.1	12.5
规模以上纺织业用电量(含一师)	亿千瓦时	16.8	14.3

全年规模以上工业企业实现利润 55.67 亿元,比上年同期下降 17.0%,股份制企业实现利润 54.13 亿元,下降 17.3%,外商及港澳台商投资企业

实现利润 1.46 亿元，下降 1%，其他企业实现利润 0.07 亿元，下降 39.8%，全年规模以上工业企业全年产销率 95.6%。

全年全社会建筑业（含一师）增加值 96.57 亿元，比上年增长 9.3%。

附图 5 2016—2020 年建筑业增加值及增速

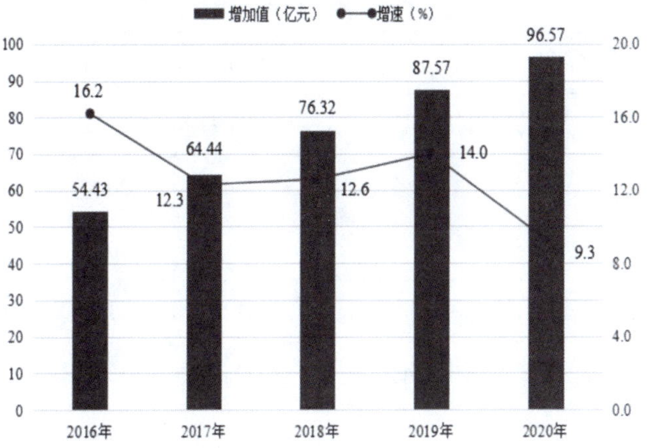

四、服务业

全年服务业核算（含一师）批发和零售业增加值 68.92 亿元，比上年增长 1.8%。交通运输、仓储和邮政业增加值 23.82 亿元，下降 14.4%。住宿和餐饮业增加值 20.2 亿元，下降 3.1%。金融业增加值 69.87 亿元，增长 7.7%。其他服务业增加值 368.6 亿元，增长 5.7%。全年规模以上服务业企业营业收入比上年增长 3.9%，营业利润下降 30.9%。

全年地区公路货运量 3261.23 万吨，同比下降 55.6%，客运量 761.36 万人次，下降 68.54%。

全年铁路货运量 1258 万吨，同比下降 16.9%，客运量 123.1 万人次，下降 58.77%。

全年机场货运量 0.8 万吨，同比下降 8.05%，客运量 160.5 万人次，下降 24.86%。

年末地区民用汽车保有量 45.35 万辆（包括三轮汽车和低速货车），比上年末增长 22.9%，其中，载客汽车保有量 38.06 万辆，增长 23.97%；载货汽车保有量 7.29 万辆，增长 14.98%。

全年完成邮政行业业务总量 2.78 亿元，同比下降 3.8%。邮政业全年完成函件业务 13.57 万件，包裹业务 5.69 万件。快递业务总量 615.46 万件，同比增长 31.72%；邮政行业实现业务收入（不包括邮政储蓄银行直接营业收入）3.11 亿元，同比增长 0.93%；快递业务收入 1.4 亿元，同比增长 19.06%。

附图 6 2016—2020 年快递业务量及增速

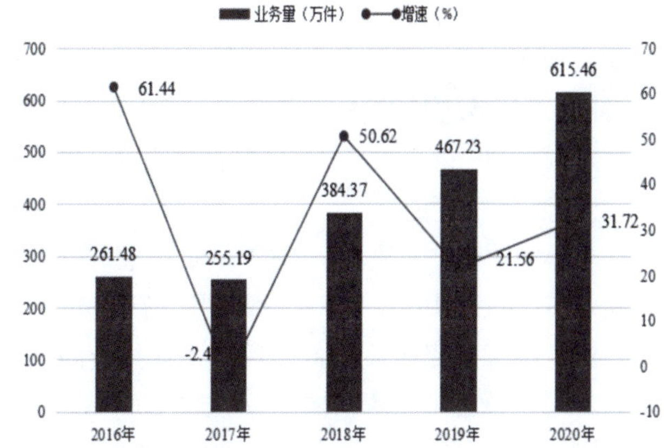

全年地区完成电信业务总量 21.55 亿元，比上年增长 12.83%。年末地区电话用户总数 276.64 万户，其中，移动电话用户 270 万户，固定互联网宽带接入用户 75.38 万户，比上年末增加 9.93 万户，固定互联网光纤宽带接入用户 71.98 万户，比上年末增加 9.83 万户。

年末地区 5G 基站建设目标 1175 个已全部完成，开通站点 494 个，完成率 100.2%，开通数居全疆第二，已全面完成自治区下达的任务指标。

五、国内贸易

全年社会消费品零售总额 285.64 亿元，比上年增长 1.2%。其中，按销售单位所在地统计，城镇消费品零售额 237.27 亿元，增长 0.6%；乡村消费品零售额 48.37 亿元，增长 4.3%。按消费形态统计，商品零售业收入 239.81 亿元，增长 0.5%，餐饮收入 45.83 亿元，增长 4.5%。

附图 7 2016—2020 年社会消费品零售总额及增速

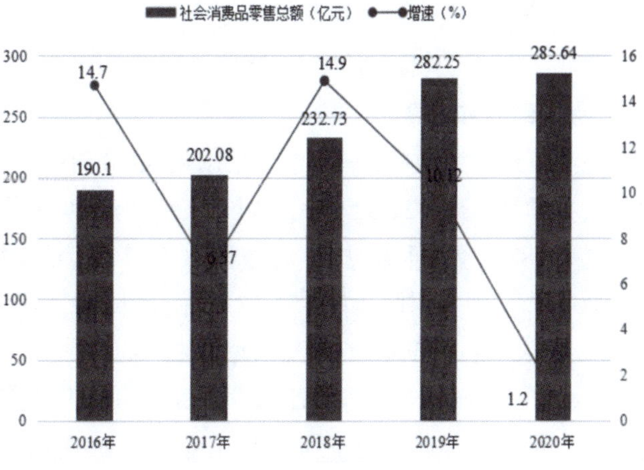

在限额以上商贸单位（企业和个体）商品零售额中，中西药类增长 28.4%，家具类下降 6.4%，建筑及装

潢材料类增长 101.7%,通信器材类增长 25.3%,汽车类增长 7.0%,粮油、食品类增长 41.8%,烟酒类增长 51.9%,家用电器和音像器材类增长 24.9%,服装、鞋帽、针纺织品类增长 17.5%,书报杂志类下降 13.9%,石油及制品类下降 6.9%,煤炭及制品类下降 8.08%。

六、固定资产投资

全年固定资产投资(不含农户)同比增长 17.7%。在固定资产投资中,第一产业投资同比增长 112.7%;第二产业投资同比增长 23.0%;第三产业投资同比增长 8.2%。三次产业投资结构比为 7.5:36.7:55.8。民间固定资产投资增长 16.5%,基础设施投资增长 21.3%。

全年房地产开发投资 124.58 亿元,同比增长 70.4%。住宅投资 84.34 亿元,同比增长 93.6%;非住宅完成投资 40.2 亿元,增长 36.3%,其中商业营业用房完成投资 32.4 亿元,同比增长 52.7%。

七、对外经济

全年货物进出口总额 5.74 亿美元,比上年增长 37.8%。其中,出口 5.64 亿美元,增长 43.8%;进口 0.1 亿美元,下降 61.6%。进出口差额(出口减进口)5.54 亿美元。

附图 8 2016—2020 年货物进出口总额

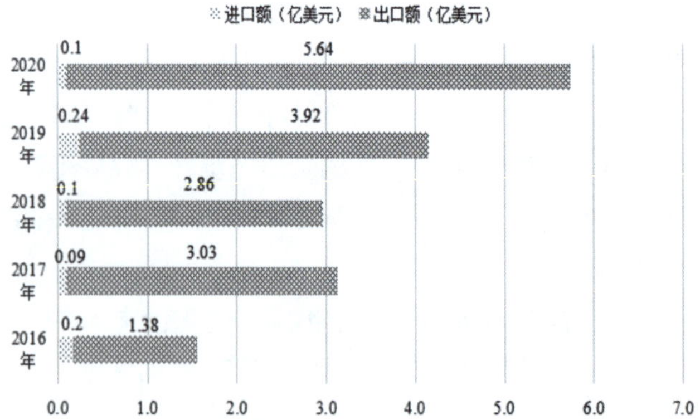

八、财政和金融

全年地方财政收入 167.92 亿元,增长 10.51%。一般公共预算收入 121.62 亿元,增长 5.08%,其中,税收收入 75.88 亿元,下降 17.3%;非税收 45.74 亿元,增长 90.74%。地方财政支出 551.27 亿元,增长 12.24%。一般公共预算支出 441.68 亿元,增长 2.7%。

年末金融机构人民币各项存款余额 1820.73 亿元,比年初增加 135.35 亿元,比上年增长 8.03%,其中,非金融企业存款余额 296.88 亿元,增长 20.15%。住户存款余额 1075.28 亿元,增长 13.26%。年末金融机构人民币各项贷款余额 1352.25 亿元,比年初增加 194.11 亿元,增长 16.76%。

附表 3 2020 年年末金融机构存贷款余额及增速

指标	年末数(亿元)	比上年末增长(%)
各项存款	1820.73	8.03
其中,境内住户存款	1075.28	13.26
境内非金融企业存款	296.88	20.15
各项贷款	1352.25	16.76
其中,境内短期贷款	131.56	-1.23
境内中长期贷款	222.08	28.97

全年地区共有 22 家保险公司,其中财险公司 13 家,寿险公司 9 家。累计实现原保险保费收入 57.38 亿元,同比增长 8.32%。其中,财产险业务原保险保费收入 26.86 亿元,增长 9.06%;寿险业务原保险保费收入 20.08 亿元,增长 10.7%;健康险保费收入 8.64 亿元,增长 2.37%;意外伤害险保费收入 1.80 亿元,增长 1.93%。全年各类保险赔款及给付支出 22.07 亿元,下降 18.48%,其中,财产险公司赔付 18.19 亿元,下降 20.55%;人身险公司赔付 3.89 亿元,下降 7.13%。

附表 4 2020 年证券市场股票交易情况表

指标	累计数(亿元)	累计增长(%)
一、股票交易累计买入额	208.36	50.92
股票交易累计卖出额	206.01	49.19
二、保证金托管账户银转证累计金额	29.7	29.62
保证金托管账户证转银累计金额	30.43	33.44

九、居民收入消费和社会保障

全年地区城镇居民人均可支配收入 33239 元,同比增长 1.3%。其中,工资性收入 19301 元,经营净收入 8036 元，财产净收入 1132 元，转移净收入 4770 元。农村居民人均可支配收入 14588 元，增长 10.3%。其中，工资性收入 4981 元，经营净收入 6323 元，财产净收入 518 元，转移净收入 2766 元。

附图 9 2016—2020 年城镇居民人均可支配收入及增速

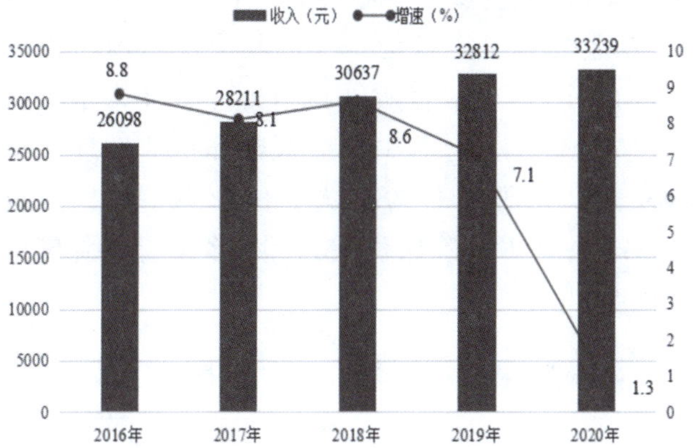

附图 10 2016—2020 年农村居民人均可支配收入及增速

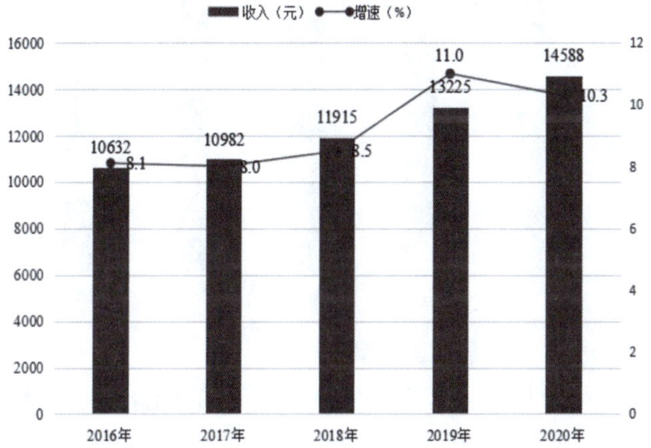

年末全地区各项社会保险参保 155.04 万人(次)，征缴基金 48.97 亿元。其中，全地区城镇职工基本养老保险参保人数达 264429 人（不含待遇享受人数），城乡居民养老保险参保人数达 883776 人（不含待遇享受人数），征缴养老保险费 47.29 亿元(其中，企业职工养老 14.90 亿元，机关养老 21.20 亿元，城乡居民养老 6.37 亿元，职业年金 4.82 亿元)；失业保险参保人数达 195113 人，征缴基金 1.23 亿元；工伤保险参保人数达 207094 人，工伤保险征缴基金 0.45 亿元。基本医疗保险参保人数达 2409514 人(其中，城镇职工基本医疗保险 323520 人，城乡居民医疗保险 2085994 人)，比上年增长 1.23%；征缴基金 32.8 亿元(其中，城镇职工基本医疗保险 14.86 亿元〈含生育保险〉，城乡居民医疗保险 17.94 亿元)。

年末全地区各项社会保险基金支出 44.83 亿元。其中，基本养老保险发放养老金 43.07 亿元(其中，企业职工养老 17.46 亿元，机关养老 22.56 亿元，城乡居民养老 3.03 亿元，职业年金 0.02 亿元)，足额发放率和社会化发放率均为 100%；支付失业、工伤保险待遇分别为 0.95 亿元和 0.81 亿元。支付医疗保险费用 26.60 亿元(其中，城镇职工基本医疗保险支出 12.20 亿元〈含生育保险费用〉，城乡居民医疗保险支出 14.40 亿元)。

全地区现有城乡低保对象 64734 户 129190 人，其中，享受城市最低保障 11772 户 20843 人，发放金额 0.98 亿元；享受农村最低生活保障 53962 户 108347 人，发放金额 3.42 亿元。

年末地区共有各类提供住宿的社会服务机构 45 个，其中，养老服务机构 29 个(民办 3 个)，儿童服务机构 11 个，儿童福利部 0 个，救助管理站 5 个。社会服务床位 5770 张，其中养老服务床位 3031 张，儿童服务床位 2739 张。年末共有社区服务中心 20 个，社区服务站 189 个。

十、科学技术和教育

全地区组织申报国家、自治区级科技项目 23 项，共争取资金 1060 万元。年内投入科技项目资金 301 万元。共筛选 6 个技术创新项目为企业争取专项资金 80 万元。2020 年认定国家级高新技术企业 8 家，建成首家自治区级工程技术研发中心。

全年地区专利申请量 1025 件，比上年增长 15%，首次突破年度申请千件大关；全地区专利授权总量 682 件，增长 27%，全地区有效发明专利量 184 件。每万人口发明专利拥有量 0.6 件。

附表 5 2020 年专利申请、授权和有效专利情况

指标	专利数(件)
专利申请数	1025
专利授权数	682
年末有效发明专利	184

年末有普通高等院校 2 所(新疆理工学院、阿克苏职业技术学院)，全年招生 5825 人，比上年增长

0.04%；在校生20428人，增长24.1%；毕业生3498人，增长4.29%。成人高等学校2所(阿克苏教育学院、阿克苏电大)，全年招生2267人，比上年增长86.43%；在校生10553人，增长9.2%；毕业生2102人，增长48.55%。

中等职业教育学校8所，全年招生8396人，比上年下降13.34%；在校生26646人，增长3.44%；毕业生6787人，增长15.21%。

普通中学126所，其中，高中22所，全年招生18638人，比上年增长15.98%；在校生51802人，下降3.08%；毕业生19731人，下降3.74%。

初中104所，全年招生46024人，比上年增长8.53%；在校生126237人，增长9.09%；毕业生35670人，增长10.46%；小学560所，全年招生64654人，比上年增长7.6%；在校生324717人，增长5.61%；毕业生47119人，增长8.79%。

特殊教育2所，全年招生28人，在校生384人，比上年增长6.96%；毕业生10人，下降28.6%。

幼儿园1158所，全年招生46443人，比上年下降18.92%；在园幼儿153222人，下降11.52%；毕业幼儿63655人，增长10.96%。

小学学龄儿童净入学率99.9%；小学毕业升入地区境内初中升学率97.6%；初中毕业生升入高中阶段的比例保持在98%以上。

十一、文化旅游、卫生健康和体育

年末地区共有艺术表演团体6个，博物馆6个，公共图书馆10个，总流通70.17万人次。文化馆10个。年末广播节目综合人口覆盖率98.89%，电视节目综合人口覆盖率为98.23%。地区现有全国重点文物保护单位18个，自治区文物保护单位113个，国家级非遗项目9个，自治区级非遗项目29个，现有基层综合性文化服务中心1399个。全地区七县二市及地区本级共有综合档案馆10个。

全年接待国内游客1501.62万人次，比上年增长20.1%；国内游客收入81.77亿元，增长10.1%。年末有自治区全域旅游示范区1个，自治区全域旅游示范区创建单位3个，国家级乡村旅游重点村4家，自治区级乡村旅游重点村5家。A级景区45个，其中，4A级15个，3A级27个。星级农家乐114个，其中四星级27个。星级饭店30家。旅行社33家。

年末地区共有医疗卫生机构1592家，其中医院57家，在医院中有公立医院23家，民营医院34家，基层医疗卫生机构1459个，其中乡镇卫生院95个，社区卫生服务中心(站)5个，村卫生室1091个；专业公共卫生机构76个，其中疾病预防控制中心11个，卫生监督所(中心)10个。年末卫生技术人员13897人，其中执业医师和执业助理医师4399人，注册护士5794人。医疗卫生机构床位12603张，其中医院床位9327张，乡镇卫生院床位2607张。

附图12 2016—2020年年末卫生技术人员人数(人)

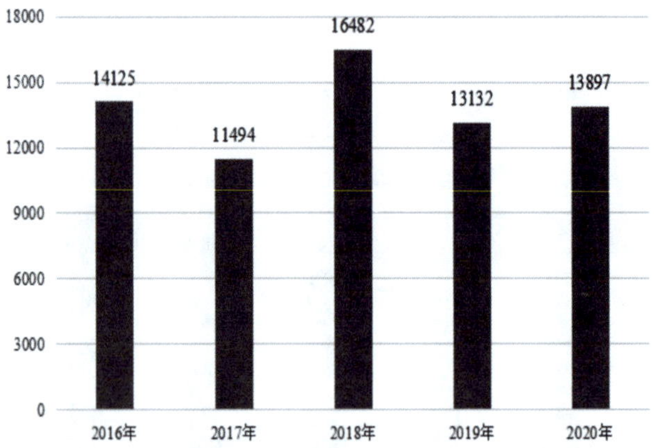

十二、资源和应急管理

全地区发现矿种83种，查明资源储量的矿种46种，其中能源矿产4种，金属矿产10种，非金属矿产32种。

全年完成造林面积3.15万公顷(47.3万亩)，其中，人工造林1.78万公顷(26.7万亩)，新封山(沙)育林1.37万公顷(20.5万亩)；全年完成退耕还林面积0.88万公顷(13.2万亩)，森林面积116.86万公顷(1752.9万亩)，森林覆盖率8.9%；阿克苏地区保护地12个，其中自然保护区2个(新疆托木尔峰国家级自然保护区、新疆沙雅县塔里木河上游湿地自治区级自然保护区)，自然公园10个。保护地面积83.35万公顷(1250.3万亩)，占区域面积6.47%。

全地区共计发生各类经营性生产安全事故27起，比上年减少18起，下降40%；死亡26人，比上年增加2人，上升8.3%；受伤22人，比上年减少

34人，下降60.7%；亿元GDP生产安全事故死亡率0.0198（GDP含一师），与上年持平；道路交通事故死亡人数24人，万车死亡率0.436人，比上年下降5%。

注释：

[1]本公报中数据为初步统计数。部分数据因四舍五入的原因，存在总计与分项合计不等的情况。

[2]公报中，地区生产总值、总产值及各产业增加值绝对数按现价计算，增长速度按可比价格计算。

[3]规模以上工业是年主营业务收入2000万元以上的工业企业。

[4]全口径生产总值数据包含地方、一师数据，工业、建筑业、服务业增加值数据含一师，其他数据不含一师。

[5]2019年以前年度地区高等教育（含成人教育）招生人数不含新疆理工学院。

[6]2020年阿克苏地区总人口数及城镇化率相关数据待国家、自治区公布后，通过人口普查公报正式对外公布。

备注：生态环保数据为自治区未反馈数据。

资料来源：

该公报中对外贸易数据来源于地区商务局；公路、铁路、航空等交通运输数据分别来源于地区道路运输管理、铁路、民航部门；民用车辆数据来源于地区公安局；邮政业务数据来源于地区邮政局；电信业务数据来源于电信、移动和联通公司；扶贫数据来源于地区扶贫办；农业、居民消费价格指数数据来源于国家统计局阿克苏调查队；旅游、艺术表演团体、博物馆、公共图书馆、文化馆、体育数据来源于地区文化体育和旅游局；财政数据来源于地区财政局；金融信贷数据来源于中国人民银行阿克苏中心支行；保险业数据来源于地区保险协会；教育数据来源于地区教育局；项目科技项目成果数据来源于地区科技局；卫生和社会服务业数据来源于地区卫健委；社会服务机构数据来源于民政局；就业与社会保障数据来源于地区人社局和医保局；矿产资源数据来源于地区自然资源局和地区工信局；造林面积、森林抚育面积、自然保护区数据来源于地区林草局；环境监测及自然保护区数据来源于地区生态环境局；沙尘天数、平均温度和降水量数据来源于气象局；安全生产数据来源于地区应急管理局；其他数据来源于地区统计局。

索　引

编制说明

一、本索引采用主题分析法编制。索引范围包括篇目、类目、分目、条目及表格等。

二、本索引按主题词首字汉语拼音音序(同音按音调)排列,若首字拼音相同则按第二字音序排列,以此类推。

三、篇目、类目、分目用黑体字,表格索引后用(表)注明。

四、索引款目后的数字表示内容所在的页码,数字后的拉丁字母(a、b、c)表示栏别(从左至右)。

"东风工程"惠民出版物发行　211b
"古韵龟兹 丝路库车"主题文化旅游宣传推介　180a
"科技之冬"活动　76c
"两个责任"落实　42a
"民族团结一家亲"活动　235a
"三馆一站"免费开放　181b
"三献"工作　79c
"三资"管理　108a
"双打"工作落实　204a
"铁拳"行动方案　204b
"我爱浙疆、共创未来"主题展馆　178c
"一先双优"表彰　41c
"组团式"援疆　67b
110 接处警　83a
5G 建设　146c

A

阿克苏"十三五"发展成就　8b
阿克苏第三届乡村文化旅游节　177c
阿克苏多浪河国家湿地公园　154c
阿克苏纺织工业城(开发区)　130a
阿克苏华孚色纺有限公司　136a
阿克苏荒漠绿化工程工作纪实　6a
阿克苏检察分院　306a
阿克苏教育学院　196b
阿克苏经济技术开发区　130c
阿克苏商贸物流产业园　131b
阿克苏市　252a
阿克苏市第二幼儿园　188a
阿克苏脱贫攻坚工作纪实　1a
阿克苏疫情防控工作纪实　4b
阿克苏职业技术学院　198b
阿拉尔国家农业科技园区(第一师阿拉尔垦区国家现代农业示范区)　295c
阿瓦提工业园区　134a
阿瓦提县　277b
爱国卫生月　227c
爱国宗教人士　36c
安居富民工程　69b
安全播出　220a
安全管理　163b
安全管理　164b
安全监管　126a
安全目标管理　140b
安全生产　127a
安全生产　140c
安全生产基础保障　250a

安全生产监督管理 249b
安全生产责任体系 249b
安全生产专项整治 249c
案件查办 42b
百村千厂工程 68a
百校十万石榴籽工程 70a
拜城产业园区 132c

B

拜城县 268a
办学质量评估 43c
帮农助农工程 68b
保险 183c
保障性住房建设 147b
报废机动车回收拆解 165c
本地就业 163c
本地人才培养 66c
碧水保卫战 153c
便民警务站 81c
标准化建设 141b
殡葬管理 238b
不动产登记 90b
布病检疫监测 110c
部门协调联动 229c

C

财政 91b
财务数据 244a
财政管理 93b
财政收入 91b
财政支出 91c
残疾人教育 79a
残疾人就业 79a
残疾人康复 79a
残疾人社会保障 242a
残疾人事业宣传 79b
残疾人组织建设 79b
草场 23a
草原补助奖励政策 110a
产能运行概况 125c
产业化统计 106b
产业项目招商 120a
产业园建设 69a
常态化疫情防控 245b
常态化长效化机制 235a
尘毒危害专项治理 226b
尘肺病救治救助 226c
成人教育 196a
城市道路 147c
城市供气 148a
城市供热 148a
城市供水 147c
城市管理 148b
城市基层党建 32a
城市基础设施建设与管理 147a
城市建设 147c
城市经济 284b
城市精细化管理 148c
城市客运管理 140a
城市空气质量 151c
城市垃圾 148a
城市绿化 148a
城市排水 148a
城乡低保 242c
城乡规划 147a
城乡规划管理 147a
城乡统筹 25b
城镇保障性安居工程 148c
城镇保障性安居工程跟踪审计 96b
城镇老旧小区改造 147b
出入境管理 82b
传帮带作用发挥 66b
传染病卫生监督 228c
创建粮棉高产 205a
创新创业 240b
创新创业大赛 203c
创新发展活力 58b
创新活动载体 236a

创新能力 203a
创新平台 203b
创业带动就业 238c
从严治队 73b
从严治团 73a
促消费政策落实 159a
村容村貌整治 158c

D

打牢防灾减灾基础 249b
大气污染防治 157a
大事记 11
大数据产业及应用 61a
代表履职 52a
代表培训 51c
代表人事工作处 50b
代表议案办理 52a
代理金融业务 143a
担当作为导向 58b
党史工作 45a
党外代表人士 36c
党务培训 42c
党性宗旨意识 57c
党员帮扶慰问 29c
党员干部监督管理 42a
党员管理与发展 29b
党员教育电视片展播 32c
党员教育站点建设 32b
党政机构改革 39b
党组织规范化建设 42b
党组织换届选举 41c
档案服务 46c
档案接收 46b
档案信息化管理 46b
档案资源开发利用 46a
道路交通安全管理 82a
道路运输市场 140c
地区、县(市)级机构领导干部名录(2020年) 298
地方病监测 224a
地理测绘 90a
地理位置 20c
地区保险业协会经营概况 183c
地区中等职业技术学校 192c
地区中级人民法院 305b
地区厅级领导名录 298b
地委各工作部门负责人 301b
地下蓄水库 21c
地形地貌 21a
地震测报 209a
第二人民医院 231a
第二中学 191a
第三届新疆馕产业推介会 180a
第十六届阿克苏“多浪·龟兹”文化旅游节 177b
第四人民医院(康宁医院) 233c
第一人民医院 229c
第一师阿拉尔市 289
第一中学 190b
电力工业 126b
电商助农活动 166a
电网建设 127a
电影管理 220a
电子化注册 234b
电子商务 165c
调查研究 78a
调研视察 62a
动物检疫监督 111a
动物疫病防控 110b
动物疫病疫情监测 110c
督察工作 59b
督促检查 29a
对口援疆 66
对外开放 88b
对外贸易 166c
对外贸易规模 166c
对外宣传 34c

E

儿童保健管理 226b

二手车交易 165b

F

发展党员 41c
法院 84c
法治 80
法律援助 86b
法制处 50c
法治建设 102b
法治阿克苏建设 81a
法治政府建设 81a
反腐惩恶 64a
防汛 113c
防灾减灾 249a
防灾减灾能力建设 249a
房产管理 138a
房地产市场开发 138a
房地产市场运行监测 138a
房地产中介市场专项整治 138b
访惠聚 31b
纺织服装项目建设 127c
非洲猪瘟防控 111a
粉尘危害专项调查 226b
风险管控 248c
风险管理 103b
风险监测抽检 101a
扶持少数民族项目 237c
扶持资金发放 166c
扶贫助学 200b
服务地产品“走出去” 103c
服务地方经济 141c
服务经济建设 77c
服务民生 91a
服务业 291c
服务职工群众 71c
妇女保健管理 226a
妇女创业就业 75b
妇女技能培训 75b
妇幼保健 225a

附录 298

G

改革创新 97b
改革攻坚 72c
改善城市居住环境 148b
概况 29b
概览 19
干部挂职 30c
干部监督 30b
干部教育管理 30a
干部考核 30b
干部人才赴浙挂职 66c
干部选拔任用 30a
港澳台统战 37a
高等教育 195b
高速公路管理 139c
高校毕业生就业 239a
高效节水项目 115c
高新技术企业 203a
高职扩招 195b
高中教育 190a
个人贷款 244c
各处室负责人 300b
各族干部群众交流交往交融 235c
根治欠薪 242b
耕地保护 91a
工会系统评先选优 72a
工伤保险 241a
工业 24c
工业发展 119a
工业经济综述 119a
工业企业信息化建设 120a
工业园区建设 128a
工业转型升级 53c
公安 81b
公路 139a
公安部援疆工作 67c
公共场所卫生监督 228a

公共服务　216a
公共就业服务　239c
公共卫生服务　223b
公共文化活动　211c
公路建设　139a
公路养护管理　139c
公司概况　146a
公务员管理　30c
公务员招录　30c
公信力建设　79c
公证管理　86a
供销系统建设　161a
供销系统经营　160c
供销综合改革　161a
孤残儿童关爱保护　242a
固定资产投资　292a
固定资产投资审计　96b
馆外服务　211a
贯彻落实新发展理念　280b
灌区节水改造　114b
光热　22a
广播影视　219b
广电网络　146a
广告监管　100b
规范产地检疫　111b
规范建设　245c
国防教育　35b
国家机关工作人员任免　47a
国家科技项目　202b
国家通用语言文字推广　187b
国家统计局阿克苏调查　98a
国内贸易　292b
国省道建设　139a
国土空间规划　90b
国有企业　318b
国有资产监管　89a
国资国企改革　89c

H

海关　102c
海关监管库运营　166c
航空市场　142a
合理用药　232b
河湖长制工作　115b
河流　21b
河长制工作　118a
红十字会　79b
宏观经济调控　87a
湖泊　21b
互联网+服务　61b
互联网+医疗健康服务　234c
户政管理　238a
户政管理　81c
护理工作　232b
护理质量控制　234b
华融证券股份有限公司阿克苏证券营业部经营概况　184c
环境　293b
环境监管　157c
环境卫生整治　227c
黄牛人工授精配种　206a
惠老政策落实　246a
惠民服务　231b
惠民服务　233a
惠民政策落实　54c
惠企政策落实　119c
婚姻登记　238b
混合所有制　195c
获奖情况　219a

J

机场概况　142a
机构编制实名制　40b
基本情况　252a
基本情况　254c
基本情况　260a
基本情况　263a
基本情况　268a
基本情况　272a

基本情况　277b
基本情况　286a
基本情况
基层党组织建设　42a
基层服务保障　247c
基层妇联工作　76a
基层基础设施建设　69c
基层政权建设　245c
基层组织建设　31a
基层组织建设　74b
基础设施改造　219c
基础设施建设　185b
基础设施建设　200a
基地建设　105c
基地建设　36b
基金监管　225b
激活市场恢复发展　180b
疾病防控　223c
疾病预防控制　223c
集邮与文化传媒业务　143b
计生和妇幼工作　223c
技术设备改造　212a
寄递业务　143a
绩效考评　38a
加油站管理　163a
加油站建设　164b
加油站审批　159b
家庭农场　107b
价格调查　98b
价格收费管理　87b
监督责任　64c
监所管理　82c
兼职教师队伍建设　192c
检察　83b
检验检测　102a
减政便民　57a
简政放权　57a
建置沿革　19a
建材冶金产业　119c
建设工程行政执法　137c
建设工程质量安全管理　137a
建设示范社　108a
建设项目环评审批　158a
建筑节能　137b
建筑业　137a
健康扶贫　222b
疆南绒山羊新品种培育　206c
降本增效　145c
降低企业社会保险费　243a
交流合作　201a
交通枢纽建设　25a
交通业　291c
交通运输　274c
缴存业务　243a
教材教辅发行　211b
教材征订　197b
教师招聘　187a
教学工作　194a
教学管理　193a
教学管理　43a
教学活动　197b
教学能手工作室　197c
教育　185
教育督导　198a
教育管理　197b
教育教学改革　189a
教育科研　196c
教育信息化建设　186a
教育学会　186b
接羔育幼　205c
节能环保产业　156c
节能减排　156b
金融工作　94a
金融惠疆工程　68c
金融业　182
禁毒工作　82c
经济管理　87
经济社会发展　24c
经济体制改革　88a
经济责任审计　96a

经营发展 145b
经营管理 144c
经营业绩 146b
经营指标 89a
精神卫生 234a
精神文明建设 33c
景区管理 168c
警示教育 65a
净土保卫战 152c
竞技体育 220c
敬老爱老宣传 246a
救护培训 79b
救灾物资管理 160b
救助待遇 241b
救助范围 241b
就业创业 246b
就业创业工作 199a
就业扶贫 239b
就业服务 197a
就业服务 201b
就业工作 54b
军民共建 246c
军休工作 247b

K

抗击疫情 222a
考核等次 38b
柯坪县 286a
柯坪县光伏产业园区 135a
科技创新 76c
科技合作 195c
科技活动 203b
科技活动周 203b
科技明白人培育 203b
科技人才 203c
科技特派员 203c
科技投入 203a
科技项目 202a
科技信息化建设 102a
科技兴阿项目 202a
科技智库 204a
科普惠农项目 77a
科普示范建设 77a
科学技术 202
科学普及 76b
科学养畜 206a
科研服务 195b
科研工作 230c
科研工作 43b
科研建设 201b
客户服务 144c
课题建设 200a
课题研究 197b
课题研究 35c
课题研究 37c
空防安全 142a
控辍保学 189a
库车国家测震台 209b
库车经济技术开发区 128b
库车市 254c
库车市首届冰雪文化旅游节 176c
库车市阳明小学 189a
库车水系 258a
库车中等职业技术学校 194a
跨省调运监管 111c
矿产资源 24a
困难职工帮扶 71b

L

栏目调整 219b
蓝天保卫战 151a
劳动就业 238c
劳模评选表彰 71b
老干部精神文化生活 45a
老干部生活待遇 44c
老干部政治待遇 44b
老旧小区改造 254a
老旧小区改造工作 146c

老龄事务 246a
老年健康预防保健 227b
冷链物流项目 106b
冷链物流业 159c
离退休干部 44a
离退休干部发挥作用 44a
离退休干部服务管理 44c
理论武装 33a
理论武装 64a
历史文化 19a
良种补贴 206b
粮食储备管理 160b
粮食和物资储备 160a
粮食绿色基地认证 106a
粮食生产 104a
粮食收购 160a
烈士褒扬工作 247b
林草有害生物防控 112b
林草重大项目 112b
林草资源管护 154b
林果产业发展 113a
林果绿色基地认证 106a
林果提质增效 113a
林果业 112
林下经济 205a
流动博物馆 216c
流动人口和出租房屋管理 238a
流动人口和出租房屋管理 82a
流动人员档案管理 243b
龙头企业培育 107b
骆驼产业发展 288b
落实改革任务 181b
旅游 167
旅馆业 164b
旅客服务 142b
旅游+互联网工程 167a
旅游厕所项目 175b
旅游产业 284a
旅游产业发展机制 175b
旅游产业融合发展 176a
旅游服务业发展 257b
旅游公共服务 181b
旅游管理 180b
旅游规划体系建设 175c
旅游节庆 176b
旅游经济运行特点 168a
旅游景点 20c
旅游类项目 175b
旅游商品研发 167c
旅游商品研发 176a
旅游收入 167c
旅游双组长制 167a
旅游推介 178b
旅游项目实施 176a
旅游宣传 167b
旅游业 25a
旅游业态 175b
旅游资源 167c
履职评价 198a
律师管理 85c
绿色产业发展 156b

M

矛盾纠纷调解 86c
媒体融合 218c
煤矿质量标准化 126a
煤炭工业 125c
美丽乡村建设 69c
秘书长、副秘书长 300a
棉纺工业 127b
棉纺织品质量监督检验 128a
棉花生产 104b
免费开放 210a
免费开放 216a
民生建设 253b
民生建设 270b
民生建设 87c
民事审判 85a
民用航空 142a

民主监督 63b
民族 20b
民族团结“微创建” 236b
民族团结教育月 237a
民族团结进步创建 236c
民族医药 232c
名优特产 263a
命名授牌 236c

N

纳税服务 94b
南疆学前教育干部支教 187c
内地新疆学生工作 187b
能耗双控管理 156b
能力提升 198a
能力提升 251b
能源工业综述 119b
能源统计 97c
年鉴编纂工作 45c
农产品加工外销 106a
农村产业化 105c
农村电商业务 143b
农村电子商务发展 165c
农村基层党建 31c
农村集体资产管理 108c
农村经济 107b
农村经济发展 53b
农村经济收入 107b
农村经济运行情况 108b
农村科技人才培养 31a
农村劳动力转移 108b
农村人居环境整治 107a
农村生活垃圾治理 158b
农村饮水安全 114a
农村综合改革 92c
农房建设管理 149a
农民合作社发展 109a
农牧民体育健身工程 220c
农业 104
农业 24c
农业技术推广 205b
农业科技发展 205a
农业生产节本增效 205b
农业水价综合改革 115a
农作物病虫害发生与防治 205c
农作物测量和抽样调查 98b

P

拍卖企业 165b
排污许可管理 157c
盘活存量土地 152c
品牌创建 106c
品种管理 105a
普法宣传 86a
普及普惠发展 187c
普通高中优质发展 190a

Q

期刊管理 78c
企业孵化园项目 277a
企业退休人员管理 89c
气候变化 152a
气候概况 207a
气象服务 208b
气象基础设施建设 209a
气象科研 207a
气象探测环境保护 208c
气象装备保障 208c
嵌入式发展 237a
侨爱工程 77b
侨联外宣 77b
侨情普查 77b
侨务工作 37b
青少年服务 73c
青少年科技工作 186a
青少年科技教育 76c

情景歌舞剧 213a
区划 20a
区域测震台 209c
渠道平台业务 143b
全面深化改革 38a
全民健康体检 225b
全民科学素质纲要 76b
全民阅读活动 210b
全民阅读推广 211b
全域旅游 275c
全域旅游示范区创建 176a
确权登记管理 90c
群众团体 71
群众团体 315b
群众性文化活动 212a

R

人才工作 187a
人才培养 230c
人才引进 60b
人才引进待遇 31a
人大工委第一次会议 47c
人大工委自身建设 47a
人大县乡工作推进会 49b
人道救助 241c
人防工程建设管理 149b
人防领域安全生产 149c
人防系统腐败问题专项治理 149c
人防指挥信息建设 149b
人工影响天气 208c
人口 20b
人口家庭 238a
人口普查 96c
人民调解 85c
人民防空 149b
融资服务 78a
柔性援疆 66a
肉羊改良 206a

S

三大攻坚战审计 96b
三圃田建设 105b
三区人才 203c
扫黑除恶 80a
森林草原执法 112a
森林公安 83b
森林和草原保护 154a
沙雅县 260
沙雅县循环经济工业园区 131c
伤病残鉴定 242c
商标代理机构专项整治 204c
商会建设 77c
商贸流通 159
商贸流通业 159a
少儿免费培训 210c
设施农业生产 104a
社保扶贫 243a
社会(团体)组织管理 245c
社会保险 240c
社会保障 242c
社会保障 293b
社会保障经费运行 92b
社会福利 242b
社会福利慈善事业 242b
社会公益 231a
社会教育 216b
社会救助 241b
社会力量办学 186c
社会培训和成人教育 200a
社会生活 238
社会事业 25c
社会体育 221a
社会治安专项治理 81c
社会治理 80b
社会主义学院 37b
社科普及 36a
社情民意 63b

社区干部队伍建设　245b
社区建设　245a
涉法涉诉信访　84c
涉企服务提升　56c
涉企审批优化　57a
申万宏源西部证券有限公司阿克苏营业部经营概况　184c
深化改革　146a
深化改革　65b
深化专项行动　229b
审计　95c
升级改版　219c
生态保护　150
生态环境　279c
生态环境保护监管执法　157c
生态环境质量　151b
生态建设　254a
生态建设　257c
生态建设　261c
生态建设　266c
生态旅游　253c
生态旅游　261c
生态旅游　271b
生态输水　117b
生态文明建设　154a
生态修复保护　150b
生猪生产　109c
失业保险　240c
失业登记稳就业　240a
师资建设　198c
师资建设　200c
师资培训　196a
湿地和自然保护区保护　154c
十城百店工程　68a
石化产业发展　125b
石油化工工业　125a
石油经营　162
实训工作　194c
实训教学　193c
食品安全　100a
示范点创建工作　181c
示范基地建设　69a
世界读书日系列活动　210a
市场监督管理　98c
市场开拓　113b
市场营销　162c
市场营销　164a
市场运行监测　159a
事故灾害应急处置　248b
事业单位　316b
事业单位登记管理　40c
事业单位改革　39c
事业单位人事管理　60b
事业单位人事考试　60b
事业单位人事制度改革　59a
试验示范　205a
收费站管理　140c
首例医疗　232c
兽药监管　111c
数字赋能旅游工程　68c
水库　21c
水利　113c
水环境和土壤环境监境监测　151b
水库建设　116a
水利工程建设　118a
水利工程建设管理　114b
水利基本建设　116c
水利科研　117a
水利前期工作　114a
水利设施建设　25a
水能　22b
水权制度改革　115a
水土保持　153c
水文测报　207b
水文勘测　207a
水文情报预报　207a
水污染防治　157b
水行政执法　117c
水政执法　114c
水政执法工作　117a

水质监测　207b

水资源保护　153b

水资源管理　116c

水资源管理　153b

税务　94b

税收稽查　94c

税收收入　94b

税务登记　94b

司法为民　85a

司法行政　85c

思想教育政治引领　72b

饲草料种植和收储　207a

饲草料种植试验　206c

送温暖活动　77b

诉讼监督　84a

T

塔里木河流域管理　117b

特困供养照料服务　241c

特色地域品牌　109c

特色服务　210c

特色家禽产业　109c

特色林果云交易会　166b

特色医疗　232a

特色治疗　233b

特殊教育　185c

特种设备安全监察　101b

特种行业　164b

提案工作　63a

提取业务　243b

提升行业服务质量　181a

体育　220c

体育培训　221c

体育协会　221c

体制建设　236c

天然林资源保护　154c

天山环保行执法检查　51a

铁路　140c

通关业务　103a

通信服务　144b

同城通办　57b

统计　96c

统筹疫情防控和水利工作　116b

统计法治建设　98c

统计服务　97a

统计执法　97c

投资评审　93c

图书销售　211a

土地　22b

土地承包管理　108c

土地执法　153a

土地资源保护　152b

土壤　21c

团组织基本情况　72b

退役军人事务　246b

托管测震台　209c

托木尔峰自然保护区　155c

托什干河国家湿地公园　155b

脱贫攻坚普查　98b

脱贫攻坚宣传　34c

W

外宣工作　219c

完善公安应急机制　83b

网格化管理　245b

网红直播室　179b

网络安全　35a

网络安全管理　83a

网络安全维护　146b

网络建设　144a

网络建设　163b

网络建设及维护　145a

网络维护及应急保障　144b

网络研修　197c

维权服务　75c

委员工作　62c

卫生动态管理　228a

卫生健康　222

为民服务　244b
为农服务　161b
渭干河流域管理　116c
温宿产业园区　133a
温宿国家农业科技园区　129b
温宿县　272a
文稿决策服务　37c
文化场馆　210a
文化服务站点　212b
文化旅游　266b
文化旅游大型推介会　179a
文化市场管理　220b
文化市场执法检查　220c
文化遗产保护　213b
文化智能服务项目　181c
文旅市场行业监管　180c
文物考古发掘　213b
文物遗产保护　213c
文物展示　216a
文物征集　214a
文物执法　214b
文学艺术　212c
文艺创作　78c
文艺活动　78b
文艺作品助力“抗疫”　213a
我爱浙疆系列活动　70b
乌什“迎中秋?庆国庆”系列主题活动　177c
乌什国家测震台　209a
乌什县　280c
乌什县工业园区　134b
污染防治　157a
污染物减排　157a
物业和房地产矛盾纠纷排解　138c
物业行业监管　138b

X

西部计划志愿者服务管理　74a
西部县(市)勘探　120c
希望工程建设　73b
系列活动　74c
系列宣传　217b
细胞创建工程　236c
先进集体　350
先进人物　360
县(市)　320a
县级媒体中心建设　34a
县市概况　252
乡村道路线设　139b
乡镇(街道)行政体制改革　39c
乡镇党政正职　31c
项目概况　175a
项目建设　161b
项目建设　175a
项目前期规划　118a
项目资金安排　67a
消防救援　250b
消防宣传　251a
消防执法　250c
消费者权益保护　100a
小组团工作　69b
校企合作　192a
校园美育　213b
协商议政　63c
心理健康　233c
心理疏导　233c
新和县　263a
新和县工业园区　133b
新华人寿保险股份有限公司阿克苏中心支公司概况　184b
新疆广播电视大学阿克苏分校　197a
新疆理工学院　200b
新疆青松集材化工(集团)股份有限公司　296c
新疆生产建设兵团　289
新疆塔里木农业综合开发股份有限公司　297a
新社会阶层统战工作　36c
新闻出版　217a
新闻出版　217b
新闻工作　217a
新型农业经营主体　107c

新兴产业 119c
新兴组织党建 32a
信贷业务 243b
信访工作 52c
信访矛盾纠纷化解 41a
信息和分析研究 98c
信息化工作 118a
信息化建设 207c
信息化建设 85b
信息刊物编发 59a
信用监督管理 101c
星级农家乐管理 170a
刑事检察 84a
刑事审判 85a
行署常务会议 55a
行署工作部门负责人 305a
行署全体会议 55a
行署重要工作会议 55c
行业安全生产 120b
行政区划 246a
畜产品安全监测 110c
畜产品质量安全监管 111b
畜牧技术推广 206b
畜牧科技发展 205c
畜牧业 109b
畜牧业生产 109b
畜牧业养殖 109b
畜禽废弃物资利用 110a
宣传工作 79c
宣传推介演出活动 213b
学会管理 36a
学会建设与管理 76a
学科建设 230a
学历提升 196b
学前教育 187c
学前幼儿园网上督评 198a
学生德育管理 196c
学生顶岗实习 193c
学生顶岗实习 195a
学生教育管理 193b
学生教育管理 194b
学生情况 197a
学生情况 198b
学生情况 200b
学生资助 185a
学术研究 231c
学术研究 232a
学术研究 233b
学校体育 221a
学校卫生监督 228b
学员管理 43c
巡警工作 82b
巡视巡察 65c
汛旱灾害防治 117c

Y

烟草专卖 161c
严打整治 80a
养老保险 240c
养牛业发展 206a
药品管理 229a
药品耗材价格管理 229a
药品集散中心项目 102b
药品经营许可“先证后查” 229b
药品器械化妆品监管 100c
野生动物 23b
野生植物 23c
业务研究 216c
业务政策调整 245a
一窗受理 57b
一村一品建设 107a
医保扶贫 224a
医保制度改革 224c
医疗保障服务 225a
医疗保障信息化 241a
医疗保障政策 224b
医疗服务 231a
医疗机构改革 234c
医疗培训 234a

医疗设备　231c
医疗卫生　224a
医疗卫生监督　228b
医疗质量　229c
医养融合发展　227b
医政管理　234b
依法分类处理信访问题　41a
依法行政　102c
依法行政　86b
依法行政能力　57c
移交安置　246b
义务教育均衡发展　188c
艺术演出活动　212a
疫病疫苗供应　110b
疫情防控专项审计　95c
银行　182a
银行业风险管控　183c
银行业监管　182b
银行业金融服务　182a
银行业支持实体经济发展　182c
印章业　164c
应急管理　248
应急救援建设　248a
应用远程集中审方平台　229b
营商环境　99a
营销网建　161a
永安财产保险股份有限公司阿克苏中心支公司概况　184c
用人单位主体责任落实　227a
优抚优待　246c
优质护理　233b
优质粮工程　160c
邮政服务能力建设　143a
邮政改制　142c
邮政概况　142b
油气勘探　125b
油气生产　125b
油区重大项目　120c
渔业　109a
预防青少年犯罪　73c
预算执行监督　96a
园区创建　106b
援疆干部管理　66a
援疆十周年系列活动　70a
远程会诊　230b
院校布局结构调整　192b
运输管理　141a

Z

灾害防御建设　208b
灾害应急准备　249a
增牛增鸽工程　266c
增值收益　244c
招商引资　106c
招商引资　110a
招商引资　159c
招商引资　271c
招商引资工程　68b
招生工作　197a
招生工作　198b
招生工作　201b
招生与考试　186c
浙阿文化交流　212b
浙江奥运冠军行　70a
浙江援阿项目审计　96c
浙能热电阿克苏有限责任公司　136c
争先创优　74a
证券　184c
政法领域改革　80c
政法委及综治　80a
政府采购管理　92a
政府法治监督　81a
政府投资建设项目　137a
政府信息公开　61c
政务方式拓展　56b
政务服务环境　58a
政务信息平台　61a
政务信息收集报送　58c
政务延伸推进　56b

政务智能建设 56a
支持经济发展 93a
支教工作 187a
知识产权 100c
知识产权保护 204a
执法监察 91b
执法检查 204c
职工活动 71c
职业病危害摸底 226c
职业放射卫生监督 228c
职业技能鉴定 60a
职业技能培训 240c
职业健康监管执法 227a
职业教育 192a
职业教育改革 192b
职业卫生 226b
植被 22a
指挥调度 83a
志书编纂工作 45b
质量发展 101a
中高职毕业生就业 239b
中高职贯通培养 192c
中共阿克苏地区纪律检查委员会、地区监察委员会 300b
中国电信 144c
中国共产党阿克苏地区委员会 26a
中国联通 145b
中国人民财产保险股份有限公司阿克苏地区分公司概况 184a
中国人寿保险股份有限公司阿克苏分公司概况 184b
中国石化塔河炼化有限责任公司 135b
中国石化销售有限公司阿克苏石油分公司 163c
中国移动 143c
中国最美公路“5+3”旅游推介活动 178b
中考制度改革 190b
中小企业创新资金项目 202a
中小学教师继续教育培训 196c
中央企业援疆工作 67c
中医药健康服务 227c
中医医院 232a
种畜管理 206b
种植业 104a
种子良繁 104c
种子质量与市场监管 104c
重大公共卫生服务项目管理 225c
重大项目 195c
重大项目建设 126a
重大灾害性天气预警 209a
重大政策措施跟踪审计 96a
重大主题宣传 34b
重大自然灾害处置 250b
重点领域改革 54a
重点领域机构编制服务保障 40a
重点企业简介 135b
重点税源监控 94c
重点图书发行 211a
重点项目建设 87a
重点项目建设 89a
重复访治理 41a
重特大交通事故 82b
重要会议 26a
重要机制 28b
重要展览 216b
主题活动 78b
主题宣讲 246b
主体责任履行 150a
住房保障 148c
住房公积金审计 96c
住户调查 98a
铸牢民族团结思想基础 235b
专记 1
专技人员管理及职称评审 59b
专技人员继续教育 60a
专科建设 231c
专科建设 233a
专利案件查办 204b
专卖管理 162b
专题学习 42b
专项调查 98c

专项整治　64c
专业合作社建设　110a
专业建设　199b
专业建设　201a
转基因检测　105c
资产风险状况　244b
资源保护举措　152b
资源调查　90c
自然地理　20c
自然灾害综合监测预警制度　248a
自然资源管理　90a
自然资源生产　120b
自治区科技进步奖　203a
自治区科技项目　202c
自治区人大常委会阿克苏地区工作委员会阿克苏地区行政公署　304b
自治区政协阿克苏地区工作委员会　305b
宗教活动管理　237b
宗教教职人员教育服务　237b
宗教教职人员培养　36b
宗教人士考核　237b
宗教事务管理　237b
综述　26a
综合卫生监测　224a
综合医改　222c
综合执法　99c
组织工作　29b
组织建设　71a
组织体系　245a
最多跑一次　57b
作风持续转变　58c
作物　22c